文学之都
经典文库

文学之都经典文库

丛书主编 陈 勇

建康实录

〔唐〕许 嵩 撰

张学锋 陆 帅 整理

南京出版社

图书在版编目（CIP）数据

建康实录 /（唐）许嵩撰；张学锋，陆帅整理. --
南京：南京出版社，2020.5
（文学之都经典文库）
ISBN 978-7-5533-2864-5

Ⅰ.①建… Ⅱ.①许… ②张… ③陆… Ⅲ.①中国历史—魏晋南北朝时代—编年体 Ⅳ.①K235.043

中国版本图书馆CIP数据核字（2020）第065706号

丛 书 名：	文学之都经典文库
丛书主编：	陈　勇
书　　名：	建康实录
作　　者：	〔唐〕许　嵩
整　　理：	张学锋　陆　帅
出版发行：	南 京 出 版 社
	社址：南京市太平门街53号　邮编：210016
	网址：http://www.njcbs.cn　　电子信箱：njcbs1988@163.com
	联系电话：025-83283893、83283864（营销）　025-83112257（编务）

出 版 人：项晓宁
出 品 人：卢海鸣
责任编辑：徐　智
装帧设计：王　俊
责任印制：杨福彬

制　　版：南京新华丰制版有限公司
印　　刷：南京工大印务有限公司
开　　本：787毫米×1092毫米　1/16
印　　张：26.5
字　　数：441千
版　　次：2020年5月第1版
印　　次：2021年9月第2次印刷
书　　号：ISBN 978-7-5533-2864-5
定　　价：178.00元

南京出版社
图书专营店

"文学之都经典文库"出版缘起

在著名南京籍作家叶兆言看来,"文学与城市,显然是有关系的"。他常用大诗人李白寓居南京时写下的"金陵子弟来相送,欲行不行各尽觞"这句诗,形容南京这座城市对文学的热情——一种自发的、持久的文学热情。这种热情,在一千多年后,以一种特殊的形式被全世界所认可——2019年10月31日,南京入选世界"文学之都"。

世界"文学之都"评选是联合国教科文组织为进一步促进世界各国文学艺术的发展而组织的一项具有全球影响力的活动。南京能够成为中国首个获此殊荣的城市,与其厚重悠远的历史文化积淀密不可分。作为举世瞩目的"六朝古都""十朝都会",南京有着近2500年的建城史、约450年的建都史,其依山带水的特殊地理形胜和荡气回肠的城市发展史,激发了历代文人墨客不竭的创作灵感。他们在此或尽显风流,或抚今怀古,或吟咏慨叹,或指点江山,为中国乃至整个世界,留下了一批又一批不朽的精品佳作。正所谓:前朝繁盛皆为序章,今夕加冕实至名归。

数以万计的传世经典不仅是南京成功申报"文学之都"的重要砝码,同时也是先贤们留给古都南京的宝贵文化遗产,更是南京城市的一张张靓丽的"文化名片"。中国古代第一部诗歌理论专著《诗品》、第一部文学理论专著《文心雕龙》、第一部儿童启蒙读物《千字文》、现存最早的诗文总集《昭明文选》等,均诞生在南京。皇皇巨著《红楼梦》《儒林外史》《桃花扇》,也都与南京密不可分。近现代以来，鲁迅、朱自清、张恨水、张爱玲、赛珍珠等文坛巨匠也都与南京有着千丝万缕的联系。当代文学名家高晓声、陆文夫、苏童、叶兆言、毕飞宇、黄蓓佳等在南京创作了许多脍炙人口的作品。

"文学之都"桂冠，一方面是世界对南京文学资源、文化底蕴、文化氛围和创作活动的认可；另一方面，也是一种期待，一种世界对来自不同地域、不同传统、不同风格、不同语言的文学资源做进一步了解的期待。这种期待，与国家大力弘扬中华优秀传统文化的战略不谋而合。"文学之都经典文库"的出版也应运而生。

"文学之都经典文库"作为面向世界、服务当代的产物，具备三个基本特点：

一、"文库"所选作品均是中国历史上的传世佳作，均有着鲜明的"南京元素"。它们或是内容以南京为题材，或是在南京创作完成，或是在南京完成首印（首次刊刻），或是由南京人所创作。

二、"文库"所选作品尤其是古籍，均邀请国内一流学者，选择最好的版本进行整理或导读，在体现最新学术成果的同时，将作品的版本价值和文化传承价值更好地呈现给读者。

三、为了惠及更多的读者，同时考虑到现今读者的阅读习惯，"文库"所选作品，均以简体横排形式刊印，采用国际通行的开本，选用符合环保要求的纸张和工艺进行排印。

我们希望通过"文学之都经典文库"的出版，回答以下两个问题：第一，如何发挥代表中华优秀传统文化的精华——文学作品的时代价值？换句话说，如何在新时代进一步传承和创新这些中华文化的优秀成果，并在世界范围内进行传播和弘扬，普惠全人类？第二，如何利用文学载体弘扬南京优秀传统文化，促进文学与普通市民生活的有机结合，使人民群众在品味文学经典的过程中升华出更多的获得感与幸福感？

作为一项系统性的出版工程，"文库"的出版工作不可能一蹴而就，因此，我们也诚挚地邀请社会各界的朋友为"文库"的出版工作出谋划策，同时也希望"文库"的出版能得到广大读者的支持与厚爱。

整理说明

《建康实录》二十卷,唐人许嵩撰。

这是一部记述三国吴、东晋、宋、齐、梁、陈六朝历史的史籍,因六朝皆定都建康(原两汉秣陵县地,孙吴定都后名建业。西晋平吴,还为秣陵。太康三年,分秣陵秦淮水北为建业,后避晋愍帝讳改为建康①),故以为名。这部书对六朝历史尤其是对建康都城的空间分布及南京地区历史地理的研究具有极高的参考价值。

1986年,中华书局出版了张忱石先生的点校本(以下简称"张校本"),②次年的1987年,上海古籍出版社出版了孟昭庚、孙述圻、伍贻业先生的点校本(以下简称"孟校本"),③为读者了解和利用《建康实录》提供了极大的便利。

两种《建康实录》点校本出版后,学界对点校本的评述及《建康实录》的文献学研究也随即展开,积累了丰富的成果。其中,对两种点校本的评价,以吴金华先生《〈建康实录〉十二题》(以下简称"吴文")最为详尽,④今录其要,以明两种点校本之长短。

吴文从文献学的角度总结了张校本的四大贡献。

贡献之一:张校本卷首的《点校说明》长达一万余字,这已不是一般的点校说明,而是一篇研究《建康实录》的大型学术论文。

---

① 〔梁〕沈约撰:《宋书》卷三十五《州郡志一》,中华书局1974年版,第1029页。
② 〔唐〕许嵩撰,张忱石点校:《建康实录》,中华书局1986年第1版。
③ 〔唐〕许嵩撰,孟昭庚、孙述圻、伍贻业点校:《建康实录》,上海古籍出版社1987年第1版。
④ 吴金华:《〈建康实录〉十二题》,《南京晓庄学院学报》2006年第3期、第5期。

此文在许嵩的生平、《建康实录》的文献价值及版本系统的研究方面多所发现、多所发明，把《建康实录》的研究推向了新的高峰，显示出极高的学术水平。

贡献之二：张校本自行编定的《建康实录目录》，显示出编者在《建康实录》的整理工作上已经达到了历史最高水平。《建康实录》的旧本原先没有目录，只是在各卷中有一些标题，一般点校者只能把散见于旧本中的标题抄录在一起，而张氏则不然。张校本编定的目录，是根据《建康实录》传世文本的实际内容和体例编制而成的，它突破了旧本标题的局限。

贡献之三：张校本末尾有附录二十篇，以一网打尽之势将有关《建康实录》整理研究的资料汇集在一起，为此后的研究者提供了极大的便利。

贡献之四：张校本各卷均有《校勘记》，为此后的进一步研究提供了相当丰富的信息。例如卷一的校勘记78条，有运用对校法的，说明校字的依据是宋绍兴本、四库本、张海鹏本、周星诒钞本、徐行可钞本；有运用本校法的，说明补字的依据是本书的体例；有运用他校法的，说明校字的依据是《史记》《汉书》《三国志》等；有存异的，也有存疑的。此外，《校勘记》还反映了前人的研究成果，如陶元珍《建康实录札记》等。

吴文在对张校本做出充分肯定的基础上，对其不足之处也做出了评述。例如，张校本虽然利用了《四库全书》本，但利用得很不充分。吴文对四库本《建康实录》的评价较高，认为四库馆臣的学术水平相当高，不论四库本带有怎样的时代局限，但在《建康实录》的整理研究上无疑达到了历史上的最高水平，不容忽视。指出张校本有时一小段文章中出现好多错字，如果对照四库本，则可以解决其中的部分问题。

吴文还指出，张校本的美中不足是句读错误。即使是《点校说明》，在征引《建康实录》原文时也不止一次地出现了问题。[①]此外，在分段方面，虽然张校本比孟校本细致，但有些传记分割

[①] 张校本2015年1月第3次印刷本《点校说明》中对引文的句读略有修订，但错讹依然明显。

过于零碎，与编年的内容没有醒目的界限。

对孟校本的长处与不足，吴文也做出了恰当的评述，认为孟校本的校勘工作，虽然总体上落后于张校本，但也有优于张校本的地方。

所谓总体上落后，是指校勘工作不如张校本细致深入，因而出现了以下三种情况：（1）对校不精，时有错字；（2）校勘记未能像张校本那样利用前人成果；（3）张校本的校勘往往能达到前所未有的深度，而理由充分的校记在孟校本里几乎看不到。

所谓也有优于张校本的地方，如卷十《晋安皇帝》"而拥强兵不进"，孟校本校记云："而拥，底本、宋刻本并作'西权'，今据徐本改。"而张校本失校。孟校本在断句和标点符号方面，虽有落后于张校本的地方，但大体上优于张校本。

吴文认为，尽管张校本、孟校本成绩斐然，但文本的对校、本校、他校、理校工作仍然留有大量的空白。吴文在对两种点校本进行评议之后，列举了其中明显的问题加以纠谬，为《建康实录》文本的完善提供了宝贵的意见。

关于《建康实录》的版本，两种点校本都做了全面的调查，今扼要介绍如下。

张校本《点校说明》介绍了《建康实录》传世刻本与钞本共计十三种，孟校本的介绍共计十一种，具体情况如下。

一、北宋嘉祐刻本。南宋绍兴本书尾题云"江宁府嘉祐三年十一月开造《建康实录》，并按《三国志》、东西《晋书》并南北《史》校勘，至嘉祐四年五月毕工"，可知北宋嘉祐本是今所知《建康实录》最早的刊本，然各藏书目录皆未著录，可知其失传已久。

二、南宋绍兴刊本。书尾题有"绍兴十八年十一月　日荆湖北路安抚使司重别雕印"之语，首附北宋嘉祐刊行记，可见是据嘉祐本翻刻而成。绍兴本原藏聊城海源阁杨氏，今藏中国国家图书馆，是目前唯一的传世宋本。两种点校本均用作校本，张校本校勘记简称"宋本"，孟校本简称"宋刻本"。

三、清嘉庆张氏刊本。嘉庆十一年（1806）贻训堂主人借得顾广圻钞宋本刊刻及半，又归板于张海鹏，张氏于嘉庆十三年三月刻成。现藏南京图书馆。两种点校本均用作校本，校勘记均简称"张本"。

四、清光绪甘氏刊本。甘元焕据诒训堂影宋钞本与彭文达钞本相校，光绪二十八年（1902）刊于金陵。此本刊刻最晚，因经校勘整理，故讹误较少。两种点校本均用作底本，张校本称"清光绪甘氏刊本"，孟校本称"光绪甘氏桑泊草堂翻宋刻本"。

以上是《建康实录》的四种刻本，以下皆为钞本。

五、清嘉庆影钞宋本。清顾广圻得滋兰堂钞本，又据毛氏汲古阁藏宋本相校。此钞本后归黄丕烈，张氏刊本即据此钞本刊刻，今不知藏于何处。两种点校本均未见。

六、清南昌彭元瑞本。该本或钞成于乾隆年间。彭元瑞字芸楣，又字文勤，甘元焕同治年间传钞彭本时误为"文达"。张校本称"彭文达钞本"，孟校本称"清南昌彭元瑞依写宋雕本"。两种点校本均用作校本，张校本校勘记简称"彭钞本"，孟校本简称"依写本"。

七、八千卷楼丁氏藏钞本。丁丙《善本书室藏书志》卷七载其书，卷首题"旧依宋钞本"，卷一首页题"诒训堂翻宋"，可知此本钞自嘉庆张海鹏刊本，但略有异文。后归盩山王觉无。两种点校本均用作校本，张校本校勘记简称"丁钞本"，孟校本简称"丁本"。

八、四库全书本。江苏巡抚采进本，每卷之首题有"实录翻宋本"。两种点校本均用作校本，张校本指明参校的是文津阁本，校勘记简称"库本"，孟校本未明言，简称"四库本"。

九、清同治甘氏钞本。张校本称"金陵甘氏钞本"，孟校本称"同治甘氏传钞彭本"。此钞本曾校录彭元瑞钞本之异同，甘氏刊本大体即据此钞本刊刻。两种点校本均用作校本，张校本校勘记简称"甘钞本"，孟校本简称"甘本"。

十、清武昌徐行可藏钞本。该本按字迹当钞成于嘉庆、道光间，讹误甚少，近人郦承铨《建康实录校记》誉其为"诸本伪误不可读处，往往得此而冰释"，疑此钞本经后人与诸史校勘整理过。两种点校本均用作校本，张校本校勘记简称"徐钞本"，孟校本简称"徐本"。

十一、清周星诒藏钞本。原藏福州陈氏，孟校本称"福州陈氏旧钞本"。外封题曰"旧钞宋绍兴本"。两种点校本均用作校本，张校本校勘记简称"周钞本"，孟校本简称"清钞本"。

十二、嘉业堂刘氏钞本。亦属影宋钞本。张校本用作校本，校勘记简称"刘钞本"，孟校本未见。

十三、积学斋徐乃昌钞本。与甘氏刊本同，疑是据甘氏刊本钞录。两种点校本均未用作校本。

张校本介绍的十三种刊本和钞本中，实见十一种，孟校本实见八种，两种点校本几乎囊括了《建康实录》所有的传世版本。

两种点校本出版后，我们还发现了两种版本，兹简要介绍如下。

第一种是陆心源皕宋楼旧藏钞本。1906年，陆心源之子陆树藩将陆氏旧藏悉数售与日本岩崎家族的静嘉堂文库。据《皕宋楼藏书志》，所藏《建康实录》二十卷为"影写宋刊本"。《藏书志》在全文刊录许嵩自序后，录有北宋嘉祐版刊行记，之下录有绍兴十八年版刊行记，可知陆氏旧藏亦属南宋绍兴本之流。整理者获得了静嘉堂陆氏旧藏钞本影印件，在这次整理中，特别注明了陆氏旧藏钞本与两种点校本之间的部分异同。

第二种是上海图书馆藏钞本。据葭森健介《上海图书馆藏钞本〈建康实录〉考》的介绍，① 该钞本第二十卷末尾同样附有江宁府嘉祐版刊书记及绍兴十八年重别雕印记，可知亦为南宋绍兴版系统。该钞本第一卷卷首钤有六枚藏书印，分别是"宛平王氏家藏""穆斋鉴定""胡氏茨邨藏本""少河""徐乃昌读"和"上海图书馆藏"。"宛平王氏家藏"是清初宛平藏书家王崇简、王熙父子的藏书印。王熙号穆斋，故"穆斋鉴定"推测亦为宛平王氏的藏书印。"胡氏茨邨藏本"的胡氏，当指胡介祉。胡介祉，山阴人，与王氏父子同居宛平，号茨邨，留有"胡茨邨藏书""燕越胡茨邨藏书"藏书印。"少河"是清中期考据学家朱筠。"徐乃昌读"是清末藏书家徐乃昌的藏书印。徐乃昌室号积学斋，与张校本所列积学斋徐乃昌钞本疑非同一钞本。据葭森健介的研究，上海图

---

① ［日］葭森健介：《上海图书馆藏钞本〈建康实录〉考》，《德岛大学综合科学部纪要》第5卷，1992年。

馆所藏钞本以南宋刊本为祖本，与今中国国家图书馆藏毛氏汲古阁本所用底本或许不同。上图藏本的钞成时间虽然不明，但从宛平王氏的藏书印看，至少可以上溯到明末清初。因此，该钞本应是当前所知《建康实录》南宋绍兴本之后最早的版本，具有很高的文献价值，但对其的详细研究尚有待于今后。

这次的《建康实录》整理本，是"《建康实录》读书班"的集体成果，前十卷由张学锋负责整理，后十卷由陆帅负责整理。

读书班始于2016年4月，终于2019年6月，前后历时三年。除寒暑假外，每周星期六下午在六朝博物馆举行，班员先后有50余人，主要成员为南京大学、南京师范大学、江苏第二师范学院、南京博物院、南京市考古研究院等高校和文博单位的年轻教师、研究人员、在读硕博士生、留学生以及六朝博物馆的志愿者，偶尔也有江苏师范大学、扬州大学、吉林大学的年轻学者参与。组织读书班的初衷是基于文献学和考古学的学科需要，力图通过对《建康实录》文本逐字逐句的读解，进一步了解六朝建康的都城空间布局，为六朝都城的田野考古及都城复原工作提供文献依据。

读书班以中华书局1986年第1版2015年第3次印刷的张校本和上海古籍出版社1987年第1版孟校本为基本读本。由于两种点校本已经基本囊括了《建康实录》已知的主要版本，因此，我们不再重复前人基于历史版本进行文献校勘的程序，而是在对读两种点校本的基础上，重点参校陆氏旧藏钞本、文渊阁四库全书本及相关的正史、方志，对《建康实录》的文本进行整理，订正两种点校本在文字、段落、句读、校记方面的错讹，以期获得一个更加完善的读本。

这样的工作在学术研究中亦非罕见，如东洋文库本冢本善隆《魏书释老志》（1990年）即以上海商务印书馆景印百衲本为基本读本，参读各相关文献整理而成；梅原郁、永田英正《汉书食货·地理·沟洫志》（1988年）则以王先谦《汉书补注》为基本读本，参读各相关文献整理而成。我们的《建康实录》整理本亦有类于此。

在校读过程中，两种点校本业已解决的校勘问题不再出校记，存异或存疑未决者出校记说明；订正的句读错误，因数量较多，不一一出校说明；吸取两种点校本中可取的校记；恢复各本皆同但张校本据他书径改的正文文字（以纪日干支为主），出校记说明，同时割爱张校本所编定的目录，以期保留《建康实录》的原貌；一些常见的文献书目采用略称，如《资治通鉴》简称《通鉴》、《太平御览》简称《御览》、《册府元龟》简称《册府》等，一些不常见的前人著作如汤球《十六国春秋辑补》等使用全称。近人论著概用全称。

前引吴金华《〈建康实录〉十二题》对张校本的一大肯定是反映了前人的研究成果。这一次的整理工作，我们继承了这一传统。两种点校本出版后，与《建康实录》校勘工作密切相关的研究成果，除上述吴文外，所知尚有以下数种：张泽咸《读点校本〈建康实录〉》[1]，丁福林《点校本〈建康实录〉卷十一标点志疑》[2]，高敏、朱和平《一部颇具特色的古籍点校——张忱石点校〈建康实录〉述评》[3]，刘浦江《〈建康实录〉校点本訾议》[4]，方一新《〈建康实录〉释词》[5]，吴金华、季忠平《〈建康实录〉校议》[6]，季忠平《〈建康实录〉宋本校勘刍议》[7]，季忠平《〈建康实录〉校勘札记》[8]，谢秉洪《〈建康实录〉校读札记》[9]，谢秉洪《〈建康实录〉作者与成书时代新论》[10]，丁福林《点校本〈建康实录〉卷十一的商榷与思考》[11]，颜岸青《〈建康实录〉研究》[12]等。在这次整理工作中，对上述研究取得的成果

---

[1] 张泽咸：《读点校本〈建康实录〉》，《书品》1988年第4期。
[2] 丁福林：《点校本〈建康实录〉卷十一标点志疑》，《镇江师专学报》（社会科学版）1989年第2期。
[3] 高敏、朱和平：《一部颇具特色的古籍点校——张忱石点校〈建康实录〉述评》，《信阳师范学院学报》（哲学社会科学版）1990年第2期。
[4] 刘浦江：《〈建康实录〉校点本訾议》，《古籍整理研究学刊》1991年第4期。
[5] 方一新：《〈建康实录〉释词》，《杭州师范学院学报》1995年第1期。
[6] 吴金华、季忠平：《〈建康实录〉校议》，《古籍研究》2000年第3期。
[7] 季忠平：《〈建康实录〉宋本校勘刍议》，《文献季刊》2001年第3期。
[8] 季忠平：《〈建康实录〉校勘札记》，《古籍整理研究学刊》2002年第5期。
[9] 谢秉洪：《〈建康实录〉校读札记》，南京师范大学硕士学位论文，2003年。
[10] 谢秉洪：《〈建康实录〉作者与成书时代新论》，《南京师范大学学报》（社会科学版）2004年第5期。
[11] 丁福林：《点校本〈建康实录〉卷十一的商榷与思考》，《盐城师范学院学报》2006年第1期。
[12] 颜岸青：《〈建康实录〉研究》，安徽大学硕士学位论文，2014年。

均有所取,然因均用现代汉语写成,有别于校记用语,故采录时除重要论证外未能一一使用原文,特此说明。

读书班的活动受到了南京学界的关注,南京出版社负责人听闻后,希望我们能够集结研读成果,为阅读界提供一个新的读本。我们欣然应诺。

这次的工作成果,是"《建康实录》读书班"的中期成果。之所以说是"中期成果",首先是在对读两种通行本时发现的错讹仍然明显,因此萌生了整理《建康实录》文本的念头,因此目前呈现的《建康实录》读本尚限于文本的整理。通过读书活动整理出来的文本,在为学界提供一个更加完善的读本的同时,还将会成为我们下一步工作的底本。其次,就历史文献的整理、注释而言,传统的文献学方法是以书校书,但近年出现了一种新的趋势,这就是在以书校书的同时,将书本以外的资料也纳入注释范围之中。这样的尝试从金子修一主编《大唐元陵仪注新释》[①]、以窪添庆文为首的东洋文库中国古代地域史研究班编《水经注疏译注》(渭水篇上,渭水篇下,洛水、伊水、穀水篇)[②]、李晓杰主编《水经注校笺图释》[③]等著作中可窥一斑。这些著作在注释历史文献时,在传统的文献学方法以外,还吸纳了历史图片、历史地图、出土文字资料、地面文物、现场考察图文记录等,给读者一个崭新的全方位视域。"《建康实录》读书班"的终极目标有类于此,力图在更加完善的文本基础上,结合六朝建康城的城市遗址、墓葬资料等地下出土遗物及地面遗存,将《建康实录》中能够图示化的内容尽可能通过空间分布的形式呈现出来,让《建康实录》这部传世文献以一种全新的面貌展现给读者,为建康城考古及六朝史的深入研究提供新的视角。

[①] [日]金子修一主编:《大唐元陵仪注新释》,汲古书院,2008年。
[②] [日]中国古代地域史研究班编:《水经注疏译注》,东洋文库,2008年、2011年、2015年、2019年。
[③] 李晓杰主编:《水经注校笺图释》,复旦大学出版社2017年版。

目　录

建康实录序 …………………………………… 001
建康实录卷第一　吴上 ………………………… 003
建康实录卷第二　吴中 ………………………… 022
建康实录卷第三　吴中下 ……………………… 039
建康实录卷第四　吴下 ………………………… 050
建康实录卷第五　晋上 ………………………… 068
建康实录卷第六　晋上 ………………………… 083
建康实录卷第七　晋中 ………………………… 091
建康实录卷第八 ………………………………… 113
建康实录卷第九　晋中下 ……………………… 138
建康实录卷第十　晋下 ………………………… 164
建康实录卷第十一　宋上 ……………………… 196
建康实录卷第十二　宋中 ……………………… 221
建康实录卷第十三　宋下上 …………………… 251
建康实录卷第十四　宋下 ……………………… 267
建康实录卷第十五　齐上 ……………………… 300
建康实录卷第十六　齐下 ……………………… 319
建康实录卷第十七　梁上 ……………………… 338

建康实录卷第十八　梁下 ………………………………… 360

建康实录卷第十九　陈上 ………………………………… 375

建康实录卷第二十　陈下 ………………………………… 386

建康实录序

高阳许嵩撰

　　司马子长善叙事，古称良史，然班固嫌其疏略，是非颇谬于圣人，言论数篇，以为所蔽。嵩述而不作，窃思好古，今质正传，旁采遗文，始自吴起汉兴平元年，终于陈末祯明三年。而吴黄龙已前，虽引汉历二十余年，其实吴之首事。及晋平吴，太康之后三十余载，复涉西晋之年。洎琅琊东迁，太兴即位，元年始为东晋首年。东晋一十一帝，一百二年而禅于宋；宋八帝，六十年而禅于齐；齐七帝，二十四年而禅于梁；梁五帝，五十六年而入于陈；陈五帝，三十三年，止隋开皇元年。① 陈建首号，梁之末年；梁称元年，齐之季年；齐初即位，宋之余年，则四家终始共用三年。而吴四帝，五十九年。南朝六代，四十帝，三百三十一年。通西晋革吴之年，并吴首事之年，总四百年间，著东夏之事，勒成二十卷，名曰《建康实录》，具六朝君臣行事。事有详简，文有机要，不必备举。若土地山川，城池宫苑，当时制置，或互兴毁，各明处所，用存古迹。其有异事别闻，辞不相属，则皆注记，以益见知，使周览而不烦，约而无失者也。

　　吴大帝在武昌七年，梁元帝都江陵三年，其实建康宫三百二十一年。

---

① 止隋开皇元年：各本同。按自陈霸先建国至隋文帝开皇九年国亡，共计三十三年。"元年"当为"九年"之误。

建康实录卷第一　吴上

建康者，本楚金陵邑，秦改为秣陵，吴改为建业，晋愍帝讳业，①改为建康。元帝即位，称建康宫，五代仍之不改。故其书举南朝之事。②

建业者，③古之金陵地。案《周礼》牵牛婺女之野。《尚书》禹别九州，曰淮海惟扬州。④分为越国，立为扬州，此则扬州之分域。《春秋元命包》曰："牵牛流为扬州，分为越国，立为杨山。"⑤又云："厥土下湿而多生杨柳，以为名。其地北据淮，东距海。"颜介曰："南方水土柔和，其音轻举而切，⑥天下之能言，唯金陵与洛下耳。"⑦

昔周太王长子太伯与次弟仲雍，让少弟季历位，俱奔江南，百姓从而君之，自号勾吴。太伯所筑勾吴故城，在梅里平墟，今常州无锡县东三十里故吴城是也。太伯卒，无子，百姓共立仲雍为君。仲雍已下至周章四代，皆君于吴。武王克纣，因而封之，故春秋时其地属吴。自周章以后十八代，吴王夫差即位，无道，立二十三年，当春秋鲁哀公二十二年冬十一月，为越王勾践所灭，其地乃属越。案

---

① 晋愍帝讳业：据《晋书·愍帝纪》，晋愍帝讳"邺"。据《晋书·地理志下》，吴改秣陵为建业，都之。太康元年平吴后，复改为秣陵。太康三年，分秣陵秦淮水北置建邺，改"业"为"邺"。

② 此段似非《实录》原文。南宋绍兴本系诸刻本及钞本此段书为三行，首字均低于他文三字，故疑为宋刊窜入的"提要"类文字，四库本径删。

③ 建业者：陆氏旧藏钞本作"建康者"。

④ 扬州：诸本或作"杨州"。张校本用"扬州"，孟校本用"杨州"，今统一作"扬州"。

⑤ 杨山：语意不明，或为"扬州"之误。

⑥ 其音轻举而切：陆氏旧藏钞本"轻"作"清"。所引《颜氏家训》卷七《音辞第十八》原文作"南方水土柔和，其音清举而切诣，失在浮浅，其词多鄙俗"。《实录》误"清"为"轻"，且脱"诣"字。《景定建康志》卷四十二、《至大金陵新志》卷八、《江南通志》卷十九均引作"清"。

⑦ 所引颜之推《颜氏家训》卷七《音辞第十八》无"天下之能言"。又，"唯金陵与洛下耳"，《家训》作"共以帝王都邑，参校方俗，考核古今，为之折衷。摧而量之，独金陵与洛下耳"，与南方语音"清举而切诣"无关。

周书元王四年,①即越王勾践四年,②当春秋之末,越既灭吴,尽有江南之地。越王筑城江上镇今淮水一里半废越城是也。③案,越范蠡所筑。城东南角近故城望国门桥,西北即吴牙门将军陆机宅。故机入晋,作《怀旧赋》曰"望东城之纡余",即此城。在三井冈东南一里。今瓦官寺阁在冈东偏也。勾践后七代一百四十三年,越王无疆即位元年,当周显王三十六年。越霸中国,与齐、楚争强,为楚威王所灭,其地又属楚。乃因山立号,置金陵邑也。楚之金陵,今石头城是也。或云地接华阳金坛之陵,故号金陵。

楚威王后一百一十余年,当秦始皇二十四年,秦灭楚,兼诸侯,分天下作三十六郡,案《秦本纪》:渭南、河上、中山、颍川、三川、河东、南阳、南郡、九江、鄣郡、会稽、砀郡、泗水、薛郡、东郡、琅琊、齐郡、上谷、渔阳、右北平、辽西、辽东、代郡、巨鹿、邯郸、上党、平原、云中、太原、雁门、上郡、陇西、北地、汉中、巴郡、蜀郡,已上三十六郡也。④以金陵为鄣郡于故鄣,⑤属今吴兴郡。浙江以东为会稽郡。楚亡以后一十三年,当始皇三十六年,始皇东巡,⑥自江乘渡。望气者云:"五百年后金陵有天子气。"因凿钟阜,断金陵长陇以通流,至今呼为秦淮。其淮本名龙藏浦,其上有二源:一发自华山,经句容西南流;一发自东庐山,经溧水西北流。入江宁界二源合,自方山埭西注大江。其二源分派屈曲,不类人功,疑非秦始皇所开。古老相传,方山西渎江土山三十里,⑦是秦始皇开。又凿石硊山西,而疏决此浦,后人因名秦淮也。乃改金陵邑为秣陵县。秦之秣陵县城,即在今县城东南六十里,秣陵桥东北故城是也。秦乃罢周时诸侯,置郡县宰守,以秣陵属鄣郡。汉武帝元封二年,废鄣郡,置丹杨郡,⑧

---

① 周书:孟校本作典籍名,疑非。"书"或为衍字。
② 周元王四年为公元前四七二年,当越王勾践二十五年,非四年。是年,越灭吴。
③ 越王筑城江上镇今淮水一里半废越城是也:张校本、孟校本均视"江上镇"为地名,似非。四库本"镇"作"距",于义为长。又,此句当为正文。
④ 秦本纪渭南至蜀郡已上三十六郡也:渭南、河上、中山、平原四郡,《史记·秦始皇本纪》之《集解》作"黔中、长沙、内史、九原"。
⑤ 以金陵为鄣郡于故鄣:疑有脱文。《景定建康志》卷二十作"以金陵为鄣郡",无"于故鄣"。《至大金陵新志》卷一作"以金陵为鄣郡,治故鄣"。
⑥ 三十六年始皇东巡:《汉书·武帝纪》、《通鉴》卷七皆云秦始皇东巡在始皇三十七年。秦灭楚在始皇二十四年,此亦云"楚亡以后十三年"始皇东巡,以此推算,亦为始皇三十七年。
⑦ 方山西渎江土山三十里:语意不明。《六朝事迹编类》卷下引孙盛云:"东至方山,山有直渎,自渎至北山,或云是秦时所掘山。"《景定建康志》卷十八、《至大金陵新志》卷五作"方山西渎直属土山三十里"。或为传抄致误。
⑧ 丹杨郡:张校本作"丹杨郡",孟校本或作"丹杨郡"或作"丹阳郡",今无特殊情况统一作"丹杨郡"。

而秣陵县不改。始放虞舜置一十二州刺史,①以领天下诸郡,则《虞书》所谓"咨十有二牧",扬州是其一焉。

自汉初置扬州,治无定所。案《舆地志》:汉扬州初理历阳,后理寿春。灵帝末,时扬州刺史刘繇为袁术所逼,又徙曲阿也,云云。晋永嘉中,王敦始为建康,创立州城,今江宁县城所置其西偏。其西即吴时冶城,东则运渎,吴大帝所开,今西州桥水是也。案《晋书》:孝武太元末,会稽王道子为扬州刺史,治东第,时人呼为东府,因号此城为西州,故传云东府、西州是也。桥逼州城东南角,因以为名焉。王莽改丹杨为宣亭郡。后汉初,还为丹杨郡,郡治于宛陵,统一十七县。而扬州因汉不改,所统六郡,为九十二县也。案,前汉初置丹杨郡,即治宛陵,于潜、江乘、春谷、秣陵、故鄣、句容、泾县、石城、胡熟、陵阳、芜湖、黟、溧阳、末城、②丹杨、歙县等一十七县,后汉仍之不改,州所领郡,亦依旧焉。

太祖上

太祖大皇帝姓孙氏,讳权,字仲谋,吴郡富春人也。其先出自周武王母弟卫康叔之后。武公子惠,孙曾耳,为卫上卿,因以孙为氏。春秋时,孙武为吴王阖闾将,因家于吴。帝乃孙武之后也。祖钟,父坚。案《祥瑞志》:③钟家于富春,早失父,幼与母居,性至孝。遭岁荒俭,以种瓜自业。忽有三少年诣钟乞瓜,钟厚待之。三人曰:"此山下善,可葬,当出天子。君望山下百步许,顾见我等去,即可葬处也。"钟去三四十步便返顾,见三人并成白鹤飞去。钟记之,后死葬其地。地在县城东,冢上常有光怪,云气五色,上属于天。及坚母孕坚,梦肠出绕吴阊门,以告邻母。母曰:"此梦安知非吉祥也。"

坚生,容貌奇异。仕汉为破虏将军、长沙太守。灵帝末,董卓作乱,坚乃自长沙举兵讨卓,破卓军于阳夏。④长驱入洛,修祭汉陵庙。屯军城南甄官,井上见五色气,使人入井,得汉传国玺,文曰"受命于天,既寿永昌",方圆四寸,上纽交五龙,龙一角缺。案《后汉记》云:初,黄门张让等作乱,劫天子出奔,左右分散,掌玺者投于井中。其缺者,是汉元后为王莽逼夺,掷玺于地而损之也。后征刘表于荆州,

---

① 一十二州刺史:《汉书·武帝纪》颜师古注引《汉旧仪》及《通鉴》卷二一皆云汉武帝元封五年"初置刺史部十三州"。

② 末城:《汉书·地理志上》作"宣城"。

③ 祥瑞志:《太平广记》卷三八九称"出《祥瑞记》"。

④ 阳夏:《吴书·孙坚传》、《通鉴》卷六〇均作"阳人"。

为江夏太守黄祖伏兵杀之于岘山。兄子贲于坚丧还葬曲阿，收其众，归袁术于淮南。案，《英雄记》与此说不同，云坚以汉初平四年正月七日讨刘表，为表将吕公引兵缘山向坚，①坚寻山讨公，公兵士下石，中坚，应时死。《别传》云：坚攻荆州，刺史刘表使江夏太守黄祖拒于楚、邓间。②祖使将士伏射，杀坚于岘山中。二录差尔。坚字文台，少为县吏。年十七，与父钟并载，经钱塘鲍里，遇海贼胡玉劫南人物，③于鲍里岸上分之。坚望之而启父曰："彼可取。"因登岸，遂指挥处分，似部领番，④贼见，大惊，将有军众，遂散走。坚独追一骑，收财物而还。坚生四子：策、权、翊、匡。案《志林》：⑤孙坚生五子：策、权、翊、匡，吴氏所生；仁即庶子。策时年十七，父亡后，往见广陵人张纮，谘世务事，言雪先君之耻于黄祖，词切意正，涕泣横流。纮心奇之，助成其事。策因委以母及诸弟，径往寿春见袁术，垂涕而言："亡父昔从长沙入讨董卓，与明使君同盟结好于南阳，不幸遇难，勋业不终。策感惟先人旧恩，欲自凭结，愿明使君察其深诚。"术甚异之，以其父众千人配焉，表为汉折冲校尉，使破庐江太守陆康。⑥时汉献帝兴平元年也。明年冬，术以策为殄寇将军。初，袁术表策舅吴景为丹杨太守，及术据寿春，而扬州刺史刘繇走渡江，遂逐景奔历阳。策因谘术征繇，⑦领兵千余，骑数十匹，宾客乐从者数百人。兴平二年十二月，发自寿阳，比至历阳，众已五六千。济于横江，大破刘繇牛渚营，追败繇于曲阿。转斗千里，郡县归伏。遂东破严白虎于会稽。白虎走，义士许昭匿之。程普请讨昭，策曰："有义于旧君，有诚于故友，此丈夫之志也。"遂舍昭，引军屠东冶。白虎降，杀之。改置官吏，镇于会稽。破太史慈于泾口，复任之。以舅吴景复领丹杨太守。南讨豫章、庐陵，定之。时袁术将僭大号于江北，策乃使张纮为书绝之。自领会稽太守，以张昭、张纮等为腹心谋主。遂调时节贡赋于汉，曹操乃表策为讨逆将军，封吴侯。策虽外见受官，内怀三分之计。及袁术败死，其部曲将术家属归庐江太守刘勋。策既定江东，遂引兵与周瑜西渡，袭皖城，大破刘勋于庐江，

---

① 为表将吕公引兵缘山向坚：吴金华、季忠平《〈建康实录〉校议》云，"为"当是衍字。《后汉书·刘表传》李贤注、《吴书·孙坚传》注引《英雄记》均无"为"字。

② 刺史刘表使江夏太守黄祖拒于楚邓间："楚、邓间"，《吴书·孙坚传》作"表遣黄祖逆于樊、邓间"，《御览》卷一一八引《吴书》同。楚、樊因形近致误，作"樊"是。

③ 南人：陶元珍《建康实录札记》云"南"字应为"商"字之误。《吴书·孙坚传》作"贾人"，意同。

④ 遂指挥处分似部领番："似部领番"，《吴书·孙坚传》作"似部领状"，应是。

⑤ 志林：各本均作"志"。《吴书·孙坚传》注引《志林》称："坚有五子：策、权、翊、匡，吴氏所生；少子朗，庶生也，一名仁。"当是虞喜所撰《志林》。四库本径改。张校本据改，从之。

⑥ 表为汉折冲校尉使破庐江太守陆康：陶元珍《建康实录札记》云："《吴志·孙策传》注《江表传》，术表策为折冲校尉在策破陆康后，是也。"

⑦ 策因谘术征繇："谘"字语意不通，疑为"说"之讹。《吴书·孙策传》云："策乃说术，乞助景等平定江东。"又注引《江表传》云："策乃说术：'家有旧恩在东，愿助舅讨横江。'"

取袁术乘舆百工器物而归,以李术为庐江太守,守皖。初,荆州刺史刘表使黄祖子射来救刘勋,策转破射于西塞之水,而追杀其将刘虎、韩晞于沙羡县。还定豫章,走华歆,以从兄贲领豫章太守,留贲弟辅将兵住南昌。策谓贲曰:"僮芝自署庐陵太守,①兄今据豫章,是扼其咽喉而守其门户也。但当伺其形便,因令国仪杖兵而进,一举可定矣。"案《江表传》:②后孙贲闻僮芝病,即如策计,引周瑜上巴丘,外为形势,遂与其弟辅进庐陵而据之。时曹操既扼袁绍而不能禁,因与策为好,以弟女配策小弟匡,复为子章取策从兄贲女为夫人。③

建安五年四月,广陵太守陈登治射阳,阴遣间使,以印绶与严白虎余党于会稽,图取策。策密知之,讨登。至丹阳,④曹操与袁绍相拒于官渡,将欲谋渡江迎献帝。

初,吴郡太守许贡见策英杰,乃表策勇盖天下,骁雄似项羽,请朝廷征入,不然,必为后患。策微知,使人遮得其表,而召贡责之,令武士绞杀。及此兵屯江上,因出猎,马骏去,从骑远,为贡客许昭伏刺之,伤面。时琅琊道士于吉有道术,往来吴中,言事多验,诸将委策拜吉三分之二,策恶之。既至丹徒,责其水旱事,诛吉。自后每独坐,常见吉在左右。及许昭所伤,治疮方差,策性刚,取镜照面,见所伤疮,乃怒曰:"大丈夫将建功业,而令面如此!"遂掷镜大叫,疮裂而死,时年二十六。案《搜神记》:既杀于吉,每照镜,见吉在其中,顾而不见,如是再三。因掷镜大叫,疮裂,须臾而死也。以后事付弟权,托长史张昭、张纮辅佐之。临终,顾谓权曰:"举江东之众,决机于两阵之间,与天下争衡,卿不如我。举贤任能,各尽其心,以保江东,我不如卿。"言终而卒。权临丧,未及息,张昭谓权曰:"夫为人后者,贵能负荷先轨,克昌堂构,以成勋业。方今天下鼎沸,豺狼满道,此宁哭时!犹开门待盗,未为仁也。"乃改权服,扶上马,使出巡行军伍。案《江表记》:⑤坚为下邳丞,生权,广额大口,目有精光。坚异之,以必有大贵。随兄策征伐,每立奇谋,策顾权谓众曰:"此真诸君将军也。"

是时,吴始有会稽、吴郡、丹杨、豫章、庐陵等郡,深崄之地,犹未尽从。

---

① 庐陵:原作"庐江"。陶元珍《建康实录札记》云:"《吴志·太史慈传》注引《江表传》'又丹杨太守僮芝自擅庐陵,诈言被诏书为太守',案'实录''庐江'乃'庐陵'之讹。"陶说是,周钞本正作"庐陵",僮芝据庐陵事亦见《通鉴》卷六二及下文,今据改。
② 案江表传:"案"原作"策"。郦承铨《建康实录校记》云:"'策'疑当作'案'。"四库本径作"案",据改。
③ 复为子章取策从兄贲女为夫人:"章"当作"彰",谓曹操子任城王彰也。
④ 丹阳:周钞本及《吴书·孙坚传》注引《江表传》并作"丹徒"。下文亦作"丹徒",是。
⑤ 江表记:《吴书·孙权传》注作《江表传》。

而天下英豪，布在州郡，宾客之士以安危去就为意，未有君臣之固。权既统事，以周瑜、程普、吕范等为爪牙将军，鲁肃、诸葛瑾、步骘、陆逊为腹心宾客，招延英俊，而分部诸将，镇抚山越，讨不从命。使太史慈镇海昏，韩当、周泰、吕蒙为剧县长。

建安六年春，策所置庐江太守李术闻策死，遂不从命，乃与权书曰："有德见归，无德见叛，不应还。"权怒，自征之。枭首，屠其城，徙其部曲二万人从东渡江。①

八年，以弟翊代吴景领丹杨太守。

九年，大会僚属，以事诛沈友。

友字子正，吴人也。弱冠好学，博闻明赡，善文词，多有口辩。时人以友笔妙、舌妙、刀妙，三妙过人。权至吴，征礼之，共论王霸大略、当世之务。友性忠謇，立朝正色，为众所毁。权亦以终不为己用，故杀之。

十年春，往椒丘，使都尉贺齐讨上饶，分置建平县。

是岁，丹杨都尉妫览、郡丞戴员等与边洪谋杀太守孙翊。②翊妻徐，密与翊亲近孙高、傅婴等谋览、员，伏刃杀之，尽诛其党，以览、员首祭翊墓。

十一年，建昌都尉太史慈卒。

慈字子义，东莱黄人。少好学，仕郡奏曹史。会郡与州有隙，曲直以先闻者善。时州章已去，郡守甚恐，求可使者。慈年二十一，选行。怀郡章，晨夜取道，到洛阳，诣公车门，见州吏，绐而取章，因得毁之。说吏与俱亡，出城，潜还，通郡章。慈由是知名。既而避州隙，之辽东。

北海相孔融闻名义之，馈其家，问讯老母。及黄巾贼围孔融，母急召慈还，令救融。慈单行，径至都昌，伺隙入见融，言老母感遇之意，请以求外援，无损府君之兵以却贼。因而开城，诡习马射，伺贼之懈，便突围出，求救于刘备，以解都昌之围。而还启其母，母曰："我喜汝有以报孔北海也。"

后扬州刺史刘繇渡江，慈随之曲阿。会孙策讨繇，慈单骑出候，卒遇策于神亭，策从韩当、宋谦、黄盖等一十三骑，慈便前独斗，正与策对。策刺慈马，而揽得慈项上手戟，慈亦得策兜鍪。会两家兵来，乃解。与繇俱奔豫章，道自芜

---

① 徙其部曲二万人从东渡江："二万人"，《吴书·孙权传》及周钞本作"三万余人"。《通鉴》卷六三作"二万余人"。

② 是岁丹杨都尉妫览郡丞戴员等与边洪谋杀太守孙翊：季忠平《〈建康实录〉宋本校勘刍议》云："都尉"，宋本作"都督"。《吴书·孙韶传》载："（妫）览为大都督督兵，（戴）员为郡丞。"《通鉴》卷六四同。《吴书·宗室传》载孙翊被杀在建安九年，《通鉴》卷六四亦系之于建安九年。

湖，亡入山中，称丹杨太守，立屯府于泾县。寻为策所破，执之，捉其手曰："宁识神亭时也，若卿尔时得我何如？"慈曰："未可量也。"策大笑曰："天下之事，当与卿共之。"拜门下都督，①从还吴。迁折冲中郎将，深委任之，每与计议。闻刘繇死于豫章，士众万余人，未有所附。策谓慈曰："刘牧往责吾为袁氏攻庐江，其意颇猥，理恕不足。何者？先君手下兵数千人，尽在公路。②孤志在立事，不得不屈意在公路，求索故兵，再往才得千余人，乃令孤攻庐江。尔时事势，不得不为行。但其后不遵臣节，自弃作邪僭事，谏之不从。丈夫义交，苟有大故，不得不离。孤初交公路及绝之本末如此。今刘公丧亡，恨不及其生与论辩之。且儿子在豫章，不知华子鱼待遇何如，其部曲复依随之否？卿则州人，昔又从事，诚能往视儿子，并致孤意于部曲。部曲乐来者，便与俱来，不乐者，且安慰之。并观子鱼所牧御方规，视庐江、③鄱阳之民亲附之否。卿手下兵，所将多少，自由意。"慈对曰："慈有不赦之罪，将军量同桓、文，待遇过望。古人报生以死，其于尽节，没而后已。今此使行，不宜多兵，数十人自足往还。"左右闻策使慈，皆密谏慈难测，遣之非计。策曰："诸君语皆非也，孤料详矣。太史子义虽勇烈，非纵横人也。其心有士谟，义重然诺，一意许知己，死生不相负，诸君勿忧之。"自出钱于阊门，把腕别曰："何时当还？"答曰："不过六十日。"如期归，告于策曰："子鱼非筹略之才，但自守而已。今庐陵、鄱阳皆不受子鱼之命。海昏、上獠，约有六千余家，结聚作宗伍，惟输租布于郡尔，发召一民不可得。"策抚掌大笑，遂有并兼之心。乃拜慈为建昌都尉，治于海昏焉，督诸将以拒刘表从子磐。

慈身长七尺七寸，美须髯，猿臂善射，④弦不虚发。尝从策讨麻、保，贼于屯里缘楼上行骂，以手持楼棼，慈引弓射之，矢贯手著棼，围外万人莫不称善。曹操闻其名，遗书以箧封之，慈发省无所道，但贮当归。及权统事，以慈能制刘磐，专委南方之事。卒，时年四十二。

十二年，太夫人吴氏薨，合葬高陵。

夫人吴郡钱塘人，早失父母，与弟景居。孙坚闻其才貌，求而娉之。夫人初孕策，

---

① 门下都督：《吴书·太史慈传》作"门下督"。
② 先君手下兵数千人尽在公路：《吴书·太史慈传》注引《江表传》曰："先君手下兵数千余人，尽在公路许。"句末有"许"字，于义为长。
③ 庐江：《吴书·太史慈传》注引《江表传》作"庐陵"。下文亦庐陵、鄱阳连称。
④ 猿臂善射："猿"原作"猨"，徐钞本、周钞本、刘钞本、四库本及《吴书·太史慈传》均作"猿"，据改。

梦月入怀，既而生策。及权在孕，又梦日入怀，以告坚，坚曰："日月，阴阳之精，极贵之象,吾子孙其兴乎！"后坚薨，夫人家于舒，抚育孤幼，严于母训。及策统众，夫人助治军国，至多补益。案《吴书》：坚汉初平四年薨。兴平元年，策见袁术。计坚亡时，策年十六也。策功曹魏滕有罪，将欲杀之。时左右忧恐，计无所出。夫人乃倚大井，召策曰："汝新造江南，其事未集，方当优贤礼士，舍过录功。功曹在公尽规，汝今杀之，他人明日皆叛汝矣。吾不忍见汝祸及，当先投此井。"策大惊，遽释滕罪。夫人智略事多如此，存下甚得众心。临薨，引见张昭、张纮等，属以后事。

秋，鄱阳有山贼彭虎等，聚党数万，使将军董袭讨之。袭身长八尺，武力绝人，声发若雷，贼帅望旗散走。

十三年春，征黄祖于江夏，屠其城邑，生获祖，枭首于军门，虏其男女数万口而归。分歙置始新、新定、黎阳、休阳，以六县为新都郡。

秋，曹操征刘表于荆州。时表已死，子琮举荆州降。时刘备自袁绍南连刘表，在荆州。操既平荆土，因追破备，备走当阳。操乃多修船舫，遗书于权曰："今治水军八十万众，方与将军会猎于吴。"权得书，召示群臣，张昭等议皆劝权迎之，鲁肃窃谏不可。时命周瑜使鄱阳，行途未远，请追瑜，任以军事。权召瑜，瑜还，意与肃同。权廷论未能决，因起入。周瑜趋后，密说权曰："今拒操，破之必矣。若破操，天下可鼎峙而立。荆州上流，当吴有也。"权许之，乃密使鲁肃上往观釁。肃至，遇备已败，遂便止，传权意。见备于当阳长坂，切陈成败事势，将合谋以拒操。权始自吴迁于京口而镇之。案《地志》：吴大帝亲自吴迁朱方，筑京城，南面、西面各开一门，即今润州城也。因京岘立名，号为京镇，在建业之北，因为京口。或云汉时已有京口，未详。案《史记》：秦始皇三十七年，东渡江，使赭衣三千凿朱方京岘山东南陇，因名丹徒。今润州见有徙儿浦，即始皇将徙人过此浦，因名焉。备乃使诸葛亮诣权。权乃使周瑜、程普将兵二万随亮与备南拒操。权自将中军一万继之。瑜以黄盖为先锋，取艨冲斗舰数十艘，实以薪草，灌以鱼膏，裹以帏幕，上建旌旗龙幡。前遣书报曹操，绐其欲降。时东南风急，因取草舰最著前，系走舸于后，中江举帆俱前。操军士皆延颈观望。去北军二里余，同时火发，火烈风猛，船往如箭，悉烧北船，延及岸上营落，飞埃张天。瑜率轻锐，雷鼓同进，大破曹操军于赤壁江口。操走，仅获免，北归，留曹仁守江陵。瑜与程普等追破仁军于南郡。瑜为流矢中其右胁，疮甚，卧。仁乃勒兵逼，瑜乃自起舆行军阵间。① 仁闻，收军退走。权以瑜领南郡，镇江陵。

十四年，权居京口。刘备诣京口见权，求荆州。周瑜闻之，密上书谏留备处于吴，莫遣还。时彭城太守吕范进说权曰：② "刘备虽穷迫见归，得雨非池中物，请及今困留之。"权不纳，遥表汉以备为荆州牧，使治公安。自饯备于江上，观望久之，谓备曰："孤与公扫清遗秽，迎帝定都，事宁之日，愿与公乘舟游沧海耳。"备对曰："此亦备之志也。"案《刘备传》：备既辞，谓左右曰："孙车骑精爽周赡，其难为下，吾不得再见之矣。"遂日夜兼行上公安也。时曹操闻权以荆州资刘备，大惧，方作书，不觉笔坠于地也。

十五年，分豫章置鄱阳郡，分长沙置汉昌郡。以鲁肃为太守，治于陆口。以南中郎将步骘为交州刺史。骘到，杀刘表所置苍梧太守吴臣，③ 以徇诸郡。表士燮交阯太守兼左将军，南土宾服，自此始也。

是岁，偏将军、南郡太守、都亭侯周瑜卒。

瑜字公瑾，庐江舒城人。少有姿貌，与孙策同年。策父坚初起义兵讨董卓，徙家于舒。瑜见策，善相友待，推道南大宅舍之。策升堂拜母，有无与同。及策领父众将东渡，至历阳。瑜从父尚为丹杨太守，瑜往省之。策驰书报瑜，瑜将乡里数人候策，策大喜，遂共定江东诸郡。累迁至江夏太守。从征克皖城，因得桥公二女，皆国色，策纳大者，瑜纳小者。《江表传》：策尝从容戏瑜曰："桥公二女虽流离，得吾二人为婿，亦足欢矣。"及权统事，太夫人敕权以兄事瑜，拜中护军。时权位在将军，诸宾客为礼尚简，惟瑜独尽敬而执臣节。性度恢廓，权甚委之，与张昭等共掌众务，大小关之。及镇江陵，闻益州刘璋为张鲁侵寇，乃自诣京，说权进取蜀："得蜀，使鲁肃固守其地，北与马超结援。瑜与将军还据襄阳，以蹙曹操，北方可图。"权许之。瑜归江陵治行，④ 道病，卒于巴丘，时年三十六。权素服举哀，流涕而言曰："公瑾有王佐之才，今忽短命，孤何赖焉！"及丧还，自至芜湖迎之，丧事费度，一为供给。著令曰："故将军周瑜宾客，皆不得问。"

---

① 瑜乃自起舆行军阵间：吴金华、季忠平《〈建康实录〉校议》云，"起"当是衍字。
② 彭城太守吕范进说权曰：《吴书·吕范传》曰范"拜裨将军，领彭泽太守，以彭泽、柴桑、历阳为奉邑"，从其历官判断，"彭城太守"当为"彭泽太守"之误。
③ 苍梧太守吴臣："吴臣"，《吴书·步骘传》作"吴巨"。
④ 瑜归江陵治行：《吴书·周瑜传》云："瑜还江陵，为行装，而道于巴丘病卒。"陶元珍《建康实录札记》指出《实录》脱"装"字。

瑜有二男一女，女配太子登。男脩，①尚公主，拜驸马都尉。瑜少精意于音乐，虽三爵之后，其有阙误，必知之，知之必顾。时人语曰："曲有误，周郎顾。"瑜常有恩信著于吴中，人皆呼为周郎也。案《江表传》：程普颇以年长数凌侮瑜，瑜折节容下之。普后自敬服，乃告人曰："与周公瑾交，若饮醇醪，不觉自醉。"其谦让服人如此。初，曹操闻周瑜年少有美才，谓可游说动之，乃密下扬州，遣九江蒋干往见之。干有容仪，以才辩见称，独步江、淮间，莫与为对。乃布衣葛巾，自托私行诣瑜。瑜出迎之，立谓干曰："子翼良苦，远涉江湖为曹氏作说客耶？"干曰："吾与足下州里，中间别隔，遥闻芳烈，故来叙问，②并观雅规，而云说客，无乃逆诈乎！"瑜曰："吾虽不及夔、旷，闻弦赏音，足知曲也。"因延入，设酒食。毕，遣之，出就别馆。后三日，瑜请干与周观营中，行视仓库军资器仗讫，还饮宴，示之侍者服饰珍玩之物，因谓干曰："凡丈夫处世，遇知己之主，外托君臣之义，内结骨肉之恩，言行计从，祸福共之，假使苏、张更生，郦叟复存，吾犹抚其背而折其辞，岂足下幼生所能移乎！"干但笑，终无所言。干还，称瑜雅量高智，③非言辞所间。魏人多之。瑜威声既著，刘备、曹操互疑潜之："瑜筹略，万人英也。观其器度广大，恐不久为人臣。"曹操亦有书与权云："赤壁值军疾疫，烧船自退，横使周瑜虚获此名。"权终委信无别。

十六年，权始自京口徙治秣陵。

十七年，城楚金陵邑地，号石头。改秣陵为建业。

是岁，初作濡须坞于江西，以拒曹操。时操以步兵号四十万，列营出濡须口，权以七万当之。使甘宁夜突入操营，斩数级而还。操军大骇，军中鼓噪。权闻，笑曰："足以惊老子否？④聊复观卿胆耳！⑤"

十八年，权自与操相持于濡须。使将军常雕等以兵五千，乘油船，夜入中洲。⑥权使将军严圭、朱桓等率水军击破之，枭其将诸葛虎，并首虏三千人而还。权数挑战，操坚守不出，权乃乘轻舟入濡须。操军士以为挑战，欲击之，操不许，曰："此孙权欲观吾军部伍也。"敕左右严仗，不得妄动。权行五六里，回作鼓吹而归。操见权舟船器械整肃，嗟曰："生子当如孙权，刘景升儿子若豚犬耳！"案《魏书》：

---

① 脩：《吴书·周瑜传》、《通鉴》卷六六皆作"循"。
② 吾与足下州里中间别隔遥闻芳烈故来叙问："叙问"，《吴书·周瑜传》注引《江表传》作"叙阔"，"问"当是"阔"之坏字。
③ 智：《吴书·周瑜传》注引《江表传》作"致"。
④ 足以惊老子否：陆氏旧藏钞本作"以复惊老子"。
⑤ 聊复观卿胆耳：宋本、四库本、张本、徐钞本、周钞本、刘钞本、陆氏旧藏钞本皆无此六字。
⑥ 十八年权自与操相持于濡须至夜入中洲：吴金华、季忠平《〈建康实录〉校议》云建安十八年无常雕夜袭中洲之事，《实录》大误。此事发生在孙吴黄武二年，当曹魏黄初四年。

孙权乘大船来观曹公军，曹公使弓箭乱发，①箭著其船，船偏重将覆，乃回船，复以一面受箭，箭匀船平，乃回。此说不同。权乃为书与操曰："春水方生，公宜速去。"又别纸曰："足下不死，孤不得安。"乃引还。操恐江滨郡县为权所掠，征令内移，人转相惊。自庐江、九江、蕲春、广陵，户十余万皆东渡江，江西遂虚，合肥以南，唯有皖城。

十九年夏五月，权又征皖城，取之，获太守朱光。魏军尽退，克宁江表。而扬州所统丹杨、吴兴、②新都、东阳、临海、建安、豫章、鄱阳、临川、安城、卢陵、南郡等一十四郡，合一百四十八县。

是岁，刘备入蜀，定益州，使关羽镇襄阳。

二十年，权使诸葛瑾往诣备，求荆州。备不与，权征之，置南三郡守，使吕蒙讨定其民。蜀将关羽尽逐出之。权大怒，自上镇陆口，使汉昌太守鲁肃南讨。时曹操又入汉中，备惧操逼，遂遣使与吴求和。乃分荆州长沙、江夏、桂阳四郡属吴。③

冬，折冲将军、升城督甘宁卒。

宁字兴霸，临江人也。少为吏，轻财重士。尝聚健儿年少，好持弓弩带铃，民闻铃声，即知宁来也。出入陆则连骑，水则轻舟。与人相遇，待之甚厚，乃与交欢，不尔，即放而夺之。自刘表败，归吴，周瑜荐之，以骁果从。权尝曰："孟德有张辽，孤有兴霸，可以敌也。"

二十一年，权自陆口引兵还合淝，营于津北。④魏遣将军张辽拒之，久不战，权乃彻军。过津南，自留千人殿后，与军将举酒乐饮。前部渡将欲尽，辽知之，密使人断桥，以轻骑来袭。权策马至津桥，桥南已拆丈余，给事谷利在后，令权持鞍缓控，利加鞭助马势，遂得超渡。魏人追逼之，利与别部司马凌统以死苦战，身被数疮。贺齐等回军津南，列阵以待之。权既免，至大军，垂泣啮指出血，以为终身之戒。封谷利等为都亭侯。张辽素不识权，权去后，因得吴降人，问云："向者紫髯将军、长上短下者是何人？"答曰："孙将军。"辽惋愕久之，举军叹恨。

二十二年春，权令都尉徐祥诣曹操诈降，⑤将谋息兵。操信之，使修好结婚。

---

① 曹公使弓箭乱发："弓箭"，宋本作"弓弩"，《吴书·孙权传》注引《魏略》正作"弓弩乱发"，于义为长。

② 吴兴：《吴书·孙皓传》载宝鼎元年分吴、丹杨二郡置吴兴郡，故此时尚无吴兴郡，疑为"吴郡"之误。

③ 乃分荆州长沙江夏桂阳四郡属吴：《吴书·孙权传》、《通鉴》卷六七并云："遂分荆州长沙、江夏、桂阳以东属权，南郡、零陵、武陵以西属备。

④ 二十一年至营于津北：孙权与张辽对战事，《吴书·孙权传》、《通鉴》卷六七皆系于建安二十年。

⑤ 徐祥：《吴书·孙权传》《胡综传》及《通鉴》卷六八皆作"徐详"。

是岁，偏将军、都亭侯凌统卒。

统字公绩，吴郡余杭人也。年十五，以父功举为别部司马，摄领父兵。尝有宴会，部下将陈勤性刚勇，饮酒使气，凌轹一座，统面折之。勤怒及其父母，统流涕不答。罢出，勤于道又凶悖辱统，统不能忍，引刀砍勤，①数日乃死，时人多之。每随权征伐，从陆口还合淝，率左右苦战，免权淮北之难而还，②悲痛亲近者皆没无返者。权引袂拭面曰："公绩，亡者已矣，但使卿在，何患无人！"因留之，常使出入卧内。统为人性好接物，亲贤爱士，轻财重义，有国士风。年二十九卒。权闻之惊起，哀不自胜，使张承作诔致祭。有二子：烈、封，皆幼弱，权收养于宫中，年八九岁，令葛先授书，十日一教乘马射，呼为"吾家虎子"。

二十三年，权如吴，亲乘马射虎于庱亭。虎伤马，长史张纮执辔谏曰："足下继父兄之业，不宜轻脱，逞英雄于猛兽，万一不虞，则大事去矣！"权乃止。

秋，横江将军、益阳侯鲁肃卒。③

肃字子敬，临淮东城人。生而失父，家富于财，常散以赈穷乏，结豪士，得乡邑之心。时庐江周瑜为居巢长，闻之，往求资粮。肃时有米二囷，各三千斛，直指一囷与瑜。瑜益奇之，乃结侨、札之交。袁术闻而征之，肃见其无纲纪，乃就周瑜于居巢，相与携老弱渡江，住曲阿。见孙策英杰，遂定议共事之。策死，权统事，周瑜乃荐肃才宜佐时。权引肃合榻对饮，因密议曰："今日汉室倾危，四方云扰，孤承父兄遗业，思有桓、文之功。君既惠顾，何以佐之？"肃对曰："昔汉高帝区区，欲尊事义帝而不获者，以项羽为害。今之曹操，犹昔之项羽，将军何由得为桓、文乎？肃窃料之，汉室不可复兴，曹操不可卒除，为将军计，惟鼎足江东，以观天下之衅。竟长江所极，据而有之，此自无嫌也。"权甚重之。及曹操破荆州，军势盛，群臣议多劝迎之，惟肃与周瑜不听，立计破操，定荆州。后周瑜向江陵，道疾笃，上表以肃自代。进奋武将军，封邑、兵仗器械、部伍，尽瑜之旧属焉。改授横江将军。在荆州，甚得物情，众至万余。肃为人方直严毅，寡于玩饰，内外节俭，治身整齐。在军手不释卷，善属文，思略弘远。卒，时年四十六。权举哀素服，蜀诸葛亮闻之，亦发哀三日。

二十四年秋，权表汉天子，自率陆逊、吕蒙等西征关羽。至大桑浦，拜吕范

---

① 引刀砍勤："砍"，宋本作"斫"。《吴书·凌统传》、《御览》卷八四六并作"斫"。

② 免权淮北之难而还："淮北"，宋本作"津北"，指合肥逍遥津之北。上文有"二十一年，权自陆口引兵还合淝，营于津北……权乃彻军。过津南，自留千人殿后"可资参考。

③ 秋横江将军益阳侯鲁肃卒：《吴书·鲁肃传》、《通鉴》卷六八皆叙此事于建安二十二年。

为建武将军，领丹杨太守，封宛陵侯，使镇建业。谓之曰："前从卿言，无今日之劳也。今当取之，卿好为我居守也。"

八月，刘备称汉中王。

冬十一月，大破关羽，定荆州，释魏将于禁囚，归之。羽退守当阳麦陵城，①请降。权召太史吴范问之，范曰："彼有走气，言降诈耳！"密使潘璋等径路邀之，令朱然纳降。觇者还，曰："关羽已遁去。"范曰："虽去不免。"权曰："何时得之？"答曰："明日日中。"权立表下漏待之。及日中，不至。范曰："尚未正中。"顷之，有风动帷，范拊手曰："羽至矣。"须臾，外称万岁，传言得羽。是日，潘璋部将马忠擒羽及子平于章乡，还，诛之。案《虞翻传》：关羽既败，帝令翻筮之，得《节》之《临》。翻曰："不出三日，当断其头。"果如其言。帝谓翻曰："卿不及伏羲，可与东方朔为比也。"案《蜀志》：关羽字云长，河东解人也。与张飞共事刘备，为御侮者也。汉天子以权为荆州牧，领车骑大将军，封南昌侯。权遣梁禹入贡于汉，以观曹操。

是岁，南昌太守、孱陵侯吕蒙卒。

蒙字子明，汝南富陂人也。少小江南依姊夫邓当。②年十五六，每随当征讨，其母不许。答曰："贫贱难可居，设有功，当得富贵。且不探虎窟，安得虎子。"母听之。后因袁雄见孙策，策奇之，使居左右。及权统事，张昭荐之，从征黄祖，立功，拜横野中郎将。与周瑜追曹仁。仁围甘宁于夷陵，急，蒙说瑜进解宁围，先遣三百人寨断险道，③贼走可得其马。及破仁，仁夜遁走，遇寨道，皆舍马步走。蒙蹙之，获马数百匹。拜偏将军，镇上屯。时蜀将庞肃举军来附，④周瑜表分其兵与蒙。蒙上书劝权，来归者宜益不宜夺。权从之。时上屯戍将徐硕、宋芝等二人皆死，子弟小弱，权以其众并付蒙。蒙因陈其功劳，不可弃废，宜立其子。乃择师傅训其子弟，天下义之。后代鲁肃领汉昌太守，屯陆口。权因上陆口与议，令北取徐州，以广疆埸。蒙曰："此计未当。纵得徐州，亦不能守，不如西取关羽，以据长江。"权从之。竟破羽，定南郡，进封孱陵侯。

遇疾，权使舁入宫内，自医之。每为不食，又不能频见，恐其起动，常穿壁伺之。见少可，则喜笑；如不能，则悲不自胜。治护万方，募国内有愈蒙者赐千金。蒙

---

① 麦陵城：《吴书·吕蒙传》、《通鉴》卷六八皆作"麦城"。胡三省注云："《荆州记》曰，南郡当阳县东南有麦城。"

② 少小江南依姊夫邓当："邓当"原作"刘当"。《吴书·吕蒙传》云："少南渡，依姊夫邓当。"

③ 寨断："寨"，甘钞本作"塞"。徐钞本、四库本及《吴书·吕蒙传》皆作"柴"。

④ 庞肃：《吴书·吕蒙传》、《通鉴》卷六五皆作"袭肃"。

为人不怀宿怨，如有雠隙毁嫌者，皆擢用之。性不好书，权常使人劝令学问以自益。年四十，卒于宫中。① 权哭之恸，置守冢三十家，助田五十顷。子霸，袭爵。

初，权与陆逊论周瑜、鲁肃及蒙曰："公瑾雄烈，胆略兼人，遂破孟德，开拓荆州，邈焉难继，君今继之。公瑾昔要子敬来东，致达于孤，孤与宴语，便及大略帝王之策，此一快也。后孟德因获刘琮之势，张言率数十万众，水陆俱下。孤普请诸将，咨问所宜，无适先对，至子布、文表，俱言宜遣使修檄迎之。子敬则驳言不可，劝孤急呼公瑾，付任以众，逆而击之，此二快也。且其决计策，意出张、陈远矣！② 后虽劝吾借玄德地，是其一短，不足以损二长也。周公不求备于一人，故孤忘其短而贵其长，常以比方邓禹。又子明少时，不辞剧易，果敢有胆而已。及长，学问开益，筹略奇正，③ 可以次于公瑾，但言议英发不及耳。图取关羽，胜于子敬。子敬答吾云：'帝王之起，皆有驱除，羽不足忌。'此内不能辩，外为大言耳。孤亦恕之，不苟责也。然其作军屯营，不失令行禁止，部界无废负，路无拾遗，其法亦美矣！"

二十五年春正月，魏王曹操薨，太子丕即位，改汉建安为延康元年。秋，魏将梅敷使南阳长史张俭送款，以南阳阴、酂、筑阳、山都、中庐五县五千家归附，权纳之。明年冬十月，曹丕代汉称魏，号黄初元年，④ 而权江东犹称建安。

二十六年，其年始置丹杨郡，自宛陵理于建业。⑤

二十七年夏四月，刘备称帝号于蜀，即黄初二年也。⑥ 时权在公安，闻之，自公安下都鄂，改鄂为武昌。召问知星者，将定三分之计。

五月，甘露降于建业。

秋八月，城武昌，下令诸将出入从兵仗以自防。

冬十一月，魏使邢贞至，册命权九锡，为吴王。贞入国门犹乘车，军师张昭怒其无礼，责之曰："君谓江东无寸刃可为法耶！何轻慢之甚！"贞遽下车，拜

---

① 年四十卒于宫中：《吴书·吕蒙传》《通鉴》卷六八皆云吕蒙卒时年四十二。

② 意出张陈远矣："张陈"，四库本、《吴书·吕蒙传》皆作"张苏"。谢秉洪《〈建康实录〉校读札记》以为"张陈"不误，意指张良、陈平。

③ 筹略奇正：《吴书·吕蒙传》《通鉴》卷六八皆作"筹略奇至"。

④ 明年冬十月曹丕代汉称魏号黄初元年：曹丕于建安二十五年代汉称帝，改元黄初元年，此云"明年"，误。吴金华《〈建康实录〉十二题》云，"明年"当属衍文。

⑤ 二十六年其年始置丹杨郡自宛陵理于建业：吴金华《〈建康实录〉十二题》云：孙权始置丹杨郡亦当是建安二十五年，"二十六年"是继衍文"明年"之后妄增，"其年"当作"是年"。

⑥ 二十七年夏四月至即黄初二年也：蜀汉章武元年即曹魏黄初二年，是年为孙权所奉东汉建安二十六年，故"二十七年"乃"二十六年"之误。

谢。群臣见册命至，议以为宜称汉上将军、九州伯，不应受魏封。权曰："九州伯于古未闻，昔沛公亦受项羽封为汉王，此盖时宜尔，复何损也！"遂遣中大夫赵咨使魏。魏文帝问曰："吴王何等主？"对曰："聪明仁智，雄略之主。"问其状，咨曰："纳鲁肃于凡品，是其聪也；拔吕蒙于行军，①是其明也；获于禁而不害，是其仁也；取荆州兵不血刃，是其智也；据三州，虎视天下，是其雄也；屈身陛下，是其略也。"又问："吴王颇知学乎？"答曰："吴王浮江万艘，带甲百万，任贤使能，志在经略，脱有余暇，博览史籍而采奇异，不效书生寻章摘句而已。"又曰："吴可征乎？"咨曰："大国有征伐之兵，小国有备御之固。"又曰："吴难魏乎？"咨曰："带甲百万，江汉为池，何难之有！"又曰："吴如大夫者几人？"咨曰："聪明特达者八九十人，如臣之辈，拨群驱队，不可胜数。"文帝善其对，厚礼之。咨还，说权曰："臣观北方终不能守盟，朝廷承汉四百之余，应东南之运，宜改年号，正服色，以应天顺人。"权纳之。拜骑都尉。

是年，刘备怨杀关羽，大举兵自来伐。至巫山，诱武陵五溪蛮夷反，权使大将军陆逊拒之。南郡太守诸葛瑾时驻公安，使人送笺，论是非以解于备。或有谮瑾别遣亲人与备相闻，陆逊知之，表明瑾无此，宜散其意。权书报逊曰："子瑜与孤从事积年，恩如骨肉，深相明究。其为人也，非道不行。玄德昔遣孔明至，孤语子瑜：'卿与亮同产，且弟随兄，于义为顺，何以不留？'子瑜答孤云：'孔明与人委质定分，义无二心。弟之不留，犹臣之不往也。'其言足贯神明，今岂有此乎！孤前得妄语文疏，即封视子瑜，并手笔与之，得其报，论天下君臣大节一定之分。孤与子瑜，可谓神交，非外言可间也。知卿意至，辄封来表，以示子瑜，使知孤意。"

二十八年春正月，②蜀军前后连五十余营，分据险地，进升马鞍山。陆逊督诸将，随轻重应接，四面攻围。闰正月，大破蜀军于五屯，③斩将搴旗，追奔逐北，尽败诸营，投降者万余，尽得其粮食器物。备走，逊部将孙植斩上兜道，④截其径路要备。备逾山险，仅得免，入于白帝城。

---

① 拔吕蒙于行军："行军"，宋本、四库本、陆氏旧藏钞本皆作"行阵"。
② 二十八年春正月：夷陵之战发生于公元二二一至二二二年，即吴所用汉纪年建安二十六至二十七年，《实录》叙此事于二十八年，误。且孙权改元黄武后不再使用"建安二十七年"纪年，叙事中的"二十七年""二十八年"，均因前文误用"二十六年"致误。
③ 大破蜀军于五屯：吴金华、季忠平《〈建康实录〉校议》云，"于"当是衍字。
④ 孙植：《吴书·陆逊传》、《通鉴》卷六九皆作"孙桓"。

二月，权以破蜀事使报魏。魏遣侍中辛毗、尚书桓阶来盟誓，并征任子，权辞不受。

秋九月，魏命曹休、张辽等诸军大出，数道来逼。权令吕范、诸葛瑾等缘江守备。拜陆逊为辅国大将军、郢州牧，①封江陵侯，假黄钺，渡江拒魏。以将军朱桓为濡须督，封新城亭侯。魏密遣大司马曹仁步骑数万向濡须，欲袭取桓。乃伪扬声东攻羡溪，桓分兵将赴羡溪，既发，卒得仁进军拒濡须七十里。②桓遣追还羡溪兵，未到，而仁奄至城下。桓时兵吏在者五千人，因敕偃旗卧鼓，外示虚弱以诱之。仁使子泰来攻，自将万人留为后拒。桓分步兵当仁，身自拒，破泰。泰烧营走，追斩数千级，仁退。诸军乘胜破曹休、张辽等，魏引退。镇西将军陆逊等率诸将进表，劝权即王位。

冬十一月，权就吴王位于武昌，大赦，改年号为黄武元年。初置丞相，以阳羡侯孙劭领之，③立子登为王太子。

十一月，蜀使致书于权，引咎自责，永修旧好。④

十二月，遣大中大夫郑泉聘刘备于白帝，始报通好焉。泉至蜀，蜀主问曰："吴王何以不答朕书，将无以朕正名不宜乎？"泉曰："曹操父子凌轹汉室，终夺其位。陛下托以宗室，有维城之重，不荷戈执殳，为海内率先，而因是自名，未合天下之义，是以寡君未复书耳。"备甚惭。

泉字文渊，陈郡人。博学有姿望，而性嗜酒。每闲居，曰："愿得美酒满五百斛船，以四时甘脆置两头，反覆没饮之。惫即住而啖肴馔。酒有斗升减，随而益之，不亦快乎！"临卒，谓同类曰："必葬我于陶家侧，庶百岁后化成土，见取为酒壶。"

是岁，改夷陵为西陵。诏扬州置牧，以丹杨太守吕范为扬州牧，以东征将军高瑞领丹杨太守。复自建业徙治芜湖。时扬州所统一十四郡，一百四十八县，而丹杨领一十九县。

二年春正月，城江夏武昌宫。改《四分》，用《乾象历》。自以土行代汉，建寅为岁首。

三月，魏军尽退，疆界宁息。

---

① 郢州牧：《吴书·陆逊传》《通鉴》卷六九皆作"荆州牧"。
② 卒得仁进军拒濡须七十里：《吴书·朱桓传》曰："既发，卒得仁进军拒濡须七十里问。"吴金华、季忠平《〈建康实录〉校议》云，"七十里"下当有"问"字，无"问"字则上文"得"字无着落。
③ 孙劭：《吴书·孙权传》《张昭传》《顾雍传》皆作"孙邵"。
④ 永修旧好："永"，宋本、四库本、陆氏旧藏钞本作"求"，于义为长。

夏四月，丞相孙劭、大将军陆逊率群臣上表，称天命符瑞，劝王即帝位。王再让未许，谓群臣曰："汉家堙替，不能存救，亦何竞焉！"①案《江表记》：权谓将相曰："往年寡人以玄德方向西鄙，故先命陆逊选众以待之。闻北部分兵欲以助寡人，寡人内嫌其状，②若不受其拜，是相折辱而趣其速发，便当与西俱至，二处受敌，于国为剧，故自抑就其封王。低屈之趣，诸君未尽，今故相解耳。"蜀主刘备薨于白帝，王使立信都尉冯熙吊于蜀。

五月，甘露降曲阿。

冬十一月，蜀使邓芝以马二百匹、锦千端来聘。自是之后，聘使来往为常，各致方物，奖其厚意。

三年秋九月，魏大军来寇。曹丕自出广陵，临大江，兵十余万，旌旗数百里。王使诸将谋以拒守，安东将军徐盛设计筑围，作薄落，围上设假楼，江中浮船，多张旗帜于山险。而又缚草为人，衣以甲胄，自武昌至于京口，烽烟相望。诸将以为无益，王然之。魏文帝临江不敢渡，久之，叹曰："天固隔我吴、魏，彼有人焉。"便退。吴将孙韶先屯于江北，闻魏军退，遣将高寿率敢死士五百人，夜于径路要之。魏帝惊，败遁，走寿春，获辒车羽盖而归。③

冬十月晦，日有蚀之。

四年夏五月，丞相孙劭薨，谥曰肃。

劭字长绪，北海人。身长八尺。初为北海相孔融功曹，融以为廊庙之才。汉末，随刘繇过江。归国，累拜车骑长史，为吴首相，封阳羡侯。

初，劭之薨也，群臣众望举娄侯张昭为丞相。王曰："寡人岂为子布所惜，但丞相事烦，而此公性刚，所言不从，怨咎将兴，非所益也。"

六月，以太常顾雍为丞相，封醴陵侯。以尚书陈化为太常。

化字元耀，汝南人。少博览众书，气干刚毅。长七尺九寸，雅有威容。初拜郎中，使魏，魏文帝因酒酣，谑化曰："吴、魏峙立，谁将平一海内？"化曰："《易》称帝出乎震，加闻先哲知命，旧说黄旗紫盖，运在东南。"帝曰："昔文王以西伯王天下，岂复在东乎？"化曰："周之初基，泰伯在东，所以文王兴于西。"帝笑，无以难，心奇其词，厚礼送还。王以奉命光国，迁犍为太守。寻追入，迁尚书。

---

① 亦何竞焉：陆氏旧藏钞本作"亦何心竞焉"。
② 闻北部分兵欲以助寡人寡人内嫌其状："状"，语意不通，《吴书·孙权传》注引《江表传》作"挟"，于义为长。
③ 吴将孙韶至获辒车羽盖而归：《吴书·孙权传》注引《吴录》叙此事在黄武四年。

顷之，拜太常，兼尚书。①立朝正色，敕子弟废田桑，绝治产业，仰官廪禄，不与百姓争利。妻早亡，以古事为鉴，不复娶。王闻而贵之，以其年壮，敕宗正以宗室女妻之，固辞不受。年七十，上疏乞骸骨，爱居章安，卒于家。子炽嗣。

雍字元凯，②吴人也。少从蔡伯喈学琴，慕其为人，因改名雍。初以州郡表荐，累迁至尚书，③封阳遂乡侯。拜侯还家，④而家人不知。雍为人不饮酒，寡言语，朝廷惮之。自为丞相，其所选用，各随能所任，心无适莫。访人间及政职所宜，密以言闻，见纳则归于主上，不用，终不泄言，以此见重。

秋七月，皖口言木连理。又地连震。

五年，大将军陆逊奏所在无寇，令诸将广农亩，王许之，称："善，孤自率子弟亲受田，车八牛，为四耦，与众等，均其劳也。"

夏五月，魏文帝崩。

秋七月，苍梧凤凰见。是月，置东安郡，治富春。

冬十一月，陆逊以便宜奏施德缓刑，宽赋息调。⑤王答善之。乃令有司写利害科条，使中郎褚逢赍就逊，⑥令与诸葛瑾同损益之。

卫将军、交趾太守、龙编侯士燮卒。

燮字威彦，苍梧广信人也。少好学，汉察孝廉，补尚书郎，以公事免。寻举茂才，除丞令，⑦累迁交趾太守。汉末，交州刺史朱符为夷贼所杀，州郡扰乱。燮乃表弟司徒掾壹领合浦太守，次弟徐闻令䵋领九真太守，䵋弟武领南海太守。兄弟并在列郡，雄据一州，偏在万里，威尊无上。出入鸣钟磬，备鼓吹，车骑满道，胡人夹毂焚香者常有数十人。妻妾乘辎軿，子弟从兵骑，当时贵重，震服百蛮。

燮体气宽和，谦虚下士，中国人物避难多往依之。每公事稍闲，耽习书传，注解《左氏春秋》《尚书》古文大义。时天下乱，四方隔绝，而燮不废贡赋。及王使步骘定南土，率兄弟奉承节度，每使贡杂香、细葛、明珠、大贝、琉璃、玳瑁、翡翠、犀象，珍奇异果，无岁不至。在郡四十余年，年九十卒。

王以交趾悬远，乃分合浦已北为广州，拜吕岱为刺史；交趾已南为交州，拜

---

① 拜太常兼尚书："尚书"，《吴书·孙权传》注引《吴书》作"尚书令"。
② 元凯：《吴书·顾雍传》及《吴录》《世说人名谱·吴国吴郡顾氏谱》皆云顾雍字元叹。
③ 累迁至尚书："尚书"，《吴书·顾雍传》作"累迁大理奉常，领尚书令"。
④ 拜侯还家：《吴书·顾雍传》作"拜侯还寺"。九卿衙署及馆舍均可谓寺，或因下文"家人"致讹。
⑤ 陆逊以便宜奏施德缓刑宽赋息调：《吴书·孙权传》叙此事在此年冬十月。
⑥ 使中郎褚逢赍就逊："中郎"，《吴书·孙权传》作"郎中"。
⑦ 除丞令：宋本及《吴书·士燮传》作"除巫令"。

戴良为刺史。以陈时代燮为交阯太守。良与时至合浦，而燮子徽自署为交阯太守，发宗兵拒良，不许入。王敕吕岱与良等讨平之，诛徽，传首武昌。

六年春正月，韩当子综以众叛归魏。①

七年，罢东安郡。

夏五月，鄱阳太守周鲂以诈诱魏将曹休，献休事七条，密表于王。

八月，王自幸皖口，使大将军陆逊督中军，全琮、朱桓为左右，三边俱进，大破魏军于夹石亭，②俘数万计，尽收其骡马辎重，曹休仅免。

冬十月，王下令，军中诸将有三罪，然后议之。以将军翟丹有过，亡入魏故也。

是岁，改合浦为珠官郡。大司马南昌侯吕范薨。

范字子衡，汝南细阳人。少为县吏，有容仪姿貌，而家贫。县有富人刘氏，女有美色，范求之。母不许，女曰："岂有如吕子衡长久贫耶！"遂与为婚。后避难住寿春，将客百余人过江东。孙策异之，遣往江都迎太妃还。策待以亲戚，共升堂饮于太妃前。求退任为都督，整齐其众。因进言于策曰："舍本土而托将军者，非为妻子，欲与将军共济世务，犹同舟涉海，事不成则俱受其败。"乃授偏将军，内外委任焉。王统事，深重之，尝与严畯论子衡方于吴汉。③进领彭城太守，与周瑜同破曹操于赤壁，以功进平南将军，屯大桑，寻入于建业。④黄武元年，迁扬州牧。七年，拜大司马，改封南昌侯，印绶始下而薨。王素服举哀。黄龙元年，将下都建业，自过范墓，祭以太牢，执酒呼曰："子衡随我！"言及流涕，左右皆垂泪。范性耿介，有威仪，好奢靡，然勤公奉法，王深委之。案《江表传》：权尝谓严畯曰："吕子衡忠笃亮直，性虽好奢，然以忧公为先，不足为损。避袁术自归于兄，已作大将，别领部曲，故忧兄事，乞降为都督，办护修整吾军，加之勤恪，与吴汉相类，故方之。皆有趣，非孤私也。"

---

① 韩当子综以众叛归魏："归"，宋本作"降"。
② 夹石亭：《吴书·孙权传》、《通鉴》卷七一均作"石亭"。
③ 尝与严畯论子衡方于吴汉：原文"衡"上脱"子"，孟校本据下文案语所引《江表传》补，张校本未出校。
④ 寻入于建业："于"，宋本作"守"。《吴书·吕范传》载孙权谓吕范曰："今当上取之，卿为我守建业。"用"守"，于义为长。

建康实录卷第二 吴中

太祖下

黄武八年春正月,公卿百司连上表,劝王正尊号,王犹谦让再三。

夏四月,黄龙、凤皇见,武昌、夏口并言之。甲午,公卿再请,王曰:"群臣百辟,咸以寡人上副天心,寡人敢辞!"甲申,①立坛于南郊,即帝位,柴燎告天。礼毕,法驾旋武昌宫,升太极殿。大赦,改元黄龙元年。建黄龙大牙,常在中军,令诸将进退向之。诏侍中胡综为赋,其略曰:"乃律天时,制为神军,取象太乙,五将三门。疾则如电,迟则如云,进止有度,约而不烦。四灵既布,黄龙中央,周列日月,实曰太常,杰然特立,六军所望。"云云。

综字纬则,汝南固始人也。少孤,将母避乱江东。②年十四,为孙策门下客,好学攻文。黄龙初,蜀使修好,帝令综作盟文,文义宛美。自黄龙后,诏诰册命、邻国答书,皆综所为。与是仪、徐祥同典机密。③

丁酉,追尊父坚为武烈皇帝,庙号始祖,陵曰高陵。母吴氏为武烈皇后。兄策为长沙桓王。立子登为皇太子。内外文武百司皆即位行赏,④边军征防各赐勋五转,鳏寡孤独量给谷帛,百姓并免今年租赋,天下赐酺五日。初,汉末兴平中童谣曰:"黄金车,斑兰耳。开阊门,出天子。"阊门,即吴西郭门也,夫差所造。帝即吴人。

---

① 甲申:四月甲申朔,不得在甲午后。《吴书·孙权传》、《通鉴》卷七一皆作"丙申",为四月十三日。
② 少孤将母避乱江东:《吴书·胡综传》作"少孤,母将避难江东"。
③ 徐祥:《吴书·孙权传》《胡综传》及《通鉴》卷六八皆作"徐详"。
④ 内外文武百司皆即位行赏:"即位",语义不通,当为"进位"之讹。《吴书·吴主传》"将吏皆进爵加赏"可资参考。

六月,蜀使卫尉卿陈震来庆践位,帝乃立坛,与蜀使盟约:灭魏,中分天下,以幽、豫、青、徐、兖、郓、冀、并、凉属蜀。① 其司州之土,以函谷关为界。有害于吴,蜀伐之;有害于蜀,吴伐之。凡百之约,皆如载书。有渝此盟,创祸先乱。

时童谣云:"宁饮建业水,不食武昌鱼。宁就建业死,不就武昌居。"秋九月,帝迁都于建业。案《江表传》:汉建安中,刘备尝宿于秣陵,观江山之秀,劝帝居之。初,张纮谓帝曰:"秣陵,楚威王所置,名金陵,地势岗阜连石头。古老云:昔秦始皇东巡会稽,经此县,望气者云金陵地形有王者都邑之气,因掘断连冈,故名秣陵。今据所见存,地有其气,象天之所会,② 今宜为都邑。"帝深善之。后闻刘备语,曰:"智者意同。"故即帝位,闻谣言,而思张纮议,乃下都之。又案《吴录》:刘备曾使诸葛亮至京,因观秣陵山阜,曰:"钟山龙盘,石头虎踞,此乃帝王之宅也。"以陆逊为上将军,诏辅太子登,留守武昌。

冬十月,至自武昌。城建业太初宫居之。宫即长沙桓王故府也,因以不改。今在县东北三里,晋建康宫城西南。今运渎东曲折内池,即太初宫西门外。池,吴宣明太子所创,为西苑。案,其地今在惠日寺后,僧相传呼为果师墩。初,吴以建康宫地为苑,其建业都城周二十里一十九步。

十一月,右长史张纮卒,③ 遗令戒子孙,无为不善。

纮字子纲,广陵人。少游学京师,还本郡,举茂才,公府辟,皆不就。汉末,避乱江东。桓王初起,委质于纮。纮为谋主,每出入,谏王持重,不宜轻脱。建安四年,奉使许昌宫。时曹操为司空,辟为掾,兼侍御史。纮心恋昔恩,思还返命,未果。桓王薨而帝统事,操欲纮辅帝内附,拜纮为会稽东部尉。帝不以纮北任介意,至,因为长史,与张昭二人为左右腹心,一人从征,一人居守。及帝都秣陵,辞还东迎家,道病卒,年六十一。④ 留笺劝帝修德纳善,帝省书,流涕久之。子玄,清介高行,官至南郡太守。

二年春正月,诏立国学,置都讲祭酒。

---

① 以幽豫青徐兖郓冀并凉属蜀:《吴书·孙权传》作"权乃参分天下,豫、青、徐、幽属吴,兖、冀、并、凉属蜀",《通鉴》卷七一同。

② 象天之所会:"会",《吴书·张纮传》注引《江表传》作"命"。

③ 右长史张纮卒:陶元珍《建康实录札记》云:"《吴志·张纮传》'纮建计宜出都秣陵,权从之。令还吴迎家,道病卒'。又,《孙权传》建安'十六年,权徙治秣陵'。《实录》卷一建安十六年权始自京口徙治秣陵,是纮卒于建安十六年。《实录》误以权之出都秣陵,与黄龙元年权之自武昌还都建业为一事,故谓纮卒于黄龙元年。则灵帝时纮方十余,安得举茂才,见辟于公府哉?"

④ 年六十一:《吴书·张纮传》作"时年六十卒"。

二月，使将军卫温、诸葛直下海求亶、夷二洲，得夷洲数千人而还。案，二洲皆在海中。长老传云，秦皇遣方士徐福将童男女数千人入海，求蓬莱神山及仙药，遂遇风，皆止此洲不还，世世相承，有数万家。时有会稽东乡人行海，遇风，至夷洲。其亶洲绝远，不可得到，故温只得夷洲人还也。

三年夏五月，建业有野蚕为茧，大如鸟卵。由拳生野稻，诏改由拳为禾兴县。

冬十月，始平言嘉禾生。

十二月丁卯，大赦，改明年为嘉禾元年。

春，丞相顾雍奏宜修郊庙社稷，以承天意。诏答未许。

二月，皇子建昌侯虑薨。①

虑字子智，太祖次子。性聪敏，才兼文武。黄龙初，大臣等奏宜进爵为王，使出镇任，以光大业。帝许之。假节，开府镇军大将军。临事遵奉法度，敬纳师友，深见宠爱。薨，时年二十。帝为之降损。

夏六月，皇太子登归自武昌，留省侍。以太子少傅、都乡侯是仪为侍中。

仪字子羽，北海营陵人。本姓氏，少仕郡，郡相孔融谓曰："氏字民无上，可改为是。"乃从焉。后避地，随刘繇过江。太祖统事，征用之，专典机要。性謇谔，帝以为赵之周舍。累官至侍中，迁少傅，辅皇太子镇武昌。随还，复拜侍中，转仆射。为人谦让，不治产业，又爱惠施。宅在西明门外，甚卑陋，虽处尊官，弊衣蔬食。帝闻之，幸其宅，求视蔬饭，亲尝之，对而叹息。有所增益，皆让而不受。时或进达，未尝言人之短。卒，时年八十一。

冬十月，魏辽东太守公孙渊叛魏，使校尉宿舒、阆中令孙综来，奉表称藩请援，并献方物。帝进公卿议，辅吴将军张昭及丞相顾雍等率大臣切谏渊反覆难信，兼崄路遥远，愿勿纳之。帝不信，遣太常张弥，执金吾许晏，将军周贺、贺达，校尉裴潜将兵一万，浮海应接，并赉珍宝九锡备物，封渊为燕王，领幽、青二州十七郡诸军事。②

二年三月，汉献帝崩，率公卿举哀三日。公孙渊果反为魏。魏将田预要击，

---

① 二月皇子建昌侯虑薨：《吴书·孙权传》作"春正月，建昌侯虑卒"。
② 冬十月魏辽东太守公孙渊叛魏至领幽青二州十七郡诸军事：陶元珍《建康实录札记》云："据《吴志·孙权传》，此系嘉禾二年事，《实录》误系于嘉禾元年。又，周贺已为田豫所斩，《实录》误列入。"陶说是。《通鉴》卷七二亦系于青龙元年。魏明帝青龙元年即吴之嘉禾二年。

破周贺、裴潜等于成山,①而渊杀张弥、许晏、贺达三人,分其部伍。秦旦、杜德等走于玄菟。

八月,旦等自玄菟走句丽。句丽王见旦、德等,甚敬之,曰:"此天子边人也。"乃发皂衣使二十五人送归,兼表献方物,豹皮千枚,②鹖鸡皮十具。帝喜句丽,大怒公孙渊,将自征辽东,尚书薛综等率大臣切谏,帝犹怒。选曹尚书陆瑁上疏曰:③"古来荒服,慌忽无常,不可保也。夫兵革者,前代所以诛暴乱,灭四夷,④然皆奸雄已除,天下无事,从容庙堂之上以议之。至于中夏鼎沸,九域盘牙之时,深根固本,爱力惜费,务自将养,以待邻敌之阙,未有远征于此时也。舍近驰远,疲于军力,愿陛下少思之。"帝乃止。

冬十月,诏使中书郎陈恂、谢宏往拜句丽王宫为单于,并赐衣服。恂至,句丽已受魏幽州牧讽旨,不受诏赐,遂郊止吴使,令主簿笮资、带固往与恂、宏相见。恂等怒,乃缚资、固为质,使让句丽。句丽王谢罪,献马百匹,乃释资等,令奉诏赐物而将马还。

三年夏六月,帝率六军亲征合淝,别使大将军陆逊、诸葛瑾等屯江夏、沔口,张承、孙韶等将兵往广陵、淮阳。魏明帝自东出拒之,帝还军。

九月朔旦,陨霜伤谷,诛不由君上之应也。时典校事吕壹专威福,帝任之,群臣无敢言。

是岁,复曲阿为云阳,丹徒为武进。

四年秋七月,魏使以马二百匹求易珠玑、翡翠,帝曰:"此朕不用之物。"乃与交易。

八月,雨雹,又陨霜。雹者,阴之胁阳,佞臣小人专任之应。

五年春,议铸大钱,一当五百。诏吏民输铜畀直,设盗铸之科。

三月,⑤武昌甘露降于礼宾殿。

夏,旱,自去冬不雨至于五月。

---

① 魏将田预要击破周贺裴潜等于成山:陶元珍《建康实录札记》云:"案,田豫要击周贺等乃嘉禾元年九月事,《实录》误系于嘉禾二年。"陶说是。《通鉴》卷七二系于太和六年。魏明帝太和六年即吴之嘉禾元年。"田预",《吴书·孙权传》、《通鉴》卷七二皆作"田豫",许嵩避唐代宗讳改。

② 豹皮千枚:《吴书·孙权传》、《通鉴》卷七二皆作"貂皮千枚"。

③ 选曹尚书陆瑁上疏曰:陶元珍《建康实录札记》云:"据《吴志·陆瑁传》,陆瑁谏征公孙渊凡上二疏,《实录》误合为一疏。"

④ 灭四夷:《吴书·陆瑁传》作"威四夷",是。

⑤ 三月:《宋书·符瑞志》同,《吴书·孙权传》作"二月"。

秋七月，辅吴将军、娄侯张昭薨。遗令幅巾素棺，敛以时服。帝素服临吊，祭以太牢，谥文成侯。

昭字子布，彭城人。好学，善谈论，能隶书。从白侯子安受《春秋》众书，与赵昱、王朗俱发名友善。与朗共论旧君讳事，处士陈琳善之。举茂才，不应，徐州刺史陶谦以为轻己，将拘之，赵昱救免。乃避难江南，及桓王创业，为府长史，一事已上并委之，升堂拜母，如旧好焉。桓王临薨，以后事托昭辅帝。

帝即位，以昭为军师将军，每以直谏整齐德行。帝尝于武昌宫临钓台饮酒，大醉，使人以水洒群臣，曰："今日酣饮，惟醉堕台中为止耳。"昭正色不言，出外坐车中。帝使人呼还，谓曰："作乐，公何为怒？"昭对曰："昔纣为糟丘酒池长夜之饮，当时亦以为乐，不以为恶也。"帝惭而止。

黄龙初，与孙劭、滕耽、郑礼等采周、汉故事，定朝仪。①帝即尊号，拜辅吴将军，封娄侯，食邑万户。在宅无事，尝著《春秋左氏传解》及《论语》《孝经》注。每有邻国使命，昭辄折之。时帝遣张弥、许晏应接公孙渊，昭谏曰："渊背魏惧讨，远来求援，非本意也。若渊改图，欲自明于魏，两使不返，取笑天下。"帝不纳，昭切谏止之，帝横刀于膝上，大怒曰："吴之士大夫入则拜朕，出则拜卿，朕之敬卿，亦为至矣。而数于众中折朕失计，何也？"昭熟视帝面良久，进曰："诚知言不见用，每竭愚衷者，诚以太后临崩，呼老臣于床下，遗诏顾命之耳。"因即涕泣横流。帝投刀于地，与昭对泣。然竟遣弥、晏，昭忿言不见用，杜门称疾不朝，帝数召起，昭称疾笃。帝恨，塞其门，昭于内又自以土封之。帝后悔过，亲至门呼昭，昭犹称病。帝烧其门以恐之，昭更闭户。帝使人灭火自责。良久，昭诸子共扶昭起，载而还宫。昭进谢，帝跪止之。坐定，仰而言曰："昔太后、桓王不以老臣属陛下，而以陛下属老臣，是以思尽臣节，以报厚恩，使泯没之后，有可称述。而意虑愚浅，违逆盛旨，自分幽沦，长弃沟壑，不图复蒙引见，得奉帷幄。然臣愚事国志忠，毕命而已。若乃变心易虑，偷荣取容，此臣所不能也。"帝谢之。②

昭为人容貌矜严，有威风，帝尝曰："孤与张公言，不敢妄发。"举邦惮之。案《江表传》：初，帝于群臣皆呼字，唯呼昭曰"张公"、张纮曰"东部"。初，建安中，吴太后临崩，以江外多虞，召昭与张纮受遗托孤，深委寄之，而命帝以师父事昭，故昭

---

① 黄龙初与孙劭滕耽郑礼等采周汉故事定朝仪：陶元珍《建康实录札记》云："《吴志•孙权传》，孙劭卒于黄武四年，是'黄龙初'应为'黄武初'之讹。《吴志•滕胤传》，伯父耽早卒。《张昭传》注引《吴录》，昭与孙劭、滕胤、郑礼等采周、汉，撰定朝仪。是'滕耽'应为'滕胤'之讹。"

② 昭进谢至帝谢之：陶元珍《建康实录札记》云："据《吴志•张昭传》，此系权遣张弥、许晏以前事。"

尽忠辅成王业。薨，时年八十一。

长子承，少以才学知名，为人壮毅忠谨。甄识人物，拔蔡款、谢景于寒微，并为国士封侯。其妻诸葛恪妹也，见恪，叹曰："败诸葛氏者，元逊也。"性勤于进贤，笃于物类，庶几之流，无不造门焉。案《丹杨记》：大长干寺道西有张子布宅，在淮水南，对瓦官寺门，张侯桥所也。桥近宅，因以为名。其长干是里巷名，江东谓山陇之间曰干。建康南五里有山冈，其间平地，民庶杂居，有大长干、小长干、东长干，并是地里名。小长干在瓦官南，巷西头出江也。

冬十月，彗星见于东方。

六年春正月，诏曰："郎吏者，宿卫之臣，古之命士。间者所用，颇非其人。自今选三署皆依四科，不得虚词相饰。"①

夏，用左执法胡综、左节度顾谭议，定法长吏不许奔丧。诏曰："遭丧不奔，法非古也，盖随时之宜，以义断恩。自今已后，长吏不得奔丧废职。有犯者，大辟行治。"

冬十二月，赤乌群集前殿。大赦，改明年为赤乌元年。②

春正月，侍御史谢宏奏更铸大钱，一当千，以广货，帝许之。

二月，追拜夫人步氏为皇后。

后讳练师，临淮淮阴人也。随母徙庐江，庐江为桓王所破，皆东渡。夫人以美丽得幸于帝，生二女：鲁斑、鲁育。性不嫉妒，多推进，故久见爱，宠冠后庭。及帝即位，数次欲立为后，公卿意在太子母徐氏，帝不得已，依违十余年。薨，追思之，至是年追拜之，后合葬蒋陵。

秋七月，典校事吕壹坐奸事，伏诛。帝深惭乱法，使中书郎袁礼以诛壹事谢四方诸大臣，兼手诏一一条件，而问时事损益，并责不直言切谏。

八月，麒麟见武昌。

二年春正月，魏明帝薨。

夏五月，城沙羡。

三年春，诏曰："盖君非民不立，民非谷不生。"下州郡劝治农桑，农桑时不得役事。

---

① 六年春正月至不得虚词相饰：陶元珍《建康实录札记》云："案《吴志·孙权传》注《江表传》曰权正月诏云云，裴氏注于赤乌二年，《实录》系此诏于嘉禾六年，误。"

② 改明年为赤乌元年：据《吴书·孙权传》，嘉禾七年秋八月下诏改元赤乌，非嘉禾六年十二月。

夏四月，大赦。诸郡县治城郭，起楼，穿堑发渠，以备非常。①

冬十一月，诏开仓赈给贫民。

十二月，使左台侍御史郗俭监凿城西，南自秦淮，北抵仓城，名运渎。案，建康宫城，即吴苑城，城内有仓，名曰苑仓，故开此渎，通转运于仓所，时人亦呼为仓城。晋咸和中，修苑城为宫，惟仓不毁，故名太仓，在西华门内道北。

四年春正月，大雪，平地三尺，鸟兽死者太半。

三月，右将军孙韶卒。

韶字公礼。父河，②本姓俞氏，吴人。常随桓王征伐，立功，赐姓孙。初，边鸿与妫览等杀丹杨太守孙翊，河往宛陵诘鸿、览、戴员。员等惧罪，又杀河。韶年十七，收河众归，治京城楼橹，以备御。帝闻之，将还吴，引军夜至城下，试攻之。韶皆乘城传檄备警，謼声动地，帝使人谕止。明日召见，深器之，拜为校尉，统河部曲，食曲阿、丹徒二县，自置长吏。帝即尊号，迁镇北将军。在边十数年，③善待士卒，得其死力。常以警疆场远兵候为务，④故鲜有败军之事。帝在武昌，诏屯京，知青、徐、汝、沛等军事。及帝下都建业，朝见，帝问其土人物，韶答屯成远近，人马众寡，将帅姓名，尽识之。身长八尺，仪貌都雅。帝喜曰："吾不见汝久，不图进益乃尔。"拜右将军。⑤

夏四月，使卫将军全琮征魏，掠淮南，决芍陂，烧安城邸阁，收其人民。中郎将秦傀等与魏将王陵大战芍陂中，⑥斩获千余人。车骑将军朱然围樊，大将军诸葛瑾取柤中地。

时零陵太守殷礼上书于帝曰："今天弃曹氏，国内虎争，幼童莅事，取乱侮亡，宜于今日。愿陛下亲自御戎，举荆、扬之众，尽强弱之数，强者执戟，羸者转运。西命益州军于陇右，授诸葛瑾、朱然大众指事襄阳，陆逊、朱桓别征寿春，大驾方入淮、泗，凌轹青、徐。襄阳、寿春，困于受敌，长安以西，务对蜀军，许、洛之师，势必分散，犄角瓦解，民必内应，将相对向，或失便宜，一军败绩，三

---

① 诸郡县治城郭起楼穿堑发渠以备非常：《吴书·孙权传》云："夏四月，大赦。诏诸郡县治城郭，起樵楼，穿堑发渠，以备盗贼。"句首当有"诏"字。

② 韶字公礼父河：《吴书·孙韶传》称孙河是韶伯父。

③ 在边十数年：《吴书·孙韶传》称"韶为边将数十年"。

④ 常以警疆场远兵候为务："兵候"，《吴书·孙韶传》作"斥候"。

⑤ 拜右将军：陶元珍《建康实录札记》云："《吴志·孙韶传》，韶子越官至右将军，韶未尝拜右将军。"

⑥ 中郎将秦傀等与魏将王陵大战芍陂中："秦傀"，徐钞本作"秦傀"，《吴书·孙韶传》《顾谭传》作"秦晃"，未知孰是。"王陵"，《吴书·孙权传》《魏书》本传及《通鉴》卷七四均作"王凌"。

军离心。便当秣马脂车,践踏城邑,乘胜逐北,以定华夏。若不悉军动众,循前轻举,则不足大用,易于屡退。民疲威竭,非出兵之策也。"帝善之,不能用。

礼字德嗣,云阳人。幼而聪颖过人,顾劭拔于微贱之中,累迁郎中。与辅义中郎将张温使蜀,蜀诸葛亮见而叹曰:"江东菰芦中生此奇才。"使还,守郡,卒于官。

五月,皇太子登薨。帝闻惊惋,哀不自胜。诏曰:"国丧明嫡,百姓何福!"下有司谥为宣明太子。

太子字子高,帝长子。性谦让好学,既居储位,以诸葛恪为左辅,张休为右弼,顾谭、张承为都尉,是为四友,① 谢景、范慎、刁玄、羊衜等为宾客。每侍讲东宫,号为多士。登接师友,同布衣之礼,常与共帐同舆。及镇武昌,游猎出入,不践良田。顿息又择空阔之地,而不烦民。曾乘马出,有弹丸过其侧,左右求之。见一人操弹佩丸,咸以为是,词对不伏,从者欲捶之,登使求过丸,比之非类,乃释之。

所生母徐氏废在吴,而日夕思恋。及立为太子,辞曰:"本立而道生,欲立太子,宜先立后。"帝曰:"卿母何在?"对曰:"在吴中。"帝默然。每有赐衣,皆沐浴以服之。立二十一年,年三十三。临终上表:"进贤劝善,宽刑省赋。皇子和,仁孝聪哲,德行清茂,愿早建置,以副民望。诸葛恪、张休、顾谭、谢景皆通敏有识断,入宜腹心,出可爪牙;范慎、华融矫矫壮节,有国士之风;羊衜有专对之才;刁玄、裴钦、蒋修、虞翻,志节外明。凡此诸臣,或宜廊庙,或堪将帅,明习法令,守信固义,有不可夺之志。此皆陛下日月所照,选置臣宫,备知情素,敢以陈闻。"帝览之摧感。初葬句容,后三年移葬钟山西蒋陵,置园邑奉守。次子英嗣,封吴侯。

闰六月,大将军豫州牧诸葛瑾薨。

瑾字子瑜,琅琊阳都人也。性宽缓,容貌思度,于时伏其弘雅。少游学博闻,有孝德。汉末,避难渡江,弘咨荐于帝,帝善之。为人善谭论,谏谕未尝切谔人主,粗陈指归,有未合则言他事。物类相求,帝亦解悟。瑾兄弟三人,各事一方,每使往来,兄弟相见,言于公庭,曾无私语。帝即尊位,进拜大将军、豫州牧,封阳都侯。② 临终遗令素棺,殓以时服。

---

① 以诸葛恪为左辅至是为四友:陶元珍《建康实录札记》云:"《吴志·孙登传》,立为皇太子,以恪为左辅,休为右弼,谭为辅正,表为翼正都尉,是为四友。又《陈武传》,武子表徙太子中庶子,拜翼正都尉。又《张昭传》,张承未尝为东宫官属。《实录》列张承于四友,误。"

② 进拜大将军豫州牧封阳都侯:陶元珍《建康实录札记》云:"《吴志·诸葛瑾传》,瑾从讨关羽,封宣城侯,后改封宛陵侯,未尝封阳都侯。《实录》盖因瑾子恪曾封阳都侯而误。"

长子恪自得侯,次子融袭封,振威将军,统部曲,镇方外。融多伎艺,好会宾客。在军每休假,令吏卒不远千里造焉。常访问宾客,其言能者,随其书史、樗蒲、弓弹、犬马,分部别类,与之任性。融乃继进甘果酒肉,自巡床周流看省,终日不倦。吏士亲附,疆无外事。① 案《江表传》:孙峻害诸葛恪,密使无难督施宽等上取融。融不之知,忽闻兵至,犹豫不决。及宽等围城,遂饮毒死,三子见杀。先是,公安有灵鼍鸣,时谣曰:"白鼍鸣,龟背平,南郡城中可长生,守死不去义无成。"及此,融果刮金印龟,服之而死也。

秋八月,陆逊城邾。

冬十一月,诏凿东渠,名青溪,通城北堑潮沟。潮沟亦帝所开,以引江潮,其旧迹在天宝寺后,长寿寺前。东发青溪,西行经都古承明、广莫、大夏等三门外,西极都城墙,对今归善寺西南角。南出经闾阖、西明等二门,接运渎,在西州之东南流入秦淮。其北又开一渎,在归善寺东,经栖玄寺门,北至后湖,以引湖水,至今俗为运渎。其实古城西南行者是运渎,自归善寺门前东出至青溪者,名曰潮沟。其沟东头,今已湮塞,才有处所,西头则见通运渎,北转至后湖。其青溪北源亦通后湖,出钟山西。今建元寺东南角度溪有桥,名募士桥,吴大帝募勇士处。其桥西南角过沟有埭,名鸡鸣埭。齐武帝早游钟山射雉,至此鸡始鸣,因名焉。其沟是吴都俭所开,在苑城后。② 晋修苑城为建康宫,即城北堑也。东自平昌门西出,③ 经闾阖门,注运渎。今东头见在建元寺门,西头出今夏公亭前蓦路西,至孝义桥入运渎。运渎旧有六桥:孝义,本名甓子桥。次南有杨烈桥,宋王僧达观斗鸡鸭处。次南出有西州桥,今县城东南角路东,出何后寺门。次南有高晔桥,建康西尉在此桥西,今延兴寺北路东度此桥。次南运渎临淮有一新桥,对禅灵渚渡,今之过淮水桥,名新桥,本名万岁桥。其青溪上亦有七桥:最北乐游苑东门桥。次南有尹桥,今潮沟大巷东出度此桥。次南有鸡鸣桥,即《舆地志》所谓今新安寺南,东度开圣寺路度此桥。次南有募士桥。次南有菰首桥,一名走马桥。桥东燕雀湖,湖连齐文惠太子博望苑,隋末辅公祏筑其地为城,唐朝陆彦恭为江宁令,开金华坊,坊于郭东,东逼青溪,乃废菰首桥路,而于兴业寺门前东度溪,立桥,名曰金华桥。次南有青溪中桥,今湘宫寺门前巷东出度溪,东有桃花园,是齐太祖旧宅,即位后,修为园,亦名芳林园。王元长《曲水诗序》云"载怀平圃,乃眷芳林",即此园也。次南青溪大桥,今县东出向句容大路经此桥。东即陈五兵尚书孙玚宅,西即陈

---

① 疆无外事:《吴书·诸葛瑾传》作"疆外无事"。
② 在苑城后:"苑城",多本作"苑陵"。孟校本据徐钞本改作"苑城",是。张校本未出校。
③ 东自平昌门西出:按潮沟走向,当为"西自平昌门西出"。

尚书令江总宅，与场对夹青溪，俱在路北。陶季直《京都记》云：典午时，京师鼎族多在青溪左及潮沟北。俗说郗僧施泛舟青溪，每一曲作诗一首，谢益寿闻之曰："青溪中曲复何穷尽也。"

五年春正月，立子和为皇太子，大赦，改禾兴县为嘉兴县。

二月，群臣奏请立皇后及皇子为诸侯王，辞曰："今天下未定，民物劳瘁，有功未录，饥寒未恤，猥割土壤以封子弟，崇爵位以宠妃妾，朕不取焉。"

三月，海盐言黄龙见。

夏四月，旱，诏禁献御，减太官膳。

秋七月，有司又奏立皇后、诸侯王。

八月，立子霸为鲁王。

九月，遣将军陆凯讨定朱崖、儋耳郡。①

六年春，驺虞见新都。

冬十一月，丞相顾雍薨，时年七十六。是月，太子太傅、都乡侯阚泽薨。

泽字德润，会稽山阴人。家世农夫，幼好学，居贫，常与人佣书，以供纸笔，所写既了，诵之亦过。究竟典籍，兼通历数。察孝廉，累迁吏部尚书。时蜀使张奉来聘，帝命公卿宴，奉于座列泽姓名嘲谑，泽不能对。时太子少傅薛综因行酒至奉，代泽答曰："蜀者何也？有犬为独，无犬为蜀，横目苟身，虫入其腹。"奉曰："不当复列吴耶？"综应声曰："无口为天，有口为吴，君临万国，天子之都。"众座欢笑，奉无以对。泽性谦恭，小吏对问，皆与抗礼。人有非短，口未尝言。容貌似不足者，然所闻少穷。尝以贾谊《过秦论》进帝，欲方便讽谕，以明治乱。

十二月，扶南国献乐人。

是岁，诸葛恪大破六安，杀魏将谢景，②收其民而还。魏司马懿率军入舒，恪迁于柴桑。

七年春二月，以大将军陆逊为丞相。

秋，嘉禾生宛陵。

八月，诏曰："督将亡，杀其妻子，是使妻去夫，子弃父也，甚伤义教。自今勿杀之。"车骑将军朱然、骠骑将军步骘等各上疏言："自蜀还者，言蜀欲背盟，

---

① 遣将军陆凯讨定朱崖儋耳郡：陆凯讨定朱崖、儋耳事，《吴书·孙权传》、《通鉴》卷七四皆系于本年七月。

② 杀魏将谢景："谢景"，《吴书·孙权传》作"谢顺"。另有谢景为吴臣，南阳人。

与魏交通，多作舟船，缮治城郭。又前蒋琬守汉中，闻司马懿南向，不出兵乘虚以掎角之，反委汉中还成都。事已彰露，的无所托，宜为之备。"帝良久曰："不然，吾待蜀不薄，聘享盟誓，无以负之，何以致此！又司马懿前来入舒，旬日便退，蜀在万里，何知缓急而便出军！昔魏入汉川，此间始戒严，亦未举制，会魏还而止，蜀宁可复以此为疑也！且人治国，舟船城郭，何得不护！今此间治军，岂欲御蜀！人言苦不可信，①朕为诸君破家保之。"果如帝言，而蜀竟无谋。

八年春二月，丞相江陵侯陆逊薨。

逊字伯言，吴人也。本名议，世为江东大族，妻桓王女也。逊年二十，②始仕幕府，历东西曹令史，出为海昌屯田尉，领县事。海昌，今之盐官也。时旱，逊开仓赈穷，百姓怀之。及帝统事，而逊策定山贼，帝用为帐下都督。时会稽太守淳于式表逊枉法，扰乱人民。逊入，乃荐式为佳吏，帝曰："式表卿，卿何称善？"对曰："式意欲养民，是以白臣，臣更毁之，是乱圣听。"帝以为长者。

后吕蒙卧疾，因上表，言逊意思深长，才堪负重，观其规虑，终可大任，帝纳之。累迁护军、镇西将军，代吕蒙为右部督，征关羽，克公安，定南郡，封华亭侯，持节、扬州牧，③多所辟举。及帝定荆州，上表劝帝荐拔英异，以进南土人，深纳其言。

黄武初，大破刘备于马鞍山，寻败曹休于夹石，休发背死。逊还军，振旅凯歌入武昌，帝授逊辅国将军、荆州牧，改封江陵侯。④敕左右以御盖覆之出入殿门。凡所赐与，皆御物上珍，群臣莫比。嘉禾中，都护诸军，与诸葛瑾等征襄阳，定安陆、石阳。及为丞相，诏领扬州牧，⑤都督如故。

时帝宠鲁王霸，欲废太子和，逊上书谏曰："太子正统，宜有磐石之固，以副至尊，不宜动摇，生恶人心。"表三四上，帝怒，以重臣未即加法，使人责之，逊不胜愤恚而薨。性忠梗，出言无私，立朝肃如也。帝尝以诸子委逊教诲。故建昌侯虑曾于堂前作斗鸭栏，逊见责之，即令毁除。学士南阳谢景与刘廙之谈讲以

---

① 人言苦不可信："苦"，张校本作"若"；孟校本作"昔"，陆氏旧藏钞本同；四库本作"皆"。《吴书·孙权传》作"苦"。吴金华、季忠平《〈建康实录〉校议》论其当作"苦"，据改。

② 逊年二十："二十"，《吴书·陆逊传》作"二十一"。

③ 累迁护军至封华亭侯持节扬州牧：陶元珍《建康实录札记》云："《吴志·陆逊传》，权乃召逊拜偏将军右部督代蒙，《实录》谓逊代蒙为右部督，非也。蒙未尝为右部督。又，逊迁护军镇西将军在逊领宜都太守时。又，逊未尝为扬州牧，《实录》盖因《逊传》注引《吴书》有扬州牧吕范辟逊之事而误。"

④ 帝授逊辅国将军荆州牧改封江陵侯："荆州牧"原作"郢州牧"，《吴书·陆逊传》、《通鉴》卷六九并作"荆州牧"，孙吴亦从未设过郢州牧，今据改。

⑤ 及为丞相诏领扬州牧：陶元珍《建康实录札记》云："扬州牧乃荆州牧之讹，都督乃都护之讹。《吴志·陆逊传》正作荆州牧及都护。"

先刑后礼,^①逊引大义诃之曰:"礼长于刑久矣!何以细辩而诡先圣之教,若此之论,不须讲也!"左右失色。为人素俭知足。时年六十三,死之日,家无余财。

夏五月,震宫门及南津大桥。茶陵县洪水溢出,漂损二百余家。

秋七月,帝游后苑,观公卿射。征西将军马茂、符节朱真、^②牙门将朱志、无难都督虞钦等谋逆,^③欲劫公卿袭帝,事觉,夷三族。

八月,大赦。使校尉陈勋作屯田,发屯兵三万凿句容中道,至云阳西城,以通吴、会船舰,号破岗渎,上下一十四埭,通会市,作邸阁。仍于方山南截淮立埭,号曰方山埭,今在县东南七十里。案,其渎在句容东南二十五里,上七埭入延陵界,下七埭入江宁界。初,东郡船不得行京行江也。^④晋、宋、齐因之,梁避太子讳,改为破墩渎,遂废之。而开上容渎,在句容县东南五里,顶上分流,一源东南三十里,十六埭,入延陵界;一源西南流,二十五里,五埭,注句容界。上容渎西流入江宁秦淮。后至陈高祖即位,又埋上容,而更修破岗。至隋平陈,乃诏并废此渎。

九年夏四月,甘露降武昌宫。

秋九月,以骠骑大将军步骘为丞相,车骑大将军朱然为左大司马,^⑤卫将军全琮为右大司马,镇南将军吕岱为上将军,诸葛恪为大将军。时用大钱,物贵,百姓不便。诏除大钱,卑物价,使收其钱,镕为器。

十年春,适南宫。案《舆地志》:南宫,太子宫也。宋置欣乐营,其地今在县城二里半,吴时太子宫在南,故号南宫。改为太初宫,诏移武昌材瓦,有司奏武昌宫作已二十八年,恐不堪用,请别更置。帝曰:"大禹以卑宫为美,今军事未已,所在多赋,妨损农业。且建康宫乃朕从京来作府舍耳,^⑥材柱率细,年月久远,尝恐朽坏。今武昌材木自在,且用缮之。"

冬十月,大赦死罪。

---

① 学士南阳谢景与刘廙之谈讲以先刑后礼:谢景、刘廙虽共为南阳人,然谢景为吴臣,刘廙为魏臣,故陶元珍《建康实录札记》云:"谢景不得与刘廙共谈,《实录》为误。"《吴书·陆逊传》作"南阳谢景善刘廙先刑后礼之论"。

② 征西将军马茂符节朱真:"符节朱真",《吴书·孙权传》作"兼符节令朱贞"。

③ 无难都督虞钦等谋逆:"无难都督",《吴书·孙权传》注引《吴历》作"无难督",应是,衍"都"字。《实录》《吴书》屡言及"无难督",不见"无难都督",可资参考。

④ 不得行京行江也:"京"后之"行"疑为衍字。《至顺镇江志》卷七作"于是东郡船舰不复行京江矣",可资参考。

⑤ 车骑大将军朱然为左大司马:《吴书·孙权传》及《步骘传》《朱然传》皆言朱然官"骠骑将军"及"车骑将军",二"大"字疑为衍字。

⑥ 建康宫乃朕从京来作府舍耳:当时尚无"建康宫"之称。

是岁，胡人康僧会入境，置经行所，朝夕礼念，有司以闻。帝曰："昔汉明帝感梦金人，使往西方求之，得摩滕、竺法兰来中国立经行教，今无乃是其遗类乎！"因引见僧会，其言佛教灭度已久，唯有舍利可以求请。遂于大内立坛，①结静三七日得之。帝崇佛教，以江东初有佛法，遂于坛所立建初寺。

帝初好道术，有事仙者葛玄，尝与游处，或止石头四望山所，或游于列洲。时忽遇风，玄船倾溺，帝悲怨久之。俄见玄曳履从江上行来，衣不濡而有酒色。玄性好酒，尝饮醉卧门前陂水中竟日，醒乃止。帝重之，为方山立洞玄观。后玄白日升天。今方山犹有玄煮药铛及药臼在。案《舆地志》：赤乌二年，为玄于方山立观。又《吴录》云：有术人姚光，自言火仙，帝焚之，火灭，光坐灰中，手持一卷，帝看之，不识。初，在武昌日，征方士会稽介象者，帝为立第，给御帐，号为介君。帝每从学匿形法，前后所言皆验。帝曾问象："鲙鱼何者为上？"象曰："鲻。"帝曰："海中鱼不可卒得，且言近者。"象曰："易得。"因坎地灌水其中，钓之，得鲻，以为鲙。仍请使往蜀市姜为齑，初作鲙而去，欲了而还。使者于蜀见张温，温附家书而归。

十一年春正月，朱然城江陵。

三月，太初宫成，周回五百丈，正殿曰神龙，南面开五门：正中曰公车门；东门曰升贤门、左掖门；西曰明阳门、②右掖门。正东曰苍龙门；正西曰白虎门；正北曰玄武门。起临海等殿。

夏四月，雨雹，此有德遭险，诛伐过深之应也。云阳言黄龙见。

五月，鄱阳言白虎仁。帝曰："符瑞之应，表德也。朕□臻于兹！③《书》云'虽休勿休'，公卿百司，勉修所职，以匡不逮，宜各励精，思朕过失。"

秋，丞相、冀州牧、番禺侯步骘薨。

骘字子山，临淮人。性宽雅深沉，能降志辱身，研博道艺，靡不贯览。汉末渡江，单身穷困，与广陵人卫旌种瓜自给，昼则耕耨，以勤四体；夜则端坐，读诵经书。《吴录》：会稽焦矫，尝为征羌令，郡之豪也。骘、旌等共修刺奉瓜以谒矫。矫遇之甚薄，旌耻之，骘辞色自若。及食，矫自飨大案，饭骘等小盘菜茹而已。旌不能食，骘饱食讫，辞出。旌怒曰："宁

---

① 遂于大内立坛：据《景定建康志·疆域·镇市》"古市"条引《宫苑记》云："吴大帝立大市，在建初寺前，其寺亦名大市寺。""于大内立坛"疑为"于大市立坛"之误。

② 明阳门：张校本、孟校本均从底本作"明杨门"。张校本校记称："宋本、库本同，它本皆作'明阳门'。"陆氏旧藏钞本作"明阳门"。

③ 朕□臻于兹："朕"下缺一字，宋刊本、甘钞本、刘钞本、陆氏旧藏钞本同。《吴书·孙权传》作"朕以不明，何以臻兹"。四库本、徐钞本据此补缺字为"何以"。周钞本又作"未易"二字。

能忍此！"骘曰："吾等贫贱，主人以贫贱遇之，固其宜也，复何耻为！"旌字子旗，位止尚书。帝初统事，召骘为主簿，①与诸葛瑾、严畯等并著英声于吴中。累迁使持节、征南中郎将、交州刺史，征为骠骑将军，领冀州牧。

时皇太子登在武昌，与骘书，问远近士君子先后之宜，具条答。于时建业人物在荆州界者，诸葛瑾、陆逊、朱然、程秉、潘濬、裴玄、夏侯承、卫旌、李肃、周条、石幹等一十一人，甄别行状，因上疏奖劝："臣闻人君不亲小事，百官有司各任其职。是以舜命九贤而天下治，齐桓用管仲则国治，汉祖揽三杰以兴帝业，西楚失雄俊以丧成功。汲黯当朝，淮南谋寝；郅都守塞，匈奴窜遁。且贤人所在，折冲万里，信国家之利器，崇替之所由也。方今王化未被于汉北，河、洛有僭逆之丑，诚览英拔俊任贤之时，愿明太子重以经意，则天下幸甚。"

寻代陆逊为丞相，封侯，督西陵事。在府舍，诲育门人，手不释卷，被服居处有如儒生。喜怒不形于色，宽弘得众，内外肃然，帝深重之。前后所荐，达屈滞，救患难，书数十上，并条疏时事，帝并采用。

十二年春三月，左大司马朱然卒。

然字义封，本姓施氏，丹杨人，安国将军朱治姊子也。治初未有子，启桓王养为嗣，时年十三，桓王许焉，命召以羊酒贺之。尝与同学结好。②及帝统事，年十九，初为余姚长。建安二十四年，从讨关羽，立功，迁昭武将军，假节，代吕蒙镇江陵。与陆逊破刘备，断后道，拜征北将军，封永安侯。魏将夏侯尚、曹真等围江陵，内外县绝，真等凿地道，立楼橹，起土山，日夕临城上，弓弩雨射，城中将士皆失色，然神用自若，意气方厉，率吏卒伺间出攻，破贼两屯。攻围凡一百八十日而撤还，威振敌国，改封当阳侯，授左大司马、右军师。寝疾二年，帝日夜不安，医药相望于道。卒，时年六十八，帝素服举哀。子绩嗣。

夏四月，两乌衔鹊坠于东观。③丙寅，诏骠骑将军朱据领丞相，燎鹊以祭。此羽虫之孽，又黑祥。视不明、听不聪之罚也。东观，典校之府，实天意焉。

六月戊戌，宝鼎出临平湖。

秋八月癸丑，白鸠见于章安。

冬，右大司马全琮卒。

---

① 帝初统事召骘为主簿："主簿"，《吴书·步骘传》作"主记"。
② 尝与同学结好：《吴书·朱然传》称："然尝与权同学书，结恩爱。"据此，《实录》"与"下当脱"权"字。
③ 两乌衔鹊坠于东观："东观"，《吴书·孙权传》《晋书·五行志中》并作"东馆"。

琮字子璜，吴郡钱塘人。父柔，举孝廉，累迁尚书郎、桂阳太守。尝使琮将米数千石往吴中，有所市易，属吴中饥荒，琮皆散用，空船还。柔大怒，琮顿首曰："愚以所市非急，当今士大夫有倒悬之患，故便赈赡，不及启报。"柔深奇之。自是北州人士避地多南依琮，居者百数，琮倾家给济之，遂名显远近。

建安二十四年，刘备东出，琮上疏请讨关羽，帝与吕蒙阴议征之。乃擒羽，会公安置酒，以琮为偏将军，封当阳亭侯。①寻与吕范破魏军洞口，迁绥南将军，改封钱塘侯。帝以吴地险，于富春东安郡使琮为太守。②琮到官，明赏罚，招诱降附，得万余人。征还，尚鲁斑公主，进卫将军，领徐州牧、左护军。自为将勇决，当敌临难，奋不顾身。及作督，养威持重，御军任计，不营小利。初，帝欲使太子登出征，大臣不敢言，琮上疏谏之。为人恭顺，善于承颜纳规，言词未尝忤旨。每进谏，事辄纳受。宗族赏赐，家累千金，然尚谦虚接士，貌无骄色。临终上书，谏帝不征朱崖、夷州：③"殊方异域，隔绝障海，水土气毒，兵多疾病，必无所获万一之利。"卒，时年五十二，帝流涕。

十三年夏五月，日至，夜荧惑入南斗。

秋七月，犯魁第二星而东。

八月，丹杨、句容及故鄣、宁国诸山崩，洪水溢。说曰，山，阳，君也；水，阴，百姓也。戒君道崩坏，百姓将失其所，亡胤嗣之应也。时宫掖不穆，鲁王霸权倾太子，大将军陆逊、太子太傅吾粲等极谏，帝不纳。

粲字孔休，吴郡乌程人也。生数岁，孤城妪见之，谓其母曰："此儿卿相骨也。"少孤贱，为县小吏，县令孙河奇之。及河为将军，表粲为曲阿丞，治有声。丞相孙劭知之，举为主簿，累拜会稽太守，征入为太傅。粲性忠亮抗直，见鲁王太盛，上表切谏嫡庶不分，非有国之宜。鲁王怨，因谮于帝。帝怒，收禁下狱死。呜呼！以正丧身，悲夫！

冬十月，全公主鲁斑与太子母王夫人有隙，数谮太子，帝乃幽闭和于省内。骠骑将军、丞相朱据进曰："臣闻太子国之本根，立性仁孝，天下归心。今卒责之，将有一朝之患。"帝终不受谏，固执废之。据拥太子拒谏，万死不退，大臣泥首

---

① 乃擒羽会公安置酒以琮为偏将军封当阳亭侯："乃"，《吴书·全琮传》作"及"，于义为长。

② 于富春东安郡使琮为太守：《吴书·全琮传》称："权分三郡险地为东安郡，琮领太守。"陶元珍《建康实录札记》云："《实录》有脱文。"

③ 谏帝不征朱崖夷州：陶元珍《建康实录札记》云："《吴志》琮谏不征珠崖、夷州非临终时事，《实录》误。"

再拜,而尚书屈晃复进谏曰:"太子仁明,显闻四海。今三方鼎峙,不宜摇动太子,以生众心。愿陛下少垂圣恩,老臣虽死之日,犹生之年。"因叩头流血,词气不挠。帝登白爵观,见其言切,恶之,敕晃等曰:"无事何匆匆!"①遂斥还乡里。无难督陈正与五营督陈象等见帝废太子,乃进谏云:"昔晋献公杀申生,立奚齐,晋国扰乱,三代不止。"帝大怒蒙等,②乃左迁朱据为宜都丞。③中书令孙弘素恶据耿直,潜以伪诏,赐死。竟废太子和为庶人,迁于故鄣,赐鲁王霸死,④大臣坐诛者十余人。

朱据字子范,吴郡人。少有姿貌,膂力绝人,善论难,才兼文武,累至建义校尉。黄龙初,帝将都建业,召入尚主,拜驸马都尉,迁左将军,封云阳侯,领丞相。年五十七见杀。

十一月,立子亮为皇太子。是月,遣军十万,作堂邑涂塘以淹北道。

十二月,有神人授书,告改年、立后。帝大赦,改明年为太元元年。⑤临海罗阳县又有神,自称王表,周旋人间,言语饮食,与人无异,而不见其形。有一婢,名纺绩,常随侍。帝闻之,使中书郎李崇赍辅国将军罗阳王印绶往迎之。神至建业,敕于苍龙门外立第宅,所经山川之神,辄使与神相闻,言吉凶水旱,往往有验。帝之纳邪拒谏近之矣。

五月,立皇后潘氏。

八月朔,大风,江海溢,平地水一丈。⑥右将军吕据取大船以备宫内,帝闻之喜。是月,风拔高树三千余株,石碑磋动,吴城两门瓦飞落。⑦华覈以为役繁赋重,区务不容之效也,因条奏之,帝曾不省。

冬十一月,幸曲阿,祭高陵。大赦。还,风疾,⑧驿征大将军恪为太傅。诏省徭役。

二年春正月,帝卧疾,悟和无罪,欲征还,孙弘等固谏事不再,乃止,封为南阳王,居长沙。子奋为齐王,居武昌;子休为琅琊王,居虎林。

---

① 无事何匆匆:"匆匆",各本多作"忽忽",孟校本据徐钞本改作"匆匆",是,据改。"匆匆",《吴书·孙和传》作"忩忩",又作"恩恩",愁苦貌也。又,"何"当为衍字,当从《孙河传》作"无事匆匆"。
② 帝大怒蒙等:据上下文及《吴书·吴主五子传》,"蒙"当为"象"之误。
③ 宜都丞:《吴书·朱据传》、《通鉴》卷七五并作"新都郡丞"。
④ 鲁王霸:原作"鲁霸"。周钞本眉批云:"'鲁霸'应作'鲁王霸',落一'王'字。"孟校本径作"鲁王霸"。
⑤ 改明年为太元元年:据《吴书·孙权传》,改元在次年五月。
⑥ 平地水一丈:"一丈",《吴书·孙权传》《晋书·五行志下》《宋书·五行志五》均作"八尺"。
⑦ 吴城两门:《吴书·孙权传》作"郡城南门"。
⑧ 冬十一月幸曲阿祭高陵大赦还风疾:陶元珍《建康实录札记》云:"据《吴志》,权祭南郊还,寝疾。未往曲阿,《实录》恐误。"

二月，①大赦天下，改元神凤元年。皇后潘氏暴崩于内宫。

后谨淑，会稽句章人。后自织室召入，得幸。常说梦有似龙头授己者，己以蔽膝受之，遂生少帝。性阴妒，善容媚，自始及卒，潜害无已。既病，宫人侍疾，不堪劳苦，伺其昏卧，共缢杀之，②言中恶。寻而事泄，坐诛者六七人。

三月，帝疾甚，使有司传诏问神人王表请福，表云："国之将兴，听之于人；国之将亡，听之于神。"

夏四月乙未，帝崩于内殿，遗诏太子太傅诸葛恪与太常滕胤、卫将军孙峻等辅太子亮。

秋七月，葬蒋陵，今县东北十五里钟山之阳。

案，帝四十即吴王位，七年。四十七即帝位，二十四年，年七十一崩。群臣上谥为大皇帝，庙曰太祖。

帝屈身忍辱，任才尚计，有勾践之奇英。故克跨江表，成鼎峙之业。然多嫌忌，果于杀戮，末年滋甚。信用谗说，竟废嫡嗣。初，桓王定江东，遣修贡于汉，汉使刘琬加锡命。琬至江东，见桓王诸兄弟，顾诸人曰："孙氏诸子皆俊杰，然寿并不长，惟中子孝廉权，当有大贵之相，骨体非人臣也，寿又最长，君试记之。"后果成帝业，何见知之明也！

---

① 二月：诸本并作"八月"。陶元珍《建康实录札记》云："案孙权卒于夏四月，何得于八月尚大赦改元。《吴志》改元神凤在二月，是也。"张校本出校注未改，孟校本径改作"二月"。

② 伺其昏卧共缢杀之：《吴书·妃嫔传》称："权不豫，夫人使问中书令孙弘吕后专制故事。侍疾疲劳，因以羸疾，诸宫人伺其昏卧，共缢杀之。"陶元珍《建康实录札记》云："案《实录》谓宫人侍疾，不堪劳苦，误。盖由误解《吴志》之文。"

建康实录卷第三　吴中下

废帝

废帝亮，字子明，大帝少子。母潘皇后，赤乌七年生于内殿。十三年，年七岁，冬十一月，立为皇太子。

神凤元年夏四月乙未，大帝崩。丁未，① 太子即皇帝位，以太傅诸葛恪辅政，太常滕胤副焉，进群臣爵有差。

秋九月，桃李花开，此舒缓之应也。初，大帝黄龙二年，筑东兴堤以遏湖水，后征淮南，败，由是废。至此冬十月，诸葛恪率诸军会于东兴，作大堤，左右结山，侠筑两城，各留千人，使全端、留略守之，引军而归。

十二月丙申，大风雷雹。魏耻吴入境筑城，乃遣大将胡遵、诸葛诞等率众七万来攻，坏堤遏。恪举众四万往救之。遵等敕诸军为浮桥渡，阵于堤上，分攻两城。城所在高峻，不可卒拔。恪遣将军留赞、吕据、唐咨、丁奉等为前部，恪自继之。时天寒，雪，魏军会饮，见赞等兵少，犹不持戈戟，但兜鍪刀楯倮身，缘堤大笑，不即严兵。赞等得上，便鼓噪乱斩，② 魏军扰乱散走，争渡浮桥。桥坏，自投于水，更相蹈藉，没死者数万。擒故叛将韩综，斩之。走诸葛诞，获车马驴骡各数千，器械资粮山积，振旅而归。加恪都督中外诸军事、荆扬二州牧、丞相、阳都侯。恪有迁都意，更起武昌宫。

---

① 丁未：四月庚午朔，无丁未日。《吴书·诸葛恪传》云"皇太子以丁酉践尊号"，丁酉为四月二十八日。"丁未"当是"丁酉"之误。张校本据改为"丁酉"。

② 鼓噪乱斩："斩"，《吴书·诸葛恪传》《通鉴》卷七五并作"斫"。

是月，武昌端门灾，改作端门。

建兴元年春正月，大赦，改元，立皇后全尚女，①太祖女鲁斑所生。②斑谮废太子和，而劝太祖立亮，以女为妃。及即位，立为后。

尚字子真，吴郡钱塘人。以后父故，累迁右卫将军、录尚书事，封永平侯。时全氏为侯者五人，并典兵马，其为侍郎、都尉、左右宿卫甚众，自吴兴已来，外戚之盛莫过也。

三月，诸葛恪伐魏，使司马李衡往蜀说姜维，令同举兵，曰："古人有言，圣人不能为时，时至亦不可失。今敌国政在私门，上下猜隔，兵挫于外，民怨于内。今若大举伐之，吴攻其东，蜀入其西，彼救西则东虚，重东则西轻，以练实之军，乘轻虚之敌，破之必矣。"维然之。恪遂大举郡邑二十万众，渡江，围魏新城，久不拔，民疲，士卒多流亡，乃引军还，住江滨，欲起屯浔阳。朝廷数诏征还，使者相属。

秋八月，恪至京师，陈兵入府，召中书令孙嘿，责之曰："卿何敢妄数作诏！"嘿惧，因病还家。恪愈作威严，多所罪责，小大吁怨。

九月，又治兵向青、徐，左右切谏军旅不宜数动，恪不受谏。

冬十月，大飨公卿，因会，乃杀恪于殿内，以苇席裹尸，篾束其腰，投于石子岗。时年五十一。

先有童谣云："诸葛恪，何弱弱。芦单衣，篾钩络。何处求？城子阁。"城子阁，反语石子岗也。谣言果验。

恪字元逊，瑾之长子。有才名，少须眉，折頞，③大口高声。发藻岐嶷，辩论机捷，应答无方，时人莫与为对。太祖奇之，谓瑾曰："蓝田出玉，真不虚也。"自中庶子为太子宾友、左辅都尉。尝从太祖会群臣，欢甚，以恪父面长似驴，取驴署曰"诸葛瑾"，示恪。恪借太祖笔，书"之驴"二字，太祖大笑，以驴赐恪。他日又从容问曰："卿父与叔父孰贤？"曰："臣父为优。"帝问何故，曰："臣父知所事，叔父不知，是以为优。"

---

① 建兴元年春正月大赦改元立皇后：陶元珍《建康实录札记》云："案孙亮于神凤元年夏四月即位，即改元建兴，并未逾年，立皇后乃建兴二年春正月事。《实录》误。"陶说是。《吴书·孙亮传》云："（建兴）二年春正月丙寅，立皇后全氏，大赦。"此"元年"当是"二年"之误。

② 立皇后全尚女太祖女鲁斑所生：谢秉洪《〈建康实录〉校读札记》考证皇后全尚女非太祖女鲁斑所生，鲁斑公主乃全皇后之从祖母。

③ 折頞：诸本皆作"折额"，语意不明。《吴书·诸葛恪传》注引《吴录》云："恪长七尺六寸，少须眉，折頞广额，大口高声。"《御览》卷三六七亦引作"折頞"，是，据改。頞指鼻梁。

初置节度典军粮，特令恪代徐祥领之。寻为抚越将军、丹杨太守。父瑾闻之，以丹杨山险，民多果劲，蜂至鸟窜，难以羁统，恪陈必安之计。时年三十二，拜武骑，威仪鼓吹，道引到府。移书丹杨、吴郡、会稽、新都、寿阳等四郡属城长吏，①令各保疆，立部伍，其从化人，悉令屯居。而使诸将罗兵阻险，莫与交锋，候禾稼熟，则纵兵芟刈，使无遗种。旧谷既尽，新田不收，在山之民饥困，自出者辄不得执之，任其来往，慰抚之。山越大治，人皆安堵。累迁威北将军，屯柴桑。

初，与陆逊不和，尝善誉逊，逊薨，代为大将军、荆州牧，假节，镇武昌。太元末，受顾命。帝即位，独擅内外事，百官总己，以听于恪。恪始为政，罢视听，息校官，原逋债，除关税，崇恩泽，远近欢悦。每一出入，百姓延颈，思见其面。既而北伐，众殆人劳。侍中、武卫将军孙峻等因人不堪，密与帝谋诛之。其夜，恪精爽不安。及明盥漱，闻水及衣裳血腥。将升车，犬又频频引其衣。恪还坐，曰："犬不欲吾行乎？"少间又出，犬复衔衣牵之，恪乃逐犬登车。至宫门，散骑常侍张约、朱思等密书报恪，②恪谓滕胤曰："孙峻小子，何能为也！"遂入，坐定，酒数行，峻起如厕，解长衣持刀出，曰："有诏收诸葛恪！"恪惊起，拔剑未出而峻刀交下。张约从旁斫峻，伤左手，峻应手斫，③断右臂。武卫皆拔刃欲上殿，峻告曰："所杀唯恪一人，今已死。"悉令复刃，使收其家。家人不知，恪侍婢忽然于中堂脚自离地，顶上柱屋梁，作声云："公为孙峻所杀！"内外惊扰，中子长水校尉竦与弟步兵校尉建车载母，建渡江，竦至白都。峻遣将军刘永追斩竦，④又逐建于江西数里，夷三族。大赦天下。以峻为丞相、大将军，封富春侯。

初，恪出征南时，⑤有孝子杖缞经入阁中，侍者白恪，恪诘问之，孝子曰："向不知所入。"中外守备，亦不见之。及出行，后厅栋中折。自新城往来，白虹见其船，又绕其车，果是遇害。案《地图》：宅在城东二里玄风观前横路南。

十一月，有五大鸟见于春申，改明年为五凤元年。

春正月，以大将军、左司马李衡为丹杨太守，自芜湖又徙治宛陵。

秋九月，魏相司马师废其主芳为齐王。

---

① 寿阳：《吴书·诸葛恪传》作"鄱阳"。
② 朱思：《吴书·诸葛恪传》及注引《吴历》并作"朱恩"，《通鉴》卷七六亦同。
③ 峻应手斫："斫"下当脱"约"字，孟校本据《吴书·诸葛恪传》补。
④ 刘永：《吴书·诸葛恪传》作"刘承"。
⑤ 恪出征南时：《吴书·诸葛恪传》云："初，恪将征淮南时。"终诸葛恪一生，从未有"征南"事，《实录》当脱"淮"字。

十二月，星孛于牛斗。交阯䄶草化为稻，此草妖也。昔三苗亡而五谷变。

二年春正月，骠骑将军吕据袭寿春，魏将文钦降，淮南余众数万来奔。

秋七月，孙仪、林恂等谋杀大将军峻，事觉，伏诛。阳羡黑山石自立，①曰："当有庶人为帝之祥。"案，京房《易传》曰：石自立，于山则同姓，平地则异姓。干宝以为孙皓承废得立，或云孙休见立之应。大旱。使卫尉冯朝城广陵，以将军吴穰为广陵太守。

三年春正月，新作太庙，迁太祖神主，大赦，改太平元年。

二月，用魏将文钦计，大举兵伐魏。

八月，遣钦为先锋，以吕据、朱异、刘纂、唐咨等自江都引众军入淮、泗以继之。诸军将发，孙峻饯于石头，因入吕据营，见军御整齐，恶之，乃称心痛而归。遂梦诸葛恪击之，因病甚，表弟偏将军綝辅政。

九月丁亥，峻薨。

峻字子远，武烈皇帝弟静之曾孙。②父恭，位散骑常侍。峻少便弓马，精果胆决。累迁侍中、武卫将军，受遗与诸葛恪辅少帝。既诛恪，督中外诸军事。滕胤以恪子竦妻父辞位，峻曰："鲧、禹罪不相及，滕侯何为！"封胤为高密侯。

峻性骄矜，多所刑杀，奸乱宫室。与公主鲁斑私通，而因孙仪事，用谮，害鲁育公主。薨，时年三十八。

戊子，以孙綝为侍中，辅政。壬辰，太白犯南斗。吕据等至江北，闻綝代峻，大怒，乃表荐卫将军滕胤为丞相，綝不听。癸卯，以胤为大司马，据又密使使与滕胤谋，自广陵引军还讨孙綝，与胤会苍龙门。是夜，风急，据不至，綝使华容勒兵攻胤，③杀之。

胤字承嗣。父胄，能属文，太祖待以宾礼，军国书疏，常令损益润色之。早录其功，封胤为都亭侯。胤为人厉行，有威仪，容止可观。每正朔朝会，大臣见之，皆叹重之。年三十，起家中郎，累迁丹杨太守，寻转会稽太守。每断狱讼，察言观色，务尽人情理。有穷厄悲苦之言，对之流涕。太元末，与诸葛恪受遗辅少主。恪每出征，胤常居守，统留后事。胤白日接客，夜省文书，连夜不卧。孙峻辅政，封高密侯，至是遇害。

---

① 黑山：《吴书·孙亮传》《晋书·五行志中》《宋书·五行志二》皆作"离里山"。

② 武烈皇帝弟静之曾孙："弟"字原缺，"静"原作"靖"，张校本据周钞本增"弟"字，据《吴书·孙静孙峻传》改作"静"。孟校本补"弟"字，"靖"字未改。

③ 华容：《吴书·孙登传》《孙峻传》及注引《文士传》、《通鉴》卷七七皆作"华融"。

己酉，遣将军施宽、刘承等将兵逆吕据，①左右皆劝据入魏，据曰："耻为叛臣。"遂杀于新州，夷三族。

据字世议，大司马范次子。

冬十一月，綝为大将军，封永宁侯。

十二月，帝使五官中郎将刁玄告乱于蜀。

二年春正月乙卯，②诏分长沙东部为湘东郡，西部为衡阳郡，会稽东部为临海郡，豫章东部为临川郡。

夏四月，帝始临正殿，大赦境内，亲政事。时孙綝有所表奏，皆难问之。又选子弟十八已下，十五已上，得三千人，以大将军子弟有勇者为之将帅。③诏曰："朕立此军，欲与之俱长。"日于苑中习焉。自后常出中书省视先帝故事，诘问左右曰："先帝数有特诏，今大将军关事，但令我书可耶！"左右惧，无以答。

五月，魏征东大将军诸葛诞举兵保寿春叛魏，使将军朱成诣阙上表称臣，兼子靓与长史吴纲及诸牙门子弟为质，请援。

秋七月，诏使大都督朱异，将军唐咨、丁奉、全端等精甲五万，据寿春，大将军孙綝自率众继之，为魏将司马昭所破，将军全端、钱塘侯全泽等与诸葛宗亲十余人，④皆降于魏。

九月，綝自淮南归，还军。甲申，赦淮南战死者加爵赏，为举哀。

三年秋七月，封齐王奋为章安侯。诏州郡伐宫材。自八月沉阴不雨四十余日。帝以綝专恣自固，嫌忌之。

九月，诏黄门侍郎全纪密令与父太常全尚、将军刘承谋诛綝。全纪母，公主从姊也，其夜知谋，以告綝，綝惧。戊午夜，以兵袭宫，取全尚，遣弟恩杀刘承于苍龙门。綝将废帝，乃召公卿大臣会宫门，议曰："少帝长病昏乱，不可以当大任。"使光禄勋孟宗告宗庙废之，以状赴近远。尚书桓彝正色不肯署名，綝怒，杀彝。

彝字公长，临湘人也，魏尚书令阶之弟也。累迁尚书，以正直见杀。案《吴志》：晋平吴，薛莹入晋，晋武帝问吴之名臣，答曰："桓彝有忠贞之节。"

---

① 刘承：《吴书·孙亮传》《孙綝传》皆作"刘丞"，《通鉴》卷七七作"承"或作"丞"，殊不统一，胡注云："刘承，即刘丞。"

② 二年春正月乙卯：正月壬申朔，无乙卯日。《吴书·孙亮传》作"二月乙卯"，二月壬寅朔，十四日乙卯。疑此"正月"或为"二月"之误。

③ 以大将军子弟有勇者为之将帅："大将军"，作为职官专名，仅有一人；将军、大将作为泛称，指所有将领。《吴书·三嗣主传》作"选大将子弟年少有勇力者为之将帅"，据此，"军"属衍文。

④ 钱塘侯全泽："全泽"，诸本皆同。季忠平《〈建康实录〉校勘札记》考证乃"全怿"之误，为全琮之子。

庚申，使中郎李崇夺帝玺绶，为会稽王。帝九岁即位，立七年。遣将军孙耽送帝之国，徙全尚家于零陵，迁公主鲁班于豫章。

帝年十六，永安二年见杀，崩于候官道上。① 晋太康中，吴故少府卿丹杨戴显上表，迎尸归葬赖乡。

帝幼而聪悟，有成人之鉴。年七岁，为皇太子，见傅相具师资之礼，大臣重之。及即位，政虽非己出，而口不戏言。诸葛恪之诛也，卫将军孙峻收恪，帝大言曰："非我所为！"及孙綝秉政，有奏多所问难，綝惧，称疾不朝。又曾暑月游西苑，方食青梅，使黄门至中藏取蜜，黄门先恨藏吏，乃取鼠粪投蜜中，言藏吏不谨。帝即持吏，吏持蜜瓶入，帝问曰："既盖之，且有掩覆，无缘有此，黄门非有恨于尔耶？"吏叩头曰："彼尝从臣求官席，席有数，臣不与。"② 帝曰："必此也。"黄门不伏，侍中刁玄、张邠请收黄门与藏吏付狱，帝曰："易知耳。"令破鼠粪，粪中犹燥。帝大笑，谓玄、邠曰："若先在蜜中，中外俱湿，今乃燥，是黄门所为也。"黄门惧，即自首伏法，左右莫不惊竦矣。

景皇帝

景皇帝休，字子烈，母王夫人。年十七，太元二年，封为琅琊王，③ 居虎林。废帝即位，大将军诸葛恪不欲令诸王处江滨兵马之地，徙帝于丹杨郡。郡守李衡数以事侵帝，帝上书求他郡，诏徙于会稽。曾梦乘龙上天，顾不见后，心异之。太平三年九月戊午，孙綝废少帝，而遣宗正孙楷、中书郎董朝往会稽迎帝。帝初不信，楷等具启本意，④ 帝遂行。未至，而孙綝悔，欲入宫将图不轨，召百官会议于相府，皆惶惧失色。常侍虞氾进曰："明公为国伊、周，处将相之位，擅废立之权，上安宗庙，下惠兆民，小大踊跃，以为伊、霍复见。迎王未至，而欲入宫，如是，则群下摇动，众听疑惑，非所以永终忠孝，扬名后世也。"綝不悦。冬十月，

---

① 永安二年见杀崩于候官道上：下文及《吴书·孙亮传》皆言废帝见杀于候官道上在永安三年。

② 彼尝从臣求官席席有数臣不与："官席"，各本同。《吴书·孙亮传》注引《江表传》载吏言称"尝从某求宫中莞席，宫席有数，不敢与"。

③ 太元二年封为琅琊王：《吴书·孙休传》云休卒于永安七年，时年三十。据此，休当生于嘉禾四年，太元二年封琅琊王时年十八。

④ 楷等具启本意："等"，诸本多作"答"，张校本从之。宋刊本作"等"，孟校本作"等"，未出校记。《三国志·吴书·三嗣主传》曰："休初闻问，意疑，楷、朝具述綝等所以奉迎本意。"此处从宋刊本、孟校本作"等"。

帝至曲阿，有老翁干帝曰："事久变生，天下喁喁，愿大王速行。"帝善之，即日进布塞亭。武卫将军孙恩行丞相事，率百官以乘舆法驾迎于永昌亭，立行宫，以武帐为便殿，设御座。己卯，帝至，望便殿止，群臣三请再拜，升殿，谦不即座。户曹尚书前，即阶下赞奏，丞相奉玺绶，帝三让，群臣三请，帝曰："诸侯将相咸推寡人，寡人敢不承命！"乃受玺绶，即帝位。百官以次奉引，帝就乘舆，群臣陪位。孙綝迎于土山之半野，拜于道左，帝下车答拜。即日入宫，御正殿，大赦，改元为永安元年。

冬十月壬午，诏以綝为丞相、大将军、荆州牧，食五县。以弟恩为御史大夫，弟幹、弟闿皆封侯，余功臣行赏有差。綝乃诣阙上书，乞上印绶、节钺，退还田里，帝不许。丹杨守李衡以前嫌，自拘有司，表列罪失。帝曰："夫射钩、斩袪，在君为君。"乃使还郡，封威远将军，领丹杨太守。

衡字叔平，襄阳兵家子。汉末入吴，为武昌渡长，①闻羊衜有知人之鉴，往干之。衜曰："多事之世，尚书郎才也。"时校事郎吕壹操弄权柄，大臣畏之，莫有敢言者，衜曰："此非李衡无以困壹。"遂共荐为郎。太祖引见，喜之。衡乃口陈吕壹奸短数千言，太祖有愧色。后数月，壹事发，坐诛，衡大见显用。累迁诸葛恪司马，干恪府事。恪诛，守丹杨太守。②

时帝为琅琊王，在郡，人家淫放，③衡数以法绳之。妻习氏常谏不可，衡不从。寻而帝立，衡忧惧，谓妻曰："不用卿言至此。今奔魏何如？"妻曰："不可。君本庶人，先帝赏拔过量，既作无礼，而复逆自猜嫌，逃叛求活，北归，复何面目见士大夫乎？且琅琊王素好善慕名，方欲自显于天下，终不以私嫌杀君明矣。君可自囚诣狱，表陈前失，请罪。如此，必当逆见优饶，非但直活而已。"衡从其言。

衡欲为子孙储业，妻辄不听，曰："财聚则祸生。"衡遂不言，后密使人于江陵龙阳洲上作宅，种甘橘千树。临死，敕儿曰："汝母每恶吾治家，故穷如此。然吾州里有千头木奴，不责汝衣食，岁上绢一匹，当足用耳。"衡亡后，儿以白母，母曰："此当是种甘橘也。汝父每欲积财，吾常以为患，不许。七八年来失十户客，不言所之，当是汝父有此故也。恒见汝父称太史公言：'江陵千树橘，亦可比封侯。'

---

① 为武昌渡长：《吴书·孙休传》注引《襄阳记》作"本襄阳卒家子也，汉末入吴，为武昌庶民"，吴金华《〈建康实录〉十二题》云："唐代流行的俗字中，庶、度形体几乎相同，大约后人整理唐写本时觉得'度民'不成词，就改为'渡长'。"下文衡妻亦谓衡曰："君本庶人。"

② 守丹杨太守：《吴书·孙休传》注引《襄阳记》作"求为丹杨太守"。

③ 人家：孟校本据徐钞本改为"家人"。

吾答云:'人患无德,不患不富贵,若贵而能贫,方好耳,用此何为!'今无乃是耶!"子欣得之。案《吴志》:吴末,李衡橘园成,岁得绢千匹,家道殷足。至晋咸康中,宅上犹有故枯橘树存焉。

己丑,封故太子和子皓为乌程侯,弟德为钱塘侯,弟谦为永安侯。庚寅,群臣奏请立后及太子,帝让不受。

十一月甲午,有风四转五复,蒙雾连日。时孙綝既擅废立,权倾人主,一门五侯,并典禁兵,有所陈述,帝敬而不违,自吴朝未之有也。壬子,诏吏家为役有三人五人者,并免父兄一人。永昌亭陪位者,加爵一级。

十二月,綝日益横,遂持牛酒进奉于帝,帝不受,赍诣左将军张布。酒酣,怨言曰:"初废少主,人多劝吾自取之,吾以帝贤,故迎之。帝非吾不立,今上礼见拒,是与凡臣无异,当须改图耳。"布以言闻于帝,帝衔之,恐即有变,优诏加赏赐。有告綝反者,帝付綝,綝杀之,而心愈惧。因孟宗求出武昌,帝许之,诏给武库精甲万人。右军将军魏邈言于帝曰:"綝不可使居外,居外必生变。"帝不答。丙寅,武卫将军施朔等密表云綝反状已露。①帝省表,与左将军张布、都乡侯丁奉密谋,因戊辰腊会,使公卿执綝。将入,疑内有变,表称疾,帝使强起之,綝不得已,令:"外整兵于府,待吾入后起火,因是可得速出。"及赴会,百僚升殿,而府中火起,綝遽求出看火,帝止之,曰:"外兵自多,何劳丞相。"綝起离席,帝目丁奉、张布等,命左右缚綝。綝叩头求徙交州,帝怒曰:"何不徙滕胤、吕据!"叱送斩之。其同谋者皆赦,放杖者五千人。追杀綝弟幹、闿于中江,发孙峻冢而剖其棺,斫其尸,收其印绶。大赦天下,一切亡官迁徙皆放还。诏诸葛恪、滕胤、吕据等并无罪见害,并宜改葬,追赠其家,复其田宅。群臣有乞为恪立碑,以铭勋德,博士盛冲以为不合。帝曰:"盛夏出军,士卒伤损,无尺寸之功,不可谓能;受托孤之任,死于竖子之手,不可谓智。冲议是矣。"遂寝之。帝耻与綝等同族,敕除属籍,曰"故峻故綝"云。

綝字子通,与峻同祖,即武烈帝弟静之玄孙,暠之后也。暠生二子:恭、绰。恭生峻,绰生綝。綝辅少主,奏请多见推诘,惧不自安。及救诸葛诞归,便称疾不朝,筑室朱雀桥南,分遣诸弟入宿卫,欲树诸党,专朝自固。少主嫌之,因推孙峻杀朱主事,将欲诛綝。綝乃废少主迎帝,遂乃肆意,侮慢人神,烧大航及伍胥庙,毁坏浮图塔寺,斩道人。

---

① 武卫将军施朔:《吴书·孙綝传》及《通鉴》卷七七皆载施朔为"武卫士"。

是月，诏初置五经博士一人、助教三人。

二年春正月，诸葛恪故吏临淮臧均上表，论诸葛恪三世有大功，请收其尸改葬，帝许之。①

二月，备九卿官，下诏劝广农事，进用忠贤。以纪亮为尚书令，亮子陟为中书令。每朝列坐，帝以云母屏风隔之。

三年春，使五官中郎将薛珝聘蜀求马，还，帝问蜀政得失，珝对曰："蜀主暗而不知其过，臣下容身以求免罪，入朝不闻正言，经野民皆菜色。臣闻燕雀处堂，母子相乐，自以为安也，窟决栋焚，②而燕雀恬然不知祸之将至，是其谓乎！"帝闻之栗然。

二月，西陵言赤乌见。③

秋，使都尉严密作浦里塘，开丹杨湖田，卫将军濮阳兴率兵会成之。时会稽谣言王亮当还为天子，而宫人告亮使巫祷祠，有司以闻。帝诏黜亮为候官侯，使之国，道上令鸩杀之。分会稽南部为建安郡。

是年，得大鼎于建德县，告太庙，作《宝鼎歌》。

四年夏五月，大雨，水泉溢满。是月，魏相国司马昭杀其君髦。

八月，使周奕、石伟行风俗，宣慰将吏，问民劳苦，为黜陟之诏。

九月，白龙见布山。吴人陈焦死，埋六日更生，穿土而出。

五年春二月，白虎门北楼灾。

秋七月，黄龙见始兴。④

八月壬午，大风震雷。甲午，有司奏请立皇后，帝乃尊所生王夫人，谥为敬怀皇后，改葬敬陵。乙酉，立皇后朱氏。戊子，立子霅为皇太子，大赦。诏自立四子霅、奧、壾、寇等名字，欲令后世易避。

冬十月，以卫将军濮阳兴为丞相，丁密、孟宗为左右御史大夫。

宗字子恭，江夏人。性至孝，幼从南阳李肃学。其母为作厚褥大被，人问其故，母曰："小儿无德致客，客多贫，故为广被，庶可得气类相接。"宗读书，夙夜不懈，

---

① 请收其尸改葬帝许之：陶元珍《建康实录札记》云："据《吴志·诸葛恪传》，臧均乞收葬恪在孙亮时，《实录》误。"

② 窟决栋焚：《吴书·薛莹传》作"突决栋焚"。吴金华《〈三国志集解〉笺记》称此乃不明典故致误，"突"指烟囱，"突决"导致"栋焚"。

③ 二月西陵言赤乌见："二月"，《吴书·孙休传》《宋书·符瑞志中》皆作"三月"。

④ 黄龙见始兴："始兴"，《吴书·孙休传》《宋书·符瑞志中》皆作"始新"。

肃奇之，曰："卿将相器也。"故长为骠骑朱据军吏，将母在营。既不得志，遇夜雨屋漏，因泣以谢母，母曰："但当勉之，何当泣也！"据后稍知之，除盐池司马。① 能自结网捕鱼，作鲊寄母，母使送还，曰："汝为鱼官，而以鲊寄母，非避嫌也。"寻迁吴县令。时不得将家之官，宗在官每得新物，未寄母，不先食之。及母亡，② 时禁长吏不得奔丧，宗犯禁奔丧，既而诣武昌请拘。大将军陆逊表陈孝行，请于帝，帝降罪。

母性耆笋，冬节将至，宗乃入竹林泣，笋为之生，得以供祭。后累迁位，至光禄勋、御史大夫。后主即位，宗避后主讳，改名仁。

以张布为中军督，委万机于布；委军国于濮阳兴；诏中书郎、领博士韦昭依刘向故事，校定众书。而帝悦意典籍，③ 唯春夏二时出射雉暂废耳。

是年，遣察战往交阯，调孔雀、大猪。案《吴录》：察战是吴时官号。旧阳都有察战巷，④ 在今县城南二里禅众寺前。或云晋庾亮拒苏峻，七战于此巷，亦名七战巷也。

诏召祭酒韦昭、博士盛冲二人入侍讲论，时张布既典宫省，知二人切直，恐发阴失，谏不许。帝让之，布等叩头谢，而昭竟不入。

六年春，长沙言青龙见；慈湖言白燕见；豫章言赤雀见。

秋七月，魏使邓艾、钟会伐蜀。

九月，蜀以魏见伐来告，诏大将军丁奉督征西将军留平、将军丁封、施绩等诸军分向寿阳、南郡、沔中救蜀。帝召群臣于前殿议曰："司马氏得政已来，大难屡作，智力虽丰，而百姓未服。竭其资力，远征巴蜀，兵劳民疲，而不知恤，败于不暇，何以能济？昔夫差伐齐，非不克胜，所以危亡者，不忧其本，况彼之事地乎！"军师将军张悌对曰："以臣愚料则不然。曹操虽功盖天下，威震四海，崇诈仗术，征伐无已，民畏其威，不怀其德。丕、叡承之，继以躁虐，内兴宫室，外拒雄豪，东西驰骋，无岁获安，彼之失人，为日且久。司马懿父子，自握其柄，累有大功，除其烦苛而示平惠，为之谋主以救其疾，民归之亦已久矣。故淮南三叛，

---

① 盐池司马：《艺文类聚》卷七二引《列女传》云："吴光禄勋孟宗为监鱼池司马。"《山堂肆考》卷九二《欲子避嫌》亦引《吴历》云："孟仁为监鱼池司马，自结网捕鱼，作鲊寄母。"

② 及母亡："及"，各本多作"又"，宋本作"及"，是，据改。又《吴书·孙皓传》注引《吴录》作"及闻母亡，犯禁委官"，可参证。张校本、孟校本均未校改。

③ 帝悦意典籍：《吴书·孙休传》云"休锐意于典籍"，《世说·规箴篇》注引环济《吴记》亦作"锐意典籍"。"悦意"当为"锐意"之误。

④ 旧阳都有察战巷："阳都"，各本均同。然此处指建康，应是"杨都"之误。

而腹心不扰；曹髦之死，而四方不动。摧坚敌如折枯，荡异国如反掌，①任贤使能，各尽其心，非智勇兼人，孰能如此？威武张矣，本根固矣，群臣伏矣，奸计立矣。今蜀阉宦专朝，国无政令，而玩戎黩武，民劳本弊，②竞于外利，不修守备。彼强弱不同，智算亦胜，因危而伐，殆其必克乎！若不克，不过无功，终无奔北之忧，覆军之虑也，何为不可哉！昔楚剑利而秦昭惧，孟明用而晋人忧，彼之得志，我之大患也。"左右皆嗤之而未信。

冬十月，大将军陆抗上表言成都不守，蜀主刘禅降，帝闻，深忆张悌之言，不乐。诏丁奉等还军。癸未，灾石头小城西南一百八十丈。是月，诏分武陵为天门郡。

七年秋七月，海贼破海盐，杀司盐校尉骆秀，使中书郎刘川发庐江兵讨之。③复分交州置广州。

八月癸未，④帝遇疾，口不能言，手书呼丞相濮阳兴入，令太子霪出拜丞相，帝把兴臂指霪托之。丙戌，帝崩于内殿。⑤十二月，葬定陵。年二十四即位，在位七年，年三十一，⑥谥曰景皇帝。

---

① 荡异国如反掌：陶元珍《建康实录札记》云："《吴志》注《襄阳记》'国'作'同'，是也。"
② 民劳本弊：《吴书·孙皓传》注引《襄阳记》作"民劳卒弊"。
③ 发庐江兵讨之："庐江"，《吴书·孙皓传》作"庐陵"。
④ 八月癸未：八月戊子朔，无癸未日。《吴书·孙休传》及《通鉴》卷七八皆作"七月癸未"。
⑤ 丙戌帝崩于内殿：《吴书·孙休传》及《通鉴》卷七八皆云休崩于七月癸未。七月己未朔，癸未、丙戌皆在七月，未知孰是。
⑥ 年三十一：《吴书·孙休传》及《通鉴》卷七八皆云休卒时年三十，徐钞本亦作"三十"。

建康实录卷第四　吴下

后主

　　后主讳皓,字元宗,大帝孙,废太子和之长子,一名彭祖,字皓宗。景帝永安元年,封乌程侯。

　　七年八月,景帝崩。① 时蜀新亡,而交阯数叛,国内震惧,议立长君。而左军万彧昔为乌程令,② 与皓相善,称皓才识明断,是长沙桓王之俦,又加之好学,屡言之于丞相濮阳兴与张布,遂言于朱太后,欲以后主为嗣。后曰:"我寡妇人,安知社稷之虑,苟吴国无殒,宗庙有赖,则可矣。"遂定议迎后主。

　　庚寅,即皇帝位,改元兴元年。以濮阳兴为侍中、丞相,领青州牧。上大将军施绩为左大司马,丁奉为右大司马,张布为骠骑将军,加侍中,诸各增班秩。

　　秋九月,贬太后为景皇后,称安定宫。追谥父和为文皇帝,改葬明陵,置园邑二百家,祖母王氏为大懿皇后,母何氏为文皇后,立夫人滕氏为皇后。

　　后讳芳兰,太常滕胤族女。父牧,五官中郎将。帝为乌程侯时纳为妃,及此拜后。封高密侯。③ 后宠衰,何太后保护,常供养升平宫。天纪四年,随帝北迁,薨于洛阳。

　　冬十月,封景帝子霪为豫章王,次子襄为汝南王,次子钜为梁王,次子寇为陈王,以礼葬鲁育公主。

---

　　① 七年八月景帝崩:陶元珍《建康实录札记》云:"《吴志》孙休卒于七年七月癸未,推是年八月无癸未,《实录》误。"
　　② 左军万彧昔为乌程令:"左军",《吴书·孙皓传》作"左典军"。陶元珍《建康实录札记》云:"《实录》脱'典'字。"
　　③ 封高密侯:《吴书·妃嫔传》作"封牧高密侯"。陶元珍《建康实录札记》云:"《实录》脱'牧'字。"

主字小虎，大帝次女，步后所生，适朱据。初，全主谮王夫人并废太子和，欲立鲁肃王霸为嗣，①朱主不听，全主恨之。及少帝即位，孙仪谋杀孙峻，事觉，伏诛。全主因谮朱主，埋于石子岗。案《搜神记》：后主欲改葬主，冢瘗相亚，不可识别，而宫人颇有识主亡时衣服，乃使两巫各住一处以伺其灵，使察战监之，不得相近。久之，二巫各见一女，年三十余，上着青锦束头，紫白袷裳，丹绨丝屦，从石子岗上，半岗而以手抑膝长息，小住须臾，进一冢上便止，徘徊，奄然不见。二巫不谋而言同，遂开棺，衣服与所言同尔。

后主初即位，俭素，发优诏恤民，开仓振穷乏，料出宫女以配无妻者，禽兽扰于苑者皆放之。当时翕然，称为明主。及得志，遂粗暴骄恣，多忌讳，好酒，爱杀人，小大失望。丞相濮阳兴、侍中张布等窃悔立之。尚书万彧闻之而构于帝，帝潜怒，使收兴、布等下狱。

十一月，诏徙兴交州、布广州，并追道杀之，夷三族。

兴字子元，陈留人。父逸，汉末避乱江东。兴少有名理，②太祖时，为上虞令，迁尚书左曹、五官中郎将。使蜀，还拜会稽太守。琅琊王之在郡，兴深相结。及王即位，征为太常卫将军，封外黄侯。时严密建丹杨湖田，作浦里塘，公卿议不定，兴以为便，就之。迁丞相，与中军督张布为表里。

布小女时为美人，及布诛后，帝从容问美人曰："父何在？"美人答曰："为贼所杀。"帝怒，又杀美人。后思之，问左右，左右答："美人有姊适卫尉冯朝子纯，即布长女也。"后主夺之，入宫拜为左夫人，极宠，废朝事。

十二月，司马昭为魏相国，遣使徐绍赍书来，陈事势利害。

元兴二年春正月，分吴郡、丹杨等九县为吴兴郡，治乌程。

二月，使光禄大夫纪陟、五官中郎将弘璆随绍报魏，③书两头言"白"，不著姓，司马昭衔之。

陟之奉使也，入境问讳，入国问俗。至魏，魏将王布示之马射，而问陟曰："吴之君子亦能此否？"陟答曰："此军人骑卒之肄业也，非士君子之所宜为也！"布大惭。陟等既至，魏司马昭问："来时吴主如何？"对曰："来时皇帝临轩，百官陪位。"昭飨陟，百寮毕会。问陟曰："彼戎备几何？"答曰："自西陵至江都，

---

① 鲁肃王霸：周钞本批注云："'肃'字疑误。"
② 兴少有名理："名理"，《吴书·濮阳兴传》作"士名"。
③ 光禄大夫纪陟五官中郎将弘璆随绍报魏："随绍"，各本二字均空缺，张校本、孟校本据徐钞本补。

五千七百里。"昭曰："道里甚远，难为坚固。"答曰："疆界虽远，而其险恶必争之地，不过数四，犹人虽有八尺之体，靡不受患，至于防护风寒亦数处耳。"昭善之，厚礼而还。

夏四月，甘露降蒋陵。

五月，大赦，改甘露元年。

秋七月，逼杀景皇后朱氏，于苑中小屋治丧，内外知其非疾，皆痛之。又迁其四子于吴，道追杀霅、奰二人。

后，太祖女鲁育公主生，父据，赤乌末，太祖纳为琅琊妃。案《吴书》：初，孙峻既用全主谮杀朱主，后随王在郡，王惧，遣后还建业，执手泣别。及至，峻遣后就王。太平中，少帝知朱主为全主潛害，鞫问朱主死意。全主惧，答："皆据二子熊、损所白。"帝遂杀熊、损。损妻，峻妹也。孙綝益忌，遂谋废帝，立琅琊王。王即位，永安五年，立为皇后。七年，景帝崩，群臣上尊号为皇太后。后主即位，贬为景帝后。① 是年见杀，合葬定陵。

九月，西陵督步阐上表，请徙都武昌，后主纳之。镇西将军陆凯见扬土百姓溯流供给为患，又时政多谬，黎元穷匮，乃进表谏帝，言："武昌土地，危险硗埆，非王都安国养民，② 故先帝嫌之，迁都于此。且黄龙初有谣云：'宁归建业死，不就武昌居。'今陛下动不遵先王之法，而复苦【原阙】③

即日大驾将发，留御史大夫丁固、右将军诸葛靓守建业。④

冬十月，使大鸿胪张俨、五官中郎将丁忠于魏，吊祭司马文王。后主谓俨曰："今南北通好，以卿有出境之才，故相屈行。"俨对曰："皇皇者华，臣蒙其荣，惧无古人延誉之美，谨厉锋锷，思不辱命。"既至晋，贾充、裴秀皆不能屈，羊祜等与结缟带之好。

---

① 景帝崩群臣上尊号为皇太后后主即位贬为景帝后："景帝后"，各本同，本卷前文称"秋九月，贬太后为景皇后，称安定宫"，《吴书·嫔妃传》亦作"孙皓即位月余，贬为景皇后，称安定宫"，可知为"景皇后"之误。

② 非王都安国养民：徐钞本"养民"之下有"之所"二字，孟校本据补，张校本不补。

③ "而复苦"以下缺字，孟校本校勘记云："诸本均空缺九字，唯四库本有案语云：'原缺八字。'"张校本未出校。四库本在"谣云'宁归建业死，不就武昌居'"后补"童谣之言，以安居而比死，足明民之所苦也。不听"，无"今陛下动不遵先王之法，而复苦"。

④ 丁固右将军诸葛靓守：诸本均空缺此九字，孟校本据徐钞本补，张校本据徐钞本及《通鉴》卷七九补。"守"，《吴书·孙皓传》作"镇"。

十一月，后主至武昌，大赦。分零陵南部为始安郡，分桂阳南部为始兴郡。

十二月，晋受魏禅。

甘露二年春正月，张俨、丁忠等使晋还，俨道遇病卒，而忠独归，言北方无战备，且弋阳可袭而取。后主大悦，信之。因置酒会公卿大饮，令左右相嘲为乐。常侍王蕃嘲尚书万彧曰："鱼潜于泉，出水吹沫，何则？物有本性，不可横处非分。彧出自溪口，① 羊质虎皮。"彧答曰："唐虞之朝无谬举之才，造父之侧无驽骞之乘。"由是衔之。蕃既沉醉，后主舆出，因请还。蕃为人有威仪，行动自若，后主不悦。时万彧、陈声等承颜争毁之，后主大怒，叱左右收殿下斩之。太常滕牧、征西留平等苦请，不得。

蕃字永元，庐江人。博学多闻，自尚书郎去官，归读书。景帝即位，与贺邵入为常侍。性切直，处朝謇谔，陆凯重之。时年三十九。案《江表传》：后主将徙武昌，问蕃"射不主皮"，蕃不时答，后主怒之，即于殿上斩蕃。出登来山，令亲近将跳蕃头，作虎狼争咋，头皆碎，以示威，使无敢犯者。与《吴录》不同。

二月，后主既得丁忠定议，欲北伐。右司马丁奉言忠不可信，师出必无功。后主大怒，不纳。大将军陆凯等固谏不可，乃止。于是自绝于晋。

秋八月，因得大鼎，改元为宝鼎元年，大赦。以镇西将军陆凯为大丞相，② 常侍万彧为右丞相。

冬十月，以永安山贼施但等反，劫后主弟永安侯谦为主，出乌程，取故太子和陵上鼓吹曲盖，北入建业，③ 众万余人。丁固、诸葛靓等逆讨于九里汀之牛屯，获谦，鸩杀之。

谦字公逊，太祖孙，故太子和次子，景帝封永安侯。永安，今在湖州武康县。案《吴录》：施但等见后主上武昌，遂谋反，劫谦，至秣陵，欲立为帝。择日使召留后丁固、诸葛靓。靓乃与丁固等拒破之。

初，望气者云，荆州有天子气破扬州，而建业宫不利，故后主上武昌，仍使掘破荆州界大臣名冢，④ 断其山岗。而但等果反，后主自以为得计，闻但平后，乃

---

① 彧出自溪口：徐钞本"溪口"作"溪中"，《吴书·王蕃传》注引《吴录》作"谿谷"。

② 以镇西将军陆凯为大丞相："大丞相"，《吴书·陆凯传》作"左丞相"。陶元珍《建康实录札记》云："'大丞相'乃'左丞相'之讹。"陶说是，本卷下文亦作"左丞相"。

③ 北入建业："北"，《吴书·孙皓传》作"比"，于义为长。

④ 仍使掘破荆州界大臣名冢："名冢"各本多作"各冢"，宋本作"名冢"。《吴书·孙皓传》注引《汉晋春秋》云："初，望气者云，荆州有天子气破扬州，而建业宫不利，故皓徙武昌，遣使者发民掘破荆州界大臣名家冢与山冈连者以厌之。""名冢"更得其实，据改。

使百余精甲鼓噪入建业，杀谦妻子，号曰"天子使荆州兵来破扬州贼"，以厌其气。分会稽为东阳郡，分吴、丹杨为吴兴郡，①以零陵北部为邵陵郡。

十一月，将欲还建业。左丞相、大将军陆凯谏曰：

> 臣闻有道之君，以乐乐民；无道之君，以乐乐身。乐民者，其乐弥长；乐身者，不久而亡。夫民，国之根也，诚宜重其食，爱其命。民安则君安，民乐则君乐。自顷年已来，君威伤于桀、纣，君明暗于奸雄，君惠闭于群孽。无灾而民命尽，无为而国财空，幸无罪，赏无功，使君有谬误之愆，天为作妖。公卿媚上以求爱，困民以求饶，导君于不义，败政淫俗，臣窃为痛心。今邻国交好，四边无事，当务息役养士，实其廪库，以待天时。而更迁徙倾动，搔扰百姓，民吏不安，大小呼嗟，此非保国养民之术也。

后主大怒，发凯前后谏表，使近臣赵钦以口诏报凯，曰："卿往表言朕不遵先帝，有何不平？君谏非也。但建业宫不利，故避之，而西宫衰耗，可不得徙乎？"凯因重上疏，言后主不遵先帝二十事，曰：

> 臣窃见陛下亲政已来，阴阳不调，五星失晷，职司不忠，奸党相扶，是陛下不遵先帝之所致。夫王者之兴，受之于天，修之由德，岂在宫乎？而陛下盛意驱驰，六军流弊，纵陛下一身安，奈百姓愁苦何？此不遵先帝一也。
>
> 臣闻有国以贤为本，夏杀龙逢，殷获伊挚，斯前代之明效，今日之师表也。常侍王蕃黄中通理，处朝忠謇，斯社稷之重镇，大吴之龙逢，而陛下忿其苦词，恶其直对，枭之殿堂，尸骸暴弃。邦内伤心，有识悲悼，咸以吴国夫差复存。②以先帝亲贤，陛下反弃之，是不遵先帝二也。
>
> 臣闻宰相国之柱也，不可不强，是故汉有萧、曹之佐，先帝有顾、步之相。而万彧琐才凡庸之质，昔从家隶，超步紫闼，于彧已丰，于器已溢，陛下爱其细介，不访大趣，荣以尊辅，越尚旧臣。贤良愤慨，智士赫咤，是不遵先帝三也。

---

① 分吴丹杨为吴兴郡：分吴、丹杨郡置吴兴郡事，已见前元兴二年春正月条，此处重出。
② 邦内伤心有识悲悼咸以吴国夫差复存："有识"，各本皆作"有职"，唯宋本作"有识"，孟校本据改。后主残暴，杀王蕃，有识之士悼之，《吴书·王蕃传》即作"郡内伤心，有识悲悼"。从改。

先帝爱民过于婴孩，民无妻者以妾妻之，①见单衣者以帛给之，枯骨不收取而埋之。陛下反之，是不遵先帝四也。

昔桀、纣灭由妖妇，幽、厉乱由嬖妾，先帝鉴之，以为身戒，故左右不置淫邪之色，后房无旷积之女。今中宫万数，不备嫔嫱，外多寡夫，②女吟于内。风雨逆度，正由此起，是不遵先帝五也。

先帝忧劳万机，犹惧有失。陛下临祚已来，游戏后宫，眩惑妇女，乃今庶事多旷，③下吏容奸，是不遵先帝六也。

先帝笃尚朴素，服不纯丽，宫无高台，物无雕饰，故国富民充，奸盗不作。而陛下征调州郡，竭其财力，土被玄黄，宫有朱紫，是不遵先帝七也。

先帝外仗顾、陆、步、张，④内近胡综、薛综，是以庶绩雍熙，邦内清肃。今者外非其任，内非其人，陈声、曹辅，斗筲小吏，先帝所弃，陛下幸之，是不遵先帝八也。

先帝每晏群臣，抑损醇醴，臣下终日无失慢之色，百寮庶尹，并展所陈。而陛下拘以瞻视之敬，惧以不尽之酒。夫酒以成礼，过则败德，此无异商辛长夜之饮，是不遵先帝九也。

昔汉桓、灵，亲近宦竖，大失民心。今高通、詹廉、羊度，黄门小人，而陛下赏以重爵，权以战兵。若江渚有难，烽燧卒起，则度等之武不能御侮明矣，是不遵先帝十也。

今宫女旷积，而黄门复走州郡，条牒民女，有钱则舍，无钱则取，怨吁道路，母子死诀，是不遵先帝十一也。

先帝时养诸王太子，若取乳母，其夫复役，赐与钱财，给其资粮，时遣归来，视其弱息。今则夫妇生离，夫故作役，儿从后死，家唯空户，是不遵先帝十二也。

先帝叹曰："国以民为本，民以食为天，衣其次之，三者，朕存之于心。"今则农桑并废，是不遵先帝十三也。

先帝简士，不拘卑贱，任之乡间，效之于事，举者不虚，受者不妄。今则浮华者登，朋党者进，是不遵先帝十四也。

---

① 以妾妻之："妾"各本均作"女"，唯宋本作"妾"，《吴书·陆凯传》亦称"以妾妻之"，据改。
② 外多寡夫：陶元珍《建康实录札记》云："《吴志·陆凯传》作'外多鳏夫'，是也。"
③ 乃今庶事多旷：陶元珍《建康实录札记》云："《吴志·陆凯传》'今'作'令'，是也。"
④ 顾陆步张："步"，《吴书·陆凯传》作"朱"。

先帝战士，不给他役，使春惟知农，秋惟收稻，江渚有事，责其死效。今之战士，供给众役，廪赐不赡，是不遵先帝十五也。

夫赏以劝功，罚以禁邪，赏罚不明，则士民散。今江边将士，死不见哀，劳不见赏，是不遵先帝十六也。

今所在监司，已为烦猥，兼有内使，扰乱其中，一民十吏，何以堪命？昔景帝时，交阯之乱，实由兹起，是为遵景帝之阙，不遵先帝十七也。

夫校事之吏，民之仇雠。先帝末年，虽有吕壹、钱钦，寻皆诛夷，以谢百姓。今复张立校曹，纵吏言事，是不遵先帝十八也。

先帝时，居官者咸久于位，然后考绩黜陟。今莅政无几，便即征召迁转，迎新送故，纷纭道路，伤财害民，于是为甚，是不遵先帝十九也。

先帝每察竟解之奏，常留心推按，是以狱无冤囚，死者吞声。今则违之，是不遵先帝二十也。

若臣言可录，藏之盟府，如其虚妄，治臣之罪。愿陛下留意焉。

后主大怒，为其重臣，难以法绳，忍之。

十二月，还自武昌，留卫将军滕牧镇武昌。

二年夏六月，起新宫于太初之东，制度尤广，二千石已下皆自入山督摄伐木。又攘诸营地，大开苑囿，起土山，作楼观，加饰珠玉，制以奇石，左弯崎，右临硎。① 又开城北渠，引后湖水激流入宫内，巡绕堂殿，穷极伎巧，功费万倍。案《舆地志》：太祖凿城北沟，北接玄武湖，后主所引湖内水，并解在前卷。晋左太冲作《吴都赋》曰："东西胶葛，南北峥嵘。房栊对櫎，连阁相经。闛阆诡谲，异出奇名。左称弯崎，右号临硎。雕栾镂楶，青琐丹楹。图以云气，画以仙灵。"又曰："高门有闶，洞门方轨。朱阙双立，驰道如砥。树以青槐，亘以渌水。玄荫耽耽，清流亹亹。列寺七里，侠栋阳路。屯营栉比，廨署棋布。横塘查下，邑屋隆夸。长干延属，飞甍舛互。"案《宫城记》：吴时自宫门南出，夹苑路至朱雀门七八里，府寺相属。横塘，今在淮水南，近陶家渚，俗谓回军毋洑。古来缘江筑长堤，谓之横塘。淮在北，接栅塘，在今秦淮径口。吴时夹淮立栅，自石头南上十

---

① 又攘诸营地至制以奇石左弯崎右临硎："攘诸营地"，《吴书·孙皓传》引《江表传》作"又破坏诸营"，《御览》卷一七三引《吴志》作"又坏诸地"，"攘"当是"坏"之讹。又，"奇石"，《御览》卷一七三引《吴志》作"奇名"，当是。

里至查浦，查浦南上十里至新亭，新亭南上二十里至孙林，孙林南上二十里至板桥，①板桥上三十里至烈洲。洲有小河，可止商旅以避烈风，故名烈洲。又洲上有小山，形如栗，亦谓之栗洲。吴时烈洲长封洲一百二十步。长干已注，解在前卷。

时大将军陆凯、徐陵亭侯华覈上书谏曰："敌国强大，西蜀倾覆，深可为忧。臣以为安抚修德在急，而功作无益于时。"后主不纳。覈为兼东观令，领右国史，累陈让表，后主使人谓曰："东观儒林之府，非名学硕儒，无以任其职。以卿研精坟典，与班、张、杨、蔡为俦故授，何乃谦光而自菲薄。"

秋七月，使大匠卿薛珝营寝室，号曰清庙。

冬十月，遣守丞相孟仁、太常姚信等备官寮，中军步骑二千人，以灵舆法驾东迎神于明陵，引见仁等，亲拜送于庭。

十二月，仁奉灵舆法驾至，后主遣中使日夜相继，奉问神灵起居动止。巫言见文帝被服颜色如平生，后主悲泣，悉诏公卿诣阙，赐各有差。使丞相陆凯奉三牲祭于近郊，后主于金城门外露宿，明日望拜于东阁。翌日，拜庙荐祭，歔欷悲感，比至七日三祭，倡伎昼夜娱乐。有司奏"夫祭不欲数，数则渎，宜以礼断情"，乃止。

十二月，新宫成，周五百丈，署曰昭明宫。开临硎、弯埼之门，正殿曰赤乌殿，后主移居之。

是岁，分豫章、庐陵、长沙为安成郡。

三年春二月，以左右御史大夫丁固、孟仁为司徒、司空。

初，固尝昼梦松生其腹上，谓人曰："松，十八公也，后十八岁，吾其为公乎！"卒如梦焉。

秋九月，皓出东关，丁奉至合肥。

是岁，遣交州刺史刘俊、前部督脩则等入击交阯，为晋将毛炅所破，皆死，兵散还合浦。

建衡元年春正月，立子瑾为太子，及淮南、②东平王。

冬十月，改年，大赦。

十一月，左丞相陆凯卒。遣监军虞汜、威南将军薛珝、苍梧太守陶璜由荆州，监军李勖、督军徐存从建安海道，皆就合浦击交阯。

---

① 新亭南上二十里至孙林孙林南上二十里至板桥：两处"孙林"当为"新林"之误。新林，浦名，在今南京市西南西善桥，入江。《南齐书·武帝纪》：永明五年，"初起新林苑"。《梁书·简文帝纪》：大宝二年，侯景"发京师，自石头至新林，舳舻相望"。

② 淮南：《吴书·孙皓传》作"淮阳"。孙皓诸子中无封淮南王者。

二年春，万彧还建业。李勖以建安道不通利，杀导将冯斐，引军还。

三月，天火烧万余家，死者七百人。

夏四月，左大司马施绩卒。殿中列将何定曰："少府枉杀冯斐，擅撤军还。"勖及徐存家属皆伏诛。

秋九月，何定将兵五千人上夏口猎。都督孙秀奔晋。是岁，大赦。【原阙】①

是岁，左夫人张氏薨，后主哀念过甚，留葬苑内，临哭，数月不出听事。民间讹言后主已死，章安侯奋当立。时奋母仲姬墓在豫章，豫章太守张俊疑其或然，扫除坟茔。后主闻之，车裂俊，夷三族，诛章安侯及其五子。

奋字子阳，②鲁王霸母弟。太元二年封齐王，居武昌。少帝即位，大将军诸葛恪执政，不欲令诸王处江滨兵马地，徙于豫章。奋不从命，恪为书与奋，奋惧，奔南昌，逸游无度。恪诛后，径下至芜湖，欲入建业观变。杀傅相，坐废为庶人，徙章安。太平中，又封章安侯。至是，以讹言见杀。

三年春，后主大举将家西上。初，废帝太平元年冬，刁玄使蜀还，得司马徽与刘廙论运命历数事，遂诈增其文以诳国人，曰："黄旗紫盖见于东南，终有天下者，荆扬之君乎！"又得魏人言寿春下童谣曰："吴天子，当西上。"是年，后主闻之，大喜曰："此天命也。"遂载太后已下六宫嫔妾千余人，济自牛渚，陆道西上，呼云青盖入洛阳，以从天命。行至华里，遇大雪，途坏，兵士皆被甲持仗，百人共引一车，寒冻欲死，妃后菜色，兵人不堪，曰："若遇敌，当便倒戈耳。"左右进谏，皆不纳，东观令华覈固争。后主乃遂追前出军伐晋无功事，大司马丁奉斩之。

奉字承渊，庐江安丰人。少骁勇，常从征伐，斩将搴旗，曾不退敌。累以功迁冠军将军，封都亭侯。废帝即位，随诸葛恪拒魏军于东兴，为前锋，将三千锐卒先据要害，便令兵人解甲着胄，魏军大笑之，不为备。奉乃纵兵击之，大破魏军，进灭寇将军，改封都乡侯。又从孙峻征淮南，跨马提戈，突入其阵，取文钦而归。景帝立，谋与张布等因腊会杀孙綝，迁大将军，领徐州牧。后主立，进右大司马。

---

① 分豫章庐陵长沙为安成郡至是岁左夫人张氏薨：各本自"为"字至"是岁"前皆缺一整页，计四百四十格，唯南昌彭元瑞本于"长沙"下多出"为安成郡"四字。郦承铨《建康实录校记》云："丁固梦松事见本卷下文，不应复出，疑甘钞本出后人臆补。"所补文字与《吴书·孙皓传》及注引《吴书》无大异，疑是后人据《三国志·吴书》所补。

② 奋字子阳："子阳"，《吴书·孙奋传》作"子扬"。

至是见谗，追过斩之，^①徙家于临川。

冬十月，苍梧太守陶璜与监军虞氾大破晋交阯太守杨稷，稷降，因定日南、九真。大赦，分交阯为新昌郡。破扶严，置武平郡。

十一月，凤皇集西苑，大赦，改明年为凤皇元年。

秋八月，左丞相万彧以泄禁中语，因会饮毒，不死，自杀。

是月，西陵督步阐反，降晋。

阐字仲思，丞相骘次子。以功封西陵亭侯，继业督西陵。至是，后主征入为绕帐督。阐以累世在西陵，卒见征命，自以为失职，惧谗，乃不应召，据城降晋，使兄子璿往洛阳为质。后主遣大将军陆抗讨擒之，夷三族。

二年春，宫人贼市百姓物，司市中郎陈声收宫人，绳以法。后主闻之，忿以他事烧锯断声头，弃其尸于四望山下。

三年春，临海太守奚熙以疑举兵，断海路，为其部曲所杀，传首建业，夷三族。案《江表传》：后主左夫人死，思念之，于苑中作大冢葬之，使工刻桐人于冢内，以为兵卫，多送珍玩之物，不可胜计。葬后，治丧于内，半年不出。国人见墓大奢，皆谓主已崩，而今立者何氏子也。时后主舅子何都貌似后主，是以百姓有此言。或云章安侯奋当立。故奚熙信讹言，欲还建业。至是年，乃举兵反。

三月，司徒丁固卒。

固字子贱，会稽山阴人。幼孤，在襁褓中，阚泽见而异之。少居贫，色养，与宗族同寒暖，虞翻深敬异之。累著位廷尉。景帝时，为右御史大夫。曾梦松生腹上，惧，问左右，或占之曰："松字十八公，后十八年，当为公！"至是果然。

秋九月，尚书仆射高陵侯韦昭以嫌收下狱，狱中因吏上书，陈所著《洞纪》，自庖牺已下至秦汉，为三卷。又作《官训》一卷、《辩释名》一卷，冀以此求免。后主览书，怪其垢污，^②大怒。昭惧，因叩头五百下，两手自搏。^③右国史华覈率公卿连上表救之，流涕进言曰："昭学业幽邃，国之良臣，年过七十，乞一介余年，以成大吴之备典。"后主益怒，曰："欲书朕过耶！"竟诛之，徙家于零陵。

---

① 至是见谗追过斩之：陶元珍《建康实录札记》云："案丁奉未尝见杀，《实录》盖误解《吴志》斩奉导军之文。"

② 后主览书怪其垢污："污"，各本皆作"汙"，语意不通，四库本作"汙"，通"污"，据改。《吴书·韦昭传》记此事为"数数省读，不觉点污"可参证。

③ 因叩头五百下两手自搏："搏"，各本作"缚"，四库本作"搏"。又《吴书·韦昭传》云："谨追辞叩头五百下，两手自搏。"作"搏"是，据改。

昭字弘嗣，吴郡云阳人。少好学，善属文，举孝廉，累迁尚书郎、太子中庶子。侍太子和讲在东宫，时宾客蔡颖好博弈，太子以为无益，命昭著论言得失，言词清妙，当世重之。及和废，转黄门侍郎。少帝立，为太史，修撰《吴书》，与华覈、薛莹等参同其事。景帝立，进中书侍郎，领国子祭酒。帝好学，诏令依刘向故事，校定众书，延入侍讲。

后主立，封高陵亭侯，迁尚书仆射，兼中常侍，领左国史。① 时有屡言瑞应，后主问昭，昭曰："此人家筐箧中物耳。"后主衔之。及欲为父和作本纪，昭执不登帝位宜为传，后主怨，犹是渐见嫌责。昭恐，上表自陈衰老，去职，以成所造之书，后主不听。昭惧成疾，因侍宴，后主竟坐率人以酒七胜为限，若不入口，浇灌取尽。昭素饮不过三胜，时或茶茗代之。及是衰老，见逼忧恐，且酒后又令侍臣折难公卿，嘲弄私短为欢。昭以为外相毁伤，内长尤恨，故但示难问经义言论。后主以为不承用诏命，又嫌前答筐箧之言，积前后事，遂收下狱。死，时年七十三。

秋七月，遣使者二十五人，分至州郡，料出亡叛户口。大司马、荆州牧陆抗薨。

抗字幼节，丞相逊嗣子，桓王外孙。年二十，袭封江陵侯，累迁立节中郎将。赤乌中，自完城与诸葛恪换屯，② 屯柴桑。抗临去皆更缮完城围，葺其墙屋，桑果不得妄伐。恪入屯，俨然若新。而恪柴桑故屯，颇有毁坏，深以为惭。

后屡以征伐功，拜领军大将军、益州牧，③ 寻迁西陵、乐乡、公安等诸军事。因陈时宜于后主一十七条，而切言何定弄权，阉宦专政之事。凤皇初，步阐以西陵降晋，抗率诸将大破晋军而枭阐首。修理城围，东还乐乡，貌无矜色，故得将士欢心。

时晋以羊祜为荆州刺史，与抗邻境。抗、祜推侨、札之好。抗尝遗祜酒，饮之不疑。抗有疾，祜馈之药，抗亦推诚服之。于时以为华元、子反复见于今矣。寻加都督大司马、荆州牧。凤皇二年，就拜之。明年夏，病，上表劝益兵西陵："西陵，国之西藩，若有不守，非但失一郡，则荆州非吴有也。如其有虞，当倾国争之。"

---

① 迁尚书仆射兼中常侍领左国史：《吴书·韦昭传》作"迁中书仆射，职省，为侍中，常领左国史"。陶元珍《建康实录札记》云："案中书仆射吴新置，寻省，许氏以中书仆射之官不经见，遂臆改为尚书仆射。为侍中句绝，许氏误以常字属上句，遂臆改为中常侍。"

② 自完城与诸葛恪换屯：张校本、孟校本均以"完城"为地名，似非。参考下文"抗临去皆更缮完城围"，"完"应为动词。

③ 后屡以征伐功拜领军大将军益州牧：孙吴设领军将军，属执掌禁兵之职，仅见一例。《吴书·陆抗传》曰："永安二年，拜镇军将军，都督西陵，自关羽至白帝。三年，假节。孙皓即位，加镇军大将军，领益州牧。""领军大将军"当为"镇军大将军"之误。

至秋，遂薨，时年五十一。晏嗣。案《吴志》：抗生四子：长晏，次景，次机，次云。①

十二月，诏分郁林为桂林郡。十一月，侍中、太尉范慎薨。②

慎字孝敬，广陵人。性多纯直，竭忠知己之君，缠绵三益之友，时人贵之。自侍中出为武昌左都督，治军整齐。后主将迁都，甚惮之，拜太尉。慎恨久为将，老耄请还，军士恋之，陨涕而别。案《范氏家传》：慎著书二十篇，号曰《矫非》。

是岁，大疫。

四年春，吴郡上言掘地得银，长一赤，③广二分，上有年月字，因赦，改元天册元年。吴郡临平湖自汉末草秽壅塞，长老相传云："此湖塞，天下乱；此湖开，天下静。"至是湖忽开通，或云当太平，青盖入洛。后主以问奉禁都尉陈训，训曰："臣能望气，不能达湖之开塞。"退而谓人曰："青盖入洛，将有舆榇衔璧之事，非吉祥也。"又于湖边得石函，函中有小石，青白色，长四寸，广二寸，刻上作皇帝字，于是又改元为天玺元年。立石刻于岩山，纪吴功德。案《吴录》：其文东观华覈作，其字大篆，未知谁书，或传是皇象，恐非。在今县南四十里龙山下，其石折为三段，时人呼为段石冈也。

秋，旱。会稽太守车浚以民饥，表出仓赈贷，后主怒，以浚树恩私，遣人就斩之。时东湖太守张咏以不出算缗，④亦遣就斩之，同枭首以徇诸郡。中书令贺邵见后主凶暴骄矜，信惑群邪，政事日弊，乃上表极言而谏，后主深恨，以为谤毁国政，嫌之。既而邵忽中恶风，口不能言，求去职。后主疑其托疾，收付酒藏，考掠千所，邵无一言。后主大怒，烧锯以截其头，家属徙于临海。

邵字兴伯，会稽山阴人。以奉公贞正，亲近所惮，乃共潛恶于后主，而与楼玄同见杀，时年四十九。

八月，京下督孙楷降晋。

时鄱阳历阳县有石山临水，高一百丈，其上四十丈，有土穿耕罗，穿中色黄赤，不与本体相似，俗谓之"石印"。相传云："石印封发，天下当太平。"下有祠堂，巫言石印神有三郎。历阳县长表言石印文发，后主遣使以太牢祭历山。巫言石印

---

① 抗生四子长晏次景次机次云：《吴书·陆抗传》及《通鉴》卷八〇皆云抗五子，为晏、景、玄、机、云，《实录》脱抗子玄。

② 十二月诏分郁林为桂林郡十一月侍中太尉范慎薨：据《吴书·孙皓传》，诏分郁林为桂林郡在凤皇三年，范慎卒于二年。即使两事在一年，亦不得十二月列于十一月之前。

③ 长一赤：孟校本据甘钞本、徐钞本改为"尺"。下同。

④ 东湖太守张咏：吴无东湖郡。徐钞本作"东吴"，然亦无此郡。《吴书·孙皓传》作"湘东"，应是。

三郎言"天下方太平"。使者作高梯，上省其印文，诈以朱书二十字云："楚九州渚，吴九州都。扬州士，作天子，四世治，太平始。"遂还以奏。后主大喜曰："吾当为九州都渚乎！从大皇逮朕四世，太平主非朕复谁！"遣使，以印绶拜石印三郎为王，又刻石铭，襃咏灵德，以答休祥。又吴兴阳羡山有石室，长十余丈，在所表为大瑞。后主乃遣兼司空董朝、太常周处等往阳羡县，封禅国山。大赦。改元天纪元年，以协石文。

二年夏五月，右国史徐陵亭侯华覈卒。

覈字永光，吴郡武进人。起家为上虞尉，以文学召入秘府。数以便宜利害事进谏爱民省役，后主不纳。累迁东观令，领右国史。卒，时年六十。

秋七月，立成纪、宣威等十一王，王给兵三千人。

三年夏四月，合浦部曲将郭马反，杀广州刺史，自称交广二州刺史、安南将军。初有谶云："吴之败，兵起南裔，亡吴者公孙也。"后主闻之，自文武职位有姓公孙者，皆徙广州，不令停江滨。案，后主，大帝孙，亡国之应也。闻马反，大惧，此天亡也。

秋七月，以张悌为丞相，领军师将军，率牛渚督何祯、①滕脩等总戎，自东道缘海向广州。以脩为镇南将军，假节，领广州牧。又使徐陵督陶濬等将兵七千会陶璜自西道向广州。②东西俱进，共讨郭马。案《吴志》：马本合浦太守脩允部曲督，允死后，部曲兵马当分给。马等累世旧军，不乐别离，遂与何典、王族、吴述、殷典等谋反，以据广州，兴攻苍梧，族破始兴也。

八月，建业有鬼目草生工人黄狗家，依缘枣树，长丈余，茎广四寸，厚三分。又有买菜生工人吴平家，高四赤，厚三分，如枇杷形，上圆径一赤八寸，下茎广五寸，两边生叶，绿色。东观案图，名鬼目草，为芝草，买菜为平虑草，遂以为瑞，封狗为侍芝郎，平为平虑郎，皆银印青绶。案《干宝传》：黄狗者，吴之土运，承汉后，故初有黄龙之瑞。及其末年，而有鬼目之妖，托黄狗之家，黄称不改，而贵贱悬殊，即其天道精微之应也。

冬十月，晋军来伐，大将军司马伷侵涂中，安东将军王浑、扬州刺史周浚逼牛渚，建威将军王戎入武昌，平南将军胡奋入夏口，镇南将军杜预过江陵，龙骧

---

① 何祯："祯"，宋本原缺，作"御名"，张校本援例校作"祯"，是，从之。
② 又使徐陵督陶濬等将兵七千会陶璜自西道向广州：吴金华《〈建康实录〉十二题》曰：《吴书》叙此事非常明白，在滕脩从东道讨伐郭马的同时，"皓又遣徐陵督陶濬将兵七千人从西道，命交州牧陶璜部伍所领及合浦、郁林诸郡兵马与东、西军共击马"。陶璜不属东、西路，是单独一路，故"会陶璜"当是"命陶璜"之误。此句脱讹严重，只能勉强校点为：又使徐陵督陶濬等将兵七千自西道，命陶璜……向广州。

将军益州刺史王濬、广武将军唐彬等浮江东下。陶濬等讨郭马,至武昌,闻北军大举,止而不进。

时后主不专政事,耽荒无度,上流征镇告变,曾未为心,日集公卿,内外淫宴,皆令沉醉。使黄门郎十人,不预酒侍立,为司过之吏。客罢,各奏其失,酒后之愆,罔有不举,并加威刑。采宫女少有不合意者,辄刳杀之。又料取大臣将吏子女十五六者,具名拣阅,拣阅不中,乃许出嫁。或生剥人面皮,凿人之目。性酷虐,多猜忌。而任幸岑昏憸谀,屠害无日。尚书郎熊睦因讽旨,微有所谏,便使人以刀镮撞杀之,身无完肌。侍中张友,俊才辩捷,以应答高致,恶其有能,以他事诛之。左右侧目,众情所苦,上下离散。晋军已至,无不土崩瓦解者。

四年春正月,杜预等破荆州,晋军并进。殿中亲近数百人皆一叩头请曰:"今贼将至,兵不起刃,众并离心,愿坐岑昏以谢天下。"后主始惶惧,许之,左右遂争起收昏,杀之。寻遣追,已不及。

戊辰,①陶濬自武昌奔归,见后主,陈:"晋上蜀船小,今得二万精甲,乘大舰拒之,自足破贼。"皓授节钺。其夜,众逃散,不能禁。

是月,晋王浑、周浚攻陷江西屯戍,后主使丞相、军师将军张悌,右将军、副军师诸葛靓等,督丹杨太守沈莹、护军将军孙震帅众三万渡江逆之。至牛渚,沈莹谓悌曰:"晋治水军于蜀久矣,今倾国大举,万里齐力,如悉益州之众沿江而下,我上流诸军,无有戎备,名将皆死,幼骏当任,恐边江诸城,尽莫能御。晋之水军,必至于此。宜蓄众力,待来一战。若胜之日,江西自清,上方虽坏,可还取也。今渡江逆战,胜不可保,若或摧丧,则大事去矣。"悌曰:"吴之将亡,贤愚所知,非今日也。吾恐蜀兵来此,众心骇惧,不能复整。今宜及可用,决战力争。若其败丧,同死社稷,无所复恨。若其克胜,则此敌奔走,兵势万倍,便当乘威南上,逆之中道,不忧不破也。若如子计,恐行散尽,相与坐待敌到,君臣俱降,无复一人死难者,不亦辱乎!"遂渡江战,吴军大败。诸葛靓与五六百人追走,使过迎悌,悌不肯去,靓自往牵之,谓曰:"夫天下存亡有大数,岂卿一人所知,如何故自取死为!"悌垂涕曰:"仲思,今日是我死日也。且我作儿童时,便为卿家丞相所拔,常恐不得其死,负名贤知顾。今以身徇社稷,复何遁耶!莫牵曳之

---

① 戊辰:天纪四年正月己丑朔,无戊辰日。《吴书·孙皓传》系于三月,然三月戊子朔,亦无戊辰日。卢弼《三国志集解》云"戊辰"是"戊戌"之误,为三月十一日。

如是。"靓流涕放之，去百余步，已见为晋军所杀。《吴录》曰：①"悌少知名，及处大任，希合时趣，将护左右，清论讥之。"【原阙】出也。②

二月，王浑、周浚等进屯横江。后主闻悌军没，甚惧，自选羽林精甲以配沈莹、孙震等，屯于板桥。

乙未，③乃自为书与舅何桢，责己曰："昔大帝以神武之略，奋三千士卒，割据江南，席卷交、广，开拓洪基，欲祚之万代。至朕末德，嗣守成绪，不能怀安黎元，多为咎釁，以遗天命。灾暗之变，谓之祯祥，致使南蛮逆乱，征讨未克。闻晋大众，远来临江，庶其劳瘁，比晨摧退。而张悌不返，丧师过半，朕甚惆怅，于今无聊。得陶濬表云，武昌以西，并复不守。不守者，非粮不足，非城不固，乃兵将背战耳。兵之背战，岂怨兵耶！朕之罪也。天文玄变于上，④万民愤叹于下，观此事势，危同累卵，吴祚终讫，何其局哉！天匪亡吴，朕所招也。瞑目黄壤，当复何颜见四帝乎！公其勖勉奇谋，飞笔以闻。"

桢一名植，丹杨句容人，文皇太后弟也。后幼为太子和妃，生后主。及和赐死，嫡妃张氏亦自杀。后曰："若皆从死，谁当养孤？"遂抚后主及三弟。后主即位，尊为昭献皇后，寻改为文皇太后，称升平宫。

己未，晋龙骧将军王濬总蜀兵沿流直指建业，琅琊王司马伷帅六军济自三山，遣周浚、张乔等破吴军于板桥，莹等皆遇害。后主闻军相次而败，惶迫，乃用光禄勋薛莹、中书令胡冲等计，使太常张夔奉笺并进玺绶于伷，曰："昔汉氏失统，九州分裂，先人因时际会，略有江南，遂分阻山川，与晋乖隔。今大晋龙兴，德覆四海，暗劣偷安，未喻天命。至于今者，猥烦六军，衡盖道路，远临江渚，举国震惶，假息漏刻，敢缘天朝，含弘光大。谨遣张夔奉所佩印玺委质请命，惟垂信纳，惠济元元。"

三月辛未，⑤后主遗群臣书曰："朕以不德，忝继先轨。处位积年，政教凶勃，遂令百姓久困涂炭，至使一朝社稷倾覆，宗庙无主。没有余罪，孤负诸君。事已难图，

---

① 吴录曰：郦承铨《建康实录校记》云："案《吴录》曰以下当是注文，误作大字。"
② 张校本【原阙】后未出校。孟校本校云："本段以下，至下文'出也'之间，原为空白，计缺二百零六字。"陆氏旧藏钞本自上文"此敌奔走兵势"以下皆缺，至"出也"之前。
③ 乙未：二月戊午朔，无乙未日。三月戊子朔，乙未为初八日。
④ 天文玄变于上："玄"，甘钞本、徐钞本及《吴书·孙皓传》注引《江表传》作"县"。
⑤ 三月辛未：三月戊子朔，无辛未日。疑"辛未"为"辛丑"之误。

覆水不可收也。"壬申，王濬舟师先至石头，①后主以草缚，衔璧舆榇，见濬于军门。濬解缚焚榇，以礼相见。

癸亥，②晋琅琊王伷会诸军入自都城，屯太初宫，收其图籍府库，总领州郡、户口人吏、兵粮舟楫、音乐采妓。乙亥，置酒大会，安东将军王浑酒酣谓吴人曰："诸君亡国之余，得无戚乎？"无难督周处曰："汉末分崩，三国鼎峙。魏灭于前，吴亡于后，亡国之戚，岂惟一人！"浑有惭色。

处字子隐，义兴阳羡人。父鲂，鄱阳太守。处少孤，未弱冠，膂力绝人。好驰骑田猎，不修细行，纵情肆欲，州里患焉。处闻之，慨然有改励之志，谓父老曰："今时和岁丰，何苦不乐？"父老曰："三害未除，何以为乐！"处问之，答曰："南山白额兽，长桥下蛟，并子为三害。"处曰："若此吾能除之。"乃入山射杀猛兽，又投水搏蛟，蛟或浮或沉，行数十里，处与之俱。三日三夜，人谓已死，相贺。处杀蛟而返，闻乡相庆，始知人患己甚，乃入吴寻二陆学问。时机不在，见云，具以情告："欲自修改而年已蹉跎，恐将无及。"云曰："古人贵朝闻夕改，君前途尚远耳。且患志之不立，何忧名之不彰！"遂励志。

有文思，心存义烈，言必忠信克己。期年，州府交辟，仕为东观令。累迁太常，出督无难。案《晋书》：吴平后，处入洛，迁广陵太守。③郡多滞讼，有经三十年不决者，处一朝决遣之。转楚内史，俄拜散骑常侍。处曰："古人辞大不辞小。"乃先之楚。而郡新经丧乱，新旧杂居，风俗未一，乃敦以教义，又敛骸骨无主者收葬之，然后就征，远近称叹。迁御史中丞，副梁王肜征齐万年于关西，战没死。撰《默语》三十篇及《风土记》，集《吴书》未成。卒。三子：玘、靖、札，皆事东晋也。

是岁，建平太守吾彦闻皓不守，以郡降晋。

彦字士则，吴郡人。出自寒微，有文才。身长八尺，手格猛兽，膂力绝群。初为通江吏。时平南将军薛珝仗节南征，军容甚盛，彦观之，慨然而叹。有善相者刘札谓之曰："以君相貌，后当至此，不足慕。"

少起家为小将，大司马陆抗奇其勇略，拔用之。患众情不允，乃会诸将，密

---

① 壬申王濬舟师先至石头："壬申"，《吴书·孙皓传》《晋书·武帝纪》同。三月戊子朔，无壬申日。丁国均《晋书校文》云："《晋书·王濬传》载濬入石头后上书有'以十五日至秣陵'语，十五日为壬寅，则'申'当为'寅'之误。"丁说是。《通鉴》卷八一亦系于壬寅日。张校本据改，孟校本不改。

② 癸亥：三月戊子朔，无癸亥日。四月丁巳朔，癸亥为初七日，"癸亥"前脱"四月"。下文"乙亥"亦在四月，为十九日。

③ 广陵太守："广陵"，徐钞本作"广平"，《晋书·周处传》作"广汉"。

使狂人挟刀跳跃而来，坐上诸将惧而奔走，唯彦不动，举几御之，众服其勇。累迁建平太守。案《吴录》：王濬将拔吴，造船于蜀，彦觉之，表请增兵为备，皓不从。彦乃析为铁锁，断江路。及晋师临壤，沿江诸城，望风降附，或见攻拔，彦坚守，攻之不下，晋军退舍礼之。及皓亡始降，武帝拜为金城太守。帝常从容问薛莹孙皓所亡，莹曰："皓为君，昵近小人，刑罚妄加，大臣大将无所亲信，人人忧恐，各不自安。败凶之衅，由此而作。"帝复问彦，答曰："吴王英俊，宰辅贤明。"帝笑曰："何为亡？"彦曰："天禄永终，历数有属，所以为陛下擒，此盖天时，岂人事也！"张华在坐，谓彦曰："始为名将，积有岁年，蔑尔无闻，窃所惑矣。"彦曰："陛下知我，而卿不闻。"帝甚嘉之。位至长秋卿，卒于官。

夏四月，遣使送后主于洛阳，举家西迁。以武帝太康元年五月丁亥，集于洛阳。甲午，晋帝使诏慰劳，封为归命侯，给衣服车乘，田三十顷，岁给粟五千斛，钱五十万，绢五百匹，绵五百斤。拜太子为中郎将，诸子为王者并拜郎中。每朝会，召后主预之，常指殿谓曰："朕为此殿以待公久矣！"皓曰："臣于江南亦作此座相待。"案《三十国春秋》：晋王济尝与武帝棋，时济伸脚在局下，因问皓曰："闻君生剥人面皮，何也？"皓曰："人臣无礼于其君者，则剥之。"武子大惭，遽缩脚。或侍宴武帝，曰："闻君善歌，令唱汝歌。"皓应声曰："昔与汝为邻，今为汝作臣。劝汝一杯酒，愿汝寿千春。"后五年，薨于洛阳，葬河南芒山。滕后自为哀策，文甚酸楚。案，后主年二十二即位，十六年，年三十八为晋所灭，入晋为侯，五年薨，年四十二。子孙相承，三代四帝，起壬寅，终于庚子，凡五十九年。七年在武昌，五十二年都建业太初宫。

初，大帝黄武年中，魏军大举，文帝自至广陵，临江。朝廷危惧，乃召术人赵达筮之。达布算曰："吴衰在庚子，今贼无能为。"帝问庚子远近，曰："后五十八年。"帝笑曰："朕忧当身，不及子孙也。"案《吴志》：达，河南人。少好异，用意精密，知东南有王气，可以避难，遂脱身渡江。治九宫一算之术，究其微旨，是以应机立成，对问若神，计飞蝗，射隐伏，无不中效。谓太史丞公孙滕曰："吾先人得此术，欲图为帝王师，至予三世，不过太史郎。"滕求其法。达曰："今已亡。"及太祖即位，令达算在位几年，达曰："汉高建元十二年，陛下倍之。"帝大喜，后果如其言。常谓知星者曰："我不出户牖，以知天道。足下昼夜暴露望气，不亦劳乎！"帝每问其法，终不言。及死，闻有书，发棺求之，竟无所得。是时，吴有皇象字休明，善书，中国不及。严武子字子卿，善围棋，时莫与对。宋寿能占梦，十不失一。曹不兴善画，妙动神明，与太祖画屏风，误落笔点，因以为蝇，帝以生蝇，举手弹之。孤城郑妪能相人，知吉凶。吴范占风气。刘淳明天官太乙。此八人，世谓之八绝也。皓在位，天纪末，有窥上国之心，使太卜尚广筮并天下，得《同人》之《颐》，对曰："吉。庚子岁，青盖入洛。"故皓以克平西北为事，不备其亡，时岁实庚子也。永安二年三月，有异童子，年可六七岁，着青衣，来从群儿戏，诸儿畏问之，答曰："我荧惑星，将有告尔曰：'三公鉏，司马如。'"言讫升天去，渐远，若匹练。自后五年蜀亡，六年晋兴，至是吴为司马如灭之。①

案吴大帝即王位黄武元年壬寅，至唐至德元年丙申，合五百三十五年矣。

---

① 永安二年三月有异童子年可六七岁至自后五年蜀亡六年晋兴至是吴为司马如灭之："五年"，诸本皆同。《吴书·孙皓传》注引《搜神记》亦同。《晋书·五行志中》《宋书·五行志二》引干宝语并作"四年"，今本《搜神记》亦作"四年"。从孙休永安二年算起，后四年为永安六年，在魏为景元四年，此年十一月魏灭蜀，再后两年即魏咸熙二年，司马氏禅魏建晋。故"五年"当为"四年"之误。

建康实录卷第五　晋上

中宗元皇帝

西晋孝武太康元年平吴，①乃废建业，复为秣陵。分丹杨南郡为宣城郡，②还理于秣陵，在县东南六里，渡长乐桥，古丹杨郡是也。以周浚为扬州刺史，所统十九郡七十四县。太康三年，分秦淮水北为建邺，水南为秣陵县，仍在秦邑地。而建邺县在故都城宣阳门内，今县城东二里古御街东。

太安二年夏五月，义阳蛮张昌举兵，号汉，称神凤元年，使将军石冰寇扬州，诸郡尽没，冰因修建邺宫居之。案曹宪《扬州记》：晋惠永宁二年，有石浮来建邺，自入秦淮夏架湖登岸二百余步，百姓咸曰："石来，石来。"至明年，石冰果入扬州，遂据此地。

冬十二月，征东将军刘准使右将军、广陵相陈敏渡江，攻破石冰于建邺。

永兴二年十二月，陈敏又据建邺，自号扬州刺史，假顾荣为丹杨尹，以甘卓、周玘为将军。敏讽寮佐，进己为楚公，加九锡之礼。时东海王祭酒华谭闻之，与荣书，陈是非，言："敏凡才，无远略。昔齐之王蠋，布衣尔，犹不屈于燕，况足下名重位彰，受恩于国，而党奸邪自相置署。"荣得书大惭，与甘卓等谋曰："江东事若济，当共成之。然则观形势如何？敏既常才，政令反覆，子弟骄矜，其败必矣。吾等受其官禄，事败之日，使江西诸军函首送洛阳，题曰逆贼顾荣、甘卓之首，岂惟一身，辱及万世！"卓等然之。遂与荣谋遣使密报征东将军刘准，令

---

① 西晋孝武："孝武"当作"武帝"。
② 分丹杨南郡为宣城郡：诸本皆同。孟校本读为"丹杨、南郡"，视"南郡"为专有名词；张校本读为"丹杨南郡"，"南郡"为非专名。《宋书·州郡志一》称："宣城太守，晋武帝太康元年，分丹阳立。"不及南郡，孟校本殊不合理。按此处"南郡"当为"南部"之误。

率兵临江。敏令弟昶将兵拒之，使甘卓屯横江，荣、纪因卓兵杀陈昶，断桥，尽收船于淮水南。敏自出军临大航岸，荣以羽扇麾之，敏众溃散。敏单马北走，纪等追斩于江表。

陈敏字令通，庐江人。少有干能，补尚书仓部令史。赵王伦篡逆，义兵乏食，以敏为广陵度支，令漕运江、淮以济中州。属张昌乱，使石冰趋寿春，都督刘准与敏谋破冰等，以功拜广陵相。时在惠帝西迁，四方交争，敏遂有据江东之心。

怀帝永嘉元年，东海王越秉政。秋七月，以琅琊王睿为安东将军、都督扬州江南诸军事，用王导计渡江，镇建邺。讨陈敏余党，廓清江表，因吴旧都城修而居之，太初宫为府舍。案，太初宫，本吴之宫。晋平吴后，石冰作乱，焚烧荡尽。陈敏平石冰，据扬州，因太初故基创造府舍，中宗初渡江，因居此地也。置丹杨内史官，以顾荣为军司马，贺循为参佐，王敦、王导、周𫖮、刁协、戴若思为腹心股肱，接宾客，礼名贤，存问风俗。

永嘉五年夏六月，刘曜寇洛阳，京师沦陷，怀帝蒙尘于平阳，司空荀藩移书天下，推琅琊王为盟主。

六年春二月壬子，琅琊王驰檄四方，征兵以讨石勒，师次寿阳，勒退河北。

夏四月丙寅，征南将军、荆州刺史山简卒。

简字季伦，河内怀人，司徒涛之第五子。自侍中、吏部尚书出镇襄阳。卒，时年六十一，① 赠仪同三司，归葬建康玄武湖南覆舟之阳。子遐嗣。案，遐字彦林，累拜余姚令。时江左豪族多挟藏户口以为私附，遐绳之以法，到县八旬，出户口万余。后至太守。

秋七月，岁镇荧惑，太白聚牛斗。

十二月，散骑常侍顾荣卒。

荣字彦先，吴人，世为南土著姓。祖雍，吴丞相。父穆，宜都太守。荣机神朗悟，弱冠仕吴，累迁黄门侍郎。吴平，与陆机兄弟同入洛阳，时人号为"三俊"。拜郎中，历廷尉正。恒纵酒酣畅，谓友人张翰曰："唯酒可以忘忧，但无如作病何。"及赵王伦篡位，以荣为子虔大将军府长史。荣初与同寮饮酒，见执炙人貌状不凡，荣因割炙反啖之。人问其故，荣曰："岂有终日执之而不知其味！"及伦败，将诛荣，前执炙者为督率，众救荣，得免。②

---

① 卒时年六十一：《晋书》本传云："年六十卒。"
② 众救荣得免："众"，诸本同，《晋书·顾荣传》作"遂"，应是。

齐王冏以为大司马主簿，荣惧祸及，终日昏醉，不总府事。转中书侍郎，在职不复饮醉。人或问曰："何前醉而后醒？"荣惧，复饮酒。与乡里杨彦明书曰："吾为齐王主簿，常虑祸及，见刀与绳，每欲自杀，但人不知耳。"后果拜常侍，以世乱辞不受，遂还吴。属陈敏据扬州，假荣右将军、丹杨内史。时敏使甘卓出镇，坚甲利器尽委之。荣因说卓以图敏。明年，周玘、甘卓与荣及纪瞻等潜谋破敏。

及琅琊王睿初镇江东，以荣为军司马，加散骑常侍，凡所谋画，皆以谘焉。多有匡谏，王皆纳之。进荐贤良，言贺循等沉潜，青云之士，而陆士光金玉之资，甘季思、纪瞻干决殊绝。王皆辟用之。卒官，王哭之恸，欲表赠依齐王功臣格。吴郡内史殷祐上笺论功，赠侍中、开府仪同三司。

荣好琴书，及卒，家人置琴于灵座。吴郡张翰往哭之，既而上床鼓琴数曲，叹曰："顾生复能赏此否？"又恸哭，不吊丧主而去。子毗嗣。

初，陈昹问方士戴洋曰："人言江南当有贵人，顾彦先、周宣佩当是否？"洋曰："顾不及腊，周不见来年八月。"荣果至其月十七日卒，十九日腊；宣佩明年七月晦日亡。

是岁，太子洗马卫玠卒。

玠字叔宝，河东安邑人。祖瓘，司空、录尚书事。父恒，尚书郎。玠幼而爽异，长好玄理，每一言论，皆以造微。琅琊王澄有高名，尝闻玠言，辄叹息绝倒。以天下大乱，遂扶老母将家南行，至豫章。大将军王敦长史谢鲲，先相雅贵，相见欣然，言论永日。敦谓鲲曰："昔王辅嗣吐金声于中朝，卫玠复玉振于江表，微言之绪，绝而复续。不意永嘉之末，复闻正始之音，何平叔若在，当复绝倒。"玠常言："人有不及，可以情恕；非意相干，可以理遣。"故终身不见喜怒之容。以王敦非纯臣，而不久留，求向建邺。京师人士闻其姿容，观者如堵。玠先有劳疾，从此遂甚。卒，时年二十七。葬新亭东，今在县南十里。时人谓看杀卫玠。案《地志》：咸和中，王导为扬州刺史，下令曰："卫洗马明日当改葬。此君风流名士，海内所瞻，可具祭奠，以敦旧好。"改葬即此地也，未悉本葬何处。

七年夏四月，愍帝即位，改元建兴元年。

五月，使加琅琊王睿左丞相、大都督中外诸军事，诏改建邺为建康，改邺郡为临漳。

秋七月，南郡太守周玘卒于芜湖。

玘字宣佩，①征西将军处长子。性刚毅沉断，有父风，而文学不及。闭门洁己，不妄交游，士友咸望风而敬惮焉。州辟为从事，虚己备礼，方乃应命，除议郎。

太安初，妖贼张昌、丘沈反于江夏，惠帝使监军华宏讨之，不克。玘密结南平内史王矩，及江东人士同起义兵，破昌、沈。既毕，玘不言功，散众还家。及陈敏据扬州，与顾荣、甘卓等谋擒敏。琅琊王初镇江左，以玘为仓曹属。吴兴人钱璯谋反，玘率合乡里义众，与郭逸讨之，传璯首于建邺。玘三定江南，开复王略，王嘉其勋，累拜建威将军、吴兴太守。以玘频兴义兵，勋诚并茂，乃以阳羡及长城之西乡、丹杨之永世别为义兴郡，以彰其功。

然玘宗族强盛，人情所归，帝疑惮之。于时北来人士左右王业，而玘自以为不得调，内怀怨望，复为刁协轻己，乃与东莱王恢阴谋诛诸执政，推玘及戴渊与诸南士共奉王以经纬世事。②事泄，王秘之，召玘为镇东司马，复改南郡太守。既行，至芜湖，又进爵为公。玘忽知其谋泄，遂忧愤，发背而卒，时年五十六。将死，谓子鳗曰："杀我者诸伧，汝能复之，乃吾子。"

四年冬，刘曜逼长安，西郡不守。③

五年春正月，琅琊王出师路北，躬擐甲胄，移檄天下征兵。时有玉册见于临安，白玉麒麟神玺出于江宁，其文曰"长寿万年"，日有重晕，皆以为中兴之象。案《图经》：江宁，县名，元帝初过江，永嘉中置之，在今县城南七十里，南临浦水。其水源出宣州当涂县下溪村，西流入江，名江宁浦也。④

二月，平东将军宋哲至，宣愍帝密诏，令王摄万机，修复陵庙，将雪大耻。王闻愍帝幽于虏庭，王素服出次，举哀恸哭。

三月，西阳王羕及群寮等劝进，王辞不受。羕等固请，王流涕曰："孤，罪人也。不能雪天下之耻。"因欷歔不止，令私奴命驾将返国，群臣不敢逼。会稽内史纪瞻与长史王导俱入见王，立陈利害。瞻进曰："今帝失御，宗社虚废，神器去晋，于今二年。陛下特天所授，光阐七庙，以隆中兴。今欲守匹夫之谦，而逆天时，违人事，失地利，三者一去，虽复倾注于将来，岂得救祖宗之危急哉！臣等区区

---

① 玘字宣佩："佩"，诸本多作"珮"，唯宋本作"佩"，《晋书》本传亦作"佩"。张校本保留原字，孟校本据宋本改为"佩"，从改。

② 戴渊："渊"本作"困"字，渊之古文，许嵩为避李渊讳改。

③ 西郡不守："西郡"疑为"西都"之误。

④ 名江宁浦也："江宁浦"原作"江宁县"，张校本据《梁书·王僧辩传》《陈书·高祖纪》等改为江宁浦，是。

之诚，不可失也。"王不许，使殿中将军韩绩彻去御座。瞻叱绩曰："帝座上应星辰，敢动者斩！"王为之改容。群臣因请依魏晋故事为晋王，许之。

三月辛卯，琅琊王即晋王位，承制大赦，改元建武元年。初备百官，立宗庙社稷。拜诸参军百余人为奉车都尉、驸马都尉等掾属，时人呼为"百六掾"。案《图经》：晋初置宗庙，在古都城宣阳城外，①郭璞卜迁之。左宗庙、右社稷。去今县东二里玄风观即太社西偏，对太社右街，东即太庙地。太庙事已具孝武卷中。社立三坛，帝社、太社各一，稷一。一本云，洛阳社二坛，稷一坛，今亦合其制宜者也。

夏四月丙辰，立世子绍为晋王太子。进百官，行赏。以王子宣城公裒为琅琊王，以王导都督中外诸军事，其余进班各有差。

六月丙寅，司空、并州刺史、广武侯刘琨，幽州刺史、左贤王、渤海公段匹磾等一百八十人，遣长史温峤来上表，劝王即尊位。王优令答之，以二公共济艰难，同契一致，抚宁戎夏，动静以闻。

冬十一月，进司空刘琨为太尉。初置史官，立太学。以干宝、王隐领国史。

是岁，扬州大旱，晋陵内史张闿奏立曲阿新丰塘，溉田八百余顷。

建武二年春三月癸丑，愍帝崩问至。晋王服斩缞居庐。丙辰，王侯百寮上尊号劝进。是日，晋王即皇帝位于建康。案，帝自永嘉元年领江左，至建武二年，积十一年，即帝位。居旧府舍，至明帝亦不改作，而成帝业始缮苑城也。

帝讳睿，字景文，宣帝曾孙，琅琊武王伷之孙，恭王觐之子。初，魏明帝青龙三年冬十一月，张掖郡丹阳川谷垒溢，有石流出，立于川中。有马行列，而牺牛在后，麒麟居东，凤皇处南，白虎处西，八卦分布成文。占者或云："牛继马后。"及宣王秉政，深以牛氏为虑。因征辽东还，遂为二槛同一口贮酒，鸩杀大将军牛金。后恭王妃夏侯氏与小吏牛钦私通，②因产帝。咸宁二年生于洛阳，有神光满室，所藉稿如始刈。及长，白毫生于目角之左，③龙颜隆准，目有精光，顾盼炜如也。年十五，嗣位琅琊王。三十二，始镇建邺。四十二，即帝位。

戊辰，大赦，改元太兴元年，文武增位二等。庚午，立绍为皇太子。

---

① 在古都城宣阳城外："宣阳城"当为"宣阳门"之误。
② 后恭王妃夏侯氏与小吏牛钦私通："夏侯氏"，各本均作"夏后氏"，四库本径改为"夏侯氏"。张校本、孟校本未出校记。按《晋书·元帝纪》，帝生母为琅琊恭王妃夏侯氏，《实录》本卷太兴三年八月条亦作"追尊所生夏侯氏为皇太妃"，今据改。
③ 白毫生于目角之左：《晋书·元帝纪》"目"作"日"，应是。

夏四月丁丑朔，日有蚀之。戊寅，初禁招魂葬。案《晋书》：东海王越死于邺，① 尸为石勒所焚。妃裴氏过江，乞招魂葬。帝虽许之，治书御史袁瓌与博士傅纯议，招魂葬是谓埋神，不可从也。帝从之，遂禁断。

五月，幽州刺史段匹䃅执太尉刘琨，囚之。初，王敦见琨劝进表，至"天祚大晋，必将有主。主晋祚者，非大王而谁"。敦大怒，投表于地曰："读《左传》三十年，一朝为刘琨用却。"因内惮焉。及闻拘系，密使段匹䃅杀琨。又惧众反己，遂称有诏收捉。琨闻敦有使至，不通命知，谓其子曰："处仲使来而不告我，是杀我也。死生有命，但恨雠耻不雪，无以下见二亲耳！"因涕泣，悲不能自胜。癸丑，匹䃅缢杀琨，并子侄四人。② 时年四十八。

琨字越石，魏昌人，汉中山靖王胜之后。少负志气，有纵横才，善交胜己，而颇浮夸。与祖逖为友，闻逖被用，乃与亲故书曰："吾枕戈待旦，志枭逆虏，常恐祖生先吾着鞭。"累迁位并州刺史。愍帝即位，拜司空，封广武侯，都督冀、幽、并三州军事。寻为石勒所破，穷蹙，归匹䃅，遇害。初，琨在晋阳时，尝为胡骑所围数重，窘迫无计，乃乘月登楼清啸，贼闻之者皆凄然长叹。中夜，因奏胡笳，贼又流涕，有怀土之感，向晓并弃围而去。及帝将中兴于江东，中朝士大夫多过江归帝，朝廷望之，怨琨不至。王处仲曰："江东地狭，不容琨气。"

六月，旱，帝亲雩。诏改丹杨内史为丹杨尹，以薛兼为之。案，刺史、尹、内史、太守，止是史官。《晋·百官志》云：王临州，则郡有内史。州无王，则惟太守。尹者，正也，汉置河南尹，晋江左置丹杨尹，盖天子所居，则郡以尹为主者也。

是月，置招谏鼓，立诽谤之木。

秋七月，刘聪死，子粲嗣位，寻为其臣靳准所灭，准自号汉王。

八月，皇太子释奠于太学。

冬十月，刘曜僭号于赤壁。

十一月乙卯，日夜出，高三丈，中有赤青珥。新作听讼观。

十一月，刘聪故将王腾、马忠等诛靳准，送传国玺于刘曜。癸巳，诏旌吴名贤，具条列闻。③

---

① 东海王越死于邺：按《晋书·东海王越传》，越死于项，焚尸于苦县宁平城。
② 匹䃅缢杀琨并子侄四人：《晋书·刘琨传》载琨故从事中郎卢谌、崔悦表云："匹䃅不能纳，反祸害父息四人，从兄二息同时并命。"敦煌石室本《晋纪》亦云："害琨父息四人，兄息、从息二人。"
③ 十一月至具条列闻：《晋书·元帝纪》及《通鉴》卷九〇皆系于十二月，且癸巳亦在十二月，"十一月"当为"十二月"之误。

是岁，武昌太守王谦奏牛生两头八足两尾，共一腹。

二年春正月，使冠军将军梁堪、守太常马龟等修复山陵。迎梓宫于平阳，不克而还。

五月壬戌，诏去非急之务，非军事所须皆省之。

夏六月丙子，罢御府及诸郡丞，置博士，员五人。

秋七月乙丑，开府仪同三司贺循卒。

循字彦先，会稽山阴人。其先庆普，汉世传《礼》学。族高祖纯，后汉侍中，避安帝讳为贺氏。父邵，吴中书令。循有操尚，童龀不群，言行进止，必以礼让。善属文，举秀才，后迁武康令。陆机表荐，累迁南中郎长史，不就。归与乡里合义讨逆。及陈敏据江外，矫诏以循为丹杨内史，循辞以脚疾。与顾荣等平敏，拜吴国内史。

帝镇江左，守职，寻转军司。因与循言及时政事，遂问循曰："孙皓尝烧锯截一贺头，是谁耶？"循未及言，帝悟曰："贺邵也。"循流涕曰："先父遭遇无道，臣诚痛深，无以上答。"帝甚愧之，三日不出。

及帝承制，以为军谘祭酒，循称疾不起。帝使舆疾至，亲临谘以政道。循羸疾不堪拜跪，乃就加朝服，赐第一区，车马床帐衣褥等物，一无所受。时江东草创，循多陈利害，言而必从，进为侍中。以讨华轶功，封都乡侯，固让不受。建武初，拜中书令，加散骑常侍。宗庙始建，旧仪多阙，循议定七庙。帝践位，迁太子太傅。循自以枕疾废顿，臣节不修，①累表固让，命皇太子亲往拜焉。后疾笃，表乞骸骨，诏改授左光禄大夫、开府仪同三司。帝亲临轩，遣使持节，加印绶。循已不能言，指左右推去章服。驾幸，执手流涕。太子亲临三焉，往还皆拜，儒者为荣。卒，时年六十。帝哭之恸，赠司空，谥曰穆。将归葬于吴，皇太子追送近郊，望船流涕。子隰嗣。案《晋书》：循少玩篇籍，善属文，博览众书，尤精礼传。雅有知人之鉴，拔杨方于卑陋，卒成名于世。

甲戌，②以尚书戴若思为征西将军、都督司兖豫并冀雍六州诸军事、司州刺史，镇合淝。丹杨尹刘隗为镇北将军、都督青徐幽平四州诸军事、青州刺史，镇淮阴。

八月，肃慎贡楛矢石砮。

---

① 循自以枕疾废顿臣节不修："枕疾"，各本均作"枕席"，唯宋本作"枕疾"，《晋书·贺循传》同，据改。
② 甲戌：太兴二年七月庚子朔，是月无甲戌日。此"甲戌"下一段事及"九月，镇西将军、豫州刺史祖逖卒"，均为太兴四年七月至九月事。

九月，镇西将军、豫州刺史祖逖卒。

逖字士稚，范阳遒人。世吏二千石，为北州旧姓。逖少孤，兄弟六人，性最豁荡，不修仪检，年十五六，①犹未知书，兄该、纳等忧之。然轻财好侠，慷慨有节操。每至田舍，辄称兄意，散谷帛以赒贫乏，乡族重之。后乃专学，博涉书记。年二十四，举秀才，不行。与刘琨俱为司州主簿，情好绸缪，共被同寝。中夜闻鸡鸣，蹴琨觉曰："此非恶声也。"因起舞。二人并有英气，每语世事，或中宵起坐，相谓曰："若四海鼎沸，豪杰并起，吾与足下当相避于中原。"累迁太子舍人。

洛京丧乱，遂避地淮泗。元帝镇江左，征为军谘祭酒，将家居丹徒之京口。西朝倾覆，常怀振复之志，②宾客从者皆杰勇之士。元帝方拓定江南，未遑北伐，逖进说帝北收遗黎，雪国大耻，帝许之。以逖为豫州刺史，不给铠仗，令自招募。仍将本从部曲百余家渡江，中流击楫而誓曰："祖逖不清中原而复济者，有如大江！"辞色壮烈，众皆慨叹。因进屯淮阴，铸兵器，练士卒，转斗而前。大破石季龙蓬陂坞主陈川。川还襄国，季龙使川将桃豹守川故城，住西台。逖遣将军韩潜等进镇东台，与贼同一大城，相守四旬。以布囊盛土，使千余人运上台如米以示贼，贼饥久，益惧。石勒遣将刘夜堂以驴千头运粮以馈桃豹，逖使击破之，获夜堂，豹宵遁走。因进镇雍丘，略定河外，巡抚征戍。时赵固、上官巳、李矩、郭默等皆受逖节度，于是黄河已南，尽为晋土。其河上先有堡固及任子在胡者，皆听两属，如有微功，赏不逾日。躬自劝督农桑，克己施下，收葬枯骨，为之祭醊，百姓感悦。尝置酒大会，耆老中坐流涕曰："吾等老矣，更得父母，死将何恨！"乃歌舞咏恩，其得人心如此。诏进逖镇西将军。

石勒不敢窥兵河南，使成皋县修逖母墓，因与逖书，求通使交市，收利十倍，公私丰赡，士马日强。方欲推锋越河，扫清冀朔，会朝廷遣戴若思为都督，逖不平。且已翦荆棘，收河南地，而若思雍容，一旦来统之，意甚怏怏。又闻王敦与刘隗等构隙，虑有内难，大功不遂，感激发病。乃置妻子于汝南大木山下，进缮虎牢，使从子汝南太守济率汝阳太守张敞、新蔡内史周闳筑垒，未成，而逖病甚。时有妖星见于豫州之分，历阳陈训谓人曰："今年西北大将军当死。"③逖亦见星，曰："此为我矣！方平河北，而天欲杀我，此乃不祐国也。"年五十六，卒于雍丘。百姓

---

① 年十五六：《晋书·祖逖传》作"年十四五"。

② 常怀振复之志："常"，各本多作"帝"，孟校本据宋本改为"常"，是。张校本未校改。陆氏旧藏钞本亦作"常"。

③ 今年西北大将军当死：《晋书·祖逖传》无"军"字。

如丧考妣，皆为之立祠。案《晋书》：王敦久怀乱逆，畏逖不敢发，至是始得肆其奸雄焉。

冬十一月戊寅，①石勒僭称赵王于襄国。

是岁，作南郊，在宫城南十五里，②郭璞卜立之。案《图经》：在今县城东南十八里，长乐桥东篱门外三里。今县南有郊坛村，即吴南郊地。

三年春二月辛未，雨大冰。

三月，燕王慕容廆奉送玉玺三纽。

夏六月，吴郡米庑无故自坏。米庑，货籴之屋，无故自坏，此五谷踊贵之象。③

秋七月，诏琅琊国人随在此者近有千户，以立为怀德县，统丹杨郡，永复为汤沐邑。案，中宗初，琅琊国人置怀德县，在宫城南七里，今建初寺前路东，后移于宫城西北三里耆阇寺西。帝又创巳北为琅琊郡，而怀德属之，后改名费县。其宫城南旧处，咸和中移建康县自苑城出居之。案《南徐州记》：费县西北八里有迎担湖，昔中宗南迁，衣冠席卷过江，客主相迎，负担于此湖侧，至今名迎担湖，世亦呼为迎担洲，在县城西石城后五里余。初，随帝过江有王离妻者，洛阳人，将洛阳旧火南渡，自言受道于祖母王氏传此火，并有遗书二十七卷，临终始行此火，勿令断绝。火色甚赤，异于余火。有灵验，四方病者，将此火煮药及灸，诸病皆愈。转相妖惑，官司禁不能止。及季氏死，而火亦绝。时人号共所居为圣火巷，在今县东南三里禅众寺直南出小街。或云齐时复有圣火事，具齐卷内。

八月，追尊所生夏侯氏为皇太妃。

太妃讳光姬，沛国谯人。祖威，兖州刺史。父庄，淮南太守。妃生自华宗，幼而明惠。初，帝嗣立，称王太妃。永嘉元年，薨于江左。案《晋书·后妃传》：初有谶云："铜马入海建邺期。"太妃小字铜镮，而元帝果中兴于江左矣。

庚申，④追尊敬王后虞氏为敬皇后。辛酉，迁神主于太庙。

敬皇后讳孟母，济阳外黄人，父豫。后无子，永嘉六年薨，时年三十五，至是追尊。案《外戚传》：敬皇后父虞豫，少有美称，州郡礼辟，不就。早卒。明帝立，追赠散骑常侍、骠骑大将军、开府仪同三司。子胤嗣，敬后弟也，迁步兵校尉。

辛未，⑤皇太子释奠于学。

---

① 冬十一月戊寅：十一月戊戌朔，无戊寅日。
② 在宫城南十五里："十"，各本多作"北"，张校本据四库本、周钞本改为"十"，是。孟校本作"在宫城南北十五里"，未出校记。
③ 夏六月至此五谷踊贵之象：《晋书·五行志上》系此事于太兴二年，非三年。《晋书·食货志》亦云太兴"二年，三吴大饥"，《通鉴》卷九一同。
④ 庚申：《晋书·元帝纪》作"戊午"。
⑤ 辛未：《晋书·元帝纪》同。然八月癸巳朔，无辛未。

冬十二月丁未，严设煮盐之法，造私盐者以半与之。又募入米京师，米一斛与盐四石。

是岁，创北湖，筑长堤以壅北山之水，东自覆舟山西，西至宣武城六里余。后苑牛生，一足三尾，生而死，足少不胜也。

四年春二月，鲜卑段末波奉送皇帝信玺。庚戌，告太庙受之。癸亥，①日斗。

三月，置《周易》《仪礼》《公羊》博士。

是岁，振武将军、梁州刺史、寻阳侯周访卒。②

访字士达，汝南安成人。汉末避地江南。晋平吴，移家寻阳。祖纂，吴威远将军。父敏，左中郎将。访少沉毅谦让，果于断割，赒穷赈乏，家无余财。为县功曹，时陶侃为散吏，访荐侃为主簿，相与结交，以女妻侃子瞻。乡人有盗访牛于冢间杀者，访得之，遣盗密埋其肉，不使人知之。

及帝渡江，命访参镇东军事，累迁振武将军。与陶侃征杜弢，弢时作桔槔打官军船舰，访于船上作长岐枨以拒之，桔槔不能为害。又遣其将张彦陷豫章，访追彦斩之。将战，访为流矢所中，折前两齿，形色不变。及暮，访与贼隔水，时贼强兵众，访知力不可敌，乃密遣人如樵采者而出，于是结阵鸣鼓而来，大呼曰："左军至！"士卒皆称万岁。至夜，令军中多布火而食，贼谓官军益至，未晓而退。访谓诸将曰："贼虽引退，然终知我无救军，当还掩我，宜促渡水而北。"既渡，断桥讫，而贼果至，不能济。

时杜弢将杜曾又聚众破陶侃于沔城，帝令访救之。访率众至沌阳，曾等锐意甚盛，访曰："昔人有言，先人有夺人之心，军之善谋也。"使将军李恒督左甄，许朝督右甄，访自领中军，张旗帜。曾果畏访，先攻左右甄。访自于阵后射雉以安众心。令其众曰："一甄败，鸣三鼓；两甄败，鸣六鼓。"及战，自旦至申，两甄皆败。访闻鼓音，选精甲八百人，自行酒饮之，敕不得妄动，闻鼓音乃进。贼未至三十步，访亲鸣鼓，将士皆腾跃奔赴，大败杜曾，杀千余人。访夜追之，众请待明日，访曰："曾骁勇能战，向之败也，彼劳我逸，是以克之。宜及其衰乘之，可灭也。"鼓行而进，遂定汉沔。③访部将苏温追擒杜曾等于武昌，送王敦斩之。

初，王敦惧杜曾之难，谓访曰："擒曾，当相论为荆州刺史。"及曾平后，从

---

① 癸亥：《晋书·天文志中》同。然二月庚寅朔，无癸亥。三月庚申朔，癸亥为初四日。《宋书·五行志五》及《通鉴》卷九一并作"三月癸亥"。

② 是岁至周访卒：《晋书·周访传》及《通鉴》卷九一皆云访卒于太兴三年。

③ 遂定汉沔："定"，各本多作"走"，孟校本据宋本改为"定"，是。

事中郎将郭舒说敦曰："荆州用武之国，若以假人，将有尾重之患，公宜自领，以访为梁州可矣。"访大怒。敦乃手书譬释，并遗玉环玉碗以申厚意。访投碗于地曰："吾岂贾竖，可以宝碗悦乎！"阴欲图之。敦患之，而惮其强，不敢有异。

访威风既著，远近悦服，勇智过人，为中兴名将。性谦虚，未尝论功。或问访曰："人有小善，鲜不自称。卿功勋如此，无一言，何也？"访曰："朝廷威灵，将士用命，访何功之有！"士以此重之。时王敦有不臣之心，访尝切齿。敦怀逆谋，终虑访，未敢为非。卒，时年六十一。帝哭之恸，立碑于本郡。二子：抚、光。案《周访传》：访少时遇善相者庐江陈训，谓访与陶侃曰："二君皆位至方岳，功名略同，但陶得上寿，周当下寿，优劣更由年耳。"访旅泊宫亭湖庙，庙本灵验，入者皆死，及访憩寝，略无神异。明早如厕，①见一老父，访执之，乃化为雄鸭也。

五年春正月，大赦，改元永昌元年。戊辰，大将军、荆州牧王敦举兵反于武昌，谓长史谢鲲曰："刘隗奸邪，将覆社稷，吾欲除君侧之恶，安时济民。"鲲曰："隗诚始祸，然城狐社鼠也。"言未及卒，敦怒曰："君至庸才，岂达天理。"发檄四方，以诛刘隗、刁协为名，遣龙骧将军沈充都督吴兴等诸军事。己巳，敦上疏曰："昔太甲初虽不能遵明汤典，幸纳伊尹之勋。汉武雄略，亦惑江充谗佞邪说。"至芜湖，又上表罪状刁协等。帝大怒，下诏曰：王敦凭恃宠灵，敢肆狂逆，方朕太甲，欲见幽囚，是可忍也，孰不可忍也！朕将亲御六军，以诛大逆。

二月，内外戒严，征诸徽镇，②入卫京师，诏公卿以下廷议。丞相王导率昆弟子侄三十余人诣阙待罪。帝召入见，导前谢曰："逆臣贼子，何代无之，岂意今者近出臣族。"帝跣而下，执手曰："方托百里之命，卿何言耶！"乃诏大义灭亲，以导为前锋大都督。敕丹杨诸郡皆加军号。以太子右率周筵行冠军将军，统兵三千讨沈充。使镇北将军刘隗军于金城，右将军周札守石头。甲午，帝被甲徇六军于郊外。诏平南将军陶侃领江州，安南将军甘卓领荆州，各率所统以蹙敦后。

四月，敦先锋攻石头军，周札开城纳贼。王导、郭逸、周顗、刁协、刘隗等三道出战，六军败绩。皇太子欲亲率将士自决战，升车将出，中庶子温峤固谏，抽剑断鞅乃止。尚书令刁协、刘隗并出奔，协至江乘，为其下所杀。隗入于石勒。

隗字大连，彭城人，楚元王交之后。解褐，从元帝为从事中郎，累迁丞相司直，委以刑宪。时世子文学王籍之居叔母丧而婚，隗奏之，帝下令曰："《诗》称

---

① 明早如厕："如厕"，宋本作"即厕"。
② 征诸徽镇：孟校本据徐钞本乙正为"征徽诸镇"。四库本改为"征诸征镇"。

'杀礼而多婚,以会男女之无夫家',正今日之谓也,可一解禁止。自今已后,宜为其防。"隗为法官,多所弹奏,不避豪强。建兴中,丞相府斩督运令史淳于伯而血逆流,隗因奏:"淳于伯刑血著柱,遂逆上,终极柱末二丈三赤,旋复流下四赤五寸,百姓喧哗,观者满路,咸为冤枉之征。请见免相府从事及王导等官。"帝自责过而谢隗。晋国既建,拜御史中丞。帝即位,拜镇北将军、都督青徐诸军事,镇泗口。

初,隗以王敦威权太盛,终不可制,劝帝出腹心以镇方隅,故以谯王承为湘州,①续用隗及戴若思为都督。敦甚恶之,与隗书曰:"顷承圣上顾盼足下,今大贼未灭,中原鼎沸,欲与足下及周生之徒戮力王室,共静海内。若其泰也,则帝祚于是乎隆;若其否也,则天下永无望矣!"隗答书曰:"鱼相忘于江湖,②人相知于道术。竭股肱之力,效之以忠贞,吾之志也。"敦得书甚怒。及敦作逆,举兵以讨隗为名。诏征隗还京师,百官迎之于道,隗岸帻大言,意气自若。及入见帝,与刁协奏请诛王氏,帝不从,有惧色。及率兵攻石头,不拔,入宫告辞,帝令避难,雪涕与别。至淮阴,为刘遐所袭,奔于伪赵。

庚午,帝释戎服,③使侍中王彬、阮孚宣诏于敦,曰:"公若不忘本朝,于是息兵,则天下尚可共安也。如其不然,朕当归琅琊,以避贤路。"辛未,④大赦。使太常荀崧就拜敦丞相、大将军、都督中外诸军,录尚书事,进封武昌郡公,邑万户,加羽葆鼓吹。诏百寮见敦于石城。密问戴渊曰:"前日之战,其有余力乎?"若思答曰:"岂敢有余,但力不足耳。"又问曰:"吾此举动,天下以为何如?"若思:"见形者谓之逆,体诚者谓之忠。"敦笑曰:"卿可谓能言。"又谓周顗曰:"伯仁,卿何负我!"顗曰:"公戎车犯顺,下官不能其事,使王师奔丧,以此负公。"敦惮其辞正,不知所答。既出,帝召顗于广室,谓曰:"近日大事,二宫无恙,诸人平安,大将军故副所望邪?"顗曰:"二宫自如明诏,于臣等故未可知。"时护军长史郝嘏等劝顗避敦,顗曰:"吾备位大臣,朝廷奔丧,宁可草中求活耶!"

初,司空王导率子弟诣阙下请罪,值顗将入,导呼顗曰:"伯仁,以百口累

---

① 谯王承:"承",《世说新语·仇隙篇》注引《晋阳秋》《司马氏谱》《中兴书》并作"丞",《通鉴》卷九一、九二及《稽古录》卷一三作"承"。

② 鱼相忘于江湖:"忘",诸本皆作"望",孟校本据《庄子·大宗师》之典及徐钞本改作"忘",四库本径改。

③ 庚午帝释戎服:《晋书·元帝纪》同,然四月甲申朔,无庚午,《通鉴》卷九二系此事于三月。

④ 辛未:四月甲申朔,无辛未日。《通鉴》卷九二作"三月辛未"。

卿！"顗直入不顾。既见帝，言导忠诚，帝纳其言，与饮酒，既醉而出。① 导犹在门，又呼顗。顗不与言，顾左右曰："今年杀诸贼奴，取金印如斗大系肘。"既出，又上表明导，言甚切至。导不知救己，而甚衔之。及敦得志，三问导："周伯仁、戴若思可为公辅？"导三不答。时参军吕猗说敦曰："周顗、戴渊皆有高名，瞻视不恒，若不早除，恐为后患。"敦乃同收害之。路经太庙，顗大言曰："天地先帝之灵，贼臣王敦，顷覆社稷，枉杀忠良，陵虐天地；神祇有灵，当速杀敦！"语未终，收人以戟伤其口，血流至踵，颜色不变，容止自若，观者为之流涕。时年五十四，与戴渊同杀于石头城东塘颊石上，百姓冤之，至今纪其石。贼平，追赠左光禄大夫。

顗字伯仁，汝南安城人，② 安东将军浚之子。少有重名，神彩秀彻，司徒掾贲嵩见而叹曰："汝颖固多奇士，清我邦族，必其人矣！"及帝镇江东，中兴初，迁吏部尚书，以醉酒为有司所奏，白衣领职。太兴初，拜太子少傅，寻转尚书左仆射，领吏部如故。时庾亮谓曰："诸人咸以君方乐广。"顗曰："何乃刻画无盐，唐突西子。"初，顗以雅望获海内盛名，后颇以酒失，为仆射，略无醒日，时人号为"三日仆射"。庾亮曰："周侯末年，可谓凤德之衰也。"案《中兴书》：王敦素惮顗，每见顗，辄面热，虽冬月仍交扇不休。死后，王导校料中书故事，见顗表救己殷勤，乃执表垂泣，悲不自胜，告诸子曰："吾虽不杀伯仁，伯仁因我而死，幽冥之中，负此良友！"

戴渊字若思，广陵人。少游侠，不拘操行。遇陆机赴洛，渊以其徒掠之。机见渊坐胡床，指挥便宜，知非常人。遂上舫屋上遥谓曰："卿才器如此，何不学问取禄位，乃与群小行劫耶！"渊因感悟，弃刀流涕就机，机赏异焉。入洛，荐之。及帝中兴，累迁尚书左仆射，出为幽、冀、豫、兖、并、雍六州诸军事，镇寿春。③ 王敦举兵，征入，筑垒于大桁北。既而石头不守，遇害，时年五十二。贼平，追赠右光禄大夫。

六月，旱。敦将还屯武昌，不朝而去，多收时望杀之。敦在武昌，铃下仪仗生华，如莲华状，五日而萎落。是月，襄阳太守周虑承敦旨害侍中、荆州牧甘卓于襄阳。

---

① 既醉而出："既"，宋本作"致"，于义为长。
② 汝南安城人："安城"当作"安成"。顗为周浚子，《晋书·周浚传》称其为汝南安成人，《地理志上》亦作"安成"。
③ 出为幽冀豫兖并雍六州诸军事镇寿春：《晋书·元帝纪》及《通鉴》卷九一皆云"司冀豫兖并雍六州诸军事、司州刺史，镇合肥"，时刘隗都督青徐幽平四州诸军事，若思不得再督幽州，此"幽"当为"司"之误。

卓字季思，丹杨人，秦丞相茂之后。少忠正，举秀才。累迁离狐令。见天下大乱，弃官东归。陈敏据扬州，深相结托，为子景娶卓女。及周玘、顾荣唱义，邀卓共讨敏，定江南。帝初镇建邺，以为扬威将军，征周馥、杜弢，屡有战功，封南乡侯、湘州刺史，寻改安南将军、梁州刺史，镇襄阳。善于抚绥孤幼，估税悉除，市无二价。州境所有鱼池，先恒责税，卓至，不收其利，皆给贫人，西土称为惠政。

及王敦举兵，告卓，卓伪许之，而心不同。及敦将升舟，卓使参军孙双诣武昌谏止敦。敦闻双言，大惊曰："甘侯前与吾言云何，更有异！正当虑吾危朝廷邪！吾今惟除奸凶耳。卿还言之，事济当以甘侯作公。"双还报卓，卓不能决。会湘州刺史谯王承遣主簿邓骞来说卓，言："王敦以私憾称兵象魏，此实忠臣义士匡济之时，时不可失。"卓笑曰："桓、文之事，岂吾所能。至于尽力国难，乃其心也。"

时敦以卓不至，虑其在后为变，遣参军乐道融苦要卓俱下。道融至，背敦说，因说卓袭之。卓遂决，曰："吾本意也。"因驰檄远近，陈敦肆逆。遣司马孙双奉表诣台，使参军罗英至广州，与陶侃克期，令谯王承坚守长沙。京师大喜，诏书迁卓镇南大将军、侍中、都督荆梁二州诸军事、荆州牧。敦闻大惧，遣卓兄子卬求和，谢卓曰："君此是臣节，不相责也。吾家计急，不得不尔。想便旋军襄阳，当结姻好。"及王师败绩，敦求台驺虞幡以驻卓。卓闻周顗、戴若思遇害，流涕谓卬曰："吾之所忧，正为今日。每得朝廷人书，以胡羯为先，不意祸起萧墙。且使圣上元吉，太子无恙。吾适据武昌，敦势逼，必劫天子以绝四海望，不如还军，更思后图。"于是自猪口命旋军襄阳。都尉秦康说曰："今分兵取敦不难，但断彭泽，上下不得相赴，自然离散，可一战而擒也。"卓不从。乐道融亦日夜劝卓讨敦。卓径还襄阳，意气骚扰，失常，自照镜不见头，视庭树而头在树上，心甚恶之。家中金柜忽鸣，声似槌镜，清远而悲。巫云："金柜将离，是以悲鸣。"主簿何无忌及家人皆劝令自警。卓转更狠愎，散兵大佃而不为备。① 故周虑等附敦意，诈云湖中多鱼，劝卓遣左右捕鱼，乃袭害卓，传首于敦。四子蕃等被杀。

秋八月，琅琊太守孙默叛，奔石勒。

冬十月，沈充陷吴国，新昌太守梁顾起兵反，应充。② 京师大雾，黑风蔽天，

---

① 散兵大佃而不为备：诸本"佃"多作"略"，孟校本据甘钞本及《晋书·甘卓传》改作"佃"。张校本未出校记。

② 冬十月至应充："梁顾"，《晋书·元帝纪》《明帝纪》《陶侃传》及《通鉴》卷九二皆作"梁硕"。《元帝纪》但云"新昌太守梁硕反"，《通鉴》称"（王敦）使（丹杨王）谅收交州刺史脩湛、新昌太守梁硕，杀之。……硕举兵围谅于龙编"。此处或有讹误。

日月无光。

十一月乙酉，罢司徒并丞相。

闰月己丑，帝崩于内殿。太宁元年春二月，葬建平陵。陵在今县北九里鸡笼山阳，不起坟。

案帝年四十二即位，立五年，年四十七崩，谥元皇帝，庙号中宗。案《晋书·荀崧传》：初，帝崩，群臣议庙号。王敦遣使谓曰："豺狼当道，梓宫未反，祖宗之号，宜别思详。"仆射荀崧议以为："礼，祖有功，宗有德。元皇帝天纵圣智，光启中兴，德泽侔于太戊，恩惠迈于汉宣，臣敢依前典，上号中宗。"既而与敦书曰："承以长蛇未翦，别详祖宗。先帝应天受命，以隆中兴，中兴之主，宁可随世数而迁毁！敢率丹直，询之朝野，上号中宗。卜日有期，不及重请，专辄之愆，所不敢辞。"敦深衔之。

帝幼有令问，属惠皇之际，王室多故，惟退让，不显灼然之迹，故时人未之识。唯侍中嵇绍异之，谓人曰："琅琊王毛骨非人臣之相。"元康二年，从讨成都王颖，荡阴之败也，叔父东安王繇为颖所杀。帝惧祸及，将欲出奔。其夜月明，禁卫严警，帝无由得出，甚窘迫。有顷，云雾晦冥，雷雨暴至，徼者皆弛，因得潜出。先是，颖又令关禁贵人。既至河阳，为津吏所止。从者宋典以策鞭马笑曰："舍长，官禁贵人，汝亦被拘耶！"吏乃听过。至洛阳，迎太妃俱归东国。

东海王越辅政，加帝平东将军，镇下邳。寻迁安东大将军、都督扬州诸军事。越西迎大驾，留帝居守。用王导计，怀帝永嘉元年始渡江，镇建邺。初，惠帝太安之际，童谣云："五马浮渡江，一马化为龙。"及是，帝与西阳王、汝南王、南顿王、彭城王等获济，而帝竟登大位。

帝性简俭冲素，容纳直言，虚己待物。颇以酒废事，王导一言，帝命酌引觞，覆之于地，遂绝。有司尝奏太极殿广室施绛帐，帝令冬施青布，夏施青绨等帐。宠幸郑夫人衣无文彩。从母弟王廙为母立屋过制，流涕止之。然晋室遘纷，皇舆播越，天命未改，人谋叶赞。元戎屡动，不出江畿，经略区区，仅全吴楚。

昔秦望气云"五百年后金陵有天子气"，及孙权称号，自谓当之。考其历数，犹为未及。元帝之渡江也，乃五百二十六年，真人之应，在于此矣。太康初平吴，王濬适先至建邺，而吴降款，远归玺于琅琊。武帝咸宁元年八月丁酉，大风折太社树，中有青气属天。占者云："东莞有帝王之祥。"由是徙封东莞王伷为琅琊王。伷，即元帝祖。明年，元帝生。天意人事，中兴符也。始西晋乱，武帝子孙无孑遗，社树折之，应常风之罚也。青气，东莞之祥也。

建康实录卷第六　晋上

肃宗明皇帝

明帝讳绍,字道畿,中宗长子,母豫章君。帝幼而聪哲,年数岁,尝置中宗膝上,会长安使来,中宗因问曰:"汝谓日与长安孰远?"对曰:"日远。"中宗问其故,答曰:"不闻人从日边来,居然可知尔。"中宗异之。明日,会群臣,又问之,对曰:"日近。"中宗失色,曰:"何异昨日之言?"对曰:"举目见日,不见长安。"由是益奇之。

太兴元年春三月,改晋王太子,立为皇太子。性至孝,有文武才略,当代名臣王导、庾亮、温峤等咸亲待之。尝论圣人真假之意,导等不能屈。又习武艺,善抚将士。于时东朝济济,远近属心焉。

及王敦执政,知帝神武明断,朝野共钦,欲谋以不孝废之。会百官,问皇太子何德可称,声色俱厉,必使有言。中庶子温峤对曰:"钩深致远,盖非浅局所量。以礼观之,可称为孝矣。"众皆以为然,敦谋乃止。①

永昌元年闰十一月己丑,中宗崩。庚寅,即皇帝位,大赦天下,尊所生荀氏为建安郡君。②

二年春正月,赤乌见。癸巳,黄雾四塞。

二月,葬元皇帝于建平陵,帝徒跣至陵所。

---

① 敦谋乃止:"乃",宋本、张本、四库本、《晋书·明帝纪》并作"遂",陆氏旧藏钞本亦作"遂"。
② 尊所生荀氏为建安郡君:"建安郡君",《晋书·后妃传》、《御览》卷二〇二引《晋中兴书》皆作"建安君",无"郡"字。

三月戊寅朔，大赦，改元太宁元年。临轩，悬而不乐。丙戌，陨霜，杀草。饶安、东光、安陵三县灾，烧七千余家，死者万五千人。

是月，王敦献皇帝信玺一纽。敦将谋篡夺，讽朝廷征己，帝手诏征之。敦下屯于湖阴，① 帝乃转司空导为司徒，敦自领扬州牧。

五月，蜀李骧寇宁州，刺史王逊遣将军姚崇拒战于堂狼，② 大破之。崇以道远，不敢穷追渡泸水。逊大怒，发上冲冠，冠尽裂，中夜而卒。

逊字邵伯，魏兴人。累迁魏兴太守。在郡私牛马生驹犊者，秩满悉以付官，云是郡中所产。中宗即位，拜宁州刺史，封褒中公。

是月，王敦害从事中郎将周嵩及尚书周札。③

札字宣季，义兴人，征西将军处之少子。以豪右自处，累迁右将军、都督石头水陆军事。王敦举兵下，攻石头，札不守，开门纳敦，敦用为尚书。兄弟皆居列位，吴士多依附，王敦深忌之。及周筵母丧，送葬者千数，敦益惮焉。钱凤说敦曰："夫有国者患于强逼，自古艰难，恒必由之。今江东之豪莫过周、沈，公万世之后，二族必不静矣。周氏最强而多俊才，宜先为之所，则后嗣可安，国家可保。"敦纳之。因有道士李脱妖术惑众，自言八百岁，故号李八百，时人多信事之。弟子李弘养徒灊山作逆，敦使庐江太守李恒告札及宗党与李脱谋反，遂尽掩札兄弟子侄等，同杀之。

嵩字仲智，尚书仆射顗之次弟，狷狭，每以才气凌物。中宗作相，引为参军。及晋王即位，拜奉朝请，累迁御史中丞。时王敦势盛，中宗渐疏王导，嵩因上书，言导"忠谅竭诚，义以奉主，虽有不轨之者，④ 父子尚无反顾之义，况兄弟乎？此固旧德，不可弃垂成之业也"。中宗感悟，与导亲如故。及敦破石头，擅朝柄而害顗，使人吊嵩，嵩曰："亡兄天下人，为天下人所杀，复何吊焉！"敦甚衔恨，惧失人情，故未加害，用为从事中郎。嵩以兄遇横祸，恒愤愤。敦知之，使妖人李脱诬嵩反，害之。嵩精于事佛，临刑犹诵经。初，顗母李氏冬至举觞赐三子，曰："吾本谓渡江托足无所，不期尔等并贵，列吾目前，复何忧也！"嵩起曰："恐不如尊旨。伯仁志大而才短，

---

① 敦下屯于湖阴："于湖阴"，张校本作"於湖阴"，视"湖阴"为地名；孟校本视"於湖"为地名。《晋书·明帝纪》作"于湖"，《王敦传》作"姑孰"，两地同指，今当涂南。陆氏旧藏钞本作"于湖阴"，据改。

② 遣将军姚崇拒战于堂狼："姚崇"，《晋书·明帝纪》《王逊传》《李雄载记》皆作"姚岳"，《通鉴》卷九二作"姚嶽"，盖此人本名"岳"或"嶽"，或晋史臣避康帝讳改作"崇"。

③ 王敦害从事中郎将周嵩及尚书周札：《通鉴》卷九三系王敦害嵩、札事于太宁二年正月。

④ 虽有不轨之者：黄廷鉴《第六弦溪文钞》卷三《书校建康实录后》云"者"为"名"之误。

名重而识暗，好乘人之弊，此非自全之道。嵩性抗直，亦不容于世。惟阿奴碌碌，在母目下。"阿奴，谟小字也，后果寿终，位至侍中，封西平侯。卒赠金紫光禄大夫，谥曰贞也。

六月壬子，立皇后庾氏。

秋七月丙子朔，震太极殿柱。

冬十月，散骑常侍薛兼卒。

兼字令长，丹杨人。祖综，父莹，并仕吴显位。兼少清素，与同郡纪瞻、广陵闵鸿、会稽贺循、吴郡顾荣齐名，号为"五俊"。初入洛，举孝廉，拜比阳相。中宗镇江左，用为军谘祭酒，累迁左长史，进爵安阳乡侯。中兴建，迁尚书，领太子少傅。自综至兼，三世傅东宫，谈者美之。及帝即位，诏以师傅加进崇礼。

八月，石勒将石季龙攻陷青州，刺史曹嶷遇害。①

冬十一月，以国饥乏，调刺史已下米各有差。

二年春正月丁丑朔，帝临轩，悬而不乐。庚辰，赦五岁刑已下。

夏五月，王敦在于湖阴谋举逆，②帝密知之，自乘巴滇骏马微行，至于湖，阴察敦营垒而出。时有军士疑帝非常人。敦时昼卧，梦日绕其营，惊起曰："此必黄须鲜卑奴来也。"案《晋书》：帝母荀氏，代州人，帝状类外氏，须黄，故敦谓帝曰"黄须鲜卑奴"也。于是使五骑追之。帝已驰还，见逆旅卖饭妪，以七宝鞭与之，曰："后有骑来，以此示也。"俄而敦追骑至，问妪。妪曰："去已远矣。"因以鞭示之。五骑传玩，稽留遂久。又见马粪冷，《晋书》云：帝以水灌粪令冷，以为信而止。③帝仅获免。

丁巳，④敦病亟。无子，养兄含子应为嗣，矫诏拜其子应为武卫将军以自副，而拜含为骠骑大将军、都督扬州江西诸军事。

含字处弘，少顽凶，以敦故累迁显位。日夜与敦计，以沈充、钱凤为谋主，诸葛瑶、邓岳、周抚、李恒、谢雍为爪牙。

戊午，⑤敦以左司马温峤为丹杨尹，使觇伺朝廷。峤至，具言敦逆状，令病

---

① 八月石勒将石季龙攻陷青州刺史曹嶷遇害：此条应在"冬十月散骑常侍薛兼卒"之前。

② 王敦在于湖阴谋举逆：张校本作"王敦在於湖阴谋举逆"，称各本皆脱"於"，据下文及《晋书·明帝纪》"於湖"补"於"，视"於湖"为地名。孟校本循甘钞本作"在湖阴谋举逆"，视"湖阴"为地名。《明帝纪》作"於湖"，是地名"于湖"之误，今据改正。下行同。

③ 以为信而止：各本均视其为许嵩自注，然据行文，当为正文。

④ 丁巳：五月辛未朔，无丁巳日，六月辛丑朔，丁巳为十七日。王敦在于湖阴谋举逆事，《晋书·明帝纪》载在六月。

⑤ 戊午：戊午及下文丙寅、丁卯、戊辰皆在六月。

笃，恐左右促其事，请为之备。帝召侍中陈晷往问疾，使密睹形势。① 钱凤以敦病，惧不讳，云谋发兵向京师。②

丙寅，帝乃诏："王敦将帅官僚，唯讨钱凤一人，其余文武无所问罪。其有舍王敦姓名而称大将军者，准军法从事。"

丁卯，以司徒王导为镇南将军、前锋大都督，以温峤为中垒将军，与尚书卞壸守石头。以应詹为护军将军、督朱雀航南诸军事，以建威将军赵胤等武旅三万，十道俱进，以奋威陶瞻精锐三万继之，水陆齐势。帝亲御六师，以尚书郗鉴、庾亮为左右卫将军，都督从驾诸军事。征平北将军王邃、平西将军祖约、临淮太守苏峻等并入卫京师。以太宰西阳王羕总统诸军，以虞潭为会稽太守，使蹑沈充。别遣充乡人沈祯往吴兴谕充，③ 许以为司空。充谓祯曰："三司，具瞻之重，岂吾所任！币重言甘，古人所畏。且丈夫共事，终始当同，宁可中道改易，人谁容我！"祯因陈祸福成败，苦劝之。充不纳，率兵临发，谓其妻子曰："男儿不竖豹尾，终不还也。"时虞潭举兵于会稽，将建牙，有野鹰飞集帐屋。众惧，潭曰："起大义而刚鸷鸟来，破贼必矣！"敦病转笃，不能统众。兄含谓敦曰："此家事，吾便当之。"

戊辰，敦上疏罪状温峤，以诛奸臣为名，以含为元帅，率钱凤、邓岳、周抚等将发。凤问敦曰："事克之日，天子云何？"敦曰："尚未南郊，何得称天子！但尽卿兵势，唯保护东海王及裴妃而已。"辛未，含至江宁。王导使人送书与含，广言祸福，劝含还武昌，"保其门户，无党犬羊以肆逆。导虽不武，情在宁国，明目张胆为六军首，宁忠臣死，不无赖生"。含不答。

秋七月壬申朔，含与钱凤等水陆五万至于南岸，游骑逼淮，温峤乃烧朱雀航以挫其锋。帝躬率六军，出次南皇堂，欲讨之。知其为物情所畏，密与王导谋曰："自上人情业业，皆仗敦为势，若闻其毙，众必危殆，因而击之，可破矣。"导遂集宗人，诈云敦死，举哀，众果大危。癸酉夜，募壮士与中军司马曹浑、左卫将军陈嵩、④ 段秀等领甲卒千人渡水，掩其未备。平明，大破含军于越城，临阵斩前

---

① 使密睹形势："睹"，宋本、徐钞本、甘钞本、四库本并作"观"，陆氏旧藏钞本作"覘"。
② 云谋发兵向京师："云"，四库本作"因"。
③ 沈祯：《晋书·贺循传》《王敦传》同。《通鉴》卷九三作"沈桢"。陆氏旧藏钞本作"御名"，避宋仁宗赵祯讳。
④ 左卫将军陈嵩："左卫将军"，《晋书·明帝纪》作"左卫参军"。按本卷前文云"以尚书郗鉴、庾亮为左右卫将军"，故知陈嵩为"左卫参军"。

锋何康、邓岳等。《晋书》：岳，陈郡人也，字子遐。勇力绝人，为桓温参军，时人方之樊哙。襄阳城北沔水中有蛟，常为人害，岳入水，截蛟而出，人皆异之。敦闻军败，大怒，曰："我兄老婢儿耳，门户事去矣！"语参军吕宝曰："吾当自力行。"因势而起，起而复困卧，遂愤惋而死。临绝，召羊鉴及子应曰："我亡后，应便即位，先立朝廷，置百官，然后营葬事。"俄而敦死，秘不发丧，①裹尸以席，蜡涂其外，埋于厅事，中夜与左右纵酒淫乐。王含、钱凤乃率余党，自栅塘西置五城造营。案《图经》，五城状如却月，势高二丈，相去各二十丈，在今县东二十五里。陶季直《京都记》：五城边淮带湖，祖道送归多集此处。唐景云中，县令陆彦恭于城侧造桥渡淮水，则今之五城桥也。壬辰，沈充自吴兴率兵万余来会，含等进，筑垒于陵口。乙未，贼分军从竹格渚济水，光禄勋应詹拒之，不利。含、凤长驱至御街，沈充自青溪引军与含会，至宣阳门。北中郎将刘遐、历阳太守苏峻等率轻骑从南塘出，横击之，贼军大溃。刘遐乘胜追破沈充于青溪。丙申，含等烧营，遁走芜湖，与子应乘单舟奔江陵。荆州刺史王舒使人迎之，并沉于江，余党平。《晋书》：王舒子允之，总角时，尝随从伯敦。敦与钱凤谋为逆，允之时饮酒帐中，卧已醒，悉闻其言，虑敦疑之，便于卧处大吐，衣面并污。凤既出，敦果照视，见允之卧吐中，以为大醉，不复疑之。允之求还京师，具以敦谋白父，父即与导白帝。及敦平后，累位至会稽内史。诏御史刘彝往芜湖，发瘗出敦，跽而刑之，焚其衣冠，枭首于大航，观者称庆。数旬，尚书令郗鉴启帝，听收私葬，诏许之。

敦字处仲，司徒导之从父兄也。伯祖祥，字休征，魏太尉。祖览，祥异母弟，魏宗正卿。生六子：裁、基、会、正、彦、琛。裁生导，基生敦。

敦少有成人之风，尚晋武帝襄城公主，拜驸马都尉，除太子舍人。时王恺、石崇以豪侈相尚，恺尝会宾客，因乐失调，杀美人，一座为之改容，敦神色自若。时又使美人行酒，以客饮不尽，辄杀之。酒至敦所，故不肯持，美人悲惧，憨然不视。导叹曰："处仲若当世，心怀刚忍，非令终也。"时洗马潘滔见敦曰："处仲蜂目已露，但豺声未振，若不噬人，必为人所噬。"后迁中书监。

永嘉末，天下大乱，敦悉以公主时侍婢百余人配给将士，金银宝物散之于众。及东海王越辅政，以敦为扬州刺史，潘滔进谏越曰："今树处仲于江外，使其肆豪强之心，是见贼也。"越不从。元帝召为安东军谘祭酒，进左将军，与从弟导同心翊戴元帝于江东，以隆中兴，时人为之语曰："王与马，共天下。"太兴初，

---

① 秘不发丧：孟校本据徐钞本"秘"前补"应"字。

与陶侃、周访讨杜弢，敦以元帅进拜镇东大将军、都督江扬荆湘交广六州诸军事、江州刺史，封汉安侯。

敦始自选置，于是专擅之迹渐彰。帝安慰之，加侍中、荆州牧。敦既专任阃外，有问鼎之志。帝畏而怒之，遂引刘隗、刁协为腹心。及隗用事，颇间王氏。敦怒，上疏陈之。自尔愤愤不平，每酒后，辄咏魏武帝乐府歌曰："老骥伏枥，志在千里。烈士暮年，壮心不已。"以铁如意打唾壶为节，壶边尽缺。乃率众内向，以诛刘隗为名。既破王师，拥兵石头，多行杀害，肆其劫掠，称疾不朝而去。

及帝即位，乃讽朝廷征己，因下镇姑孰。帝使兼太常应詹授敦加黄钺、班剑、虎贲二千人，奏事不名，入朝不趋，剑履上殿。又使侍中阮孚赍牛酒犒劳，敦不见，使主簿受诏。敦既得志，暴慢愈甚，诸方贡献，多入己府。含既凶戾，党成不轨。初，敦始病也，梦白犬自天而下噬之，又梦刁协乘轺车导从，瞋目叱左右执之，意恶而死。

敦眉目疏朗，性简脱，口不言财利。武帝尝召时贤共言技艺之事，敦都不关意，自言惟知击鼓，因振袖扬枹，音节谐韵，神气自若，举座叹其雄爽。案《晋书》：石崇以奢豪矜物，厕所常有十余婢列侍，置香粉，有容色。如厕者皆易新衣而出，客多羞脱衣，而敦脱故着新，意色无怍。婢相谓曰："此必能作贼。"又尝荒恣于色，左右或谏之，乃开后阁，驱诸婢妾数十人，并放之。

丁酉，帝自南皇堂还宫，大赦天下，诏王敦群从被逼者一切无所问，唯其党不原。是月，分遣诸将追逐敦所置官属及将帅逃者。① 丁未，② 义兴人周蹇杀敦所置太守刘芳于郡，祖约逐敦淮南太守任台于寿春，戴渊弟邈及周光获钱凤斩之，沈充奔于吴，故将吴儒诱充于覆壁中，杀之。并传首京师。

九月，论平贼功，封王导始兴公、温峤建宁公、卞壸建兴公、庾亮永昌公，余赏各有差。

冬十二月壬子，帝谒建平陵，行大祥礼。

是岁，骠骑将军、临湘侯纪瞻卒。

瞻字思远，丹杨秣陵人。祖亮，父陟，皆吴三公。瞻少以方直知名。吴平，徙居历阳。察孝廉，不行。寻举秀才，为司马东阁祭酒。太安中，弃官归家，与

---

① 分遣诸将追逐敦所置官属及将帅逃者："官属"，各本及张校本均作"宫室"，徐钞本作"官属"，孟校本据改，从之。

② 丁未：七月壬申朔，无丁未日。《晋书·明帝纪》作"丁亥"。

顾荣共讨陈敏，征为尚书郎。

中宗镇江外，引为军谘祭酒，帝亲往瞻宅，与同车而归，加扬威将军。拒石勒，功除会稽内史。时有诈为将军府吏收诸暨令拘之，瞻疑其伪，破槛出令，而讯问使者，果伏诈妄。及中宗践位，累拜侍中，领尚书令。上疏谏诤，多所裨益，帝甚嘉其忠烈。因疾，上疏自责，因以疾免。寻除尚书左仆射，①屡辞疾笃还第，不许。上疏言郗鉴节操，今孤军在邹山，恐为胡寇所获，请朝廷征还。

及帝即位，尝独引瞻于室，慨然忧天下，曰："社稷之臣，无复十人。"因屈指曰："君便其一也。"转领军将军，当时服其严毅，虽恒疾病，六军敬惮之。加散骑常侍。及王敦之逆，帝使谓瞻曰："卿虽病，卧护六军，所益多矣。"贼平，自表还家，帝听之。遣使就拜骠骑将军，以家为府。寻卒，追封华容子。封次子一人亭侯。

瞻性静默，少交游，而好仁义，有托后者，皆为立园宅。少与陆机善，及机遇害，赡恤其家，②成其男女，同其所生，立宅于乌衣巷，屋宇崇丽，园池竹木，自足赏玩焉。子景、鉴，并早卒。

是岁，置廪牺署，养天地宗庙牺牲。今在东府城后。③

三年春二月戊午，复三族刑，惟不及妇人。

三月戊辰，立皇子衍为皇太子，大赦，增文武位二等，大酺三日，赐鳏寡孤独帛，人二匹。癸巳，征处士临海任旭、会稽虞喜，并为博士。

旭字次龙，临海章安人。有清操，不染流俗。郡守蒋秀请为功曹，秀贪秽，旭正色谏，不纳，乃谢去。及坐事，旭狼狈营送之。永康初，求俊异，旭辞疾归。寻天下大乱，陈敏之逆，唯旭与贺循等守死不从。中宗初，频征不到。及此，王导启立学校，以旭与虞喜俱为隐学，同召之。④

夏四月，诏："大事初定，其命惟新。可令太宰司徒已下，诣都坐参议政道，诸所因革，务尽事中。餐直言，引亮正，想群贤，达吾此怀矣。"己亥，石勒寇河南，司、豫、兖三州并没，将军李矩众溃。

矩字世迪，平阳人。以荥阳守随中宗，加冠军将军，领河南平阳太守，频破刘聪，

---

① 尚书左仆射：《晋书·纪瞻传》作"尚书右仆射"。据秦锡圭《补晋执政表》，元帝建武元年刁协为尚书左仆射，太兴元年又改荀崧，纪瞻不得再官尚书左仆射，《实录》误，当从《晋书》本传为是。

② 赡恤其家："赡恤"，各本均作"瞻恤"，张校本视"瞻"为纪瞻，孟校本作"赡"，《晋书·纪瞻传》亦作"赡"，据改。

③ 今在东府城后：郦承铨《建康实录校记》云："案六字疑是夹注。"

④ 同召之："召"，张校本作"诏"，孟校本作"召"。陆氏旧藏钞本及四库本均作"召"，据改。

以功进安西将军。刘聪死,其将靳准杀聪子粲,尽灭刘氏,乃上言:"二帝幽没虏庭,今谨杖持梓宫,请矩上闻。"矩驰表于帝,帝使太常韩胤迎梓宫,未至,遇石勒、刘曜破靳准,矩举众南走,坠马死。

五月,以征南大将军陶侃为征西大将军、都督荆襄雍梁四州诸军事、①荆州刺史,以荆州刺史王舒为都督湘中诸军事、湘州刺史,以刘顗为平越中郎将、广州刺史。

六月,太子庶子孔衍卒。

衍字舒元,鲁国人,孔子二十二代孙。少好学,谙识古事,朝仪轨制,多取正焉。著《春秋后语》十卷。

秋七月,诏:"郊祀,天地之重事。②自中兴已来,惟南郊,未曾北郊,四时五郊之礼都不复设。五岳四渎,名山大川,载在祀典应望秩者,悉废而未举。主者其依旧详处,以时置祭。"

八月,诏:"吴时将相名贤之胄,有能纂述家训,忠孝仁义,静己守真,不闻于时者,州郡中正亟以名闻,勿有所遗。"

闰月壬午,帝不豫,召太宰西阳王羕、司徒王导、尚书令卞壸、车骑将军郗鉴、护军将军庾亮、丹杨尹温峤等并受遗辅太子。丁亥,遗诏:"敛以时服,务从简约。"戊子,帝崩于太极东堂。

九月辛丑,葬武平陵,在县城北九里鸡笼山阳,与元帝同。案,帝年二十五即位,三年,年二十七崩,谥曰明帝,庙号肃宗。帝聪明有机断,尤精物理。于时兵凶岁饥,死疫过半,虚弊既甚,事极艰虞。王敦震主之威,将移神器。帝崎岖遵养,以弱制强,潜用独断,廓清大祲。改授荆、湘四州,以分上流之势,拨乱反正,强本弱枝。虽享国日浅,而规谋弘远矣。③

---

① 都督荆襄雍梁四州诸军事:《晋书·明帝纪》、《通鉴》卷九三作"都督荆湘雍梁四州诸军事"。
② 郊祀天地之重事:《晋书·明帝纪》作"郊祀天地,帝王之重事"。
③ 案帝年二十五即位至而规谋弘远矣:郦承铨《建康实录校记》云:"夹注依全书通例应作大字。"

建康实录卷第七　晋中

显宗成皇帝

成皇帝讳衍，字世根，明帝长子。太宁三年三月，立为皇太子。闰八月戊子，明帝崩。己丑，太子即皇帝位，尊皇后庾氏为皇太后。年幼，太后临朝，以司徒王导、中书令庾亮辅政。

四年春正月丁亥朔，大赦，改元咸和元年。① 文武各进位二等，京师百里内复一年租，天下赐酺五日，鳏寡孤独谷帛有差。

夏五月，大水。

秋八月，温峤为平南将军、江州刺史。峤表故吏部郎毕卓为长史。案《三十国春秋》：卓性嗜酒。太兴末，为吏部郎，以酒废职。时比舍郎酒熟，② 卓因夜竟至瓮所盗饮，醉卧。及旦，主人见之，曰："毕吏部也。"乃命酒饮，尽醉而去。父母恶之，因取船以贮酒于屋中，卓甚喜，入酒中，拍浮来往，③ 达明，饮之亦尽。尝谓人曰："左手执蟹螯，右手持酒杯，浮酒池中，足乐一生哉！"

九月，尚书右仆射邓攸卒，赠光禄大夫，加金章紫绶。

攸字伯道，平阳襄陵人。祖殷，亮直强正。为淮南太守，梦行水边，见一女子，猛兽自后断其盘囊。占者以为水边女，汝字也；断盘囊者，新兽头代故兽头也；

---

① 四年春正月丁亥朔大赦改元咸和元年：是年春正月壬辰朔，无丁亥日。《晋书·成帝纪》作"二月丁亥，大赦，改元"。二月辛酉朔，丁亥为二十七日。

② 时比舍郎酒熟："郎"当为衍字。

③ 拍浮来往："拍浮"各本均作"汩浮"，四库本作"拍浮"，《晋书·毕卓传》同。拍浮即游泳，六朝俗语。据改。

今不作汝阴，当作汝南。果迁汝南太守。

攸幼以孝德称。举孝廉，为吴王文学，累迁河东太守。永嘉末，天下大乱，遇羯贼，弃所生子而携弟子绥走江东。元帝以攸为太子中庶子。为吴郡太守，攸载米之郡，俸禄无所受，惟饮吴水。人民饥者，辄开仓赈而后报。刑清政明，百姓悦之，为中兴良吏。后称疾去职，郡常有送迎钱数百万，攸一无所受。百姓争牵船泣留之，船不得进，攸乃夜中发去。吴人歌曰："紞如打五鼓，鸡鸣天欲曙。邓侯挽不留，谢令推不去。"入为吏部尚书。久之，迁尚书右仆射。《晋书》：攸过江，纳妾，甚宠之。询问其家属，说是北人遭乱，忆父母姓名，乃攸之甥也。攸感恨，遂不畜妾。后妻不复孕，时人为之语曰："天道无知，令邓伯道无儿。"语曰："此天道有知也，夫父子之道，亲亲之义，岂可忍而邀一时之假名，损人伦之大义，安忍也。邓伯道无儿，天道有知。"

冬十月，封魏武玄孙曹劢为陈留王，以绍魏后。己巳，庾亮诬南顿王宗阴与苏峻谋叛，诛之，奏贬其族为马氏。① 庚辰，赦京师百里内五岁已下刑。甲申，征历阳太守苏峻为大司农，峻不受命。

十一月壬子，大阅于南郊。改定王侯国秩，九分食之一。时大旱，自六月不雨至于是月。

二年春正月，新除交广宁三州诸军事、广州刺史阮孚卒。

孚字遥集，陈留人也。父咸，始平太守。孚属乱渡江，中宗以为安东府参军。蓬发饮酒，不以世务婴心。转丞相参军，迁琅琊王衷车骑府长史，进拜散骑常侍。

孚性既嗜酒，尝以金貂换酒，复为所司弹劾，帝宥之。肃宗即位，转侍中、吏部尚书。称疾，就家用之，尚书令郗鉴以为非礼。帝曰："就用之诚不快，不尔便废才。"及肃宗不豫，温峤入受顾命，过孚家，邀同行。升车，乃告曰："主上大渐，江左危弱，实藉群贤，共康世务。卿时望所归，今欲屈卿同受顾托。"孚不答，固求下车，② 峤不许。垂至宫门，告峤内逼，求暂下，便徒步还家。

初，祖约好财，孚好蜡屐，同是累而未判其得失。有诣约，见正料财物，客至，屏当不尽，余两小簏，以着背后，倾身障之，意未能平。或有诣阮，见正自蜡屐，因叹曰："未知一生当着几量屐！"神色甚闲畅。于是胜负始分。

咸和初，拜丹杨尹。时太后临朝，政出舅族。孚谓所亲曰："今江东虽累世，

---

① 奏贬其族为马氏："奏贬"，各本多作"贬奏"，孟校本据宋本、徐钞本乙正。
② 固求下车："固"，各本多作"因"，宋本、《晋书·阮孚传》作"固"，孟校本据改。陆氏旧藏钞本亦作"固"。

而年数实浅。主幼时艰，运终百六，而庾亮年少，德信未敦，以吾观之，将兆乱矣。"遂苦求出。王导等以孚疏放，非京兆尹才，乃除交、广、宁三州刺史。未至广州，卒于道，时年四十九。既而明年苏峻作逆，识者以为知机。

三月，益州地震。

夏五月，日有食之。护军营牛生犊，两头六足。王导家羊生羔，无后足。

冬十一月，历阳太守苏峻、豫州刺史祖约等举兵于江西，以讨庾亮为名。

十二月辛亥，峻使其将韩晃入姑熟，屠于湖，害于湖令陶馥。宣城内史桓彝为晃所败，死之。庚寅，① 京师戒严，以护军将军、中书令庾亮为征讨都督，诏加振威将军司马流为左将军，帅众拒峻前锋，战于慈湖，流败，死之。

流字子玉，国之宗室。性懦怯，不闲军旅。时率水步二千南上，遇贼，惧形于色，临阵方食，不知口处，问左右："吾口何在？"既而合战，军败遇杀。

三年春正月，征西大将军陶侃率江州刺史温峤等下援京师。丁未，苏峻济自横江，登牛渚。

二月庚戌，峻军至钟山，领军卞壶帅六军与峻战于山南，王师败绩。案《陈图》云：苏峻战场，在钟山明庆寺前，晋所谓王师败于陵西，即吴大帝时陵也。峻因风放火，进烧青溪栅，再破官军，卞壶、羊曼、周导、陶瞻等皆死于栅下，遇害者数千人。

壶字望之，济阴冤句人也。祖统。父粹，以清辩鉴察称。兄弟六人，并登宰府，世号"卞氏六龙，玄仁无双"。玄仁，粹字也，位中书令。

壶弱冠有名誉，元帝镇江左，召为从事中郎，委以选举，甚见亲仗。转世子师，居师佐之任，尽匡辅之节，一府贵惮。中兴建，迁太子詹事，拜御史中丞。忠于事上，权贵屏迹。累位至尚书令。

明帝不豫，壶与王导同受顾命，辅幼主。成帝即位，群臣进玺，司徒王导以疾不至。壶正色于朝曰："王公岂社稷之臣耶！大行在殡，嗣皇未立，宁是称疾之时！"导闻之，乃舆疾而至。及皇太后临朝，壶与庾亮对直省中，共参机要。时王导又称疾不朝，而私送车骑将军郗鉴，壶奏导亏法从私，无大臣之节，举朝震肃。

壶裁断切直，干实当官，以褒贬为己任，勤于吏事。然性不弘恪，才不副意，故为诸名士所少，而无卓尔优誉。肃宗深器之，于诸大臣而最任职。阮孚尝谓曰：

---

① 庚寅：各本均同。十二月辛亥朔，无庚寅日。张校本据《晋书·成帝纪》、《通鉴》卷九三改为"庚申"，为是月初十日。

"卿恒无闲泰，常如含瓦石，不亦劳乎？"壶曰："诸君以道德恢弘，风流相尚，执鄙吝者非壶而谁！"①时贵游子弟慕王澄、谢鲲为达，壶厉色于朝曰："悖礼伤教，罪莫斯甚！中朝倾覆，实由于此。"欲奏推之。王导、庾亮不从，乃止，然而闻者莫不折节。时王导以勋德辅政，成帝每幸其宅，尝拜导妇曹氏。侍中孔坦密表不宜拜。②导闻之曰："王茂弘驽痾耳，若卞望之之岩岩，刁玄亮之察察，戴若思之峰距，当敢尔耶！"

及苏峻作逆，诏以壶为都督，加领军将军。峻自钟山破王师，进攻青溪栅，壶与诸军拒之，苦战，死之，时年四十八。二子：眕、盱，见父没，相随赴贼，同时见害。眕、盱母裴氏抚二子尸哭曰："父为忠臣，尔为孝子，夫何恨乎！"征士翟汤闻而叹曰："父死于君，子死于父，忠孝之道，萃于一门。"

羊曼字祖延，太傅祐兄孙也。少知名，中宗镇江左，辟为丞相主簿，历晋陵太守。王敦平后，代阮孚为丹杨尹。苏峻作乱，加前将军，率文武守云龙门。峻既破六军，与卞壶、周导、陶瞻等同见害。案《晋书》：曼性任达，与温峤、阮放等同志友善，并为中兴名士。时州里称陈留阮放为宏伯，高平郗鉴为方伯，③太山胡母辅之为达伯，济阴卞壶为裁伯，陈留蔡谟为朗伯，阮孚为诞伯，高平刘绥为委伯，④而曼为黮伯，凡八人，号"兖州八伯"，期古之八俊。时朝士过江初拜官，相饰供馔。曼拜丹杨尹，客来早得佳设，日晏而渐罄，不复及精，随客早晚而不问贵贱。时羊固为临海太守，⑤竟日皆美，虽晚至者，犹获盛馔。论者以固之丰腆，不如曼之真率也。

是月，峻又追败庾亮于宣阳门内，亮携子弟与郭默、赵胤上奔寻阳。临去，谓侍中钟雅曰："以后事相委。"雅曰："栋折榱倾，谁之责欤？"亮曰："今日之事，不容复言，卿当思效匡复。"雅曰："想足下不愧荀林父耳。"雅遂与司徒王导拥帝于太极殿，荀崧、褚翼等侍左右。⑥峻兵麾戈接于帝座，叱左右下。侍中褚翼曰："苏冠军未觐至尊，军人岂得侵逼！"兵人遂散下殿，突入太后后宫，逼辱妃后及左右侍人。群臣奔窜，百姓号泣，震响京师。丁巳，峻矫诏大赦天下，惟不免庾亮兄弟。以祖约为侍中、太尉、尚书令，峻自为录尚书事、骠骑大将军，以许柳为

---

① 执鄙吝者非壶而谁："执"原缺，张校本据甘钞本、徐钞本及《晋书·卞壶传》补。
② 孔坦：各本皆作"孔恒"，张校本据《晋书·孔坦传》及《世说新语·赏誉篇》注引《语林》改。
③ 方伯：《册府》卷八八二作"放伯"。
④ 委伯：《御览》卷四〇七引《晋中兴书》、《册府》卷八八二并作"秀伯"。
⑤ 羊固：各本原作"莘固"，张校本据《晋书·羊曼传》及《世说新语·雅量篇》改正。
⑥ 荀崧褚翼等侍左右：宋本、徐钞本、甘钞本、张本并作"崧翼等侍左右"，无"荀""褚"字，陆氏旧藏钞本亦同。"褚翼"，《晋书》本传作"褚翜"。

丹杨尹。

三月丙子，皇太后庾氏崩。壬申，①葬明穆太后于武平陵。

后讳文君，颍川鄢陵人也。性仁惠，美姿仪，元帝闻之，聘为太子妃，以德见重。肃宗即位，为皇后。帝即位，尊为太后。群臣奏："天子幼冲，宜依汉和熹皇后故事临朝。"后辞让数四，不得已而临朝摄万几。后兄中书令亮管诏命，公卿奏事称皇太后陛下。既而京都倾覆，后见逼辱，遂以忧崩，时年三十二。

夏五月乙未，峻逼帝迁于石头城，帝哀泣升车，群臣步从。峻以仓屋为宫，分遣管商、张瑾等东寇钱塘、吴县。案《荀崧传》：成帝时，崧子羡，年七岁，随崧在石头。峻甚怜之，尝置羡于膝上。羡归谓其母曰："请与儿一利刀子，足以杀贼。"母遽掩其口。丙午，征西大将军陶侃、江州刺史骠骑将军温峤、庾亮等率舟师四万，旗鼓百里，次于蔡州。②

六月，诸军尽会石头城西北。贼盛，未即决战。议于查浦筑垒，监军李根固争，曰："查浦地下，又在水南。惟白石峻固，修之，灭贼之术也。"侃等许之，曰："若垒不立，卿当腰斩。"根引兵夜修，晓讫，贼众见垒大惊。壬辰，进军白石。

九月戊申，司徒王导奔于白石。庚午，陶侃率温峤、庾亮等阵于白石。侃使将军杨谦以军攻于石头，峻轻骑出战，谦诈北，奔白石垒，峻逼之，才交锋，峻坠马，侃督护竟陵太守李阳临阵斩峻于白石陂岸。③至今呼此陂为苏峻湖，今在县西北二十里石头城正北，白石垒即在陂东岸。

庾亮命脔峻肉，焚其骨。峻弟逸乃发亮父母墓，断棺焚尸。

初，峻历阳外营将军鼓自鸣，如人弄槌，峻手自破之，曰："我乡土时，有此即城空矣。"俄而为乱夷灭，此听不聪之罚也。案《晋书》纪：苏峻初营钟山前，祈钟山之神，许画朱须、紫蹄马、碧盖、朱络车。后郗鉴入援，又祈钟山，神谓鉴曰："苏峻为逆，人神共愤，④当与蒋子文共诛锄之。且峻亦祈我，岂可助之为虐！今以疏相示。"及按收而疏见。⑤

峻字子高，长广掖人。少为书生，年十八，举孝廉。永嘉丧乱，所在屯聚，

---

① 壬申：三月乙卯朔，无壬申日。《晋书·成帝纪》、《通鉴》卷九四皆作"四月壬申"。四月乙酉朔，壬申为二十四日。壬申上脱"四月"二字。
② 蔡州：陆氏旧藏钞本作"蔡洲"，四库本同。
③ 侃督护竟陵太守李阳："督护"，宋本、孟校本同，张校本作"督军护"，衍"军"字。
④ 人神共愤："共"，宋本、徐钞本均作"所"，陆氏旧藏钞本同。
⑤ 及按收而疏见："按"，陆氏旧藏钞本作"案"，四库本径作"案"，是。

峻亦纠合徒众，结垒于本县，抚弱理朽，远近感恩，归者日盛，皆推峻为主。遂群聚射猎于海边青山中。时曹嶷领青州刺史，恶其得众，将讨之。峻惧不敌，泛海南渡。既至广陵，朝廷嘉其远到，累拜兰陵相。同讨王敦逆，以功进使持节、冠军将军、历阳内史，加散骑常侍，封邵陵公，以江外之任寄之。

峻既有功于国，威望渐著，颇有异图。时肃宗崩，帝幼，委政宰辅，护军庾亮恐其兵强难制，下优诏征之。峻素疑亮欲害己，不应命。朝廷使讽谕之，峻曰："台下云我欲反，岂得活耶！我宁山头望廷尉，不能廷尉望山头。"乃结祖约为乱，以讨庾亮为名，遂举兵渡江。破王师，入宫城，纵兵侵掠，穷凶极暴，残酷无道。光禄勋王彬等皆被捶挞，逼令负担登蒋山。裸剥士女，哀号之声响振内外。为陶侃、温峤等所破，杀之。峻司马任让复立峻弟逸为帅，收兵保石头。

十二月，石勒破刘曜于洛阳，擒之。关中大乱。

四年春正月，帝在石头，侍中钟雅、右卫将军刘超等谋奉帝出就陶侃营，事觉，逸使任让将兵入收超、雅。①帝持抱超等悲泣曰："还我侍中、右卫！"让不受诏，杀雅等。及峻平，陶侃得任让不杀，帝曰："任让是杀我侍中、右卫者，不可宥。"乃杀之。

雅字彦胄，颍川人。

超字世瑜，琅琊人。少有志尚，中兴初，为中书舍人，累拜中书侍郎。穆后临朝，迁为射声校尉。时军校无兵伍，义兴人多随超，超因统其众以宿卫，为"君子营"。帝即位，与钟雅俱为侍中。帝迁幸石头，大雨，超与雅步卫左右，贼给马，恶而不骑。

丁卯，贼将匡术以苑城归顺，百官赴之。戊辰，峻子硕引军又攻宫城，②焚烧堂殿秘阁皆尽。城内大饥，米斗万钱。庚午，冠军将军赵胤大破祖约于历阳，约奔石勒。

二月戊戌，③诸军攻石头，李阳、滕含大破苏逸于查浦。含等奉帝幸温峤舟，乘舆反政，④群臣顿首，号泣请罪。甲午，苏逸以万余人东走延陵湖，将入吴兴，

---

① 逸使任让将兵入收超雅："逸"诸本多作"遂"，孟校本据徐钞本及《通鉴》卷九四改作"逸"，从改。张校本未出校记。

② 峻子硕：《晋书·成帝纪》《温峤传》《苏峻传》亦云硕为峻子。吴士鉴《晋书斠注》云："《世说·方正篇》注引《灵鬼志谣征》曰：'硕，峻弟也。'是硕为峻弟，此作峻子误。"一作峻子，一作峻弟，未知孰是。

③ 二月戊戌：《晋书·成帝纪》《通鉴》卷九四并作"二月丙戌"。二月甲戌朔，戊戌、丙戌皆在是月。

④ 乘舆反政："政"，孟校本作"攻"，疑误。四库本作"正"。

将军王允之追擒于溧阳。^①初,太宁中有童谣云:"大马死,小马饿。高山崩,石自破。"高山谓峻也,石即峻小名也。^②

时自正月雨至二月,五十日,及灭苏峻党后,淫雨乃霁。兵火之后,宫阙荒残,帝居止兰台,甚卑陋,欲营建平园。温峤议迁都豫章,朝士及三吴之豪议都会稽。司徒王导独曰:"建康古之秣陵,帝王所居,孙仲谋、刘玄德皆云王者之宅,不可改。"遂定议焉。

三月壬子,论平贼功行赏,以陶侃为太尉,封长沙公;郗鉴为司空,封南昌公;温峤为骠骑将军、开府仪同三司,封始安公。追赠死王事者,赠卞壶左光禄大夫,余各有差。尚书郎弘讷上议,^③讼壶子父三人同死国难,诏改赠骠骑将军,谥忠贞。

夏四月乙未,骠骑将军、开府仪同三司、江州刺史、始安公温峤薨。

峤字太真,司徒羡弟憺之子。性聪敏,有识量,博学,少以孝悌称。起家为司隶都官从事,奏弹无所避,京都震肃。平北大将军刘琨请为参军,为琨谋主,琨所凭恃焉。

及二都倾覆,元帝初镇江左,琨诚系王室,谓峤曰:"昔班彪识刘氏之复兴,马援知汉光之可辅。今晋祚虽衰,天命未改,吾欲立功河朔,使卿延誉江南。"乃以峤为左长史,檄告华夷,使峤奉表劝进。峤至,引见帝,具陈琨忠诚,因说社稷无主,天人系望,辞旨慷慨,举朝属目,王导、周顗等并与亲善。时江左草创,纲维未举,峤殊以为忧。及见王导,共谈世务,欢然曰:"江左自有管夷吾,复何虑!"^④因屡求反命,不许。除散骑侍郎,累迁太子中庶子。太子深重之,与为布衣之交。

肃宗即位,拜侍中,参综机密。寻转中书令,帝倚为栋梁之任,王敦忌之,请为左司马。峤谬为诚敬,深结钱凤,诈立声誉,每曰:"钱世仪精神满腹。"凤悦之。丹杨尹缺,敦表以峤为丹杨尹。因饯会,峤自起行酒,至凤,未及饮,峤伪为醉,以手板击凤帻坠,作色曰:"钱凤何人,温太真行酒而敢不饮!"敦以为醉,故

---

① 苏逸以万余人至追擒于溧阳:《晋书·成帝纪》同。丁国均《晋书校证》云:"自延陵将入吴兴者为韩晃、张健等,王允之及诸军击破之,事具《允之》及《苏峻传》。逸则为义师斩于石头,见《陶侃传》,非获于溧阳也,《允之传》亦不及获逸事,《纪》所书皆非实录。"丁说是,《实录》承《成帝纪》之误。

② 太宁中有童谣至石即峻小名也:太宁中童谣见《晋书·五行志中》,云"高山,峻也。石,峻弟也"。此谣亦见于《世说·方正篇》注引《灵鬼志谣征》,云"高山,峻也。硕,峻弟也"。苏石即苏硕。虽苏硕有峻子或弟两说,然石非峻小名明矣。

③ 弘讷:多本作"弘纳",宋本、徐钞本、张本皆作"弘讷",孟校本据改。陆氏旧藏钞本亦作"弘讷"。

④ 复何虑:徐钞本"复"上再有"吾"字。

两释之。及去即路,凤入说敦曰:"峤于朝廷甚密,未可信也。"敦曰:"太真昨醉,小加声色,岂得以此便为逸贰!"由是凤谋不行。而峤还都,遂陈敦之逆状,请为之备。敦闻,与王导书曰:"太真别来几日,作此事!"因举兵表诛奸臣,以峤为首。敦平后,封建宁县公。

帝即位,与王导、郗鉴、庾亮、陆晔、卞壸等同受顾命,辅幼主。时苏峻藏祸历阳,陶侃威重荆楚,朝廷以西夏为虞,故使峤为形援,出为江州刺史,镇武昌。下车,亲祭徐孺子之墓,收名贤。在镇见王敦画像,曰:"岂有天子之贼而图形于都下!"令削去之。

及苏峻作逆,京师不守,峤恸哭,使督护王愆期要陶侃下讨峻,推侃为盟主。钲鼓连于百里,直指石头。侃屯蔡州查浦,①峤屯沙门浦。义军屡战失利,又食尽,陶侃怒,欲西归,峤固止侃曰:"要一战决之。"乃平峻。进录尚书,让不受,固辞还藩。因行至牛渚矶,水深不可测,峤乃烧犀角而照之。须臾,见水族奇怪异状,或乘车马着赤衣者。其夜,梦人谓曰:"与君幽冥道别,何苦相照?"峤甚恶之。先有齿疾,因拔之,中风,至镇卒,时年四十二。江州士庶莫不相顾而泣。初葬豫章,朝廷追思之,乃为造大墓,迎还,葬元、明二陵北,幕府山之阳。二子:放之、式之。

秋七月,诏复遭贼郡县租税三年。

三年九月,②石勒将石季龙尽屠上邽,灭刘氏大小党族三千余人。

冬十月,庐山崩。

是岁,天裂西北,有声如雷。征西中郎将郭默为右将军。默过江州,刺史刘胤不礼,送豚一头、酒五斗。默怒,投于江。遂矫诏入城,杀胤,表送首京师。

五年春正月己亥朔,大赦,除诸将任子。案《吴书》:时诸将屯戍,并留任其子,为立一馆,名任子馆。地在宋乐游苑西,对今栖玄寺门平泽内。晋有江左,其制不改,至此年除之。庚子,司徒王导以默骁勇,专杀方州,惧其为乱,表默为豫州刺史,

---

① 蔡州查浦:"查浦",各本均作"沙浦",《通鉴》卷九四作"查浦",胡三省注云:"查浦在大江南岸,直秦淮口。"左思《吴都赋》所言"查下",《吴书·孙静传》所言"查渎",皆指查浦。《晋书·温峤传》亦作"查浦"。孟校本据改,从改之。

② 三年九月:"三年",各本均同。案石季龙屠上邽灭刘氏、郭默杀刘胤等均为咸和四年事,《晋书·成帝纪》亦并系于咸和四年,是。"三年"当系衍文。张校本径删。

使镇武昌。^①太尉陶侃闻默害刘胤，曰："此必诈也。"即督西阳太守邓伯山水陆讨之，与导书曰："郭默杀方州，即用为方州，有人杀宰相，即用为宰相乎？"遂屠默，斩其父子。案《晋书》：郭默妻兄陆嘉取官米饷妹，默以为违法，欲杀嘉，嘉惧，奔赵。默遂杀妻，以明无私。默，河内淮人。^②

二月己巳，会稽太守王舒表献铜漏刻，诏置端门西塾之西。

夏五月，石勒将刘征寇南沙，害都尉许儒。

儒字思行，高阳人。祖勋，吴御史中丞。父延，河间相。儒幼而立行，清素忠烈，有曾、闵之性。早丁母忧，在殡，遇凶贼放火。儒抱柩悲号，贼为救火保护之，所居一里赖全。起服，为郡功曹。元帝宅江左，澄洗九流，妙于选举，为司徒参军。出为南沙都尉，县为石勒所寇，遇害。

六月，诏初税田，亩三升。

秋八月，石勒僭即皇帝位于襄国，^③使其将郭敬寇襄阳，中州流人悉降于勒。

九月，作新宫，始缮苑城。修六门。案，苑城即建康宫城。六门，案《地舆志》：都城周二十里一十九步。本吴旧址，晋江左所筑，但有宣阳门。至成帝作新宫，始修城，开陵阳等五门，与宣阳为六，今谓六门也。南面三门，最西曰陵阳门，后改名为广阳门，门内有右尚方，世谓之尚方门。次正中宣阳门，本吴所开，对苑城门，世谓之白门，晋为宣阳门，门三道，上起重楼，悬楣上刻木为龙虎相对，皆绣栭藻井。南对朱雀门，相去五里余，名为御道，开御沟，植槐柳。次最东开阳门。东面最南清明门，门三道，对今湘宫寺巷门，^④东出青溪港桥。正东面建春门，后改为建阳门，门三道，尚书下舍在此门内，直东今兴业寺后，东度青溪菰首桥。唐景云年中，江宁县令陆彦恭于县东开金华坊，^⑤东逼青溪，^⑥乃废菰首桥路，而于兴业寺门前开大道，造金华桥，桥渡青溪，通润州驿。正西南西明门，^⑦门三道，东对建春门，即宫城大司马门前横街也。正北面用宫城，无别门。苑城即

---

① 表默为豫州刺史使镇武昌："豫州"，各本及《晋书·郭默传》并同。案《晋书·庾亮传》：时庾亮为豫州刺史，镇芜湖，不当再有以郭默为豫州刺史事。《通鉴》卷九四作"以默为江州刺史"，《晋书·陶侃传》同，可知"豫州"乃"江州"之讹。又，豫州不治武昌，此句中"武昌"疑为"寻阳"之讹。

② 默河内淮人："淮"，当从《晋书·郭默传》作"怀"。怀县属河内郡，见《晋书·地理志上》。

③ 秋八月石勒僭即皇帝位于襄国：《御览》卷一二〇引《后赵录》、《通鉴》卷九四载勒称帝在是年九月。

④ 东面最南清明门门三道对今湘宫寺巷门："清明门"，徐钞本作"青阳门"。"湘宫寺巷门"，各本有脱"寺"者，孟校本据宋本、徐钞本、甘钞本补。四库本、陆氏旧藏钞本亦有"寺"字，从补。张校本未出校。

⑤ 于县东开金华坊："开"，各本多作"门"，孟校本据甘钞本改，是。

⑥ 东逼青溪："逼"，各本多作"通"，孟校本据宋本、甘钞本改，是。

⑦ 正西南西明门："南"字疑是衍字。六门时期西墙仅一门，与东墙建春门对，故不得言"正西南"也。

吴之后苑也，一名建平园。都城虽经五代，而门墙互有修改，①事具下卷。

冬十月，驾幸司徒王导宅，置酒大会。下车入门，先拜。

十一月，平西将军庾亮表献嘉橘，一蒂十二实。

是岁，无麦禾，天下大饥。凉州刺史西平公张骏称臣于石勒。

六年春正月戊午，以运漕不继，发王公以下千余丁，各运米六斛。

二月丙子，②追赠故南沙都尉许儒高凉太守，谥曰贞侯。

三月壬戌，日有蚀之。癸未，诏举贤良直言之士。

夏六月，钱唐民猳豕产两子，皆人面，状如胡人，其身犹豕，异之甚也。

是岁，江州刺史、观阳侯应詹卒。③

詹字思远，汝南南顿人也。魏侍中璩之孙。詹幼孤，以孝闻。家富于财，年又稚弱，请族人共居，委其资产，世贤焉。及长，质素。司徒何劭见之曰："君子哉若人！"

初辟公府掾，累迁南平太守。时王澄为荆州刺史，洛阳倾覆，詹流涕，劝澄赴援，驰檄四方，辞义壮烈，见者慷慨，而澄竟不从。及武陵溪蛮反，澄假詹天门、武陵军事。④詹巡抚诸蛮，召问酋长所欲，蛮感德义，数郡无虞。后与陶侃破杜弢于长沙，贼多金宝，詹一无所取，惟收图书。王敦表为益州刺史，移镇巴东，士庶攀车号泣而送。俄迁后将军，征拜光禄勋。

及王敦作逆，明帝问詹计，以詹为都督前锋军事。贼平，迁江州刺史，封观阳县侯。在州疾笃，与陶侃申情好，劝励力朝廷，以报幼主。卒时年五十三，谥为烈。案《晋书》：詹初与京兆韦泓为友，詹卒，泓制朋友之服哭之，宿草，追赵武祀程婴、公孙杵臼之义，祭詹终身也。

七年秋七月，诏诸养禽兽之属，损费者多，一切除之。太尉陶侃遣子平西参军斌与南中郎将桓宣攻石勒将郭敬，破之，克樊城。竟陵太守李阳拔新野、襄阳，因而戍之。

冬十一月壬子朔，进陶侃为大将军。诏举贤良方正直言。是月，新宫成，署

---

① 门墙互有修改："互"，张校本作"亘"，孟校本作"互"，四库本、陆氏旧藏钞本亦作"互"，于义为长，从之。

② 二月丙子：二月壬辰朔，无丙子日。

③ 是岁江州刺史观阳侯应詹卒：《晋书·应詹传》同，皆言詹卒于咸和六年，然《成帝纪》、《通鉴》卷九三俱云其卒于元年。劳格《晋书校勘记》云："'六'当作'元'。"

④ 澄假詹天门武陵军事：徐钞本、《晋书·应詹传》"詹"下并有"督南平"三字。

曰建康宫，亦名显阳宫，开五门，南面二门，东西北各一门。案《图经》：即今之所谓台城也。今在县城东北五里，周八里，有两重墙。案《修宫苑记》：建康宫五门，南面正中大司马门，世所谓章门，拜章者伏于此门待报。南对宣阳门，相去二里，夹道开御沟，植槐柳，世或名为阙门。南面近东闾阖门，后改为南掖门，门三道，世谓之天门，南直兰宫西大路，出都城开阳门。正东面东掖门，正北平昌门，①门上有爵络，世谓之冠爵门，南对南掖门。第三重宫墙南面端门，②夹门两大鼓，在两塾之南，并三丈八尺围，用开闭城门，日中、晡时及晓并击以为节，夜又击之持更。其一者，本在会稽雷门，相传云洛阳旧物，打之，声应洛阳城。孙恩之乱，军人斩破，有双鹤飞去，尔后不复鸣。义熙中，始取还置于此门。其东西门不见名。其宫城西南角外本有池，名清游池，通城中，有乐贤堂，并肃宗为太子时所作。苏峻之乱，宫室皆焚毁，惟此堂独存。其西掖门外南偏突出一丈许，长数十丈地。时百度多阙，但用茆苫，议以除官身各出钱二千，充修宫城用，自晋至陈遂废。

十二月，帝迁于新宫。

八年春正月辛亥朔，朝万国于新宫，四夷列次。帝诏曰："昔长蛇纵暴，宫室焚荡，元恶虽剪，未暇营筑。有司屡陈朝会逼狭，遂作斯宫，子来之劳，不日而成之。既获临御，大飨群后，九宾充庭，百官象物。知君子勤礼，小人尽力矣。思蠲密网，咸同斯惠，其大赦天下五岁刑以下。"令诸郡举力人能负千五百斤已上者。丙子，石勒使致赂，诏焚之。是月，改苑仓为太仓。案，吴时苑城内有仓，名苑仓，亦名仓城。至此，治苑为宫，惟仓不改，在西掖门内，是年改名焉。

四月，以束帛礼高士郭文，举处士翟汤。

汤字道深，③寻阳人。笃行廉洁，不屑世事。永嘉末，寇害相仍，汤隐于寻阳南山，盗不犯境。始安太守干宝与汤通家，遣船米饷汤，敕吏云："翟公廉让，卿致书讫，便委船归。"使者依旨。汤得船米，乃货易取绢，遂附还宝，宝益愧焉。庾亮表之，征为国子博士，不就。年七十三，卒于家。《晋书·高士传》：郭文字文举，河内轵人也。少好山水，尚嘉遁。常游名山，历华阴，观石室。洛阳陷，入吴兴余杭大辟山中。倚木于树，苫覆其上而居焉。时猛兽为暴，文独宿十余年，竟无所害。恒着鹿裘葛巾，采竹叶木实，买盐米以自供。人或贱价取之，亦即与之。遇有猛兽杀鹿于文庵侧，文以语人，人卖得钱，

---

① 正北平昌门：各本均作"正南平昌门"。案本卷咸康元年夹注云"宫城北平昌门"于宋永初中改为广莫门，又称广莫门为"北门"，且建康宫城南面正门为大司马门，可知"南"为"北"之误，今正之。

② 第三重宫墙：各本均同。上文言建康宫"周八里，有两重墙"，"三"或为"二"之讹。

③ 汤字道深：《世说·栖逸篇》及注引《晋阳秋》，《御览》卷四二五、八一七"深"皆作"渊"，乃唐人避高祖讳改。

分文，文曰："若取自取，何以相语？"闻者叹服。又有一兽向文张口，文为拔去其鲠骨而去，明旦致一鹿于室前。每有寄宿者，文为之汲水，无倦色。余杭县令顾飏与葛洪造之，飏使致韦袴褶，文不纳。飏使置室中，乃至烂于户内，竟不服用。王导为相，使迎至京师，于西园筑台置之。今废冶城中平墩见在。朝士咸共观之。文颓然箕踞，傍若无人。温峤尝问曰："人皆有六亲相娱，先生弃之何也？"文曰："遭世乱耳。"人问："饥而思食，壮而思室，自然之性，先生独无情乎？"文曰："情由忆生，不忆则无情。"又曰："先生独处穷山，若疾遭命，不为乌鸟食乎？"文曰："埋藏者亦为蝼蚁所食。"① 又曰："猛兽害人，先生独不畏乎？"文曰："人无害兽之心，兽岂有害人之意乎！"又曰："苟时有不宁，身不得安，今将用先生以济时，若何？"文曰："山草之人，安能佐时！"永昌中，大疫，文亦病。王导遗药，文曰："命不在药，夭寿，时也。"居冶城七年，一旦忽求还山，导不听，乃逃归临安。及苏峻作逆，而临安独全，人以为知机。自此不复语，但举手指麾。及病笃，临安令万宠候之，问："先生可得几日？"文三举手，果十五日而终。既葬，于座中有木数片，② 反复书之，上曰《金雄记》，下曰《金雌诗》。诗着地烂，皆毁不识。《金雄》之记，言将来事，多有验也。

夏五月，有星陨于肥乡，数一。麒麟、驺虞见于辽东。

秋七月，石勒死，子弘嗣立。

是岁，作北郊于覆舟山之阳，制度一如南郊。案《地志》：今县八里潮沟后，③ 东近青溪，其西即药圃地。义熙中卢循反，刘裕筑药园垒即此。更西即吴时任子馆也。

九年春正月，陨石于凉州，数二。

二月丁卯，加张骏为大将军。

夏六月，蜀李雄死，其兄子班嗣伪位。乙卯，使持节、侍中、太尉、都督荆江等八州军事、荆江二州刺史、长沙郡公陶侃薨于樊溪。

侃字士衡，④ 本鄱阳人。吴平，徙家庐江之寻阳。少孤贫，为县吏。鄱阳孝廉范逵尝过侃，时仓卒无以待宾，其母乃截发易酒，撤荐饭马。逵重之，言于庐江太守张夔。夔召为督邮，迁主簿。复察孝廉，至洛阳，除郎中。

后会荆州刺史刘弘之官，辟侃，信用，累至江夏太守。时陈敏据扬州，令弟恢率军西上，侃拒之。以运船为战舰，或言不可，侃曰："用官物讨官贼，何为不可！"

---

① 埋藏者亦为蝼蚁所食："者"，各本多有作"耳"，孟校本据宋本、徐钞本、张本改。陆氏旧藏钞本亦作"者"，据改。
② 于座中有木数片："中"，宋本作"下"。
③ 今县八里潮沟后："八里"前缺方位，应是"东北"。
④ 侃字士衡："士衡"，《晋书·陶侃传》作"士行"。

遂破恢等。后以母忧去职。尝有二客来吊，不哭而退，化为双鹤，冲天而去。

及中宗即位江左，加龙骧将军、武昌太守。时益州刺史杜弢举兵反，破荆州，刺史周顗失据。侃率众救之，谓诸将曰："此贼必更步向武昌，吾宜还城，卿等谁能忍饥斗邪？"部将吴寄曰："要欲十日忍饥，昼当击贼，夜分捕鱼，可足以相济。"侃曰："卿健将也。"贼果来攻，侃击破之。遣参军王贡告捷于王敦，① 敦以荆州多难，用王贡说，表侃为荆州刺史，镇沔江。寻为杜曾所破，坐免，以白衣领职。佐史争上疏理之，复官，率周访等进讨杜曾。

初，王贡以矫命恐获罪，遂投杜曾。至是，贼众离阻，贡将出挑战，侃遥谓曰："杜弢为益州吏，盗用库钱，父死不奔丧。卿本佳人，何为随之？天下宁有白头贼乎！"贡初横脚马上，闻侃言，改容下脚，辞色甚顺。侃截发为信，贡遂来降，弢、曾等大败。王敦忌侃功，左转为广州刺史。时温邵作梗岭外，诸将请讨之。侃笑曰："吾威名已著，何事遣兵，但一函纸自足耳。"于是下书谕之。邵惧而走，追获于始兴，以功封柴桑侯。

侃在州无事，辄朝运百甓于斋外，暮运入于斋内。人或问之，答曰："吾方致力中原，过尔优逸，恐不堪事。"及王敦反，诏侃领江州刺史。敦平，进都督荆梁雍益州诸军事、荆州刺史。荆郢士女，莫不相庆。

侃性聪敏，勤于吏职。终日危坐，事有万端，曾不遗漏。远近书疏，皆手自答，笔翰如流，未尝壅滞。引接疏远，门无停宾。尝语人曰："大禹圣者，乃惜寸阴，至于众人，当惜分阴，岂可游逸，生无益于时，死无闻于后，是自弃也。"诸参佐或以谈戏废事者，乃命取其酒器及蒱博之具，悉投之于江中，曰："樗蒲者，牧猪奴戏耳！《老》《庄》浮华，非先王之法言，不可行也。君子当正其衣冠，摄其威仪，何有乱头蓬首，自谓宏达！"有奉馈者，皆问其所由。若力作所致，虽微必嘉，慰赐三倍；若非理者，② 则切厉还馈，辱之。尝出行，见人持一把未熟稻，侃问："用此何为？"人云："道傍所见，聊取之耳。"侃怒曰："汝既不佃，而戏贼人稻！"③ 执而鞭之。百姓于是勤农，家给人足。

暨苏峻作逆，京都不守，平南将军温峤要侃同赴朝廷。侃恨肃宗崩不在顾命

---

① 王贡：《晋书·陶侃传》同。周家禄《晋书校勘记》云："细检《愍帝纪》及《杜弢传》，皆王真，非王贡也。贡、真形近相乱。下文'贡'宜照改作'真'。"周说是。《御览》卷一三七、三七二、七六八引王隐《晋书》俱作"王真"。

② 若非理者："理"，张校本作"礼"，孟校本作"理"，四库本、陆氏旧藏钞本皆作"理"，从之。

③ 而戏贼人稻："贼"，四库本、陆氏旧藏钞本皆作"盗"。

之列，①言形于色，谓峤曰："吾疆场外将，不敢越局。"峤固请之，推为盟主，侃便戎服。既平峻于石头，庾亮用温峤谋，诣侃拜谢。侃遽止之，曰："庾元规乃拜陶士衡耶！"王导入石头城，令取故节，侃笑曰："苏武节似不如是！"导有惭色。以平峻功，进侍中、太尉，改封长沙郡公，加都督交、广、宁七州军事，移镇巴陵。后平襄阳，拜大将军，剑履上殿，入朝不趋，赞拜不名。上表固让。薨，时年七十六，赠大司马。

侃在军四十一年，雄毅明断，自南陵至于白帝数千里，道不拾遗。侃性纤密，颇类赵广汉。在武昌时，课诸营种柳，都尉夏施盗植于己门。侃行，驻车问曰："此武昌官柳，何因在此？"施惶怖谢罪。时殷浩、庾翼等皆为佐吏，武昌号为多士。侃饮酒每有定限，尝会，欢有余而限已竭，浩等劝更少进，终不许。时梅陶与亲人曹识书曰："陶公机神明鉴似魏武，忠慎勤劳似孔明，陆抗诸人不能及。"谢安石每云："陶公用法，恒得法外意。"侃少时渔于雷泽，得一织梭，以挂于壁。有顷雷雨，自化为龙而去。又尝梦身生八翼，飞而上天，见天门九重，已入其八，唯一门不开，阍者以杖击之，折其左翼。及寤，左腋犹痛。又如厕，见一人朱衣介帻，敛板曰："以君长者，故相报。君后当为公，位至八州都督。"及统八州，握强兵，据上流，潜有窥窬之志，每思折翼之祥，自抑而止。

有子十七人，惟洪、瞻、夏、琦、旗、斌、称、范、岱见于史，余不见录。

时大旱，诏太官撤膳，省刑，恤孤寡，贬费节用。

冬十一月，石季龙杀石勒太子弘而自立为天王于邺。

十二月，侍中顾和议奏，旧冕有十二旒，皆用玉珠，今用杂珠等，非礼。若不能用玉，可用白璇。帝纳之。

十年春正月庚午朔，帝加元服，大赦，改元为咸康元年，增文武位一等，大酺三日，赐鳏寡孤独不能自存者米五斛。②甲戌，诏太常改冕旒饰，用玉珠。案《江表记》：自晋中兴东迁，旧章多阙，而冕旒饰以翡翠、珊瑚及杂珠等，至此顾和始奏，帝诏太常改之。

二月甲子，帝亲临释奠。

夏四月，石季龙寇历阳，诏加司徒王导大司马、假黄钺、都督征讨诸军事以御之。癸丑，帝亲观兵于广阳门，令诸将分戍。案《晋书·成帝纪》：观兵于广莫门。

---

① 不在顾命之列："列"，宋本、甘钞本、张本、陆氏旧藏钞本均作"例"，徐钞本作"内"。

② 赐鳏寡孤独不能自存者米五斛：《晋书·成帝纪》"米五斛"前有"人"字。

案《宫苑记》：晋时未有广莫门。据此，成帝观兵是广阳门，本史误耳。至宋永初中，始改宫城北平昌门为广莫门。广阳门，在今县城东一里半，都城南面西门也。其时石季龙既寇历阳，兵亦不历北门出也。

秋七月，白虹贯日。

八月乙丑，荆州长沙、武陵、龙阳等三县大水，漂屋室，杀人，损秋稼。时帝幼冲，权在下之罚也。

十月乙未朔，日有食之。

是岁，大旱，会稽余姚尤甚，米一斗五百价，人相卖。

二年春正月，彗星见于奎。

二月，算军用税米，①空悬五十余万硕。尚书谢褒已下免宫。辛亥，立皇后杜氏，大赦，增文武位一等。

三月，散骑常侍干宝卒。

宝字令升，新蔡人，少勤学。中宗即位，以领国史，累迁散骑常侍。修《晋纪》，上自宣帝迄于建兴，凡五十三年，成二十卷。辞简理要，直而能婉，世称良史。

初，父亡，有所幸婢，母忌之，乃殉葬。后十余年，母丧，开冢合葬，殉婢仍活，取嫁之。因问幽冥，考校吉凶，悉验。遂著《搜神记》三十卷。将示刘惔，惔曰："卿可谓鬼之董狐也。"案《三十国春秋》：是年，天台令苏韶卒。卒后，韶从弟节见韶乘马昼日而行，着黑介帻，黄彩单衣。节问曰："兄何由来？"韶曰："欲改葬。"节因问幽冥之事，韶曰："死者为鬼，俱行天地之中，在人间而不与生者接，颜回、卜商今见为修文郎。死之与生，略无有异，死虚生实，此有异尔。"节："死者何故不复归其尸乎？"对曰："譬若断兄一臂以投地，就剥削之，于兄有患否？死者尸骸亦如此也。"节曰："厚葬爽垲，死者乐乎？"韶曰："何乐之有？"节曰："若然，兄何故改葬？"韶曰："述生时事耳。"言终而不见。

夏四月，皇后见于太庙。

秋七月，诏宾礼三恪，立周、汉之后。

冬十月，更作朱雀门，新立朱雀浮航。航在县城东南四里，对朱雀门，南度淮水，亦名朱雀桥。②案《地志》：本吴南津大吴桥也。③王敦作乱，温峤烧绝之，遂权以浮航往来。

---

① 算军用税米：《晋书·成帝纪》同，《食货志》"军用"作"度用"。
② 航在县城东南四里至朱雀桥：此句当为夹注。
③ 本吴南津大吴桥也："南津大吴桥"之"吴"疑是衍字。

至是，始议用杜预河桥法作之。长九十步，广六丈，冬夏随水高下也。

是岁，徐州刺史刁彝上书讼父协功德，朝廷议，诏赠本官，祭以太牢。

协字玄亮，渤海饶安人也。少好经籍，博闻强记，释褐濮阳王文学。永嘉初，累迁河南尹，未拜，避难渡江。元帝镇江左，用为镇东将军军谘祭酒。中兴初，拜尚书左仆射。于时朝廷草创，宪章未立，以协久在中朝，谙练旧事，凡所制度仪注，皆禀于协焉。太兴初，进位尚书令。

协为人性刚悍，与物多忤，每崇上抑下，故为王氏所疾。又好使酒放肆，侵毁公卿，见者莫不侧目。然悉力尽心，志在匡救，元帝甚信任之。以奴为兵，取将吏客使转运，皆协所建，众庶怨望。

及王敦构逆，上表罪协。帝使督六军，出拒王敦。王师败绩。协与刘隗俱见帝于太极东除，帝执协、隗手，流涕呜咽，劝令避祸。乃给协等人马，使自为计。协年老，不堪乘骑，又素无恩于下，从者皆委之。行至江乘县东，为人所杀，送首于王敦。中宗痛之，密捕送首者诛之。敦平后，以协出奔，不在赠例，而贬本官。至是，子彝上疏讼之。执事庾冰下议，追赠本官。

三年春正月辛卯，诏立太学于淮水南。在今县城东南七里，丹杨城东南，今地犹名故学。①

夏六月，旱，地生毛。

冬十月丁卯，慕容皝自立为燕王。

四年夏四月，蜀将李寿杀李期，僭即伪位，国号汉。

六月，改司徒为丞相，以太傅王导领之。

秋八月丙午，分宁州置安州。②

五年秋七月，使持节、侍中、丞相、领扬州刺史、始兴公王导薨。

导字茂弘，琅琊临沂人。祖览，父裁。导少有风鉴，识量清远。陈留高士张公见而奇之，谓其从兄敦曰："此儿容貌志气，将相才也。"幼与元帝尤善。在洛阳，常劝帝归藩。见天下将乱，遂推心奉戴，有兴复之志。及徙镇建业，吴人不附，居月余，士庶莫有至者，导患之。会敦来朝，导谓敦曰："琅琊王仁德虽厚，而名论犹轻。兄威风已振，宜有以匡济者。"会三月上巳，帝亲观禊，乘肩舆，具威仪，敦、导及诸名贤皆骑从之。吴人纪瞻、顾荣、贺循，皆江南之望，窃觇之，

---

① 在今县城东南七里至今地犹名故学：此句当为夹注。
② 秋八月丙午分宁州置安州：八月己酉朔，无丙午日。

见其如此，咸惊惧，乃相率拜于道左。导因进计，帝乃使导躬造循、荣等，由是吴会风靡，百姓归心。自此之后，渐相崇奉，君臣之礼始定。

导为政务在清净，匡主宁邦，尤见委托，情好日隆，朝野倾心，号为"仲父"。帝尝从容谓导曰："卿，吾之萧何也。"初，桓彝过江，见朝廷微弱，谓周𫖮曰："我以中州多故，来此欲求全活，而衰弱如此，将何以济！"忧惧不乐。往见导，极谈世事，退谓𫖮曰："向见管夷吾，无复忧矣！"时渡江人士，每至暇日，相要出新亭欢宴。周𫖮中坐而叹江山之异，相对而泣。导愀然变色曰："当共戮力王室，克复神州，何至作楚囚而相对泣耶！"众收泪谢之。

及中宗即晋王位，累迁都督中外诸军事、领中书监、录尚书事。帝登尊位，进侍中、司空。寻代贺循领太子太傅。时中兴草创，未置史官，因祖约举王隐，导始启立，典籍颇具。时议欲立石阙于宫门，未定，后导随驾出宣阳门，乃遥指牛头峰为天阙，中宗从之。案《地记》：至今此山名天阙山。自朱雀南出，沿御道四十里到此山。天宝初改名为仙窟山。山南有芙蓉峰，峰北有大石如卧鼓，其山中空，可坐数十人，其高九尺，上下有小石子，吴之时人呼为"石鼓"。其山西峰中石窟，不测深浅，古老相传云辟支佛出所。梁武帝于窟穴下置寺，名曰仙窟寺。有一石钵盂，莫知所由来，形状甚古。唐神龙初，郑克俊取将入长安，及开善寺志公屦也。①及刘隗用事，导渐见疏远。

肃宗即位，平王敦后，进封始兴郡公，位太保，司徒如故，剑履上殿，入朝不趋，赞拜不名，受顾托之重。帝即位，给班剑、鼓吹、羽葆盖。及石勒侵阜陵，又石季龙掠骑至历阳，俱加大司马、假黄钺出讨之。贼退，解大司马，转中外大都督，位太傅，又拜丞相，依汉制罢司徒官以并之。

导善于因事，虽无日用之益，而岁计有余。时帑藏空竭，库中惟有练数千匹，卖之不售，而国用不足。导患之，与朝贤俱制练布单衣，于是士庶翕然竞服之，练遂踊贵，端至一金。

帝既幼冲，见导，每拜。又尝与导书，手诏则云"惶恐言"，中书作诏则曰"敬问"。

导妻曹氏，性妒，导令别修馆以安众妾，曹氏知，将往焉。导恐妾被辱，遽令命驾，将恐迟之，②以所执麈尾柄驱牛而进。司徒蔡谟闻之，戏导曰："朝廷欲

---

① 及开善寺志公屦也："及"，张校本据宋本、四库本、张本、甘钞本改为"反"，孟校本不改，出校。然语意不明，疑为"即"之讹。

② 将恐迟之："将"，张校本据宋本、周钞本及《晋书·王导传》《世说·轻诋篇》注引《妒记》改为"犹"。

加公九锡。"导不之觉,但谦退而已。谟曰:"不闻余物,惟有短辕犊车,长柄尘尾。"导大怒。

及庾亮出镇于外,以帝舅故,执朝权,而趋向者多归之。导不能平,尝遇西风尘起,辄举扇自蔽,徐曰:"元规尘污人。"

自汉魏已来,群臣不出拜山陵。导以元帝眷同布衣,每一崇进,皆就拜,不胜悲涕。由是诏百官拜陵,自导始也。薨,时年六十四。子悦嗣。案《晋书》:导有六子,悦、恬、①洽、协、劭、荟。悦位中书侍郎,性俭素。帐下有甘果烂败,导令弃之,谓婢曰:"无使大郎知也。"悦尝与导弈棋,争道,导笑曰:"相与有瓜葛,那得为尔耶!"初,王敦构逆,导忧覆族,使郭璞筮之,曰:"吉,无不利。淮水绝,王氏灭。"后子孙繁衍,竟如璞言。淮,即秦淮也。

八月壬午,复改丞相为司徒,司空庾亮领之。辛酉,以护军将军何充录尚书事。②辛酉,③侍中、太尉、南昌公郗鉴薨。

鉴字道徽,高平金乡人,汉御史大夫虑之玄孙。鉴少孤贫,博览经籍,躬耕垄亩,吟咏不倦,以儒雅著名。惠帝累拜中书侍郎。以世乱辞乡里,将亲属避难于鲁之峄山。中宗镇江左,承制假龙骧将军、兖州刺史,镇邹山。

太宁初,王敦专制,内外危逼,谋仗鉴为外援,拜安西将军、都督扬州江西诸军事、假节,镇合肥。王敦忌之,表为尚书令。及敦使钱凤、王含入逼京都,众议以苑城小,不固,劝大驾自出距战,鉴不许。敦平后,奏免钱凤母年八十不坐。帝即位,与王导等同受顾命,挟辅少主。

咸和初,领徐州刺史。苏峻反,进位司空,与郭默还丹徒,立大业、曲阿、庱亭三垒,拒贼东入之兵。峻平,迁太尉,将拜,谓所亲曰:"平生意不及此,值世纷纭,遂至今日。"寻以疾上疏逊位。薨,时年七十一。子愔、昙。案《晋书》:初,鉴属永嘉丧乱,在乡里,甚穷馁,乡人以鉴名德,共饴之。时兄子迈、外孙周翼并小,常携之就食。乡人曰:"各自饥困,以君贤,欲共相济耳,恐不能兼有所存。"鉴已后独往食,食讫,以饭着两颊边,还吐与二儿,后并获存。鉴之薨也,翼时为剡县令。翼追抚养之恩,

---

① 恬:原误作"怡",张校本据《晋书·王导传》《世说·德行篇》注引《文字志》《惑溺篇》注引《语林》改。

② 辛酉以护军将军何充录尚书事:八月癸酉朔,无辛酉日。《晋书·成帝纪》及《通鉴》卷九六皆系此事于七月。

③ 辛酉:《晋书·成帝纪》、《通鉴》卷九六同,然八月癸酉朔,无辛酉日。徐钞本作"辛卯",为八月十九日。

乃弃官归，席苫心丧三年也。

是时，始用砖垒宫城，而创构楼观。

六年春正月庚戌，以庾翼为安西将军、都督江荆司雍梁益六州诸军事、荆州刺史。将发，献玉柄毛扇。帝疑其故物，侍中刘劭进曰："柏梁云构，匠石先居其下；管弦繁奏，钟夔先听其音。稚恭之进扇，以好不以新。"帝大悦。

二月，燕王慕容皝大破石季龙将石成于辽西，献捷于京师。

秋七月乙卯，初依中兴故事，朔望听政于东堂。是月，征西将军、都督江荆豫益梁雍六州诸军事、司徒、永昌公庾亮薨。①

亮字元规，明穆皇后兄。父琛，字子美，以建威将军过江，为会稽太守，卒于丞相军谘祭酒。亮美姿容，善谈论，性好《庄》《老》，风格峻整，动由礼节，闺门之内，不肃而成，时人或以为夏侯太初、陈长文之伦也。年十六，东海王越辟为掾，不就，随父在会稽，嶷然自守。时人皆惮其方严，莫敢造之。

元帝镇江左，闻其名，辟为西曹掾。及引见，风情都雅，过于所望，甚器重之，由是聘其妹为皇太子妃。中兴初，拜中书郎，领著作，侍讲东宫。累迁给事中、黄门侍郎、散骑常侍。时王敦在芜湖，帝使亮诣敦筹事。敦与亮谈论，不觉改席而前，退而叹曰："庾元规贤于裴頠远矣！"

肃宗即位，进中书监。亮上疏让曰："臣凡庸固陋，偷荣昧进。臣领中书，则示天下以私矣。悠悠六合，皆私其姻，人皆有私，则天下无公矣。是以前后二汉，咸以抑后党安，进婚族危。向使西京七族、东京六姓皆非姻族，各以平进，纵不悉全，决不尽败。今之尽败，更犹姻昵。臣历观外戚，或居权宠，四海侧目，事有不允，罪不容诛。身既招殃，国为之弊。其故何耶？犹姻媾之私，群情之所不能免，是以疏附则信，姻进则疑。疑积于百姓之心，则祸成于重闺之内矣。此皆往代成鉴，可为寒心。夫万物之所不通，圣贤因而不夺。冒亲以求一寸之用，未若防嫌以明至公。今恭命则愈，违命则苦，臣虽不达，幸察愚心。"帝纳其言而止。

时王敦有异心，亮忧惧，以疾去官。寻代王导为中书监。敦平后，与王导受遗诏辅幼主。后进中书令。太后临朝，政事一决于亮。时陶侃、祖约以不在先帝遗诏内，疑亮删除，并有怨言。亮惧乱，出温峤为江州刺史，仍修石头以备之。

---

① 是月至庾亮薨：各本并同。《晋书·成帝纪》、《通鉴》卷九六皆云庾亮卒于咸康六年正月庚子，事在其弟庾翼为安西将军、都督江荆等六州诸军事之前。故"是月"当"正月"之误，庾亮薨事应系于是年春正月庚戌前。

会南顿王宗谋废执政，亮杀宗而废宗兄羕。宗，帝室近属，羕，国族元老，又先帝保傅，天下咸以亮剪削宗室。

琅琊人卞咸，宗之党也，与宗俱诛。咸兄阐亡奔苏峻，亮符峻送阐，而峻保匿之。峻多纳亡命，专用威刑，亮知峻必乱，征为大司农。举朝谓之不可，亮不从。及峻举兵反，至于京都，亮携其三弟怿、条、翼等南奔温峤，与峤共推陶侃为盟主。侃素有憾于亮，下至寻阳，议者咸谓侃欲诛执政以谢天下。亮甚惧，及见侃，引咎自责，风止可观。侃不觉释然，乃谓亮曰："君侯修石头以拟老子，今日反见求耶！"便谈宴终日。亮啖薤，因留白，侃问曰："安用此为？"亮云："故可以种。"侃尤相称叹，曰："非惟风流，兼有为政之实。"及至石头，又为峻将张曜所败。亮送节传以谢侃，侃答曰："古人三败，君侯始二。当今事急，不宜数尔。"

峻平后，亮进见帝，泥首谢罪，乞骸骨逃窜山海。帝劳之曰："此社稷之难，非舅之责也。"亮乃求出外镇自效，假节、豫州刺史，领宣城内史，镇芜湖。陶侃薨后，拜都督江、荆、豫、益、梁、雍六州诸军事，领江、荆、豫三州刺史，迁镇武昌。

时王导辅政，会石勒新死，亮有开复中原之谋，乃以毛宝为豫州刺史，与西阳太守樊峻俱戍邾城。①又使陶称为南中郎将，入沔中，弟翼为南蛮校尉，镇江陵，以陈嚣为辅国将军，趣子午。亮率大众自进石城，为诸军声援。乃上疏，朝廷议之。会寇陷邾城，毛宝等赴水死。亮以处置失度，陈谢自贬，诏不许。进拜司空，固让不拜。及导薨，征为司徒。薨，时年五十二。将葬，何充会之，叹曰："理玉树于土中，使人情何能已。"三子：彬、羲、龢。案《晋书》：初，亮所乘马有的颅，殷浩以为不利于主，劝亮卖之。亮曰："岂有己之不安而移之于人！"浩惭而止。

冬十月，林邑献驯象。

十一月，复琅琊，比汉丰、沛。

七年春二月甲子朔，日有食之。己卯，慕容皝遣使求假燕王章玺，许之。

三月戊戌，皇后杜氏崩。

夏四月丁巳，②葬恭皇后于兴平陵。

---

① 樊峻：《晋书·庾亮传》《毛宝传》及《通鉴》卷九六同。《晋书·成帝纪》《水经注》并作"樊俊"。

② 夏四月丁巳：四月癸亥朔，无丁巳日。《晋书·成帝纪》及《通鉴》卷九六皆作"丁卯"，为四月初五日。张校本改作"丁卯"。

后讳陵阳，①京兆人也。镇南将军预之曾孙。祖锡，父乂。母裴氏，名穆，太傅主簿遐女。孝武帝立，封裴氏为广德君。初，穆渡江，立第于南掖门外，时以裴氏寿考，故呼为杜姥宅。在今县东北三里，东宫城南路西。②后少有姿色，及长，犹无齿，帝将纳采之日，夜齿生。在位七年，年二十一崩，无子。先是，三吴女子相与簪白花，望之如素柰，传言天公织女死，为之着服，至是后崩。案《外戚传》：乂字弘理，③性纯和，美姿容，有盛名于江左。王羲之目之曰："肤若凝脂，眼如点漆，此神仙人也。"桓彝亦曰："卫玠神清，杜乂形清。"袭封当阳侯，辟公府掾，为丹杨丞。卒，咸康初追赠金紫光禄大夫。司徒蔡谟尝言于朝曰："恨诸君不见杜弘理也。"

是月，诏实编户，王公已下皆正土断白籍。分江乘县西界置临沂县，属瑯琊郡。案，临沂县废城，在东江独石山，西临大江，在今县北四十里也。

秋八月，引见群臣，射宴于延贤堂。

九月，罢太仆官。

冬十二月，除乐府杂伎。罢安州。癸酉，侍中、司空、兴平伯陆玩薨。

玩字士瑶，吴郡吴人也。父英，兄晔。晔与玩少有雅望，从兄机每称之，曰："我家世不乏公矣！"④晔位尚书。玩器量淹雅，元帝引为丞相参军。时王导初过江左，思结人情，求婚于玩。玩对曰："培塿无松柏，薰莸不同器。玩虽不才，义不能为乱伦之始。"导乃止。玩尝诣导，食酪，因而得疾。与导笺曰："仆虽吴人，几为伧鬼。"其轻易权贵如此。

明帝即位，累迁，进位侍中，以疾辞。后进吏部尚书，又让不拜，转尚书左仆射。苏峻反，玩潜说匡术以苑城归顺。贼平，以功封兴平伯，除尚书令。玩自辞让，诏优答不许。寻而王导、郗鉴、庾亮相继而薨，朝野咸以为三良既没，邦国殄瘁。以玩有德望，乃迁侍中、司空。玩既不得已受拜，退谓宾客曰："国家以我为三公，是天下无人也。"谈者以为知言。玩友人诣玩，索杯酒，泻置梁柱间，咒曰："当

---

① 后讳陵阳：各本均同，《晋书·后妃传》亦同。钱大昕《廿二史考异》卷二一曰："按《宋书·州郡志》，杜皇后讳陵，此衍一'阳'字也。咸康四年，以后讳改宣城陵阳县为广阳，可证后名无'阳'字。"中华书局点校本《晋书》卷三二校勘记云'阳'系衍字。
② 在今县东北三里东宫城南路西：此句应为夹注。
③ 弘理：《世说·赏誉篇》及注引《晋阳秋》、《品藻篇》及注引《卫玠别传》、《容止篇》及注引《江左名士传》、《三国志·杜畿传》注引《晋诸公赞》皆云"弘治"，盖唐人避高宗讳改。
④ 晔与玩少有雅望至我家世不乏公矣：《晋书·陆晔传》称晔："少有雅望，从兄机每称之曰：'我家世不乏公矣。'"

今乏材，以尔为柱石，莫倾人梁栋耶！"玩笑曰："戡卿良箴。"①

玩虽登公辅，谦让不辟掾属。成帝劝之，玩不得已，而所辟皆寒素有行之士。性通雅，不以名位格物，诱纳后进，谦若布衣，搢绅之徒，皆荫其德。后疾笃，上表乞骸骨，薨，时年六十四。诏给兵千人，守冢七十家。子始嗣。案《晋书》：玩次子纳，字祖言，累迁，位至尚书令。见会稽道子少年专政，②委任群小，乃望宫门而叹曰："好家居，纤儿欲撞坏之邪！"朝士咸服其忠纯如是也。

是月，东阳太守张虞表称郡民许孜纯孝，诏旌表门闾，蠲复其子孙。

孜字季义，东阳吴宁人。遭父母丧，建墓于县之东山，庐于墓，自负土成坟。乡人或愍孜羸惫，助其负土，昼则不逆，夜并除之。遣妻还本家，一身自处，鸟兽游之。时有鹿犯其松柏，孜悲叹曰："鹿独不念我乎！"明日，虎杀其鹿于松所，孜见鹿死，倍复惆怅，取而埋之。虎复出于孜前，自扑而死。孜益叹息之，又埋其虎。自后无犯纤介，白鹿、野雉尝就驯宿。年八十余卒，邑人号所居为孝顺里。

八年春正月己未朔，日有食之。乙丑，大赦天下。

二月，豫州刺史庾怿送酒与江州刺史王允之，允之疑其有毒，与犬，犬毙。允之惧，表帝。帝怒曰："大舅已乱天下，小舅复欲尔邪！"怿闻，服药而死。

三月，以武悼杨皇后配飨武帝庙廷。

五月，有马色赤如血，入于殿前，盘旋走出，莫知其处。

六月庚寅，帝不豫，诏以琅琊王岳为嗣，曰："琅琊王岳，亲则母弟，体则仁长，君人之风，允塞时望。肆尔王公卿士，其辅之，以祗奉祖宗明祀。"壬辰，引武陵王晞、会稽王昱、中书监庾冰、中书令何充并受遗顾命。癸巳，帝崩于西堂。

秋十月丙辰，葬兴平陵，在县北七里鸡笼山阳，与元帝同处。案，帝年五岁即位，立十八年，年二十二，谥曰成皇帝，庙号显宗。

帝少聪敏，有成人之量。初，南顿王宗之诛也，帝不时知，及苏峻平后，问庾亮曰："白头翁何在？"亮曰："谋反伏诛。"帝泣谓亮曰："舅言人作贼，便杀之，人言舅作贼，复若何？"亮惧，变色。然少为舅氏所制，不亲庶政，及长，颇留心于万机，务在简约。尝欲于后园作射堂，计用四十金，以为劳费，乃止。雄武之度，虽愧于前王；③恭俭之德，足追踪于往烈矣。

---

① 戡卿良箴：《晋书·陆玩传》同。《通志》卷一二八、《册府》卷八七六"戡"作"感"。

② 见会稽道子少年专政：各本均同。《晋书·陆纳传》作"见会稽王道子少年专政"，《实录》脱"王"字，张校本据补。

③ 虽愧于前王：《晋书·成帝纪》作"虽有愧于前王"。

建康实录卷第八

康皇帝①

康皇帝讳岳，字世同，成帝母弟也。咸和元年封为王，二年徙封琅琊王。咸康五年领司徒。八年夏六月庚寅，显宗不豫，时庾冰以舅氏当朝，权侔人主，虑易世之后，戚属疏远，将为他人所制。乃谋说显宗曰："国有强敌，宜立长君。"显宗信而从之，遗诏以琅琊王为嗣。

甲午，即皇帝位，大赦，诸屯戍文武及二千石官长，②皆不得辄离所局而来奔赴。己亥，封成帝子丕为琅琊王，奕为东海王。时帝在谅阴，委政中书监庾冰等。

秋七月，葬成帝于兴平陵。帝亲奠于西阶，既发引，徒行至阊阖门，升素舆，至陵所。

九月，诏琅琊国及府吏进位各有差。

冬十二月壬子，立皇后褚氏，增文武位二等。

建元元年春正月，大赦，改元，振恤鳏寡孤独不能自存者。

夏五月，旱。

---

① 康皇帝：其下原有"岳，明帝次子。孝宗穆皇帝，康帝长子。哀皇帝丕，成帝长子。废皇帝奕，成帝次子。太宗简文皇帝，元帝幼子"四十二字，孟校本因之，张校本据四库本删，从之。

② 诸屯戍文武及二千石官长："诸"，各本多作"诏"，张校本因之，孟校本据宋本、徐钞本及《晋书·康帝纪》改作"诸"，陆氏旧藏钞本亦作"诸"，从改。

六月壬午，束帛征处士南阳翟汤、①会稽虞喜。

秋七月，慕容皝大破石季龙，石季龙将戴开率众来降。诏曰："慕容皝摧殄羯寇，斩获八千余人，②将是其天亡之始也。中原之事，宜加筹量。"以安西将军庾翼为征讨大都督，迁镇襄阳，以辅国将军、琅琊内史桓温为前锋，假节，率众入临淮。

八月，蜀李寿死，子势嗣伪位。

冬十月辛巳，以骠骑将军何充为中书监、都督扬豫二州诸军事、③扬州刺史、录尚书，辅政。

十一月己巳，大赦天下。高句丽遣使朝献。④

二年秋八月，罢绝倒悬樘之伎。

九月丙申，立皇子聃为皇太子。戊戌，帝崩于式乾殿。

冬十月乙丑，葬崇平陵。在今县城东北十五里钟山之阳，不起坟。⑤案，帝年二十一即位，立三年，年二十三，谥曰康皇帝。

初，庾冰权政当朝，制度年号，再兴中朝，因改元曰建元。或谓冰曰："郭璞谶云：'立始之际丘山倾。'立者，建也；始者，元也；丘山，讳也。君侯忘郭生之言邪！"冰瞿然，既而叹曰："如有吉凶，岂改易所能救乎！"至是果验。

案《寺记》：帝时置两寺：褚皇后立延兴寺，在今县东南二里，运沟西岸；中书令何充立建福寺，今废也。⑥

孝宗穆皇帝

穆宗讳聃，字彭子，康帝长子。建元二年九月丙申，立为皇太子，时年二岁。己亥，即皇帝位，大赦，尊皇后褚氏为皇太后，临朝摄政。

---

① 南阳翟汤：各本均同，《世说·栖逸篇》注引《晋阳秋》、《尤悔篇》注引《寻阳记》亦同。本书卷七及《晋书·成帝纪》、《隐逸·翟汤传》、《御览》卷五〇二引《晋中兴书》、《册府》卷九八"南阳"并作"寻阳"。中华书局点校本《晋书》卷七据改为"寻阳"。余嘉锡《世说新语笺疏》云："汤为方进之后，则其先本南阳翟氏，过江后侨居寻阳。"

② 斩获八千余人："八千"，宋本、周钞本及《晋书·康帝纪》作"八万余人"，陆氏旧藏钞本作"八十余人"。

③ 以骠骑将军何充为中书监都督扬豫二州诸军事：《晋书·康帝纪》同。周家禄《晋书校勘记》云："按《传》，充为中书监在穆帝初康献皇后临朝之时，都督有徐州之琅琊。"

④ 高句丽遣使朝献：《晋书·康帝纪》系于是年十二月。

⑤ 在今县城东北至不起坟：此句应为夹注。

⑥ 案寺记至今废也：郦承铨《建康实录校记》云："此两行当是注文。"今四库本亦作夹注。

冬十一月庚辰，车骑将军庾冰卒。

冰字季坚。时兄亮以名德流训，冰与诸弟动必合礼，为世所重。亮尝目冰为庾氏之宝。起家，累迁吴国内史。与王舒击破苏峻将张健。峻平后，以功封侯，不受。累迁中书监、都督扬豫兖三州诸军事。

时王导新薨，人情怅然。①冰兄亮既固辞不入，而冰乃当重任，经纶时务，不舍夙夜，宾礼朝贤，升擢后进，由是朝野注心，咸称贤相。初，导辅政，每从宽惠，而冰颇任威刑。殷融谏之，冰曰："前相之贤，犹不堪其弘，况吾者哉！"范汪谓冰曰："顷天文错度，足下宜尽消御之道。"冰曰："玄象岂吾所测，正当勤尽人事尔。"

及显宗疾笃，时有妄为尚书符，敕宫门宰相不得前，左右皆失色。冰神气自若，曰："必是虚妄。"推问，果诈，众心乃定。康帝即位，进车骑将军。冰惧权盛，乃求外出。会弟翼将伐石季龙，遂出都督江荆宁益梁交广七州诸军事、领江州刺史，镇武昌。帝即位，献后临朝，乃征冰辅政。冰辞以疾笃，寻卒于镇。冰天性清慎，及卒，无绢为衾，又室无媵妾。有七子，后以罪并为桓温所诛。

初，冰令郭璞筮，卦成，曰："子孙必有大祸，唯用三阳可以有后。"故以长子希镇山阳，第三子友为东阳，遂挈家于暨阳。及后坐诛族，唯友获全。

永和元年春正月甲戌朔，皇太后设白纱帷于太极殿，②抱帝临轩听政，大赦，改元。

夏四月壬戌，诏会稽王昱录尚书六条事。是月，石季龙将路永屯于寿阳。

秋七月，方士戴洋卒。

洋字国流，吴兴长城人也。年十二，遇病死。五日而苏，言死时天使其为酒藏吏，授符录，给吏从幡麾，将往蓬莱、昆仑、积石、大室等诸山，③既而遣归。及长，善风角，好道术，妙解占候。吴末为台吏，时童谣歌曰："猗童蒋山流渡江。"④

---

① 人情怅然："怅"，孟校本据徐钞本、《晋书·穆帝纪》改作"恇"。
② 正月甲戌朔至太极殿：《通鉴》卷九七同，然甲戌非朔日。《御览》卷二九引《晋起居注》云："正月辛未朔，雨，不会。甲戌，皇太后登太极前殿。"据此，甲戌为正月初四日。
③ 五日而苏言死时天使其为酒藏吏至大室等诸山：《御览》卷二九引《建康实录》云："五日而苏，言执麾将士将往蓬莱、昆仑、积石、大室、恒、庐、衡等诸山。"两者文字略异。
④ 时童谣歌曰猗童蒋山流渡江：吴金华《〈建康实录〉十二题》云："猗童"同"阿童"，西晋平吴大将王濬小字，《晋书·五行志中》孙皓天纪童谣曰："阿童复阿童，衔刀浮渡江。不畏岸上兽，但畏水中龙。"此处"猗童蒋山流渡江"，"流"或为"浮"之误，整句当是"猗童复猗童，蒋山浮渡江"的节缩语。称乘船过江为"浮渡江"，是六朝口语，如晋太安中童谣曰："五马浮渡江，一马化为龙。"

洋知吴必亡，遂托病还乡里。怀帝末，堂邑令孙混欲迎家累，洋曰："此地当败，得腊不得正，岂可移家于贼中乎！"混便止。岁末，陈敏作逆，使弟昶攻破堂邑。都水马武见洋有道术，召将赴洛，洋梦神人曰："洛中当败，人尽南渡，扬州后五年当有天子。"洋信之，遂不去。

时王敦出镇荆州，洋谓吴兴陈瑾曰："王敦南上，半路而住，当还作贼。"及敦在武昌，后南方有云，如牛北向，洋语华谭曰："此王敦举兵之应也。"

初，祖约镇谯，请洋为中典军。约府内地忽赤如丹，洋曰："地赤如丹血丸丸，当有下反上者。"约问洋曰："吾还东何如留寿阳？留寿阳何如入胡？"洋曰："东入失半，入胡灭门，留寿阳尚可。"寻而牵腾率叛约，①约率众将家属奔于石勒，勒果尽诛约。

后庾亮代陶侃镇武昌，引洋问气候。洋曰："天有白气，丧必东行。"后近城东家夜半望见城内有数炬火，从城上出，如大车状，白布幔覆，与火俱出城，东北行，至江乃灭。洋闻叹曰："此与前白气同。"时亮欲移镇石城，或问洋当不，洋曰："不当。"洋言于亮曰："武昌土地有山无林，政可图始，不可居终。山作八字，数不及九。昔吴用壬寅来上，创立宫城，至于己酉，还下秣陵。其见陶公，亦涉八年。土地盛衰有数，人心去就有期，不可移也。公宜更择吉处，武昌不可久住。"五年，亮令毛宝屯邾城。九月，洋言于亮曰："毛豫州合今年受死问。昨朝大雾晏风，当有怨贼报仇。"后贼果陷邾城而去。亮曰："天何以利胡而病我也？"洋言："今石季龙亦当受死，且不忧贼，但忧公病耳。"亮曰："如何？"洋曰："荆州受兵，江州受灾，公若去此二州，即可。"亮竟不能解二州，遂至大困。洋："昔苏峻时，公于白石祠中祈福，许赛其牛，至今未解，故为此鬼所考。"亮曰："有之，君神人也。"或问曰："庾公可得几时？"洋曰："见明年。"时亮已不识人，咸以为妄，果经正月一日而薨。

庚午，使持节、都督江荆司梁雍益宁七州诸军事、江州刺史、征西将军、都亭侯庾翼卒。

翼字稚恭，司徒亮之少弟。风仪整俊，当世莫俦。善草隶书，子弟皆效之。后王羲之书盛，内外官重，翼甚不平。在荆州寄书于家曰："儿子辈憎家鸡，好野雉。"常见殷浩、杜乂，曰："此辈宜束之高阁，俟天下太平，然后议用所任耳。"

九月丙申，皇太后诏曰："今百姓劳弊，其共思详所以赈恤之。"

---

① 寻而牵腾率叛约：孟校本据徐钞本、《晋书·戴洋传》删"率"字。

是岁，镇东将军、会稽内史孔愉卒。①

愉字敬康，会稽山阴人也。其先世居梁国。曾祖潜，汉末避地会稽，因家焉。愉年十三而孤，养祖母以孝闻，与同郡张茂字伟康、丁潭字世康齐名，时人号"会稽三康"。

吴平，愉迁于洛。惠帝末，归乡里，行至江淮间，遇石冰、封云为乱，逼为参军，不从。径东还，入新安山中，改姓孙氏，以稼穑读书为务，信著乡里。后忽舍去，皆谓为神人，而为之立祠。永嘉末，中宗辟为参军，寻求去，莫知所在。建兴初，始出应召，为丞相掾，以讨华轶功，封余不亭侯。愉曾行经余不亭，见笼龟于路者，买而放之溪，龟中流左顾者数四。及是，铸侯印而左顾，三铸如初。印工以告愉，愉悟，乃佩焉。

建武拜中书郎，出为司徒左长史。肃宗即位，累进位侍中、太常卿。及苏峻反，愉朝服守宗庙。贼平，迁左仆射。后王导将以赵胤为护军，愉谓导曰："中兴已来，处此官者周伯仁、应思远耳。今诚乏才，岂宜以赵胤居之邪！"导不从。寻省左右仆射，以愉为尚书仆射。愉年及悬车，累乞骸骨，诏不许。拜护军将军、会稽内史。时句章县有汉旧陂，毁废数百年。愉自巡行，修复故堰，溉田二百余顷，皆成良业。在郡三年，乃营山阴湖南侯山下数亩地为宅，草堂数间，便弃官居之。送资数百万，悉无所受。病笃，遗令敛以时服。卒，时年七十五。子誾嗣，位侍中。案《晋书》：愉有三子，②中子汪，孝武时位侍中。少子安国，孝武时亦至侍中。帝崩，服缞绖涕泗，因形体羸瘦，见者以为真孝。官至尚书右仆射。愉弟群，字敬林，嗜酒，王导谓曰："卿恒饮酒，岂不见酒家覆巾乎？日月久即糜烂。"群答曰："公不见肉用糟淹更坚。"尝与亲故书曰："今年田得七百石秫米，不足了麴糵事。"位至侍中，卒。

二年春正月丙寅，大赦。己卯，使持节、侍中、都督扬州诸军事、扬州刺史、录尚书事、都乡侯何充卒。

充字次道，庐江灊人，吴光禄大夫祯之曾孙。③幼而好学，风韵闲雅，④以文

---

① 是岁镇东将军会稽内史孔愉卒：《晋书·孔愉传》云愉卒于成帝咸康八年。
② 愉有三子：《世说·德行篇》注引《续晋阳秋》曰："孔安国，车骑孔愉第六子也。"吴士鉴《晋书斠注》云："案本传言愉有三子，盖但举其最著者。"
③ 吴光禄大夫祯之曾孙："祯"，《三国志·管宁传》及注引《文士传》、《吴书·孙皓传》注引《吴录》及《晋书·武帝纪》《文帝纪》皆作"桢"。又《文士传》云桢仕魏晋，"历幽州刺史、廷尉，入晋为尚书光禄大夫"，则其未尝仕吴也。《实录》云"吴光禄大夫"误，《晋书·何充传》云"魏光禄大夫"亦误。
④ 风韵闲雅："闲"，宋本、徐钞本、张本并作"淹"。陆氏旧藏钞本亦作"淹"。张校本、孟校本均依底本作"闲"。

义见称。初辟大将军王敦府掾。时敦兄含为庐江太守，贪污，敦尝于座中称曰："家兄在郡佳政，庐江人士咸称之。"充正色曰："充即庐江人，所闻异于此。"敦默然。由是忤意，左迁东海王文学。敦败，累位中书侍郎。少与王导善，尝诣导，导以麈尾指床呼充共坐，曰："此君坐也。"

显宗即位，拜黄门侍郎。平苏峻，出为会稽内史。在郡寻征侍中，辞不拜，转丹杨尹。时王导、庾亮并言于帝曰："何充器局方概，有万夫之望，必能总录朝端，为老臣之副。臣死之日，愿引充内侍，则社稷无虞矣。"诏加吏部尚书。王导薨后，与中书监庾冰参录尚书事，进尚书令，加领军。充以内外统任难处，上疏固辞。许之，徙中书令。

时显宗寝疾，庾冰兄弟以舅氏当朝，谋立康帝为嗣。充建议以父子相传，先王旧典，不宜改易。冰等不从。既而康帝临轩，冰、充侍坐，帝曰："朕嗣鸿业，二君之力。"充对曰："陛下龙飞，臣冰之力。若如臣议，不睹升平之日。"帝有惭色。

建元初，庾冰出镇江州，以充为扬州刺史。先是，庾翼悉发江、荆二州编户奴为兵，士庶嗷然。充复欲发扬州奴以均其谤，议不成。俄而帝疾笃，庾冰等意在简文，充议立皇太子，奏可。帝既立，献后临朝，诏加中书监、录尚书事。

庾冰卒后，专辅幼主，以桓温为征西将军、领荆州刺史。每曰："桓温、褚裒为方伯，殷浩居门下，我无劳矣。"充为宰相，虽无澄正改革之能，而有器局，临朝正色，以社稷为己任。凡所选用，皆以功臣为先，不以私恩树亲戚，谈者以此重之。

性好释典，崇修佛寺，供给沙门，以至贫乏，乃获讥于世。阮裕尝戏之曰："卿志大宇宙，勇迈终古。"充问其故。裕曰："我图数千户郡尚未能得，卿图作佛，不亦大乎！"于时郗愔及弟昙奉天师道，而充与弟准崇信释氏，谢万讥之云："二何佞于佛，二郗谄于道。"充能饮酒，雅为刘惔所贵。每云："见次道饮，令人欲倾家酿。"言其能温克也。卒，时年五十五。

二月癸丑，以左光禄大夫蔡谟领司徒，录尚书六条事，与会稽王昱辅政。

夏五月，西平公张骏薨，子重华嗣立。

冬十月，以桓温为安西将军、荆州刺史。温表罗含为别驾，问于众曰："此何如人？"或答曰："可谓荆楚之杞梓。"温曰："此江海之琳琅，岂惟荆楚而已。"

含字君章，桂阳人。少孤，叔母朱氏所养。好学，昼卧，梦五色鸟飞入口，意怪之。朱氏曰："梦吞五色，此文章，汝后当善文。"自长沙相致仕，白雀栖堂。

十一月辛未，安西将军桓温伐蜀，拜表辄行。

十二月，枉矢自东南流于西北，其长半天。

三年春三月乙卯，①桓温克成都，蜀主降，益州平。以周抚为益州刺史，镇彭模。是月，林邑范文攻陷日南，害太守夏侯览，以尸祭天。

夏四月，地震。丁巳，桓温执蜀主李势归于京师，封势归义侯。

七月，范文立范贲为帝。

冬十二月，以侍中刘惔为丹杨尹。

惔字真长，沛国相人。少清雅标奇。桓温尝造之，因问惔："会稽王道子谈论进耶？"②惔曰："极进，然故第二流耳。"温曰："第一复谁？"惔曰："故在我辈。"后温乘雪欲猎，过惔，惔见其急装，问曰："老贼欲持此何作？"温曰："我若不为此，卿辈何得坐谈！"惔与许询至友，及询出郡，惔九日七日诣之，谓询曰："卿为不去，使我成薄德二千石。"时惔为尹，询宿至室，室甚丽，询曰："若此保全处，殊胜东山。"惔曰："卿若知吉凶由人，吾安得保此。"

询字玄度，高阳人。父归，以琅琊太守随中宗过江，迁会稽内史，因家于山阴。询幼冲灵，好泉石，清风朗月，举酒永怀。中宗闻而征为议郎，辞不受职，遂托迹居永兴。肃宗连征司徒掾，不就。乃策杖披裘，隐于永兴西山，凭树构堂，萧然自致。至今此地名为萧山。遂舍永兴、山阴二宅为寺，家财珍异，悉皆是给。既成，启奏孝宗，诏曰山阴旧宅为祇洹寺，永兴新居为崇化寺。询乃于崇化寺造四层塔，物产既罄，犹欠露盘相轮，一朝风雨，相轮等自备。时所访问，乃是剡县飞来。既而移皋屯之岩，常与沙门支遁及谢安石、王羲之等同游往来，至今皋屯呼为许玄度岩也。案《许玄度集》：遁字道林，常隐剡东山，不游人事。好养鹰马而不乘放，人或讥之，遁曰："贫道爱其神骏。"③卒后，戴安道尝经其墓，叹曰："德音未远，而拱木已积。冀神理绵绵，不与气运俱尽尔。"

四年秋八月，进安西大将军桓温为征西大将军。

九月丙申，慕容皝死，子儁嗣伪位。

冬十二月，豫章人黄韬造妖，自号孝神皇帝，聚众寇临川，太守庾条讨平之。

---

① 三月乙卯：《晋书·穆帝纪》同，然三月己未朔，无乙卯日。
② 会稽王道子谈论进耶：《晋书·刘惔传》此句作"会稽王谈更进邪？"无"道子"二字。此会稽王当指司马昱。昱于成帝咸和元年封会稽王，至废帝即位，徙封琅琊王。
③ 贫道爱其神骏：《御览》卷六五五引《实录》云："贫道爱其神骏耳。"

五年春正月辛巳朔,①大赦。庚寅,石季龙僭皇帝位于邺。

夏四月,益州刺史周抚使朱焘破范贲,获之。伪赵石季龙死。

五月,假慕容儁大将军、幽平二州牧、大单于、燕王。

冬十一月,甘露降崇平陵玄宫前殿。

十二月,征北大将军、都乡侯褚裒薨。

裒字季野,康献皇后父也。祖䂮,父洽。裒少有简贵之风,谢安尝云:"裒虽不言,而四时之气亦备。"始为郗鉴参军,平苏峻,后累迁将军,领中书令。帝即位,皇后临朝,裒以后父,进录尚书事。尝自以近戚,惧获讥嫌,固辞,请居藩,出为徐兖二州刺史、征北大将军、开府仪同三司,镇京口。薨,时年四十七。墓在丹徒县南七里。

初,裒总角时,曾诣庾亮,亮使郭璞筮之。卦成,璞骇然。亮曰:"有不祥乎?"璞曰:"此非人臣卦,不知此少年何以乃尔,二十年外,吾言方验。"及此二十九年,而康献皇太后临朝。有司以裒皇太后父,议加不臣之礼。歆嗣,②位至秘书监。

六年春正月,帝临朝,以裒丧故,悬而不乐。

闰月,③赵冉闵杀石鉴,僭天王位,国号魏氏。鉴弟祗,又僭位于襄国。丁丑,彗星见于亢。己丑,氐帅苻洪遣使来降,④以为氐王,封广川郡公。

秋八月,苻洪子健率众入关,遣参军杜伯献捷京师。

冬十二月,司徒蔡谟废为庶人。

谟字道明,陈留人。以孝廉随中宗过江。累迁位,拜司空、太尉。成帝元会,将作乐,宿悬于殿,所司奏,非祭祀燕飨,则无设乐之制。谟上议,临轩宜有金石之乐,遂从谟议。临轩作乐,自此始也。及帝临轩,以司徒称疾,数召不至,为有司奏,至是免官。

初,谟渡江,见彭蜞,大喜曰:"蟹有八足,加以二螯。"令烹之。既食,委顿,方知非蟹。诣谢尚说之,尚曰:"卿读《尔雅》不熟,几为《劝学》死。"案《晋书》:谟废后数年,诏为光禄大夫,辞不受,陈病笃,乞骸骨。就赐几杖。时又有荀道明、诸葛道明皆有名,时人语曰"京师三明"。诸葛道明名恢,父靓,吴亡入洛。值乱,又奔江

---

① 五年春正月辛巳朔:正月戊寅朔,辛巳为初四日,"朔"疑为衍字。

② 歆嗣:歆为褚裒子,"歆"上当脱"子"字。

③ 闰月:是年二月逢闰,下文丁丑、己丑皆在闰二月。

④ 氐帅苻洪遣使来降:"苻"原皆作"符",张校本据《晋书·苻洪载记》、四库本改作"苻",孟校本出校记,不改字。陆氏旧藏钞本作"苻"。

东,为临沂令。王导戏争族姓曰:"人言王、葛,不言葛、王。"恢曰:"时言驴马,不言马驴,岂驴胜马也。"

七年春正月辛丑,苻健僭称秦王,赦关中。

秋七月甲辰,涛水入石头,溺死者数百人。

九月,峻阳、太阳二陵崩。帝素服临于太极殿三日,遣兼太常赵拔修复山陵。

冬十一月,石祇将姚弋仲来降,以为大单于,封高陵公,弋仲子襄为平北将军、平乡公。

八年春正月辛卯,日有蚀之。壬辰,苻健僭帝号于长安。乙巳,雨木冰。①

二月,遣殿中都尉王惠如洛阳,修卫五陵。

夏四月,冉闵为慕容儁所灭。儁僭帝位于中山,国号燕。

八月,冉闵子智以邺来降。安西将军谢尚使建武将军、濮阳太守戴施应之,进据枋头。会冉智行人刘猗至,施乃止猗,使求传国玺。猗归以告智,智犹豫不许。施因遣参军何融率壮士七百人入邺,登三台助戍。谲之曰:"今且可出玺付我。凶寇在外,道路梗涩,亦未敢即送,当遣单使驰白天子,天子闻玺已在吾,遥知卿等至诚,必重发兵相救。"冉智与蒋幹谋,信之,乃出玺付融。融诣施,施使融赍玺驰还寿春。谢尚使振武将军胡彬率骑三百卫送京师,告太庙,百寮毕贺。案,玺,传秦始皇造也,方四寸,以玉为之,上蟠蛟螭。其文曰:"受命于天,既寿永昌。"自秦传汉,入魏,魏入西晋。晋永嘉末,洛京不守,玺为刘聪所得。及石勒灭刘氏,玺入属伪赵。冉闵诛石鉴,②而玺又入冉闵。自永嘉末洎永和八年,凡四十二年,而玺始归于晋也。

九月,中军殷浩率众北伐。

九年春正月乙卯朔,大赦。丙寅,皇太后与帝同拜建平陵。

三月,交州刺史阮敷讨林邑范佛于日南,破其五十余垒。

秋七月丁酉,地震,③ 有声如雷。

八月,遣兼太尉河间王钦往洛阳修复五陵。

十年春正月己酉朔,帝临朝,以五陵未复,悬而不乐。前凉张祚僭帝号于姑臧。

二月己丑,太尉桓温伐关中。

---

① 雨木冰:"木",各本有作"水"者,孟校本因作"水"。
② 冉闵诛石鉴:"鉴",各本皆作"勒"。郦承铨《建康实录校记》云:"案六年冉闵杀石鉴,僭天子位,此云石勒,误也。"张校本出校记,不改字;孟校本据本卷永和六年"冉闵杀石鉴,僭天王位"改,从改。
③ 秋七月丁酉地震:七月壬子朔,无丁酉日。《晋书·五行志下》《宋书·五行志五》皆作"八月丁酉",丁酉为八月十六日。

三月，废殷浩为庶人，以前会稽内史王述为扬州刺史。

夏四月己亥，桓温大破前秦苻健子苌于蓝田。

六月，王师败于白鹿原，温引还。

是岁，三麦不登。

十一年春三月辛亥，右军将军、会稽内史王羲之称病去官，归，诚告誓于父母墓。

羲之字逸少，司徒导之从子也。父旷，淮南太守。元帝过江，旷首创其议。羲之幼讷于言，人未奇之。年十三，尝谒周顗，顗察而异之。时重牛心炙，坐客未啖，顗先割啖羲之，由是知名。

及长，尤善隶书，为古今之冠。论者称其笔势，飘若游云，矫若惊龙。深为从伯敦、导所重，尝谓曰："汝是吾家佳子弟也。"陈留阮裕为王敦主簿，有重名，敦以羲之不减主簿。与王承述之父、①王悦为王氏三少。时太尉郗鉴使人求女婿于导门，令就东厢遍观子弟。使者归，谓鉴曰："王氏诸少年并佳，然闻信至，咸自矜持。唯一人在东床坦腹食，独若不闻。"鉴曰："此正佳婿！"访之，乃逸少也，遂以女妻之。

起家为秘书郎，累迁侍中、吏部尚书，皆不就。寻拜右将军、会稽内史。时扬州刺史殷浩与桓温不协，羲之为书与浩，言国家安危在于内外和不和。又为书止浩北伐，浩并不从。遂为笺与会稽王，陈浩不宜北伐，言："古圣人外宁犹有内忧，今外不宁而内忧已深。劝诸军守合肥、广陵、许昌、谯郡、梁、彭城，须立根势，然后举谋未晚。"皆不从。

羲之雅好服食养性，及为会稽，初渡浙江，便有终焉之志。时高士许询、孙绰、李充、支遁并居东土，羲之尝与同志宴会，集于会稽山阴之兰亭，羲之自为序，以申其志。时人以潘岳《诗序》方其文，羲之比于石崇，闻之甚喜。

性爱鹅，闻会稽有孤居姥养一鹅，善鸣，求市未能得，遂携亲友命驾就观。姥闻羲之来，烹鹅以待之，羲之叹惜弥日。又山阴有道士养鹅，羲之往观焉，意悦，因求之。道士曰："为写《道德经》，当举群相赠。"羲之欣然写毕，笼鹅而归，深以为乐。又尝往门生家，见棐几滑净，因书之，真草相半。后为其父误刮去之，门生惊懊累日。尝居蕺山，见一老姥持六角扇卖之。羲之书其扇，各为五字。姥初叹惋，因谓姥曰："无苦，但言是王右军书，以求百金耶。"姥如其言，人竞买之。

---

① 王承述之父："述之父"，诸本皆误作正文，承为述之父，孟校本据徐钞本改为夹注。

后姥复将数扇来请书，羲之笑而不答。每自称："我书比钟繇，当抗行；比张芝草，犹雁行。"初，羲之书不胜庾翼、郗愔，及暮年方妙。尝以章草答庾亮，而翼深叹服，因与羲之书云："吾昔有伯英章草十纸，过江颠狈亡失，常叹妙迹永绝。忽见足下答家兄书，焕若神明，顿还旧观。"

时骠骑将军王述少与羲之齐名，而羲之甚轻之，情好不协。述先为会稽，以母丧居郡境，羲之代述，止一吊，遂不重诣，述深为恨。后朝廷征述为扬州刺史，羲之耻为麾下，遣使诣朝廷，求分会稽为越州。行人失辞，大为时贤所笑。既而内怀愧叹，谓诸子曰："吾不减怀祖，而位遇悬邈，当由汝等不及坦之故耶！"乃称疾罢郡，于父母墓前自誓，去荣禄，毕志林泉。遂任性弋钓，与许迈等共修服食之事。①游名山，不远千里。

迈字叔玄，一名映，丹杨人也。家世冠族。祖上，侍中、散骑常侍。父副，秘书监，封西城侯，生七子，迈与穆皆得道，天降玉板，署上清真人。羲之每造，未尝不弥日忘归，相与为世外之交。迈遗羲之书云："自山阴南至临安，皆有金堂玉室，仙人芝草，左元放之徒汉末得道者皆在焉。"羲之自为传，述灵异之迹十卷。迈因远游名山不归，改名为玄，字远游。与妻孙氏书告别，令改醮。有答书在《妇人集》中。

羲之有七子，五子知名。玄之早亡。次凝之，亦工草隶。

徽之字子猷。性卓荦不羁，为大司马桓温参军，蓬首散发，不综府事。又为车骑桓冲兵曹参军，冲尝问："卿署何曹？"对曰："似是马曹。"又问："管几马？"曰："不知马，何由知数！"又问："马比死多少？"曰："未知生，焉知死！"尝从冲行，值暴雨，徽之因下马，排入车中，谓冲曰："公岂得独擅一车！"

时吴中有一家种好竹，徽之便出造竹下讽啸，不顾主人。将出，主人乃闭门，徽之以此赏之，尽欢而去。尝寄空宅中，便令种竹。指竹曰："何可一日无此君耶！"时在山阴，夜雪初霁，月色清朗，四望皎然，独酌酒，咏左思《招隐诗》，忽忆戴逵。逵时在剡，即命小船诣之，经宿方至，造门不前而返。人问其故，徽之曰："本乘兴而行，兴尽而返，何必见安道邪！"尝与弟献之共读《高士传》，献之赏井丹高洁，徽之曰："未若长卿慢世。"时人皆钦其才而秽其行。

自黄门侍郎弃官东归。与献之俱病笃，时术人云："人命应终，而有生人乐代者，

① 与许迈等共修服食之事："共"，各本多作"供"，孟校本据宋本、徐钞本、张本正之。陆氏旧藏钞本亦作"共"，从改。

则死者可生矣。"徽之谓术人曰："吾才位不如弟,请以余年代之。"术人曰："代死者,以己年有余,得以足亡者尔。今君与弟算俱尽,何可代也!"未几,献之卒,徽之哭恸。既而上灵床,取献之遗琴弹之,久而不调,叹曰："呜乎子敬,人琴俱丧!"因倾绝。卧疾,月余而卒。

子桢之,字公幹,历位侍中。时桓玄为太尉,朝臣毕集,问桢之："我何如君亡叔?"在坐咸为气咽。桢之曰："亡叔一时之杰,公是千载之英。"一坐皆悦。①

【原阙】

谢尚字仁祖,豫章太守鲲之子也。幼有至性,七岁丧兄,哀恸过礼,亲戚异之。八岁,神悟夙成。鲲尝携之送客,或曰："此儿一座之颜回也。"尚应声答曰："坐无尼父,焉别颜回!"席宾莫不叹异。年十余岁,遭父忧,丹杨尹温峤吊之,尚号啕极哀。既而收涕告诉,举止有异常童,峤甚奇之。

及长,善音乐,博综众艺。司徒王导深器之,比于王戎,常呼为"小安丰"。辟司徒掾。始到府通谒,导以其有胜会,谓曰："闻君能作《鸲鹆舞》,一坐倾想,宁有此理否?"尚便着衣帻而舞。导令坐者抚掌击节,尚俯仰在中,傍若无人。累位至江夏、义阳、随三郡太守。

时安西将军庾翼镇武昌,尚数诣翼谘谋军事。翼呼共射,曰："卿若破的,当以鼓吹相赏。"尚应声中之,即以副鼓吹给之。

尚性清简,至官,悉坏布帐,分军士作襦袴。寻转为安西将军、豫州刺史,镇寿春。进讨苻健将张遇于许昌,为遇所败。后以获玺功,迁尚书仆射、镇西将军。在寿春采拾乐人,并制石磬,以备太乐。江表有金石之乐,自尚始。案《塔寺记》:今兴严寺即谢尚宅也。南直竹格巷,临秦淮,在今县城东南一里二百步。尚尝梦其父告之曰:"西南有气至,冲人必死,行当其锋,家无一全,汝宜修福,建塔寺可禳之。若未暇立寺,可杖头刻作塔形,见有气来,可拟之。"尚寤,惧。来辰造塔寺,遂刻小塔施杖头,恒置左右。后果有异黑气,遥见西南,从天而下。始如车轮,渐弥大,直冲尚家。以杖头指之,气便回散,阖门获全。气所经处,数里无复孑遗。遂于永和四年舍宅造寺,名庄严寺。宋大明中,路太后于宣阳门外大社西药园造庄严寺,改此为谢镇西寺。至陈太建元年,寺为延火所烧。

---

① 一坐皆悦:以下至"谢尚字仁祖"之间皆缺,所缺内容为穆帝永和十一年三月辛亥起,下至升平元年五月间事。

至五年，豫州刺史程文秀更加修复，①孝宣帝降敕改名兴严寺至今也。

六月，前秦苻坚杀苻生而自立为帝。

秋七月，苻坚将张平以并州来降，拜并州刺史。

八月丁未，立皇后何氏，大赦天下，赐酺三日，鳏寡孤独孝义力田米各有差，逋租宿债一切放免。

冬十月，皇后见于太庙。

二年春正月，司徒会稽王昱归政事。

三月，欻飞督王饶献鸠鸟，帝怒，鞭饶二百，使焚鸟于四达之衢。

夏五月，大水，有星孛于天船。

六月，慕容儁尽陷河北之地。

秋八月，安西将军谢奕卒。

奕字无奕，鲲之次子。②累位桓温府司马。温尚南康公主，主忌，温甚惮之，动经年不入其室。奕每以酒逼温，温逃酒入主门。奕遂升温厅事，更命酒，引一直兵共饮，谓之曰："失一老兵，得一老兵，亦何怪也。"公主谓温曰："君若无狂司马，我何由得相见。"案《三十国春秋》云：谢鲲为桓温司马，升平二年七月卒，所逼桓温入主门，即是鲲。案，谢尚、奕并是鲲子。尚年十岁，遭父忧。年五十卒。升平元年五月，尚死，七月，奕亡，无容此岁谢鲲始卒。鲲历职又不为桓温司马，曾为王敦司马。永昌元年，王敦举兵破京师，镇石头，不朝而去，鲲谏令入朝，敦不从。斯晋史又明。萧方等记事，何至于误哉！

十一月，雷。地震。

三年春二月，凉州城东泥中有火，此火沴水之妖也。

三月甲辰，诏以比年出军，粮运不继，王公已下十三户借一人一年助运。

是岁，诏复辅国将军、豫州刺史、州陵侯毛宝本封。

宝字敬真，荥阳阳武人。王敦用为临湘令。后苏峻作逆，温峤以兵千人属之，使为前锋，次于茄子浦。时峻送米万斛馈祖约于江西，宝率所领登岸破之，悉获其米。峤嘉之，表为庐江太守。

时祖约党桓宣背约，屯于马头，约使祖焕、桓抚攻之。宝悬军救宣，大为焕所破。箭中宝髀，彻鞍革，使人踏鞍拔箭，血流满靴，夜奔船所。行到，先哭战亡将士，

---

① 豫州刺史程文秀更加修复："程文秀"，张校本据《陈书》《南史》改为"程文季"。

② 奕字无奕鲲之次子：各本均同。案《晋书·谢安传》：奕为安之兄，裒之子。谢鲲次子为谢尚。

洗疮讫，夜还救宣。至营，焕等引退，宝因进破祖约于合淝。

寻召还，讨苏峻于石头。峻死，匡术以苑城降陶侃。侃使宝守苑城。贼遣韩晃攻之，宝登城射杀十数人。晃问宝曰："君是毛庐江耶？"宝曰："是。"晃曰："君名壮勇，何不出斗！"宝曰："君若健将，何不入斗！"晃笑而退。战平，以功封州陵侯。

庾亮西镇上明，请为辅国将军。谋北伐，上表进宝豫州刺史，守邾城。石季龙遣其子鉴与将军夔安、李菟等来攻邾城。宝求救于亮，亮惧，不时遣军，城遂陷。左右突围，赴江死者六七千人，宝亦溺死。诏以宝之倾败，不加追赠。至是，始议复之。案《毛宝传》：初，宝在武昌，军人有于市买得一白龟，长四五寸，养之渐大，放诸江中。邾城之败，养龟人披铠持刀，自投于水，如觉坠一石上，视之，乃先所养白龟，长五六尺，送至东岸，遂免。宝二子：穆之、安之。穆之子珍、球、璩、瑶、瑾、瑗等六人，璩最知名。

四年春二月，凤将九雏再见于丰城，众鸟随之。

夏四月，姑臧泽中有火，此火亦汾水之妖。明年，凉王张天锡杀执政张邕。

秋七月，以军役繁，省用彻膳。

八月辛丑朔，日有蚀之。

冬十月，天狗流于西南。

十一月，封太尉桓温为南郡公，弟冲为丰城公，子济为临贺公。

五年春正月戊戌，大赦天下，赐鳏寡孤独米人五斛。

二月，南掖门马足陷地，得铜钟一，有二四字。案，南掖门是建康宫南面东门，陈朝改为端门。南出都城开阳门，即宣阳东门也。

夏四月，大水。桓温使弟豁取许昌。凤皇见于沔北。

五月，帝不豫。丁巳，崩于显阳殿。

秋七月戊午，葬永平陵。在今县城北十九里幕府山之阳，周四十步，高一丈六尺。案，晋十一帝，有十陵，元、明、成、哀四陵在鸡笼山之阳，阴葬不起坟。康、简文、武、安、恭五陵在钟山之阳，亦不起坟。惟孝宗一陵在幕府山，起坟也。

帝年二岁即位，立十七年，年十九崩，谥穆皇帝，庙号孝宗。

案，帝时置僧尼寺三所。何皇后寺，在县东一里，南临大道。彭城敬王造彭城寺，在今县东南三里，西大门临古御街。镇西将军谢尚造谢寺，今改名兴严寺，即延兴寺，东隔运沟东岸也。①

哀皇帝

哀帝讳丕，字千龄，成帝长子。咸康八年，封为琅琊王。升平三年，除骠骑大将军。②

五年五月丁巳，穆帝崩，皇太后令曰："帝奄不救疾，胤嗣未建。琅琊王丕，中兴正统，合当储贰。往以幼冲，未堪国难，故显宗高让。今义望情地，莫与为比。"于是百官备法驾，迎琅琊王。庚申，即皇帝位，大赦天下。改封弟东海王奕为琅琊王。

秋八月己卯，夜，天裂，广数丈，有声如雷。

九月戊申，立皇后王氏。以章穆何皇后居永安宫。案，宫本东海王第，修以为宫。在今县城东北七里，近宫东北角。桓玄修南州，折其林木，移入西宫，以地为隶射宫也。

冬十二月，加凉州刺史张玄靓为大都督、陇右诸军事、陇西公。③

隆和元年春正月壬子朔，大赦，改元。减田税，亩收二斗。

二月丙子，尊所生妃周氏为皇太妃。

三月丙寅朔，④日有蚀之。

夏四月，旱。诏出轻系，赈困乏。丁丑，凉州地震，浩亹山崩。案《五行志》：前凉灭亡之兆。前燕将吕护寇洛阳。

五月丁巳，北中郎将庾希、邓遐等舟师救洛口，⑤破吕护，护退走小平津。

秋七月，西中郎将袁真进次汝南，运米五万斛以馈洛阳。前中军将军、都督扬豫徐兖青五州诸军事、扬州刺史殷浩卒于东阳之信安。⑥

浩字深源，⑦陈郡长平人也。父羡，字洪乔。将为豫章太守，都下人士因其致书百余函，羡行次板桥浦，皆投之江水中，曰："沉者自沉，浮者自浮，殷洪乔

---

① 案帝时置僧尼寺三所至东隔运沟东岸也：郦承铨《建康实录校记》云："当是夹注。"
② 除骠骑大将军：《晋书·穆帝纪》《哀帝纪》皆作"骠骑将军"，无"大"字。
③ 加凉州刺史张玄靓为大都督陇右诸军事陇西公：《晋书·哀帝纪》《张玄靓传》及《通鉴》卷一〇一皆云张玄靓封"西平王"。
④ 三月丙寅朔：三月壬辰朔，无丙寅日。《晋书·哀帝纪》《天文志中》皆作"三月甲寅朔"，然甲寅亦非朔日。
⑤ 北中郎将庾希邓遐等舟师救洛口："邓遐"，各本皆同。《晋书·哀帝纪》《邓岳传》及《通鉴》卷一〇一皆作"遐"，《世说·黜免篇》注引《大司马寮属名》亦同，张校本据改。
⑥ 殷浩卒于东阳之信安：《晋书·殷浩传》云浩卒于永和十二年，与《实录》所记相距六年。
⑦ 浩字深源：浩本字渊源，唐人避高祖讳改。

不为致书邮也。"其资性介立如此。终于光禄勋。

浩识度清远，弱冠有美名，尤善玄言，与叔父融俱好《老》《易》。融与浩谈则辞屈，著篇则融胜，由是浩为风流谈论者所宗。或问浩曰："将莅官而梦棺，将得财而梦粪，何也？"浩曰："官本臭腐，故将莅官而梦尸。①钱本粪土，故将得财而梦秽。"时人以为名言。

起家，累迁司徒左长史，除侍中、安西军司，并称疾不起。遂屏居墓所十年，于时拟之管、葛。王濛、谢尚伺其出处，以卜江左兴亡，因相与省之，知浩有确然之志。既反，相谓曰："深源不起，当如苍生何！"

康帝建元末，庾冰、何充相继卒，简文始综万机，卫将军褚裒乃荐浩为扬州刺史。浩上疏陈让，固请，自三月至七月，乃受拜焉。时桓温既灭蜀，威势转振，朝廷惮之。故简文引浩为心膂，于是与温颇相疑贰。浩既参朝权，擢颍川荀羡为义兴太守。时王羲之与浩情洽密，说浩、羡令与温和同，浩不从。

及石季龙死，胡中大乱，朝廷欲遂荡平关、河，进浩为中军将军、都督扬豫徐兖青五州诸军事。浩既受命，以中原为己任，上疏北征许、洛。将发，坠马，时咸恶之。既而以兖州刺史蔡裔等为前锋，师次寿春。会秦苻健杀大臣，关中不和，浩请进屯洛阳，修园陵。又求解扬州，专镇洛阳，诏不许。既而姚襄反，②浩惧逼，弃辎重，退士卒，为襄所掠，士多亡散。浩又遣王彬等击襄，③为襄军所杀，诸军败绩。桓温素恶浩，及闻其败，因上疏罪浩，浩竟坐废为庶人，徙东阳郡之信安县。

浩少与温齐名，而每心竞。温尝问浩："君何如我？"浩曰："我与我周旋久，④宁作我也。"温既雄豪自许，每轻浩，及权事专征，深忌之。至是，乘衅谋废浩。温因语人曰："少时吾与浩共骑竹马，我弃，浩辄取之，故当出我下也。"又谓郗超曰："浩有德有言，向使作令仆，足以仪型百揆，朝廷用违其才尔。"

浩虽放黜，口无怨言，怡神委命，谈咏不辍，家人亦不见其流放之戚。但终日书空，作"咄咄怪事"四字。浩甥韩康伯随至徙所，经岁还都，浩送至渚侧，咏曹颜远诗云："富贵他人合，贫贱亲戚离。"因而泣下。后温将以浩为尚书令，遣告之，浩欣然许之。将答书，虑有谬误，开闭数四，竟达空函，大忤温意，由是绝之。寻卒迁所。子涓嗣。

---

① 故将莅官而梦尸："莅"原脱，孟校本据徐钞本补，从补。
② 既而姚襄反："襄"原作"衺"，孟校本据徐钞本及《晋书·殷浩传》改，从补。
③ 浩又遣王彬等击襄："王彬"，《晋书·穆帝纪》《殷浩传》《姚襄载记》及《通鉴》卷九九皆作"王彬之"。
④ 我与我周旋久：各本同，《世说·品藻篇》亦同。《晋书·殷浩传》作"我与君周旋久"。

十二月戊午朔，日有蚀之。诏曰："戎旅路次，未得轻简赋役。玄象失度，亢旱为患。岂政事未洽，将有板筑、渭滨之士耶！其搜扬隐滞，蠲除苛碎。"时童谣云："升平不满斗，隆和安得久。"帝闻，恶之。大赦，改明年为兴宁元年。

春三月壬寅，皇太妃薨于琅琊第。帝奔丧，诏司徒、会稽王昱总内外众务。

夏四月，扬州地震，湖渎溢。

五月，加征西大将军桓温侍中、大司马、都督中外诸军事、录尚书事、假黄钺。

秋七月，张天锡杀张玄靓，自称大将军、西平公。丁酉，葬皇太妃。

妃姓周氏，汝南人。选入成帝宫，有宠，生帝及海西公，拜为贵人。帝即位，诏崇为皇太妃，仪服同于太后，而葬不祔陵庙。

八月，有星孛于角亢，入于天市。

九月壬戌，大司马桓温北伐。癸亥，皇太子生，大赦。

冬十月甲申，立陈留王世子恢为陈留王。

二年春二月，改左将军为游击将军，罢右军、前军、后军五校三将官。癸卯，帝亲耕籍田。

三月庚戌朔，大阅户人，严法禁，称为庚戌制。帝幼好黄老，断谷，服长生药过分，不豫。辛未，崇德太后临朝摄政。案《晋书》：哀帝服长生药过度，中毒，不识万机，太后临朝摄政。

夏四月，前燕将李洪侵许昌，王师败于悬瓠，桓温使西中郎将袁真凿阳仪道以通运，①率舟师北伐。

五月，以桓温为扬州刺史、录尚书事，诏征温入相，温辞不从。

秋七月丁卯，复征入朝。

八月，温至赭圻，遂城而居之。

是岁，诏移陶官于淮水北，遂以南岸窑处之地施僧慧力，造瓦官寺。

三年春正月庚申，皇后王氏崩。

后讳穆之，太原晋阳人也。司徒左长史濛之女。初为琅琊王妃，王即帝位，立为皇后，三年崩，谥曰靖后。无子。

濛字仲祖，安西司马讷之子。少放纵，不为乡曲所齿。晚节克己励行，有风流美誉。善隶书，美姿容，尝览镜自照，称其父字曰："王文开生如此儿邪！"居贫，

---

① 桓温使西中郎将袁真凿阳仪道以通运："西"字原脱，孟校本据宋本、张本、《晋书·哀帝纪》补。"阳仪道"，《晋书·哀帝纪》作"杨仪道"。

帽败，自入肆买之，妪悦其貌，争遗新帽。与刘惔齐名，时人以惔方荀奉倩，以濛比袁曜卿。凡称风流者，举濛、惔为宗焉。

简文为会稽王时，尝与孙绰商略诸风流人，绰言曰："刘惔清蔚简令，王濛温润恬和，桓温高爽迈世，谢尚清易令达。"而濛性和畅，与刘惔为简文入室之宾。累迁位司徒左长史。晚求为东阳，不许。及濛病，乃恨不用之。濛闻之曰："人言会稽王痴，竟痴也！"疾渐笃，于灯下转麈尾，叹曰："如此人曾不得四十也！"年三十九卒。临殡，刘惔以犀柄麈尾置棺中，因恸哭久之。谢安亦称美之，曰："王长史语甚不多，可谓有令音也。"二子：修、蕴。

修字敬仁，明秀有美称。起家为著作郎，迁中军司马，未拜而卒，年二十四。临终叹曰："无愧古人，年与之齐矣。"

二月甲午，疾笃。丙申，帝崩于西堂。三月，葬安平陵。在县北九里鸡笼山之阳，元帝同处。帝年二十二即位，立四年，年二十五，谥哀帝。帝虽即尊位，而政不由己，军事权于桓温，机务在于会稽，天子不得自由，故兴宁童谣云："虽复宁转，后无聊生。"

案，帝时置一寺。兴宁二年，僧慧力造瓦官寺，在今县东南三里半井冈东偏也。①

废皇帝

废帝讳奕，字延龄，哀帝之母弟。咸康八年，封东海王。穆帝升平四年，拜车骑将军。②五年，改封琅琊王。

兴宁三年二月，哀帝崩，无嗣。皇太后诏曰："琅琊王明德茂亲，属当储副。"于是百官奉迎于第。丁酉，即皇帝位，大赦天下。

三月，前燕慕容恪攻陷洛阳。

秋七月己酉，改封会稽王昱为琅琊王，以昱子昌明为会稽王。壬子，立皇后庾氏。

冬十月梁州刺史司马勋反，自称成都王，桓温使江夏相朱序讨平之。

十二月，大赦，改明年为太和元年。

---

① 案帝时置一寺至井冈东偏也：郦承铨《建康实录校记》云："此当是夹注文。"四库本亦作夹注。

② 穆帝升平四年拜车骑将军：《晋书·海西公纪》同。周家禄《晋书校勘记》云："'三年'误'四年'。"周说是。《穆帝纪》云升平三年十二月以东海王奕为车骑将军。

夏四月，旱。

五月戊寅，皇后庾氏崩。

七月癸酉，葬孝皇后于敬平陵。

后讳道怜，车骑将军冰之女。初为东海王妃，及即位，立为皇后。无子。

九月，曲赦梁、益二州。

是岁，凉州杨树生松，戒曰："不改柯易叶，杨者柔脆之木，今松生其上，非永久之叶，将集危亡之地。"案《五行志》：此张天锡灭亡之征。

二年春正月，北中郎将庾希有罪，亡入海。

冬十月，以琅琊王昱为丞相。

是岁，尚书令王述卒。①

述字怀祖，太原人。祖湛，少有识度，身长七尺八寸，龙颡大鼻，隐德，人谓之痴。父承，早卒。少孤，事母以孝闻。安贫守约，不求闻达。性沉静，每坐客驰辩，异端竞起，而述处之恬如也。年三十，尚未知名，人或谓之痴。司徒王导始辟为中军参军，既见，无他言，唯问以在东米价。②述但张目不答。导曰："王掾不痴，人何言痴也？"尝见导每发言，一坐莫不赞美，述正色曰："人非尧舜，何得每事尽善！"导改容谢之。

累迁会稽内史，以母忧去官。服阕，代殷浩为扬州刺史。初至，主簿请讳。报曰："亡祖先君，名播海内，远近所知。内讳不出门，余无所讳。"加中书监，固让，经年不拜，迁尚书令。

述每受职，不为虚让。至是，子坦之谏，以为故事应让。述曰："汝为我不堪邪？"坦之曰："非也。但克让自取美。"述曰："既云堪，何复为让！人言汝胜我，不及也。"后坦之为桓温长史，温欲为子求婚于坦之。坦之还家省父，而述爱坦之，虽长大，犹抱置于膝上。坦之因言温意，述大怒，遽排下，曰："汝竟痴邪！讵可畏温面以女妻兵也。"及坦之见温，乃辞他故。温曰："此尊君不肯尔。"遂止。

初，述家贫，求试宛陵令，颇受赠遗，而修家具，为州司所验，有一千三百条。王导使人谓曰："名父之子，不患无禄，屈临小县，甚不宜尔。"述答曰："足自当止。"时人未之达也。及居州郡，清洁绝伦，禄赐皆散之亲故，始为当时所叹。但性急为累。尝食鸡子，以箸刺之，不得，便怒掷于地。鸡子圆转不止，便下以屐齿踏之。

---

① 是岁尚书令王述卒：《晋书·海西公纪》《王述传》皆云述卒于太和三年。
② 唯问以在东米价："在东"，《晋书·王述传》作"江东"。

不得，嗔甚，掇内口中，嚼而吐之。及升重位，每以柔克为用。谢奕性粗，尝忿述，极言骂之。述无所应，面壁而已。居半日，奕去，始复坐。人以此称之。是年，以老上疏乞骸骨，归丘园，诏不许。述竟不起，卒，时年六十六。

初，桓温平洛阳，议欲迁都，朝廷忧惧，将遣侍中止之。述曰："温欲虚声威朝廷，非事实也。但从之，自无所至。"事果不行。子坦之嗣。

三年春三月丁巳朔，日有蚀之。癸亥，大赦。

夏四月癸巳，雨雹，大风折木。

冬十二月，有神降于邺，自称湘女，声与人接，不见其形。

四年夏四月庚戌，大司马桓温伐前燕。

秋九月，大赦。大破燕将傅末波于林渚。戊子，温进至枋头，为燕将慕容垂设伏所破而还。辛丑，慕容垂又追败温后军于襄邑。

冬十月，大星西流，有声如雷。是月，豫州刺史袁真以寿阳叛。

十一月，桓温自山阳与琅琊王昱会于涂中，将谋后举。

十二月，城广陵而居之。

五年春二月，袁真死，陈郡太守朱辅立真子瑾嗣事。

三月，桓温征瑾，屠寿阳，枭袁瑾等首。因谓参军郗超曰："足以雪枋头之耻乎？"超答曰："此未厌有识之情也。公六十之年，败于大举，不建不世之勋，未足以镇惬民望，其惟废立之事。"温怀信焉。

秋七月癸酉朔，日有蚀之。

九月，益州妖贼李金根反，立李弘为圣王，梓潼太守周虓讨平之。

冬十一月，苻坚、王猛伐慕容暐，克邺，虏有燕地。

六年夏四月，大赦，赐鳏寡孤独米，人五斛。

六月，京师及丹杨、晋陵、吴郡、吴兴、临海并大水。

冬十一月癸卯，桓温自广陵屯于白石。用郗超谋，将诣阙以图废立。丁巳，[①]讽奏崇德太后。己酉，太后下令废帝为东海王，还第，供卫一如汉昌邑故事。于是，百官入太极前殿，即日温使散骑侍郎刘享收帝玺绶。[②]帝着白袷单衣，步下西堂，乘犊车出神兽门。群臣拜辞，莫不歔欷。

---

① 丁巳：是月乙未朔，虽有丁巳，然不得列于己酉之前。《晋书·海西公纪》、《通鉴》卷一〇三皆作"丁未"，张校本据改。

② 即日温使散骑侍郎刘享收帝玺绶："刘享"，《通鉴》卷一〇三作"刘亨"。

帝初即位，有野雉集于相风。时又有童谣云："青青御路杨，白马紫缕缰。汝非皇太子，那得甘露浆。"帝闻恶之。又见桓温专恣，平生为虑，乃召术人扈谦筮之。卦成，答曰："晋室有盘石之固，陛下有出宫之象。"竟如其言。有三子，并马缰缢杀之，葬于黄门署北。

至简文咸安二年正月，又降为海西县公，徙居吴县西柴里，追贬庾氏为夫人。帝安于屈辱，以保天年，烈宗太元十一年十一月崩于吴，①时年四十五。帝年二十八即位，立六年见废，居吴十二年。

初，桓温有不臣之志，欲先立功河朔，以收时望。及枋头之败，雄名顿挫，遂潜谋废立，以长威权。然惮帝守道，恐招时议。以宫闱重闼，床笫易诬，乃言帝在藩时，夙有痿疾，嬖人朱灵宝等参侍内寝，而二美人田氏、孟氏生三男，长欲封树。时人惑之，温因具事奏讽康献太后。后时方在佛堂读经，内侍启云："外有急奏。"太后乃出，倚户前视奏数行，乃曰："我本自疑此。"至半便止，索笔答云："未亡人罹此百忧，感念存没，心焉如割。社稷大计，义不获已。临纸悲塞，如何可言。"初，温始呈奏，虑太后意异，竦动汗流，见于颜色。及诏令出，大喜，遂行废焉。

奕出居吴，敕吴国内史刁彝防卫，又使御史颜允监察之。是年十一月，妖贼卢悚遣弟子殿中监许龙晨到门，②诈称太后密诏奉迎。奕初欲从之，纳保母谏而止。龙曰："大事将捷，奈何用儿女子言乎？"奕曰："我得罪于此，幸蒙宽宥，岂敢妄动。且太后有诏，便应官属来，何独使汝也？"因叱左右缚之，龙惧而走。奕知天命不可再，深虑横祸，遂杜塞聪明，安于屈辱，去思虑，有子不育，庶保天年。时人怜之，为作歌焉。

案，帝时侍中、中书令王坦之造临秦、安乐二寺，在今县南二里半，南门临秦淮水也。③

---

① 烈宗太元十一年十一月崩于吴：《晋书·海西公纪》《孝武帝纪》及《通鉴》卷一〇六皆云海西公崩于十年甲申。

② 妖贼卢悚遣弟子殿中监许龙晨到门："卢悚"，《晋书·五行志上》《桓秘传》及《宋书·五行志四》作"卢竦"。

③ 案帝时侍中中书令王坦之造临秦安乐二寺至南门临秦淮水也：郦承铨《建康实录校记》云："当是夹注。"四库本亦作注文。

太宗简文皇帝

简文帝讳昱,字道万,元帝之少子。幼而岐嶷,郭璞见之,谓人曰:"兴晋祚者,必此人也。"及长,清虚少欲,善玄言。永昌元年,封琅琊王,食邑会稽、宣城。咸和初,又徙会稽王。废帝即位,又改封琅琊,领丞相、录尚书事。前后辅穆、哀、废三帝。

及太和末,桓温讽太后废海西公,十一月己酉,温率百官具法驾乘舆迎帝,立于朝堂,变服,着平巾帻,单衣,东面拜受玺绂,即日即皇帝位,改元咸安元年。庚戌,使兼太尉周颐告于太庙。桓温出居中堂,分兵屯卫。案《宗室传》:太宗初即位,未解严,桓温屯中堂,夜警。御史中丞敬王恬奏劾温大不敬,请理温罪。温见叹曰:"此儿乃敢弹我耶! 真可畏也。"辛亥,温使弟祕诬逼新蔡王晃与武陵王晞谋反。

晞字道升,元帝中子,出继武陵王哲之后。太兴元年,嗣封武陵王。穆帝初,迁太宰。晞无学术而有武干,为桓温所忌。及帝即位,温乃表晞苞藏亡命,事连袁真。诏免晞官,以王归藩。既而温寻又谋新蔡王晃反,与晞连结,殷涓及太宰长史庾倩等同谋,① 收付廷尉,奏请诛二王。帝对之泣,不许。温固执之,帝手诏答温曰:"若晋祚灵长,公便宜奉行前诏。如其大运去矣,请避贤路。"温览之,流汗变色,不复敢言。

帝先历宰辅三世,温素敬惮。及帝即位,温欲上事自陈,帝引见,对之悲泣,温惧,无色。及行武陵王等诛不果,深恐,帝知而安慰之。寻大赦天下,以温为丞相,温不受。辛酉,温旋白石,因上镇姑熟。

十二月戊子,诏京师有经年之储,权停一年之运。辛卯,荧惑逆行入太微,经明年三月不退。尚书右丞顾悦之上表请诏复殷浩本官。

悦之字君叔,晋陵无锡人。与帝同岁,而头早白。帝问其故,悦之对曰:"松柏之姿,经霜益茂;蒲柳常质,望秋先零。"帝悦。抗表讼浩,疏奏,诏追复本官。位尚书右丞,卒。

子恺之,② 字长康,以文知于时,兼善丹青,妙绝古今。尝好食甘蔗,每食,

---

① 殷涓及太宰长史庾倩等同谋:"殷涓",各本均作"殷浩",孟校本据《晋书·元四王传》改。"庾倩",各本均作"庾籍",张校本、孟校本同据《晋书·庾冰传》《桓温传》、《世说·雅量篇》、《世说人名谱·颍川鄢陵庾氏谱》、《通鉴》卷一〇三等改作"庾倩"。

② 恺之:各本均作"凯之",张校本据《晋书·顾恺之传》、《世说·言语篇》注引丘渊之《文章录》、《文学篇》注引《续晋阳秋》改,从改。

自尾至本。① 或问其故,曰:"渐入嘉境。"曾为殷仲堪镇南府参军,将下都,给布帆,至破冢,遇风船破。遗仲堪书曰:"地名破冢,真从破冢中出。行人平安,布帆无恙。"

为人好隐,桓玄尝以柳叶遗之,曰:"此蝉所翳叶也,取以自蔽,人不见己。"恺之深信。及玄造之,将叶郚身,玄就溺之。恺之大喜,以玄实不见己也。故俗传恺之有三绝:画绝、文绝、痴绝。案,谢赫《画品》论江左画人,吴曹不兴、②晋顾长康、宋陆探微等上品,余皆中下品。恺之能运五十匹绢画一像,③使心运手,须臾成。头面、手足、胸臆、肩背,无遗失尺度,此其难也。吴不兴、晋长康又曾于瓦官寺初置北殿画一维摩,④画讫,光耀一月余日。案《京师寺记》:兴宁中,瓦官寺初置,僧众设会,请朝贤鸣刹注疏。其时,士大夫莫有过十万者,既至长康,直打刹一百万。长康素贫,时以为大言。僧后寺成请勾疏,长康曰:"宜备一壁。"遂闭户,往来一百余日,所画维摩一躯,工毕,将欲点眸子,谓寺僧曰:"第一日开,见者责施十万。第二日开,可五万。第三日,可任例责施。"及开户,光明照寺,施者填咽,俄而果百万钱也。

是岁,散骑常侍领著作孙绰卒。

绰字兴公,太原郡人也。冯翊太守楚之子。⑤永嘉丧乱,幼与兄统相携渡江。博学,善属文,与高阳许询俱有高尚之志。居于会稽,游放山水,十有余年,乃作《遂初赋》以致其意。常鄙山涛,而谓人曰:"山涛吾所不解,吏非吏,隐非隐,若以元礼门为龙津,则当点额暴鳞矣。"

所居斋前种一株松,常自守护,邻人谓之曰:"树子非不楚楚可怜,但恐永无栋梁日尔。"绰答曰:"枫柳虽复合抱,亦何所施耶!"绰与询一时名流,或爱询高迈,则鄙于绰,或爱绰才,而不取询。沙门支遁试问绰:"君何如许?"答曰:"高情远致,弟子早已伏膺,然一咏一吟,许将北面矣。"绝重张衡、左思之赋,每云:"《三都》《二京》,五经之鼓吹也。"尝作《天台山赋》,辞致甚工,初成,以示友人范荣期,云:"卿试掷地,当作金石声也。"荣期曰:"恐此金石非中宫商。"然每至佳句,辄云:"应是我辈语。"除著作佐郎。

---

① 自尾至本:"本",各本多作"末",孟校本据宋本、张本、丁钞本改作"本",是。陆氏旧藏钞本、四库本亦作"本"。

② 吴曹不兴:"不",各本原作"弗",张校本据周钞本、四库本及《三国志·赵达传》注引《吴录》、张彦远《历代名画记》卷四改正。陆氏旧藏钞本误为"弗兴曹"。

③ 恺之能运五十匹绢画一像:"运",宋本作"连",或形近致讹。

④ 吴不兴晋长康又曾于瓦官寺初置北殿画一维摩:各本均同,然"吴不兴、晋长康"与上下文字不相连贯,当为衍文。又,"初置"亦当为衍文。

⑤ 冯翊太守楚之子:各本均同。案《晋书·孙楚传》:绰乃纂之子,楚之孙。

性通率，好机调。尝与习凿齿同行，绰在前，习凿齿曰："簸之扬之，糠粃在前。"绰曰："澄之汰之，砂砾在后。"

累迁散骑常侍。时大司马桓温欲经纬中原，以河南粗平，将移都洛阳。朝廷畏温，不敢为异，而北土萧条，人情疑惧，虽并知不可，莫敢先谏。孙绰乃疏谏温，温见绰书，不悦，曰："致意兴公，何不寻君《遂初赋》，而强知人家国事耶！"绰少以文才称，于时文士以绰为冠。卒，时年五十八。案《孙绰传》：京师每岁除日，行傩令，所谓逐除也。结党连群，通夜达晓，家至门到，责其送迎。孙兴公尝着戏为傩，至桓宣武家，宣武觉其应对不凡，推问之，乃兴公。案《礼》：傩，逐疠鬼也。《论语》云："乡人傩，朝服立于阼阶。"注云："傩，驱逐疫鬼也。"① 亦呼为野雩戏，今俗谓傩为野胡，并讹言耳。

二年春正月辛丑，百济、林邑使贡方物。己酉，岁星犯镇，在须女。

三月丁酉，诏："非军国戎祀之要，华饰烦费之用，皆省之。"重诏："内外百司，各勤所职，使善无不达，恶无不闻。"癸丑，遣使诣大司马，并问方伯，逮于边戍，宣诏大飨，求其所安。筹量赐给，悉令周普。

夏四月，骓虞见南昌。

六月，遣使拜百济王余句为镇东将军，领乐浪太守。戊子，护军将军庾希举兵反于江北，自海陵入居京口，桓温使周少孙破之，擒希，斩于建康市，② 夷三族。六月，③ 太白昼见。

秋七月，帝不豫。壬辰，疾甚。手诏大司马、丞相桓温曰："少子可辅，即辅之；如不可，君自取。"侍中王坦之毁诏，进曰："天下者，宣、元之天下，非陛下之天下，陛下何得私与人！"帝默然。己未，④ 立会稽王昌明为太子，以道子为琅琊王。六月，帝崩于东堂。⑤ 遗诏以桓温辅政，依诸葛亮、王导故事。

冬十月丁卯，葬高平陵。在今县城东北十五里钟山之阳，不起坟。帝年五十二即位，立一年，年五十三，谥曰简文皇帝，庙号太宗。

帝少善容止，留心坟典，不以居处为意，凝尘满席，湛如也。尝与桓温及武

---

① 注云傩驱逐疫鬼也："云"，孟校本据宋本补。陆氏旧藏钞本及四库本有"云"。张校本未出校。
② 擒希斩于建康市：据《晋书·简文帝纪》、《通鉴》卷一〇三，庚希六月反，七月被擒斩。
③ 六月："六月"二字重出。
④ 己未：各本均同。张校本据《晋书·孝武帝纪》、《御览》卷九九引《晋中兴书》改作"乙未"，孟校本出校，不改字。
⑤ 六月帝崩于东堂：上文已云"秋七月帝不豫"，不得再云帝崩在六月，"六月"二字当为衍文。

陵王晞同载游于板桥，温遽令鸣鼓吹角，车驰卒奔，欲观其所为。晞大恐，求下车，帝安然无惧色，温由此惮服。及温仗文武之任而立帝代海西公，帝虽处尊位，常忧废黜。先是，荧惑守太微，寻而海西废。及帝登阼，荧惑又守太微，帝甚恶之。时中书郎郗超在直，帝乃引入，问曰："命之修短，本所不计，故当无复近日事耶！"超曰："大司马臣温方内固社稷，外恢经略，非常之事，臣以百口保之。"及超请省其父，帝曰："致意尊公，国家遂至于此，由吾不能以道匡卫，愧叹之深，言何能谕。"因咏庾阐诗云："志士痛朝危，忠臣哀主辱。"遂泣下沾襟。然帝虽神识恬畅，而无济世大略，谢安石称为惠帝之流。支遁尝言曰："会稽有远体而无远神。"谢灵运迹其行事，亦以为赧、献之辈也。

案，简文即位，自立僧寺一：波提寺。今废。①

---

① 案简文即位自立僧寺一波提寺今废：郦承铨《建康实录校记》云："此行当是注文。"今四库本亦作注文。

建康实录卷第九　晋中下

烈宗孝武皇帝

孝武皇帝讳曜，字昌明，太宗第三子也。初，太宗见谶云："晋祚尽昌明。"及帝在孕，李太后梦神人曰："汝生子，男，必'昌明'为字。"及产，东方始明，因名之。太宗后闻，悟，乃泣曰："昌明在尔耶！"兴宁三年，封会稽王。

咸安二年秋七月己未，立为皇太子。是日，太宗崩，太子即皇帝位。

九月甲寅，追尊皇妣王氏为顺皇后。

后讳简姬，太原人。父遹，字桓子，少以华族仕至光禄大夫，追赠特进。后初为会稽王妃，生子道生。以穆帝永和四年母子失意，俱废，至是追尊之。

冬十一月，妖贼彭城卢悚自广莫门入殿庭，诈云海西公。遣游击将军毛安之讨平。

是岁，三吴大旱，人多饿，诏所在赈给。

宁康元年春正月己丑朔，大赦，改元。戊申，月掩心大星。

二月，大司马桓温来朝，有篡夺之志，顿兵新亭，欲诛执政而废帝。召侍中王坦之、吏部尚书谢安石，将害之。坦之恐，将欲出奔。谢安止之曰："晋祚存亡，在此一行，君何所逃！"既见温，坦之前，大惧，仓惶倒执手板，流汗霑衣。安石后至，从容高视，良久坐定，谓温曰："安闻诸侯有道，守在四方，明公何须壁后置人！"温笑曰："不能不尔。"遂却兵，欢语移日而罢。丁亥，温拜高陵，① 为先帝灵责，遇疾而去。案《晋书》：温初废海西公，兼害殷涓、曹秀、庾倩等。及太宗崩，

---

① 丁亥温拜高陵："高陵"，各本同。当作"高平陵"，谓简文帝陵也。《晋书·桓温传》作"于是拜高平陵"。

入拜山陵，左右觉其有异，或云"臣不敢"。既登车，失色，顾谓从者曰："向见先帝。"因问涓形状，答曰："肥短。"温曰："向见亦在侧。"归，遂惧而为疾也。

三月丙午，月犯南斗第五星。占以大臣之忧，忧在死亡。癸丑，诏除丹杨、竹格等四航税。案《晋书》：王敦作逆，贼从竹格度，即此航也。今县城西南二里。案《地舆志》：六代自石头东至运署，总二十四所度，皆浮船，往来以税行直，淮对编门。① 大航用杜预河桥之法，其本吴时南淮大桥也，一名朱雀桥，当朱雀门下渡淮水。王敦作逆，温峤烧绝之，是后权以舶航为浮桥。成帝咸康二年，侍中孔坦议复税桥，行者收直，以具其材，但苑宫初理不暇，遂浮航相仍至陈。每有不虞，则烧之。复有骠骑航，在东府城门渡淮，会稽王道子立。并竹格航、丹杨郡城后航总四航，在晋时并收税，至是年，诏皆除税不收，放民之往来也。

秋七月，使持节、侍中、都督中外诸军事、丞相、录尚书、大司马、扬州牧、平北将军、徐兖二州刺史、南郡公桓温薨于姑孰。

温字元子，谯人，汉五更荣之后。父彝，宣城太守。温生未周而温太真见之，曰："此儿有奇骨，可使试啼。"及闻其声，曰："真英物也。"彝见峤所叹赏，故遂以温为名。峤闻之，笑曰："后将易吾姓也。"

及长，豪爽有风概，姿貌充伟，面有七星文，眼如紫石棱，须作猬毛磔。而尚明帝南康长公主，拜驸马都尉。庾翼荐于肃宗曰：② "桓温有雄略，愿陛下不以常婿畜之。"帝遇焉。累迁至琅琊内史。咸康七年，出镇江乘之金城。案《图经》：金城，吴筑，在今县城东北五十里。中宗初，于此立琅琊郡也。建元元年，出都督青、徐诸军事，寻转安西将军、荆州刺史。永和二年，西伐巴蜀，行见诸葛亮八阵图，指谓左右曰："此常山蛇势也。"案《蜀书》：八阵图，诸葛武侯所作，在鱼复平沙上，皆聚细石为八阵，行列相去各三丈许。在今夔州白帝城下江水次。每至冬月水小，行人沿江践踏，毁散殆尽。至夏五六月间，淤潦湮没，其图复如故。及冬水退，次序宛然，实灵异也。既定蜀，还江陵，进位征西大将军、开府。

闻朝廷以殷浩为扬州刺史，仗其北征，甚不平，遂总大将军顺流至武昌。③ 浩惧为逼，奏请驺虞幡住温军。时简文作相，为书与温，言社稷计。温还军，拜

---

① 淮对编门：或为"对淮编门"之讹，谓于诸航秦淮水边编篱门以税过往。
② 庾翼荐于肃宗：《晋书·桓温传》同。张熷《读史举正》云："案《翼传》作成帝为是。盖《翼传》云苏峻作逆，翼年二十二，则明帝时尚少，未得荐温也。"案上文称温尚明帝南康长公主，亦可知温尚公主时明帝已崩。
③ 遂总大将军顺流至武昌："将"疑为衍字。四库本作"遂率所统，顺流至武昌"。

表陈时利祸福。进位太尉，固让不受。及浩北伐败于洛阳，遂奏废浩，自此内外权归于温。遂统步骑四万发江陵，水军自襄阳入均口，至南乡，步自淅川，以征关中，大破伪秦，进军灞上。百姓皆持牛酒迎温于路，耆老咸相泣曰："不图今日复见官军！"

初，温恃麦熟取以为军资，及入关，而苻健尽芟麦苗，野无可收，军粮不继而还。进位大都督，委任专征。寻又北伐，经金城，见少为琅琊时所种柳皆已十围，慨然叹曰："树犹如此，人何以堪！"因攀枝涕泣。遂渡淮、泗，长驱大破姚襄于伊水，引军入洛，修谒先帝诸陵，置令检校。乃旋军，上表请迁都。诏改授并、司、冀三州刺史，温辞不受。又加侍中、大司马、都督中外诸军事，假黄钺。寻加羽葆鼓吹，置左右长史、司马、从事中郎四人。受鼓吹，余皆辞。复率舟军次合淝。加扬州牧、录尚书事，使侍中颜旄宣旨，诏入参朝政。温固辞内录，遂城赭圻居之。① 及鲜卑攻陷洛阳，时简文为相，出会温于洌洲，② 议征讨，温因移镇姑孰。

自以雄武专朝，窥觎非望，或卧对亲僚曰："为尔寂寂，将为文、景所笑。"既而抚枕起曰："既不能流芳后代，不足复遗臭万载邪！"时远方一比丘尼有道术，至姑孰，求浴，温窃视之。③ 尼裸身，先以刀破腹，次断两足，温见恶之。浴竟，问尼。尼曰："君若作天子，亦当如是。"曾经行王敦墓，望曰："可人，可人！"其心迹若是。

太和四年，又北伐，为燕将慕容垂追败，死者过半，甚耻之。引归，表罪袁真。真怒，以寿春叛。明年，平寿春，愠形于色。参军郗超谋劝废立，以益雄威。温从其计，乃诣阙诬废海西公而立太宗。多行杀戮，威势愈赫。侍中谢安见而遥拜，温惊曰："安石何事乃尔？"安曰："未有君拜于前，臣揖于后。"既还姑孰，帝使侍中王坦之数征为相，辞不受。寻而太宗崩，遗诏以温辅少主，同诸葛亮、王导故事。温志在篡夺，望简文临终禅位于己，不尔便为周公居摄。事既不允所望，愤怨，与弟冲书曰："遗诏使吾依武侯、王公故事尔。"及帝即位，使谢安征之入朝，赴山陵。既至新亭，盛气召侍臣，将移晋鼎，不果。因拜陵感疾。归姑孰，病甚，讽朝廷加己九锡。谢安等知病笃，密缓其事。锡文未成而薨，时年六十二。诏依霍光故事。有六子，少子玄嗣。案《晋书》：郭璞谶云："赖子之薎，延我国祚；痛子之

---

① 遂城赭圻居之："城"，各本多作"成"，孟校本据宋刊本及《晋书·桓温传》改，四库本径改，从之。
② 出会温于洌洲："洌洲"，各本多作"洌州"，孟校本据宋刊本及《晋书·桓温传》改。陆氏旧藏钞本作"洌洲"。
③ 温窃视之："视"，宋本作"窥"，《晋书·桓温传》作"温窃窥之"，作"窥"，于义为长。

殒，皇运其暮。"二子谓元子、道子也。及桓玄得志，杀司马道子，晋祚自此倾矣。初，温以雄姿风气是宣帝、刘琨之俦，有以比王敦者，意甚不平。及北征还，得一巧作老婢，问之，乃刘琨伎女。每见温，便泣，问其故，答曰："公甚似刘司空。"温大悦。温出外整衣冠，呼婢问之，答曰："面甚似，恨薄；眼甚似，恨小；须甚似，恨赤；形甚似，恨短；声甚似，恨雌。"温不悦。

八月壬子，①崇德太后临朝摄政。

九月，复置光禄勋、大司农、少府等官。

冬十月，西平公张天锡贡方物。

是岁，南郡州陵女唐氏渐化为丈夫。

二年春正月，北中郎将、徐兖二州刺史刁彝卒。

三月丙戌，彗星见于氐。

夏五月壬戌，②皇太后诏"三吴义兴、晋陵及会稽遭水之县尤甚者，全除一年租布，其次听除半年，受赈贷者即以赐之"。

八月，以长秋将建，权停婚姻。

九月丁丑，有星孛于天市。

冬十一月，长城人钱步射、钱弘等作乱，吴兴太守朱序讨平之。

三年春正月，大赦。

夏五月丙午，中书令、徐兖二州刺史、北中郎将、蓝田侯王坦之卒。

坦之字文度，太原人。祖承，以永嘉乱渡江，中宗拜从事中郎。承性宽恕，自东渡江，每遇艰险，人怀危惧，承夷然，无忧喜色。既至下邳，登山北望，叹曰："人言愁，我始欲愁矣。"及至建邺，众亲爱之。渡江名臣王导、卫玠、周𫖮、庾亮之徒皆出其下，为中兴第一。年四十六卒，朝野痛惜之。自昶至承，世有高名，论者以为祖不如孙，孙不及父。父述，性沉静，位至尚书令。

坦之弱冠俊茂，与郗超俱有重名，时人为之语曰："盛德绝伦郗嘉宾，江东独步王文度。"时仆射江彪领选，将拟为尚书郎。坦之曰："尚书郎正用第二人，何得以此见拟！"彪乃止。累迁侍中、左卫将军。为人事风格，尤非时俗之辈，不敦儒教，颇尚刑名学。著《废庄论》，以荀卿称庄子"蔽于天而不知人"，杨雄

---

① 八月壬子：八月己卯朔，无壬子日，疑为"壬午"之误。
② 夏五月壬戌：五月辛巳朔，无壬戌日。《晋书·孝武帝纪》"五月"作"四月"，四月壬子朔，壬戌为是月十一日。

言"庄周放荡而不法",何晏云"鬻庄躯,放玄虚,而不周乎时变"。引三贤之说,以为理当。

简文即位,朝事委之。帝临崩,受遗诏。及桓温薨,坦之与谢安共辅幼主。迁中书令、都督徐兖青三州诸军事、北中郎将、徐兖二州刺史,镇广陵。时谢安石好声律,期功之惨,不废伎乐,颇以成俗。坦之遗书苦谏之,往返数四。案《晋书》:谢安与坦之书曰:"仆所求者声,谓称情义,无所不可为,复聊以自娱耳。若絜轨迹,崇世教,亦非所屑。常谓君粗得鄙趣者,犹未悟之濠上耶!故知莫逆,未易为人。"坦之答曰:"具君雅旨,此是诚心而行,独往之美,然恐非《大雅》《中庸》之谓。意者以为人之体韵犹器之方圆,方圆不可错用,体韵岂可易处!各顺其方,以弘其业,则岁寒之功宿有成矣。吾子少立德行,体义淹允,加以令地,优游自居,金曰之谈,咸以清远相许。至于此事,实有疑焉。公私二三,莫见其可。以此为濠上,悟之者得无鲜乎!且天下之宝,故为天下所惜,天下之所非,何为不可以天下为心乎?想君幸复三思。"安竟不从也。

坦之初与沙门竺法师甚厚,每共论幽明报应,便要先死者当报其事。后经岁,师忽来云:"贫道已死,罪福皆不虚。唯当勤修道德,以升济神明尔。"言讫不见。坦之寻亦病卒。临终,与谢安、桓冲书,言不及私,唯忧国家之事,朝野痛惜之。四子:恺、愉、国宝、忱。

秋八月癸巳,立皇后王氏,大赦,加文武位一等。

冬十月癸酉朔,日有蚀之。

十二月,帝释奠于中堂,祠孔子,以颜回配。甲申,神虎门灾。

太元元年春正月壬寅朔,帝加元服,见于太庙。皇太后归政。甲辰,大赦,改元。丙午,帝始临朝,迁改官镇。甲子,谒建平等四陵。

夏五月癸丑,地震。甲寅,诏议狱缓刑,大赦天下。

秋九月,苻坚将苟苌攻陷张天锡,虏之,尽有凉州之地。乙巳,除度田收租之制,王公已下口税米三斛,蠲在役之身。

冬十月,移淮北流人于淮南。

十一月己巳朔,日有蚀之。①诏太官彻膳。

是岁,给事中、散骑常侍、护军长史许穆卒。

穆字思玄,一名谧。祖尚、父副。穆少知名,简文在藩,为世表之交。起家为太学博士,累迁位散骑常侍、护军长史。虽居蝉冕,心在道德。以第四兄远游

---

① 十一月己巳朔日有蚀之:十一月为丁酉朔。该月日蚀事,《晋书·天文志》《宋书·五行志》皆不载。

嘉遁不返,遂表辞荣。太宗不夺其志,许穆乃宅于茅山,与杨义遍该灵奥,①天降玉札,所授为上清真人。年七十二,解驾违世。案《晋书》:许长史生四子,第三子翙,字道朔。母陶氏,早亡,亦得道,在洞府易迁宫中。翙幼清洁绝世,研精上业,恒居茅山宅。太和中,《真诰》云:"后十六年,当度东华为上相青童,当侍帝农,受书为上清仙公,与希子并职北帝臣也。"侍中翙长兄揆,一名毗;次兄虎牙,一名融,并得道。揆孙灵真,又得道。梁高祖为于山别立祠真馆。长史本宅,梁天监十三年立为朱阳观,今之紫阳观是也。宅南一井,即长史所穿。南一塘,郭朝筑以雍柳,名曰公泉。案《茅山记》:小茅山北有一山,名雷平山,山西北有上清真人许长史宅。宅今为观,观前有真人灵坛。其山东北又接方隅山,山有燕口洞,洞下有宫室,左方乙馆。《真诰》云:"许掾以太和五年于茅山北隐化,②居此馆也。"

二年春正月,诏继绝世,绍功臣之后。

闰三月壬午,地震。暴风折木发屋,扬沙石。

秋,尚书令王彪之卒。

彪之字叔武,③琅琊人也。父彬,少雅正,与兄廙俱渡江,中宗引为典兵参军。中兴建,累迁位侍中。初,从兄敦举兵入石头,帝使彬劳敦。会周𫖮遇害,彬素相善,先往哭𫖮,甚恸。而见敦,怪其有惨容,而问其所以。彬曰:"向哭伯仁,情不得已。"敦怒曰:"伯仁自致刑戮,且凡人遇汝,复何为者哉!"彬曰:"伯仁长者,君之亲友,在朝虽无謇谔,亦非阿党,而赦后加之极刑,所以伤其死。"因勃然数敦曰:"兄抗旌犯顺,杀戮忠良,谋图不轨,祸及门户。"而音辞慷慨,声泪俱下。敦大怒,厉声曰:"尔狂悖乃可至此,为吾不能杀汝耶!"时王导在座,为之惧,劝彬起谢。彬曰:"有脚疾已来,见天子尚欲不拜跪,此复何谢!"敦曰:"脚痛孰若颈痛!"彬意气自若,殊无惧容。后敦议举兵向京师,彬切谏。敦变色目左右收彬,彬正色曰:"君昔岁害兄,今又杀弟耶?"案《晋书》:敦从兄棱,为豫章太守,敦害之。故彬有此言。敦平,迁至尚书右仆射。

彪之年二十,须鬓皓白,时人谓之"王白须"。起家为东海王文学。时从伯导谓曰:"选官欲以汝为尚书郎,汝幸可作诸王佐耶!"彪之曰:"位之多少既不足计,自当任之于时。至于超迁,是所不愿。"复累迁,进位侍中、吏部尚书。

---

① 与杨义遍该灵奥:"杨义",《真诰》卷二〇《真胄世谱》作"杨羲",琅琊王府司徒舍人。
② 许掾以太和五年于茅山北隐化:"掾",周钞本作"穆",四库本作"阙",陆氏旧藏钞本阙字。
③ 彪之字叔武:"叔武",《世说·轻诋篇》注引《王氏谱》、《御览》卷二一五引《晋中兴书》、《淳化阁帖》卷七、《通志》卷一二八皆作"叔虎","武"乃唐人避讳改。

时简文执政,当南郊,访彪之应有赦。① 彪之答云:"中兴已来,郊祀往往有赦,愚意常谓非宜,何者?黎庶不达其意,将谓郊祀必赦,至此时,凶愚之辈复生心于侥幸矣。"帝遂从之。

时太尉桓温欲北伐,辄下武昌,人情震惧。或说扬州刺史殷浩引身告退,彪之议且当静以待之,请相王作手书示以成败。浩曰:"决大事正自难,顷日来欲使人闷,闻卿谋,意始得了。"温亦奉帝旨,不进。

既而长安人雷弱儿、梁安等诈云杀苻健、苻眉,请兵应接。会殷浩出镇寿阳,便进据洛营。② 彪之上疏弱儿、梁安等容有诈伪,浩未宜轻进。寻而弱儿果诈,姚襄反叛,浩大败退。帝笑谓彪之曰:"果如卿言。卿自顷已来,谋无遗策。"

除尚书仆射。出为会稽内史,居郡八年,豪右屏迹,亡户归者内三万余口。③ 桓温下至姑孰,坐免彪之,去郡。顷之,召为仆射。及温将废海西公,百僚震栗,温亦色动,莫知所为。彪之知温不臣迹已著,理未可夺,乃谓温曰:"公阿衡皇家,便可倚傍先代耳。"命取《霍光传》看之,礼度仪注,定于须臾,曾无惧容。温欢曰:"作元凯不当如是耶!"时废立之仪既绝于旷代,朝臣莫有识其故典者。彪之神彩毅然,朝服当阶,文武仪准,莫不取定,朝廷以此服之。

及简文崩,群臣疑惑,未敢立嗣,或云当须大司马处分。彪之正色曰:"君崩,太子代立,大司马何容得异!"于是朝议乃定。及孝武即位,太皇太后令以帝幼冲,加在谅暗,令温依周公居摄故事。彪之不奉命,谨具封还内,请停,事遂不行。温薨后,太皇太后临朝,④ 迁尚书令,与谢安共掌朝政。既老,乞骸骨,不许。转护军将军。谢安欲更营宫室,彪之曰:"中兴初,即位东府,殊为俭陋,元、明二朝亦不改制。苏峻之乱,成帝止兰台都坐,殆不蔽寒暑,是以更营修筑。方之汉魏,诚为俭狭,复不至陋,殆合丰约之中,今自可随宜增修。强寇未殄,不可大兴功力。"安曰:"宫室不壮,后世谓人无能。"彪之曰:"任天下事,当保国宁家,朝政惟允,岂以修屋宇为能耶!"安无以夺之。故终彪之世,不改宫室。彪之当朝,纲纪皆如此也。疾笃,诏赐钱三十万以营药。卒,年五十六。⑤ 二子:越之、临之。

---

① 访彪之应有赦:《晋书·王彪之传》"赦"下有"不"字,于义为长。

② 便进据洛营:各本皆同。案《晋书·王彪之传》作"便进据洛,营复山陵",知"营"字当为衍字。

③ 亡户归者内三万余口:"内",四库本、陆氏旧藏钞本皆无字,当为衍字。

④ 太皇太后临朝:原作"太皇临朝",张校本据徐钞本改。孟校本据宋刊本改"皇"为"后",误。上文亦云"太皇太后令"。太皇太后谓崇德太后褚氏,于宁康元年八月临朝摄政,《晋书·孝武帝纪》《王彪之传》同。

⑤ 卒年五十六:《晋书·王彪之传》《世说人名谱·琅邪临沂王氏谱》并作"年七十三"。

三年春正月，尚书仆射谢安石以宫室朽坏，启作新宫。帝权出居会稽王第。

二月，始工，内外日役六千人。安与大匠毛安之决意修定，① 皆仰模玄象，体合辰极，并新制置省阁堂宇，名署时政。构太极殿，欠一梁，乃有梅木流至石头津，津主启闻，取用之。因画花于梁上，以表瑞焉。又起朱雀门重楼，皆绣栭藻井，门开三道。上重名朱雀观，观下门上有两铜雀，悬楣上刻木为龙虎，左右对。案《地图》：朱雀门北对宣阳门，相去六里，② 名为御道，夹开御沟，植柳。朱雀门南渡淮，出国门，去园门五里，③ 吴时名为大航门，亦名朱雀门。南临淮水，俯枕朱雀桥，亦名大航桥也。

夏六月，荧惑守羽林。

秋七月，新宫成，内外殿宇大小三千五百间。案《苑城记》：城外堑内并种橘树，其宫墙内则种石榴，其殿庭及三台、三省悉列种槐树，其宫南夹路出朱雀门，悉垂杨与槐也。辛巳，帝居新宫。乙酉，老人星见于南方。

八月，氐贼韦钟入汉中。

四年春正月丙子，谒建平等七陵。

二月戊午，伪秦苻坚使其子丕攻陷襄阳，执我南中郎将、梁州刺史朱序。

三月，大疫。壬戌，诏曰："狡寇纵逸，藩守倾没，疆场之虞，事兼平日。其内外众官，各悉心戮力，以康庶事。又年谷不登，百姓多匮，其诏御所供，事从俭约，九亲供给，众官廪俸，权可减半。凡诸役自非军国事要，皆宜停省，以周时务。"

夏五月，苻坚频寇郡县。

六月，大旱。戊子，征虏将军、④ 兖州刺史谢玄讨秦将句难、⑤ 彭超于君川，大破之，余党皆走。

秋八月乙未，暴风，扬沙走石。

冬十二月己酉朔，⑥ 日有蚀之。

五年夏四月，大旱。赦五岁刑已下。

---

① 大匠毛安之："之"原作"人"。《晋书·毛安之传》云安之于孝武帝时官右卫将军，领将作大匠。《世说·方正篇》注引徐广《晋纪》亦作"大匠毛安之"，张校本据改，孟校本未出校记。

② 朱雀门北对宣阳门相去六里：建康都城宣阳门至朱雀门之御道，皆云五里。

③ 去园门五里："园门"或为"苑门"之误。苑门，孙吴建业对苑城之门，即后之宣阳门。

④ 征虏将军：《晋书·孝武帝纪》同。周家禄《晋书校勘记》云："'征虏'当作'建武'，据本传按时玄叔父石方为征虏将军。"

⑤ 句难：《晋书·孝武帝纪》《谢安传》《刘牢之传》同，《苻坚载记》、《通鉴》卷一〇四并作"俱难"。

⑥ 冬十二月己酉朔：十二月乙卯朔，《晋书·天文志中》《宋书·五行志五》并作"闰月己酉朔"，是。

六月甲寅，震含章殿四柱，并杀内侍二人。甲子，以比岁荒俭，大赦天下。自太元三年已前逋租宿债皆蠲除之，其鳏寡穷独孤老不能自存者，赐米人五斛。

八月，太常韩伯卒。

伯字康伯，颍川人。母殷浩姊，贤明有行。伯早孤，少酷家贫。年数岁，母为作襦子，令康伯捉熨斗，谓曰："且着，寻为汝作袴。"伯曰："已足，不复烦母。"母问其故，答曰："如火在熨斗中，而柄亦热，今既着襦，皆当暖也。"母异之。及长，好学清洁，注《周易·下系》。同郡庾龢目之曰："思理伦和，我敬韩康伯；志力强正，吾愧王文度。"累迁位至吏部尚书，改授太常。卒，时年四十九。

九月癸未，皇后王氏崩。

冬十一月乙酉，葬定皇后于隆平陵。

后讳法慧，哀靖皇后之侄。父蕴。蕴子恭，弱冠见仆射谢安，安深敬重之。因帝纳后，乃访选蕴女，帝遂纳焉。后性嗜酒，骄妒，帝深患之。乃召蕴于东堂，具说后过，令加训诫，蕴免冠谢。后于是少自改饰。年二十一崩，在位五年。

蕴字叔仁，司徒长史濛之子。累迁尚书吏部郎。性平和，不抑寒素。每一官缺，求者十辈，蕴无所是非，连状白之，某人有地，某人有才，务存进达，各随其方，故不得者无怨焉。出为吴兴太守。属郡荒人饥，辄开仓赈恤，而后表请罪。性亦嗜酒。定后立，迁五兵尚书、本州大中正，封建昌侯，蕴固辞不受。乃授都督京口诸军事、左将军、徐州刺史，假节，镇于京口。后为都督浙江东五郡、镇军将军、会稽内史。卒，年五十五。

次子恭。恭弟爽，尝与会稽王道子饮，道子醉呼爽为小子，爽曰："亡祖长史与简文皇帝为布衣之交，亡姑、姊伉俪二宫，何小子之有！"道子衔之。及兄恭败，同被诛。

六年春正月，帝初奉佛法，立精舍于殿内，引诸沙门居之。丁酉，初置督运御史官。

夏六月己巳，诏改制度，减烦费，损吏士员七百人。

秋九月辛未，卫将军谢安石习水军于石头。

冬十月乙卯，有奔星东南，经翼轸，声如雷。《星说》曰：星迹相连曰流，绝迹而去曰奔。

十一月，襄城太守桓石虔大破苻坚将阎震、梁成于竟陵，生擒震，①斩首七千余级，俘获万人。无麦禾，天下大饥。

七年秋八月，东夷五国遣使来贡方物。②

冬十一月，太白昼见，在斗。

是岁，梓潼太守周虓卒于秦之太原。

虓字孟威，汝南安成人，镇西将军抚之曾孙。少有节操，累迁梓潼太守。宁康初，前秦苻坚使杨安寇梓潼，虓固守涪城，遣步骑数千送母妻，从汉水将投江陵，为坚将朱彤邀而获之，虓遂降于安。送虓于苻坚，坚欲以为尚书郎，虓曰："蒙国厚恩，以至今日。但老母见获，失节于此。母子获全，秦之惠也。虽公侯之贵，不以为荣，况郎任乎！"坚乃止。自是每入见坚，辄箕踞而坐，呼之为氐贼。坚不悦。属元会，威仪甚整，舆虓来，谓曰："晋家元会何如此？"虓攘袂厉声曰："戎狄集聚，譬犹犬羊相群，何敢比天子！"乃使吕光征西域，③坚自出饯之，戎士二十万，旌旗数百里，又问虓曰："朕众力何如？"虓曰："戎夷已来，未之有也。"坚左右以虓不逊，屡请除之，坚待之弥厚。

太元三年，虓母终，既殡葬，遂潜归至汉中，坚得之。与苻苞谋袭坚，④事泄，引虓讯之，虓曰："昔渐离、豫让，燕、晋之微臣，犹漆身吞炭，不忘忠节。况虓世荷晋恩，岂敢忘也。生为晋臣，死为晋鬼，复何问焉！"有司请杀之。坚曰："杀之适成其名。"乃挞一百，徙于太原。后坚复陷顺阳、魏兴，二守皆执节不挠。坚叹曰："周孟威不屈于前，丁彦远洁己于后，吉祖冲不食而死，皆晋忠臣也。"虓竟病卒。信至，谢玄亲临哭之，因上疏曰："旌表节义，国之典也。"帝悲之，追赠益州刺史。

是岁，三吴士大夫置东冶，以为钱送所。案《地图》：名东冶，即国之置冶铸处。在汝南湾东南，西临淮水，去今县城东八里，桃花园东二里。汝南湾，即晋汝南王初过江，家于此地。

八年春二月癸未，黄雾四塞。

---

① 十一月襄城太守桓石虔至生擒震：《通鉴》卷一〇四云，十一月秦荆州刺史都贵遣司马阎震南侵竟陵，十二月桓石虔擒斩阎震。又，"阎震"，《晋书·苻坚载记上》《通鉴》作"阎振"。"襄城"，《晋书·桓石虔传》《苻坚载记上》《通鉴》卷一〇四并作"南平"。
② 秋八月东夷五国遣使来贡方物："八月"，《晋书·孝武帝纪》作"九月"。
③ 乃使吕光征西域："乃"，孟校本据徐钞本、甘钞本改为"及"，于义为长。
④ 与苻苞谋袭坚："苻苞"，《晋书·周虓传》同。《苻坚载记上》《通鉴》卷一〇四并作"苻阳"。

三月，始兴、南康、庐陵大水，平地五丈。

夏四月甲子，太白昼见，在参。

秋九月，①伪秦苻坚大举兵，自来寇，众号百万。

九月，诏司徒琅邪王道子录尚书六条事。以卫将军谢安石为征讨大都督。安乃假弟石为都督，举冠军将军谢玄为前锋元帅，西中郎将桓伊、辅国将军谢琰等总戎八万，拒秦军于淮南。

冬十月，苻坚至项城，使弟融及张蚝等二十万先过淮，攻陷寿春。遣梁成、王显、慕容屈等别屯洛涧。②玄既渡江，使鹰扬将军、广陵相刘牢之领锐卒五千直指洛涧，大破秦军，斩梁成及弟云，生擒王显、慕容屈等，尽收军实。甲戌，大军逼寿春。

初，秦之入也，谢安先遣龙骧将军胡彬援寿春，寿春既陷，彬粮尽路绝，乃使人间行送书于石等，言："今贼盛粮尽，恐不见大军。"秦人逻遮得之，驰白坚云："晋惧，恐谢石等逸，宜速进军。"坚大悦，自项城率军轻骑八万兼道赴寿春，敕军人"有言吾至者，拔其舌而族之"。既至，登寿春城壁，见晋军众整齐，又看八公山草木，皆类人形，顾谓弟融曰："此乃劲敌，何谓少乎！"怃然有惧色。乃使朱序来说谢石、玄，广称兵威，欲胁降之。序至，密谓石等曰："今苻坚已入寿春，若百万众悉到，莫可与敌。及其未会，击之，可得志。"石与玄、琰等闻坚在寿春，请战，秦许之。

乙亥，琰进淝北。坚使苻融结阵临淝水，玄不得渡，使人谓融曰："君远涉吾境，而临水为阵，是不欲速战。请君稍却，令将士得周旋，仆与诸军缓辔而观之，不亦乐乎！"融众不许，使白坚。坚曰："但却军，令得过，我自以铁骑十万向水，逼而杀之。"融遂麾军退，众因乱不能止。玄、琰与桓伊等涉淝水，鼓噪决战，大破秦军于淝南。临阵斩苻融，坚中流矢。众奔溃，自相践藉，投水死者不可胜计，淝水为之不流。坚与数骑弃甲宵遁，闻风声鹤唳，皆以为王师至，草行露宿，饥冻死者十七八。获坚乘舆云母车，仪服、器械、军资山积，牛马驼驴十余万。而朱序、张天锡俱奔归。③

---

① 秋九月："九月"与下文重出，当为"八月"之误。《晋书·孝武帝纪》、《通鉴》卷一〇五皆记苻坚举兵来寇在八月。

② 慕容屈：《晋书·谢玄传》作"慕容屈氏"。

③ 乙亥至俱奔归：《通鉴》卷一〇五记淝水之捷在十一月。

冬十一月庚申,①诏卫将军谢安劳旋师于金城。壬午,②立陈留王世子灵诞为陈留王。乙未,③拜朱序为龙骧将军,以张天锡为员外散骑常侍。

十二月,以寇难初平,大赦,开酒禁,始增百姓税米,口五石。仇池公杨世奔还陇右,④遣使称藩。诏诸将分令进取。

九年春正月辛亥,谒建平等四陵。是月,刘牢之克谯城,车骑将军桓冲拔上庸、魏兴、新城三郡。

二月辛巳,使持节、都督荆江梁宁益交广七州诸军事、车骑将军、荆州刺史桓冲卒。

冲字幼子,大司马温弟也。有武干,温甚异之。初,父亡后,兄弟并少,家贫,母患,须羊以解,无由得之,温乃以冲质羊。羊主不欲为质,乃言曰:"幸为养买德郎。"买德郎,冲小字也。及冲为江州刺史,厚报之。

温亡后,冲进位扬、豫二州刺史,代温秉政。冲尽忠王室,或劝冲诛除时望,专执权衡,冲不从。及谢安辅政,冲乃自解扬州,求出外镇。桓氏党以为非计,莫不扼腕苦谏,郗超亦深言之。冲不纳,处之淡然,无以为恨,忠言嘉谟,恒尽心力,专都督荆江梁宁益交广七州诸军事、荆州刺史。将之镇,武帝饯于西堂,⑤赐钱五十万,酒三百四十石,牛五十头,犒赐文武,祖道,谢安自送至溧州。冲遂表移镇上明。

时苻坚举国内侵,冲深以为根本之虑也,以兵三千来赴京师。谢安谓三千人不足为损益,外示闲暇,固不听下。遣报:"朝廷处分已定,兵革无阙,宜以防西蕃。"冲闻,谓左右曰:"谢安有廊庙之用,无经远之略,天下事可知,吾其左衽矣!"俄闻破秦军,内惭恚,发病而卒,时年五十七。

冲性俭素,而谦虚爱士。尝浴,妻送新衣,冲大怒,促令持去。妻复送之,曰:"衣不经新,何缘得故!"冲笑而服之。在荆州,命处士南阳刘驎之为长史,驎之不屈,亲自往迎之,礼甚恭。逸人刘驎之住在南平阳歧村,冲将造之。值驎之

---

① 冬十一月庚申:十一月丙戌朔,无庚申日。
② 壬午:十一月丙戌朔,无壬午日。《晋书·孝武帝纪》作"壬子",为是月二十七日,张校本据改,孟校本出校记,未改。
③ 乙未:为本月之初十,事当系于前。
④ 仇池公杨世奔还陇右:"杨世",《晋书·孝武帝纪》同。张熷《读史举正》云:"按《宋书·氐胡传》:此乃杨定,非世也。世已于太和五年死矣。"据《魏书》《北史》《宋书·氐胡传》及《通鉴》卷一〇六,此乃太元十年事,《实录》系之八年,承《晋书》之误。
⑤ 武帝饯于西堂:"武帝"当作"孝武帝"。

在树采桑，冲遣通驎之，驎之曰："使君忘其陋贱，猥赐光临，请先诣家君。"冲因诣其父。父命驎之于内取浊酒菜菹，冲令人代驎之斟酌，其父辞曰："若使官人，非野民之意。"冲为尽欢而去。驎之尝赈穷济急，以身亲其事，村民感焉。远村有一独妪，病将死，谓人曰："谁当埋我，唯有刘长史。"驎之往看，自为治棺殡之。侍中张玄奉诏至江陵，经阳歧村，见一人持生鱼半笼来造船，寄作鲙，及维舟取之，问姓名，即驎之也。玄素闻其名，甚礼重。驎之餐罢即返，竟弗留焉。又辟处士长沙邓粲为别驾，备礼尽恭。粲感其好贤，乃起应命。

及临卒，言不及私，唯与谢安书云："妙灵、灵宝尚小，亡兄寄托不终，以此为恨！"论者益嘉之。及丧下江陵，士女临江号送。有七子。案《晋书》:嗣、谦、脩、崇、弘、羡、怡七人。①

三月，进卫将军谢安为太保。苻坚将姚苌背坚于北地，自号秦王。

夏四月己卯，增置太学生一百人。封张天锡为西平公。使竟陵太守赵统取襄阳，克之。

六月癸丑，崇德太后褚氏崩。

后讳蒜子，河南阳翟人。征北大将军、开府仪同三司、徐州刺史、都乡侯裒女。少明德，有器概。康帝即位，立为皇后。穆帝即位，尊后曰皇太后。帝幼冲，未亲国政，群臣上奏，请后临朝称制。及帝冠，乃归政，居崇德宫。戒公卿戮力辅翼，以匡不逮。哀帝、海西之世，太后复临朝称制。②及海西废，简文即位，尊为崇德太后。及帝崩，孝武帝即位，幼冲，桓温又薨，群臣再启后临朝，帝冠归政。至是，③年六十一，崩，在位四十年，凡三临朝摄政事。

初，康帝建元二年十月，卫将军营兵士陈漦女台有文在足，曰"天下之母"，炙之愈明。京邑喧哗，有司收系以闻。俄自建康县狱亡去。明年，康帝崩，献后临朝，此其祥也。

七月戊戌，使兼司空、高密王纯之往洛阳修谒五陵。己酉，葬康献皇太后于崇平陵。

八月，诏谢玄出屯彭城，经略中原。玄率诸军堰吕梁水，树栅，立七埭为派，

---

① 案晋书嗣谦脩崇弘羡怡七人：当是夹注文。
② 哀帝海西之世太后复临朝称制：《晋书·后妃传》同。李慈铭《晋书札记》云："案《哀帝纪》惟兴宁二年帝以服药致疾，崇德太后复临朝摄政，至《海西公纪》不言有临朝事，此处'世'字当为'际'字之误。"
③ 至是：张校本作"至事"，恐误。从孟校本作"是"。

拥二岸之流，以利运漕。进伐青州，故谓之青州派。时苻丕为慕容垂所逼，自邺遣参军焦远进谢玄青铜镜、①黄金碗、宛转绳床、玉如意，请救。玄使送于京师。戊寅，司空郗愔薨。

愔字方回，高平金乡人，太尉鉴之长子。善草隶书，常与姊夫王羲之、高士许玄度等栖心绝谷，十许年方起，至司空。愔子超。

超字嘉宾，少卓荦，有旷世之度。桓温辟为参军，累迁中书侍郎，先父卒。案《三十国春秋》：超既与桓温善，而温有不臣之心，愔深恶以诫超。超临亡，谓门人曰："吾有与桓书疏草一箱，本欲焚之，恐大人年尊，必悲伤为敝。我死后，若大损眠食，可呈此箱书。"及卒，愔果悲恸成疾，门人呈此书，皆是与桓温谋事。大怒，遽焚之，曰："小子死恨晚矣！"②

初，王献之兄弟，自超未亡，见愔，常蹑履问讯，甚修舅甥之礼。及超死后，见愔怠慢，屦而候，命席便迁延辞避。愔甚不平，叹曰："使嘉宾不死，鼠子敢尔耶！"

九月甲午，加太保谢安为大都督扬江荆司豫徐兖青冀幽并梁益雍凉十五州诸军事。

冬十月辛亥朔，日有食之。己丑，③以玄象乖度，大赦天下。中书侍郎车胤上表，议立明堂辟雍事。庚午，伪秦青州刺史苻朗来降。是月，前荥阳太守习凿齿卒。

凿齿字彦威，襄阳人。宗族富盛，世为乡豪。凿齿少博学洽闻，以文笔称。桓温为荆州刺史，辟为从事，寻转西曹主簿，累位迁荥阳太守，以尺牍称善。既罢郡，与桓祕书曰："吾以去年五月三日来达襄阳，每定省舅家，从北门入，西望隆中，想卧龙之吟；东眺白沙，思凤雏之声；北临樊墟，存邓老之高；南眷城邑，怀羊公之风；纵目檀溪，念崔徐之友；肆睇鱼梁，追二德之远，未尝不徘徊移日，惆怅极多。"时有桑门释道安与凿齿初相见，道安曰："弥天释道安。"凿齿曰："四海习凿齿。"时人以为佳对。

时温觊觎非望，④凿齿在郡，著《汉晋春秋》以裁正之。起汉光武，终于晋愍帝，凡五十四卷。以为三国之时，蜀以宗室为主，⑤魏武虽受汉禅晋，尚为篡逆，至文

---

① 遣参军焦远进谢玄青铜镜："焦远"，宋刊本作"焦达"，丁本作"焦遂"，《晋书·苻坚载记下》、《通鉴》卷一〇五并作"焦逵"。
② 案三十国春秋至死恨晚矣：当为夹注。
③ 己丑：各本皆同。十月辛亥朔，无己丑日。《晋书·孝武帝纪》作"乙丑"，为是月十五日。
④ 时温觊觎非望：宋刊本、徐钞本、甘钞本、丁钞本"温"字上有"桓"字，陆氏旧藏钞本同。
⑤ 蜀以宗室为主："主"，《晋书·习凿齿传》作"正"。

帝平蜀，乃为汉亡而晋始兴焉。引世祖讳炎兴而为禅授，①明天心不可以势力强也。凿齿寻以脚疾废居于里巷。

及苻坚陷襄阳，与道安俱获于秦。秦主与语，大悦，赐遗甚厚。又以其蹇疾，与征镇书曰："昔晋氏平吴，利在二陆；今破汉南，获士裁一人有半尔。"后苻坚败，归襄阳。襄、邓反正，朝廷欲征凿齿，使典国史，未行，会卒。临终上疏，并写所著论一篇，陈自晋起继于汉，不应以魏后为三恪。子辟强，才学有父风，位至骠骑从事中郎。案《晋书》：凿齿为桓温西曹主簿。时温有大志，既平蜀，召蜀人知天文者至，夜执其手问国祚修短。答曰："世祀方永。"温疑其难言，乃饰辞云："如君言，岂独吾福，乃苍生之幸。然今日之语自可令尽，必有小小厄运，亦宜说之。"星人曰："太微、紫微、文昌三宫气候如此，必无忧虞。五十年外不论耳。"温不悦，乃止。异日，送绢一匹、钱五千以与之。星人驰诣凿齿曰："家在益州，被命远下，今受旨自裁，无由致其骸骨。缘君仁厚，乞为标碣棺木耳。"凿齿问其故，星人曰："赐绢一匹，令仆自裁；惠钱五千，以买棺耳。"凿齿曰："君几误死！君尝闻干知星宿有不覆之义乎？②以此绢戏君，以钱供道中资，是听君去耳。"星人大喜，明日便诣温别。温问去意，乃以凿齿言答。温笑曰："凿齿忧君误死，君定是误活。然徒三十年看儒书，不如一诣习主簿。"

十二月，伪秦将吕光自称制于河右，号酒泉公。

是岁，慕容冲僭皇帝位于阿房。

十年春，尚书令谢石以学校陵迟，上疏请兴复国学于太庙之南。案《舆地志》：在江宁县东南二里一百步古御街东，③东逼淮水，当时人呼为国子学。西有夫子堂，画夫子及十弟子像。西又有皇太子堂，南有诸生中省，门外有祭酒省、二博士省。旧置博士二人，梁大同中，又置正言博士一人，加助教理礼。初，显宗咸康三年，立太学，在秦淮水南，今升桥地，对东府城南，小航道西，在今县城东七里废丹杨郡城东，至德观西，其地犹名"故学"。江左无两学，及武帝置国学，并入于今处也。

三月，蜀郡守任权斩苻坚将益州刺史李丕，益州平。④

夏四月，苻坚为姚苌、慕容冲所逼，遣使求救。诏太保谢安率众救秦。帝自

---

① 引世祖讳炎兴而为禅授：《晋书·习凿齿传》同。李慈铭《晋书札记》云："案引世祖讳云云，语有脱落，当作'引世祖讳炎为炎兴，而后主讳禅为禅受'，文义方明。"

② 君尝闻干知星宿有不覆之义乎：《晋书·习凿齿传》同。《册府》卷七八八"干知"作"干支"，《通志》卷一二九下作"子知"。

③ 古御街东："古"原作"右"，孟校本据宋刊本、徐钞本改，从改。

④ 三月至益州平：《晋书·孝武帝纪》记此事在二月，《通鉴》卷一〇六系于四月。

行西池宴群臣饯安，赋诗者五十八人。案《地志》：西池，吴宣明太子孙登所创，①谓之西苑。中宗即位，明帝为太子，更加修之。多养武士于池内，筑土为台，时人呼为太子西池。今惠日寺后池也。甲子，安发自石头。

五月，苻坚奔五将山。

六月，坚太子宏自长安来奔，慕容冲入长安。

秋七月，老人星见。大旱，井渎皆竭，太官供膳皆资天泉池。②

八月丁酉，使持节、侍中、中书监、大都督扬荆等十五州诸军事、卫将军、太保谢安薨。

安字安石，镇西将军尚从弟。父裒，太常卿。安年四岁时，桓彝见而叹曰："此儿风神秀彻，不减王东海。"及总角，神识沉敏，风韵调畅，善行书。弱冠，诣王濛，清言良久。安既去，濛子脩曰："向客如何？"濛曰："此客亹亹，为来逼人。"王导亦深器之，由是少有重名。

初辟司徒府，除佐著作郎，并以疾辞。寓居会稽，与王羲之、许玄度、支遁等游处，出则渔弋山水，入则言咏属文。扬州刺史庾冰以安有重名，必欲致之，累征为尚书郎，不起。后吏部尚书范汪举安为吏部尚书，③以书距绝之。有司奏安被召，累年不至，禁锢终身，遂栖迟东土。每往临安山中，坐石室，临濬谷，悠然叹曰："此亦伯夷何远！"尝与孙绰等泛海，风起浪涌，④诸人并惧，安吟啸自若。舟人以安为悦，犹去不止。安徐曰："如此将何归耶？"舟人承言即回。众咸服其雅量。安虽放情丘壑，然每游赏，必以妓女从。时安弟万为西中郎将，总藩任之重。安虽处衡门，其名犹出万之右，自然有公辅之望。其妻，刘惔妹也，既见家门富贵，而安独静退，乃谓安曰："丈夫不如此。"安掩鼻曰："恐不免耳。"及万黜废，安始有仕进之心，时年已四十余矣。

征西大将军桓温请为司马，将发新亭，朝士咸祖送。中丞高崧戏之曰："卿屡违诏旨，高卧东山，诸人每相与言，安石不肯出，将如苍生何！今苍生亦将如安石何！"安有愧色。既到，温甚喜，言生平，欢笑竟日。安出，温问左右："颇尝见我有如此客否？"温后诣安，值其理发。安性迟缓，久而方罢，使取帻。温见，留之曰："令司马着帽。"其见重如此。

---

① 吴宣明太子孙登所创：孙登谥宣太子，"明"字当误。
② 太官供膳皆资天泉池："供"原作"共"，据陆氏旧藏钞本改。"天泉池"当作"天渊池"，此避唐讳改。
③ 吏部尚书范汪举安为吏部尚书：《晋书·谢安传》作"吏部尚书范汪举安为吏部郎"，当是。
④ 风起浪涌："涌"原误作"踊"，孟校本据宋刊本、《晋书·谢安传》改，从之。陆氏旧藏钞本亦作"涌"。

寻为吴兴太守，在官无当时誉，去后为人所思。顷之，征拜侍中，迁吏部尚书、中护军。受简文顾命。时桓温望简文禅己，及此，疑安与王坦之等改遗诏，甚怒，入赴山陵，止新亭，大陈兵卫，将移晋室。使召公卿，伏勇士于坐，将害执政。王坦之甚惧，安神色自若，言笑折之，谋竟不行。初，坦之与安齐名，至是方知优劣。温尝以安所作简文谥议以示坐客，曰："此安石碎金也。"

及帝富于春秋，政不自己，温威振内外，物情噂嗒，互有异同，唯安与王坦之尽忠匡翼。及温病笃，讽朝廷加九锡，使袁宏具草。安欲缓其事，见辄改之，由是历旬不就。会温薨，锡命遂寝。案《王彪之传》：桓温既病，讽朝廷求九锡。袁宏为文，以示彪之。彪之叹美其文，谓曰："卿固大才，安可以此示人！"时谢安见其文，又频使宏改之，宏乃逡巡其事。既屡引日，乃谋于彪之。彪之曰："闻彼病日增，亦当不复支久，自可更少迟回。"宏从之。温亦寻薨。宏字彦伯，少有逸才。曾于牛渚夜自诵所作咏史诗。时风清月朗，宏书韵清致。谢尚出为镇西，夜同渚泊，① 寻声，尝所未闻，奖叹久之。遂访问，乃袁宏，甚重之。为桓温记室参军。尝著《东征赋》，赋末悉列过江诸贤，而不及桓彝。人或语温，温憾之。召于幕府。因游青山，命宏同乘。行数里而问曰："闻君作《东征赋》，多称先贤，何不及吾家君？"宏答曰："贤尊君称谓非下官敢自专，故未遑启，不敢显之耳。"温疑不实，命言之。宏即曰："风鉴散朗，或搜或引，身虽可亡，道不可殒，则宣城节信也。"② 温泫然。

安太元初进位尚书仆射，代王坦之总关中事。安义存辅导，虽会稽王道子亦赖弼谐之益。时强寇敌境，③ 边书续至，安镇以和静，御以长算。德政既行，文武用命，不存小察，弘以大理，人皆比之王导，而文雅过之。每与王羲之登冶城，悠然遐想，有高世之志。羲之曰："夏禹勤王，手足胼胝；文王旰食，日不暇给。今四郊多垒，宜思自效，而虚谈废务，浮文妨要，恐非当今所宜。"安曰："秦任商鞅，二世而亡，岂清言致患耶？"又领扬州刺史。及帝亲庶政，迁中书监、骠骑将军、录尚书事，固让军号。顷之，加司徒，后军文武尽配大府，又让不拜。复加侍中、都督扬豫徐兖青五州幽州之燕国诸军事。

太元八年，秦苻坚率众号百万，次于淮、淝，京师震恐。加安征讨大都督。玄入问计，安夷然无惧色，答曰："已别有旨。"既而寂然。玄不敢复言，乃令张

---

① 夜同渚泊："渚"，孟校本据宋刊本、徐钞本补，张校本未出校。陆氏旧藏钞本有"渚"字。
② 风鉴散朗至则宣城节信也："则宣城节信也"，《世说·文学篇》注引《续晋阳秋》作"则宣城之节，信为允也"，《实录》所引有脱文。
③ 时强寇敌境：《晋书·谢安传》作"时强敌寇境"。

玄重请。安乃命驾出土山墅宴，亲朋毕集，方留玄围棋赌别墅。安常棋劣于玄，玄是日有惧心，便不胜。安顾外生羊昙曰："以墅乞汝。"今俗谓檀城是也，在今墅城东八里。案《地图》云：谓之城子墅，宋时属檀道济，谓之檀城，自兴业寺过清溪东二里。安游陟，至夜方还府内。逮明，指授将帅，各当其任。玄等既破秦军，有驿书至，时安方对客围棋，看书既竟，便摄放床上，了无喜色，棋如故。客问之，徐答曰："小儿辈已破贼。"既罢，还内，过户限，心喜甚，不觉屐齿之折。以总统功，进拜太保。既破苻坚，方欲混一文轨，上疏求自北征，乃进都督荆、扬等十五州诸军事，加黄钺，其本官悉如故。

性好音乐，自弟万丧，遂十年不听。及登台辅，期功不废乐。衣冠效之，乃以成俗。又于土山营墅，楼馆植林竹甚盛，每携中外子侄往来游集，肴馔日费百金，世颇以此讥之，安殊不屑意。常疑刘牢之既不可独任，又知王味之不宜专城。牢之既以乱终，而味之亦以贪败，由是识者服其知人。

后会稽王道子专权，而奸谄颇相扇构，安遂出镇广陵之步丘，筑垒曰新城而避之。安虽受朝寄，然东山之志始末不渝，欲须经略海内，而归老东山。未就本志，遂遇疾笃。上疏请量宜旋旆，并召子琰解甲息徒。诏遣侍中慰劳，遂还都。闻当舆入西州门，自以本志不遂，因怅然谓所亲曰："昔桓温在时，吾常惧不全。忽梦乘温舆行十六里，见一白鸡而止。乘温舆者，代其位也。十六里者，止今十六年矣。白鸡主酉，今太岁在酉，吾病殆不起乎！"乃上疏逊位，诏遣侍中、尚书谕旨。先是，安发石头，金鼓忽破，又语未尝谬，而忽一误，众怪异之。寻薨，时年六十六。诏赠太傅，谥曰文靖。案《晋书》：谢安少有盛名，时多爱慕。乡人有罢中宿县者，还诣安。安问其归资，答曰："有蒲葵扇五万。"安乃取其中者捉之，京师士庶竞市，价数倍。安本能为洛下诸生咏，有鼻疾，故其音浊，名流爱其咏而弗能及，或以手掩鼻以学之。及至新城，筑埭于城北，后人追思之，因名此埭为召伯埭。案《三十国春秋》：王珣妻，谢万女，珣弟珉妇，即安女，并以大义不终，遂与王氏有隙。珣数辞职，珣母苟氏谓珣曰："苟职非其好，自可固执。天下岂有不死郎！"谢安薨，珣往哭之。乃先过族兄献之，叙其哭安之意。献之投袂起，曰："吾所望于汝也。"既至安门，谓曰："公平生时不见，此何由而来乎？"珣披拨强前，恸哭而退。

是月，姚苌杀苻坚而僭皇帝位于渭北，亦伪号秦。

九月，坚子丕僭帝位于晋阳。

冬十月，诏谕淮淝功，追封谢安为庐陵郡公、谢石为南康郡公、谢玄为康乐郡公、①谢琰为望蔡郡公、②桓伊为永修郡公，③余封进各有差。

十二月，太白犯岁星。天下大饥。

是岁，乞伏国仁自称大单于、秦河二州牧。

十一年春正月辛未，伪后燕慕容垂僭皇帝位于中山。是月，冠军将军、豫州刺史桓石虔卒。

石虔小字镇恶，征西将军豁之子。少有材干，趫捷绝伦。从父在荆州，于猎围中见猛兽被数箭而伏，诸督将素知其勇，戏令拔箭。石虔因急往，拔得箭，猛兽跳起，石虔亦跳，高于猛兽，猛兽伏，复拔一箭以归，时人服之。

后随伯父温讨关中。时叔父冲为苻健所围，垂没，石虔跃马赴之，拔冲于数万众之中，三军叹息，威振敌国。时有患疟疾者，谓曰"桓石虔来"以怖之，病者多愈，其见畏如此。后除竟陵太守，以父忧去职。寻而苻坚又寇淮南，诏绝哭，起为奋威将军、南平太守。寻进冠军将军，破坚将阎震。冲卒，以冠军将军监豫州扬州五郡军事、豫州刺史。久之，命移镇马头，求停历阳，许之。卒后，追论平阎震功，进爵作塘侯。

二月戊申，④太白昼见，在东井。

夏四月，代王拓拔圭始自改称魏。

八月庚午，诏封孔靖之为奉圣亭侯，奉宣尼祀。立宣尼庙，在故丹杨郡城前隔路东南。案《地志》：齐移庙过淮水北蒋山置之，⑤以其旧处立孔子寺，亦呼其巷为孔子巷。在今县东南五里二百步，长乐桥东一里。

冬十月，后燕慕容垂使将军冯该追斩苻丕于东垣，⑥传首京师。甲申，海西公奕薨。

---

①康乐郡公：《晋书·谢玄传》作"以勋封康乐县公"，本卷下文亦作"康乐县公"，《地理志下》豫章郡下有康乐县，故此处"郡公"为"县公"之误。

②望蔡郡公：《晋书·谢琰传》作"以勋封望蔡公"，《地理志下》豫章郡下有望蔡县，故此处"郡公"为"县公"之误。

③永修郡公：《晋书·桓伊传》作"以功封永修县侯"，本卷下文亦作"永修侯"，《地理志下》豫章郡有永修县，故此处"郡公"为"县侯"之误。

④二月戊申：二月癸酉朔，无戊申日。三月壬寅朔，戊申为三月初七日，《晋书·天文志下》正作"三月戊申"，疑此"二月"为"三月"之误。

⑤齐移庙过淮水北蒋山置之："蒋山"，张校本作"将山"。

⑥后燕慕容垂使将军冯该追斩苻丕于东垣：据《晋书·苻丕载记》、《魏书·慕容永传》、《通鉴》卷一〇七、汤球《十六国春秋辑补》卷三九，破苻丕者为慕容永，非慕容垂。冯该乃晋扬威将军，自陕邀击，斩苻丕，非慕容垂将军。

十一月，苻丕将苻登僭即帝位于陇东。

是岁，辽东表送孙盛《魏晋春秋》三十卷。

盛字安国，太原人。盛以学知名，累迁位秘书监，著魏、晋等二国春秋，词直而理正，咸称良史焉。温见言枋头失利之过，大怒。盛子放叩头于父，请改之。本遂两存，以正本寄于前燕慕容儁。至是，始求得之。案《晋书》：孙盛子放，字齐庄。年数岁，父在荆州，时庾翼子爱客候盛，见放而问曰："安国何在？"放答曰："在庾稚恭家。"爱客大笑曰："诸孙甚盛，有儿如此！"放曰："未若庾翼翼也。"①

十二年春正月乙巳，以朱序为青、兖二州刺史，镇淮阴。丁未，大赦天下。壬子，暴风发屋折木。

二月戊寅，荧惑入月。

夏四月戊辰，尊夫人李氏为皇太妃。

六月，束帛聘处士戴逵。

逵字安道，谯国人。少博学，好谈论，善属文，能鼓琴，工书画，其余巧艺，莫不毕综。总角时，以鸡卵汁溲白瓦屑作《郑玄碑》，又为文而自镌之，见者莫不惊叹其词丽，其器妙。太宰武陵王晞闻其善鼓琴，使人召之，逵对使者破琴曰："戴安道不为王门伶人！"晞怒，乃更引其兄述。述闻命欣然，抱琴而往。逵后居会稽之郯县。

性高洁，常以谨度自处，深以放达为非道，乃著论云："夫亲殁而采蘩不返者，不仁之子也；君危而屡出近关者，苟免之臣也。古之人未始以彼害名教之体者何？达其旨故也。今之人可谓好遁迹而不求其本，故有捐本徇末之弊，舍实逐声之行，是犹美西施而学其嚬眉，慕有德而折其巾角，可无察乎！"

太元中，帝连征，郡县敦迫不已，乃逃于吴。吴内史王珣有别馆在虎邱山，逵潜往，与珣游处积旬。会稽内史谢玄虑其不返，乃上疏请绝其召命。帝许之。

秋八月辛巳，立皇子德宗为皇太子，大赦天下，增文武位二等，大酺五日，赐百官布帛各有差。

冬十月，太白昼见于南斗。

十三年夏六月，旱。乞伏国仁死，弟乾归嗣伪位，僭号河南王。闰月戊辰，②

---

① 案晋书孙盛子放至未若庾翼翼也：此段按文义当为夹注。
② 闰月戊辰：是年闰正月，当置于"夏六月"之前。

天狗北下，有声如雷。

秋八月戊子，朔、宁二州刺史费统奏言，嘉瓠生于州界。

冬十二月戊子，涛水入石头，毁大航，杀人。乙未，大风，昼晦，延贤堂灾。丙申，螽斯百堂、①客馆、骠骑库皆灾。庚子，尚书令、卫将军、仪同三司谢石薨。

石字石奴，太傅谢安之弟也。起家秘书郎，累迁尚书左仆射。以将军假节征讨大都督，与兄子玄、琰破苻坚于淮淝。先有童谣云："谁谓尔坚石打碎。"故桓豁以"石"名子，邀其功。及坚之败，功虽始于刘牢之洛涧捷，而成于玄、琰，然石时为都督焉，竟是谢安石、石奴等破苻坚。迁尚书令，封南康公。

兄安薨后，石迁卫将军，加散骑常侍。以疾辞，不许。疾笃，进位开府仪同三司，加鼓吹，未拜，卒，时年六十二。追赠司空，谥曰襄。子汪嗣。案《晋书》：石少患面疮，疗之莫愈，乃自匿。夜有物来舐其疮，随舐即差，舐处甚白，故母呼为谢白面。而在职务存文刻，无他才望，直以宰相弟兼有大勋，遂居清显，而聚敛无厌，取讥于世。

是岁，散骑常侍、左将军、会稽内史、康乐公谢玄薨。

玄字幼度，安西将军、豫州刺史奕之子。少颖悟，与从兄朗俱为叔父安所器重。安常戒约子侄，因曰："子弟亦何豫人事，而正欲使其佳！"诸人莫有言者。玄答曰："譬如芝兰玉树，欲使其生于庭阶耳。"安悦。玄少好佩紫罗香囊，垂履手。②安患之，而不欲伤其意，因戏赌取，即焚之，于此遂止。

及长，有经国才略。起家桓温府，为掾。转征西将军桓豁司马，领南郡相，监北征诸军事。时伪秦苻坚强盛，边境数被侵寇，朝廷求文武良将可以镇御北方者，安乃以玄应举。中书郎郗超虽素与玄不善，闻而叹之，曰："安违众举亲，明也。玄必不负举，才也。"时咸以为不然。超曰："吾尝共在桓公府，见其使才，虽履屐间亦得其任，所以知之。"于是征还，拜建武将军、兖州刺史，领广陵相，监江北诸军事。玄次泗口，进救戴逯，大破苻坚将彭超于白马。

及苻坚自率渡淮，玄以八千拒之于淝水。诏以功加都督徐、兖、青、司、冀、幽、并七州诸军事，封康乐县公。住彭城，北固河上，西援洛阳，内藩朝廷。后会翟辽反黎阳，③河北骚动，玄自以处分失所，上疏送节，尽求解所职。诏慰劳，令且

---

① 螽斯百堂：当作"螽斯百则堂"，本《后汉书·皇后纪》"螽斯百福之所由兴也"，《晋书·五行志上》《刘聪载记》亦可证。

② 垂履手："手"，四库本改作"首"。

③ 后会翟辽反黎阳："翟辽"，《晋书·苻坚载记》、《通鉴》卷一〇五、汤球《十六国春秋辑补》并作"翟斌"。

还镇淮阴，以朱序代镇彭城。

寻疾笃，苦上表乞归，诏慰劳，给医一人疗疾。玄奉诏便还，病久不差，上疏，久之，乃转授散骑常侍、左将军、会稽内史。舆疾之郡，卒，时年四十六。子瑍嗣。案《晋书》：瑍位秘书郎，早卒。子灵运嗣。瑍少不惠，而灵运幼有文藻艳逸，玄常称曰："我尚生瑍，瑍那得不生灵运！"① 初，玄之会稽也，吏部尚书张玄之亦出为吴兴太守，张玄之名亚于玄，时人称为"南北二玄"，论者美之。

十四年春正月癸亥，诏淮南所获俘虏付诸作部者，一皆散遣，男女自相配匹，赐百日廪，其没为军赏者，悉赎出之，襄阳、淮南饶沃之地各立一县以居之。龙骧将军刘牢之讨彭城妖贼刘黎于皇丘，平之。

二月，伪秦将吕光僭号为三河王。是月，扶南贡方物。

三月，张道反太山，太山太守向钦击走之。

夏四月甲辰，翟辽寇荥阳，执太守张卓。

六月，会稽王道子移扬州，理于东第。

七月，旱。甲寅，雷震，宣阳门四柱灾。②

冬十月己巳，③雨木冰。

十五年春正月，征虏将军朱序破慕容永于太行。

三月己酉朔，地震，东北有声如雷。戊辰，大赦天下徒囚。

秋七月壬申，④有星孛于北河，⑤经太微、三台，入文昌、北斗，色白，长十余丈，至后月戊戌入紫微乃灭。

八月己丑，京师地震。

冬十月，朱序、刘牢之等大破翟辽于滑台，张援来降。⑥

十六年春正月，诏徐广校秘阁四部，见书凡三万六千卷。壬辰，鹊巢太极东鸱吻。

二月庚申，改筑太庙。

---

① 我尚生瑍瑍那得不生灵运：《宋书·谢灵运传》云"我乃生瑍，瑍那得生灵运"，《晋书》"乃"作"尚"，又多一"不"字，文义欠通。余嘉锡《世说新语笺疏》谓《晋书》妄加改窜，遂成语病耳。

② 宣阳门四柱灾："四柱"，《晋书·五行志下》《宋书·五行志五》并作"西柱"。

③ 冬十月己巳：是年十月壬午朔，无己巳日。《晋书·孝武帝纪》作"冬十二月己巳"。

④ 秋七月壬申：《晋书·天文志下》《宋书·天文志三》同，《晋书·孝武帝纪》作"七月丁巳"。七月丁未朔，十一日丁巳，二十六日壬申，皆在七月。

⑤ 有星孛于北河："北河"，《宋书·天文志三》同，四库本、陆氏旧藏钞本等多作"西北"。

⑥ 张援来降："张援"，《晋书·孝武帝纪》《通鉴》卷一〇七并作"张愿"。

秋九月，新庙成。案《地志》：太庙，中宗置，郭璞迁卜，定在今处，事具元帝卷内。及帝即位，常嫌庙东迫淮水，西逼路，至此年因修筑，欲依洛阳改入宣阳门内。尚书仆射王珣奏以为龟筮弗违，帝从之。于旧地不移，更开墙埠，东西四十丈，南北九十丈。五代仍之，至陈乃废。

冬十月，新作朱雀门。

十一月，江州刺史、护军将军、永修侯桓伊卒。

伊字叔夏，谯国铚人。父景，侍中、长社侯。伊有武干，起家，累迁建威将军、历阳太守，进都督豫州诸军事、西中郎将、豫州刺史。与谢玄等俱破苻坚于淝水，以功封永修侯。

伊性谦素，虽有大功，而终始不替。善音乐，尽一时之妙，为江左第一。有蔡邕柯亭笛，常自吹之。王徽之赴召京师，泊舟于溪。素不与伊相识。伊于岸上过，船中客称伊小字曰："桓野王也。"徽之便令人谓伊曰："闻君善吹笛，试为我一奏。"伊时已贵显，素闻徽之名，便下车，踞胡床，为作三调。弄毕，便上车而去，客主不交一言。

时上嗜酒，司马道子专政昏乱。谢安女婿王国宝谄媚于道子，安恶其为人，每抑制之。国宝谗谀稍行于主相之间，以安功名盛极，而构会之，嫌隙遂成。帝时召伊饮宴，安侍坐。帝命伊吹笛。即为一弄，乃放笛云："臣于筝分乃不及笛，然自足以韵合歌管，请以筝歌，并请一吹笛人。"帝善其调达，乃敕御妓奏笛。伊又云："御府人于臣必自不合，臣有一奴，善相便串。"帝弥赏其放率，乃许召之。奴既吹笛，伊便抚筝而歌《怨诗》曰："为君既不易，为臣良独难。忠信事不显，乃有见疑患。周旦佐文武，《金縢》功不刊。推心辅王政，二叔反流言。"声节慷慨，俯仰可观。安泣下沾襟，乃越席而就之，捋其须曰："使君于此不凡！"帝甚有愧色。

桓冲卒后，代冲为都督荆江十郡豫州四郡诸军事、江州刺史，将军如故，假节。在任数年，征拜护军将军，卒官。赠右将军，加散骑常侍，谥曰烈。临死为表，上马具装百具、步铠五百领。诏嘉其忠诚，深以伤悼。子肃之嗣。《三十国春秋》云：桓伊好挽歌，羊昙善唱乐，袁山松能《行路》，时人以为三绝。

十七年春正月己巳朔，大赦，除逋租宿债。

夏六月癸卯，京师地震。甲寅，涛水入石头，毁大航。永嘉郡潮水涌起，近海四县人多死者。

秋七月丁丑，太白昼见。

八月，新作东宫，徙左卫营。案，晋初太子宫在宫西。虽东宫，实有皇后之宫。今去台城西南角外，西逼运沟。至此年，烈宗始新于宫城东南移左卫营，以其地作之，即安帝为太子所居宫也。义熙中，讨卢循，刘裕坏其林，造舟舰。地在今县东五里护身寺西，在御街东也。

九月，除南郡公桓玄义兴太守。

冬十一月癸酉，以黄门侍郎殷仲堪为都督荆益梁三州诸军事、荆州刺史。

冬十二月，旱，自秋不雨，至于是月。

是岁，司雍梁秦四州诸军事、征虏将军朱序卒。

序字次伦，义阳人也。父焘，益州刺史。世为名将，以征讨功拜征虏将军。太和初，迁兖州刺史。宁康初，迁为梁州刺史，镇襄阳。

时苻坚遣苻丕围襄阳，序固守，丕率众苦攻之。序疾笃，母韩氏自登城履行，谓西北角当先受弊，遂领百余婢并城中女丁于其角邪筑城二十余丈，贼果攻之。人谓此城为夫人城。后督护李伯护反，招贼，城乃没于秦。案《晋书》：初，苻丕围襄阳急，李伯护遂密与秦军相应，襄阳遂没，序陷于苻坚。坚闻之，反执伯护，杀之以徇，戒为人臣不忠者。后苻坚南侵，序随至寿春，因坚军败而奔归。拜龙骧将军、琅琊内史、豫州刺史，屯洛阳。讨丁零翟辽，进征虏将军，加都督司、雍、梁、秦四州诸军事。后慕容永向洛阳，序破之，退，追至上党之白水。寻又镇襄阳。以老病，累表解职，不许。卒官，赠左将军、散骑常侍。

十八年春正月癸卯朔，①地震。

二月，有客星在尾中，至九月乃灭。乙未，又地震。

夏六月己亥，始兴、南康、庐陵等郡大水，深五丈。

秋七月，旱。

闰月，刘牢之破妖贼司马徽于马头。

十九年夏六月壬午，追尊会稽王太妃郑氏为简文宣太后。

秋八月己巳，尊皇太妃李氏为皇太后，宫曰崇训。

是岁，苻登为姚兴所杀，登太子崇奔于湟中，僭即皇帝位。

二十年春二月，作宣太后庙。呼为小庙，在今县东二里，古迹湮没。②

---

① 正月癸卯朔：是年正月癸亥朔。《晋书·五行志下》《宋书·五行志五》并作"癸亥"，张校本据改，孟校本未校改。

② 呼为小庙在今县东二里古迹湮没：此句当为夹注。

后讳阿春，荥阳人也。父恺，字祖元，安丰太守。后少孤，无兄弟，唯姊妹四人，后最长。先适渤海田氏，生一男而寡，依于舅濮阳吴氏。中宗为丞相日，敬后先崩，将纳吴氏女为夫人。后及吴氏女并游后园，或见之，言于帝曰："郑氏女虽鳌，贤于吴氏女远矣。"建武元年，纳为琅琊王夫人，甚有宠。

后虽贵幸，而恒有忧色。帝问其故，对曰："妾有妹，中者已适长沙王褒，余二妹未有所适，恐姊为人妾，无复求者。"帝因从容谓刘隗曰："郑氏二妹，卿可为求佳对，使不失旧。"隗举其从子佣娶第三者，以小者适汉中李氏，皆得旧门。中宗召王褒为尚书郎，以悦后意。后生琅琊悼王、简文帝、寻阳公主。咸和元年薨。至是追尊之。

三月庚辰朔，日有蚀之。

秋七月，太白昼见太微。

九月，有蓬星如粉絮东南行，历女虚至哭星。

冬十一月，魏王拓拔圭大破慕容垂子宝于黍谷。①

是岁，会稽王道子与尚书王珣连上疏荐会稽处士戴逵参侍东宫，会逵病死。

二十一年春正月，起清暑殿于华林园。

三月，太白昼见于羽林。

夏四月，新作永安宫。丁卯，②大雨雹。后燕慕容垂子宝嗣伪位。

六月，吕光僭即天王位于敦煌。

秋八月，岁星犯哭星。

九月庚申，夜，帝暴崩于清暑殿。

帝幼称聪悟。简文之崩也，时年十岁，至晡不临，左右进谏，答曰："哀至则哭，何常之有？"谢安常叹以为精理不减先帝。既威权已出，雅有人主之量。既而溺于酒色，召狎左右，殆为长夜之饮。吴国内史虞啸父性便酒，帝召与饮，既醉，使虎贲扶之。啸父曰："臣位不及扶，醉不至乱，不宜当此。"时为知言。末年，长星数见，帝心甚恶之，夜于华林园举酒祝之曰："长星，劝汝一杯酒，自古何有万岁天子耶！"太白连年昼见，地震水旱为变者相属，曾不介意。醒日既少，而傍无正人，竟不能改。时张贵人有宠，年几三十，帝戏之曰："汝以年当废矣。"

---

① 魏王拓拔圭大破慕容垂子宝于黍谷："黍谷"，《晋书·慕容垂载记》《通鉴》卷一〇八、汤球《十六国春秋辑补》卷四四并作"参合"，当是。

② 丁卯：四月甲戌朔，无丁卯日。《晋书·五行志下》《宋书·五行志四》并作"丁亥"，张校本据改，孟校本出校记，未改。

贵人潜怒，向夕，帝醉，遂缢，暴崩。时司马道子昏惑，元显专权，竟不能推穷其罪。帝初为清暑殿，有识者以"清暑"反为"楚声"，哀楚之征也。俄而帝崩。案《图经》：武帝游于清暑殿，① 有一人黄衣，自号天泉池神，② 名淋岑君，谓帝曰："若见善待，当福祐之。"帝怪恐，投以佩刀。神怒曰："君为不道，将使知之。"因不见，遂闻鼓鼙之音而去。帝乃请大沙门为斋，夜转诵，见一臂长三丈，来摸经案，甚怪之。后帝与宫妓泛龙舟，饮宴于池，有慢神色，乃见形，攀龙舟沉，帝遂溺死。与今本纪不同。寻考其实，则暴崩清暑殿，非缪也。

冬十月甲申，葬隆平陵。在今县城东北十五里钟山之阳，不起坟。帝年十一即位，二十四年，年三十五，谥曰孝武皇帝，庙号烈宗。

论曰：前史称"不有废也，君何以兴"；若乃天挺惟神，光膺嗣位，迈油云而骧首，济沈川而能跃；少康一旅之众，所以阐帝图，成汤七十之基，所以兴王业；静河海于既泄，补穹圆于已紊；事异于斯，则不由也。简文以虚白之姿，在屯如之会，政由桓氏，祭则寡人。太宗晏驾，宁康纂业，天诱其衷，奸臣自殒。于时土境西逾剑岫而跨灵山，北振长河而临清洛；荆吴战旅，啸咤成云；名贤间出，旧德斯在；谢安可以镇雅俗，彪之足以正纲纪，桓冲之夙夜王家，谢玄之善料军事。于时上天乃眷，强氐自泯。五尺童子，振袂临江，思所以挂旆天山，封泥函谷。而条纲弗垂，威恩罕树，道子荒乎朝政，国宝汇以小人，拜授之荣，初非天旨，鬻刑之货，自走权门，毒赋年滋，愁民岁广。是以闻人、许荣驰书诣阙，烈宗嘉其抗直，而恶闻逆耳。肆一醉于崇朝，飞千觞于长夜。虽复"昌明"表梦，安听神言？而金行颓驰，抑亦人事，语曰"大国之政未陵夷，小邦之乱已倾覆"也。属苻坚百六之秋，弃淝水之众，帝号为"武"，不亦优哉！

---

① 武帝：当作"孝武帝"。
② 天泉池神："泉"当作"渊"，此避唐讳改。

建康实录卷第十　晋下

安皇帝

安皇帝讳德宗，武帝长子。①太元十二年八月辛巳，立为皇太子。二十一年秋九月庚申，烈宗崩。辛酉，太子即位。癸亥，以司徒会稽王道子为太傅，摄政。

冬十月，大雪。

隆安元年春正月己亥朔，帝加元服，大赦，改元，增文武位一等。是月，太傅归政。

二月，岁星荧惑皆入羽林。甲寅，尊皇太后李氏为太皇太后，追尊所生陈淑媛为安德皇太后。

后讳归女，松滋寻阳人。父广，平昌太守。后以美色入宫，宠幸，生帝及琅琊王德文。案《晋书》：皇后以太元十三年崩。②

戊午，立皇后王氏。

夏四月甲戌，兖州刺史王恭、豫州刺史庾楷等举兵，以讨尚书左仆射王国宝为名。

国宝乃坦之中子，少无士操，不修廉隅，贪纵无足，妓妾珍玩，充满后堂。其妇谢安女，安当朝，恶其倾侧，③每抑而不用。国宝自以中兴膏腴之族，甚怨望。从妹既为会稽王道子妃，由是与道子游处，而间毁安焉。

---

①　武帝：当作"孝武帝"。
②　晋书皇后以太元十三年崩：今本《晋书·后妃传》云安德陈太后薨于太元十五年，《御览》卷一三八引《晋中兴书》同，此"十三"当为"十五"之误。
③　恶其倾侧："恶"，徐钞本作"恐"。

及道子专朝，累迁中书令，遂持威权，扇动内外。及弟忱卒，乃表自迎母并忱丧。诏许之，而盘桓不进，为御史中丞褚粲所奏。国宝惧罪，衣女子衣，托为王家婢，诣道子，告其事。道子为言于烈宗，故得原。国宝性既骄蹇，举动不遵法度。起斋侔清暑殿，烈宗恶其僭侈，国宝惧，复谄于烈宗。

及帝即位，进从祖弟绪为琅琊内史，绪亦佞邪见。道子皆惑之，倚为心腹，共参管朝政，威振内外。迁尚书左仆射，加后将军，悉配东宫兵仗。时人咸嫉之。

时王恭、殷仲堪皆以才器，各居名藩，恶道子与国宝等乱政，屡有忧国之言。道子亦深忌惮之，将谋去其兵，未及行，而恭檄至，以讨国宝等为名，国宝惶遽不知所为。绪说国宝，令矫道子命，召王珣、车胤杀之，以除群望，因挟主相以讨诸侯。国宝许之。珣、既至，而未敢害，反问计于珣。珣劝国宝放兵权以迎恭，国宝信之。又问于胤，胤曰："南北同举，而荆州未至，若朝廷遣军，恭必城守。昔桓温围寿阳，弥时乃克。若京城未拔，而上流奄至，君将何以待之？"国宝尤惧，遂上疏解职，诣阙待罪。既而悔之，诈称诏复其本官，欲收其兵拒王恭。道子既不能距诸侯之兵，① 乃委罪于国宝。甲申，使谯王尚之收国宝，付廷尉杀之，并斩王绪以谢王恭。恭悦，乃罢兵。戊子，大赦天下。

二年春三月，龙舟二灾。

秋七月，兖州刺史王恭、豫州刺史庾楷、荆州刺史殷仲堪、广州刺史桓玄、南蛮校尉杨佺期等复举兵反。

八月丙戌，慕容盛僭即皇帝位于黄龙。

九月，使右将军谢琰、前将军王珣南讨。己亥，破庾楷于牛渚。丙子，② 会稽王道子屯于中堂，会稽王世子元显守石头。己酉，召王珣入守北郊，谢琰入备宣阳门。王恭以司马、辅国将军刘牢之为前锋，次竹里。元显密以重利啖牢之，牢之归降，引军屯新亭，使子敬宣迎击恭，破之。

恭字孝伯，光禄大夫蕴之子，武定皇后兄。③ 少有美誉，清操过人。门地高华，深以自负。常有宰辅之望，与王忱齐名。谢安常曰："王恭人地可以为将来伯舅。"尝从父自会稽至都，王忱访之，见恭所坐六尺簟，忱谓其有余，因求焉。恭辍以送之，遂坐荐上。忱闻而大惊，恭曰："吾平生无长物。"

---

① 欲收其兵拒王恭道子既不能距诸侯之兵：宋本、徐钞本、张本无"王恭道子既不能距"八字，陆氏旧藏钞本亦无。
② 丙子：各本同。九月庚寅朔，无丙子日。《晋书·安帝纪》作"丙午"，为是月十七日，张校本据改。
③ 武定皇后：《晋书·后妃传》《王恭传》作"孝武定皇后"，是。

起家佐著作郎，叹曰："仕宦不为宰相，才志何足以骋！"因以疾辞。太元中，累迁丹杨尹、中书令。会稽王道子尝集朝士，置酒于东府，尚书令谢石因醉为委巷之歌，恭正色曰："居端右之重，集藩王之第，而肆淫声，欲令群下何所取则！"时淮陵内史虞珧子妻裴氏有服食之术，道子悦之，引与宾客谈论。恭抗言曰："未闻宰相之坐而有失行妇人。"道子甚愧之。后烈宗擢时望以为藩屏，以恭为都督青兖等州诸军事、平北将军、兖青二州刺史、假节，镇京口，寻改前将军。

帝即位，会稽王执政，宠任王国宝，委以机权。恭每正色直言，道子深惮而忿之。及赴山陵，罢朝，叹曰："榱栋虽新，便有《黍离》之叹矣。"时王绪与国宝谋，欲因恭入觐相王，伏兵杀恭，说于道子。道子亦以恭不可和协，王绪之说遂行，于是国难始结。或劝恭因入朝以兵诛国宝，而庾楷党于国宝，士马甚盛，恭惮之，不能发。恭遂还镇，临别谓道子曰："主上谅暗，冢宰之任，伊、周所难，愿大王亲万机，纳直言，远郑声，放佞人。"辞色甚厉。至镇，遂遣使与殷仲堪、桓玄相结，谋诛国宝。仲堪伪许之，恭大喜，乃抗表京师，论国宝与绪不忠之罪。道子惧，故收国宝及绪诛之，以谢恭。

初，谯王尚之因说道子，以宰相权弱，树党自卫。以司马王愉为江州刺史，割庾楷豫州四郡使愉督之。由是楷怒，遣子鸿说恭，言："尚之兄弟专弄相权，贬削方镇，宜早图之。"恭以为然，谋告殷仲堪、桓玄等。推恭为盟主，克期同赴京师。而恭误，先期举军，遂败，与弟履单骑奔曲阿。恭久不骑乘，髀肥生疮。曲阿人殷确以私船载恭，藏于苇席之下，将奔桓玄。至长塘湖，为商人钱强告于长塘捕尉，因擒恭送之。至倪塘，而桓玄、殷仲堪已近，朝廷闻玄等逼，惧其有变，就杀之。

恭美姿仪，人多爱悦，或目之云："濯濯如春月柳。"尝冬月披鹤氅裘，涉雪而行，孟昶见之，叹曰："此真神仙中人也！"初见执，属一庶子于湖熟令戴耆之以托桓玄，玄养之。案《晋书》列传：王恭性虽抗直，而暗于机会，自矜贵，不闲用兵，尤信佛道，临刑，犹诵佛经，自理须鬓，神无惧容。谓监刑者曰："我暗于信人，所以致此，原其本心，岂不忠于社稷耶！"

庚申，遣太常卿殷茂以王恭死喻殷仲堪及桓玄，玄等走寻阳。

冬十月，新野言骀虞见。壬午，仲堪与桓玄等盟于寻阳，推玄为盟主。

十二月己丑，后魏拓拔圭僭即皇帝位于平城，[①]号天兴元年。己酉，南凉秃发

---

① 后魏拓拔圭僭即皇帝位于平城："拓"，各本皆作"托"，四库本改为"拓"，从改。

乌孤自称武威王于金城,号太初元年。

是岁,吴兴长城夏架山石鼓自鸣,声如金鼓。古老云:"此石鼓鸣,则三吴有兵。"明年,孙恩作乱。案《晋书》:夏架山石鼓,长丈余,面径三尺许,[①]其下盘盘石为之。

三年春二月,建康太守段业自称凉王,号天玺元年。是月,仇池公杨盛遣使称藩,献方物。

夏六月戊子,南燕慕容德陷青州,害龙骧将军辟闾浑。德遂僭即皇帝位于广固。

冬十月,后秦姚兴陷洛阳,执河南太守辛恭静。[②]

十一月甲寅,妖贼孙恩自入上虞,攻陷会稽,杀内史王凝之。

凝之,羲之第二子。工草隶书。家世事张氏五斗米道,凝之笃信焉。孙恩之攻会稽,僚佐请为之备。凝之不从,方入靖室请祷,出语诸将佐曰:"吾已请大道,许鬼兵相助,贼自破矣。"既而无备,遂为恩所害。

恩既自称征东将军,据会稽,号其党为"长生人"。分遣寇吴兴、永嘉,杀太守谢邈、司马逸等,[③]而吴国、临海、义兴等官守皆遁走,朝廷震惧,内外戒严。诏卫将军谢琰、辅国将军刘牢之东讨。

邈字茂度,父铁,太傅安之宗。邈性刚鲠,无所屈挠,颇有理识。累迁侍中。烈宗尝谑乐之后赐侍臣文诏,辞义有所不雅者,邈辄焚毁之,论者多之。帝即位,迁为吴兴太守。孙恩之乱,东破州郡,执邈,逼令北面,邈厉声曰:"我不得罪天子,何北面之有!"遂害之。案《晋书》:初,邈妻郗氏甚妒,邈在先娶妾,郗氏怨怼,[④]与邈书声绝。邈以其书非妇人作,疑门下生仇玄达为之,遂斥逐玄达。玄达怒,投孙恩。及此并害邈兄弟,殆至灭门。

甲戌,谢琰、刘牢之进至义兴。吴[⑤]【原阙】

十二月,桓玄袭江陵,荆州刺史殷仲堪、南蛮校尉杨佺期并遇害。吕光立其

---

① 面径三尺许:"三尺",各本均作"三寸",张校本、孟校本均未出校。石鼓长丈余,面径仅三寸许,殊不合理。《晋书·五行志下》作"吴兴长城夏架山有石鼓,长丈余,面径三尺所,下有盘石为足",《宋书·五行志四》同。"三寸"当为"三尺"之误,正之。

② 河南太守辛恭静:"辛恭静",各本同,《晋书》本传及《通鉴》卷一一一、《通志》卷一〇下并作"辛恭靖"。

③ 司马逸:《晋书·安帝纪》、《通鉴》卷一一一同。《晋书·孙恩传》作"谢逸",《宋书》《南史·张进之传》作"司马逸之"。

④ 邈在先娶妾郗氏怨怼:《晋书·谢邈传》"在"下有"吴"字。

⑤ 吴:宋本、四库本、陈钞本"吴"下至后文"至是果临荆州"之间空一整页,陆氏旧藏钞本同。甘本、甘钞本、徐钞本、丁钞本、张本并空一行,二十字。张校本、孟校本均采后者。

太子绍为天王，自号太上皇。是日，光死，吕纂弑绍而自立。

是岁，荆州大水，平地三丈。

殷仲堪，陈郡人。祖融，父师。仲堪能清言，善属文，每云："三日不读《道德论》，便觉舌本坚强。"①

调补佐著作郎。谢玄镇京口，请为参军。除尚书郎，不拜。玄以为长史，领晋陵太守。居郡禁产子不举，久丧不葬，录父母以质亡叛者。父病积年，仲堪衣不解带，躬学医术，究其精妙，执药挥泪，遂眇一目。居丧哀毁，以孝闻。服阕，孝武帝召为太子中庶子，甚相亲爱。仲堪父尝患耳聪，②床下蚁动，谓之牛斗。帝素闻之而不知其人。至是，问仲堪曰："患此者为谁？"仲堪流涕曰："臣进退维谷。"帝有愧焉。复领黄门郎，宠任转隆。帝以会稽王非社稷之臣，擢所亲幸以为藩捍，乃授仲堪都督荆益宁三州军事、振威将军、荆州刺史、假节，镇江陵。

仲堪虽有英誉，议者未以分陕许之。既受腹心之任，③居上流之重，朝野属想，谓有异政。及在州，纲目不举，而好行小惠，夷夏颇安附之。

先是仲堪游于江滨，见流棺，接而葬焉。旬日间，门前之沟忽起为岸。其夕，有人通仲堪，自称徐伯玄，云："感君之惠，无以报也。"仲堪因问："门前之岸是何祥乎？"对曰："水中有岸，其名为州，④君将为州。"言讫而没。至是，果临荆州。自在荆州，连年水旱，百姓饥馑。仲堪常食五碗，盘无余肴，饭粒落席间，辄拾以啖之，虽欲率物，亦缘其性真素也。

及与桓玄应王恭，后不受诏命，朝廷惮之。然与桓玄素不穆，司马杨佺期屡欲攻玄，玄知，遂举兵攻仲堪。仲堪急，召佺期赴战，俱为玄所破，追杀之。案《殷氏家传》：从兄觊为南蛮校尉，⑤有疾，仲堪往省焉，曰："兄病可忧。"觊曰："兄病不至灭门，⑥

---

① 便觉舌本坚强：《晋书·安帝纪》载殷仲堪语云："三日不读《道德经》，便觉舌本间强。""坚"作"间"，于义为长。

② 仲堪父尝患耳聪："父"，各本皆脱，孟校本加，校记云："各本均无'父'字，今据下文及《晋书》卷八四补。"从补。

③ 既受腹心之任：原作"既任受腹心之任"，孟校本校记疑上"任"字为衍字，不删。张校本引郦承铨《建康实录校记》云"案上'任'字疑衍"，据郦校及徐钞本、刘钞本、《晋书·殷仲堪传》删，从改。

④ 其名为州："州"，《晋书·殷仲堪传》作"洲"。

⑤ 从兄觊为南蛮校尉："觊"，《晋书》本传、《世说·轻诋篇》并作"顗"，《世说·德行篇》注引《晋·安帝纪》、《规箴篇》、《世说人名谱·陈郡长平殷氏谱》及《通鉴》卷一〇九皆作"觊"。《隋书·经籍志》、宋本亦作"觊"。张校本据改为"觊"，孟校本未出校记。陆氏旧藏钞本作"凯"。

⑥ 兄病不至灭门："兄"，各本多作"可"，孟校本云："'可'字疑是'兄'字之误。"陆氏旧藏钞本作"兄"，四库本径改作"兄"，今从改。

弟病深可忧也。"

四年春正月乙亥，大赦。

三月，彗星见于太微。以桓玄为后将军、荆州刺史。

夏四月，孙恩复寇浃口，转破余姚，使帐下督张猛别攻，杀内史谢琰。

琰字瑗度，太傅安之子，与从兄玄破苻坚，封望蔡公，进卫将军。讨孙恩，镇会稽，为张猛所破，并二子肇、峻同见害于塘路。案《晋书》：后刘裕破孙恩，生擒张猛，送琰子混，① 混刳肝生食之。

六月庚辰朔，日有蚀之。

秋七月壬子，皇太后李氏崩于含章殿。

八月壬寅，葬简文太后于修平陵。

后讳陵容，出自贱微。始简文为会稽王时，有三子。及道生废后，献王早世，诸姬绝孕，十年无子。乃令卜者扈谦筮之，曰："后房有一女，当育二贵男，② 其一终盛晋室。"时徐贵人美宠，帝异之，久无子。③ 会高士许迈者，朝臣时望多称其得道。帝从容问焉，迈曰："臣好山水，本无道术，斯事岂所能判！愿陛下当从扈谦之言，以存广接之道。"帝然之。数年，乃令善相者遍召诸爱妾示之，皆云非其人。时后在织坊中，形长黑色，宫人皆谓之昆仑。既至，相者惊曰："此其人也。"帝因召侍寝。后尝梦两龙枕膝，日月入怀，意为吉祥。太宗闻之异焉，遂幸，生烈宗及会稽文孝王。崩，时年五十。案《后传》：后少时，善相者云："终毙于虎。"及是，见画虎于屏风，模之，因有疾而终。

冬十一月，以司马元显为后将军、开府仪同三司、都督扬豫徐兖青幽冀并荆江司雍梁益交广十六州诸军事、扬州刺史，封其子彦璋为东海王。④ 是月，元显逼吏部尚书车胤自裁，而使让御史中丞江绩为朋党，绩忧卒。

江绩字仲元，陈留圉人，护军灌之子。有志气，累迁南郡相。时荆州刺史殷仲堪举兵应王恭，以要绩与殷觊同行。屡言，绩不从。觊虑绩及祸，于仲堪坐中和解之。绩曰："大丈夫何至以死相胁！江仲元行年六十，但未知获死耳。"一坐

---

① 送琰子混："混"原作"琨"。徐钞本及《晋书·谢混传》《世说·言语篇》注引《晋·安帝纪》皆作"混"。张校本据改，孟校本未出校。

② 当育二贵男："育"，各本或作"有"。张校本据他本及《晋书·后妃传》改作"育"，孟校本未出校记。四库本径作"育"，陆氏旧藏钞本亦作"育"，从改。

③ 帝异之久无子：各本同。孟校本云："《晋书》卷三二作'帝常冀之有娠，而弥年无子'。按，'异'当系'冀'之讹字。"

④ 封其子彦璋为东海王："彦璋"，《晋书·何无忌传》《魏书·司马叡传》并作"彦章"。

皆惧。仲堪惮其坚正，以杨佺期代之。朝廷闻，征为御史中丞。

司马元显专政，夜开六门，绩密启会稽王。时车胤亦言元显骄纵，宜禁制之。欲连表奏，道子未许。元显闻而谓众曰："江绩、车胤间我父子。"遂令责绩而害胤。

胤字武子，南平人。父郁，①为郡主簿。太守王胡之见胤于童幼，谓其父曰："此儿当大兴卿门，可使专学。"及父卒，家贫，勤学不倦。乏油，夏月则以练囊盛萤火以照书，冬月躬自燃薪苇。及长，风姿美茂，机悟敏速。桓温辟为从事，累迁征西长史。其时唯吴隐之与胤以寒素博学知名，显于朝廷。性多给，善于赏会，每有盛坐，车胤不在，皆云："无车公不乐。"谢安游集，辄开筵待之。拜中书侍郎，领国子博士。除护军将军。时王国宝谄于会稽王道子，讽尚书八座以道子为丞相，加殊礼。胤不许，曰："此成王所以尊周公也。今主上当阳，非成王之地，②相王在位，岂得为周公！"道子乃称疾，不署其事。及国宝等疏奏帝，帝大怒，而嘉胤公正。迁吏部尚书。及元显擅权矜慢，遂与江绩密言于道子，事泄，遇害。

十二月，段业炖煌太守李暠背业，自称秦凉二州牧、凉公，号庚子元年。

五年春三月，众星西流，经牵牛，历太微、紫微。

夏五月，孙恩转破以东诸郡，吴国内史袁山松死之。沮渠蒙逊杀段业，自号大都督、北凉州牧。③

六月甲戌，孙恩奄至丹徒，遣军袭破广陵，京师大震。乙亥，内外戒严，百官入居于省。诏冠军将军高素等守石头，游击将军毛邃屯白石，辅国将军刘袭栅断淮口，领军将军孔安国入次中堂皇。征镇北将军刘牢之，使冠军将军桓不才及刘裕击孙恩。裕等大破恩于蒜山，恩退走。刘牢之令子敬宣与刘裕并军海道穷追，再破恩于扈渎，恩遂进入海。

恩字灵秀，琅琊人。世奉五斗米幻道。叔父泰，字敬远，好术幻，狡诳，人多惑之。太元末为新安太守，见天下兵起，以为晋祚将终，乃扇动百姓，会稽王道子诛之，④而恩逃于海岛。众闻泰死，皆谓蝉蜕登仙，争往海中资给恩。恩因聚合亡命，志欲为泰复雠。既破州郡，众数十万，至是讨破之。案《晋书·孙恩传》：泰师事钱塘杜子恭，有秘术。尝就人借得割瓜刀，其主求之，恭曰："当即相还。"至嘉兴，

---

① 父郁："郁"，《晋书·车胤传》、《世说·识鉴篇》注引《续晋阳秋》皆作"育"。
② 非成王之地："地"，各本皆同。《册府》卷四〇六作"比"，于义为长。
③ 北凉州牧："北"当为衍字。《晋书·沮渠蒙逊载记》、《北史·北凉列传》、《御览》卷一二四引《北凉录》及《通鉴》卷一一二皆无"北"字。
④ 会稽王道子诛之：各本"会稽"下脱"王"字，张校本据四库本补，孟校本出校记，不补字。

有鱼跃入舟中，因破鱼得瓜刀子其为神效，往往如此。①子恭死，泰传其术。

秋七月，以辅国司马刘裕为建威将军。癸丑，大角星散摇五色。

是岁，大饥，禁酒。

六年春正月庚午朔，大赦，改元元兴元年。荆州刺史桓玄举兵反于江陵，因孙恩乱，托为勤王，移檄京师，罪状司马元显。案《晋书》帝纪：朝廷初密令司马元显西讨桓玄，以刘牢之为先锋，玄闻大惧，谋保江陵。长史卞范之说于玄曰："公振威名于天下，司马元显口尚乳臭，刘牢之又久失人情，若以兵临，土崩之势可翘足待也。"玄信，遂举兵东下。②诏以后将军元显为骠骑大将军、征讨大都督，率众讨桓玄。丙子，建牙于东府，持牙者良久乃正，持黄钺者马倒。丁酉，以镇北将军刘牢之为前锋，屯于溧洲。

二月，帝戎服饯元显于西池，赋诗者九十八人。丁巳，诏兼侍中齐王柔之以驺虞幡宣告荆、江二州。丁卯，桓玄败王师于姑孰，齐王柔之、谯王尚之皆遇害。

三月，刘牢之在溧洲，与亲信密议曰："桓玄少有雄名，今仗全楚之众，惧不能制。又虑平玄后，③功盖天下，必不为元显所容，且如何？"玄知牢之疑阻，遣何穆来说牢之。牢之自谓握强兵，才能算略足以经纶江表。既见谯王等败，遂遣使与玄交通。外生何无忌与刘裕固谏，④不从。己巳，遣子敬宣降于玄。玄大喜，置酒，出法书名画共敬宣观之，玄佐吏莫不相视笑于坐。辛未，刘牢之众进破王师于新亭，大将军元显及世子彦璋、冠军将军毛泰、毛邃等并遇害。⑤

元显字朗君，会稽王世子。以父故，年十六任侍中，累转中书令。时会稽王作相，荒醉，每为长夜饮，不悉朝政，众望去之。元显知，谋夺其父权，讽天子解道子扬州、司徒，而道子不之觉。元显领扬州刺史，以琅琊王德文领司徒。既而道子酒解，见幕下非扬州执吏，方知去职，大怒，而无如之何。

元显性苛刻，生杀自己。及孙恩作乱，加录尚书事，政无大小一委之。时谓道子为东录，元显为西录。西府车骑填凑，东第门下可设雀罗。东第，即今东府城也。

---

① 因破鱼得瓜刀子其为神效往往如此：各本皆同。张校本句读为"因破鱼得瓜刀子，其为神效，往往如此"，"子"字上读，为"瓜刀子"。孟校本句读为"因破鱼得瓜刀，子其为神效，往往如此"，"子"字下读，并疑"子"下脱"恭"字，为"子恭其为神效，往往如此"。

② 案晋书帝纪至玄信遂举兵东下：此段当为夹注。

③ 又虑平玄后：各本"玄"字多作"桓"，张校本据宋本、徐钞本改。周钞本作"元"，系避清讳改，亦当作"玄"。

④ 外生：四库本改作"外甥"。

⑤ 冠军将军毛泰毛邃：据《晋书·安帝纪》《毛安之传》《桓玄传》，毛邃时为游击将军，非冠军将军。

于时军旅荐兴，国用虚竭，而元显聚敛不已，富过帝室。然复无良师，正言不闻，谄誉日至，或以为一时英杰，或谓风流名士，由是自谓无敌天下，骄侈日增。帝以其有翼亮功，加都督十六州诸军事。孙恩破后，而桓玄称兵上流，用司马张法顺计，发兵南讨。差池未进，而桓玄奄至新亭，遂退次国学，寻败于宣阳门。使人收之，并其六子同斩于市，时年二十八。案《晋书》：义熙中，①有称元显子秀熙避难蛮中而至者，太妃请以为嗣。刘裕意其诈而案验之，果散骑郎滕羡奴苟药也，诛之。太妃不悟，哭之甚恸。

壬申，桓玄顿新亭，自称侍中、丞相、录尚书事，假黄钺、羽葆鼓吹，迁会稽王道子为安城王，②遣之国，以刘牢之为会稽内史。

牢之字道坚，彭城人，楚元王交之后。曾祖义，③父建，世有勇称。牢之面紫赤色，须目惊人，而沉毅多计画。谢玄北镇广陵，举牢之为参军。苻坚入寇，④玄以牢之为前锋，百战百胜，号为"北府兵"，敌人畏之。累以功迁龙骧将军。进平河南，城堡皆承风归顺。寻为慕容垂破于邺东五桥津，⑤牢之窘急，策马跳五丈涧，获免。转为兖州刺史王恭府司马。

及王恭举兵向京师，牢之背恭归朝廷，诏以牢之代恭都督兖、青、冀、幽等军事。既而又背国依桓玄，玄得志，用为会稽内史。牢之怏怏不平，欲自班渎走，据江北拒玄。谘议参军刘袭进曰："事不可者，莫大于反。而将军往年反王兖州，近日反司马郎君，今复欲反桓公，一人而三反，岂得立也。"遂趋而出，佐吏多散走。牢之乃自缢新安。⑥长子敬宣至，不遑哭，奔于高雅之，俱投慕容超。⑦牢之丧归至丹徒，玄令斲棺斩尸。

夏四月，玄矫诏大赦，改元大亨元年。庚子，出镇姑孰，讽朝廷以诛元显功，别封豫章郡公。自称太尉、扬州牧，总百揆，以从兄谦为尚书仆射，朝事大政，皆咨玄，而小事决于谦。子弟皆封公。又矫诏为桓温讳，姓名同者并改之。

五月，玄欲简汰沙门，非明至理者悉罢之。又议令沙门致敬王者，匡山惠远

---

① 义熙中："义熙"，各本皆作"义兴"，张校本据《晋书·会稽文孝王道子传》改，从改。
② 安城王："安城"，《晋书·地理志下》、《通鉴》卷一一二、《通志》卷一三〇皆作"安成"。四库本作"安成"。
③ 曾祖义："义"，《晋书·刘牢之传》作"羲"。
④ 苻坚入寇："苻"，各本多作"时"，张校本据四库本、徐钞本改，从改。
⑤ 五桥津：《晋书·刘牢之传》、《通鉴》卷一〇六、汤球《十六国春秋辑补》卷四三皆作"五桥泽"。
⑥ 新安：陆氏旧藏钞本、四库本并作"新州"，《通鉴》卷一〇六作"新洲"，是。地在今南京西北八卦洲。
⑦ 慕容超：《晋书·慕容德载记》及《宋书》《南史·刘敬宣传》作"慕容德"，是。

法师谏止之。案《惠远集》：隆安六年，桓公遗书于惠远，言沙门令致敬王者，惠远答书论不可致之意。又言袈裟非朝会之服，钵盂非庙廊之器，①军国沙门之像，窃所未亡，②遂著《沙门不敬王者论》五篇。一论在家；③二论出家；三论求宗不顺化；四论体不兼应；五论形尽神不灭。著是五论，以明出家之法，不合同俗以致敬于王者。

孙恩复寇临海，临海太守辛景破恩，④追斩万计。恩穷蹙，乃赴海自沉。妖党及妓妾谓之水仙，投水从死者百数。徐道覆率余众推恩妹夫卢循为主。

六月，秃发利鹿孤死，弟傉檀嗣伪位。

秋八月庚子，尚书下舍灾。

冬十月，有客星，色白如粉絮，在太微西，至后月入太微。

十二月，玄鸩杀会稽王司马道子于安城。

道子出后琅琊孝王，少以清澹为谢安所称。年十岁，封琅琊王。⑤烈宗即位，改封会稽国，进位丞相、都督中外诸军事。

时烈宗不亲万机，与道子长夜饮，酣歌为务。好学浮图法，亲昵僧尼，并窃弄权。所亲皆是小竖，官以贿迁，朝政谬乱。左卫将军王荣上疏，⑥论得失四事谏之，极陈祸福，不从。委任奸人王国宝、王绪等。及王恭称兵，乃杀国宝等，以悦于恭。嬖人赵牙、茹千秋，皆谄佞进任之心腹。牙为道子开东第，筑山穿池，列树竹木，功用巨万。又使宫人为酒肆，沽卖水侧，道子与亲昵乘船就之饮宴，为笑乐。烈宗尝幸其宅，谓道子曰："府内有山，因游瞩，甚善也。然修饰太过，非示天下以俭。"帝去，道子谓牙曰："上若知山是板筑，尔必死矣！"牙曰："公在，牙何敢死！"

道子既恃宠，乘酒多失，烈宗少恶之。更得博平令闻人奭上疏，言专恣任用奸人，益不平。出王恭、殷仲堪、王珣等为外任，以强王室，而潜制道子。道子又收心腹，由是朋党竞扇。时尚书令陆纳望宫阙而叹曰："好家居，纤儿欲坏之！"

---

① 钵盂非庙廊之器："庙廊"，宋本作"廊庙"，《高僧传·释慧远传》亦作"廊庙"，意长，当据以乙正。

② 军国沙门之像窃所未亡：孟校本案：《高僧传·初集·释慧远传》，慧远答桓玄书原文为：'又袈裟非朝会之服，钵盂非庙庙之器。军国异容，戎华不杂，剃发毁形之人，勿厕诸夏之礼，则是异类相涉之象，亦窃所未安。'据此，则'军国'下有'异容'二字，又'亡'当作'安'。"《御览》卷六五五引《高僧传》则作"军国非沙门之像"。

③ 一论在家："在家"二字，各本皆缺。张校本据《弘明集》卷五、《高僧传》卷六所载《沙门不敬王者论》补，从补。

④ 临海太守辛景："辛景"，《世说·德行篇》注引《晋·安帝纪》作"辛昺"，盖本名"昺"，"景"乃避唐讳改。

⑤ 道子出后至封琅琊王：二十四字宋本、张本均缺，陆氏旧藏钞本同缺。

⑥ 王荣：《晋书·会稽文孝王道子传》作"许荣"。

及帝即位，进太傅、扬州牧，子元显为侍中。及元显夺权，公卿皆去道子，唯尚书车胤往来问讯，元显闻之，使收胤。道子大怒，曰："奴狗，断我与士大夫语耶！"桓玄既乘衅，而刘牢之降，元显众溃，奔入相府，问计于道子。道子无佗言，对泣之。玄奏道子酗纵不孝，当弃市。诏徙安城，玄使御史杜竹林竟鸩杀之。案《晋书》：桓玄尝候道子，正遇其醉，宾客满堂。① 道子张目谓人曰："桓温晚途欲作贼，云何？"玄伏地流汗不得起。长史谢重举手版答曰："故宣武公黜昏登圣，功超伊、霍，纷纭之议，宜裁鉴览。"道子颔曰："侬知，侬知。"因举酒属玄，玄乃起。由是玄益不自安，切齿于道子也。

是月，曲赦广陵、彭城大逆已下。无麦禾，天下大饥。

二年春二月乙卯，桓玄矫诏自称大将军。

夏四月癸巳朔，日有蚀之。

六月，加建威将军刘裕彭城内史。

秋八月，玄又自号相国，加九锡，备典物，讽帝御前殿策授之。封南平、宜都等十郡为楚王。殷仲文、卞范之促成篡夺事。

冬十一月丁丑，矫诏加天子礼乐，使王谧兼太保，奉皇帝玺绂禅位于楚。是夜，荧惑犯东上相。壬午，迁帝于永安宫。癸未，移太庙神主于琅琊国。

十二月壬辰，玄篡即帝位于姑孰城南九井山，百寮陪列，妄称万岁。又不易帝讳，版为文告天。于是大赦，改元为永始元年，国号大楚。始整肃仪仗，而龙旗竿折。癸巳，以南康平固县奉帝，为平固王，迁居寻阳。追尊父温为宣武皇帝，庙称太祖，爵子弟宗室为王。进封功臣，以王谧为武昌公，殷仲文为东兴公，卞范之为临汝公。戊戌，入于建康宫，逆风迅激，旌旗倾偃。将升太极殿，御床忽陷，群臣失色。殷仲文进曰："良由圣德隆重，厚地所不能载。"玄大悦。乙巳，月奄轩辕第二星。辛亥，帝蒙尘于寻阳。是冬，酷寒过甚，以为朝政失在舒缓，而桓玄苛酷之应也。案，刘向云：② "周衰无寒岁，秦灭无燠年。"此之谓也。

三年春正月，玄筑别苑于冶城。案《地志》：其城本吴冶铸之地，因名焉。王导疾作，因徙移冶山石头城西，以地为西园。故《晋书》成帝幸司徒府，游观西园，即此处也。太兴初，王导请郭文举居之，为筑台。今见在城内近东北角。太元十五年，武帝为江陵沙门法新于

---

① 宾客满堂："堂"，宋本作"坐"，《晋书·司马道子传》亦作"坐"。
② 刘向云：孟校本作"《刘向传》云"。

中立寺,[①]以冶城为名。至是,桓玄尽移僧出居太后寺,以寺为苑。在今县城西墙西废城也。广起楼榭,飞阁复道,延属于宫城也。戊戌,荧惑逆行,犯太微西上相。

二月,帝在寻阳。庚寅,夜,涛水入石头,漂毁大航,杀人,其声动天,玄大惧。乙卯,建威将军刘裕帅刘毅、何无忌、孟昶、檀凭之等起义兵于丹徒。丙辰,斩徐州刺史桓脩于京口。

脩字承祖,[②]温弟冲子也。尚简文子武昌公主。[③]及玄篡,用为镇北将军、徐州刺史,以刘裕为中军参军。裕起义,斩之,枭首。

玄以京口不守,不悦,召左右议,或劝坐逸待劳,使其空行二百里,卒遇大众。卞范之、桓谦等苦争,乃遣将吴甫之进拒,使皇甫敷以精兵三千继之,败刘裕前军,杀檀凭之。

凭之字庆子,高平人。少有志力。闺门雍睦,为世所称。从兄子韶昆弟五人,皆幼弱而孤,凭之抚养若己所生。与刘裕州闾之旧,以宁远将军数与裕同东征,情好日甚密。义旗建,凭之有私艰,墨缞而赴。以建武将军为前锋,而陷于罗落桥。刘裕闻凭之陷,急驰进。

戊午,[④]大破吴甫之于江乘,而遇皇甫敷于罗落桥。凭之既死,裕独倚大树,敷纵兵围之,前问曰:"你欲何死?"裕怒叱之,敷人马皆仆,裕遂斩敷。案《三十国春秋》云:皇甫人马既倒,仰谓裕曰:"君有天分,愿以子孙相属。"裕杀敷而善待其子孙。初,义兵举也,刘裕尝与何无忌、魏咏之同会檀凭之舍。时相者晋陵韦叟遍相诸公,皆吉,而目凭之曰:"有急兵厄,其候不过三日,宜深避之,不可轻出。"而果罗落桥之所害也。

玄闻吴甫之及敷等二军皆没,大惧。使桓谦次陵口,卞范之次覆舟山,多张旗帜。己未,裕率众乘胜进破,因北风放火,烟尘翳天。玄众大溃,轻舟南走。

庚申,刘裕入京师,镇东府,置留台,具百官。以司徒王谧领扬州刺史、录尚书事。裕都督扬徐等州诸军事、镇军将军、徐州刺史,余并假进军号。壬戌,焚桓温神主于宣阳门。辛未,桓玄至寻阳,逼帝西上。丙戌,密诏以幽逼于玄,万机虚旷,令武陵王遵依旧典承制,居东宫,总百揆,加王侍中。乃大赦谋反已下,惟桓玄一祖不宥。刘毅于众问王谧曰:"玺绂何在?"谧大惧,奔曲阿。刘裕使

---

① 武帝:当作孝武帝。
② 脩字承祖:"承",各本均误为"永祖",张校本据《晋书·桓脩传》《世说人名谱·谯国龙亢桓氏谱》改正。
③ 尚简文子武昌公主:"子",《晋书·桓脩传》作"简文帝女",四库本径改为"女"。
④ 戊午:戊午为三月朔日,其前当脱"三月"二字。

孟昶追，宥令复位。

夏四月，武陵王遵称制，行天子事。庚寅，帝至江陵。庚戌，辅国将军何无忌、振武将军刘道规等进军，蹑玄后，追破玄将庾稚、①何澹之于湓口。玄复逼帝东下。

五月癸酉，冠军将军刘毅大破玄于峥嵘州。己卯，帝又幸江陵，殷仲文自巴陵奉二后来归。辛巳，荆州别驾王康产、南郡太守王腾之奉帝居于南郡。壬午，益州都护冯迁斩桓玄于貊盘洲。②

玄字敬道，一名灵宝，温之孽子也。其母马氏，尝与同辈夜坐月下，流星坠铜盆水中，如二寸火珠，冏然明净，竞以瓢接取。马氏得而吞之，遂有娠，生玄。及产，夜光照室，占者奇之，故小名灵宝。奶媪每抱诣温，辄易人而后至，云其重兼常儿，温甚爱异之。临终，年尚幼，弟冲命以为嗣，袭爵，封南郡公。

及长，形貌瑰奇，风神疏朗，博综文武，常负其才地，以雄豪自处，众惮之。年二十三，始拜太守，郁郁不得志。尝登高望震泽叹曰："父为九州伯，儿为五湖长！"遂弃官归国。时议谓温有不臣之迹，故折玄兄弟而为素官。玄自以元勋之门，而负谤于世，乃上疏自理，寝不报。在荆楚积年，优游无事。及王国宝用权，内外骚动，玄因说荆州殷仲堪举兵，与王恭同匡朝政。朝廷乃杀国宝以谢，乃罢兵。时会稽王道子秉政，以为广州刺史。

隆安初，王恭又起兵讨江州刺史王愉，仲堪给玄兵五千人以应恭。寻诏玄为江州刺史，玄始得志。袭破江陵，杀仲堪于冠军城，遂收罗荆雍，广树腹心，兵马日盛。屡上疏求讨孙恩，朝廷知其志，乃内外为备。玄遂举兵，下破王师，频矫诏自改，进爵位，杀害朝权，而拥强兵，出镇姑孰。

本无资力，好为大言，乃诈表请平姚兴，又讽朝廷作诏，不许，众窃笑之。③谋欲篡夺，以为代谢之际，宜有符瑞，遂伪云江州甘露降王成基家竹上。又以历代咸有肥遁之士，而己世独无，乃征皇甫谧六世孙希之为著作郎，而密令让不受，号曰高士，时人名为"充隐"。议复肉刑，断钱货，回复改易，造革纷纭。性贪鄙，好奇异，珠玉不离于手。人士有法书好画及佳园宅者，悉欲归己，犹难逼夺之，皆蒲博而取。遣臣佐四出，掘果移竹，不远数千里。十一月，玄矫制使王谧兼太保，领司徒，奉皇帝玺禅位于己。恐帝不肯为手诏，又虑玺不可得，逼临川王宝

---

① 庾稚：《晋书·安帝纪》同。《晋书·桓玄传》、《通鉴》卷一一三并作"庾稚祖"。
② 貊盘洲：《晋书·桓玄传》《水经注·江水》《通鉴》卷一一三、《御览》卷六六引《荆南记》皆作"枚回洲"，系同指。
③ 众窃笑之："窃"，诸本多作"切"，张校本据徐钞本改，孟校本未校改。四库本径作"窃"。

请帝自为手诏,因夺取玺。比临轩,玺已久出,玄甚喜。及篡位,初出伪诏,改年为建始,右丞王悠之曰:①"赵王伦伪号也。"又改为永始,复是王莽始执权之岁。其兆号不祥如此。伪永始二年,以其妻刘氏为皇后。

玄性好畋游,以体大不堪乘马,又作徘徊舆,施转关,令回动无滞。出游水门,飘风飞其仪盖。玄自篡夺之后,骄奢荒淫,游猎无度。又性急暴,呼召严速,直官咸系马省前,禁内谨杂,无复朝廷之体。百姓疲苦,朝野怨怒。于是刘裕、刘毅、何无忌等共谋兴复。及皇甫敷败没,玄大惧,乃召诸道术人,推算数为厌胜之法。使桓谦、何澹之屯东陵,卞范之屯覆舟山西。谦等军败,玄率亲信数千人,声言赴战,遂将其子昇、兄子濬出南掖门,西至石头,具船南奔。

初,玄在姑孰,将相星屡变。篡位之夕,月及太白,入羽林,玄恶之。及败走,腹心劝其战,玄不暇答,直以策指天。经日不得食,左右进粗饭,咽不能下。昇年数岁,抱玄胸而抚之,玄悲不自胜。至寻阳,江州刺史郭昶之给其乘舆器用兵力。殷仲文自后至,望见玄备帝者之仪,叹息曰:"敬道败中复振,故可也。"玄挟帝西上,至江陵,更署置百官。以奔败之后,严肃法命。刘裕使刘道规、何无忌等追玄,破郭昶之于桑落洲。寻令鄱阳太守徐放下说解义军,放对曰:"刘裕为唱义主,刘毅兄为陛下所诛,并不可说也。"玄率舟舰将出,而刘毅与道规等破之。玄众大溃,仅得走追船。

时益州刺史毛璩弟子脩之为玄屯骑校尉,诱玄入蜀,玄从之。至枚回,璩参军费恬与毛祐之等迎击之,②矢若雨,有箭,子昇辄拔去之。冯迁抽刀而前,玄曰:"何人敢杀天子?"迁曰:"欲杀天子之贼尔!"遂斩之,时年三十六。子昇曰:"我是豫章王,诸军莫见杀。"遂送江陵斩于市。

初,安帝元兴中,衡阳有雌鸡化为雄,八十日而冠萎。及玄建国于楚,衡阳属焉,自篡至败,凡八旬矣。时又有童谣云:"长干巷,巷长干,③今年杀郎君,明年斩诸桓。"毅等传玄首,枭于大桁。

卞范之字敬祖,济阴宛句人也。④识悟聪敏。桓玄为江州刺史,范之为长史,

---

① 右丞王悠之:《晋书·桓玄传》同。《晋书·礼志上》《魏书·桓玄传》作"尚书左丞王纳之"。纳之,临之子,亦见《世说人名谱·琅邪王氏谱》。

② 毛祐之:诸本作"毛祐",张校本据徐本补"之"。《晋书·毛璩传》《桓玄传》亦作"毛祐之"。

③ 长干巷巷长干:各本有异文,张校本作"长竿巷,巷长干",四库本、陆氏旧藏钞本作"长竿巷巷长竿"。孟校本作"长干巷,巷长干",是,从改。

④ 济阴宛句:《晋书·卞范之传》同。《晋书·地理志上》济阴郡有宛句县,然《晋书》之外的汉唐正史地理志均作"冤句"。

委以心膂。玄将篡位，范之为侍中，其禅诏文皆范之辞也。后进尚书仆射，玄平，斩于江陵。

癸巳，①乘舆反正于江陵。甲申，诏曰："奸凶篡逆，自古有之。朕不能式遏杜渐，以至播越。赖镇军将军裕英略奋发，忠勇绝世。冠军将军毅等，诚心宿著，协同嘉谋。义旗既振，士庶效节，社稷再安，四海齐庆。其大赦天下，凡诸遇胁，一无所问。"戊寅，②奉神主入于太庙。

闰月己丑，桓玄扬武将军桓振又陷江陵，刘毅、何无忌退守寻阳，帝复蒙尘于贼营。

秋七月戊申，永安皇后何氏崩。

八月癸酉，祔葬穆章皇后于永平陵。

后讳法倪，庐江潜人也。父准。后无子，哀帝立，称穆皇后，居永安宫。桓玄篡位，移居入司徒府，路经太庙，后停舆恸哭。玄闻，怒曰："天下禅代常理，何预妇人之事！"乃降为零陵县君，与帝西上。刘裕平桓玄,迎后还属。戎革之后，与百姓同其丰俭。年六十六崩，在位凡四十八年。

准字幼道。高尚寡欲，州府交辟，不起。时兄充劝令仕，准曰："第五之名，何减骠骑？"准兄弟中第五，故有此言。充居宰辅，散带衡门，③不及人事。年四十七，卒。升平初，追赠金紫光禄大夫，封晋兴县侯。子恢以父志表让不受。

冬十月，卢循寇陷广州，执刺史吴隐之，而表朝廷以隐之党附桓玄，宜加显戮。诏不许。

四年春正月，帝在江陵。南阳太守鲁宗之起义兵，袭破襄阳，进逼江陵。桓振以帝次于江津。辛卯，宗之破振将温楷于柞溪，进次纪南，为振所败。桓振复袭江陵，荆州刺史司马休奔于襄阳，建威将军刘怀肃等讨振，战于沙桥。振中流矢，广武将军唐兴临阵杀振。

振字道全，奋威将军石虔子。少果锐无行，玄篡，以为江夏相、扬武将军。及玄败，挟帝上江陵，振率兵随之。玄死后，遂逼帝于行在，诸桓从之。将欲肆逆，桓谦止之。乃命进辞，以楚祚不终，百姓之心复归于晋，谨奉玺绶，以琅琊王德文领徐州刺史，振自为都督八州诸军事、镇西将军、荆州刺史。多选腹心，为帝

---

① 癸巳：五月丁巳朔，无癸巳日。《通鉴》卷一一三作"壬午"，为五月二十六日。
② 戊寅：戊寅为五月二十二日，甲申为二十八日，戊寅不得列于甲申之后，日序有误。
③ 充居宰辅散带衡门：《晋书·何准传》作"充居宰辅之重，权倾一时，而准散带衡门"。

左右。以帝居江陵，遂为玄举哀，立丧庭，伪谥武悼皇帝。既而叹曰："公昔不早用我，故见此败。若使公在，我为前锋，天下不足定。今独作此，安归乎！"遂肆意酒色，多所残害。寻而鲁宗之、刘怀肃等破振军于沙桥，振时醉，见杀于阵。何澹之、桓谦等走投姚兴。

谦字敬祖，温弟冲次子。详正有器望。桓玄用事，累迁侍中、卫将军、开府、录尚书事。与卞范之拒义军于蒋山，败，随玄之江陵。及桓振作乱，逼帝，谦每保护乘舆。及振败，谦奔后秦。案《晋书》：后谯纵反，据蜀，遣使称藩于姚兴，闻桓谦在秦，请谦共顺流东讨刘裕。兴问谦，谦因言："臣门素著恩荆楚，今与纵东下，百姓必骇动。"兴曰："水小不容大舟，若纵才力足以济事，亦不假君为鳞羽，宜自求多福。"谦因请行。遣谦至蜀，人士多归之，纵乃置谦于龙格，使人守之。谦泣曰："秦王神矣。"后与纵将谯道福俱下，至江陵，人庶投者二万，为荆州刺史刘道规破斩之。

丁酉，乘舆反正，与琅琊王德文幸刘道规舟。①戊戌，诏曰："逆臣桓玄，乘衅肆乱，诬罔天人，篡据极位。幸天祚社稷，义旗载捷，狡徒沮溃，朕获反正。斯实宗庙之灵，勤王之勋。岂朕一人，独享斯祜，恩与亿兆，幸兹更始。其大赦天下，改元为义熙元年，唯玄、振一祖，不在原例。其赐百姓爵二级，②鳏寡孤独谷人五斛。"

二月丁巳，留台备法驾乘舆，迎帝于江陵。是月，益州刺史毛璩使将军谯纵、侯晖等讨时延祖于白帝城。晖等因梁州兵不乐东征，遂谋众立纵为主以叛，还攻璩弟于涪，克之，自称成都王。

三月甲午，帝至自江陵，百官望拜于新亭。乙未，群臣诣阙请罪，诏慰曰："此非诸卿之过也。"庚子，诏曰："朕以寡昧，遭家不造。逆臣桓玄，乘衅纵慝，穷凶恣虐，滔天泯夏，诬罔人神，肆其篡乱。祖宗之基既湮，七庙之飨斯殄，若坠渊谷，未足斯譬。皇庶有晋，固纵英辅。镇军将军、青徐二州刺史裕，忠诚天发，神武命世，义声一唱，二溟波卷，英风振路，宸居清翳。冠军将军毅、辅国将军无忌、振武将军道规，舟旗遄迈，而元凶传首，回戈叠挥，则荆汉雾廓。俾宣、元之祚，永固于嵩、岱，而宗庙命德，圣哲攸先。镇军可进位侍中、车骑将军、录尚书事，

---

① 琅琊王德文："王"，原脱，张校本据四库本、徐钞本、周钞本、刘钞本补。孟校本未出校记。陆氏旧藏钞本有"王"字。
② 赐百姓爵二级："百姓"，张校本据徐钞本、周钞本及《晋书·安帝纪》改为"百官"，孟校本出校，不改字。四库本、陆氏旧藏钞本并作"百姓"。按赐爵与赐鳏寡孤独米谷惯例，此处赐爵对象为"百姓"之可能性大。

毅进号左将军，无忌右将军、会稽内史，道规辅国将军、荆州刺史。"戊戌，刘裕、何无忌等抗表逊位，诏不许。加裕都督中外诸军事。

夏四月戊辰，刘裕旋镇京口，帝饯于东堂。壬申，以卢循为平越中郎将、广州刺史。循遣使遗刘裕益智粽子，裕答以续命汤。

五月癸未，诏禁绢扇及樗蒲。

秋七月庚辰，太白比昼见于翼轸。

是岁，凉王李暠奉表称藩。

二年夏四月，无锡献白龟。

冬十月，论匡复功。进封刘裕豫章公，邑万户。刘毅南平公，五千户。何无忌安成公、刘道规华容公，追封檀凭之曲江公，各三千户。孟昶临汝公、刘藩安陆公、诸葛长民新淦公、魏咏之江陵公，① 各二千五百户。余封赏并有差。

三年春二月，刘裕入朝。诛东阳太守殷仲文及弟叔文、道叔等三人。

仲文，陈郡人，南蛮校尉觊之弟。有美才容貌。从兄仲堪荐于会稽王道子，累迁至新安太守，妻即桓玄姊也。闻玄平京邑，弃乡郡投玄。玄将篡，九锡文仲文辞也。及玄篡位，总领诏命，以元勋为玄侍中。② 极奢侈，家累千金。及玄败，因奉二后归义，迁尚书郎。帝反正，仲文上表求自解，不行。刘裕引为长史，冀因是进。既不得志，常居怏怏，有不满心。因月朔与众至大司马府，中有老槐树，顾之叹曰："此树婆娑，生意尽矣！"寻迁为东阳太守，意弥不平。统于何无忌，至郡不谒，无忌以为轻己，衔之。及府将骆冰谋反下狱，遂令冰辞引仲文兄弟。刘裕以前党桓玄，因收之，并桓胤、卞承之等同下狱，伏诛。案《晋书》：仲文初在东阳，照镜不见其面，数日遇害。谢灵运尝云："殷仲文读书半袁豹，而文才不减班固。"言其文天分多而见书少也。

己丑，③ 大赦，除酒禁。

夏六月辛卯，荧惑犯辰星，在翼。是月，后秦姚兴将赫连勃勃僭称天王于朔方，国号夏。

九月，彭泽令陶潜去职而归，作《归去来》一章，以叙其志。

冬十月，秃发傉檀僭凉王位于洛都。后燕高云杀慕容熙，云僭位。

---

① 魏咏之："咏"，各本均作"永"，张校本据下文及《晋书》本传、《宋书·武帝纪上》及《通鉴》卷一一四改，从改。
② 以元勋为玄侍中："元"，张校本改作"玄"，并视其为桓玄。"元勋"不误。
③ 己丑：二月辛丑朔，无己丑日。己丑为闰二月十九日。《通鉴》卷一一四系刘裕诛殷仲文事在闰二月。

是岁，龙骧将军朱绮戍寿阳，婢炊饭，①忽有群乌集灶，竞来啄啖，婢驱逐不去，有猎狗咋杀两乌，余乌因共啄杀狗，又啖其肉，唯骨在。

四年春正月甲辰，诏刘裕为扬州刺史，自丹徒入居东府辅政。庚申，侍中、太保、武陵王遵薨。

遵字茂远，元帝孙。年十二，袭封武陵，受拜流涕。桓温死后，右将军桓伊造遵，遵大怒曰："何故通桓氏？"左右对曰："桓伊与桓温疏属，无嫌也。"遵曰："我闻人姓木边字，便欲杀之，况诸桓乎！"

夏四月丙午，②进孟昶尚书左仆射，仍领吏部尚书。

冬十月，雷。大风拔树。

五年春正月辛卯，寻阳地震。③

二月，南燕慕容超寇淮北，执我平阳太守刘千载、济南太守赵元。

三月乙亥，④大雪，平地数尺。刘裕表伐南燕。甲午，建牙诫严。

四月，帝饯裕于西堂。己巳，舟师发京邑，自淮入泗。

五月，次下邳，舍舟步进，所向无前。

六月，震太庙。丙寅，裕大破燕军于临朐。

秋七月，姚兴将乞伏乾归僭称西秦王于苑川。

九月戊辰，⑤后燕离班杀其主高云。云将冯跋杀班，自立为燕王。

六年春正月，卢循为始兴太守徐道覆自番禺说循，⑥曰："本停岭外，岂为子孙？实以刘裕难与为敌。今顿兵燕城下，未有还日。以我思归众，掩何、刘如反掌耳。既克京师，挟天子，诛执政，改镇守，倾根本，刘裕纵还，无能为也。"循从之。

二月，刘裕克南燕，获主慕容超归，斩建康市，尽平齐地。

三月，广州刺史卢循举兵反，过寇南康，破庐陵、长沙，逼江州，刺史何无忌死于豫章。

---

① 龙骧将军朱绮戍寿阳婢炊饭："朱绮"，《晋书·五行志中》《宋书·五行志三》并作"朱猗"。"炊"原作"吹"，张校本据徐钞本、周钞本、刘钞本及《晋书》《宋书》之《五行志》改。

② 夏四月丙午：四月甲子朔，无丙午日。《晋书·安帝纪》、《通鉴》卷一一四作"甲午"，然甲午亦不在四月，为五月初一日。

③ 正月辛卯寻阳地震：《晋书·安帝纪》《五行志下》《宋书·五行志五》皆云正月戊戌夜寻阳地震，辛卯、戊戌皆在正月，未知孰是。

④ 三月乙亥：三月己丑朔，无乙亥日。《晋书·五行志下》《宋书·五行志四》并作"己亥"，为是月之十一日。

⑤ 九月戊辰：九月丙戌朔，无戊辰日。《通鉴》卷一一五系此事在十月。

⑥ 卢循为始兴太守徐道覆自番禺说循："为"，《晋书·卢循传》作"所署"，于义为长。

无忌，东海郯人也。少有大志，忠亮任气，人有不称其心者，辄形于言色。起家为太学博士，时镇东将军刘牢之即其舅也。在京口，每有大事，常与参议之。元显子彦璋封东海王，以无忌为国中尉。及桓玄害彦璋于市，无忌恸哭而出，时人义焉。

玄既篡逆，刘毅家居京口，与无忌素善焉，言及兴复之事，无忌曰："桓氏强盛，其可图乎？"毅曰："天下自有所归，虽强易弱，正患事主难得耳！"无忌曰："天下草泽中非无英雄也。"毅曰："唯有刘下邳。"无忌笑而不答，还以告裕。裕初为刘牢之参军，与无忌相亲结。至是，因密共图玄，遂要结毅等同举义兵，袭破京口。案《三十国春秋》：义起，众令无忌作檄文，无忌重烛为之。其母，刘牢之姊，伺于屏风上见之，喜曰："我不如东海吕母明矣。汝能如此，吾雠雪矣！"

玄闻刘裕及无忌等起兵，甚惧。其党曰："刘裕乌合之众，势必无成，愿不为虑。"玄曰："刘裕勇冠三军，当今无敌。刘毅家无儋石之储，樗蒲一掷百万。何无忌，刘牢之外生，酷似其舅。三人共举大事，何谓无成！"玄败后，武陵王承制，以无忌为辅国将军，与刘道规追桓玄，大破玄将何澹之。

义熙初，迁都督荆、江二州刺史，进镇南将军。卢循作寇，使徐道覆顺流而下，舟舰皆重楼强弩。无忌拒之，为循所败。无忌厉声曰："取我节来！"躬执节以苦战，遂握节而死。诏赠司空。以轻锐而没，朝野痛之。

夏四月，刘裕自广固留左将军刘敬宣为青州刺史。癸未，裕至京师。甲申，刘毅表南征，发自姑孰。大风折木。

戊子，①卫将军刘毅与卢循战于桑落洲，王师败绩。丙辰，②尚书左仆射、临汝公孟昶惧贼盛不敌，上表曰："中军北伐，众并不同，赞成此役，唯臣而已。今狂寇乘间，宗庙危逼，臣之罪也。臣请引分，以谢天下。"封表毕，归自杀。

昶字彦远，平昌人。为桓弘兖州主簿。刘迈与昶不善，每谮于桓玄，昶惧，乃与刘裕等同谋起义。克日，共刘毅率六十人入广陵城，斩桓弘。即日，以其众过江，会刘毅于京口。累迁位丹杨尹、尚书左仆射。

及卢循寇逼，何无忌、刘毅相次败，而刘裕北伐新还，③恐不能敌，与诸葛长民议，权奉帝过江避贼。刘裕不许，曰："今兵虽少，犹可拒战，大丈夫终不能

---

① 戊子：《通鉴》卷一一五系于五月，"戊子"作"戊午"。
② 丙辰：四月壬午朔，无丙辰日。此盖《实录》失书五月致误。
③ 刘裕北伐新还："刘裕"，各本多作"刘毅"。谓刘裕北伐慕容超新还也。张校本据周钞本、刘钞本改正。孟校本未校改。陆氏旧藏钞本正作"刘裕"。四库本径改作"刘裕"。

草间求活。"昶策其弗克，请前死以谢朝廷。裕怒曰："卿且用一战，死复何晚！"昶遂上表，自缢而死。案《晋·列女传》：昶初起义，谓其妻周氏曰："刘迈毁我于桓玄，便一生沦陷，决当作贼。卿幸可早离绝，脱得富贵，相迎不晚也。"周氏曰："此非妾所离，自君二亲在堂，欲建非常之谋，岂妇人所敢谏！事之不成，当于冥官奉养大家，义无归志。"昶怆然久之，不言而起。妻追昶还坐，曰："观君举止，非谋及妇人，不过欲得财物耳。"指抱所生女示昶曰："此儿可卖，亦当不惜，况货财耶！"遂倾资产以给军事。又语叔觊妻云："昨夜梦，殊为不佳，在于赤色，先不宜也，有此物可悉藏之。"觊妻大惧，以为然，所有绛缯悉敛付之。周氏乃置帐中，潜制军服，军仪获举，周有力焉。

己未，大赦。以刘裕为太尉。乙丑，内外戒严，诏太尉裕出屯石头，徙南岸民居渡淮北，发材板栅石头，使筑柤浦、药园、廷尉三垒。① 以大司马、琅琊王德文都督宫城诸军事，屯中堂皇。冠军将军刘敬宣屯北郊，辅国将军孟怀玉屯丹杨郡，建武将军王仲德屯越城，广武将军刘怀默屯建阳门。

六月，循军次三山，先锋度新林。刘裕登石头城而望，筹之曰："贼若新亭直上，须避之。如回泊蔡洲，此成擒耳。"循将徐道覆请于新亭焚舟而战。循曰："不然，我大军未至而孟昶自杀，观其形势，不战而破，不如按甲蔡洲以待之。"初，刘裕望见船向新亭，有惧色。及见回泊蔡洲，喜曰："贼落吾下也。"使宁远将军索邈领鲜卑装虎班突骑千余匹，皆被练五色，自淮南岸耀兵至于新亭。循军聚而观之，惮于陆战，乃引舰攻石头栅城。神弩乱发，引退设伏，于南岸列阵。裕率毅、诸葛长民拒战，缚以大筏，因风逼之，大破循军于江中，循遁走。案《三十国春秋》：时有童谣云："官家养芦化作荻，② 芦生不止自成积。"又曰："芦荻泛泛逐水流，东风吹耳起，那能入石头。"丙寅，震太庙鸱吻。③

秋七月，诏解严，治水军于东府。庚申，遣将军孙季高潜自东洛，④ 浮海取广州。甲子，使河间内史蒯恩、王仲德为前锋追卢循，刘裕自总大军继之。卢循上寇荆州，军败，走寻阳。

冬十二月壬辰，裕率诸将大破卢循于豫章。无锡人年八岁，一旦暴长八尺，

---

① 筑柤浦药园廷尉三垒："柤浦"，《宋书·武帝纪上》《南史·宋本纪上》及《通鉴》卷一一五并作"查浦"。四库本作"祖浦"，误。"廷尉"，宋本、陆氏旧藏钞本及四库本作"建尉"。

② 官家养芦化作荻："化"，各本多作"花"，孟校本据宋本改，张校本未校改。陆氏旧藏钞本作"化"，四库本径作"化"。

③ 丙寅震太庙鸱吻：《宋书·五行志四》系于上年（义熙五年），疑此为一事之误重。

④ 遣将军孙季高潜自东洛："东洛"，疑为"东冶"之误，今福州。

髯髯蔚然，三日而死。

七年正月乙未，①刘裕还军京师，进大将军，加班剑二十人。

二月壬午，右将军刘藩追斩徐道覆于始兴，循走交阯。

循字子先，②小名元龙，范阳人。司空从事中郎谌之曾孙。双眸同彻，瞳子四转，善草隶书。沙门惠远见而谓之曰："君虽体涉风素，而志存不轨。"孙恩死后，统众入东阳。刘裕讨之，循走，泛海，因奔广州，袭破刺史吴隐之，自行州事，号南平将军，遣使贡献。朝廷以新定桓氏，中外多虞，未遑讨伐，因乃假卢循征虏将军、广州刺史。

义熙中，刘裕伐慕容超，循姊夫徐道覆说循举兵度岭，掩袭京邑。既闻刘裕还，众惧，劝循还军，上据荆、湘，以割天下之半。循自新亭上军，循又不听。③道覆叹曰："我为卢公所误也，事必无成。使我得遇英雄主，驱驰天下，不足定也！"及刘裕破循，循单舸走还，欲保广州。而孙季高潜以浮海袭陷番禺，收其家，执其父母等。循既度岭，闻广州已平，遂进交阯，至龙编。

夏四月，交阯刺史杜慧度诈而败之。循势屈，知不免，先鸩其妻子及妓妾数十人，而舍其乐从死者，遂自投水而死。慧度取其尸，斩之，传首京师，枭于大航。

八年春三月甲寅，山阴地陷四尺，有声如雷。

夏五月，乞伏公府杀乞伏乾归，乾归子炽盘诛公府，④僭即伪位。

秋八月庚子，征西大将军刘道规卒。⑤

道规字道则，太尉裕少弟。性倜傥。平桓玄，累以功封华容公，都督荆益江雍等六州诸军事、荆州刺史。蜀谯纵使大将军谯道福与桓谦下寇江陵。江陵吏卒皆桓氏义旧，咸怀异心。道规乃会将吏，告之曰："桓谦今在近畿，风闻尔等颇怀去就之计。吾东来，文武足以济事。若有去者，本不相禁。"因夜开城门，达晓不闭，众咸惮服，莫有去者。所得飞书不视，皆焚之，将士大安。及徐道覆率众二万奄至破冢，人情怀焚书之恩，皆无二志。贼平，进征西大将军。卒，时年

---

① 正月乙未：正月戊申朔，无乙未日。《宋书·武帝纪中》、《通鉴》卷一一六皆作"正月己未"，为是月十二日。张校本据改。

② 循字子先："子先"，《晋书·卢循传》作"于先"。

③ 循自新亭上军循又不听：各本皆同，四库本作"令自新亭上军，循又不听"，于义为长。

④ 乾归子炽盘诛公府："炽盘"，《晋书载记》、《通鉴》卷一一六皆作"炽磐"。

⑤ 秋八月庚子征西大将军刘道规卒：《宋书·刘道规传》、《通鉴》卷一一六皆云道规卒于闰月庚子，是年闰六月。疑"秋八月"为"闰六月"之误。

四十四。①

八月戊申，月犯泣星。庚戌，皇后王氏崩于徽音殿。

九月，葬僖皇后于休平陵。

后讳神爱，琅琊人。父献之。以太元二十一年纳为太子妃。帝即位，立为皇后。后在位十五年，年二十九崩，无子。

献之字子敬，羲之第七子。少有盛名，而高迈不羁，虽闲居终日，容止不怠，风流为一时之冠。尝共兄徽之、操之诣谢安，二兄多言俗事，献之唯寒暄而已。既出，客问安王氏弟兄优劣，安曰："少者佳。"客问其故，安曰："吉人之辞寡，躁人之辞多，故知之。"每与徽之同在一室，忽火发，徽之走出，不遑取履。献之神色恬然，徐呼左右扶出。夜卧斋中，而有偷人入室，盗物都尽。献之徐曰："青毡是我家旧物，可特置之。"群偷惊走。

少工草隶书，并丹青。七八岁时学书，父密从后掣其笔，不得，叹曰："此儿后当复有大名。"尝书壁为方丈字，羲之甚以为能，时观者日数百人。桓温曾使书扇，笔误落，因画作乌驳牸牛，特妙。起家为州主簿，数转秘书丞，选尚新安公主，迁谢安卫将军府长史。

太元中，新起太极殿，欲使献之题牓，而难言之，因说魏使韦仲将悬虚橙书陵云台额事，②以谓献之。献之揣知其旨，乃正色曰："仲将，魏之大臣，宁有此事！使其若此，有以知魏德之不长。"安遂不之逼。安又问曰："君书何如家公？"答曰："固当不如。"安曰："外论不尔。"答曰："人那得知！"论者以羲之草隶，江左中朝莫有及者，献之书骨力远不及父，而颇有媚趣。寻除建威将军、吴兴太守，征拜中书令。谢安薨后，议赠同异，献之上疏称安功德忠诚，实大晋俊辅。烈宗乃加殊礼。

献之后遇疾，家人为上章，道家法令自首过，良久对曰："不知余事，唯忆与郗家离婚耳。"前妻即郗昙女也。卒于官。安僖皇后立，赠侍中。无子，以兄子静之为嗣，位至义兴太守。案《献之列传》：尝经吴，闻顾辟强有名园，先不相识，乘平肩舆径入。时辟强方集宾友，献之游历，傍若无人。辟强勃然数之曰："傲主人，非礼也，以贵骄士，非道也。失是二者，不足齿之伧耳。"使驱出门。献之傲如也，不以介意焉。

---

① 卒时年四十四：《宋书·刘道规传》作"时年四十三"。
② 桓谦今在近畿至说魏使韦仲将悬虚橙书陵云台额事：陆氏旧藏钞本错页。

乙卯,①太尉刘裕害右将军兖州刺史刘藩、尚书左仆射谢混。

混字叔源,太保安之孙,尚书仆射琰之子。少有美誉,善属文。初,孝武为晋陵公主求婿,谓王珣曰:"但如刘真长、王子敬便足。"对曰:"谢混虽不及真长,不减子敬。"帝曰:"足矣。"未几,帝崩,袁山松欲以女妻之,珣曰:"卿莫近禁脔。"案《中兴书》:初,元帝出镇建邺,属永嘉丧乱,天下分离,公私窘罄。每得一豚,为珍膳,项上一脔尤美,②辄将荐帝,群下未尝敢食,于时呼为"禁脔"。或曰"鹑炙"也。故珣以为戏。混竟尚公主。桓玄得志,尝欲以安宅为营,混曰:"召伯之仁,犹惠及甘棠;文靖之德,更不保五亩之宅耶?"玄闻,惭而止。后累迁中书令、左仆射,领选部。

时刘裕拜太尉,既拜,朝贤毕集,混后来,衣冠倾纵,有傲慢之容。裕不平,乃谓曰:"谢仆射今日可谓傍若无人!"混对曰:"明公将隆伊、周之礼,方使四海开衿,谢混何人,而敢独异乎!"乃以手披拨其衿领,悉解散,裕大悦之。至是,党刘毅见杀。案《晋书》:刘裕将受禅,具大阅礼。谢晦谓高祖曰:"陛下应天受命,登坛自恨不得谢益寿奉玺绂。"裕曰:"吾甚恨,使后生不得见其风流!"益寿,混小字也。

庚辰,刘裕表罪刘毅包藏祸心,构逆南夏,以藩、混助乱,志肆奸宄。己丑,裕将讨毅于江陵,以参军王镇恶为前驱。

毅字希乐,彭城沛人。少有大志,不修家人产业。桓弘在兖州,辟为中军参军。及桓玄篡位,毅与刘裕、魏咏之等起义兵,匡复晋室,以功拜抚军将军。初,毅丁忧在家,义旗将兴,遂墨绖从事。既而上表乞终丧礼,不许。进为都督扬豫二州之淮南历阳安丰堂邑等五郡诸军事。③初,桓玄于南州起斋,悉画盘龙于其上,号盘龙斋。毅小字盘龙,至此,乃居之。

及卢循反,乘虚而进,毅将南征,刘裕乃遣毅从弟藩送书往止毅。毅大怒,曰:"我以一时之功相推耳,汝便谓我不及刘裕耶!"遂投书于地。率军发自姑孰,为循所败于桑落,仅而获免。深不自安,刘裕使慰谕之。及循平后,知物情不在己,请解军府出镇,裕表为荆州刺史。既至江陵,聚兵万余,乃告疾笃,表请藩为副。裕知其贰于己,故诛藩、混,率众西讨,使王镇恶破之。毅单骑而走,去江陵北

---

① 乙卯:各本皆同。九月戊辰朔,无乙卯日。《晋书·安帝纪》《通鉴》卷一一六并作"己卯",为是月十二日,张校本据改。

② 项上一脔尤美:"脔",各本作"项",宋本作"项",《晋书·谢安传附混传》亦作"项上一脔尤美",张校本、孟校本失校,今据改。

③ 都督扬豫二州之淮南历阳安丰堂邑等五郡诸军事:《晋书·刘毅传》《何无忌传》及《通志》卷一二九下"历阳"下有"庐江",合五郡,是。

二十里，自缢于牛牧寺。经宿，居人以告，乃斩尸于市。

毅性刚猛，好陵傲不逊。每读史至蔺相如屈于廉颇，叹其不可能也。曾于东府聚樗蒱大掷，一判应至数百万。时余人并黑犊，毅次掷得雉，大喜，褰衣绕床，叫谓同坐曰："非不能卢，不争此耳。"裕恶之，因援五木久之，曰："老兄试为卿答。"既而四子俱黑，其一子旋转未定，裕厉叱之，即成卢焉。毅意殊不快，然素黑，其面如铁色焉，既而曰："亦知公不能以此见借！"既西出藩，因欲图裕。时丞相参军胡藩知毅终不为下，因随裕出江宁饯毅，于坐密劝裕杀毅，裕不纳。至是谓藩曰："前从卿言，无今日之举也。"

辛亥，①以司马休之为平西将军、荆州刺史。

冬十一月乙酉，裕至江陵，诛郗僧施，毅党也。

僧施，高平人，太尉鉴曾孙。少好文辞，宅于青溪，每清风美景，泛舟溪中，歌一曲，作诗一首。谢益寿闻之曰："青溪中曲复何穷尽！"

甲午，加裕太傅、扬州牧，剑履上殿，入朝不趋，赞拜不名。是月，沮渠蒙逊僭号河西王于姑臧。

十二月，以西阳太守朱龄石为建威将军、益州刺史，率兰陵太守蒯恩、臧喜等舟师二万伐蜀。②分荆州十郡置湘州。东阳人黄氏生女不育，埋之数日，于土中啼，取养之，遂活。

是岁，于石头东城内起高楼，加累入于云霄，连琮带于积水，③署曰入汉楼。

九年春二月，盗开故尚书卞壸墓，剖棺见尸僵，须发苍，面白如生人，两手拳，爪甲穿达手背。诏给钱十万，修复之。

三月丙寅，太尉刘裕杀前将军诸葛长民及弟辅国将军黎民，从弟宁朔将军秀之于东府。④

初，裕西讨刘毅也，以长民监太尉府留后事。长民骄纵贪侈，不恤政务。既闻刘毅被诛，语所亲曰："昔年醢彭越，前年杀韩信，祸其至矣！"因谋欲为乱，遂问刘穆之曰："人间论者谓我与太尉不平，其故何也？"穆之曰："相公西征，老母弱弟委之将军，何谓不平！"长民弟黎民轻狡好利，固劝因裕未还以图之。

---

① 辛亥：九月无辛亥日，十月戊戌朔，辛亥为十四日。"辛亥"上当脱"十月"二字。

② 臧喜：《宋书》《南史》本传及《通鉴》卷一一六并作"臧熹"，张校本据改。《宋书·朱龄石传》谓臧熹随龄石伐蜀时官宁朔将军。

③ 连琮带于积水："琮"，四库本作"堞"，陆氏旧藏钞本作"琮"，城墙设施类也。

④ 从弟宁朔将军秀之："从弟"，各本均作"徒弟"，《晋书·安帝纪》作"从弟宁朔将军秀之"，据正。

长民犹豫未发，既而叹曰："贫贱常思富贵，富贵必履危机。今日欲为丹徒布衣，岂可得也！"

时裕深疑之，骆驿继遣辎重兼行而下，前克至日，百司于道候之，辄差其期。既而轻舟径进，潜入东府。长民惊，出迎之。既入坐，进语，素所未尽皆说焉，长民悦。乃使壮士丁旿于幕后潜入，拉杀之。时人为之语曰："莫跋扈，付丁旿。"黎民骁勇绝人，与捕者苦战而死。

长民字长之，琅琊阳都人。有文武干用，然不持行，无乡曲之誉。初为桓玄参军，后与刘裕谋匡晋室，累迁晋阳太守。①卢循之逼，劝刘裕权移天子过江，裕不从。循平，转豫州刺史，领淮南太守，寻加前将军。案《晋书·长民传》：初，长民富贵时多有异。每卧，夜中辄惊起，跳踉与人相敌。毛脩之曾见，问其故。长民曰："见一物甚黑而有毛，脚不分明，奇健，非我无以制之。"又屋中柱与椽桷间，悉见有蛇头，令人以刀悬斫，应刃隐藏，随复却出。又捣衣杵相与语如人声，不可解。又于壁中见巨手，长七八尺，臂大数围，令斫之，豁然不见。未几被诛。

戊寅，刘裕奏请依庚戌土断，帝从之。

夏四月壬戌，罢临沂、湖熟皇后脂泽田四十顷，以赐贫人，弛湖池之禁。

秋七月，朱龄石克成都，斩谯纵，益州平。

纵，巴西南充人也。②少谨慎，好学，蜀人爱之。起家，累迁平西府参军。毛璩为益州刺史，纵与侯晖东伐时延祖白帝，晖等因梁州兵不乐东征，遂与巴西陈昧谋立纵为主，③回兵图璩，破益州，自号秦、凉二州刺史。④以义熙元年二月僭号蜀主于成都，遣使称藩于姚兴，乞师以讨刘裕。

是年，裕定刘毅，上至荆州，使朱龄石与宁朔将军臧喜等率众自江陵讨纵，日夜进军，大破侯晖于平模。纵闻晖败，走马出奔，投谯道福于涪。道福怒曰："大丈夫居如此功业，安可弃哉！人谁不死，何惧之甚！"因以剑投之，中其马鞍。纵去之，乃自缢。其伪尚书令马耽封仓库府，以待王师。初，纵之走也，先如其墓，纵女年数岁，谓纵曰："走如不免死，只取辱耳。一等死，死于先人墓可也。"

---

① 累迁晋阳太守："晋阳"，《晋书·诸葛长民传》作"晋陵"，是。
② 巴西南充人也："南充"，诸本并作"南充"，张校本据他本及《晋书·谯纵传》改，孟校本据宋本改，是。四库本、陆氏旧藏钞本并作"南充"。
③ 陈昧：《晋书·谯纵传》、《通鉴》卷一一四均作"阳昧"。
④ 秦凉二州刺史："秦凉"，《晋书·谯纵传》、《通鉴》卷一一四皆作"秦梁"。据《晋书·毛璩传》，时璩弟瑾为梁秦二州刺史，谯纵害瑾自代，故号秦梁二州刺史。当作"秦梁"为是。

纵不从。

冬十月，论平齐及破卢循功，封刘裕诸子皆为郡公，余各有差。

光禄大夫吴隐之，字处默，濮阳鄄城人也。魏侍中质六代孙。美姿容，善谈论，弱冠而介立。年十余岁，丁父母忧，号泣，行人为之流涕。每至临时，常有双鹤叫，及祥练之夕，复有群雁集庭，时人以为孝感所致。尝食咸菹，以其味甘，掇而弃之。与太常韩康伯邻居，伯母，殷浩姊，贤明，每闻隐之哭声，辍餐投箸，为之悲泣。既而谓康伯曰："若居铨衡，当举如此辈人。"及康伯为吏部尚书，隐之乃历阶清级，解褐辅国功曹，迁尚书郎，出为晋陵太守。在郡清俭，妻自负薪。入为中书侍郎。烈宗即位，欲用为黄门侍郎，以隐之貌类文帝，①乃止。转秘书监、御史中丞。居官禄赐，皆颁亲族，冬月无被。尝浣衣披絮，勤苦同于贫下。

广州近海，出珍异，前后刺史多黩货贿，朝廷欲革岭南之弊，隆安中，以隐之为龙骧将军、广州刺史。未至二十里，地名石门，②有水曰贪泉，饮者怀无厌之欲。隐之至，语其亲人曰："不见可欲，使心不乱。"乃至贪泉所酌饮之，因赋诗曰："古人传此水，一饮直千金。若使夷齐饮，终当不易心。"及在州，清操，食不过菜、干鱼，始终不易。帐下人进鱼，每去骨存肉，隐之觉其用意，去其鱼不食。

及卢循寇逼，攻击百余日，因陷，为循所得。刘裕与循书，令遣之，久方得还。装无余资，卜宅数亩地，篱垣仄陋，内外茅屋六间，不容妻子。寻拜度支尚书、太常卿。以蓬为屏风，不坐毡席。所得俸禄，才留身粮，余分亲族贫者，恒自布衣。以老请致仕，许之，授光禄大夫，加金章紫绶，钱十万，米三百斛。案《晋书》：初，隐之为谢石主簿。隐之将嫁女，石知其贫素，令移厨以助其经营。使者至，方见婢牵犬卖，此外萧然无办。后至自广州，妻刘氏有沉香一片，③隐之见，遂弃宫亭之水。子延之，亦清操，官至鄱阳太守。

十二月，高句丽、倭国及西南夷铜头太师并献方物。

是岁，移秣陵县于斗场桓社之地。案《图经》：在今县东南八里，斗场，村名也。

十年六月，西秦乞伏炽盘灭南凉秃发傉檀，为左南公。

秋九月丁巳，日有蚀之。

---

① 文帝：当从《晋书·吴隐之传》作"简文帝"。
② 未至二十里地名石门：《晋书·吴隐之传》"未至"下有"州"字，《事类赋》注七引臧荣绪《晋书》云"州二十里地名石门"，亦有"州"字，当是。
③ 沉香一片：《晋书·吴隐之传》作"沉香一斤"。

冬，城东府。案《图经》：今县城东七里清溪桥东，①南临淮水，周三里九十步。今太宗旧第，②后为会稽文孝王道子宅。谢安薨，道子领扬州刺史，于此理事，时人呼为东府。至是筑城，以东府为名。其城东北角有灵秀山，即道子宅内，嬖臣赵牙所筑。

十一年春正月，荆州刺史司马休之、雍州刺史鲁宗之并举兵内向，以讨刘裕为名。辛卯，③左将军府参军司马道赐害北青州刺史刘敬宣，道赐自立为齐王，据广固以应司马休之。

敬宣字万寿，镇北将军牢之子。少有孝行。累迁宣宁朔将军、④骠骑府参军。时桓玄构逆，逼京师，父牢之出镇，将谋同玄，敬宣苦谏不止，遂质于玄。及牢之反，谋袭玄，敬宣奔南燕。刘裕定京邑，手书招之，敬宣驰还，拜辅国参军、⑤晋陵太守。寻转江州刺史，随讨慕容超，迁征虏将军，镇北青州。至是遇杀。案《宋书》：刘毅少时，曾为敬宣宁朔参军，时人皆以雄杰许之。敬宣谓不然，曰："此子外宽而内忌，自伐而尚人，若一旦遭遇，亦当陵上取祸耳。"毅闻恨之。后毅为荆州刺史，谓敬宣曰："吾忝西任，欲屈卿为长史，岂有意乎！"敬宣大惧，白高祖，高祖曰："但使老兄平安，无虑耳。"

庚午，大赦。裕自表西伐。

三月，大破司马休之于江陵、宗之于襄阳。

初，鲁宗之自负才气，常恐不为执政所容，欲谋不法，乃自为谶曰："鱼登日，辅帝室。"司马休之闻而招焉。时刘裕又使召宗之，宗之怒曰："刘公遇我如三岁小儿，往年杀韩、彭，无厌及我。"乃执裕使送江陵，而同举兵。

夏四月，刘裕追破司马休之、鲁宗之等于襄阳，休之与鲁轨俱奔后秦。

五月甲午，论平蜀功，封刘裕子义隆彭城公，朱龄石丰城公。己酉，霍山崩，出铜钟六枚。

秋七月，京师大水，坏太庙。

八月，以刘穆之为尚书左仆射。

十二年春正月，后秦姚泓使鲁轨寇襄阳。

二月，诏刘裕中外大都督，加羽葆、鼓吹，置左右长史、司马官。

---

① 今县城东七里清溪桥东："县城"，各本皆作"城县"，四库本、陆氏旧藏钞本作"县城"，合本书夹注体例，据改。

② 今太宗旧第：此处不当有"今"字，疑为衍字。

③ 辛卯：正月乙卯朔，无辛卯日。《晋书·安帝纪》作"夏四月乙卯"，《通鉴》卷一一七亦系司马道赐杀刘敬宣事在四月。

④ 累迁宣宁朔将军："宣"疑为衍字。四库本无"宣"字。

⑤ 拜辅国参军："参军"，徐钞本及《晋书·刘牢之传》《宋书·刘敬宣传》作"将军"，张校本据改。

秋七月，裕与琅琊王德文伐后秦，①以冠军檀道济、王镇恶等为前锋，②造许、洛，中兵参军沈林子等以舟师通石门，宁远将军严纲、朱超石等开巨野。秦之屯戍，皆望风奔散。

冬十月丙寅，克洛阳，秦将姚洸降。表修五陵，置守备威仪。己丑，使兼司空高密王恢之修谒五陵。

十一月，北凉沮渠蒙逊使上表，请率河西戎旅，为前驱效力。

十三年春三月，大军进破秦将姚绍于潼关。

四月，后魏遣军十万救秦，刘裕使朱龄石败魏将鹅青于河曲，③斩青裨将阿薄于。④

六月癸亥，林邑献驯象、白鹦鹉。

秋七月，刘裕率檀道济、王镇恶等入关，别遣镇恶舟师溯河入渭，破姚泓，收其彝器归京师。斩泓于建康市，迁姚宗于江东。案《三十国春秋》：王镇恶既破秦军于横门，泓奔石桥，明日将妻子诣垒门降刘裕，⑤裕送泓于建康斩之，建康百里内草木燋死。又案《晋书》：刘裕定洛阳，平长安，尽收汉魏仪服、乐器、土圭、指南车、记里鼓、秦汉大钟、蟠螭等。

冬十一月，左仆射刘穆之卒。

穆之字道和，一名道民，东莞莒人也，汉齐王肥之后。世居京口。好学博览，多通。尝与刘裕俱泛海，忽值大风，惊惧，俯视船下，见二白龙夹舫。既而至一山，山峰耸秀，树木繁密，意甚悦之。及刘裕讨桓玄，克京城，急须一主簿，何无忌举穆之。穆之贫素，坏布帷为袴，往见裕。裕曰："能自屈，吾事济矣！"从平京邑，诸大处分，皆仓卒立定，并穆之所建也。斟酌矫正，旬日风俗顿改。及扬州刺史王谧薨，时刘裕在京口，刘毅、孟昶甚不欲裕入辅，穆之密言于裕曰："扬

---

① 秋七月裕与琅琊王德文伐后秦：《晋书·安帝纪》《宋书·武帝纪中》及《通鉴》卷一一七皆系此事于是年八月。

② 以冠军檀道济王镇恶等为前锋：《宋书·武帝纪中》《通鉴》卷一一七皆记王镇恶时为龙骧将军，"王镇恶"前疑脱"龙骧"二字。

③ 鹅青：《魏书·太宗纪》作"娥亲"，《司马叡传》《刘裕传》及《通鉴》卷一一八皆作"娥清"。《广韵》七歌："娥，又姓。"据此，"鹅"当作"娥"。

④ 阿薄于：《晋书·安帝纪》、《宋书·朱超石传》、《元和姓纂》卷五、《古今姓氏辩证》卷二六及《通鉴》卷一一八皆作"阿薄干"，是。

⑤ 王镇恶既破秦军于横门泓奔石桥明日将妻子诣垒门降刘裕："明日将妻子诣垒"七字，诸本在"石桥"与"门"之间多阙或污漶不可辨，孟校本据徐钞本补，然将七字补于"门"与"降"之间，不妥。四库本有七字，唯"垒门"作"军门"。

州根本所系，若忽假他，便受制于人也。刘、孟、诸葛等与公同起事，必不为公后，势理岂得居谦自弱？"裕从之，由是入辅政。

穆之好宾游，广布视听，朝野同异，莫有不知，巨细一白于裕。故裕听察聪明，皆由穆之力。出征则幕府谋策，留镇权掌后事，举动一委任之。刘裕素不闲书，穆之劝令纵笔为大字，一字径尺无嫌，大既足有所包，亦其名甚美。裕从之，每纸不过四五字。凡所荐达，不纳不止，每曰："我虽不及荀令君举善，然不举不善。"性能尺牍，常于裕坐与朱龄石共答书，自旦至日中，穆之得百函，龄石得八十函，而穆之应答不废。

累迁太尉司马、丹杨尹。诸葛长民死后，事无大小，内外一决穆之。及北征留府，内总朝政，外供军旅，决断如流，事无壅滞。宾客辐辏，求诉百端，远近咨禀，盈阶满室，目览辞讼，手答笺疏，耳行听受，口并酬对，不相参涉，悉皆赡举。裁有闲暇，手自写书，寻览篇章，校定坟籍。食必方丈，未尝独餐。案《穆之列传》：少时，家贫诞节，嗜酒食。其妻江嗣女也，常乞食妻家，多见辱，不以为耻，其妻每禁不令往。江氏后有庆会，属令勿来，穆之又往，食讫，从乞槟榔，江氏兄弟戏之曰："槟榔消食，君乃常饥，何须此也！"其妻乃截发市馔，为其兄弟以饷穆之。及穆之为丹杨尹，召妻家，令厨人以金柈贮槟榔一斛与之。卒，时年五十八。刘裕在长安闻之，举军惊惋，表赠司徒，追封南昌侯。

十二月，刘裕还自长安。

十四年春正月辛巳，①大赦。青州刺史沈田子害龙骧将军王镇恶于长安。

镇恶，北海剧人。祖猛，为秦苻坚相。父休，河东太守。镇恶以五月五日生，家人以俗忌，欲令出继疏宗。猛见奇之，曰："此非常儿，兴吾门矣！"故名镇恶。

年未弱冠，以苻氏乱，流寓客居荆州。意略纵横，而无弓马，性果决能断，刘裕征广固，或荐之，召为青州从事。随破卢循、刘毅，累以功封汉寿子。将从北征，临出，谓刘穆之曰："不定咸阳，誓不济江而还也。"入贼力战，无不克捷。总壮军溯渭，所乘皆蒙艟小舰，行船者皆在舰内，见舰溯流而进，舰外不见人。北土素不解舟，皆惊愕为神。既至，食毕，弃船登岸，誓众而进。士卒争先，遂定长安。抚慰百姓，号令严肃。迎刘裕于灞上，裕劳之曰："成吾伯业者，真卿也。"镇恶曰："此明公之威，诸将之力。镇恶何功之有！"裕笑曰："卿学冯异耶！"

① 正月辛巳：《晋书·安帝纪》、《通鉴》卷一一八同。正月丁酉朔，无辛巳日。二月丁卯朔，辛巳为二月十五日。疑"正月"为"二月"之误。

既而还军，以镇恶本号领安西司马，佐桂阳公义真镇长安。赫连勃勃来寇，遣中军参军沈田子拒之，不进。镇恶曰："公以十岁儿付吾等，而拥强兵不进，①寇何由平？"田子怒，反相图。镇恶出军北地，为田子所杀。时年四十六，同死者兄弟七人。刘裕表赠右将军，子灵嗣。②

夏六月，以刘裕为相国，进封宋公，加九锡之命。

冬十月，赫连勃勃寇长安，败王师于青泥。雍州刺史朱龄石焚长安宫殿，奔于潼关，勃勃追破，龄石死之。

龄石字伯儿，沛郡人也。家世为将。龄石少好习武，常使舅卧听事下，剪纸方寸帖舅枕，自以刀子悬掷，相去八九丈，百发百中。起家为桓脩参军。归刘裕，从征桓玄，启刘裕曰："世荷桓氏重恩，不忍白刃向之。"裕义之。累迁西阳太守，以元帅平蜀，封侯。寻代义真镇关中，死时年四十。弟超石，同没于青泥。

是月，赫连勃勃僭帝位于长安。

十二月戊寅，帝缢崩于东堂。明年正月庚申，葬休平陵，钟山之阳。今县城东北十五里，不起坟。帝年十五即位，立二十三年，年三十七，谥曰安。

帝少不惠，口不能言，虽寒暑之变，无以辨也。凡所动止，皆非已出。故桓玄之篡，以此获全。初有谶云"昌明之后有二帝"，刘裕将欲禅代，乃密使王韶之缢帝而立恭帝以应之。

恭皇帝

恭皇帝讳德文，安帝母弟也。初封琅琊王，历中军将军，领司徒、录尚书事。桓玄执政，进太宰、侍中，衮冕之服。玄篡位，以帝为石阳县公，与安帝俱之寻阳。玄败西奔，胁上江陵。及桓振陷江陵，跃马奋戈，直到阶下，瞋目谓帝曰："臣门户何负国家，而屠灭若是？"帝乃下床谓振曰："此言岂我兄弟意也！"振乃下拜。复为琅琊王，领大司马。刘裕北伐，时帝乃上疏，③请率所莅，启行戎路，修敬山陵。

---

① 而拥强兵不进："而拥"，各本作"西权"，四库本改作"公拥"，孟校本据徐钞本改作"而拥"，意长，从之。张校本未出校记。

② 子灵嗣："灵"，《宋书·王镇恶传》作"灵福"。

③ 刘裕北伐时帝乃上疏："北伐"与"上疏"之间，各本多阙二或三字。张校本疑阙字为"南燕"，并据徐钞本、丁钞本补"帝"字。疑阙字为"南燕"，误，时南燕已灭国。孟校本据福州陈氏旧钞本作"刘裕北伐，时帝乃上疏"，从之。

朝廷许之，乃与刘裕俱发。有司以即戎不得奉辞陵庙，又上疏曰："臣推毂阃外，将革寒暑，不获展情埏隧，私心罔极。伏愿天慈，特垂听许，使臣微诚粗申，即路无所恨也。"

十四年，归京师。冬十二月戊寅，安帝崩。刘裕矫称遗诏曰："惟我有晋，诞膺明命，业隆九有，光宅四海。朕以不德，属当多难，幸赖宰辅，拯兹六合。方凭阿衡，惟新洪业，而遘疾大渐，将遂不兴。仰惟祖宗灵命，亲贤是荷。咨尔大司马，琅琊王体自先皇，明德光懋，属惟储贰，众望攸集。其君临晋邦，奉系宗祀。"是日，即皇帝位，改元为元熙元年。

元年春正月壬辰朔，以山陵未厝，不朝会。癸巳，立妃褚氏为皇后。

后讳灵媛，河南阳翟人，义兴太守爽之女。生海盐、富阳二公主。甲午，征刘裕还朝。戊戌，有星孛于太微西藩。

夏五月丙戌。①

秋八月，进刘裕为宋王，移镇寿阳。

九月，裕自解扬州牧。

冬十二月己卯，太史奏黑龙四见于东方。

是岁，建安人阳道无头正平，本下作女人形体。是岁，②省扬州禁防参军，移秣陵县于其地，在宫城南八里一百步小长干巷。案《地志》：在今瓦官寺东北百余步西出是。③

二年夏四月，诏征宋王入辅，加殊礼。

六月壬戌，刘裕至京师。傅亮承裕密旨，讽帝禅位，草诏以请帝书之。帝欣然谓左右曰："桓玄之时，天命已去，重为刘公所延，将二十载。今日之事，本所甘心。"乃书赤纸为诏。甲子，帝逊位于琅琊第，秘书监徐广独哀感，涕泗交流。谢晦见之，谓曰："徐公将无小过乎！"广收泪而言曰："君为宋朝佐命，吾乃晋室遗老，忧喜之事，固不同时。"乃歔欷，因辞衰老，乞归桑梓。

广字野民，东莞姑幕人，侍中邈之弟也。世好学，至广尤为精纯，百家数术，无不研览。起家为秘书郎，迁中军长史、大将军文学祭酒。义熙初，奉诏撰《车

---

① 夏五月丙戌：五月庚寅朔，无丙戌日。此句日干既误，其下亦脱漏文字。
② 是岁：前已云是岁，此当误重。
③ 在今瓦官寺东北百余步西出是：夹注所引《地记》文字疑有脱误。

服仪注》，转员外散骑常侍，领著作。撰国史，经一十二年，勒成《晋纪》四十六卷。①迁秘书监，封乐成侯。初，桓玄之篡，安帝出宫，广既陪列，悲恸左右。及宋受禅，不胜哀感，遂去职。卒于家，时年七十四。

秋七月，宋封帝为零陵王，居于秣陵，行晋正朔，车骑服色，一如旧典。有其文而不备其礼。降后褚氏为零陵王妃。帝自是之后，深虑祸及，褚后常在帝侧，饮食所资，皆出褚后，故宋人莫得伺其隙。永初二年九月丁丑，②裕使后兄叔度请后，有间，兵人逾墙入，弑帝于内房。帝年三十四即位，立二年，年三十六见弑。谥恭帝，葬冲平陵。在蒋山之阳，安帝同处。

帝幼时性颇忍急，自在藩国，曾令善射者射马为戏。既而有人云："马者国姓，而自杀之，不祥之甚。"帝亦悟之。其后深信浮图道，铸货千万，造丈六金像，亲于瓦官寺迎之，步行十许里。安帝既不惠，帝每侍左右，消息温凉寝食之节，以恭谨闻于时。

初，王子年著谶云："帝讳昌明运当极，特申一期延其息。诸马渡江百年中，当值卯金折其锋。"至是，果为刘氏所代。自东晋子孙相承，四代十一帝，起戊寅，终于己未，凡一百二年，并都台城之建康宫。

始，元帝初过江，称晋王，置宗庙，使郭璞筮之，云"享二百年"。自元帝称晋王元年丁丑岁，至禅宋之年庚申岁，实一百四年。而丁丑尚继于西晋，庚申终入于宋年，唯一百二年。郭言二百，盖倒其言尔。

初，秦望气者云"五百年后金陵有天子气"，故秦皇东游以厌之，堑北山，改为秣陵。及孙权称号，自谓当之。孙盛以为始皇逮于孙氏四百三十七年，考其历数，犹为未也。及元皇之过江也，乃五百二十六年，真人之应其在此矣。

案，东晋元帝即位太兴元年，至唐至德元年，合四百四十年。

---

① 撰国史经一十二年勒成晋纪四十六卷：《晋书》本传作"义熙初，奉诏撰《车服仪注》……宜敕著作郎徐广撰成国史……十二年，勒成《晋纪》。"此"十二年"为义熙十二年，《实录》误为历经十二年方始成书。

② 九月丁丑：《晋书·恭帝纪》同，《宋书·武帝纪下》作"九月己丑，零陵王薨"。九月丙午朔，丁丑、己丑皆无，日干有误。

建康实录卷第十一　宋上

高祖武皇帝

高祖武皇帝讳裕，字德舆，小字寄奴，彭城县绥舆里人，姓刘氏，汉楚元王交之二十一世孙也。①皇祖靖，晋东安太守。皇考翘，字显宗，郡功曹。帝生，神光照室，甘露降墓树。及长，身长七尺六寸，风骨奇伟，雄杰有大度，事继母以孝闻。

尝伐荻新洲，见大蛇长数丈，射之，伤。明日复至洲里，闻有杵臼声，往觇之，见童子数人皆青衣，捣药，问其故，答曰："我王为刘寄奴所射，合散傅之。"帝曰："王神，何不杀之？"答曰："刘寄奴王者不死，不可杀。"帝叱之，皆散，仍收药而返。

皇考墓在丹徒之候山，秦史所谓曲阿、丹徒间有天子气者也。时有孔子恭者，善占墓，帝尝与经墓，问之曰："此墓何如？"子恭曰："非常地也。"帝由是益自负。行止时见两小龙附翼之，樵渔山泽，同侣亦或睹焉。困于贫贱，不修廉隅小节，时人莫能识，唯琅琊王谧独深敬重之。帝尝负刁逵社钱三万，经时无以还之，遂被逵执，谧密以己钱代偿，以此得释。尝于下邳舍逆旅，会一沙门谓帝曰："江表方乱，能安之者，其在君乎。"既而忽失僧所在，帝惊而异之。

晋隆安三年冬十一月，妖贼孙恩寇会稽，杀内史王凝之，三吴亦应贼，所在蜂起。遣卫将军谢琰、前将军刘牢之东讨，请帝为参军事，自丹徒往，尽平定郡县。

---

① 汉楚元王交之二十一世孙：《南史·宋本纪上》同。王鸣盛《十七史商榷》卷五四《楚元王二十一世孙》云，据《宋书·武帝纪》载刘裕世系，自汉楚元王刘交至刘裕之父刘翘共二十一世，张校本以为刘裕当为交二十二世孙。

四年春，牢之还镇丹徒，以谢琰镇山阴。五月，恩又入山阴，琰战死。冬十一月，牢之又东讨，帝众严肃，百姓赖之。

五年春，孙恩又寇海盐，帝翼之而进，筑垒于海盐故治，与贼相拒，城内兵少，戎备不足，帝选敢死士百人，去甲胄，持短兵，突贼兵，贼弃甲走，收其器仗，皆以给兵士。战虽连胜，终虑贼众我寡，乃一夜偃旗卧鼓，若已宵遁，且使一童子开门，贼问："主将安在？"曰："已走矣！"信之，无备。帝会将士，出其不意，复攻贼，恩乃大败扈渎，高祖追之，海盐令鲍陋遣子嗣之以吴兵一队为前驱，帝曰："吴人不习战，今贼方盛，若前军失利，必丧我师。"翌日将战，帝夜设伏兵，四至皆立旗鸣鼓，贼言四面有兵，一时走散。嗣之追奔深入，为贼所败。帝且战且退，死伤略尽，惧不免。至初战地，令左右解死人衣，但示闲暇。贼言有伏兵以诱我，乃不敢进，帝乃得徐归。夏四月，恩浮海入江，至京口，锐卒十万，舟船千余，自丹徒至于建业，百姓荷担而至。时刘牢之尚在山阴，帝与四百人晨夜兼行，与贼俱会京口。恩率大众登山，帝至，逆击破之，投山巇赴水者，不可胜数。恩以棚筏自举，仅得免。犹恃其众，欲掩京师，进及白石，闻牢之还京口，遂退散归。秋八月，以帝为建威将军、①下邳太守。冬十一月，又追破孙恩于扈渎，恩走临海。

元兴元年春，荆州刺史桓玄举兵东下，扬州刺史司马元显南讨，以刘牢之为前锋，次栗洲。帝以参军从事，屡谏牢之令击玄，牢之不从，使其子敬宣诣玄请和。入京师，牢之镇广陵，②怏怏，曰："人情去矣！"牢之竟自缢于新洲。玄以从兄脩为抚军大将军，镇京口。帝为中军参军，太守如故。孙恩投水死，余众推恩妹夫卢循为主。

元兴二年春正月，玄使帝讨孙恩余党，帝大破卢循于东阳，追之永嘉。循逸于海。六月，进帝彭城内史。

冬十二月，桓玄篡位，司徒王谧为丹杨尹，卞范之为镇军将军，谢混为侍中，迁天子于寻阳。

明年春，帝随桓脩入朝，玄妻刘氏谓玄曰："昨见刘德舆，龙行虎步，视瞻不凡，恐非人下者也。宜早为其所。"玄曰："方欲北清中原，非刘裕莫足使，若关、陇平定，徐思其宜。"

---

① 以帝为建威将军："建威将军"，《宋书·武帝纪》作"建武将军"。

② 牢之镇广陵：《晋书·刘牢之传》《宋书·武帝纪》《南史·宋本纪上》皆言桓玄入建康后以刘牢之为会稽内史，无出镇广陵事。《南史·宋本纪上》载："玄克建邺，以牢之为会稽内史，牢之惧，招帝于广陵举兵。帝曰：'人情去矣，广陵亦岂可得之？'"《建康实录》云刘牢之镇广陵，或因此致误。

三年二月丁酉，帝还丹徒，潜谋匡复。乙卯，帝因游猎，会何无忌、魏咏之、檀凭之、刘毅、毅弟藩、檀韶、韶弟祗、孟昶、昶弟怀玉、刘道规、诸葛长民，同谋者二十七人，愿从者百十人。丙辰，平旦，城门开，驰入，称有诏，遂擒桓脩，斩之以徇。脩弟弘，青州刺史，镇广陵。道规为弘中兵参军，孟昶为主簿。昶劝弘其日出猎，未明，开门，昶、道规、毅等率壮士五六十人直入，弘正啖粥，称有诏，晋帝已复正，斩桓玄首讫。遂斩弘，收其众济江。义军将克京城。

初，王元德率扈兴等亦预参议谋，是日阴据石头。毅兄迈有宠于桓玄，玄以为襄阳太守，尚在建业。帝使陈留人周安穆告之，使为内应，云："天文已著，而土木之工不息，此而不乘，宜复何待？"迈甚惧，安穆虑事发，驰归。是夜，玄与迈书曰："北府人情云何？卿近见刘裕何所道？"迈将谓玄已知其谋，晨起白之。玄惊，封迈为重安侯，又以不执安穆故杀之，乃诛元德等。召群臣廷论，卫将军、扬州刺史桓谦请北拒，玄曰："不然，此兵轻狷，①皆出万死，若我偏师失利，则更成其气。今不如屯兵覆舟，使其空行二百里地，无所措手，卒遇大众，莫不振慑。我按甲坚阵，勿与争锋，彼请战不得，势将自走，此谓不战而屈人兵者也。"谦固谏，不然。乃遣其将吴甫之、皇甫敷等相继拒义军。

先是，帝造游击将军何澹之，左右见帝光耀满室，以告澹之，澹之以告玄，玄不以为意。及闻义兵起，方惧。或曰："裕等甚弱，陛下何虑之深？"玄曰："刘裕足为一世之雄；刘毅家无儋石之储，樗蒲一掷百万；何无忌，刘牢之外甥，酷似舅，共举大事，何谓无成！"时推帝总徐州府事，孟昶为长史，居守，檀凭之为司马，刘穆之为府主簿。帝率二州之众一千七百人，进及竹里，移檄京师。

三月戊午，逆破皇甫敷等于罗落桥，进败桓谦将于覆舟山。玄出自西掖门，策马石头城，轻舟南逸。王谧率百辟推高祖领扬州，帝固让，以王谧为扬州刺史，留台，朝廷肃然，各守职。王谧命尚书，以帝为使持节、都督徐兖青冀幽并八州诸军事、②镇军将军、徐州刺史，镇石头；刘毅冠军将军、青州刺史、广陵相；何无忌辅国将军、琅琊内史；魏咏之建威将军、豫州刺史，镇历阳；孟昶建武将军、丹杨尹；刘道规振武将军，先率兵千人追蹑桓玄。

裴子野曰：桓敬道有文武奇才，③志雪馀耻，校动离乱之中，掩天下而不血刃。

---

① 此兵轻狷："此"，各本同，惟徐本作"北"。按刘裕起事，主要依靠北府兵，作"北"，于义为长。
② 都督徐兖青冀幽并八州诸军事：此处仅见六州，据《宋书·武帝纪上》，脱"扬、豫"二字。
③ 桓敬道有文武奇才："道"，诸本多作"通"。桓敬道谓桓玄也，其字敬道。四库本、孟校本径作"道"，张校本据徐钞本改。从改。

既而啸命六合，规谋凌取，未及逾年，坐盗社稷。自以名高汉祖，事捷魏晋，思专其侈而莫己知。王谧以民望镇领，王绥、谢混以后进光辉，诸从兄弟，方州连郡，民骇其速而服其强，无异矣。高祖是时，殊方一匹夫也，无千百之众，纠合同盟，雷击三州，曾未及旬，荡清京邑，号令群后，长驱江汉，推亡楚于已拔，拯衰晋于已颠。自羲、轩已来，用兵之速未始有也。自非雄略盖世，天命至止，焉能若此者乎！于是民知攸暨而王迹兴。

刁逵为桓玄西中郎将，镇历阳。玄败，逵归请罪。初，逵与高祖故，数窘高祖，王谧尝救脱之。既而族灭刁氏。

裴子野曰：刁逵，玄之爪牙；王谧，楚之上相，论逆则王重，定罪则逵轻。稚远以旧德录万机，长民以宿憾夷七族，以为晋政偏颇甚矣！且神龙伏于罟网，渔者安知其灵化；霸王匿于人庶，庸夫何以悟其英雄。苟在不悟则骄之者，众可胜怨乎？是知宋高祖之非弘亮也，同盟多贰，宜乎哉！

丁卯，帝迁镇东府，焚桓温神主于宣阳，①作晋主于太庙。命刘穆之斟酌宪章，旬日而典礼毕举，既以之严简，又躬自俭素，贵贱莫敢犯者。

夏四月戊子，帝推晋武陵王遵为大将军，承制，居东宫，百司致敬，大赦，天子为从父。以孔靖为会稽太守，帝东征卢循，谓季恭议欲往会稽收其兵讨桓玄。靖以千里之外难用急，未若畿内，动可集事，帝然之。玄至江陵，复置群官，增法峻刑。遣何澹之、庾顺助郭诠屯溢口。②壬辰，以刘毅为西讨都督，统何无忌等四千人发京师。庚戌，大破澹之于桑落洲。是月，刘敬宣自鲜卑来归。

五月，桓歆据历阳，魏咏之破之，追败于苟陂，歆走，渡淮。癸酉，刘毅等追及桓玄，战于峥嵘州，破之，玄走。己卯，桓玄自江陵逃汉中，荆州别驾王康产、南郡相王腾之奉天子入南郡。时益州刺史毛璩遣从孙祐之与费恬送弟丧下，璩弟子脩之时为玄校尉，引入蜀，至枚回洲，益州督护冯迁斩玄于貊盘洲，传首京师。玄从弟谦走羌中，③桓振逃于华容，寻而振又袭陷江陵，追谥玄为武悼皇帝。送玺

---

① 焚桓温神主于宣阳："宣阳"，诸本同。据本书卷十"元兴三年三月"条，下脱"门"字。四库本径作"宣阳门"。

② 庾顺助郭诠屯溢口："庾顺"，《晋书·安帝纪》作"庾稚"，《桓玄传》作"庾稚祖"。张校本以为其本名庾稚或庾稚祖，避唐讳改为庾顺。"郭诠"，《晋书》《宋书》诸纪传均作"郭铨"。

③ 玄从弟谦走羌中："羌中"，《晋书·桓谦传》《桓玄传》均作"沮中"。据《水经注》卷三二《沮水》，江陵城西北有沮水。又卷三四《江水二》载"(枝江)县旧治沮中"，熊会贞引《通鉴》晋元兴三年胡三省注以为"沿沮水上下为沮中"，故此处当为沮中。参见《水经注疏》卷三三《江水一》。

绂于天子，称"楚祚不终，百姓之心复归于晋"。丙午，①刘毅、何无忌追及桓振，毅等败绩。六月丁未，②退屯寻阳，使弘愆请罪，于是免毅青州刺史、无忌琅琊太守。

裴子野曰：善乎！宋高之能法也。不先峥嵘，遽议灵溪之罚，使扰攘之时无苟免之志。恩不及私党，法不屈勋臣，使知攸宪，示之以整，不亦可乎！故能使功著而费不烦，威申而将不拔，终静四方，用此道也。

十一月，桓振遣冯该守夏口东岸，桓仙客守偃月垒，③孟山图守鲁山，连舰夹江以待刘毅。

十二月壬戌，毅进克巴陵。④是冬，卢循盗据广州，以其将徐道覆守始兴郡。

义熙元年正月己丑，毅次于马头，桓振挟天子出营江津。癸巳，众军进次中夏，大破桓谦等，振走沮川，谦逃长安，天子反正。戊戌，刘毅言于天子，令大赦天下，可改元，是为义熙元年。二月甲子，天子发自江陵，何无忌翊卫，刘毅停夏口。是月，益州民谯纵杀刺史毛璩于成都。三月，桓振又袭荆州，襄阳太守刘怀肃讨之，大破振于沙桥，临阵斩振。振勇冠三军，每一合战，瞋目横矛，众不敢逼。时醉，中流矢，乃擒之。

甲午，天子至自江陵。庚午，⑤诏进帝侍中、车骑将军、都督中外诸军事、录尚书。帝固让，抗表辞归藩。是月，旋镇京口。夏六月，宥桓胤于新安。胤祖冲克让于晋故也。

秋九月戊戌，以征北将军魏咏之为荆州刺史。顷时殷仲堪为荆州刺史，咏之为其客，不出十年，践其位，谈者伟之。

十月，以刘藩为辅国将军、青州刺史，镇广陵。

义熙三年二月，帝入朝。乙卯，旋镇丹徒。秋七月，加孟昶吏部尚书。

八月，遣冠军将军刘敬宣、毛脩之率众五千伐蜀。国子博士周祗上书谏于帝曰："自义旗之建，所征必克，可谓天人交助，和顺之征也。今大难既夷，君臣俱泰，此诚渐无事，宜大宁治民。然蜀贼宜平，六合宜一，非不然也。古人有言，天时

---

① 丙午：五月丁巳朔，无丙午。其年五月为闰月，丁亥朔，丙午为二十日。故"丙午"前当脱"闰月"二字。又上文云桓振复袭江陵事，《晋书·安帝纪》《通鉴》卷一一三亦系于闰月。

② 六月丁未：六月丙辰朔，无丁未。闰五月二十一日为丁未。《晋书·安帝纪》《通鉴》卷一一三亦系此事于闰月，故"六月"二字当系衍文。

③ 桓仙客守偃月垒："桓仙客"，《宋书·刘怀肃传》《孙处传》同。《晋书·刘毅传》《桓玄传》作"桓山客"。

④ 毅进克巴陵："毅"下原有"三城"二字，孟校本断为衍文，据徐本删，从之。四库本径删。张校本未出校记。

⑤ 庚午：三月壬午朔，无庚午。《晋书·安帝纪》作"庚子"，为是月十九日，张校本据改。

不如地利，地利不如人和。今往伐蜀，万有余里，溯流天险，动经时岁，来往艰阻，雨雪连降，驱三州三吴之人，而投三巴三蜀之土，其中疾病死亡，岂可称计。且溯万里，所在无储，若连兵不解，运漕不继，虽韩、白之将，何以成功！今言可征者，皆云彼亲离众叛，愚谓不然。以一介之匹夫，而能致今日之事，若众力离散，亦何以至此！官所遣兵，皆乌合应募之人，必无千人一心，有前无退者矣！夫为治国，先言其内而治其外，先安其近而怀其远。顷狂狡不息，诛戮相继，未可谓人和也；天险如彼，未可谓地利也。"帝不从。明年，敬宣至黄武，果无功而还。中流接得毛璩丧，而及家口归之。

冬十二月戊子，司徒王谧薨。孟昶使尚书右丞皮沈言于帝，以谢混为扬州刺史，刘穆之说帝曰："古有挟天子而令诸侯，今其时也。如公勋德，岂可为守藩将者乎？刘、孟诸人，与公俱起布衣，以取富贵，位有先后，一时相推，非有委体心腹，宿昔定分也。扬州治本，岂可假人！大事草创，用王谧为神州，① 王绥为分陕，以安当时之心耳，岂是经远大计，理尽于此哉！一失权柄，虽悔无及。今答云已往，于辞实害，宜报昶云'须入朝量之'，大旨可见。"帝纳焉。

四年春正月，诏高祖入辅，申前命，且为扬州刺史、录尚书事，解兖州，以刘藩为刺史。四月丙寅，进孟昶为尚书左仆射。

五年春正月乙未，夫人臧氏薨。②

伪燕王慕容超大掠淮北，孟昶曰："师往必克，公其行。"四月己巳，帝抗表北伐，舟师发自京师，从淮入泗，次于下邳，舍舟步进。燕将公孙五楼说慕容超曰："吴兵轻锐，难与争锋，请断大岘，使不得入，上策也；坚壁清野，芟夷谷麦，中策也；据城待战，下策也。"超曰："引使过岘，我出铁骑蹴之，成擒耳。何遽清野，自取蹙弱。"

初谋是役，谏者曰："贼若不出，严守大岘，不则坚壁广固，守而不出，军无资，何能自返！"帝曰："不然，鲜卑性贪，略不及远，既幸其胜，且爱其谷，谓我孤军将不能久，必将引我且出轻战，师一入岘，吾何患焉！"及师逾岘，虏军未出，帝喜曰："天赞我也！"众曰："未见克敌，帝何悦焉？"帝曰："师既过险，士有必死之志；余粮栖亩，人无遗乏之忧。虏堕吾计，胜可必矣！"

六月，燕主令贺刺卢等拒临朐，去城四十里，先据巨蔑水，超曰："晋军得水，

---

① 用王谧为神州："神州"，诸本同，孟校本据《宋书·刘穆之传》改为"扬州"。
② 五年春正月乙未夫人臧氏薨：《宋书·后妃传》记臧氏殂于义熙四年正月甲午。

即难败也。"高祖遣先锋孟龙符争先据之，大军有车四千辆，分两翼，方轨徐行，车悉张幔，御者执稍，轻骑为游军，军令严肃，相戒以整。未及临朐，贼至，遂大战，超自往临朐，留寡弱居守，悉令士卒前拒官军。大战，向日昃，战犹酣。帝命参军檀韶、胡藩等曰："虏之精兵，悉于是矣。必留寡弱居守，子以潜军而禽其后，往必克城，多易旗帜，此乃韩信所以克赵也。且我前出兵海道，往必声之。"韶等鼓行而登，曰"海军至"。超弃城走，军闻城陷，阵恐而动，帝亲鼓击之，临阵斩大将段晖，获超豹尾、玉玺等归于京师。超等奔广固，众军逼之，克其大城。超婴小城，于是设长围守之，馆谷于青土，停江、淮转输。抚纳降附，随材任使，华夷响悦，牛酒日至。

秋七月，加帝北青、冀二州刺史。或荐北海王镇恶，召入与语，悦，因留宿。旦日，辟为青州从事。

初，超使尚书郎张纲乞师于姚兴，纲归，太山守申宣获之，送帝。帝知纲有巧思，令造攻具，超觉初未知，乘城曰："汝非张纲，无能为也。"及知纲为军所获，超大惧，求割大岘，献马千匹，称藩以和，帝不许。

姚兴既不能救，使使来言曰："今率步骑十万，屯于洛阳，晋人若不退，将涉淮左。"帝谓曰："尔为我报姚兴，我定青州，将过函谷，虏能自送，今其时也。"参军刘穆之遽入曰："此言不足威敌，容能怒彼。若鲜卑未拔，西羌人至，公何以待之？"帝曰："此兵机也，非子所及。羌若来救，不有先声，今逆诈言，是自强也。晋师不出日久矣，羌见伐齐，始将内惧，自保不暇，何能救之。"

九月，进帝太尉。

十月，张纲治攻具成，飞楼悬梯，大幔板屋，冠以牛皮，火石不能为害，攻城之士得肆力焉。时刘毅遣上党太守赵恢千余人来援，帝夜潜遣军益会之。明旦，恢众五千，方道而至，每晋使将到，辄复如之，去者数十，来者数千，虏谓我师方益，愈恐。

六年春二月，夜，有鸟如苍鹅，飞入帝帐，坐者咸愕，胡藩独贺曰："苍者，胡也。鹅者，我也。虏将归我之征也。"既旦，悉众攻城，城陷，慕容超逾堞走，追骑获焉，送京师，斩于建康市。

徐道覆以帝北伐也，自往番禺说卢循，令袭京师。是月，卢循举兵过岭，寇诸郡。何无忌起寻阳之师，南救诸镇。镇南将军殷阎进说无忌曰：[①]"卢循有大志，

[①] 镇南将军殷阎进说无忌曰："殷阎"，《晋书·殷仲文传》《通鉴》卷一一五并作"殷阐"。

所经必不伤人，其三吴旧贼，百战余勇，始兴溪子，拳捷善斗，未易轻也。将军且留屯豫章，征兵城守，分军石头。彼若围城，攻守者百倍。舍我而下，①畏吾蹑其背，比尔相持，已数十日，荆、豫兵可以大至，而合战亦未晚也。若以此军轻进独克，殆难济乎？"无忌不听，战败，握节而死之。赠侍中、司空，谥忠肃公。帝发自广固，将镇下邳，以经营司、雍。卢循寇逼朝廷，征还，次山阳，闻无忌败，卷甲兼行，与数十人造江山上，问行人，知贼未到，喜，济于京口。

夏四月乙未，至京师，戒严息甲。②刘毅表南征，帝止之，毅不从，果败于桑落洲，众皆没，毅登岸走免。卢循闻帝之归，恐，欲以董兵寻阳，西取荆、雍。道覆遣乘胜乃下，贼众十余万，轴舻且千里，楼船百余只，败军归，尤言其盛。

丙辰，③尚书仆射孟昶以贼内逼，曰："臣之罪也！"是夜，饮药自杀。

裴子野曰：刘毅北伐，先求南征，非有料于胜败，大惧以威之不立。古人度德而居，相时而动，故能举无悔吝。定霸取威，若毅为之，不量力也，竟则以甚，何以能振！夫左道佐民，幻侠譎诞，足以动众，不足以济功，何哉？国之将亡，必隆妖孽，不有悖主，则有乱臣。若天欲荡震斯疾，使之不瘳，尽乱极凶，然后王者兴焉。故其始也，若夜火之集飞虫，虽死不悔，及其末也，如朝阳之照积雪，一旦消除。故有强若卢循，猛如徐道覆，基于邪蛊，何以从彦远之议迁都，为不知矣！从之以死，妇人哉。昔有惧溺而自沉，昶之徒也。

丙寅，④刘毅归自桑落洲者十三人，诏还节钺，降为后将军。戊午，帝移镇石头守。乙丑，贼大至，帝筹之曰："贼若新亭直上，且将避之；若回泊蔡洲，成擒耳。"六月，进帝太尉、中书监，加授黄钺，余如故。辞。

秋七月，诸军大破卢循，循自蔡洲退奔寻阳，遣王仲德追之。帝归东府，治水军，使建威将军孙处率众三千自海路袭番禺，戒之曰："我十二月必破妖寇，卿亦足至番禺，先倾其巢窟，使奔散之日无所归。"

初，卢循既下，使荀林寇江陵，⑤桓谦、谯道福率蜀兵为应。谦及枝江，荆人皆谦旧也，并怀二心。刺史刘道规会众，夜开城门，众莫有去者。

---

① 攻守者百倍舍我而下："舍"，诸本多作"告"，文意不通，孟校本据徐本改"舍"，从改。四库本改作"攻守者百倍于我而下"。

② 戒严息甲："戒严"，《宋书·武帝纪上》作"解严"。

③ 丙辰：四月壬午朔，无丙辰。五月壬子朔，丙辰为初五日。《宋书·武帝纪》《晋书·安帝纪》亦系在五月。

④ 丙寅：是月戊午为初七日，乙丑为十四日，丙寅为十五日。张校本以为依日序丙寅当在乙丑之后。

⑤ 使荀林寇江陵："荀林"，《晋书·姚兴载记》作"苟林"。

冬十月，高祖率刘藩、檀韶等舟师南伐，卢循留别将范崇戍南陵，①王仲德破之。十一月，孙处至番禺，攻陷其城，循父嘏奔始兴，处抚其人以守。十二月己卯朔，大军次大雷，筑垒。循扬声不攻雷池，中流而进。帝分步骑登西岸，②率水军与战。参军庾乐生乘舰在后，斩以厉众，士卒乃争破贼。贼泊西岸，步骑飞炬焚其舟，水军乘流逼之，贼退走豫，栅左里。③甲申，④大军至左里，将战，帝麾之，麾竿折，幡沉于水，众咸惧。帝笑曰："昔覆舟之役亦如此，今胜必矣！"乃大破循军，士卒皆降，卢循单舸走，徐道覆留始兴。帝自左里旋师，天子遣侍中、黄门劳师于行所。

七年春正月乙未，⑤振旅而归京师，进大将军、扬州牧，给班剑二十人。

三月，循走番禺，既无所止，乃走爱州。徐道覆自始兴鸩其妻子，而后自杀，叹曰："我不信英雄主，为卢公所误！"夏五月，交州刺史杜慧度斩卢循于龙编，及父子函七首于京师，枭于大航。

八年四月，以刘毅为卫军将军、开府仪同三司、荆州刺史。毅改易官守，请丹杨尹郗僧施为南蛮校尉，将有异志。至州病甚，表请刘藩省疾。高祖知之，自收其党谢混，狱死。而表西伐，藩妻，毅之姨也，帝将图毅而收之。以诸葛长民为豫州刺史，留监府事，刘穆之居东府。长民贻书刘敬宣曰："盘龙狼戾专恣，自取夷灭，世路克清，异端将尽，富贵之事，相与共之。"敬宣惧，以笺示帝。盘龙，刘毅也。元兴中，敬宣曾言："盘龙自伐，一旦遭遇，必凌上取祸"。故长民见伐毅，以敬宣言感动宣，欲与谋高祖，乃引为喻也。故敬宣以示帝。甲申，大军次南州，以参军王镇恶为前锋。冬十月，镇恶及豫章口，拒江陵二十里，舍舟步进，诫守船者。江津遇卫军朱显之，乃战。船人严鼓大发，大破城内。其夜，毅自北门走出，自缢死。十一月乙卯，⑥大军至江陵，下书劳百姓曰："夫弘奖拯民，必存闵恕，舍网循纲，去烦易理。"

---

① 卢循留别将范崇戍南陵："范崇"，《宋书·武帝纪》《王懿传》《蒯恩传》《刘钟传》作"范崇民"，此避唐讳省"民"字。

② 帝分步骑登西岸："步骑"，各本皆作"牛骑"，陆氏旧藏钞本作"半骑"。四库本径改作"步"。下文亦有"贼泊西岸，步骑飞炬焚其舟"，故"牛骑"当为"步骑"之误，据改。

③ 栅左里：《宋书·武帝纪》《南史·宋本纪》皆云卢循欲走豫章，于是官军以栅断左里。

④ 甲申：《南史·宋本纪》作丙申，是月己卯朔，甲申、丙申皆在是月。

⑤ 七年春正月乙未：正月戊申朔，无乙未。《宋书·武帝纪》《南史·宋本纪》皆作"己未"，为是月十二日，张校本据改。

⑥ 十一月乙卯：十一月丁卯朔，无乙卯。《宋书·武帝纪》作"己卯"，为是月十三日，张校本据改。

九年春，以西陵太守朱龄石为益州刺史，帅宁朔将军臧熹及下邳太守刘钟等众二万，自江陵伐蜀。初谋元帅难其人，龄石资名素浅，帝违众拔之，授麾下之半。臧熹，夫人弟也，位出其下，亦隶焉。诫石曰："刘敬宣往至黄武，①无功而退。今者师出，应道青衣，贼判由其不意，复从内水，如是，涪城之戍必有重兵。若道黄武，正堕其计。令军自外水取成都，疑兵向黄武，此制敌之策也。"书函署曰"到白帝发之"。诸将虽行，未知所趋。乙丑，②帝至自江陵。

初，诸葛长民贪淫骄横，帝每优容之。刘毅既诛，长民谓所亲曰："'昔年醢彭越，今年杀韩信。'祸其至矣！"欲谋为乱。又常谓人曰："贫贱常思富贵，富贵之后，身履危机。今日欲为丹杨布衣，③不可得也。"

及帝西归，甚虑之。辅国将军王诞求先下，帝曰："长民似有疑心，卿讵宜便去！"诞曰："长民蒙公垂盼，今轻身单下，必当无虑，乃可少安其意。"高祖笑曰："卿勇过贲、育矣。"于是先还，帝乃至期克日奄至东府，而诛长民兄弟等。

是时民多远本，侨杂者众，帝上疏曰：

臣闻先王制治，九土披序，分疆画境，各安其居。在昔盛世，民无迁业，故有井田之制。三代以降，秦革斯政，汉遂不改，富强兼并，于是为弊。然九服不扰，所托咸旧，在汉西京，大迁田、景之族，以实关中，即以三辅为乡闾，不复系之于齐、楚。自永嘉播越，爰托淮海，朝有匡复之算，民无思本之心，经略之图，日不暇给。是宁民虽治，犹有未遑。及大司马桓温，以民为政本，伤治为深，故庚戌土断，以一其业。于时财阜民丰，实由于此。自兹迄今，弥历年载，画一之制，渐用颓弛。离居流寓，间伍不修，王化所以未纯，民瘼所以犹在。

臣负荷重任，耻责实深，自非改调解张，无以济治。夫人情滞常，难与虑始，所谓父母之邦为桑梓者，戒以生焉终焉，爱敬所托。今所居里也，坟垄成行，敬恭之诚，岂不与事而至。请举庚戌土断之科，庶存所弘，稍与事著。然后率之以仁义，鼓之以威风，超大江而跨黄河，抚九州而复旧土，则返本之制，乃速申于当年。

---

① 刘敬宣往至黄武："黄武"，《宋书·朱龄石传》作"黄虎"。此作"黄武"，是避唐讳改。
② 乙丑："乙丑"前当有"二月"，《宋书·武帝纪》《南史·宋本纪》皆作"二月乙丑"，可证。
③ 今日欲为丹杨布衣："丹杨布衣"，本书卷十、《晋书·诸葛长民传》《南史·刘穆之传》均作"丹徒布衣"。又《通鉴》卷一一六胡注云"长民瑯琊阳都人，侨居丹徒"。据此，"丹杨"当作"丹徒"。

于是依界土断，从之。上又令豪强不得固其湖泽，税民为利。

是月，朱龄石次白帝，乃发书。书言："众军悉由外出，臧熹自中水取广汉，使羸弱乘高舰十余造黄武。"谯纵果遣道福董兵守涪城。六月癸未，①朱龄石次平模，距成都二百里，谯纵遣大将侯晖、仆射谯诜等至平模，夹岸连城，层楼重栅，众未能攻。朱龄石谓钟曰："天方暑热，贼今固险，攻之难拔，只困我师。吾欲蓄锐息兵，伺隙而进，卿谓何如？"钟曰："不然。前扬声言众军由内水，故谯道福不敢舍涪。出其不意，侯晖之徒已破胆矣。晖之阻兵，非坚垒也，因其惧而攻之，其势必克。克平模则鼓行而前，成都不能守必矣。若缓兵相持，虚实相见，涪兵复来，难为敌也。若进不能战，退无所资，二万人同为蜀子虏耳。"石从之，攻皆克，斩侯晖，进次成都。秋七月戊辰，谯纵将家出奔，其尚书马耽封仓库，以待王师。壬申，朱龄石入成都。纵之走也，如其墓，乃自缢死。龄石戮其尸，传首京师。

十年夏五月乙酉夜，河间王司马国璠帅百余人逾广陵城，登厅事，太守檀祗惊出，箭及其股，祗语士众曰："贼以暗来，非多也，行五鼓必散矣！"贼闻鼓，果惧而走，于是悉降祗。

是岁，城东府，筑府舍。

十一年春正月，盗杀左将军、北青州刺史刘敬宣。初，敬宣夜饮之夕，有芒履长三尺，堕其食盘，须臾，难作。初，谢混负地矜才，罕所容好，虽刘穆之不能下也，遇敬宣而尽欢，或以讥混。混曰："孔文举礼太史子义，天下岂有非之邪！"

平西录事韩延之，司马休之故吏也，帝招以位，延之报书曰："司马公体国忠贞，款诚待物，今得罪宰相，加之以讨，能无辞乎！席上无款怀之士，阃外无自信诸侯，良可耻也。伐人之君，啖人以利，五尺童子，孰不知君之心？请与臧洪游于地下耳。"帝省书，顾左右曰："事人当如此。"

初，雍州刺史鲁宗之负力好乱，惧不容于时，尝为谶曰："鱼登日，辅帝室。"司马休之闻乃引焉。是月，荆州刺史司马休之、雍州刺史鲁宗之举兵内向，以讨刘裕为名。庚午，大赦。帝白衣西讨。

三月，军次江津，司马休之阻岸置阵，帝欲自登，谢晦抱止帝，帝抽剑拟晦，晦曰："天下可无晦，不可无公，此曹洪所以济魏武也。"乃止。疾召胡藩人来，至，将斩以励众。藩谓使者曰："正欲击贼，不得奉命。"因以刀头穿岸傍，劣容脚指，乃腾而上岸，众从之，大破贼。五月，雍州刺史赵伦之破鲁轨于石城，休之来援，

---

① 六月癸未：六月甲午朔，无癸未。

不战而走。

裴子野曰：《书》曰："虑善以动，动惟厥时。"若司马休之，动非其时也。天方厌晋，罔敢知吉，己虽欲得，无乃违天乎！五运无不亡之国，为废姓受朝，贤若三仁，且犹颠沛，而况豪侠哉！昔中原殄寇，道尽于时，四海争秦，岂徒系晋，得实存乎大义，故能遂荒南土，其兴也勃焉。至义熙，不异于是矣。而宋家支离，未忘前事，波逆越逸，祸将日寻，岂勘黎之伐弘，少将咎周之徒，孔炽兴废，何其歇欤？①

进帝太傅、扬州牧，剑履上殿，入朝不趋，赞拜不名，加前后部羽葆、鼓吹，置左右长史、从事中郎四人。论平蜀功，以朱龄石为丰城公。秋八月甲子，以中书侍郎刘穆之为尚书左仆射，领吏部尚书。

十二年春正月，以帝领兖州刺史，加平北将军，增都督南秦二十二州诸军事。三月，伪秦姚兴死，子泓新立，兄弟相杀，关中扰乱。乃言于天子，戒严北伐。

夏五月，庐江霍山崩，获六钟。癸巳，诏帝受雍州刺史，②前后部羽葆、鼓吹，班剑为四十人。

秋八月乙巳，③大军进发，奉帝弟琅琊王德文以行，刘义符为中军将军，监留府事，镇石头。以刘穆之为领监军、中军二府军司，入居东府，总摄内外。光禄大夫孔季恭先告老居家，于是愿从，以为军谋祭酒。宁州刺史献帝琥珀枕，命捣碎，付征士疗金疮。

九月，军次彭城，以冠军檀道济、龙骧王镇恶及龙骧王敬为前驱，造许、洛；

---

① 此段讹脱甚多，文意难通。唐人赵蕤《长短经》卷四《霸图第十七》注文亦引裴子野此段议论，文从字顺，可资参考。录文如下：

子野曰：《书》称："虑善以动，动惟厥时。"若司马休之之动，非其时。天方厌晋，罔敢知吉。己虽得众，能违天乎？五运推移，无有不亡之国。为废姓，处乱朝，贤若三仁且犹颠沛，而况豪侠者哉？昔中原殄灭，衣冠道尽。于时四海争奉中宗，岂徒系于晋德。实大有礼义，故能遂兼南国，其兴也勃焉。至于义熙，不欲异于是矣。而宗室交流，未忘前事。波迸越逸，祸败相寻。岂凫黎之伐多，将咎周之徒孔炽，不达兴废，何其黯欤！

相关研究参见周斌：《〈建康实录〉所引〈宋略〉"司马休之论"勘误》，《中国史研究》二〇〇四年第二期。

② 诏帝受雍州刺史："雍州刺史"，《宋书·武帝纪》《南史·宋本纪上》皆作"北雍州"。《通鉴》卷一一七胡三省注云："晋初置雍州于长安，永嘉之乱，没于刘、石。苻秦之乱，雍州流民南出樊沔，孝武始于襄阳侨立雍州。今裕欲取长安，故领北雍州刺史，以别襄阳之雍州也。"据此，当作"北雍州"为是。下文亦有"司豫北徐雍四州刺史如故"。

③ 秋八月乙巳：八月丙午朔，无乙巳日。《宋书·武帝纪上》作丁巳，为十一日，张校本据改。

宁朔刘遵考、中兵沈林子舟师通石门；宁朔朱超石、宁朔参军胡藩趋半城；①龙骧朱才、②宁远竺秀、③宁远严纲开巨野，皆受督于王仲德。北方屯戍，缘道降伏。十月，众军会洛阳，围金墉，姚洗请降，④执归京师。洛阳平，命修五陵，置守卫。

十一月癸巳，天子使册帝曰：

> 朕以寡昧，仰赞洪基。贼臣乘衅，荡覆王室，越在南鄙，迁于九江。宗祀绝飨，人臣无位，提挈群凶，寄命江浦。则我祖宗之业，奄堕于地，七百之祚，翦焉倾覆，若涉渊海，罔知攸济。天未绝晋，诞育英辅，振厥弛维，再造区宇，兴亡继绝，俾昏作明。元勋至德，朕实攸倚。今将授公典策，其敬听朕命：
>
> 乃者桓玄肆僭，滔天泯夏，拔本塞源，颠蹶六位，庶寮俯眉，四方莫恃。公精贯日月，气陵云汉，奋其灵武，大歼群慝，克复王室，奉歆神祇。此公之大节，始于勤王者也。授律群后，溯流长鹜，⑤薄伐峥嵘，献捷南郢，大憝折首，群逆毕夷，三光旋彩，旧物反正。此又公之功也。出藩入辅，弘兹保弼，阜财利用，繁殖生民，编户岁滋，疆宇日启，导德明刑，四海有截。此又公之功也。鲜卑负众，僭盗三齐，狼噬旧青，虎视沂岱，介恃遐阻，屡为边毒。公蒐乘秣马，夐入远疆，冲橹四临，万雉俱溃，窃号之虏，显戮司寇，拓土千里，申威陇汉。此又公之功也。卢循妖凶，伺隙五岭，乘虚肆逆，侵覆江豫，旌拂寰内，矢及王城，朝野丧沮，莫有固志，家献从卜之计，国议迁都之规。公乘辕南济，义形于色，巍然内湛，视险若夷，妙略奇军，渊谋不世，狡寇穷窘，丧旗遁迹，俾我畿甸，拯于将坠。此又公之功也。刘毅叛换，负豐西夏，凌上罔主，肆志奸暴，附丽协党，扇荡王畿。公御轨以刑，消之不日，大军电埽，神兵风拂，罪人斯得，荆衡晏清。此又公之功也。追奔逐北，扬旌江濆，偏旅浮海，指日遄至，番禺之功，涉血万顷，左里之捷，鱼溃鸟散，元凶远逊，传首万里，南海肃清，荒服来泊。此又公之功也。谯纵恃乱，寇

---

① 宁朔参军胡藩趋半城："参军"当作"将军"，见《宋书·胡藩传》。又，"半城"，各本及《宋书·胡藩传》《南史·胡藩传》同，丁钞本与《通鉴》卷一一七作"阳城"。

② 龙骧朱才："朱才"，《宋书·张邵传》作"朱牧"，《朱龄石传》作"朱林"，《南史·朱龄石传》作"朱枚"，未知孰是。

③ 宁远竺秀："竺秀"，据《宋书·张邵传》《南史·王懿传》，当作"竺灵秀"。

④ 姚洗请降："姚洗"，《晋书·姚兴载记》《姚泓载记》作"姚洸"。

⑤ 溯流：各本及《南史·宋本纪上》皆作"顺流"。张森楷《南史校勘记》云"据建业至江陵是溯流，非顺流。"张说是。《宋书·武帝纪》中作"溯流"。张校本据改，从之。

窃一隅，王化阻关，三巴沦溺。公指命偏师，授以良图，陵波凭湍，致届井络，僭竖伏锧，梁岷草偃。此又公之功也。永嘉不竞，四夷擅威，五都倾荡，园陵幽辱，祖宗怀没世之愤，遗氓有《匪风》之思。公远齐伊宰纳隍之仁，近同小白灭亡之耻，鞠旅陈师，赫然大号，分命群帅，北徇司雍。① 许郑风靡，巩洛载清，伪牧逆藩，交臂请罪，百年榛秽，一朝埽涤。此又公之功也。

公有康宇宙之勋，重之以明德。爰初发迹，则奇谋冠古，电击强祆，则锋无前对，聿宁东夏，大造黔首。若乃草昧经纶，化洽于岁计，扶危静乱，道固于包桑。辨方正位，纳之轨道，蠲削烦苛，较兹划一，淳风美化，盈塞区宇。是以绝域献琛，遐夷纳贡，王略所亘，九服率从。虽文命之东渐西被，咎繇之迈于种德，② 何以尚滋。朕闻先王之宰世也，庸勋尊贤，建侯胙土，褒以宠章，崇其徽物，所以协辅王室，永隆藩屏。故曲阜光启，遂荒徐宅，营丘表海，四履有闻。其在襄王，亦赖匡霸，又命晋文，备物光锡。惟公道冠前贤，勋高振古，而殊典未饰，朕甚怛焉。今进授相国，以徐州之彭城、沛郡、兰陵、下邳、淮阳、山阳、广陵，兖州之高平、鲁国、泰山十郡，③ 封公为宋公。锡兹玄土，苴以白茅，爰定尔居，用建冢社。昔晋郑启藩，入作卿士，周邵保傅，出总二南，内外之任，公实兼之。今命使持节、兼太尉、尚书左仆射、晋宁县五等男湛授相国印绶、④ 宋公玺绂；使持节、兼司空、散骑常侍、尚书、阳遂乡侯泰授宋公茅土、金虎符第一至第五左、竹使符第一至第十左。相国位无不总，礼绝朝班，居常之名，宜与事革。其以相国总百揆，去录尚书之号。上送所假节、侍中貂蝉、中外都督太尉太傅印绶，豫章公印策，进扬州刺史为牧，领征西将军、司豫北徐雍四州刺史如故。

公纲纪礼度，万国是式，乘介蹈方，罔有迁志。是用锡公大辂、戎辂各一，玄牡二驷。公抑末敦本，务农重稼，采蘩实殷，稼穑惟阜。是用锡公衮冕之服，赤舄副焉。公闲邪纳正，移风改俗，陶钧品物，如乐之和。是用锡公轩县之乐，六佾之舞。公宣美王化，导扬休烈，华夷企踵，远人胥萃。是

---

① 雍：《宋书·武帝纪》作"兖"。
② 咎繇之迈于种德："于"，诸本多作"予"，张校本据甘钞本、徐钞本改。《宋书·武帝纪》《南史·宋本纪上》亦作"于"。
③ 沛郡、鲁国下原有"之"字，系衍文。按沛郡、兰陵、鲁国、泰山俱为郡国，加"之"字文意不通，故删去。此十郡之封，《宋书·武帝纪》《南史·宋本纪上》亦可证。
④ 晋宁县五等男湛授相国印绶："湛"，原作"堪"，张校本据徐钞本改正。张校本以为湛即指袁湛，参见《宋书·袁湛传》《南史·袁湛传》。

用锡公朱户以居。公官方任能，网罗幽滞，九皋辞野，髦士盈朝。是用锡公纳陛以登。公当轴处中，率下以义，式遏寇雠，清除苛慝。是用锡公虎贲之士三百人。公明罚恤刑，庶狱详允，放命干纪，罔有攸纵。是用锡公铁、钺各一。公龙骧凤矫，咫尺八纮，括囊四海，折冲无外。是用锡公彤弓一，彤矢百，旅弓十，旅矢千。公温恭孝思，致虔禋祀，忠肃之志，仪刑四方。是用锡公秬鬯一卣，圭瓒副焉。宋国丞相以下，一遵旧仪。钦哉！其祗服往命，茂对天休，简恤庶邦，敬敷显德，以终我高祖之嘉命。

加宋公远游冠，相国绿绶，位在诸侯王之上。

十三年春正月，追赠帝祖靖太常，①父翘特进、左光禄大夫，绂绶。

军次陈留城，经张良庙，下令曰："夫盛德不泯，义存典礼，微管之叹，抚事弥深。张子房道亚黄中，照邻殆庶，风云玄感，蔚为帝师。可改构栋宇，修饰丹青，苹藻行潦，以时致荐。"

王镇恶军次潼关，檀道济逼蒲坂。羌并州刺史尹昭据险，道济攻之，未能下。沈林子谓济曰：②"蒲城坚，卒未可下，攻之伤众，守之引日。王镇恶孤军无依，势危力少，潼关天险，必争之地，若姚绍据之，则难图也。不如弃蒲坂，并力潼关。潼关若捷，尹昭不攻自服矣。"济从之。二月甲戌，③沈林子、檀道济、王敬等大破姚绍于潼关。绍之长史姚伯子屯九原，将凭河津以绝粮道，道济争赴之，斩伯子，虏其率。或谓济曰："宜枭之，以筑京观。"济曰："不可。师入敌境，于我观义。惧之以威力，则人自为守，且固及伐，其人何罪！"释而遣之。④于是，周、秦保壁，襁负而至。朱龄石率丁旿等为却月阵，大破拓跋圭等数军于河北。五月戊午，⑤帝次洛阳。七月癸未，步军入关。八月，众军破姚泓于青泥，走灞上。辛丑，大军次关头。丁未，王镇恶舟师溯河入渭，食毕登岸，斥舟誓众，大破姚平等于横门。⑥王敬自平朔门入，泓与数百骑奔石桥。明日，将妻子诣垒门降，泓子年十一，谓泓曰："晋人将逞其欲，不如早自引。"泓不答，其子登桥自投而死。于是君臣面

---

① 追赠帝祖靖太常："帝"，原作"高"，张校本据四库本改。又徐钞本"高祖"下重一"祖"字，亦通。
② 沈林子谓济曰："沈林子"，四库本改作"沈田子"，下同。
③ 二月甲戌：二月癸卯朔，无甲戌。《通鉴》卷一一八系于三月，甲戌为初二日。
④ 释而遣之："释"，原作"食"，张校本据徐钞本改。《宋书·檀道济传》《南史·檀道济传》亦同。
⑤ 五月戊午：五月壬申朔，无戊午日。
⑥ 大破姚平等于横门："于"，诸本无此字，张校本据徐钞本补。

缚以诣垒门，王镇恶执泓属诸吏。长安六万余户，宫殿壮丽，财宝盈积，王师号令严整，士民悦服，相附日滋。

九月甲子，①大军次灞上，王镇恶道迎。帝劳之曰："成吾霸业者，卿也。"镇恶拜曰："明公之力，镇恶何功之有！"帝笑曰："卿欲效冯异耶？"是日，帝入长安，收其彝器、浑天仪、土圭、指南车、记里鼓、秦汉大钟、魏铜蟠螭等，献于天子，其余珍宝颁赐将帅。拜汉长陵，大会文武于未央殿，执姚泓归诣京师，斩于建康市，迁姚宗于江东。天子使使劳师于咸阳。

冬十一月，进帝爵为王，增国十郡，帝让不受。以桂阳公义真行安西将军、雍州刺史，镇京兆。以王脩为长史，王镇恶为司马，留兵万人，以傅弘之领之。将班师，长安父老谓帝曰："残民不见王师百年于兹矣，始睹衣冠，人人相贺。长安十陵是公家坟垄，千门万户是公家府殿，舍此欲安归乎？"帝为之悯然。

镇恶五月五日生，故名镇恶，尝客于渑池，渑池人李方厚遇之。后入关，拔方为渑池令。初谓方曰："吾忽值英雄主，取万户封侯，当厚报卿。"

十一月丁亥，尚书左仆射、丹杨尹、中军、西华子刘穆之卒，赠卫将军、开府仪同三司，以左司马徐羡之领丹杨尹。帝闻穆之卒，哭之恸，上疏于天子曰："臣闻崇贤旌善，王教所先，念功简劳，义深追远。故司勋秉策，在勤必书，德之休明，没而弥著。故尚书左仆射臣穆之，忠规远画，潜虑密谋，造膝诡辞，莫见其际。"于是重赠侍中、司徒、南昌侯，封一千五百户，谥文宣公。穆之既贵，食必方丈，尝白帝曰："穆之本贫贱，赡生多阙。比来所资，殊为丰泰，自此之外，无一毫负公。"帝亦推心委赖，如左右手尔。穆之外所知闻，无不毕白，虽同闾里戏谑，道途细事，皆具闻。帝多识情伪，穆之之由也。及居东府，副上相，帝任，内则穆之，外则谢晦，然二人素不相叶。及穆之卒，谢晦喜形于色，自是朝廷大政皆咨受帝，小事则决之于徐羡之。

十二月，旋长安，自洛入河，开汴河以归。

十四年正月，师次彭城，解严息甲。后沈田子自与王镇恶争功，且王猛之相苻坚也，北人以比诸葛亮，入关之功，又镇恶为首，于时论者深惮焉。故田子因众惧，袭杀镇恶于傅弘之垒。弘之告义真，义真率王智、王脩被甲，俄而田子言镇恶反，脩乃执田子专戮，斩之。自是胡马凭凌，咸阳危矣。

二月，嵩山获玉璧三十二、黄金一饼。汉中成故县水崖崩，获钟十二枚。巩

---

① 九月甲子：九月庚午朔，无甲子。

县民宗曜获嘉禾，九穗同颖，献诸天子，诏归于帝，帝固辞。以中军将军刘义符为荆州刺史，中军议郎张节谏曰："储贰至重，四海所系，古来冢子在外，未有为国福者。"乃止。

夏六月庚寅，始诏受相国九锡之命，引晋使陈备物于庭，帝顾寮佐曰："孤本布衣，始愿不及此。"众人敛袵。将军王弘率尔而言曰："此之谓神物，求之不可得，推之不可去。"时谓之简举。①【原阙】

十二月戊寅，天子崩，琅琊王德文即位，改号元熙。

元年春正月甲子，②诏征帝入辅。又申前命，进爵为王。以徐州之海陵、北东海、北谯、北梁、豫州之新蔡、兖州之北陈留、汝南、颍川、荥阳十郡以增宋国。③庚申，葬安帝于休平陵。秋八月丁巳，④迁都寿阳，始受王爵，赦国内五岁刑，以傅亮为中书令。九月，帝解扬州牧。冬十月，以刘义真为扬州刺史。十一月，⑤天子命帝冕十有二旒，建天子旌旗，出警入跸，乘金根，⑥驾六马，备五时副车，置旄头云罕，乐舞八佾，设钟虡宫悬。进王太妃为太后，王妃为王后，世子为太子，王子、王孙爵命之号一如旧仪。

二年正月，帝表让殊礼。是月，竟陵郡江滨自开，出古铜礼器十余枚，帝献之天子，让不受，归诸瑞物，藏于相府。二年夏四月，⑦又征入辅。五月己亥，发自寿阳。六月壬辰，舟舆泊于石头津渚。恭帝诏曰：

夫天造草昧，树之司牧，所以间钧三极，统天成化。故大道之行，选贤与能，隆替无常期，禅代非一族，贯之百王，其来尚矣。晋道凌迟，仍属多

---

① 时谓之简举：各本自"简举"至下文"十二月戊寅"并为空行，计缺四〇七字。宋刻本空一页，计四四〇字。陆氏旧藏钞本"谓之神物求"以下文字，空一页。

② 元年春正月甲子：正月壬辰朔，无甲子日。《晋书·恭帝纪》《通鉴》卷一一八皆作"甲午"，为是月初三日。张校本据改。

③ 以徐州之海陵至十郡以增宋国：《宋书·武帝纪》《南史·宋本纪上》"北陈留"下有"司州之陈郡"五字，是，如此方合十郡之数。

④ 秋八月丁巳：八月己未朔，无丁巳。

⑤ 十一月：徐钞本、丁钞本、周钞本、刘钞本、《宋书·武帝纪》《南史·宋本纪上》作"十二月"，张校本据改。

⑥ 乘金根："金根"，张校本以为当作"金根车"。《晋书·舆服志》云："金根车，驾四马，不建旗帜，其上如画轮车，下犹金根之饰。"《宋书·武帝纪》《南史·宋本纪上》亦作"金根车"。

⑦ 二年夏四月："二年"两字误重。

故，安皇播越，宗嗣坠泯，则我宣、元之祚，永坠于地，顾瞻区宇，剪焉已倾。相国宋王，天纵圣德，灵武秀出，①一匡魏运，②再造区夏，固已兴亡继绝，拯沦溺矣。故四灵效瑞，川岳启图，玄象表革命之期，华裔注乐推之愿。代德之符，著于幽显，瞻乌爰止，爰集明哲，夫岂延康有归，咸熙告谢而已哉！昔汉德既微，魏祖继其绪，黄运不竞，三后肆其勤。故天之历数，定有攸在。敢忘四代之高踪，横作天人之至望，予其逊位别宫，敬禅于宋。

草诏既成，请帝书之，帝欣然操笔，③谓左右曰："桓玄之时，天命已改，重为刘公所延二十载。今日之事，本所甘心。"甲子，遣使奉策曰：

咨尔宋王，夫玄古权舆，攸哉邈矣，其详靡得而闻。爰自书契，降逮三、五，莫不以上圣君四海，以止戈定大业。然则帝王者，宰物之通器；君道者，天下之至公。在昔上叶，深鉴兹道，是以天禄既终，唐、虞不得传其嗣；符命来格，舜、禹不得全其谦。所以经纬三才，澄序彝化，作范振古，垂风万叶，莫尚于兹。昔我祖宗钦明，辰居其极，而明晦代序，盈亏有期。剪商兆祸，非唯一世。惟王体上圣之姿，包二仪之德，明齐日月，道合四时。岂伊博施于民，济兹黔庶；固已化洽四海，道备八荒。图纬之文既明，人神之望已改，百工歌于朝，庶民诵于野，亿兆忻蹈，倾贮惟新。自非百姓乐推，天命攸集，岂伊在予，所得独专。是用仰应皇灵，俯顺群议，敬禅神器，授帝位于尔躬。天祚告穷，天禄永终。于戏！王其允执其中，敬遵典训，副率土之嘉愿，恢洪业于无穷，时膺休祐，以答三灵之眷命。

是日，使持节、兼太保、散骑常侍、光禄大夫谢澹，兼太尉、尚书刘宣范奉皇帝玺绂，受终之礼，一如唐虞、汉魏故事。帝奉表陈让，晋帝已逊于琅琊王第，百辟拜辞。秘书监徐广独流涕歔欷，谢晦止之。广曰："君为宋朝佐命，吾乃晋室遗老，忧喜之事，固不同时。"抗表陈让，表不获通。群臣上疏劝进，不许。太史令骆达奏曰："自晋义熙元年至元熙元年，太白昼见经天凡七，占曰：'太白

---

① 灵武秀出："出"，《宋书·武帝纪中》作"世"，当是避唐讳改。
② 一匡魏运："魏"，《宋书·武帝纪》作"颓"。
③ 帝欣然操笔：按前文书法，帝指刘裕，非晋帝，此处当作"天子"。

经天，民更主，异姓兴焉。'义熙七年，五虹见于东方，占曰：'五虹见，天子黜，圣人出。'十三年，镇星入太微，有立王徙主之兆。元熙元年冬，有黑龙四登于天，《易传》曰：'冬龙见，天子亡社稷，大人受命。'冀州道人释法称告其弟子曰：'嵩神言，江东有刘将军，汉家苗裔，当受天命，吾以璧三十二，镇金一饼与之，刘氏卜世之数也。'后汉建武至建安末一百九十六年而禅魏，魏自黄初至咸熙末四十六年而禅晋，晋自太始至今百五十六年。三代揖让，咸穷于六。"于是群公卿士固请，乃从之。

初，汉光武立社于南阳，汉末而其树死，刘备有蜀，乃应之而兴，及晋末年，旧根复萌，至是而茂盛。

乃受法驾于南郊坛，柴燎祭于上帝，礼毕，严驾还宫，御太极殿，大赦，改元。

永初元年，封晋帝为零陵王，食邑一郡，载天子旌旗，乘五时副车，行晋正朔，郊祀天地，礼乐皆用晋典，上书不言表，答表不称诏，宫于秣陵。封道怜及义庆等五王。

二年，以义真为司徒，以仆射徐羡之为尚书令，听讼华林园，禁淫祀。

九月，晋零陵王殂，车驾率百寮临于朝堂三日，葬以晋礼。以梁州胡帅大沮渠蒙逊为镇军大将军、梁州刺史。①尚书令、司空，②以太子詹事傅亮为仆射。上不豫，以道怜、徐羡之、傅亮、檀道济入侍医药，群臣请祈祷，上不许。以义真为侍中、豫州刺史。上瘳。封仇池公杨盛为武都王。

三年五月，上疾甚，召太子诫之曰："檀道济虽有干略，而无远志，非如兄韶有难御之气。徐羡之、傅亮当无异图。谢晦数从征伐，颇识机变，若有异，必此人也。朝廷不须复有别府，大臣中亦宜有爪牙，以备不祥，后世若有少主，朝事一委宰相，母后不烦临朝。"癸亥，上崩于西殿，时年六十七，③葬丹杨建康县蒋山初宁陵。在县东北二十里，周围三十五步，高一丈四尺。谥曰武皇帝，庙号高祖。

上清简寡欲，严整有法度，未尝视珠玉舆马之饰，后庭无纨绮丝竹之音。初，朝廷未备音乐，殷仲文言之，帝曰："日不暇给，且所不解。"仲文曰："屡听自

---

① 梁州刺史："梁州"当作"凉州"，《宋书·武帝纪》《南史·宋本纪上》《魏书·沮渠蒙逊传》《北史·沮渠蒙逊传》均作"凉州"。

② 尚书令司空：此处文字有脱误，徐钞本无"司空"二字，亦误。据《宋书·武帝纪》，永初二年正月尚书令为徐羡之，然徐羡之拜司空在三年正月，非二年。

③ 时年六十七：诸本及《宋书·武帝纪》皆作"时年六十七"。洪颐煊《诸史考异》云："案高祖以晋哀帝兴宁元年岁癸丑生，下距永初三年，止六十岁。'七'字当衍。"洪说是。《南史·宋本纪上》、《御览》卷一二八引徐爰《宋书》作"时年六十"，张校本据改。

然解之。"帝曰："政以解则好之，故不习耳。"宁州尝献琥珀枕，光色其丽，价盈百金。时将北伐，或曰疗金疮，上大悦，命碎之分赐诸将。平关中，得姚兴从女，有盛宠，以之废事，谢晦谏之，实时遣出。财帛皆在外府，内无私藏，宋台建，有司奏东西堂施局脚床，银涂钉，上不许。用直脚床，钉用铁。广州常献入筒布一端，上恶其精丽劳人，即付所司弹太守，以布还之。帝素有热疾，并病金疮，末年尤极，坐卧尝须冷物，后有人献石床，寝之，极以为佳，乃叹曰："木床且费，而况石乎！"即令毁之。制诸主出适，不过二十万，无锦绣金玉。性尤简易，尝着连齿木屐，好出神武门逍遥，左右从者不过数十人。时徐羡之住西州，①尝思羡之，便步出西掖门，羽仪络绎追之，已出西明门外矣。诸子旦问起居，入阁脱公服，止着裙帽，如家人之礼焉。

帝微时躬于丹徒业农，及受命后，耨耜之具颇有存者，皆命藏之，留于后。及文帝幸旧宫，见而问焉，左右以实对，帝有惭色。有近侍进曰："大舜躬耕历山，伯禹亲事土木，陛下不睹列圣之遗物，何以知稼穑之艰难，何以知先帝之至德乎！"及孝武大明中，坏上所居治室，于其处起玉烛殿，与群臣观之，床头有土障，壁上挂葛灯笼、麻绳拂。侍中袁顗称上俭素之德，武帝不答，②独言曰："田舍翁得此，已过矣。"故能光有天下，克成大业，盛矣哉！

废帝营阳王

废帝讳义符，小字车兵，武帝长子也。晋元熙元年进为宋王太子。武帝受禅，立为皇太子。永初三年五月癸亥，武帝崩，是日太子即皇帝位，大赦，制服三年。

六月壬申，以尚书仆射傅亮为中书监、尚书令，司空徐羡之、领军将军谢晦及亮辅政。

以永初四年春正月己亥朔，大赦，改元为景平元年。文武各赐位二等。乙巳，虏将达奚印破金墉，③进围虎牢。毛德祖于城内掘地深七尺，旁穿二道出城外，又分为大道出贼后，募敢死士数百人，随参军范通基出自围外，鼓噪斩虏，虏阵扰乱，

---

① 时徐羡之住西州："住"，各本作"往"，形近致误。张校本据周钞本、《宋书·武帝纪》《南史·宋本纪上》改正，从改。

② 武帝不答："武帝"，当作"孝武帝"，《宋书·武帝纪》《南史·宋本纪上》可证。

③ 虏将达奚印破金墉："达奚印"，《宋书·少帝纪》作"达奚斤"，据《魏书·奚斤传》《北史·奚斤传》，围虎牢者为奚斤。斤本姓达奚，"印""印"与"斤"形近致误。《宋书·索虏传》作"达奚斤"，不误。

斩首数百级,燔其攻具。虏虽暂退,众还复合,拓拔嗣又遣平安涉归寇青州。①己未,诏征豫章太守蔡廓为吏部尚书。廓至,谓尚书傅隆曰:"选皆出我乎?"隆言:"执政徐羡之云,黄门已下专以委蔡,已上,众参也。"廓曰:"我不能为徐干木署纸尾!"遂不就。

二月丁丑,太皇太后崩。遗令曰:"先皇弃世,五十余载,古不封树,汉亦异陵。今将外营别圹,亦无不可。"十二月,大沮渠蒙逊、吐谷浑阿豺遣使贡献。②庚辰,爵蒙逊为河西王,以阿豺为安西将军,封浇河公。辛未,③富阳人孙法光宗亲反,④自号冠军大将军,寇山阴。山阴令陆邵拒之,战柯亭,贼败走。

甲子,⑤豫州刺史刘粹遣将军袭许昌,杀西颍川太守庾龙。乙丑,虏骑掠高平。初,虏自河北之败,请修和亲,及闻高祖崩,因丧来寇,河北骚然矣。

夏四月,檀道济北征,次临朐,虏焚攻具,去青州。孙琳为御史中丞,⑥以事忤徐羡之,羡之遣琳弟璩自释。琳曰:"我触忤宰相,罪止一身,差不及尔,无忙惧。"遂劾免羡之,虽不获命,朝廷惮之。

己未,⑦虎牢城陷,虏执司州刺史毛德祖归。初,虎牢围急,城内无水,士马皆渴,皮肤黑爆,人皆患疮,至死无血。城溃,左右扶德祖使逃,德祖曰:"义不使城亡而身存。"与众俱执。

七月癸酉,尊帝所生张夫人曰皇太后,宫曰永乐。丁丑,以旱故,诏赦五岁刑已下罪人。

冬十月己未,有星孛于天,指尾,贯摄提,向大角,仲月在尾,季月扫天仓而后灭。

帝既即位,多不率礼,范泰上封事,深言其不道及多言,曰:"王言如丝,

---

① 拓拔嗣又遣平安涉归寇青州:"拓拔嗣",原作"拓拔圭",丁钞本作"拓拔嗣"。拓跋圭其时已死,《宋书·少帝纪》作拓拔木末,即拓拔嗣,张校本据之改正。涉归即叔孙建。据《魏书·叔孙建传》《北史·叔孙建传》,叔孙建封安平公,张校本以为此处"平安"当为"安平"。

② 大沮渠蒙逊吐谷浑阿豺遣使贡献:此事《宋书·少帝纪》《南史·宋本纪上》皆系于二月,张校本据此删"十二月"三字。

③ 辛未:二月戊辰朔,辛未为初四日,不得在丁丑、庚辰之后,日序有误。

④ 富阳人孙法光宗亲反:"孙法光",《宋书·少帝纪》同,《宋书·褚叔度传》作"孙法亮",《南齐书·戴僧静传》作"孙法先"。

⑤ 甲子:二月戊辰朔,无甲子,三月戊戌朔,甲子为二十七日。《宋书·少帝纪》作"三月甲子"。

⑥ 孙琳为御史中丞:"孙琳",张校本以为当作"孔琳之",见《宋书·孔琳之传》《南史·孔琳之传》。

⑦ 己未:四月丁卯朔,无己未。《南史·宋本纪上》《通鉴》卷一一九均作"闰四月己未",闰四月丁酉朔,己未为二十三日。"己未"前当脱"闰月"。

其出如纶,下观而化,疾于影响。臣蒙先朝厚遇,思竭狂瞽。陛下若能留心鉴察,则臣无恨九泉。"

辅国将军交州刺史龙编侯杜惠之卒,① 赠左将军。惠之为刺史也,布衣疏食,治国如家。岁荒民饥,以私禄赈士城。门夜不闭,道不拾遗,海表大治。

十二月丙寅,② 省宁州之江阳为建安郡。

是岁,索虏太宗死,子焘代立。

二年春正月癸巳朔,③ 日有蚀之。徐羡之、傅亮、谢晦奏曰:"先朝不豫,已至大渐。车骑将军义真酣酒,日夜不辍,兼恶言讪主谤朝,并辄匿甲卒。请遵武陵王故事,废为庶人,流于新安郡。"前吉阳令魏郡张约上书讼之曰:④

> 臣虽草介,备先黔首,⑤ 少不自量,颇为高荆慑。伏惟高祖武皇帝挺器神武,抚运龙跃,仰清天步,则齐德有虞;俯廓地基,则侔功大夏。故虞顺天人,享有万国,虽灵祚攸长,而圣躬不永。陛下继明绍统,遐迩一心。藩王义真,天姿凤茂,素有卓然之美。宜在容良,掩瑕宥过,训之以方。伏思大宋之兴,虽叶应符律,而开基造次,根条未丰,宜广藩屏,使兄弟盛比姬氏。伏愿上考前代兴亡之由,中存武皇缔构之业,下顾苍生颙颙之望,时关内田宥。⑥ 冒死诣阙,惟愿丹诚,一经天听,退就斧镬,无愧地下。

执政徙约之梁州,道追杀之。

初,高祖既缔构,而副贰未育。帝始义熙二年生于京口,及封王,恣其志欲,膂力绝人,解音律,善骑射,于是群小左右,多进异端。义真好文爱士,而性又浮躁。谢晦尝言于高祖曰:"陛下春秋既高,宜思存万世,神器至重,不可使负荷非才。"高祖曰:"庐陵何如?"晦曰:"臣请视之。"晦造义真,义真盛欲与谈,晦不甚答,

---

① 辅国将军至杜惠之卒:"杜惠之",《宋书·杜慧度传》《南史·杜慧度传》作"杜慧度"。
② 十二月丙寅:十二月癸巳朔,无丙寅。
③ 二年春正月癸巳朔:该年正月癸亥朔,非癸巳。《宋书·少帝纪》《五行志五》皆作"二月癸巳朔"。陈垣《二十史朔闰表》景平二年二月为壬辰朔,癸巳为二月初二日。张校本认为日蚀当在朔日,是年正月只二十九日,疑二月癸巳朔本不误,后人定朔有误,则"正月"亦当作"二月"为是。
④ 前吉阳令魏郡张约上书讼之曰:"张约",即下文"张约之",《宋书·武三王传》《南史·宋宗室及诸王传》亦作"张约之"。
⑤ 备先黔首:《宋书·武三王传》作"备充黔首"。
⑥ 时关内田宥:《宋书·武三王传》作"时开曲宥",徐钞本"田"作"曲",《册府》卷五四一"时"作"特"。当为"特开曲宥"之讹。

遂言："德轻于才，非人主也。"由是出居于外。及羡之等专政，王愈不悦，与前太子左卫率谢灵运、散骑常侍颜延之昵狎过甚，故吏范晏戒之，义真曰："灵运空疏，延之隘薄，魏文帝云鲜能以名节自立者。但情性所得，未能忘言于悟赏，故与游耳矣。"及主无谋定，故先黜义真。乙未，①以皇弟义恭为冠军将军、南徐刺史。丁未，②大风，天有五色云，占曰："天锦有兵。"高丽国遣贡献。发使诛皇弟义真于新安。

夏五月，江州刺史王弘、南兖州刺史檀道济来朝，执政讽之。乙酉，皇太后令曰：

> 王室不造，天祸未悔，先帝创业不永，弃世登遐。义符长副，属当大位，穷荒极悖，一至于此。大行在殡，幸灾肆于悖辞，嘉容表于在戚。至三召乐府，鸠集伶官，倡优管弦，靡不备发，珍羞甘膳，有加平日。采择媵妾，产子就宫，覥然无怍，丑声四远，臣子痛心。及懿后崩背，重加天下，亲与左右执绋歌呼，手推梓宫，抚掌笑谑，殿省备闻。加复日夜媟狎，群下慢戏，兴造万计，费用万端，帑藏空虚，人力殚尽。刑罚苛酷，幽囚日增。居帝王之位，好皂隶之役，处万乘之尊，悦厮养之事。亲执鞭朴，殴击无辜。穿池筑观，朝成暮毁，征发工匠，疲极兆民。远迩叹嗟，人怨神怒，社稷将堕，岂可嗣守洪业，君临万邦。可废为营阳王，一依汉昌邑、晋海西故事。镇西将军、宜都王仁明，尤笃孝弟，自幼及长，德业冲粹，识心明允。宜纂承皇统，光临亿兆。主者详行旧典，以时奉迎。未亡人婴此百罹，虽存若陨。永悼怛事，抚心崩寒。

徐、傅等将废帝，讽王弘、檀道济求赴国许，③弘等来朝。谢晦移家出镇军府，将治府舍，而实伏甲士，出于外屋。④以谋告中书舍人邢安泰、潘盛等为内应。夜邀道济、谢晦领兵居前，羡之等随后，因东掖门开，入自云龙门，盛等先戒宿卫，莫有御者。时帝于华林园为列肆，亲自沽卖。又开渎聚土，以象破冈埭，与左右引船唱呼，以为欢乐。夕游天渊池，即龙舟而寝。其朝未兴，兵士进，杀二侍人于帝侧，帝伤指，扶出东阁，就收玺绂。群臣拜送，辞于东宫，遂幽于吴郡。是日，赦死罪已下。檀道济入守朝堂。

---

① 乙未：正月癸亥朔，无乙未，二月壬辰朔，乙未为初三日。
② 丁未：正月无丁未，二月壬辰朔，丁未为十六日。
③ 讽王弘檀道济求赴国许："国许"，张校本以为疑作"国讣"。王懋竑《读书记疑》以"国讣"为是。
④ 谢晦移家出镇军府将治府舍而实伏甲士出于外屋：孟校本疑此处有脱误。《宋书·徐羡之传》载："时谢晦为领军，以府舍内屋败应治，悉移家人出宅，聚将士于府内。"

六月，傅亮率台迎宜都王于江陵。徐羡之使邢安泰杀营阳王于金昌亭。王有勇力，不即受制，突走出昌门，追者以门关踣之，致殒，乃加刑，时年十九。南郡太守江夷临哭尽哀。

裴子野曰：昔汉武为卫武太子置博望园，延异能之士，而长安阙下，竟有流血之衅。高祖宠树营阳，恣其嗜欲，群小竞进，亦有金昌之祸。苟不纳于义方，必异世而同失。古者人君养子，能言而师授之辞，能行而傅相之礼。其衣服饮食，则保节其身，三师并辅其志，进退俯仰，如值绳准，骄奢淫佚，无自入矣。故以仪型四海，君临万国，奕世休嘉，不陨令问。宋失教诲，则异于斯，居中则任仆妾，处外则近趋走。太子、皇子，有师傅二职者，皆台隶也。① 制其行止，授其礼法，则导达臧否，罔克由之，言不及于礼义，识无近于今古，谨敕者能训之以嗇陋，愚懋者又诱之以凶慝。兴置太子太傅，而无师保，其他职掌，率由旧章，诸王无相，置师一人，多耆大夫领之。王临州，则长史行宣教令。又师傅之流，甚有专恣，独擅威权。由是而言，君子勿用，老成硕德，多见严疏，是以本枝虽茂，而端茎实寡。嗣君幼主，世淫奸回，虽恶物丑类，天然自出，习则生常，② 其来远矣。夫木击折轴，水戾破舟，不以水木而过工匠者何？本其所以然也。降及太宗，举天下而弃之，亦昵比之为力，宋以此终焉。呜呼！有国有家，其鉴之矣。

先是，有龙见西方，中天腾上，上荫五色彩云，太史奏西方有天子气。

秋七月丙寅，法驾自江陵至行宫，傅亮率百官奉玺绂，诣天门上疏："伏惟陛下，君临自然，圣明在御，孝悌著于邦家，风猷宣于藩牧。宗庙神器，乃眷西顾。臣奉荷朝列，再睹太平。行台至止，瞻望城阙，不胜喜悦凫藻之情，谨诣阁门拜表以闻。"王答书，使召见，傅亮哭甚哀。既而问二主薨故，悲感呜咽，左右掩泣，莫能仰视。亮流汗不能答。既出，布腹心于镇西司马王华、南蛮校尉到彦之。于时权臣用命，人怀疑惧，议者谓有异图。王华进说曰："先帝有大功于天下，四海所服，虽嗣主不纲，而人望未改。徐羡之中才寒士，傅亮布衣诸生，非有晋宣、王敦之心明矣。畏庐陵严断，将来必不见容。陛下宽恩仁慈，众所知也。是以越次奉迎，冀以见听，悠悠之论，必不然矣。羡之、亮、晦、王弘、道济五人同功，孰肯相让，就怀不允，势必不尔。殿下但长驱六辔，以副天人之心耳。"王曰："君

---

① 太子皇子有师傅二职者皆台隶也：《通鉴》卷一二〇作"太子、皇子，有帅，有侍，是二职者，皆台皂也"。

② 天然自出习则生常：诸本"然"下无"自出"二字。四库本此句改作"虽性由于天赋，然习则生常"。孟校本据《通鉴》卷一二〇引裴子野论补订，从之。

复为吾宋昌也。"留王华以守。甲寅,①舟舆发自江陵,中流有黑龙跃负王舟,左右失色,王顾长史王昙首曰:"此大禹所以受天命也,吾何德以堪之。"

八月丙申,舟舆入于京师。丁酉,谒初宁陵。进入中堂,百辟奉玺绂,劝进至三,乃许之。

---

① 甲寅:七月庚申朔,无甲寅。《宋书·文帝纪》《南史·宋本纪上》皆作"甲戌",为是月十五日。

建康实录卷第十二　宋中

太祖文皇帝

太祖文皇帝讳义隆，小字车儿，武帝第三子也。晋义熙三年，生于京口。十一年，封彭城县公。永初元年，封宜都郡王，镇西将军、荆州刺史，加都督，①时年十四。长七尺五寸，博涉经史，善隶书。是岁来朝，会武帝当听讼，乃遣上讯狱囚，辨断称旨，武帝甚悦。

景平初，有黑龙见西方，上荫五色云随之。二年，江陵城上有紫云，望气者以为帝王之符，当在西方。其年，少帝废，百官议所立。徐羡之、傅亮等以祯符所集，备法驾奉迎，入承皇统，立行台于江陵。尚书令傅亮奉表进玺绂，州府佐吏并称臣，请题榜诸门，一依宫省，上皆不许。教州、府、国纲纪宥所统内见刑。是时，司空徐羡之等新有弑害，及銮驾西迎，人怀疑惧，唯长史王昙首、司马王华、南蛮校尉到彦之共明朝臣岂有异志。帝曰："诸公受遗，不容背贰；且劳臣旧将，内外充满，今兵力足以制物，夫何所疑！"甲戌，②乃发江陵，命王华知州府留后事；令到彦之监襄阳。车驾在道，有黑龙负上所乘之舟，左右失色。上谓王昙首曰："此乃夏禹所以受天命，我何德以堪之。"及至都，群臣迎拜于新亭。先谒初宁陵，次入中堂，百官奉玺绂，冲让未受，劝请数四，乃从之。

景平二年秋八月丁酉，皇帝即位于太极殿，诏曰："朕闵凶在疚，遭家不造，崇基景业，将坠于地。永乐太后，深鉴安危；股肱忠臣，协谋同力。用集大命，

---

① 镇西将军荆州刺史加都督：《宋书·文帝纪》"镇西将军"前有"进号"二字，《南史·宋本纪中》"镇西将军"前有"位"字。
② 甲戌：《宋书·文帝纪》作"七月甲戌"。

于予一人,兢兢忧惧,罔识攸处,思与万国,享兹惟新。"其大赦天下,改元为元嘉元年。文武各进位二等,逋租宿调一切放免。戊戌,追复庐陵王国。庚子,诏抚军将军、领护南蛮校尉、武陵公谢晦为荆州刺史。京师精甲,多割赐之。将行,色自矜,过辞叔父澹。澹问以年,晦曰:"三十有五。"澹曰:"昔荀中郎二十七为北府都督,①卿方之,老矣!"晦有惭色。癸亥,②以徐羡之为侍中、司徒、南平公;王弘司空、建安公;檀道济征北将军、武陵公;傅亮散骑常侍、左光禄大夫、开府仪同三司、始兴公,食邑各四千户。甲辰,封皇第五弟义恭为江夏王,第六弟义宣为竟陵王,第七弟义季为衡阳王,各食邑五千户。丙午,徐羡之逊位,不许。

九月辛酉,给彭城王义康、谢晦、檀道济鼓吹各一部。丙寅,追尊所生胡婕妤曰章皇太后,③陵曰熙宁。丙子,立皇后袁氏。

冬十一月己丑,④以王华为侍中。壬戌,追赠后父袁湛为侍中、左光禄大夫、开府仪同三司。

是岁,大旱。置竹林寺。案《寺记》:元嘉元年,外国僧毗舍阇造。又置下定林寺,东去县城一十五里,僧监造,在蒋山陵里也。

二年春正月丁酉朔,⑤范泰上疏曰:"元正改律,品物惟始。顷旱魃为虐,亢阳愆度,⑥通川涩流,异井同竭。故孔子《春秋》贬不雨之旨,《传》曰'历时而天下不雨,文公不忧雨也',⑦寻《春秋》之义,察《洪范》之言,王泽不流于四方。伏愿推忠恕之仁,矜不逮之狱,游心民瘼,历意幽冥。如此则包桑可系,危哉无兆,而灾害自消也。故夏桀引百姓之罪,⑧殷汤甘万方之过,天高听卑,吉凶在人。修弊俗者难为风,改正音者易为雅。"书奏,乃弃官如东阳。

丙寅,徐羡之、傅亮上疏归政,言"自大礼告终,钻鐩三改,大明仁耀,远

---

① 昔荀中郎二十七为北府都督:"二十七",《宋书·谢晦传》同,《南史·谢澹传》作"二十九",《晋书·荀羡传》作"二十八"。

② 癸亥:八月己丑朔,无癸亥。《宋书·文帝纪》《南史·宋本纪中》皆作"癸卯",为八月十五日,张校本据改。

③ 丙寅追尊所生胡婕妤曰章皇太后:《宋书·文帝纪》《南史·宋本纪中》《通鉴》卷一二〇皆系于八月甲辰。

④ 冬十一月己丑:是月戊午朔,无己丑。下文壬戌为十一月初五日,张校本疑为乙未之误,乙未为月初二日。

⑤ 二年春正月丁酉朔:据陈垣《二十史朔闰表》,元嘉二年正月为丁巳朔。

⑥ 亢阳愆度:"亢阳",诸本作"元阳",唯徐钞本作"亢阳"。《宋书·范泰传》亦作"亢阳"。按"亢阳"即旱灾,与上下文义合。张校本、孟校本皆改正。

⑦ 历时至不忧雨也:按此句《春秋谷梁传·文公二年》作"历时而言不雨,文不忧雨也。"

⑧ 故夏桀引百姓之罪:"夏桀",《宋书·范泰传》作"夏禹",揆上下文意,"夏禹"为是。

近倾属"。帝不许,书三上,帝又辞。羡之、亮重请曰:"伏愿以宗庙为重,百姓为心,弘大业以嗣先轨,隆圣慈以增徽烈。愚瞽所献,情尽于斯。"帝乃许之。于是徐羡之避位归第,侍中王韶之因说趋复摄职。①羡之与高祖有旧,见识无他学术,而局力坚正,沉密少言,忧喜不形于色。及居宰辅,雅允朝望。

裴子野曰:昔王凤待罪,杜钦说而起之,终于汉室中兴,王氏覆族。王休泰说徐公,竟速三家之祸。人之多言,鲜有不败,甚哉!夫君子之为人谋也,外审治乱,内定枉直,主于忠信,加以笃诚,故其词寡而利溥,道大而义明,患难静于一朝,风流振乎百世,岂唯喋喋矜耳悦色而已哉!以韶之交谄于乱,惜矣!

辛未,拜郊,大赦天下。

二月乙巳,策秀才于中堂。庚子,②征戴颙为国子博士,不就。

颙父逵,高尚不仕。颙兄勃又隐桐庐山,尝久病,颙慨然曰:"本谓随兄得闲,非有心语默,至于穷困,颙之罪也。请行干禄之事,以为药石之资可乎?"求为海虞令,事未行而勃卒,颙亦止。衡阳王义季镇京口,常与颙会竹林寺,野服鼓琴,谈宴终日。帝闻其好乐,赠正声一部。

昔韦玄隐于关中,高祖初平姚秦,召之不起。及赫连勃勃陷关中,召玄父华为太常,征玄为太子中庶子。玄出就职。勃勃怒曰:"昔刘公辟之而不至,吾召玄而玄来,岂谓吾曹不识出处!"遂杀之。

丁亥,③加左卫将军殷景仁为侍中。时同居门下者王华、王昙首、刘湛、殷景仁,皆以为风力桢干,一时冠冕,内侍之美,近世莫及。是春,有江鸥百许头,集太极殿阶。

六月丙午,吴郡大风,山水涌出五丈,杀居人。

秋八月甲申,以三辅流人出汉中者,置扶风、冯翊二郡。

冬十月乙卯,④中散大夫徐广卒。

广世笃学,为时儒所宗,年过八十,犹岁读《五经》一遍。俗世礼法,皆取决焉。

十二月戊申,蔡廓卒,赠太常。

---

① 侍中王韶之因说趋复摄职:此句四库本作"侍中程道惠等劝奉诏摄职"。《宋书·徐羡之传》云:"羡之仍逊位退还私第,兄子佩之及侍中程道惠、吴兴太守王韶之等并谓非宜,敦劝甚苦,复奉诏摄任。"按《宋书·王韶之传》,其于少帝景平元年出为吴兴太守,元嘉十年去任,则此时不当为侍中。

② 庚子:二月丁亥朔,乙巳为十九日,庚子为十四日,依日序庚子应在乙巳之前。

③ 丁亥:丁亥为二月朔日,当在上文乙巳之前。

④ 冬十月乙卯:是月癸未朔,无乙卯。

初，刘穆之当朝，士毕集，唯谢混、郗僧施、谢方明、蔡廓等数人不至，穆之为憾。谢混等既诛，蔡廓、方明始就穆之，穆之并称于高祖，曰："鼎才也。"廓尝器其小子，谓有己风。与亲故书曰："小儿四岁，器似可，不入非类之室，不共小人之游，故以兴宗为名。"兴宗为之字也。

　　置清园寺，东北去县二里。案《塔寺记》：驸马王景琛为母范氏，宋元嘉二年，以王坦之祠堂地与比丘尼业首为精舍。十五年，潘淑仪施西营地以足之，起殿。又有七佛殿二间，泥素精绝，后代稀有及者。置严林寺，西北去县四十五里，元嘉二年，僧招贤二法师造。①

　　三年春三月丙寅，②诏罪徐羡之、傅亮、谢晦等三人，以废立杀戮事。曰："庐陵王英秀明远，徽风播发，鲁卫之寄，朝野属情。羡之等暴蔑专求，忌贤畏逼，构造贝锦，成此无端，罔主蒙上，横加流贬，矫诬先旨，致兹祸害。寄以国命，而蒻若仇雠，旬月之间，再肆凶毒，痛感二灵，怨结人鬼。自书契以来，弃常安忍，反易天命，未有如斯之甚者也，命司寇肃明刑典。晦据有上流，或不即罪，朕亲御六师，为其防遏。氛雾既祛，庶几正道，思与亿兆，励精其理。"大赦天下。帝去秋便命修舟舰，以备北征。傅亮书与谢晦曰："薄伐河朔，事犹未已，朝野之虑，所惧者多。"谢晦不悟。帝召檀道济使西讨，王华以为不可。帝曰："道济从人者也，曩非创谋，抚而使之，必将无虑。"遣召羡之、亮等入省，亮将至，谢晦弟嚼为给事黄门侍郎，直门下，使人送亮书曰："殿中有异处分。"亮辞嫂疾，暂还，遣报羡之。羡之乘内人问讯车出南郭，步走新林，缢于陶灶，舁尸付狱。亮至兄迪墓，拜辞告罪，追擒廷尉，③上亦使以诏谓曰："以公江陵之诚，当使诸子无恙。"羡之子乔、④晦子世休并赐死，囚谢嚼于东宫，流亮妻子于建安郡。

　　初，亮父瑗与郗超善，常见二子焉。亮年五岁，超使人解衣持去，曾无吝色。超曰："季乃才流位望，逾远于兄，然保卿家业，其在迪也。"亮早知名，才学强赡。为晋给事黄门侍郎，直西省。高祖欲以为东阳郡，告其兄迪，迪还语亮，通夜不寐。既旦，入见高祖曰："昨承赐教东阳，以徇私计，然亮本愿附凤翼、攀龙鳞，以成宿昔。至于饥寒，未敢蹙蹙。"高祖悦之，用为从事中郎，委任文议。及贵幸，兄迪每诫之而不即从也。

---

①　僧招贤二法师造："二法师"，四库本作"大法师"。
②　三年春三月丙寅：三月庚辰朔，无丙寅，《宋书·文帝纪》《南史·宋本纪中》皆作"正月丙寅"，正月辛亥朔，丙寅为十六日，是。
③　追擒廷尉：此句疑有缺文，《宋书·傅亮传》为"屯骑校尉郭泓收付廷尉。"
④　羡之子乔："子乔"，《宋书·五行志》《徐羡之传》皆作"乔之"。

裴子野曰：夫万邦思治，故言归君长，岂一夫行其辛螫。彼苍有情，爱恶治而好乱，就其无情，故用群心所事，以夺天下为家，非常安之道，颠覆厥德，何世无之。道遭圣可为，高阳之遇贤归于伊尹。盖前王已然之规矩，后世立事之宪章。伊尹之废太甲，废之也；霍光之废昌邑，去之也。事同主异，是以殊途。自斯已后，抑有百虑。晋景则除己之害，桓温即藉己之威，提挈自我，无辩逆顺。如徐、傅之徒，非觊觎者也；求其忠顺，非忘身者也。身既未忘，不能脱屣权柄，诚二君矣。何以取信严君？恶不足信，权由震主，危己之机，疾于激箭，高位厚味，何其久乎！若景平既终，奉身夙退，灭身之祸，庶几可逃。夫贤人君子，受六尺之孤，任尺寸之命，推权变，临大节，系乎存存，难乎存亡矣。

追赠庐陵王侍中、大将军，谥曰孝献王。丁卯，徙骠骑将军义康为荆州刺史。壬申，内外戒严。

闰月乙卯，① 遣中领军到彦之、北征檀道济为前驱西伐，② 帝问策于道济，道济对曰："臣昔与谢晦同从北征，入关十策，晦有其九，谋略明练，殆难与敌。然未尝孤军决胜，恐非所长。臣悉晦智，晦悉臣勇。今奉王命以讨，不战而可擒也。"江夏太守程道惠遣报谢晦，晦以徐、傅诛，忧恐，与南蛮校尉何承天计，发兵决战，以南蛮司马周超为行军，以司马庚登为长史。③ 先举徐、傅哀，次发子弟问。既而发军旅，二三日间，得精兵三万。戊申，大风折木。会稽太守谢方明卒。曾为南郡，至岁暮，囚无轻重皆纵归家，与期三日，如期无不至者。丙寅，④ 以豫章太守郑鲜之为尚书左仆射，⑤ 以范泰为侍中。泰时脚疾，赐舆以升殿。庚申，帝御舟。丙戌，⑥ 以彭城王义康及王弘、殷景仁居守。癸亥，谢晦发荆州，军容甚伟，自江陵至于破冢，旌旗相亚。晦抚巡军，凭流叹曰："恨不以为勤王之师。"造夏口，到彦之次彭城。丁卯，竹林监萧钦及谢晦中兵参军孔延秀战，⑦ 钦败绩于彭城洲，彦之退保隐矶。谢晦至彭城，上疏罪王弘弄威权，而责帝忘义负德。萧钦败，而檀道济次于薄矶，谢晦令其党曰："檀公已诛死。"及闻道济来师，人皆恐惧。戊辰，

---

① 闰月乙卯：元嘉三年闰正月辛巳朔，无乙卯。《宋书·文帝纪》《南史·宋本纪中》皆作"正月丙寅"。
② 北征檀道济为前驱西伐："北征"，据《宋书·檀道济传》，此时檀道济为征北将军，"北征"当作"征北"。
③ 以司马庚登为长史："庚登"，《宋书·谢晦传》《南史·谢晦传》作"庚登之"。
④ 丙寅：《宋书·文帝纪》《南史·宋本纪中》作"戊午"。
⑤ 以豫章太守郑鲜之为尚书左仆射："尚书左仆射"，《宋书·郑鲜之传》《南史·郑鲜之传》作"尚书右仆射"。
⑥ 丙戌：二月庚戌朔，无丙戌。
⑦ 竹林监萧钦至孔延秀战："萧钦"，《宋书·谢晦传》作"萧欣之"。

檀、到等军并舰溯江，俄而，便风扬帆俱济，谢晦军莫能战，皆登岸走。晦单舸归江陵。初，到彦之退，刘道济军至沙桥，为周超所破，死者过半。及晦还，超弃众归降，谢晦与弟侄北走，至延头戍，戍主，晦故吏也，乃辒晦送京师。丙午，① 帝自芜湖班师，车驾西至。

丙戌，② 太白昼见。癸未，斩谢晦于建康市，及弟嚼、兄子世基、周超等。

晦有风姿，须鬓如画。兄瞻，五岁能属文，十岁善言玄理，风华黼藻，独步当时。为给事黄门侍郎，见晦势倾朝廷，乃坚篱隔其庭，曰："吾不忍见祸之至也。"先晦而卒。

夏五月，下刘道济于狱，以沙桥之败也。乙未，徙檀道济为征南将军、开府仪同三司、江州刺史，到彦之右将军、豫州刺史。己巳，③ 使使兼散骑常侍巡行天下，将命方国，同行封畿。亲使刺史二千石等观长史申述至诚："廉询治体，观察吏政，切求民瘼，旌举操行，存问所疾，礼俗得失，一依周典。每事各为书其条件奏，俾朕昭然，有如亲览。大夫君子，其各悉心敬事，无堕乃力，其有深谋远图，谠言忠诚之士，使者以闻。"丙午，听讼于延贤堂。自是每岁三讯。

八月，左光禄大夫阮韶之卒。韶之尝为司马道子太傅主簿，蓬首散带，不综其职。自永初已后，不复朝请，闭门养志，以终其身。

是岁，秋，旱且蝗，诏使捕之。范泰上疏曰："陛下昧旦丕显，求民之瘼，明断庶狱，无倦政事，理出群心，泽布万里。小小灾变，何以致之？宗宰之失，臣所不能究，上天之谴，民所不敢诬。有蝗去处，而县官讯问捕之，无益于枯苗，有伤于杀害。臣闻桑谷时成，无假斤斧。"因请宥谢晦妇女囚尚方者，皆从之。

冬十二月丁卯，④ 前吴郡太守徐佩之，羡之兄子，以不自安，将图来年春正月谋反，伏诛。白雀见于京师太清里。

四年春正月丁亥，曲赦京师百里内。辛巳，郊。

二月乙卯，幸丹徒。车府令请易辇篷，欲用紫皮缘辇席，上以竹篷未至于坏，紫色贵，并不听。

---

① 丙午：是年二月丁亥朔，无丙午，《宋书·文帝纪》《南史·宋本纪中》作"丙子"，为二月十七日，张校本据改。

② 丙戌：二月丁亥朔，无丙戌，三月庚辰朔，丙戌为初七日，张校本疑其前脱"三月"二字。

③ 己巳：五月己卯朔，无己巳。《宋书·文帝纪》《南史·宋本纪中》皆作"乙巳"，为是月二十七日，张校本据改。

④ 冬十二月丁卯：《宋书·文帝纪》《南史·宋本纪中》皆作"壬戌"。

三月丙子，宴丹徒宫，帝乡父老咸与焉。蠲今年租布，原五岁已下刑。丁亥，车驾至自丹徒。戊子，尚书左仆射郑鲜之卒。① 鲜之自大司马录事参军迁御史中丞。为人亮直，时号"格侯"。② 壬寅，采富阳令诸葛闻议，③ 禁断夏至日五丝命缕之属。诏曰：④ "夫岁时有利害之收，而农桑有经常之告，机杼有不辍之勤，而用度有奢俭之异。是以爱民者节其费用，务本者躬其女工。一月得四十五日，明其以夜继昼，匪勤则遗者，饰章奢侈，有自来矣，然不出奉生送死之诚。今者民人夏至有五色云命缕之服，以为无用之费博矣。谨率愚管，谓宜禁革。"从之。

河南秦绵性至孝，母葬，至墓，留不忍归，乡人于墓所为筑室。三年，吴逵家疫，父母兄嫂并亡，逵夫妻行赁力，负土成七坟十二棺，⑤ 皆俭而合礼云。至是，孔邈等并表荐之，帝各表其门闾。

戊辰，⑥ 甘露降于京师。

五月癸酉，散骑常侍袁瑜荐会稽郭世道，⑦ 诏改所居曰孝行里，蠲复三世。世道事继母至孝。贫，产子不举，谓妻曰："伤兹以终孝，吾无恨也。"母亡，负土成坟。亲近来助，初皆不许，墓毕，佣力报焉。

是月，京师疾疫。使使巡问，给医药；死无家者，赐以棺殓。

六月癸卯朔，日有蚀之。丙辰，青黑虹见，东西经天。

刘怀敬、刘怀肃、怀慎皆高祖姨兄也，高祖生夕，穆后殂，从母乃断怀敬乳而养高祖，因以寄奴为小字也。

王弘之曾为桓谦卫军参军，属殷仲文往南州，倾都饯送。谦邀弘之，弘之曰："凡登高送远，贵在有情，下官与殷风马不接，未敢扈从。"谦敬其方直也。

鲁国孔淳之隐于上虞，谢方明为会稽，固延不致，谓曰："苟不入吾郡，何为入吾山？"淳之笑曰："潜游者未谢其水，巢栖者非辩其林，飞沉所至，何问其主。"

八月，诏曰："乃者权臣肇乱，吉阳令张约抗疏至诚，事屈群丑，陨命遐荒，参述前踪。赠以一郡，赐钱十万，布百匹。"散骑常侍殷道鸾荐梓桐张楚，母年

---

① 尚书左仆射郑鲜之卒："尚书左仆射"，当作"尚书右仆射"，参前校记。
② 时号格侯："格侯"，《宋书·郑鲜之传》作"格佞"。
③ 采富阳令诸葛闻议："诸葛闻"，《宋书·文帝纪》作"诸葛阐之"。
④ 诏曰：张校本以为当作"议曰"。
⑤ 负土成七坟十二棺："十二棺"，《宋书·孝义传·吴逵》作"十三棺"。
⑥ 戊辰：是年三月甲戌朔，无戊辰。四月甲辰朔，二十五日戊辰，张校本认为戊辰上脱"四月"二字。
⑦ 散骑常侍袁瑜荐会稽郭世道："袁瑜"，《宋书·孝义传·郭世道》作"袁愉"。又"郭世道"，《南史·孝义传》作"郭世通"。

一百四岁,危疾,楚祈祷恳恻,烧二指誓神,母蒙愈。

十一月辛未,甘露降初宁陵。散骑常侍陆子真荐豫章雷次宗、寻阳陶潜、南郡刘凝之,并隐者也。

潜苦贫,求仕为彭泽令,不屈督邮,弃官而去。及其亡也,颜延之伤而诔之,其序曰:"夫璇玉至美,不为池隍之宝;椒桂信芳,且非园林之饰。岂其深而致远哉?盖云殊性而已矣。若乃巢、由之雅行,夷、皓之峻节,故以父老尧、禹,锱铢周、汉,绵世邈远,光灵不属,菁华隐没,流芳歇绝,不其惜乎?虽今之作者,人自为量,道路同尘,辍涂殊轨者多矣,岂所以照末景、泛余波。有晋征士,弱不好弄,长实素心。学匪称师,文取指达。处言逾见其嘿,在众不失其直。后为彭泽令,道不偶物,弃官从好,遂乃解体世纷,结志区外。谥曰静节征士。"

又有刘凝之,率己自任,以老莱、严遵为师友。妻富于财,散之亲故。丘园而居,非绩不衣,非耕不食。吏有租布,一岁三输。荆州刺史衡阳王饷钱十万,凝之甚悦,负出市门,付与饿人,一旦俱尽,其年饥也。

吴兴沈道虔,好《老》《易》,居县北。与人捃拾,推己所得,以释争者。

寻阳翟法赐,四代隐居,皆有高德。法赐亲亡后,不食五谷,结草为衣,不衣布帛。

置永丰寺,① 去县七十里。案《塔寺记》:元嘉四年,谢方明造。本名长乐寺,为同郡延陵有之,改焉。毕置南林寺,建康城南三里,元嘉四年,司马梁王妃舍宅为晋陵公主造,在中兴里,陈亡废。

五年正月庚午朔,大风。司徒王弘逊位,不许。乙亥,诏曰:"恭承洪业,临飨四海,风化未弘,治道多昧,求人之事,鉴寐惟忧。加顷阴阳违序,旱疫之患,仰惟灾戒,责深在予。思所以侧身克己,审详刑狱,上答天谴,下恤民责。群后百司,其各献谠言,直指陈失,勿有所讳。"甲申,阅武于北郊。戊子,京师大水,使使赈赐。

夏四月,河南上白獐。

五月己巳,太白经天。

以张邵为征虏将军、雍州刺史。邵为太祖西中郎司马,王华为录事参军,二人共府不穆。及华在朝,多为之惧。邵谓所知曰:"子陵方以至公允天下,必不以私隙害正义。"邵是任也。华先举焉。

---

① 永丰寺:宋本、徐钞本作"水丰寺"。

六月庚戌，都下大水。乙卯，遣使检行赈赡。

秋七月己丑，大风。

八月壬戌，侍中、特进、左光禄大夫、阳遂乡侯范泰卒，赠车骑将军，谥曰宣侯。初议赠开府，殷景仁曰："范伯伦素望非重，不可拟议台鼎。"竟不行。既葬，王弘抚棺哭曰："君平生重殷铁，今以此为报。"

九月癸酉夜，有黑气如流星，出奎娄，没羽林。壬戌，① 散骑常侍荀伯子上言曰："伏见百官位次，陈留王在零陵王上，臣愚以为疑。昔武王克殷，封神农后于焦，黄帝后于祝，帝尧后于蓟，帝舜后于陈，夏之后于杞，殷之后于宋，宋、杞、陈并为列国，蓟、焦蔑尔无闻。斯则襃异所承，优于远代之显验也。逮以《春秋》次序，宋居杞、陈之上。臣请零陵位宜升，陈留王宜降爵。"

十二月，天竺毗黎国遣使贡献。② 平原令河南成粲贻书于王弘曰：③ "仆闻轨物设教，随时制宜；世代盈虚，与时消息。夫势之所处，非亲不居。是以周之宗盟，异姓为后。权轴之重，任归二南，斯前代之良谋，今世之显辙。明公位极台鼎，四海具瞻，劬劳夙夜，义同吐握。名实重盛，莫之与俦。天道福谦，宜存损挹。骠骑彭城王道德昭备，上之懿弟，宜入秉朝政，翊赞皇猷。竟陵，衡阳春秋已长，又宜出授列藩，齐光鲁、卫。明公高枕道德，燮理阴阳，则天地和平，灾害不生矣。"初，范泰将死，亦谓王弘曰："天下务广，权要难居。卿弟兄太盛，而彭城王久居南楚，安身之道，其未足乎！"弘累求退，及是又上疏曰："臣闻异姓为后，宗周之明义；亲不在外，有国之所同。故鲁长滕君，《春秋》所美；楚出弃疾，前史垂诫。骠骑臣义康，徽猷渊邈，明德弥劭，宜入总朝务，以允民望。昔叔孙未进，楚人所哂；展季在下，臧文贻讥。臣于古人，无能为役，负乘窃位，物将谓何？"乞解扬州、录事，优诏答不听。

是岁，索房拓跋焘灭西夏赫连氏，尽有关中地。

六年春正月辛丑，祀南郊。癸丑，征彭城王义康为侍中、司徒、录尚书事、平北将军、南徐州刺史，入知朝政。以江夏王义恭为抚军将军、荆州刺史。以侍中刘湛刚正用法，为南蛮校尉、抚军长史、行荆州事。敕书诫义恭曰："礼贤下士，圣人垂训；骄奢矜尚，先哲所去。豁达大度，汉主之德；猜忌褊急，魏武之累。

---

① 壬戌：是年九月丙寅朔，无壬戌。
② 天竺毗黎国遣使贡献："毗黎国"，《宋书·夷蛮传》《南史·夷貊传上》作"迦毗黎国"。
③ 平原令至王弘曰："平原令"，《宋书·王弘传》《南史·王弘传》作"平陆令"。

西楚殿广，宜勤接对，府舍池堂，无求改作。讯罪决狱，择善从之，不可专意自决。凡左右所白，不可泄漏，或相谗谤，勿轻信受，每有此事，宜善察之。官爵赐予，尤宜裁量。供奉一身，皆令有度，奇服异器，慎不可兴。宜与寮吏，相见为数，不数则不亲，不亲则视听不博。于言事者，又得自尽，皆急务也，尔其慎诸。"刘湛既西，意甚怏怏。

永初末，诸王居忧，多旷士礼。湛为庐陵王从事，禁膳鱼肉。尝在王座，厨人进车螯及酒，湛怒曰："既不以礼自处，又不以礼处人。"趋出。

三月丁巳，立皇子劭为皇太子。大赦天下，文武赐位一等。

五月壬辰朔，日有蚀之。

七月壬寅，会稽、晋陵、吴郡大风折木。庚寅，[①]裴松之上书言曰："智周则万里自宾，鉴远则物无遗照，虽尽性穷微，深不可睹，至于余绪所寄，则接乎尘迹。臣前被诏，使将三国异同，注陈寿《国志》。寿书铨简可观，事多审正，诚游览之苑囿，乃后世之嘉史，然失在于略，时有所漏。臣案三国虽历年不远，而事关汉晋，首尾所涉，出入百龄，注记分错，年月舛互。其寿所不载，事宜存录者，罔不毕取，以补其阙；或同说一事，而词有乖杂；或出事本异，疑不能制，抄内以备闻。谨写封上呈。"帝览之，曰："裴世期为不朽矣。"

九月，青州献白兔。

十二月己丑朔，[②]日有蚀之，不尽如镰，星昼见。陇西诸国使使贡献。

七年春正月乙未，康乐侯谢灵运疏孟顗谋反，帝不之罪，迁为临川内史。

二月壬戌，雪且雷。

三月戊子，遣右将军到彦之、安北将军王仲德、兖州刺史竺灵秀等率师北伐索虏，克复河北。以长沙王义欣监征讨诸军事。去年冬，殷景仁母忧去职，至是起景仁为镇军将军。凡在丧曰起，在外曰征，迁曰徒。

裴子野曰：三年之丧，有生之巨痛；既贯天道，实惟民极。中世污隆，或行或否，末世企勉，还尚典刑，而国之重臣，多从权制，因习渐染，遂以成俗。弃衰麻而服冕弁，匪金革而徇寇戎，君子辱乎上，小人通乎下，名教倒置，将安用之？苟非有为，已之可也。

---

① 庚寅：七月辛卯朔，无庚寅。

② 十二月己丑朔：十二月戊午朔，无己丑。《宋书·文帝纪》《南史·宋本纪中》皆云十一月乙丑朔。张校本以为"十二"当为"十一"之误。

夏四月己丑,①有司奏西陵县民董阳五世同居,内无异爨。百济、林邑国使使贡献。

六月己卯,爵杨难当为武都王。

七月丁未,侍中王昙首卒,赠散骑常侍、左光禄大夫,谥文侯。

初,昙首为西中郎长史,高祖诫文帝曰:"王昙首沉毅有器度,宰相才也。"昙首与兄弘俱有盛名,家世久为扬州。彭城王心欲其所,尝谓客曰:"神州讵可卧理?而王公久病居之。"弘恐,辞疾,终不许。及昙首求为吴郡,上曰:"岂有欲建大厦而弃其梁栋。若贤兄谢病,此卿之席也。"

到彦之自淮入泗,次东平须昌。虏济州刺史库悉吉烧碻磝,②兖州刺史罗秩烧滑台,彦之留司徒从事中郎朱脩之守滑台。虏将大赤歇末及荆州刺史鲁轨守虎牢,彦之遣扬武将军王玄谟进逼虎牢,大破虏军,斩大赤歇末等,洛州刺史达奚蝉烧城走。彦之使建武将军杜冀守金墉,诸军进屯灵昌津。司、兖既收,军有喜色,王仲德独忧曰:"胡虏虽仁义不足,凶狡有余,今敛戈北归,并力完聚,若河冰冬合,方为三军之忧。"

九月,河冰可涉,灵昌众军还固。

冬十月乙卯,并二豫复为一州,镇寿阳。戊午,初置钱署,铸四铢钱。戊寅,虏逼金墉、虎牢,诸军相继奔走。到彦之焚舟弃甲而归,诏免彦之官。

壬辰,③以征虏大将军檀道济都督征讨诸军事,率众四万北趋成皋。甲午,西北有赤气,中黑,如旌旗。

十二月丙戌,太白昼见。甲午,斩兖州刺史竺灵秀于彭城。④灵秀之归也,虏进湘陆,秀谓其众曰:"湘陆民为抄,吾先为收其谷,军徐后来。"与麾下前走,师皆没,是以诛之。乙亥夜,京师火,延太社北垣。

八年春正月庚寅,置朱崖郡,以属交州。丁酉,道济军次寿阳,与虏将库悉吉战于高梁山,斩之。

二月,滑台粮尽,城内熏鼠为食。辛酉,城陷,虏执朱脩之以归。自是河南覆亡。且道济高梁之捷也,虏来万数,道济三十余战,辄克敌,滑台既陷,粮且尽,退军。军士有叛者以饥告虏师,人恐惧。道济夜顿,命军中高唱量沙,散布余米,明旦

---

① 夏四月己丑:四月丁巳朔,无己丑。
② 虏济州刺史库悉吉烧碻磝:"碻磝",四库本作"碻磝",此为当时黄河边重要据点,当是。
③ 壬辰:十月甲寅朔,无壬辰。张校本检《宋书·文帝纪》,以为上当脱"十一月"三字。
④ 十二月丙戌太白昼见甲午至于彭城:是月癸丑朔,无丙戌、甲午二日。

去之。房夜闻量筹，晓见弃粟，谓降者欺己，斩之。道济遂全军而返，大为房所惧服，河畔老小，常以檀公相怖。二城既陷，汝阴太守王玄谟上疏言："王途始开，随复沦塞，非唯天时，抑亦人事。虎牢、滑台，岂惟将之不良，抑亦本之不固。本之不固，亦由民惮远役。臣谓以西阳之鲁阳，襄阳之南乡，发甲卒，分为两道，直趋崤、渑，征夫无远役之思，吏民有屡休之歌。若以东国之众，经营牢、洛，道途既远，独克实难。"是月，大雪。

夏四月甲子，檀道济请罪，不许。辛亥，① 太白昼见。获白雀于左卫府。

六月乙丑，大赦天下。己卯，割江南为南徐州，江北为南兖州。以左将军、竟陵王义宣为兖州刺史，镇山阳。是日，大雪。

闰月庚子，诏曰："顷农桑惰业，游食者众，荒莱不辟督课。一时水旱，便有罄匮，不务原本，丰给靡期。郡守赋止千里，县宰职主亲民，宜乃劝励农桑。"

秋七月壬戌夜，白虹见于东方。

十二月庚辰，雷。癸亥，罢湘州复并荆州。

九年春二月辛卯，诏以先朝功臣王镇恶、刘穆之等，皆铭功天府，配祭庙廷。辛亥，华容公王弘虋，赠太保，给节羽葆鼓吹，增班剑六十人，谥文昭公。

六月甲戌，以乐陵、清河、平原、广川四郡为州。② 以司徒、彭城王义康为扬州刺史，解平北将军、开府仪同三司。以兖州刺史临川王义庆为平西将军、荆州刺史。

壬子，③ 江州献白獐。

戊辰，御史中丞荀伯子奏曰："臣闻乌以反哺托体，羔羊生而跪乳，礼为嘉贽，虽在微禽，犹识学道，矧与人伦而忘愁疾。齐侯复九世之怨，丁兰报木母之耻，取褒于《春秋》，见列于国传，况乃分天之痛，枕戈之戚者哉。案，给事黄门侍郎郗敬叔父兄为晋故荆州刺史殷仲堪所害，仲堪息缅之，永初三年，除员外散骑常侍。敬叔元嘉元年除中书侍郎。密迹邻省，经涉三载，每到公庭，必相瞻觌。散骑在前，中书在后，相去之间，不盈咫尺。缙绅视而含哂，义士闻而增叹。夫复雠礼之所许，法之不禁，若畏王宪，俛偭苟且者，宜退藏于家，与之遐阻，岂可接迹蹑影，觍然无怍，以叨荣禄，笑傲卒岁！且中书、散骑职为同僚，若使

---

① 辛亥：四月辛亥朔，甲子为十四日，此处日序排列有误。
② 以乐陵清河平原广川四郡为州：据《宋书·文帝纪》，此处所设为冀州。
③ 壬子：六月甲戌朔，无壬子。壬子为七月初十日，张校本以为其前当脱"七月"二字，下文戊辰亦在七月。

缅之不幸，敬叔当素服吊祭于殷氏之庭乎？自古悖礼无若斯之甚者也。不有严革，风教将颓。案敬叔率其庸鄙，乏阙典坟，行与道违，心与义塞。息天性之属，遗顾复之思，伤仁败俗，情礼都尽。虽事经旷荡，非肆眚所及。请免敬叔所居官，禁锢终身。情义之败，付之乡论。"有诏理焉。

诏有司表盱眙王彭所居曰通灵里，蠲复二世。①彭幼丧母，后父亡，将营葬，值天旱，远汲以泥砖，泣号勤悴。一旦大雾，雾歇，于砖灶前有水如池，得以周用。窆讫归，助者或亡其斧，返求之，至向水所，则积旱扬尘，尘有雉浴，乡人异焉。

裴子野曰：天地之大德曰生，生民之至德曰孝，所以报本反始，尽性穷神，行莫重焉，教莫先焉。夫茹藿羹藜，父子和悦；易衣并食，兄弟怡怡。所以利不置于有余，则慈爱隆于不足，承颜禀色，庸浅易敦。若乃贵高九五，富有万国，前聆郑、卫，傍侍绮罗。其始也，以宴衰成疏；其渐也，以势利嫌隙。由是乎恩乏天然，思轻膝下。今之人互为鱼肉，圣人知其若是，恶其流蔓，故礼以节之，乐以和之。朝夕安否，尝药侍膳，父子之礼也。陈诗齿族，纠合宴私，兄弟之乐也。夫然后礼乐交畅，无相夺伦，孝悌兴于国门，德教加于百姓，上和三光，旁穆四海，先王化成天下也。祸乱不作，用此道也。昔汉高有宇内，五日一朝，栎阳之礼也。魏文有天下，同气建封若狴牢，四体若仇雠，当涂之制也。迄于宋，有不可言者焉。呜呼！流弊可陈于前，鉴戒无悛于后。

夏四月乙亥，宥到彦之为护军将军。己丑，太白昼见。乙未，雨雹，伤牛马鸟兽。②

八月癸未，封江夏王义恭子朗为南丰王，奉营阳王祀；第五皇子绍为庐陵王，奉孝献王祀。③

是岁，司马飞龙自仇池入寇绵竹，破阴平，④益州刺史刘道济遣军击之。道济欲以五城人帛氏奴为参军督护，⑤长史费谦固执不可，氏奴怒去，诈其党曰："司马殿下在汤泉山中，⑥五日奉之，则大勋可建。"蜀人赵广聚众数千与会，因费谦等贪害百姓，百姓咸思乱，遂入阳泉山，胁沙门程道养使为司马飞龙，推行益州

---

① 蠲复二世：《宋书·孝义传·王彭》作"蠲租布三世"。
② 夏四月至鸟兽：张校本以为前已说六月事，此四月诸事位置错简，当在六月事以前。
③ 八月癸未至奉孝献王祀：此条诸事，《宋书·文帝纪》《南史·宋本纪中》皆系于十二月庚寅。
④ 破阴平：诸本原作"平阴"，唯徐钞本作"阴平"。据《宋书·刘粹传》，当作"阴平"。
⑤ 帛氏奴：宋本作"白氏奴"，误，张校本据其他诸本改正。又徐钞本、甘本"帛氏奴"下又有"梁显"二字。《宋书·刘粹传》"帛氏奴"下亦有"梁显"二字。
⑥ 司马殿下在汤泉山中："汤泉山"，甘钞本、徐钞本作"阳泉山"。检《宋书·刘粹传》，似当作"阳泉山"。

牧事、车骑大将军，僭号蜀王，称太始元年。围益州刺史刘道济于成都。帛氐奴号征房将军，赵广号镇军将军，众至十万，四面围城，使告道济曰："使君若速送费谦、张熙出，即解。"临川内史谢灵运于广州弃市。①

灵运之居也，雅不治职。前临川内史司马协少子来投义故，灵运舍诸正寝为居，始如酬笑，久而不止，非隐其事，讽主者以黩货劾焉。江州部从事收灵运，乃徙广州，敕于南海行刑。灵运名公孙，少而文章秀逸，声誉流闻，冠耀天下。然轻肆躁扰，不可大任。世以为文与颜延之为江左第一，纵横俊发过之。

是月，刘道济大破蜀贼，因而病。

十二月，蜀贼又围益州，破外军。道济既久病，城内以为死也，人情不安。振威将军梁俊说道济曰：②"将军久病，气力微怯，外有异论，今军人外败，强寇内逼，一旦不虞，忧祸立至。宜称小损，听侍者出外，不然败矣。"道济然之，呼给使四十人，谓曰："吾不幸久卧，尔等扶侍有劳，今微差矣。可以休息，须召复归。"给事者皆出，众问曰："使君已死几日？"咸曰："无之。"传以相告，城内乃定。

是岁，朱脩之归自黄龙。初，脩之见获，遇毛脩之于桑干。毛脩之三年不敢问其家室，语及国事，问："当轴者谁！"曰："殷铁。"毛脩之叹曰："吾昔在朝，殷时尚少，今日归罪，则巾襟诣门乎！"遂问其子，朱答以甚能自处，脩之悲甚，直视不能复言。朱脩之后从魏太武伐燕，因奔冯弘，弘以为天子边人，遣之泛海。未至东莱，舫栀折，舟人大惧。海师因上有飞鸟，知去岸不远，垂长索，船后乃将正。俄而，达东莱郡。帝拜为给事黄门侍郎，毛脩之竟死于索虏。

十年春正月，侍中、左卫率谢弘微卒。弘微为从父混所知，混尝论诸子："灵运博而无检，宣明纳善不周，虽复功济三才，终必以此为疾。至如微子，吾无间然。"后咸如所言。己未，大赦天下，孤老久病不能自存者，赐谷五斛。

是月，益州刺史刘道济卒，梁俊秘之不发丧，埋之于斋，使书以会之，遣前后军大破贼。贼乃散走，益州平。

六月，阇婆、③诃罗单国遣使贡献。乙亥，丹杨尹王准之卒。准之自曾祖彪之已来，称为多识，朝廷旧事，问无不对。彭城王每称之曰："如得王准之两三人，

---

① 临川内史谢灵运于广州弃市：张校本据《宋书·谢灵运传》《南史·谢灵运传》，认为此事发生于元嘉十年。《建康实录》系于九年，未知何据。
② 振威将军梁俊说道济曰："梁俊"，《宋书·刘粹传》作"梁俊之"。
③ 阇婆：诸本同，但《宋书》《南史》记载不一。《宋书·文帝纪》作"阇婆州"，又作"阇婆婆达国"；《夷蛮传》作"阇婆婆达国"。《南史·宋本纪中》作"阇婆娑州"，《夷貊传上》作"阇婆达国"。

天下便足。"① 准之有遗抄一簏,谓之青箱学。

秋八月,置太原郡,以属青州。

冬十月,氐贼次汉中。梁州刺史甄法护弃州奔江陵,下狱死。

十一年三月丙申,禊饮于乐游园,且为江夏、衡阳二王来朝,帝有诏会者赋诗,命太子中庶子颜延之为序,其大略曰:"有宋函夏,帝图弘远。高祖以神武定鼎,规同造物;皇上以观文成历,景属宸居。隆周之卜既永,宗汉之兆在焉,正体流德于少阳,王宰宣哲于元辅。左梁岩磴,右瞰湖源,情深景遽,谈洽日斜。"

夏四月,秦梁二州刺史、横野将军萧思话破氐贼于汉中。汉中平,思话迁郡于南郑。

五月,青州献白雀。

六月,省魏郡。

冬十二月,扶南、诃罗单国遣使贡献。

置竹园寺,西北去县一里,在今建康东尉蒋陵里檀桥。案《寺记》:宋元嘉十一年,县城东一里,宋临川公主造。

十二年春正月辛酉,大赦天下。辛未,郊。癸酉,爵黄龙冯弘为燕王。

夏四月乙巳,以殷景仁为中书令、护军,以家为府。丙辰,诏曰:"宗周以宁,实由多士,汉室之盛,亦在得人。朕寤寐求贤,为日久矣。遗才在野,管库虚朝,永怀前载,惭德深矣。"是夜,京师地震。

六月,禁酒。

秋八月壬申,② 置南晋寿、北巴郡,以属益州。③

冬十月壬子,太白昼见。江州刺史檀道济来朝。

十三年春正月癸丑朔,不朝会,帝疾故也。

三月乙未,④ 散骑常侍、司空、江州刺史、永修公檀道济下狱死。道济威名甚重,见忌于彭城王。时帝久疾,欲先为之所,言于帝,讽入朝,留之累月。会帝有间,将遣归镇,是日帝疾动,召入省,止焉。道济愤怒气盛,目光如炬,俄尔之间,

---

① 天下便足:"足",《宋书·王准之传》作"治",张校本指出此避唐讳改。
② 秋八月壬申:八月丙戌朔,无壬申。
③ 置南晋寿北巴郡以属益州:张校本指出,《宋书·文帝纪》云:"于益州立南晋寿新巴西三郡。"孙虨《宋书考论》云:"据《州郡志》,是南晋寿、南新巴、北巴西三郡。"孙说是。此处"南晋寿"下当脱"南新巴","北巴"当作"北巴西"。
④ 三月乙未:三月壬子朔,无乙未。据《宋书·文帝纪》,当作"己未"。

引酒一斛，王遂矫诏赐死。道济投帻而语曰："何故毁汝万里长城！"收其妻子，皆从坐。义兴献白兔。

夏六月，高丽国遣使贡献。武昌得古鼎。①

秋七月己未，零陵王太妃褚氏殂，追崇为晋皇后。

九月癸丑，封皇子濬为始兴王，第三子骏为武陵王。辛未，附葬晋思恭皇后于冲平陵，备物一如晋典。有司求晋除身，以兼葬职。时前永嘉太守颜延之废处于家，札取延之兼侍中。延之投札于地曰："颜延之未能事人，焉能事鬼。"遂不行。

十四年正月辛卯，郊，大赦天下，文武各赐位一等。戊戌，凤凰二见于京师，有鸟随之，改其地为凤凰里。

冬十二月辛酉，初停贺雪之礼。河南、西河、②诃罗单国使使贡献。

十五年春二月，京师木连理。

夏四月，黄龙国使使贡献。

五月，征北大将军王仲德卒。仲德曾在北为慕容垂所逐，潦水暴至，不知所如。有白狼来，对仲德号讫，厉水度，仲德随之，获免。又曾夜行泽中大道，每有炬火照路，后每图白狼祀之。

秋七月，南兖州献白兔。新作东宫，赐将作大匠布帛有差。

八月，诏征南郡宗炳为太子中庶子。③

裴子野曰：夫动与静，天地之法也；刚与柔，阴阳之道也。得之以生曰人，禀之为灵曰性，备之者谓圣，偏之者谓贤。惨舒动静有所丽，此性分之略也。戴颙奏遍舞于山椒，沈处移大贲于子侄，羊秋足不践闾阎，而终身佩青纲，白圭之操，斯为玷矣。雷次宗斜遥近贤，又似避讳，肖夫隐者，其刘凝之乎？若乃党世位以邀名，事流俗以买誉，交于货贿，冒于酒食，州高县簿，无不必走，荣征重辟，择而后起，是谓路数洿恶，史人所耻论也。

冬十月壬子，流星出太白，入紫微，有声如雷。

是月，立儒学于北郊，延雷次宗居之，辞入宫掖，乃自华林东阁入讲于延贤

---

① 武昌得古鼎：《宋书·符瑞志下》云："宋文帝元嘉十三年四月辛丑，武昌县章山水侧自开出神鼎，江州刺史南谯王义宣以献。"张校本以为两者当为一事。

② 西河：据《宋书·少帝纪》《氐胡传》，当作"河西"。

③ 诏征南郡宗炳为太子中庶子："南郡"，据《宋书·隐逸传》，宗炳为"南阳涅阳人"，南郡恐误。

堂。明年，丹杨尹何尚之立玄学，著作郎何承天立史学，①司徒参军谢元立文学，各集门徒，多就业者。时上好儒雅，朝臣家俭素之风，乡间耻轻薄之行。江左风俗，于斯为美。帝躬亲检行，宽恕被物，庶政弘而不弛，禁纲理而不峻，邦甸穆然。言理政者，以元嘉为称首焉。

十六年春正月戊寅，阅武于北郊。癸巳，复置湘州。

二月己丑，②割长沙、江陵、江夏四县为巴陵郡。

五月丁卯，太白经天。

六月己酉，改封吐谷浑慕容延为河南王。③

八月戊午，太白昼见。

闰月戊寅，④复分豫州；置南豫州。

冬十二月乙亥，皇太子劭冠，天下大赦。劭之初生也，帝往视之，帽无故坠地。名劭，训字以为召刀，帝甚恶之，改刀为力焉。

武都、河内、⑤林邑并遣使贡献。

置上定林寺，西南去县十八里。案《寺记》：元嘉十六年，禅师竺法秀造，在下定林寺之后，法秀初止其祇洹寺，移居于此也。

十七年春二月己巳夜，黑气经天德。

夏四月戊午朔，日有蚀之。

六月己酉，⑥太白昼见。

秋七月壬子，皇后袁氏崩于显阳殿。

八月，徐、兖、青、冀大水，使使巡行赈赐。辛亥，⑦葬元皇后于长宁陵。诏史臣颜延之作策文，文成奏帝，帝伤之，自下笔加其二句，"追存悼亡，感今怀昔"，以致深意焉。

---

① 著作郎何承天立史学："著作郎"，《宋书·隐逸传》《南史·隐逸传》皆云何承天其时为太子率更令。据《宋书·何承天传》，何承天元嘉十六年方除著作佐郎。

② 二月己丑：二月乙未朔，无己丑。《宋书·文帝纪》作"癸亥"，张校本据此改正。

③ 改封吐谷浑慕容延为河南王："慕容延"，《宋书·文帝纪》同。《宋书·鲜卑吐谷浑传》作"慕延"，《魏书·吐谷浑传》作"慕利延"。

④ 闰月戊寅：闰九月壬辰朔，无戊寅。《宋书·文帝纪》作"戊戌"，为初七日，是。

⑤ 河内：《宋书·文帝纪》作"河南王"，《南史·宋本纪中》作"河南"，皆指河南王慕容延。张校本以为此作"河内"当误。

⑥ 六月己酉：六月丁巳朔，无己酉。

⑦ 辛亥：八月丙辰朔，无辛亥。九月丙戌朔，辛亥为二十六日。《宋书·文帝纪》《南史·宋本纪中》载此事发生于"九月壬子"，为二十七日。

冬十一月戊午,^①前丹杨尹刘湛有罪伏诛,亲眷并死,殷景仁之毁也。湛不好浮华,慕崔琰之为人,有经国才志。善论理道,言之喋喋,使听者忘疲。初,上为江夏王,荆州西归,日夕引见。及与殷景仁嫌隙构,上私左右曰:"刘班初归,吾与言,常候日早宴,虑其将出。比入对之,亦察日早晚,虑其不出。"时帝疾笃,彭城王义康内侍医药,有忧色。帝危殆,敕义康以周公之事,且令具顾命诏草。义康出,流涕以语湛。湛曰:"行天下事,岂幼主所堪。"义康不答。湛私与孔胤秀等寻晋成帝崩康帝即位仪注。帝既瘳,微知其事,未之发也。及湛丁艰,伏甲室中,以待上临吊,谋又泄。帝召殷景仁、彭城王入内省,数以湛过。是以大赦天下,文武赐位二等。出义康为江州刺史,实幽于豫章太守。^②义康之败也,东府井水无故涌溢,野雉江鸥集飞内寝。义康将南,叹曰:"昔谢述唯劝吾退,刘班唯劝吾进,今述存而班死,吾败宜哉。"甲戌,以殷景仁为扬州刺史、尚书仆射,领太子詹事。

十一月乙酉朔,甘露降于乐游苑。己丑,^③殷景仁卒。诏曰:"尚书左仆射殷景仁,秉德弘正,思理明远,翊亮朝端,风猷允集。经纬屯夷,嘉猷克举。绸缪枢秘,献替惟休。方伫良图,以隆国道。徽庸不遂,痛悼兼深。考终之礼,宜存优泰。可赠常侍、司空,谥文成公。"景仁入西州,疾笃,就寝则见刘湛为厉,如是数旬,上为之累息。敕西州道上不得有车声。

十八年春正月甲辰,以彭城王义康都督江、交、广三州军事。前龙骧将军巴东扶令育诣阙上书,引汉袁盎谏孝文迁淮南王事。"臣闻哲王不逆切谏,以博闻为道,人臣不忘纤夷之罚,以尽言为忠。是故周昌极谏,冯唐面折,所以孝惠克固储嗣,魏尚所以复任云中。彼二臣岂好逆主干时,犯颜违色者哉。"书奏,帝怒,下狱死。

裴子野曰:彼人臣者,禄及其亲,荣庇其后,身以之泰,道以之行。是故君亲临之,有恩有敬,绸缪缱绻,义莫重焉。敬之欲其尊,爱之欲其报,忠谏之道,自此而兴。名实既颓,君臣交丧,猜离悬隔,非近股肱。上则疾务已,好文过而倨隔;下则阶梯缅邈,怀愤懑而莫通。愤懑在心,辞多偏矫,矜倨在己,易以诛残。故逆彼骊龙,自贻齑粉,虽趣肤寸,动及雷霆。若扶令育者,无位于国,挺

---

① 冬十一月戊午:十一月乙酉朔,无戊午。《宋书·文帝纪》《南史·宋本纪中》皆作"十月戊午",为初三日,张校本据此改正。

② 实幽于豫章太守:此句加上"太守"二字后文义不通,当系衍文。

③ 己丑:《宋书·文帝纪》载殷景仁卒于癸丑。十一月乙酉朔,己丑初五日,癸丑二十九日,未知孰是。

然万里，粗明主所甚讳，是欲行义古之遗直者欤？比夫全躯怀禄之人，有殊间矣。以太祖之含弘，尚掩耳于彭城之戮，自斯已后，谁易由言？有宋累叶，罕闻谅直，岂骨鲠之气，乃愧前古？抑王之刑政，使之然乎？张约陨于权臣，扶育毙于哲后，宋之鼎镬，吁，可畏哉！

三月庚子，雨雹。戊申，置尚书，删定郎官。

夏四月，汝阴献白雉。①

五月，南徐献白燕，吴郡献白雀，彭城献白乌。②甲申，甘暴降临川王园。河水溢泛害居民，使巡行赈赐。

七月壬辰夜，天有光通照。

冬十月，剡县献白鸠。③氐贼杨难当僭称秦王，立后及太子，置百官。灾异多降，复自贬为武都王。倾国南寇，欲王于蜀，遣别将傅冲寇汉川，④刺史刘道真拒破之。⑤

十一月，氐克攻萌晋，⑥晋寿太守申坦，⑦进及涪城。巴西太守刘道锡婴城固守，氐不能拔，乃退。中书舍人徐爰有宠于帝，帝尝命王球及殷景仁与之相知，蒨玉辞曰："士庶区别，国之章也。臣不敢奉诏。"帝改容谢焉。

十二月，河南、肃慎、高丽、林邑、苏摩黎并令使贡献。

十九年春正月乙未，中散大夫羊欣卒。欣以晋隆安中，司马元显使欣书扇，欣不奉命，元显取为后军舍人。伍众为耻，欣淡然自若。

二月，宣城野蚕成茧。

三月乙未，太白昼见。壬寅，帝亲临儒学，征士雷次宗以巾褠近侍王公卿士，迄夕罢，赐诸生帛有差。诏曰："将陶钧庶品，混一殊风。"

四月甲戌，大赦天下。以何尚之领国子祭酒，中散大夫裴裕之，⑧太子率更令

---

① 汝阴献白雉：《宋书·符瑞志下》载 "元嘉十八年二月癸亥，白雉见南汝阴宋县，太守文道恩以献"，疑是一事。

② 南徐献白燕吴郡献白雀彭城献白乌：此三事《宋书·符瑞志下》记云："元嘉十八年六月，白燕产丹徒县，南徐州刺史南谯王义宣以闻。""元嘉十八年七月，吴郡盐官于玄获白雀，太守刘祯以献。""元嘉十九年十月，白乌产晋陵暨阳侨民彭城刘原秀宅树，原秀以闻。"与《实录》时间不符。

③ 剡县献白鸠：《宋书·符瑞志下》载 "宋文帝元嘉十八年八月庚午，会稽山阴商世宝获白鸠，眼足并赤，扬州刺史始兴王濬以献"，疑是一事。

④ 傅冲寇汉川："傅冲"，《宋书·氐胡传》作 "苻冲"。

⑤ 刺史刘道真拒破之："刘道真"，《宋书·刘真道传》作 "刘真道"。

⑥ 氐克攻萌晋："萌晋"，《宋书·氐胡传》作 "葭萌"。

⑦ 晋寿太守申坦："晋寿"原作 "寿昌"，"申坦"原作 "申恒"，据《宋书·氐胡传》改正，又 "晋"上脱 "获"字。

⑧ 中散大夫裴裕之："裴裕之"，据《宋书·裴松之传》，当作 "裴松之"。

何承天领国子博士。于时朝廷硕学推裴、荀、何、傅。傅隆长于为政,承天病于疏旷,伯子通脱率易,不以镇重自居,裴西乡清简恬素,最以不竞为法,位不逾于三子,名则差焉。颜延之亦号博闻,而刚愎潜忌,时人恶之,名"颜虎"。

五月,罢扬州府佐史。京师大水,使使赈赐。刘真道征仇池,自正月至此月,始克之。杨难当奔于索虏,伪丞相万寿率左右归降,难当既走,以辅国司马胡崇之为秦州刺史,将就镇焉。

秋八月甲戌晦,① 日有蚀之。

九月丙辰,有客星在北斗,因为彗,入于文昌,贯五车,扫毕,拂天节,经天苑,季冬乃灭。

冬十月,蠕蠕国遣使贡献。辅国将军、雍州刺史刘道产卒。道产在州,惠化大行,有岭蛮不宾者,悉出居樊河,村落相望,百姓歌之,号曰《襄阳乐》。及丧东还,汉滨群蛮,缞绖号哭,送之千余里。

十一月丙申,② 诏曰:"胄子始集,学业方兴。自微言灭绝,将涉千祀,怀仁感事,意有慨然。奉圣之胤,速议招集。于先庙地,特为营造,给祠直令,四时享祭。并下鲁郡修学舍,蠋墓侧五户,剪除扫洒。"婆皇国使使贡献。

二十年春正月辛亥,郊。开万春、千秋等门。

二月甲戌,③ 阅武于北郊。是月,胡崇之未至仇池八十里,遇后魏将拓拔齐,战败游浊水,执崇之,余兵奔西郑。

夏四月甲午,封第六皇子诞为广陵王。④

六月,吴郡献白龟,秣陵县言白雀见。⑤ 初,刘真道征仇池也,郡帅掠居民、盗善马,为有司所劾,至是下狱死。

秋八月壬子,加右卫将军沈演之为侍中。上曰:"侍中领卫,皆为宰相鸿渐,

---

① 秋八月甲戌晦:"甲戌",八月乙亥朔,无甲戌。《宋书·文帝纪》《南史·宋本纪中》皆作"秋七月甲戌晦,日有蚀之"。七月乙巳朔,三十日甲戌,张校本疑是。

② 十一月丙申:十一月癸卯朔,无丙申。《宋书·文帝纪》《南史·宋本纪中》皆作"十二月丙申"。十二月癸酉朔,二十四日丙申,张校本疑是。

③ 二月甲戌:《宋书·文帝纪》《南史·宋本纪中》皆作"二月甲申,车驾于白下阅武"。二月壬申朔,甲戌、甲申皆在是月,未知孰是。

④ 封第六皇子诞为广陵王:"六",诸本皆作"五",唯四库本作"六"。据《宋书·文五王传》,当为宋文帝第六子。

⑤ 吴郡献白龟秣陵县言白雀见:《宋书·符瑞志》载"宋文帝元嘉十九年四月戊申,白龟见吴兴余杭,太守文道恩以献",又载"元嘉二十年五月乙卯,秣陵卫猗之获白雀,丹杨尹徐湛之以献",张校本疑即此二事。

江左罕授，故以此处卿。"演之辞谢就职，其居显要，能谦约自保。上尝赐以女乐，让不敢当。

冬十一月辛丑，太白昼见。

十二月壬午，诏曰："国以民为本，民以食为命。故一夫不耕，饥者必及。仓廪既实，礼节以兴。顷有贫罄之家，诚由政德不举，以臻斯弊，抑亦耕桑未广，地利多遗。其有游食之徒，咸令附业。朕当亲率百辟，致礼甸侯，庶几素诚，奖彼斯民。"

百济、倭国使使贡献。

自去秋迄乎是秋，水旱伤稼，民多饥。诏郡国开仓，赐粮种。

二十一年春正月，复禁酒，恤饥也。辛酉，躬耕帝籍。下诏，大赦天下，一切逋负自十九年已前，并放免。

二月庚辰，① 以沈演之为中领军。辛卯，封第七皇子宏为建平王。

三月甲戌，② 太白经天。

夏四月，晋陵民徐耕以米千斛，助恤饥民。

六月，京师霖雨，使使赈赐。

七月，甘露降乐游苑。③ 案《舆地志》：县东北八里。晋时为药圃，卢循之筑药园垒即此处也。其地旧是晋北郊，宋元嘉中移郊坛出外，以其地为北苑，遂更兴造楼观于覆舟山，乃筑堤壅水，号曰后湖。其山北临湖水，后改曰乐游苑。山上大设亭观，山北有冰井，孝武藏冰之所。至大明中，又盛造正阳殿。梁侯景之乱，悉焚毁。至陈天嘉二年，更加修葺，于山上立甘露亭，陈亡并废。

八月庚辰，徐湛之母会稽长公主薨。主臧后所生，起自布衣，故见尊重。彭城王既徙，上尝宴于主第，酒酣，主下席，叩头流涕，帝自起扶之，问其故，答曰："车子岁暮，必不为陛下所容。"帝挥泪指蒋山曰："若其有此，则负初宁陵。"是以毕主身，义康无恙。

九月甲申，④ 后魏拓拔帝灭沮渠，尽有河西地。

---

① 二月庚辰：《宋书·文帝纪》《南史·宋本纪中》皆作"庚寅"。二月丙寅朔，十五日庚辰，二十五日庚寅，皆在二月，未知孰是。

② 三月甲戌：三月丙申朔，无甲戌。

③ 甘露降乐游苑：《宋书·符瑞志中》载"元嘉二十一年四月，甘露频降乐游苑"，张校本疑是一事。

④ 九月甲申：九月癸巳朔，无甲申。

冬十月丙子,起徐湛之本职丹杨尹,于郡设丧位。乙亥,①令之国。丙子,雷且电。

十一月,湘州献赤鹦鹉。②何承天上《元嘉历》,云:"君当顺天以求命国,为令以相天也。尧时冬至,日在须女十九度。③汉《太初历》,冬至日在牵牛,后汉《四分》及魏《景初法》,同在牛二十度。④臣以月蚀验之,则《景初》冬至,应在牛十七度。⑤又《后汉》,至春分日长,秋分日短,若遇半刻,则二至之间,而有短长。诚由春分近夏至,故长;秋分近冬至,故短也。"又奏改刻漏二十五箭,帝并从之。

裴子野曰:夫历以端时,时以颁政。政成而民不僭,曷叶而时不违。先王历象日月,钦若昊天,敬授民时,谓是物也。后世穿凿,拘于禁忌,推步盈虚,其细由己。削远以附近,毁雅以敦俗,多鄙俚之说,乱采索之旨。由是缙绅先生,不以阴阳为学。及何承天能正累代遗术,博物君子也。

二十二年春正月辛卯朔,初班《元嘉历》。壬辰,抚军将军、武陵王骏为雍州刺史,南平王铄为九将将军、豫州刺史,以二豫为一州。

三月壬戌,⑥封第八皇子祎为东海王,第九皇子昶为义阳王。

三月乙未,皇太子劭释奠于国学,赐王公而下帛有差。

六月,武昌获古鼎,豫章获钟。

秋七月,迁南州群蛮四万一千口于丹徒。⑦刘道产卒,而襄阳蛮入武陵,镇主淳于坦遣中兵参军击破之,故徙也。

八月甲午,太白昼见。⑧

---

① 乙亥:十月癸亥朔,丙子不得在乙亥之前,且下文又云"丙子,雷且电",张校本认为前句"丙子"为"丙寅"之误。

② 湘州献赤鹦鹉:《宋书·符瑞志下》载"宋文帝元嘉二十二年,湘州刺史南平王铄献赤鹦鹉",相差一年,张校本以为当为一事。

③ 日在须女十九度:《宋书·律历志中》云"则尧冬令至,日在须女十度左右也",同书又载何承天上元嘉历时当时观测岁差所得数值为"尔来二千七百余年,以中星检之,所差二十七八度"。又《宋书·律历志下》云元嘉历二十四节气表所载冬至日所在度为斗十四度强,加上所差二十七八度,得尧时冬至日所在度正为女十度左右。故张校本认为当以《宋书》为是。

④ 同在牛二十度:"牛二十度",《续汉书·律历志下》《晋书·律历志下》《宋书·律历志中》均作"斗二十一度",是,《建康实录》误。

⑤ 应在牛十七度:"牛十七度",据《宋书·律历志中》何承天上元嘉历表及太史令钱乐之等奏,《景初》冬至在斗十七度。此处"牛"为"斗"之误。

⑥ 三月壬戌:三月庚寅朔,无壬戌。《宋书·文帝纪》《南史·宋本纪中》作"二月甲戌"。二月辛酉朔,壬戌、甲戌皆在二月,未知孰是。

⑦ 迁南州群蛮四万一千口于丹徒:此事《宋书·文帝纪》作"雍州刺史武陵王骏讨缘沔蛮,移一万四千余口于京师"。

⑧ 八月甲午太白昼见:《宋书·天文志》云元嘉二十二年"七月,太白昼见",张校本疑是一事。

是月，开酒禁，①有年也。

九月乙酉，宴于武帐冈。②上将行，敕诸子，且勿食，至会所有馔。日昳，食不至，皆有饥色。上诫曰："汝曹少长丰佚，不见百姓艰难。今使汝等识有饥苦，知以节俭御物也。"

裴子野曰：善乎太祖之训也！是谓宜其为君。夫为君，侈兴于有余，俭生于不足，物之数也。欲其隐约，莫若穷贱；纵其骄蹇，莫若尊荣。自河徂亳，殷宗所以克隆；治陶播稼，岐周所以聿兴。习其险艰，利以任使，达其情伪，易以躬临。是以居世之懿德，字民之要道，不可忽焉。太祖若能率此训也，俾之难其志操，卑其礼秩，教民成德立功，然后授以政事，则无怠无荒，可播之于九服矣。初，高祖思固本枝，崇树强干；后世遵守，迭据方岳。及乎太祖之初，升明之季，绝恩于衮衿者数十人。国之存亡，既不是系，早肆民上，非善诲也。

冬，籍田，获嘉禾。

十月己未，③太子詹事范晔、员外散骑常侍孔熙先等奉大将军谋反，伏诛。丁酉，免侍中彭城王为庶人，绝属籍，幽于安城郡。

孔熙先者，广州刺史默之子。有才略，颇涉学，不为当世所知，愤愤不得志。且善占星，言："江州分野出天子，帝当见残于骨肉。"因与谢综等密谋，奉大将军反。熙先谓范晔曰："潜图构于表里，疾雷奋于肘腋。昔毛玠竭节，不容于魏武；张温毕议，见逐于孙权。彼二人者，国之信臣，朝之俊乂，岂瑕疵暴露，言行玷缺，然后至于祸辱哉！且崇树圣明，至德也；大业洪名，美号也，三王五伯，所以覆军败将而争之者也。一朝含垢，不亦可乎？"晔为彭城王吏，及王太妃殂，晔为吏部郎，与司徒属王深及弟广，④夜中酣饮，开北牖听挽歌。王大怒，左迁宣城太守。后因孔熙先议谋立大将军义康，而密要徐湛之。湛之初与同，及武帐之会也，逆谋窃发，许耀侍上，持刀以目晔，晔不敢视。俄而座散，徐湛之以其谋闻于上，帝使探索其事始末，悉得檄文。于是收范晔等亲党，皆弃市。

晔善草隶，书称妙，著《后汉书》九十卷，起建武，迄于延康，为一代良史。

---

① 是月开酒禁："是月"为八月，但《宋书·文帝纪》《南史·宋本纪中》并谓开酒禁是在九月。

② 宴于武帐冈："宴于"，各本皆作"建宇于"，唯徐钞本作"宴于"。《南史·宋本纪中》作"宴于武帐堂"，是。又，"乙酉"，《南史·宋本纪中》作"癸酉"，九月丁巳朔，十七日癸酉，二十九日乙酉，皆在九月。

③ 十月己未：十月丙戌朔，无己未。《宋书·文帝纪》《南史·宋本纪中》皆作"十二月乙未"。十二月乙酉朔，乙未为十一日。下文免侍中彭城王为庶人事在丁酉，为十二月十三日，故张校本认为此处"十月"当作"十二月"。

④ 与司徒属王深及弟广："广"，《宋书·范晔传》作"广渊"，盖避唐讳省。

然薄德浅行，家礼不足，见收之日，妓妾不胜珠翠，老母唯有二厨盛樵薪。① 熙先先在狱，② 上使使谓曰："朕知卿才智如此，早相器任，庶不及今日。"熙先乃上书言其首谋之事，多言天文事，诫上严慎骨肉。又请其祖察、父默集，③ 及默所撰《谷梁传》，④ 乞还家，上许之。

初，谢综交熙先也，弟约不预，每诫兄曰："此人轻事好奇，不近于道。观其嬉戏，不料敌之强弱；每服药石，便谓羽化可期。果锐无检，未可与狎。"

初，晔方进，何尚之察其意趣，言于帝，请出晔为广州刺史。帝曰："始诛刘湛，复出晔，人谓卿等不能容才，但使共知如此，不忧致大也。"

裴子野曰：夫有逸群之才，必思冲天据；盖俗之量，则闵常均之下。其能导之以礼，将之以识，作而不失于义，行而不犯于礼，殆难为乎！若刘弘仁之刚毅，才堪上相；范蔚宗之思致，名出凡庸。然皆切志而贪权，务才而徇逆，天符所蹙，以欲干时。及罪曝刑加，子父相哭，累叶风素，殒于一朝。向之所谓智能，翻为亡身之具矣。

有司奏徐湛之昵比匪人，关预逆党，事起积岁，方始归闻，请免官削爵，收付廷尉。帝不许。湛之惧，诣阙上疏自理，优诏答之。

是冬，浚淮，起湖熟田千余顷。

置延寿寺，西北去县八十里。案《寺记》：元嘉二年，义阳王昶母谢太妃造，隋末废，上元二年重置，又名延熙寺。

二十三年正月庚申，以孟顗为光禄大夫，领太子詹事。

二月，交州献白鹿。

丁卯，⑤ 后魏寇兖、豫、青、冀四州，刺史申维拒破之。⑥

夏四月丁未，大赦天下。

六月癸未朔，日有蚀之。

交州刺史檀和之、安西将军萧景宪、宪副将宗悫等师师攻林邑国，破之。林

---

① 唯有二厨盛樵薪："二厨"，《南史·范晔传》同，《宋书·范晔传》作"一厨"。
② 熙先先在狱：甘钞本、徐钞本皆无第二个"先"字。
③ 祖察父默集："察"，《宋书》作"粲"；"默"，《宋书》作"默之"，见《隐逸传》。《南史》同，见《隐逸传》。
④ 及默所撰谷梁传："谷梁传"，据《宋书·隐逸传》《南史·隐逸传》，孔默之注《春秋谷梁》。
⑤ 丁卯：二月乙酉朔，无丁卯。三月甲寅朔，十四日丁卯。《宋书·文帝纪》亦系此事于三月，据此"丁卯"前当脱"三月"二字。
⑥ 刺史申维拒破之："申维"，据《宋书·文帝纪》当作"申恬"。

邑王范阳迈悉国之昆仑兵皆乘象以斗，士卒不能当。宗悫曰："吾闻狮子伏百兽，试为之可以逼。"乃削木为首，编毛为身，力士数人蒙之以振。克日又战，师乃望阵而驰，其象奔进，贼军乃溃走，因灭其国。纳口二万余，金五万斤，其无名之宝，不可胜算，悫奉以归。于其至也，唯行时巾栉衣服，上闻而嘉焉，擢为太尉中兵参军。

悫叔父炳，荆楚高人，子弟皆以琴书相尚，悫独感激，好功名。悫尝遇炳曰："愿乘长风破万里浪。"炳叹曰："汝若不富贵，必败吾宗。"为江夏国上将军，十五年不改职，至是始大知名。

乙亥，① 以北地段英为都督关陇诸军事、安西将军、雍州刺史，后魏破之，死。其将河东薛安都弃众南之国。

九月乙卯，② 上临试诸生于国学，赐学官帛有差。吴郡获野稻，嘉禾秀于华林园殿，甘露降于长宁陵。

是岁，堰玄武湖于乐游苑北，兴景阳山于华林园，役及居民，民有怨者。

是岁，置华林园东五里。案《地舆志》：吴时旧宫苑也。晋孝武更筑立宫室。宋元嘉二十二年，重修广之。又筑景阳、武壮诸山，凿池名天渊，造景阳楼以通天观。至孝武大明中，紫云出景阳楼，因改为景云楼。又造琴堂，东有双树连理，又改为连玉堂。又造灵曜前后殿，又造芳香堂、日观台。元嘉中，筑蔬圃，又筑景阳东岭，又造光华殿，设射棚。又立凤光殿、醴泉堂、花萼池，又造一柱台、层城观、兴光殿。梁武又造重阁，上名重云殿，下名兴光殿，及朝日、明月之楼，登之，而阶道绕楼九转。自吴、晋、宋、齐、梁、陈六代，互有构造，尽古今之妙。陈永初中，③ 更造听讼殿。天嘉三年，又作临政殿。其山川制置，多是宋将作大匠张永所作，其宫殿数多，旧来不用，乃取华林园以为号，陈亡悉废矣。

二十四年春正月壬寅，④ 以徐湛之为中书令，领太子詹事。甲戌，大赦天下，文武赐位一等。孤老久疾不能自存者，人赐谷五斛。蠲除秣陵今年田租米。⑤ 籍田华林园，职掌畴量赐之。

二月，京师木连理。

---

① 乙亥：六月癸未朔，无乙亥。
② 九月乙卯：《宋书·文帝纪》作"己卯"。九月辛亥朔，初五日乙卯，二十九日己卯，皆在九月，未知孰是。
③ 陈永初中："永初"，陈无"永初"年号，此当为"永定"之误。陈造听讼殿事，史籍未载。但《陈书·武帝纪下》载永定元年十月戊寅"舆驾幸华林园，亲览词讼，临赦囚徒"。张校本认为听讼殿或由此而起。
④ 二十四年春正月壬寅：正月己酉朔，无壬寅。
⑤ 蠲除秣陵今年田租米：《宋书·文帝纪》作"蠲建康、秣陵二县今年田租之半"。

三月，甘露降景阳山。

夏四月，河、济俱清。

六月，京师疾疫，使使巡行给医药。初行大钱，一当细钱二。是时，民或盗铸，始剪古钱，议其禁。沈演之议："龟贝行于上古，泉刀兴于周世，所以丰财通利，实国富民。若以大当两，则国用难朽之货，家赢一倍之利，不俟加宪，巧源自绝。"既而钱形不一，民不之便。是时，刘秀之为梁州刺史。初令民用钱而遂行之，而江湖之南，多以布米为货，钱之所行，未皆普也。

八月，御史中丞何承天将迁廷尉，且欲为吏部郎，便自举代。既受旨出，为人言之，以漏敕得罪，卒于家。

十月壬辰，①盗杀豫章太守桓隆之。时胡藩有十七子，不遵法度。②第十四者曰遵世，同范晔逆谋，帝以藩功臣，匿其事，敕江州以他罪杀之。十六弟诞世以群从秘兵二百余人攻郡，杀桓隆之，将奉故彭城王以作乱。值交州刺史檀和之去官归，便道讨平之。乃夺藩封邑，徙其子于交州。

十一月甲寅，封第十皇子浑为汝阴王。

是岁，徐、兖、青、冀大水。

二十五年春正月，使使巡行四方，贷粮种。

二月庚寅，诏曰："安不忘危，经世之所尚；治兵教战，有国之恒典。故服训明耻，然后少长知禁。顷戎政虽修，而号令未当。今宣武场始成，便可克日大习众军，校猎、讲武事。"

闰月乙酉，③大蒐。辛亥，雨雹。吏部尚书庾炳之有罪，免。上始临朝，任王华、王昙首、殷景仁、谢弘微、刘湛等，号曰"五臣"。亚以范晔、沈演之、庾炳之。庾炳之后则徐湛之，又何尚之、王僧绰，以终元嘉之世。

炳之无文学，性强急轻浅。既居选部，好诋訾宾客，且通货贿，士咸怨之。是时，请急还家。尚书令史咨事，一人善弹，一人工歌，留与宿，有司以违制奏焉。上以其事问何尚之，尚之因言炳之罪。上欲出为丹杨尹，④再问尚之，尚之开启对曰："臣乏贾生应对之才，又乏汲黯犯颜之直，至于侍坐，多不能尽。庾炳之事迹，

---

① 十月壬辰：《宋书·文帝纪》作"壬午"。十月乙亥朔，初八日壬午，十八日壬辰，皆在十月。
② 胡藩有十七子不遵法度：《宋书·胡藩传》云："藩庶子六十人，多不遵法度。"
③ 闰月乙酉：闰二月癸卯朔，无乙酉。《宋书·文帝纪》《南史·宋本纪中》皆作"己酉"，为闰月初七日。
④ 上欲出为丹杨尹："出为"，诸本皆作"去其"，唯徐钞本作"出为"。《宋书·庾炳之传》云"太祖欲出炳之为丹杨"，则徐钞本是。

异口同音，咸无善声。古今未有受货数万，而得高官厚禄如炳之者，唯明主审之。古人有言：'无赏无罚，尧舜不能为治。'陛下岂可坐于皇家之重，迷一凡人。在可否之间，臣不敢苟陈管窥，令狂直，明白炳然。① 睿主哲王，反更小结。"帝乃可。有司逐炳之归田里，以寿终，幸也。

三月庚辰，校猎宣武场。

夏四月，新作闾阖、广莫等门，改先广莫门曰承明，开阳曰津阳。丁卯，太白经天。丁丑，青龙见于玄武湖南。②

五月乙卯，③ 罢当两大钱。戊戌，黑龙见于玄武湖。

六月庚戌，零陵王司马元瑜薨。时始兴王濬，潘淑妃之子，以母宠故，出入后宫不禁，遂通于第四妹海盐公主，出适丹杨尹赵伯符子倩。倩入宫而怒，肆骂搏击，引绝帐带。闻于上。上有诏离婚，罪主所生蒋美人。伯符惭，发病死，赠西平将军，常侍如故。侍中、特进、太子少傅王敬弘卒于吴兴舍亭山，赠开府仪同三司。④

敬弘辞职东归，深见礼重，清简方正，子弟岁中不过一再相见。子恢之，常为秘书郎。上将为庐陵王纳其女，辞曰："臣女稚年，先许孔淳之息。"乃使恢之求奉朝请，曰："秘书有限故有竞，朝请无限故无竞，吾欲使汝处无竞之地。"上皆许之。方其在位，帝常问得失，敬弘对曰："天下有道，庶人不议。"

裴子野曰：有其位无其言，君子耻之，王公之谈，为不类矣。居官不事以敌为名，正始、元康之风，中原所败也。纵而勿检，致治难哉。

秋八月甲子，封第十一皇子彧为淮阳王。华林园嘉禾秀。

九月辛未，以何尚之为尚书左仆射，领汝、渭之地。⑤

二十六年春正月辛巳，祀南郊。二月乙亥，⑥ 幸丹徒宫。大赦，复除县侨旧今岁租布之半。所行经县，并蠲免田租之半。癸亥，使使祭晋故司空忠肃公何无忌墓。

---

① 令狂直明白炳然：此句文意不通，《宋书·庾炳之传》作"今之枉直，明白灼然"。

② 丁丑至玄武湖南：四月壬寅朔，无丁丑。五月辛未朔，初七日丁丑。《宋书·符瑞志中》载"元嘉二十五年五月丁丑，黑龙见玄武湖北，苑丞王世宗以闻"，与此当时一事。

③ 五月乙卯：五月辛未朔，无乙卯。《宋书·文帝纪》作"己卯"，为五月初九日。

④ 六月庚戌至赠开府仪同三司：《宋书·文帝纪》载元嘉二十五年"秋七月壬午，左光禄大夫王敬弘薨"，与此系年不同。

⑤ 以何尚之为尚书左仆射领汝渭之地：《宋书》本传作"迁左仆射，领汝阴王师，常侍如故"。

⑥ 二月乙亥：二月丁酉朔，无乙亥。《宋书·文帝纪》《南史·宋本纪中》皆作"己亥"，为二月初三日，是。

壬午，婆皇国、婆达国并遣使贡献。①

冬十月庚子，改封广陵王诞为随郡王。癸卯，彗星见于太微。甲辰，以扬州刺史始兴王濬为征北将军、开府仪同三司、徐兖二州刺史。

二十七年春正月辛卯，百济国遣使贡献。

二月，魏军攻悬瓠。以军兴，减百官俸禄三分之一。

三月乙丑，淮南太守诸葛阐求减俸禄，同内百官，于是县丞尉并同减矣。戊寅，罢国子学。

秋七月庚午，遣建宁将军王玄谟拒魏军，②以太尉江夏王义恭出次彭城，总统诸军。

冬十一月丁未，大赦。

十二月庚午，魏太武率大众至瓜步，声欲渡江，都下震惧，咸荷担而立。壬午，内外戒严，沿江六七百里舰舳相接。始议北侵，朝士多有不同。至是，帝登石城烽火楼极望，不悦，谓江湛曰："向使檀道济在此，虏敢犯我境耶！然侵北之计，同议者少，今日士庶劳怨，岂得无惭。贻士大夫之忧，在予过矣。"甲申，使使馈百牢于魏。

二十八年春正月丁亥，魏太武自瓜步退归，俘广陵居人万余家北，徐、豫、青、冀、二兖州杀戮不可胜计，所过州县无遗矣。

二月甲戌，降太尉、领司徒江夏王义恭为骠骑将军、开府仪同三司。壬午，帝幸瓜步。是日解严。

三月乙酉，车驾还宫。丙申，拜初宁陵。大旱。

四月癸酉，婆达国遣使贡献。己卯，彗星见于昴。

是月，都下疾疫，使使给药。

五月乙酉，亡命司马顺则自号齐王，据梁邹城。丁巳，婆皇国、河南国并遣使贡献。③壬子，彗星见太微，中对帝座。

秋七月甲辰，进安东将军倭王绥济为安东大将军。

---

① 壬午婆皇国婆达国并遣使贡献：二月丁酉朔，无壬午。《宋书·文帝纪》《南史·宋本纪中》皆云"五月丙戌，婆皇国；壬辰，婆达国并遣使贡献"。

② 遣建宁将军王玄谟拒魏军："建宁将军"，《宋书·文帝纪》《南史·宋本纪中》均作"宁朔将军"。

③ 丁巳至遣使贡献：《南史·宋本纪中》作"丁巳，婆皇国，戊戌，河南国并遣使朝贡"。

八月癸酉，①梁邹斩司马顺则。是秋，猛兽入郭为灾。

冬十月，高丽国遣使贡献。

十一月壬寅，曲赦二兖、徐、豫、青、冀六州，徙彭城流人、淮南流人于姑熟，合千余家。②

是岁，魏正平元年也。

二十九年春正月甲午，诏经寇六州，仍连水涝，可量加救赡。

二月乙未，③雷且雪。庚午，④封皇子休仁为建安王。

三月壬午，大风拔木，都下灾。

夏四月戊午，诃罗国遣使贡献。⑤

秋七月壬辰，封汝阴王浑为武昌王，淮阳王彧为湘东王。丁酉，省大司农、太子仆、廷尉监官。

九月丁亥，以西平将军、⑥秦河二州刺史，吐谷浑拾寅为河南王。

冬十一月壬寅，扬州刺史庐陵王绍薨。

十二月戊申，⑦黄雾四塞。辛未，南兖州刺史江夏王义恭为大将军、南徐州刺史，录尚书事如故。

是岁，魏侍中常侍宗爱构逆，太武皇帝崩，乃奉南安王余为帝，改元永平，寻又废余；殿中尚书长孙竭、⑧尚书陆丽奉皇孙，是为文成皇帝，改元兴安。

三十年春正月乙未朔，⑨会群臣于太极殿，有青黑气从东南来，覆映宫上。戊寅，以司空、荆州刺史南谯王义宣为司徒、中军将军、扬州刺史。壬午，以南徐州刺史始兴王濬为卫将军、开府仪同三司。戊子，使江州刺史武陵王骏统众军伐西阳之蛮。

---

① 癸酉：《宋书·文帝纪》《南史·宋本纪中》并作"癸亥"。八月癸丑朔，十一日癸亥，二十一日癸酉，未知孰是。

② 十一月至合千余家：《宋书·文帝纪》《南史·宋本纪中》皆作"徙彭城流人于瓜步，淮西流人于姑熟，合万许家"。

③ 二月乙未：二月庚戌朔，无乙未。《宋书·文帝纪》《南史·宋本纪中》作"乙卯"，为二月初六日，张校本据之改正。

④ 庚午：二月庚戌朔，无庚午。《宋书·文帝纪》《南史·宋本纪中》作"戊午"，张校本据之改正。

⑤ 诃罗国遣使贡献："诃罗国"，《宋书·夷蛮传》《南史·夷貊传》并作"诃罗单国"。

⑥ 西平将军：南朝无此将军号，据《宋书·文帝纪》《南史·宋本纪中》，当作"平西将军"。

⑦ 十二月戊申：徐钞本、《宋书·文帝纪》《南史·宋本纪中》皆作"戊辰"，是月乙巳朔，戊申为初四日，戊辰为二十三日，未知孰是。

⑧ 殿中尚书长孙竭："长孙竭"，《宋书·文帝纪》《南史·宋本纪中》作"长孙渴侯"。

⑨ 三十年春正月乙未朔：据《二十史朔闰表》及《宋书·文帝纪》《南史·宋本纪中》，是月当为乙亥朔。

二月甲子，元凶劭构逆，弑帝，崩于含章殿，时年四十七。谥曰景皇帝，庙号中宗。

三月癸巳，葬长宁陵。陵在今县东北二十里，① 周回三十五步，高一丈八赤。② 孝武帝践祚，追谥为文皇帝，庙号太祖。案，帝聪明仁厚，雅重文儒，躬勤政事，孜孜无怠，加以在位日久，唯简静为心。于时政平讼理，朝野悦目。自江左已来，未之有也。又性节俭，不好奢侈。车府令尝以辇篷故，改易之；又辇席旧，欲以紫皮缘之，上皆不许，其勤俭率此类也。

---

① 陵在今县东北二十里：李吉甫《元和郡县图志》卷二五《江南道一》云长宁陵在"县东北二十二里蒋山东南"。张敦颐《六朝事迹编类》卷一三《坟陵门》引《图经》云："隶县东北二十五里。"

② 高一丈八赤："赤"，按上下文脉，当作"尺"。

建康实录卷第十三　宋下上①

世祖孝武皇帝

世祖孝武皇帝讳骏，字休龙，幼名道民，文帝第三子。六岁，以元嘉十二年封武陵郡王。自江左已来，襄阳未有皇子镇，太祖欲经略关、河，故以武陵王为雍秦荆江四州六郡诸军事、抚军将军、雍州刺史。

三十年，以西中郎将移镇西阳，②闻元凶构逆，遂垂涕召沈庆之及僚佐等议。

初，庆之统武陵军事，世祖在镇，元凶尝密与庆之书，令致世祖。庆之入，帝疑之，称疾不敢见。庆之突入前，以元凶书呈帝。帝悲泣，求入内与母别。庆之曰："下官受先帝厚命，今日唯力是视，殿下何疑？"帝前拜曰："国家安危，在将军也。"即日令勒兵处分，内外军事，一委庆之。以主簿颜竣为咨议，掌总文书。议定，庆之即戎勒兵，竣乃进曰："今步兵少，力薄，宜待众军集。"庆之怒曰："方兴大事，而黄口小儿参预，此祸至矣！宜斩以徇。"竣惧，再拜以谢庆之。庆之曰："君但知笔札事。"庚寅，③使颜竣驰檄四方，言劭凶异，杀害君父，毒流王公卿士。

三月乙未，建牙于军门。是日，众军发自西阳，以宁朔将军柳元景为都督前锋。④丁酉，军次寻阳，四方征镇，不谋同举，所在云集。是时会稽太守随王诞以众兵次于西陵，刘秀之充前军来会。

---

① 宋下上：徐钞本无"上"字。
② 以西中郎将移镇西阳："西中郎将"，徐钞本及《宋书·孝武帝纪》作"南中郎将"。
③ 庚寅：二月甲辰朔，无庚寅。《通鉴》卷一二七作"庚子"，亦不在二月干支中。
④ 以宁朔将军柳元景为都督前锋："宁朔将军"，《宋书·孝武帝纪》《柳元景传》《元凶传》并作"冠军将军"。

四月己未，武陵军次于溧洲，筑垒，归者相属。时帝中风暴疾，殆将数旬，颜竣惧闻于众，拥王于膝上，亲视起居，内外军政，室内经略，间以文教书檄，应接遝迹，自舟中甲士，亦不知帝之危疾也。壬戌，柳元景众军大破元凶等于新亭，退至于涧。①劭军人马投涧死者不可胜数，涧水为之不流，至今犹呼为死马涧。劭走马还台城，江夏王义恭自东堂与数十人出奔，济于冶渚，策马诣新亭，于马上上疏劝进。戊辰，帝迁营于新亭。

己巳，百僚奉玺绂，帝泣下固辞，江夏王再拜，三辞，因设坛，即帝位于营所，改新亭为中兴亭。下诏大赦天下，进文武爵位二等，赏士卒各有差，孤独不能自存者，皆赐谷帛。以江夏王义恭领太尉、录尚书六条事，给鼓吹、班剑、黄钺，进颜竣为侍中。

五月丙子，擒元凶于太仓井。庚辰，臧质以甲仗百人入守朝堂。辛巳，车驾幸龙舟，迁于东府，群臣请罪。诏曰："巨逆作乱，人伦道尽。王公卿士，受制凶威，事难势屈，无所追谢。"甲申，尊所生路淑媛为皇太后。诏褒故太子左卫率袁淑特加殊礼，赠侍中、太尉，谥曰忠宪公。追死王事，赠徐湛之散骑常侍、司空，谥曰忠烈公。江湛散骑常侍、左光禄大夫，谥曰忠简公。王僧绰谥曰忠愍侯。以柳元景为前锋军。甲午，初谒长宁陵。②追赠卜天与龙骧将军。

六月丙午，谒太庙还，登太极殿，哭尽哀，百官陪位，莫不下泪。初置殿门及上阁门屯兵。丁亥，③诏诸司薄己厚民，去烦从简，悉宜施行。辛未，大纪勋行赏，封南谯王义宣为南郡王、随王诞为竟陵王，各五千户。封臧质始兴郡公、沈庆之南昌郡公、柳元景曲江公，各三千户。宗悫洮阳侯、刘延孙东昌侯、颜竣建武侯，各二千户。徐遗宝益阳侯，五百户。庚子，④复置南兖州。

丙子，⑤使使兼散骑常侍，巡行天下。蠲寻阳租布三年。己亥，立皇后王氏。丙申，置卫尉官。⑥诏使建平王宏迎皇太后于寻阳。庚子，上谥大行皇帝庙号太祖。

---

①退至于涧：此句有歧义，据下文可知，"退至于涧"的并非柳元景众军，而应当是刘劭所部，故"退至于涧"前可加"元凶"二字。

②初谒长宁陵：《南史·宋本纪中》作"谒初宁陵"、《通鉴》卷一二七作"帝谒初宁、长宁陵"，张校本认为"初谒"二字倒误，又"初"下脱"宁"字。

③丁亥：六月壬寅朔，无丁亥。孙彪《宋书考论》以为"丁亥盖丁巳误"，丁巳为当月十六日。

④庚子：六月无庚子，《宋书·孝武帝纪》作"庚午"，为六月二十九日。

⑤丙子：张校本以为是年六月逢闰，初五日为丙子，故上脱"闰月"二字。《宋书·孝武帝纪》《南史·宋本纪中》可证。

⑥己亥立皇后王氏丙申置卫尉官：闰六月壬申朔，二十八日己亥、二十五日丙申，此二日记事顺序有误。

秋七月辛丑朔，日有蚀之。辛酉，下诏任百姓采捕，贵戚不得竞利。壬戌，皇太后至自寻阳。

八月乙亥，以王僧达拜护军将军。僧达时自负才地，不称所望，遂上表陈让曰："臣有志于学，无独见之敏，有道在身，无遍览之识，固不足以达言治世，备办时宜。窃谓当今之务，唯在先恤庶心，从民之欲。如使臣享厚禄，居重荣，衣狐望熊，而无事于世者，固不能安也。护军之任，不敢处。"书奏帝，帝知其不慊志。甲午，以僧达为征虏将军、吴郡太守，封营道侯。

九月壬寅，侍中谢庄上疏："宜大臣各举所知，以付尚书，依分铨用。若任得其才，举主延赏；有不称职，宜及其坐。凡所莅民之职，宜遵六年之限。"初，太祖代，①限年三十而仕郡县，六周及选代，刺史或十余年。至是时皆易之，仕者不拘长少，莅民以三周为满，故庄复表论之。

冬十月癸未，听讼于阅武堂。琅琊献白鹿。高丽使贡方物。

十二月，罢都水使者，置水衡令官。

孝建元年春正月乙亥朔，②拜南郊，大赦，改元。壬寅，③立皇子子业为皇太子。赐天下为父后者爵一级，孝悌力田有差，诏长史劝尽地宜，务农食，举孝秀，凡弃产业而窃荣位者，皆禁锢还田里。尚书百官之本，曹局事无巨细，悉令归诸令仆。诏中书录事参军周朗献谠言，曰："男子十三至十七，皆令学经；十七至二十，④尽使修武。女子十五不嫁，宜坐家人。地堪滋养，悉种麻稻，巷陌悉树桑柘，列庭皆植竹栗。宫掖金翠，工人奇伎淫器，皆请焚之。锦绣罗縠，小民皆不得服。帝王子、帝弟，何必长史参军，但宜置宾师傅官以辅之。"

是月，新作正光殿。诏铸四铢钱。

时车骑将军、江州刺史始兴公臧质握强兵，据冲要，辄散钓矶仓米，心惭不安，乃要豫州刺史鲁爽、兖州刺史徐遗宝、司州刺史鲁秀等说南郡王义宣，曰："夫有震主之威，鲜能全者。万物系心于公，声迹已著，见机不作，将为他所先。今命徐、鲁驱西北精兵，来屯江上，质帅九江楼舰，盘据中流，为公前驱，天下

---

① 太祖代：《南史·谢庄传》作"文帝世"，此处为《建康实录》避唐讳改。
② 孝建元年春正月乙亥朔："乙亥"，是年正月己亥朔，《宋书·孝武帝纪》《南史·宋本纪中》同，此处作"乙亥"有误。
③ 壬寅：《宋书·孝武帝纪》《南史·宋本纪中》皆作"丙寅"，是月己亥朔，丙寅为初四日，壬寅为二十八日，未知孰是。
④ 十七至二十："十七"，《宋书·周朗传》作"十八"，张校本以为揆之上文，"十八"当是。

已半。公以八州大众，凤翔云动，龙舟徐迈，虎视川陆，虽韩、白更生，亦不能为建业之计。少主失德，天下闻之；沈、柳小将，不足为意。夫不再至者，年齿也。不可失者，徐、鲁也。质常恐先朝露填沟壑，不得养其膂力，为公扫除，虽悔黄泉，复何及也！"义宣许之，使使报鲁爽、徐遗宝于寿阳，爽等杀长史韦处穆，登坛自进号征北大将军，戴黄标，遗法物，命书二札：一曰"丞相刘，今补为天子，名义宣"；二曰"车骑将军臧，今补为丞相，名质"。使户曹宋兴报归江陵。使使京师，誓其亲属。

二月己巳朔，①有流星大如月，西行。辛未，②丞相、荆襄二州刺史南郡王义宣举兵反，自号建平元年。乙亥，曲赦司、豫二州，加柳元景抚军，以王玄谟为豫州刺史、辅国将军，师次梁山。

三月己亥，内外戒严。假江夏王义恭黄钺，都督众军。辛丑，柳元景为雍州刺史，出次采石，以沈庆之为镇军将军，率安都西讨鲁爽。

夏四月丙戌，左将军薛安都等大破鲁爽于小岘，斩首，传京师。豫州平。丙子，庆之等还师以益元景，次于南州。③

五月甲辰，义宣至芜湖，而臧质逼梁山，使谓义宣曰："今日万人次南州，则梁山中绝，万人守梁山，王玄谟必不敢出。下官中流鼓棹，直趋石头，此上策也。"义宣不用质计，尽锐攻梁山，陷其西垒。王玄谟使崔勋之来救，皆没，王师大惧。元景闻之，欲卷甲赴之，垣护之谏：④"不如分兵为援，将军自镇南州。"元景乃留老弱自守，悉其精锐，多张旗帜向梁山。甲寅，王玄谟帅众军与臧质大战于梁山，质败走，义宣自芜湖赴焉。玄谟纵兵苦战，薛安都继出乘之，贼等大败，船舫鳞沓，垣护之命火焚之。时东风急，火猛，延烧西屯兵，义宣单舸南走，闭舱而泣。是日垣护之、朱脩之等帅师南定遗寇。乙未，⑤解严。

六月，臧质走归寻阳，焚府舍，尽家西向武昌，无所据，投于南湖，摘莲实为食。戊辰，追兵至南湖，质急投水中，折荷蒙首，军士遥射之，贯腹，肠出绕蕴藻，就斩之，传首京师，子孙皆弃市，而漆首藏于府库。甲戌，大论功计赏，进柳元景、沈庆之并大将军、仪同三司，进王玄谟前将军，封曲江侯，朱脩之荆州刺史、西

---

① 二月己巳朔：是月戊辰朔，此处作"己巳"有误。
② 辛未：《宋书·孝武帝纪》作"庚午"，是月初三日为庚午，初四日为辛未。
③ 夏四月丙戌至次于南州：按是年四月丁卯朔，二十日丙午，初十日丙子，此句叙述顺序有误。
④ 垣护：原作"桓护之"，据《宋书·垣护之传》《南史·垣护之传》改正，下同。
⑤ 乙未：五月丁酉朔，无乙未。《宋书·孝武帝纪》作"己未"，为五月二十三日，张校本据改。

昌侯。庚寅，脩之至江陵，杀义宣并其十子、余党竺超民、徐寿之等，诏绝义宣属籍废为庶人。癸未，分扬州浙江东五郡为东扬州，治会稽，而扬州仍领十五郡。又分荆、襄、江等三州八郡为郢州，①治江夏。罢南蛮校尉，迁其营于京师。戊子，诏罢录尚书。

秋七月丙申朔，日有蚀之。是月，会稽大水，平地八尺。

冬十月，荧惑犯进贤星。戊寅，褒孔子同诸侯之制，寝庙合祭祀。丁丑，置安陆郡，属郢州。②初令王侯内史、相及封内官长，不臣于封君，罢官不追。诸王在镇，常行不过六队，车舆不得油幢，听事不得南向施帐，幡国臣不得跣登国殿，传命不得朱服，郫扇不得雉尾。③

十一月癸未，④诏褒侍中张敷孝道淳深，改其所居曰孝张里。复置郡都水使者官。

是月，始课南徐州租。甲申，⑤甘露降长宁陵。

十二月，征朱年为太子舍人。⑥年，会稽人也。以孝行闻。初，母以冬亡，殓衣无絮，年终身不衣绵。隐居会稽山南，以樵采为事。每束柴置路间，随取者任留价而去。

二年春二月，婆皇国遣使贡献。丙寅，始兴公沈庆之请老归，帝听以公就第，月给钱十万，米百硕，使何尚之豫往累陈上意。庆之笑曰："沈公不学何公，往而复来。"尚之有惭色。

夏四月，司马石亡命反于淮南，⑦推立夏方进为主，⑧改姓李名弘以惑众。豫州刺史王玄谟讨平，斩之怀、汝间。⑨壬午，以王玄谟为雍州刺史，以交州刺史

---

① 又分荆襄江等三州八郡为郢州：据《宋书·孝武帝纪》，"襄"当作"湘"，又《宋书·州郡志》云湘州于"孝武孝建元年又立"。
② 戊寅至郢州：按是月甲子朔，十五日戊寅，十四日丁丑，张校本以为此处叙事顺序有误。
③ 初令王侯至雉尾：本段文字与《宋书·礼志》相异处甚多，《宋书·礼志》作"听事不得南向坐，施帐并幰。蕃国官正，冬不得跣登国殿，及夹侍国师，传令及油戟。公主王妃传令，不得朱服。奥不得重杠，郫扇不得雉尾"。
④ 十一月癸未：是月甲午朔，无癸未。《宋书·孝武帝纪》《南史·宋本纪中》并作"癸卯"，为十日，是。
⑤ 甲申：是月甲午朔，无甲申。
⑥ 征朱年为太子舍人："朱年"，《宋书·朱百年传》《南史·朱百年传》皆作"朱百年"，下同。
⑦ 司马石亡命反于淮南："司马石"，《宋书·王玄谟传》《沈庆之传》《蛮夷传》与《南史·沈庆之传》《夷貊传》皆作"司马黑石"。
⑧ 推立夏方进为主："夏方进"，《宋书·王玄谟传》《沈庆之传》与《南史·沈庆之传》《夷貊传》皆作"夏侯方进"。
⑨ 斩之怀汝间：据《宋书·王玄谟传》《沈庆之传》，"怀"当为"淮"，指淮水。

檀和之为豫州刺史。初，和之在交州有威名，盗贼屏迹。独出猎，虎伏不敢起，故帝用以镇怀、汝。

秋七月，镇西将军、郢州刺史萧思话卒，赠开府仪同三司，谥穆侯。

八月庚申，征虏将军、雍州刺史武昌王浑在襄阳与左右戏，造书檄，自署为楚王，号元光元年，①置百官长史。王翼之得其檄，封奏，帝使中书舍人戴明宝往责之，有司奏废为庶人，自杀，时年十七。

九月己巳朔，②齐郡广饶县上言嘉禾生异亩同穗。丁亥，③阅武于宣武场。诏孝建元年已前罪不放，悉听还本。犯衅家子弟，随才置吏。

十月壬午，征江夏王义恭为扬州刺史，以建平王宏为中书令。

十一月戊子，王僧达上表自解，帝以辞不逊，付门下免官。

三年春正月辛丑，祀南郊。以骠骑将军建昌公到彦之，卫军将军新建文宣侯王华，豫宁文侯王昙首配食太庙。壬子，皇太子纳妃何氏。

二月辛未，策孝秀于东堂。是月丁丑，初制朔望临西堂，接群臣，受奏事。是月，豫州刺史檀和之卒，赠安北将军，谥壮侯。

闰三月己丑，④白兔见平原，获以献。癸酉，鄱阳王休业薨，文帝第十五子董美人生。

夏四月，初禁民车及酒器用铜。戊戌，太白犯舆鬼。

五月辛酉，初令荆、雍、豫、兖、徐、青、冀等七州养马，复其赋役。

六月□未，⑤听讼于华林园。

秋八月甲午，太白入心。秋八月，⑥太常颜延之卒，赠特进，谥献子。

九月壬子，诏颜竣右将军、丹杨尹。竣固辞，表十奏，帝乃许。使中书舍人戴明宝抱竣登车，载之郡舍，赐以布衣一袭。

四年正月辛亥朔，改元为大明元年，大赦，赐高年孤寡粟帛各有差。辛未，使使巡行，赈贷。

---

① 号元光元年："元光"，《宋书·刘浑传》《南史·刘浑传》皆作"永光"，《册府》卷二九九作"允光"。
② 九月己巳朔：是月己丑朔，非己巳，《宋书·符瑞志》亦作"己丑"。
③ 丁亥：是月己丑朔，无丁亥。
④ 闰三月己丑：是年闰三月丙辰朔，无己丑。《宋书·符瑞志下》作"乙丑"，为初十日。
⑤ 六月□未："未"前缺字，四库本作"癸未"，周钞本作"辛未"，其余诸本皆缺。是月甲申朔，无癸未、辛未，只有乙未（十二日）、丁未（二十四日），故张校本认为所缺或为"乙"或"丁"字。
⑥ 秋八月：此三字重出，当删。

三月壬戌，初命大臣加班剑者，不得入宫城门。时梁獠请内属，以为□郡。①

夏四月，京师疾疫。丙申，使使给医药，死无以殓者，官为埋殡。

五月壬子，紫气出景阳楼，状如烟，回薄久之。诏改景阳为庆云楼。戊午，嘉禾一株五茎生清暑殿鸱吻中。

六月丁亥，以颜竣为东扬州刺史，刘秀之为丹杨尹。案《宋略》：秀之从子潍，② 性刚猛，有才气，素轻易之，时仕吴兴太守。闻秀之为尹，书与故人曰："吾家黑面阿秀乃居刘安众处，朝廷不为多士。"庚子，白兔见即墨，获以献。

秋七月，京师获三脊茅。江夏王义恭率百官请奏封禅事，奏曰："陛下睿孝缔基，灵武继业，道溢兴殷，功先复禹，日者河镜海湛，景曜阶平，祥浃郊林，气凝宫沼。伏愿俯藉民心，仰协乾意，威风后诏，百辟下齐，郊掩嬴里，坛集神光，山称万岁。臣生属吉辰，方待大礼。"帝犹谦让。辛未，以并雍二州三郡十六县开一郡，郡四县。刺史王玄谟请断流民，当时不愿属籍，罢之。或谤玄谟反。玄谟驰使白启帝，帝报曰："梁山风尘，初不介意，君臣之际，过足相了，聊复伸卿眉头。"③ 玄谟为人性严少笑，眉头常不伸，故帝以此戏之。

八月甲申，青州上言，嘉禾生，异亩同穗。戊戌，初置阳平郡，属兖州。

冬十月丙申，诏："有怀诚抱志，拥郁衡间，失理负谤，未闻朝听者，皆躬自申奏。听政之日，朕亲览焉。"

二年春正月丙辰，复郡县田秩，并九亲禄奉。

三月丁未，建平王宏薨，赠侍中，给班剑二十人，谥曰宣简。乙未，④ 停太官膳牛，以农时也。

夏四月辛丑，地震。

五月戊申，吏部尚书何偃卒，赠光禄大夫，谥靖子。

六月戊寅，增置吏部尚书一人，罢五兵尚书。徙都官尚书谢庄为吏部尚书。帝恶选官权重，故分曹以减其势。乙卯，⑤ 有司奏晋陵余齐民，少俊孝行，改所居为孝义里。

---

① 以为□郡：据《宋书·孝武帝纪》，当作"怀汉郡"。
② 秀之从子潍："潍"，徐钞本作"维"，《宋书·刘穆之传》《南史·刘穆之传》《册府》卷九四四皆作"瑀"。
③ 聊复伸卿眉头：按《宋书·王玄谟传》所载，当为"聊复为笑，申卿眉头"。
④ 乙未：三月乙巳朔，无乙未。《宋书·孝武帝纪》《南史·宋本纪中》作"乙卯"，为十一日，张校本据改。
⑤ 乙卯：六月癸酉朔，无乙卯。张校本认为"乙"当为"己"之误，己卯为是月初七日。

秋七月甲辰，彭城民高阇自云见龙出于井中，当贵。谋反，为天子。事觉，伏诛。己酉，太白入东井。

八月丙戌，帝以高阇事，诏收王僧达下狱，赐死。

九月庚戌，①置武卫将军、武骑常侍官。

三年春正月夜，通天薄云，四方生赤黄气，长三四尺，乍见寻皆灭。

二月乙亥，②以扬州六郡为王畿。并东扬州，治会稽。将置司隶，以元凶尝置，故止。甲子，复置廷尉监官。

三月，土守牵牛。己亥，③司空竟陵王诞杀兖州刺史垣阆，据广陵城反。己巳，④内外戒严。以车骑大将军、开府仪同三司沈庆之为南兖州刺史，帅师北伐。豫州刺史宗悫、徐州刺史刘道隆并引军来会。司空参军何康弃母逾城出降。⑤案《宋略》：康时为竟陵王府参军，闻沈庆之逼，招范义曰⑥"事必不振，子将行乎？"义曰："子不可以背母，义不可以弃君，人生若何！"康曰："□不为己。⑦"遂弃母出降。诞闻之怒，为高木缚康母，绝食，暴露数日而死。⑧辛亥，诞烧郭邑，驱居民于城内。癸丑，庆之至广陵，起长围。诞连战败，乃自登城巡师，因呼庆之曰："沈公，君垂白之年，何苦来此！"庆之曰："朝廷以君不足烦壮少，⑨故老夫来耳。"帝乃封送章及二剑授庆之，其一曰竟陵县侯，千户，募擒刘诞；二曰建兴县侯，三百户，募先登。诏庆之立烽于桑里，克外城，即举一烽；克内城，举二烽；擒诞，举三烽。甲子，帝御六师，出宣武堂。

夏五月，建城侯颜竣死于狱中。

---

① 九月庚戌：《宋书·孝武帝纪》《南史·宋本纪中》皆作"庚午"。是月壬寅朔，庚戌初九日，庚午二十九日，未知孰是。

② 二月乙亥：是月己亥朔，无乙亥。《宋书·孝武帝纪》《南史·宋本纪中》作"乙卯"，为十七日，张校本据改。

③ 己亥：是月戊辰朔，无己亥。《宋书·孝武帝纪》《南史·宋本纪中》皆云刘诞是月乙卯反。

④ 己巳：三月有己巳，其日在刘诞举兵之前，文义不通。据《宋书·孝武帝纪》《南史·宋本纪中》，沈庆之讨伐刘诞在是年四月，下文辛亥、癸丑、甲子亦皆为四月之事。

⑤ 司空参军何康弃母逾城出降："何康"，四库本及《宋书·刘诞传》《邓琬传》、《通鉴》卷一二九皆作"何康之"。

⑥ 招范义曰：底本"义"下原空一字，徐钞本不空，从之。此句《通鉴》卷一二九作"或为义曰"。

⑦ □不为己：周钞本作"可各为己"。张校本以为当是后人据文意增补。

⑧ 暴露数日而死："暴露数日"四字原空缺，今据四库本补。又周钞本此句作"为木押以囚康母，绝其食，至八日而死"。

⑨ 朝廷以君不足烦壮少："壮少"，宋本、四库本同。甘钞本、徐钞本、丁钞本、周钞本、刘钞本及《宋书·沈庆之传》《南史·沈庆之传》皆作"少壮"。

七月己巳，沈庆之克广陵，斩皇弟诞，传首京师。杀城中男口五千余人，妇女为军赏。其刑者，皆先鞭其面，乃斩其首，归淮滨，以筑京观。贬诞族为留氏。

诞字休文，文帝第六子，母殷修华。迁骠骑将军、都督南兖州诸军事，以好士见疑，心不自安，遂据广陵反。诞初修武城，自出巡检功，人或大呼曰："大兵将至，何以为辛苦百姓！"执而问曰："广陵人，姓夷名孙，云大祸将至，何不立六顺门。"诞曰："六顺门何也？"答曰："古语有之，祸不入六顺之门？"诞杀之。将举兵，兵士初梦人告之曰："取官发为稍睡。"既觉，问如是数十人。诞又经自夜坐，有光满室，诞深恶之，而不自免。

辛未，大赦天下。解严。王畿内贫者，蠲租布一年。

八月丙戌，①分淮南北，复置二豫州。

九月，月在胃而蚀。己巳，诏无留狱。壬辰，初筑上林苑于玄武湖北。今县北十三里，见有古池，南俗呼为饮马塘，其西见有望宫台。

冬十月，诏来岁可使六宫嫔妃修亲桑之礼。

十一月，肃慎重译献楛矢、石弩。西域献舞马。

十二月辛未，②初置谒者仆射官。

四年春正月乙未，③祀南郊。帝耕籍田，大赦天下。逋租宿债，一切原除。孝悌力田，随才擢用。鳏寡孤独，赐谷有差。

三月庚申，④皇后躬桑于西郊。

夏四月癸卯，以南琅琊郡隶王畿。

五月，月入太微。丙申，⑤尚书左仆射褚湛之卒，赠特进，谥曰敬侯。庚寅，以南下邳郡并入彭城。

六月，太白犯井。

秋七月甲戌，左光禄大夫、开府仪同三司何尚之薨，赠司徒，谥简穆公。

---

① 八月丙戌：是月丙申朔，无丙戌。《宋书·孝武帝纪》作"七月丙戌"，七月丁卯朔，丙戌为二十日。张校本据此认为"丙戌"前"八月"二字系衍文。

② 十二月辛未：是月甲午朔，无辛未。《宋书·孝武帝纪》《南史·宋本纪中》作"辛酉"，为二十八日，张校本据改。

③ 四年春正月乙未：是月甲子朔，无乙未。《宋书·孝武帝纪》《南史·宋本纪中》作"辛未"，为初八日，张校本据改。

④ 三月庚申：是月癸亥朔，无庚申。《宋书·孝武帝纪》《南史·宋本纪中》作"甲申"，为二十二日，张校本据改。

⑤ 丙申：是月壬戌朔，无丙申。《宋书·孝武帝纪》《南史·宋本纪中》作"丙戌"，为二十五日，张校本据改。

十月，流前庐陵内史周朗于宁州，道杀之。

朗字义利，汝南人。少爱奇。以江夏王太尉府参军累迁庐陵内史，因猎火逸烧郡廨屋，以私财偿之。初，朗奏谠言，帝衔之。及丁母忧，便诬朗失丧礼，迁之。将行，朝无送者，唯侍中蔡兴宗独往造别，帝怒，左迁兴宗。

十二月戊辰，改细作署令为左右御府令。丙戌，复置大司农官。① 丁未，倭国遣使贡献。

五年春正月戊子，② 花雪降江夏王衣，散为六出，有司奏以为瑞，帝悦之。庚寅，③ 彭城民孙萨亡军当斩，其兄棘诣郡请身代弟，曰："棘为家长，弟之遘逃，罪由棘也。且亡母遗命，以萨最少为属，今乞与身代萨。"萨亦请曰："萨三岁丧父，所恃者兄，兄虽怜萨，萨何忍。"兄弟二人争死，未定刑，棘妻出谓棘曰："君当门户，岂可委罪季叔？且先姑临终，忧叔为累，竟未婚立家道。君今已有二儿，死复何恨。"彭城太守张岱异而奏之，帝诏原萨罪，加兄棘辟命。己酉，④ 新昌献白孔雀。

二月，阅武于玄武湖西。

三月甲戌，幸江乘，使使祭太保华容公王弘、宁文侯王昙首于墓。是夜，众星西流。

夏五月，嘉瓜生建康蒋陵里，丹杨尹王僧朗表献之。癸酉，⑤ 初制宗室期亲，月给钱十万。壬戌，⑥ 南徐州献白鹿。

是月，新作明堂于丙巳之地，始宗祀皇考太祖文皇帝于明堂，以配上帝。

六月，赤乌见蜀郡，益州刺史刘思考获以献。壬子，分广陵置沛郡，省东平郡，并入广陵。

---

① 十二月戊辰、丙戌：是月己丑朔，无戊辰、丙戌。《宋书·孝武帝纪》《南史·宋本纪中》此两事系于十一月。

② 五年春正月戊子：除四库本外，其余诸本"正月"下皆衍"雪"字，今据四库本删。又是月戊午朔，无戊子。《南史·宋本纪中》作"戊午"，为一日，张校本据改。

③ 庚寅：是月戊午朔，无庚寅。

④ 己酉：是月无己酉日。《宋书·符瑞志下》载"正月丙子，交州刺史垣阆献白孔雀"，张校本认为两者或为一事。

⑤ 癸酉：《宋书·孝武帝纪》《南史·宋本纪中》作"癸亥"。是月丙辰朔，癸亥为初八日，癸酉为十八日，未知孰是。

⑥ 壬戌：《宋书·符瑞志中》作"丙寅"，是月壬戌为初七日，丙寅为十一日。不过壬戌之事不得列于癸酉之后，张校本据此认为前"癸酉"当作"癸亥"，此"壬戌"当作"丙寅"。

八月戊子，封皇子为郡王。乙丑，^①诏来岁可修葺庠序，旌延国胄。庚辰，^②初令方镇所假白板郡县，依台除，食禄三分之一。

九月甲寅，日有蚀之。丁卯，幸琅琊郡，讯狱。甲戌，迁南豫州于淮南。庚戌，^③河、济清。

闰月戊子，皇太子妃何氏薨。丙申，初筑驰道，自阊阖抵大航，北自承天门抵玄武湖。^④

冬十一月丁酉，增置少府丞一人。己巳，^⑤甘露降新安王第。甲戌，^⑥初令民户输布四匹。

是岁，始坏士族离婚者补将吏，于是民多逃亡，王役弗增而盗贼代起，侍中沈怀文固谏，不听。

六年春正月辛卯，祀南郊。乙未，置五官中郎将、左右郎将官。

是月，策秀士、孝子于中堂，扬州秀士顾法秀对制问曰："源清即流深，神胜则形全。躬化易于上风，体训甚于草偃。"上览之，疾其谅也，投策于地。

二月，月犯左角。戊午，甘露降于京师。乙未，^⑦复百官秩。

三月，改豫州之南梁郡为淮南郡，以淮南故郡并入宣城于姑孰。丁未，侍中、广陵太守沈怀文以正左迁，下狱死。丙午，^⑧青雀见华林园。

夏四月，新作朱雀门。淑妃殷氏卒，赠贵妃，谥曰宣，班亚皇后。

丙戌，^⑨初置阴室于覆舟山，修藏冰之礼。

六月辛酉，刘延孙卒，赠司徒，给班剑三十人，谥文穆公。

秋七月甲申，地震，有声如雷。

八月辛未，青、冀二州刺史刘道隆表嘉禾生乐陵县界。乙亥，置清台令。初，

---

① 乙丑：是月乙酉朔，无乙丑。《宋书·孝武帝纪》《南史·宋本纪中》作"己丑"，为初五日，张校本据改。

② 庚辰：是月无庚辰。《宋书·孝武帝纪》《南史·宋本纪中》作"庚寅"，为初六日，张校本据改。

③ 庚戌：是月甲寅朔，无庚戌。《南史·宋本纪中》作"庚午"，为十七日，张校本据改。

④ 承天门：当作承明门。

⑤ 己巳：十一月癸未朔，无己巳。

⑥ 甲戌：十一月无甲戌，《宋书·孝武帝纪》《南史·宋本纪中》皆作"十二月甲戌"。

⑦ 乙未：是月壬子朔，无乙未。《宋书·孝武帝纪》《南史·宋本纪中》皆作"乙卯"，为是月初四日。但乙卯不得列于戊午（初七日）之后，有误。徐钞本作"己未"，为是月初八日。

⑧ 丙午：三月辛巳朔，二十六日丙午，二十七日丁未，此事与上文顺序有误。

⑨ 丙戌：是月辛亥朔，无丙戌。《宋书·孝武帝纪》《南史·宋本纪中》皆作"五月丙戌"。五月庚辰朔，丙戌为初七日，是。故张校本认为"丙戌"前当脱"五月"二字。

武帝自永初迄于元嘉，①多为经史之学，自大明之代，好作词赋，故置此官，考其清浊。

冬十月壬申，葬宣淑妃殷氏于龙山。

十一月己卯，会稽太守张畅卒，②谥宣子。初，畅爱其弟子辑，临死欲与合葬，论者谓："张少微于是乎黩，至爱莫若父子，同穴可乎？"

七年春正月癸未，诏于玄武湖大阅水军，并巡江右，讲武校猎。时帝多狎游，置酒高会，酣适之间，多诟辱朝士。尝嘲王彧以其父讳，吏部郎江智渊正色曰："陛下进人以礼，无宜此戏。"帝怒曰："卿江僧安儿，居然相惜。"智渊伏涕，自是诟之无度，智渊不堪其耻，退而自杀。癸巳，以王畿之内郡属南徐州。

二月甲寅，车驾西巡济江，立行宫于历阳蠛石浦。丙辰，诏使使祭南岳霍山。大蒐于乌江县榜口。癸未，③祭六合山。庚申，分秦郡历阳置临江郡，即所在也。壬戌，飨于行宫。大赦天下，行李所经，④免今年租布，赐民男子爵一级，女子百户牛酒，巡问疾苦。如有一介之善，随才铨用。癸亥，幸尉氏县，观温泉。

三月，汝南献白燕。

夏四月，诏非临军阵，不得专杀人。

是月，大风折初宁陵华表。

秋七月乙酉，高丽王高琏为车骑大将军、开府仪同三司。

八月，南徐州献白龟。时大旱，自四月不雨，至于是月。诏太官彻膳。大赦天下，自大明七年已前，一切放免。亲幸秣陵讯狱囚。

冬十月壬寅，太子子业冠于太极前殿，赐王公已下帛有差。丁未，车驾南巡，百姓有冤厄屈滞，皆听自面朕陈诉。自江宁县南登山及陵望台。甲子，馆行宫于南豫州城。丙寅，听政于行所。

十一月丙子，小会行所，登白纻山。使使祭晋大司马桓温、毛璩等墓，置守冢三十户。讯溧阳狱囚于行所。戊子，幸梁山，诏为山下征元凶军士战死者举哀，加赏赐，三世复除。癸巳，登梁山，大阅水军于中江，二白雀集于华盖。

十二月，立双阙于梁山。

---

① 武帝自永初迄于元嘉：此句文意不通，或当作"自武帝永初迄于元嘉"。
② 十一月己卯会稽太守张畅卒：《宋书·张畅传》载张畅卒于大明元年。
③ 癸未：是月丙午朔，无癸未。《宋书·孝武帝纪》《南史·宋本纪中》作"己未"，为十四日，张校本据改。
④ 行李所经：《宋书·孝武帝纪》《南史·宋本纪中》作"行幸所经"，揆上下文意，当是。

八年春正月，宗祀于明堂。安北将军、雍州刺史刘秀之卒，赠侍中，谥忠诚公。

二月辛丑，领军朱脩之卒，赠侍中，特进如故，谥贞侯。时大旱，七年不登迄乎是岁。三吴尤甚，米有价，无籴所，富人贯珠玉锦绣，相交枕死于道路，建康、秣陵两县为薄粥赋之。前年，会稽雨绩于山泽，绩初如纼麻，晚似地毛。至是，饥人将拾，死不能起，①横尸原野，如乱麻焉。己亥，②诏公卿致祭山岳祈雨，以稷谷种付以东诸郡县。

四月，雨雹。荆州献白雉。诏扬州立左学于山阴，置儒林祭酒各一人。壬子，以吴郡太守顾觊之为吏部尚书，加给事中。乙卯，帝寝疾，顾命江夏王义恭为中书监，柳元景为尚书令，事无巨细，悉关二公。其典师旅悉沈庆之；尚书事委颜师伯；外监事委王玄谟。

五月庚申，③帝崩于玉烛殿。

秋七月丙午，葬景宁陵，在今上元县南四十里岩山之阳。④帝年二十五即位，立十一年，年三十五，谥曰孝武皇帝，庙号世祖。

少帝

少帝讳子业，字法师，孝武长子也。元嘉二十六年正月甲申生。三十年，元凶构逆，世祖讨之，被囚于侍中下省，江夏王义恭保护之。世祖即位，为太子。大明二年，始出居东宫。

八年夏五月庚申，⑤世祖崩。是日即皇帝位，大赦天下，文武进位有差。

六月，有流星大如斛，赤色有光，照见人面，尾长一丈，从参北出东行，直下经东井，通南河，没。戊寅，复分宣城为淮南郡，复淮南为梁山郡。⑥

七月癸酉，⑦尊皇太后为太皇太后，皇后曰皇太后，居永训宫。乙卯，罢南北

---

① 死不能起："起"字原缺，据周钞本补。
② 己亥：是月庚子朔，无己亥。
③ 五月庚申：据《宋书·孝武帝纪》《前废帝纪》与《南史·宋本纪中》，世祖崩于大明八年夏闰五月庚申，此五月前脱"闰"字。
④ 在今上元县南四十里岩山之阳：李吉甫《元和郡县图志》自云宋孝武帝葬于上元县西南四十里岩山。
⑤ 八年夏五月庚申：据《宋书·孝武帝纪》《前废帝纪》与《南史·宋本纪中》，世祖崩于大明八年夏闰五月庚申，此五月前脱"闰"字。
⑥ 复淮南为梁山郡："梁山郡"，据《宋书·州郡志》，"梁山郡"当作"南梁郡"。
⑦ 七月癸酉：是月戊戌朔，无癸酉。《宋书·前废帝纪》《南史·宋本纪中》作"庚戌"，为十三日，张校本据改。

二驰道。丙辰，追崇献妃何氏为献皇后。

己丑，①皇太后崩于含章殿。

九月乙卯，祔葬孝穆皇后于景宁陵。

冬十月，太白守房。

十二月乙酉，②复王畿为扬州，浙江已东为东扬州。

永光元年春正月乙未朔，大赦，改元。

二月己巳，③初减郡县禄秩之半。戊午，④诏赐沈庆之执仗、三望车、给亲信三十人。甲申，月入南斗。庚寅，初铸二铢钱。

夏六月庚午，荧惑入东井。光禄大夫宗悫卒，赠征西将军，谥肃侯。

秋七月己酉，有星入紫微，经北极。

八月辛酉，诛越骑校尉戴法兴。壬戌，帝始亲政事，狂暴益甚，内外危惧。柳元景、颜师伯等欲废帝而立江夏王，以告沈庆之，庆之与王素不协，遂发其事于帝。癸酉，帝自率宿卫兵杀太宰江夏王义恭于第，及诸子。

义恭，高祖第四子，姿质端丽，高祖特爱之。帝即位，封为江夏王，⑤出为荆、湘等八州刺史。性褊急，朝廷为书戒之曰："拘忌褊心，魏武之类；豁达大度，汉祖之德。"元嘉十六年，进位司空，录尚书。二十一年，入为太尉。元凶构逆，进位太保。世祖讨元凶至新亭，元凶杀其子十二人。世祖即位，拜太傅，兼尚书令。

性嗜不恒，奢侈无度，曾市百姓物，无钱可还，有通辞求钱者，辄题后作"原"字。及帝无道，柳元景等欲立王，帝知，自率兵杀之，时年五十三。使使抉出义恭睛，渍于蜜中，谓之"鬼目"。⑥

召柳元景，以兵杀于都街，又杀颜师伯于路。案《宋略》：初，世祖性急，朝臣不敢妄相从，既崩之后，江夏王与颜、柳私相贺曰："无横祸矣。"及山陵后，王公大臣，声酒驰逐，不舍昼夜。及少主凶悖，内外忧惧，人不自安。不能辅之德义，而欲谋之废立，

---

① 己丑：是月戊戌朔，无己丑。八月丁卯朔，己丑为二十三日，《通鉴》卷一二九亦作"八月己丑"，张校本认为"己丑"前当脱"八月"二字。

② 十二月乙酉：《宋书·前废帝纪》《南史·宋本纪中》作"壬辰"，是月乙丑朔，乙酉为二十一日，壬辰为二十八日，未知孰是。

③ 二月己巳：《宋书·前废帝纪》《南史·宋本纪中》作"乙丑"，是月甲子朔，乙丑为初二日，己巳为初六日，未知孰是。

④ 戊午：是月无戊午，张校本疑"戊午"乃"庚午"之误。

⑤ 封为江夏王：据《宋书·文帝纪》《南史·宋本纪中》，刘义恭封江夏王在宋文帝元嘉元年八月，故前文"帝即位"当改为"文帝即位"。

⑥ 谓之鬼目："鬼目"，《宋书·武三王传》作"鬼目粽"。

语有之曰："君不君，臣不臣，世祖之朝见之矣。"

景和元年，文武各进位二等。乙亥，诏天下秀孝，随才擢用。帝释素服，御锦衣。庚辰，罢东扬州。以石头城为长乐宫，东府城为未央宫。甲戌，① 以北邸为建章宫，南第为长阳宫。乙未，② 复南北驰道。

九月丁卯，③ 幸湖熟县，始奏鼓吹。甲辰，④ 废抚军将军、南徐州刺史新安王子鸾为庶人，发宣贵妃殷氏墓，追憾世祖，将掘景宁陵，太史奏于帝不利，乃止。案《宋书》：新安王子鸾，殷淑妃所生，世祖盛宠贵妃，素疾帝，常欲废之，故帝追恨矣。是日，诏收吏部尚书谢庄。初，贵妃薨，世祖诏庄为诔，曰："赞轨尧门，方汉钩弋。"帝在东宫，怨之。及此下狱，谓曰："卿当彼时，知有东宫否？"戊申，徐州刺史义阳王昶闻江夏王之诛，恐，举兵将袭帝。帝闻，喜曰："自我即位，未曾戒严，令人悒悒！"己酉，内外戒严，征兵北伐，以沈庆之为前驱。昶闻王师来，内无亲附，遂弃家而载爱妾出彭城北门，奔后魏。戊午，诏亲往彭城，将耀威宋野。是日，于白下济江，幸瓜步城。初听民私铸钱，沈庆之请也。

十月丙寅，帝旋于京师。庚辰，爵宫人谢氏为贵妃夫人，加虎贲钑戟，銮辂龙旗，出警入跸。实帝姑新蔡公主也，出嫁何迈，帝召还宫，伪称主薨，宫婢殡之，归于何氏。迈见公主纳，心不安，恐祸及，乃结恶少，伺帝出入，将执废之，谋泄。十一月，帝自率兵诛之。案《宋书》：于时，帝室子女淫荡，率多刚躁。王藻尚高祖女广陵长公主，⑤ 下狱死。藻父偃，初亦尚世祖少女永嘉公主。⑥ 公主常裸，偃缚之庭树，时天寒夜雪，噤冻久之。偃兄排阖诉主，得免。于时贵门子弟，咸以尚主为忧。迈素豪侠，好剑士，出入从者满路。及主被纳，故惧而见害。癸巳，始兴公沈庆之薨，赠侍中、太保，给銮辂辒辌车，前后部羽葆、鼓吹，谥忠信公。⑦ 甲戌，⑧ 进帝姊山阴公主。

---

① 甲戌：十一月庚寅朔，无甲戌。

② 乙未：八月辛酉朔，无乙未。《宋书·前废帝纪》《南史·宋本纪中》作"己丑"，为二十九日，张校本据改。

③ 九月丁卯：是月辛卯朔，无丁卯。《宋书·前废帝纪》《南史·宋本纪中》作"癸巳"，为初三日，张校本据改。

④ 甲辰：《宋书·前废帝纪》《南史·宋本纪中》作"辛丑"，是月辛卯朔，辛丑为十一日，甲辰为十四日，未知孰是。

⑤ 王藻尚高祖女广陵长公主："广陵长公主"，刘宋无广陵长公主，《宋书·后妃传》《南史·王藻传》载王藻"尚文帝第六女临川长公主"。

⑥ 初亦尚世祖少女永嘉公主："永嘉公主"，据《宋书·后妃传》《南史·王偃传》，王偃"尚武帝第二女吴兴长公主"。则此处"世祖"当为"高祖"之误，"永嘉公主"为"吴兴长公主"之误。

⑦ 谥忠信公："忠信公"，《宋书·沈庆之传》《南史·沈庆之传》作"忠武公"。

⑧ 甲戌：是月庚寅朔，无甲戌。

主性淫泆无礼甚，尝谓帝曰："妾与陛下，男女虽殊，俱托体先帝。陛下六宫万数，妾惟一驸马，事不均平，乃何如此！"帝为主置面首左右三十人。朝士袁愍孙、吏部褚渊等美于貌，公主尝请帝求十夕，渊等奉诏往，而终不渝。帝促愍孙，迫之使走。愍孙雅步如常，顾而言曰："风雨如晦，鸡鸣不已。"公主出就渊，渊竦立，主曰："观君髭须乃丈夫，何无男子之气。"渊曰："不敢以为乱阶。"时少主凶悖，多杀害，喜怒不常，于时通官大臣，日被构成，朝廷危惧，内外骚然。东海、建安、湘东、山阳等四王，皆帝叔也，尝被拘录。号建安曰"铄王"，山阳曰"贼王"，湘东尤肥，曰"猪王"，锁而笼之。湘东尝失音，^①帝敕左右屠猪，建安王绍护之曰："猪未可杀。"帝曰："何？"对曰："应待太子生，取其肝肺。"帝喜，敕付廷尉。壬寅，立皇后路氏，案《宋书》：路道庆女也。始用金石之乐。十一月丁未，^②太白犯哭星。皇太子生，是月大赦天下。案《宋略》：太子少傅刘蒙之子也。^③闻蒙之妻在坐，召入宫，既生子男，将立为太子。太史始奏"湘东有天子气"，帝将南巡以厌之，刻取明旦，诛四叔乃行。诸王见幽日久，计无所出，乃与阮佃夫、李道儿等阴谋执帝。时直阁将军柳先世与姜产亦有此谋，^④未知所立，及闻佃夫所说，遂告中书舍人戴明宝，明宝响应，诬言华林后堂有鬼。十一月戊午夕，^⑤帝同建安王、山阳王、山阴公主向华林后堂，自射鬼。直阁将军宗越、童太一、谭金乃帝腹心也，并宿于外。主衣寿寂之、姜产乃怀刀以入弑帝，帝惊，引弓射寂，不中，寂乃刃帝而死，时年十七，即位一年见杀。既而殿省仓卒，未知所为。建安王休仁就秘书省，延湘东王。湘东王跣至西堂，升御座，召朝臣，称太皇太后令，数少帝子业忍酷，害大臣，不堪君临万国。以卫军湘东王，体自太祖，可继宗庙社稷。

庚辰，^⑥葬少帝于南郊坛，诛同产豫章王子尚，出山阴公主。

初，王太后疾笃，遣呼帝，帝曰："病人间多鬼，那可往！"太后闻之，语侍者曰："将刀来破我腹肠，那得生如此儿！"既居尊位，凶狂非分。每召诸王妃主列于前，以配左右。南平穆王敬猷妃江氏不受命，帝怒，杀其三子，而鞭妃一百。

---

① 湘东尝失音："失音"，《宋书·文九王传》作"忤旨"，揆上下文意，当是。
② 十一月丁未：前文已有十一月，此处误重，当删。
③ 太子少傅刘蒙之子也："刘蒙"，《宋书·前废帝纪》作"刘胜"，《宋书·符瑞志中》《文九王传》与《南史·宋本纪中》作"刘矇"。
④ 时直阁将军柳先世与姜产亦有此谋："柳先世"，《宋书·柳元景传》与《南史·柳元景传》《薛安都传》作"柳光世"。又，"姜产"，《宋书·姜产之传》《南史·姜产之传》作"姜产之"。
⑤ 十一月戊午夕：前文已有十一月，此处误重，当删。
⑥ 庚辰：十一月庚寅朔，无庚辰。上文云前废帝于十一月戊午被杀，为当月二十九日，葬礼当在此后。十二月庚申朔，庚辰为二十一日。张校本据此以为"庚辰"前当脱"十二月"三字。

建康实录卷第十四　宋下

太宗明皇帝

太宗明皇帝讳彧，字休炳，小字荣期，文帝第十一子也。元嘉十六年十月戊辰生。① 二十五年，封淮阳王。二十九年，改封湘东王。孝武践阼，累迁镇军将军。景和中，位雍州刺史，即本号开府仪同三司。

是岁，入朝。时废帝诛戮大臣，疑畏诸父，收上付廷尉，将加祸害者数十。既而上意定，明旦应就祸。上先已与腹心阮佃夫、李道儿等密谋。废帝左右常虑祸，人人有异志。唯直阁将军宗越、谭金、童太一等数人为其腹心，并有干力，在殿省，莫敢动。是夜，贼等并外宿，佃夫、道儿因结寿寂之等戮废帝于后堂，时十一月二十九日也。

事定，尚未知所为，建安王休仁便称臣奉引上西堂，登御座，召见诸大臣。于时事出仓卒，上失履，跣至西堂，犹着乌帽。座定，休仁呼主衣以纱帽代，引备羽仪。虽未即位，凡众事悉称令书。己未，司徒豫章王子尚、山阴公主并赐死。宗越、谭金、童太一谋反伏诛。

十二月庚申朔，以司空东海王祎为中书监、太尉，进镇军将军、江州刺史晋安王子勋车骑将军、开府仪同三司。癸亥，以新除骠骑将军建安王休仁为司徒、尚书令、扬州刺史。乙丑，改封安隆王子绥为江夏王。

泰始元年冬十二月丙寅，皇帝即位于太极前殿。大赦，改元，赐人爵二级。辛未，

---

① 元嘉十六年十月戊辰生："戊辰"，《宋书·明帝纪》作"戊寅"。十一月辛酉朔，戊辰为初八日，戊寅为十八日，未知孰是。

改封临贺王子产为南平王，晋熙王子舆为庐陵王。壬申，以尚书右仆射王景文为尚书左仆射。癸酉，诏分遣大使，广求人瘼。乙亥，追尊所生母沈婕妤曰宣皇太后。戊寅，改太皇太后为崇宪太后，立皇后王氏。壬戌，①罢二铢钱。江州刺史晋安王子勋举兵反，镇军长史邓琬为其谋主，雍州刺史袁顗赴之。壬申，②谒太庙。甲申，郢州刺史安陆王子绥、会稽太守寻阳王子房、临海王子顼并举兵同逆。

二年春正月乙未，③晋安王子勋僭即伪位于寻阳，年号义嘉。壬辰，徐州刺史薛安都反。甲午，内外戒严，司徒建安王休仁都督征诸军事，统众军南讨。丙戌，④徐州刺史申令孙、司州刺史庞孟虬、豫州刺史殷琰、青州刺史沈文秀、冀州刺史崔道固、湖州刺史行军何慧文、⑤广州刺史袁昙、⑥益州刺史萧慧开、梁州刺史柳元怙并同逆。丙午，车驾亲御六军于中兴堂。辛亥，南豫州刺史山阳王休祐改为豫州刺史，统诸军西讨。吴郡太守顾琛、吴兴太守王昙生、义兴太守刘延熙、晋陵太守袁标、山阳太守程天祚等并举兵反。镇军将军巴陵王休若统众军东讨。壬子，崇宪皇太后崩。

二月乙丑，曲赦吴兴、晋陵、义兴、山阳郡。⑦以吏部尚书蔡兴宗为右仆射，⑧以吴兴太守张永、右军将军萧道成东讨，平晋陵。癸未，曲赦江南五郡。丁亥，建武将军吴喜公率诸军破贼于吴兴、会稽，⑨平定三郡，同逆皆伏诛。辅国将军萧道成前锋北讨，辅国将军刘勔前锋西讨，贼刘胡众四万据赭圻。

三月庚寅，抚军将军殷孝祖攻赭圻，死之。以辅国沈攸之代为南讨前锋。贼稍盛，袁顗顿鹊尾，连营至芜湖，⑩众十余万。丙申，南徐州刺史桂阳王休范总统

---

① 壬戌：是月庚申朔，无壬戌。
② 壬申：是月壬申前已见，《宋书·文帝纪》《明帝纪》作"壬午"，为二十三日，张校本据之改正。
③ 二年春正月乙未：下文有壬辰、甲午。是月己丑朔，壬辰为初四日，甲午为初六日，乙未为初七日，则相关叙事顺序有误。
④ 丙戌：是月无丙戌。《宋书·文帝纪》《明帝纪》作"丙申"，为初八日，张校本据之改正。
⑤ 湖州刺史行军何慧文：《宋书·明帝纪》《王谦之传》《邓琬传》及《南史·宋本纪下》《邓琬传》皆云何慧文当时为湘州行事，当是。
⑥ 广州刺史袁昙："袁昙"，各钞本作"袁昙文"。《宋书·明帝纪》《天文志》《邓琬传》及《南史·宋本纪下》《邓琬传》作"袁昙远"。
⑦ 吴兴晋陵义兴山阳郡：《宋书·明帝纪》作"吴、吴兴、义兴、晋陵四郡"。
⑧ 以吏部尚书蔡兴宗为右仆射："右仆射"，《南史·宋本纪下》《宋书·蔡兴宗传》《南史·蔡兴宗传》作"左仆射"。检万斯同《宋将相大臣年表》，当时尚书右仆射为王景文，则此处当为"左仆射"。
⑨ 建武将军吴喜公率诸军破贼于吴兴会稽："吴喜公"原作"吴嘉公"，徐钞本作"吴喜公"，检《宋书·吴喜传》《南史·吴喜传》，可知喜公为其本名，故据之改正。又，"吴兴、会稽"，此处仅两郡，不合三郡之数。据《宋书·明帝纪》，吴兴前当补一"吴"字。
⑩ 连营至芜湖："芜湖"，徐钞本、《宋书·明帝纪》《南史·宋本纪下》作"秋湖"。

北讨诸军事。戊戌，贬寻阳王子房爵为松滋县侯。癸卯，令人入米七百硕除郡，减此有差。壬子，断杂钱，专用古文钱。癸丑，原赦扬、徐二州囚系，凡逋亡一无所问。

夏五月丁酉，曲赦豫州。甲寅，葬崇德皇太后于修宁陵。

秋七月丁酉，以仇池太守杨僧嗣为秦州刺史，① 封武都王。

八月己酉，② 司徒建安王休仁帅众军大破贼，斩伪尚书仆射袁顗，进讨江、郢、荆、襄、雍五州，平之。③ 晋安王子勋、安陵王子绥、临海王子顼、邵陵王子元并赐死，同党皆伏诛。诸将帅封赏各有差。

九月乙酉，曲赦江、郢、荆、襄、雍五州；④ 守宰不得离职。癸巳，六军解严。大赦，赐文武爵一级。戊戌，以车骑将军、江州刺史王玄谟为左光禄大夫、开府仪同三司，镇军将军。

冬十月乙卯，永嘉王子仁、始安王子真、淮南王子孟、南平王子产、庐陵王子与、松滋王子房并赐死。丁卯，以郢州刺史沈攸之为中领军，与张永俱北伐。戊寅，立皇子昱为皇太子。曲赦扬、南徐二州。

十二月壬辰，⑤ 立建平王景素子延年为新安王。

薛安都要引魏军，张永、沈攸之大败，于是遂失淮南北四州及豫州淮西地。⑥

是岁，即魏天安元年。

三年春正月庚子，以农役将兴，诏太官停宰牛。癸卯，曲赦扬、豫二州。⑦ 庚午，⑧ 都下大雨雪，遣使巡行，赈贷各有差。

二月甲申，为战亡将士举哀。丙申，赦青、冀二州。

夏四月丙戌，诏以故丞相江夏文献王、故太尉巴东忠烈公柳元景、故司空始

---

① 以仇池太守杨僧嗣为秦州刺史："秦州刺史"，《宋书·明帝纪》《氐胡传》及《南史·宋本纪下》作"北秦州"。

② 八月己酉：是月丙辰朔，无己酉。《宋书·明帝纪》《南史·宋本纪下》作"己卯"，为二十四日，张校本据之改正。

③ 进讨江郢荆襄雍五州平之："襄"，《宋书·明帝纪》作"湘"。

④ 曲赦江郢荆襄雍五州："襄"，《宋书·明帝纪》作"湘"。

⑤ 十二月壬辰：十二月甲寅朔，无壬辰。《宋书·明帝纪》《南史·宋本纪下》系此事于十一月壬辰，是月甲申朔，壬辰为九日，则此"十二月"当为"十一月"。

⑥ 遂失淮南北四州及豫州淮西地："淮南北四州"，《宋书·明帝纪》《南史·宋本纪下》作"淮北四州"，即青、冀、徐、兖四州，是。

⑦ 曲赦扬豫二州："扬豫二州"，《宋书·明帝纪》《南史·宋本纪下》作"豫、南豫二州"。

⑧ 庚午：是月癸未朔，无庚午。是年正月逢闰，为癸丑朔，庚午为十八日。《宋书·明帝纪》《南史·宋本纪下》作"闰月庚午"，是。则"庚午"前脱"闰月"二字。

兴襄公沈庆之、故征西将军洮阳肃侯宗悫陪祭孝武庙廷。庚子，立桂阳王休范第二子德嗣为庐陵王，立侍中刘韫第二子铣为南丰王，以奉庐江昭王、南丰哀王祀。

五月丙申，①诏宣太后崇宁陵禁内坟瘗迁徙者，给葬直，蠲复其家。壬戌，以太子詹事袁粲为尚书仆射。

秋八月壬寅，以中领军沈攸之行南兖州刺史，率众北侵。癸卯，大赦。景午，②遣吏部尚书褚彦回慰劳缘淮将帅，③随宜量赐。

九月戊午，以皇后六宫已下杂衣千领，金钗千枚，赐北伐将士。甲子，曲赦徐、兖、青、冀四州。

冬十月壬午，改封新安王延年为始平王。戊子，蠕蠕国遣使朝贡。辛丑，复郡县公田。进镇西大将军、西秦河二州刺史吐谷浑拾寅为征西大将军。

十一月，立建安王休仁第二子伯猷为江夏王。高丽、百济等并遣使朝贡。

是岁，魏皇兴元年。

四年春正月丙辰朔，雨草于宫。己未，祀南郊，大赦。乙亥，零陵王司马勔薨。

二月乙巳，光禄大夫王玄谟薨。

三月，交州人李长仁据州叛，引妖贼攻广州，杀刺史羊希，龙骧将军陈伯绍讨平之。

夏四月己卯，复减郡县田禄之半。丙申，改封东海王祎为庐江王，山阳王休祐为晋平王。辛丑，蠕蠕国、河南国遣使朝贡。

五月乙巳，曲赦广州。

秋七月戊辰，④诏定黥刖之制。有司奏："自今凡劫窃执官仗、拒战逻司、攻剽亭寺及伤害吏人，并监司将吏自为劫，皆不限人数，悉依旧制斩刑。若遇赦，黥额及两颊'劫'字，断去两脚筋，徙付交、梁、宁州戍。五人已下止相逼夺者，亦依黥作'劫'字，断去两脚筋，徙赴远州。若遇赦，原断徙犹黥面，依旧移。家口应及坐，悉依旧结谪。"及上崩，其例乃寝。庚午，上备法驾幸东宫，小会。赦扬、南徐、兖、豫四州。

---

① 五月丙申：是月辛亥朔，无丙申。《宋书·明帝纪》《南史·宋本纪下》作"五月丙辰"，为初六日，张校本据之改正。

② 景午：当作"丙午"，此避唐讳改。

③ 遣吏部尚书褚彦回慰劳缘淮将帅："褚彦回"，即褚渊，此避唐讳改。

④ 秋七月戊辰：《宋书·明帝纪》《南史·宋本纪下》作"九月戊辰"。七月乙巳朔，戊辰为二十四日。九月甲辰朔，戊辰为二十五日，未知孰是。

冬十月癸酉，日有蚀之。发诸州兵北伐。

五年春正月癸亥，亲耕籍田。大赦，赐力田爵一级。乙丑，魏克青州，执刺史沈文秀。

三月庚申，以太尉庐江王祎为车骑将军、开府仪同三司、南豫州刺史。

五月己巳，①河南国遣使朝贡。

六月辛未，立晋平王休祐子宣曜为南平王。癸酉，以军兴已来，百官断奉，以给生食。

秋七月壬戌，改辅国将军为辅师将军。

九月甲寅，立长沙王纂子延之为始平王。

冬十月丁卯朔，日有蚀之。

十一月丁未，魏人来聘。

十二月庚申，分荆、益二州五郡，置三巴校尉。

六年春正月辛未，祀南郊。乙亥，初制间二年一祭南郊，间一年一祭明堂。

二月甲寅，大赦。

夏四月己亥，②立皇子燮为晋熙王。

六月癸卯，以镇南将军、江州刺史王景文为尚书左仆射、扬州刺史。以尚书仆射袁粲为右仆射。己未，改临贺郡为临庆郡。追东平王休倩为临庆王。

秋七月丙戌，临庆王智井薨。

九月戊寅，立总明观，征学士充之。置东观祭酒、访举各一人，举士二十人，分为儒、道、文、史、阴阳五部学，言阴阳者遂无其人。

冬十月辛卯，立皇子赞为武陵王。

十一月，高丽遣使朝贡。

十二月癸巳，以边难未息，制父母隔在异域者，悉使婚宦。

七年春正月甲戌，置散骑奏举郎。

二月癸丑，③征西将军、荆州刺史巴陵王休若进号征西大将军，及征南大将军、

---

① 五月己巳：是月庚子朔，无己巳。《宋书·明帝纪》作"三月己巳"。三月辛丑朔，己巳为二十九日，张校本认为"己巳"前"五月"系衍文。

② 夏四月己亥：《宋书·明帝纪》《南史·宋本纪下》作"癸亥"。是月甲午朔，己亥为初六日，癸亥为三十日，未知孰是。

③ 二月癸丑：《宋书·明帝纪》《南史·宋本纪下》作"癸巳"。是月己丑朔，癸巳为初五日，癸丑为二十五日。

江州刺史桂阳王休范并开府仪同三司。甲寅，南徐州刺史晋平王休祐薨。

三月辛酉，魏人来聘。壬戌，蠕蠕国遣使朝贡。

四月辛丑，减天下死罪一等，凡赦系滞悉遣之。

五月戊午，鸩司徒建安王休仁。庚午，以袁粲为尚书令，褚彦回为右仆射。丙戌，追免晋平王休祐为庶人。

秋七月丁巳，罢散骑奏举郎。乙丑，江州刺史巴陵王休若赐死。

八月戊子，以皇子跻继江夏文献王义恭。庚寅，帝疾间，大赦。戊戌，立皇子準为安成王。

冬十一月戊午，百济国遣使朝贡。

是岁，魏献文帝禅位于太子，为孝文皇帝，改元曰延兴。

泰豫元年春正月甲寅朔，上以疾未瘳，改元。丁巳，巨人迹见西池冰上。会皇太子文贡计于东宫。

三月癸丑朔，林邑国遣使朝贡。

夏四月己亥，上疾大渐。加江州刺史桂阳王休范位司空，以中领军刘勔为尚书右仆射，镇东将军蔡兴宗为征西将军、开府仪同三司、荆州刺史，郢州刺史沈攸之进号安西将军。袁粲、褚彦回、刘勔、蔡兴宗、沈攸之入问疾被顾命。是日，上崩于景福殿，时年三十四。五月戊寅，葬临沂县幕府山高宁陵。

帝少而和令，风姿端雅。少失所生，养于路太后房内。大明中，诸弟多见猜忌，唯上见亲，常侍太后医药。好读书，爱文义，在藩时，撰《江左已来文章志》，又续卫瓘所注《论语》行于世。及即大位，四方反叛，以宽仁待物，诸军有父兄子弟同逆者，并授以禁兵，委任不异，莫不尽力。及平定天下，逆党多被全宥，有才能者，并见拔用如旧臣。才学之士，多蒙引进，于华林园茅堂诵《周易》，①常自临听。末年好鬼神，多忌讳，言语文书，有祸败凶丧及疑似言应回避者，数百千品，犯者必加罪戮。改"騧"马字为马傍作瓜，以"騧"似"祸"字故也。又尝以南苑借张永，云："给三百年，期满更启。"复命问曰："永不以为少乎？"其事类如此。宣阳门，闻人谓之白门，上以白门之名不祥，甚讳之。尚书左丞江谧尝误犯，②上变色曰："白汝家门！"谧顿首谢罪，久之方释。路太后停尸漆床

---

① 于华林园茅堂诵周易："茅堂"，《宋书·袁粲传》同，《册府》卷一九二作"含芳堂"。

② 尚书左丞江谧尝误犯："尚书左丞江谧"，"江谧"原作"江谧"，据徐钞本、四库本、《南齐书·江谧传》、《南史·江谧传》改正。又据《宋书·明帝纪》《南史·宋本纪下》，宋明帝时江谧为尚书右丞，非左丞。

移出东宫，上尝幸宫，见之怒甚，免中庶子，职局以之坐死者数十人。内外尝虑所犯，人不自得。宫内禁忌尤甚，移床修壁，必先祭神，使文词咒策，如大祭飨。

阮佃夫、杨运长、王道隆皆擅威权，言为诏敕，郡守令长，一缺十除，内外浑然，官以贿进，王、阮之家，富于公室。中书舍人胡母颢者亦专，所进奏无不可。时人语曰："禾绢闭眼诺，胡母大张橐。""禾绢"谓上也。及泰始、泰豫之际，更忍虐好杀，左右失旨忤意，往往有刳斫断截者，禁中凛凛若践刀剑。夜梦人曰豫章太守刘愔反，遣使就郡斩之。经略淮、泗，军旅不息，荒弊积久，府藏空虚。内外百官，并断俸禄。又令小黄门于殿后埋钱，以为私藏。性嗜味，以蜜渍鱁鮧，一食数升；啖猪肉炙，尝至二百脔。奢费无度，预为服佟。每有造制，必为正御三十，副御、次副三十，须一物辄造九十枚，天下骚然，人不堪之。其余事迹，别见众篇。

后废帝

后废帝讳昱，字德融，明帝长子也。大明七年正月辛丑，生于卫尉府。明帝诸子在孕，皆以《周易》筮之，即以所得卦为小字，故帝小字惠震，① 其余皇子并如之。泰始二年，立为皇太子。三年，始制太子改名石山。② 安车乘象辂。六年，出东宫。又制太子元正朝贡，衮冕九章衣。

泰豫元年四月己亥，明帝崩。庚子，太子即皇帝位，大赦。以尚书袁粲为护军将军，褚彦回共辅朝政，③ 班剑依旧入殿。

六月壬辰，诏遣大使，分行四方，观采风谣，问其疾苦，求政善恶。乙巳，尊皇后曰皇太后，立皇后江氏。

秋七月戊辰，崇拜帝所生陈贵妃为皇太妃。

八月戊辰，④ 新除秘书监、左光禄大夫、开府仪同三司蔡兴宗薨。

冬十一月乙亥，⑤ 新除郢州刺史刘彦节为尚书左仆射。蠕蠕国、高丽国并遣使

---

① 故帝小字惠震："惠震"，《宋书·后废帝纪》《南史·宋本纪下》作"慧震"。
② 始制太子改名石山："石山"，《宋书·后废帝纪》作"昱"。
③ 以尚书袁粲为护军将军褚彦回共辅朝政：《南史·褚渊传》载其时褚渊为护军将军，与尚书令袁粲辅政，则"为"字系衍文。
④ 八月戊辰：《宋书·后废帝纪》《南史·宋本纪下》作"戊午"。是月辛亥朔，戊午为初八日，壬辰为十八日，未知孰是。
⑤ 冬十一月乙亥：是月己卯朔，无乙亥。《宋书·后废帝纪》《南史·宋本纪下》作"己亥"，为二十一日，张校本据之改正。

朝贡。

元徽元年春正月戊寅，大赦。壬寅，诏自元年以前迁徙放者，并听还本土。魏人来聘。

夏六月乙卯，寿阳大水，遣使赈恤。

秋八月，都下旱。庚午，陈留王曹铣薨。

九月丁亥，立衡阳王嶷子伯玉为南平王。

冬十二月癸卯朔，日有蚀之。乙巳，进司空、江州刺史桂阳王休范位太尉。癸卯，①立前建安王世子伯融为始安王。

是岁，利浮南遣使朝贡。

二年夏五月壬午，太尉、江州刺史桂阳王休范举兵反。庚寅，内外戒严，以中领军刘勔、右卫将军萧道成为前锋南讨，出屯新亭；征北将军张永屯白下，前南兖州刺史沈怀明戍石头；卫将军袁粲、中军将军褚彦回入卫殿省。壬辰，贼奄至，攻新亭垒。萧道成拒击，大破之。越骑校尉张敬儿斩休范。党杜墨蠡、丁文豪分兵向朱雀航，刘勔拒贼，贼缢死之。右将军王道隆奔走遇害，张永溃于白下，沈怀明自石头奔散。甲午，护军典签茅恬开东府纳贼，入屯中堂。羽林监陈显达击大破之。丙申，张敬儿等又破贼，进平东府城，枭群贼党羽。赐封爵各有差。丁酉，诏瘗战败亡者。大赦，解严，文武俱进位一等。荆州刺史沈攸之、南徐州刺史建平王景素、郢州刺史晋熙王燮、湘州刺史王僧虔、雍州刺史张兴世并举义兵赴建业。己亥，蠕蠕国遣使朝贡。

六月癸卯，晋熙王燮遣军克寻阳，江州平。丙午，②改辅师将军还为辅国将军。

秋七月庚辰，立皇弟友为邵陵王。乙酉，徐州刺史建平王景素进号征北将军、③开府仪同三司。

九月丁酉，以尚书、新除卫将军袁粲为中书监，即本号开府仪同三司，加护军将军褚彦回为尚书令。

冬十一月丙戌，帝加元服，大赦，赐人爵一级，为人后及三老孝悌力田者爵

---

① 癸卯：前已云十二月癸卯朔，此处不应重见。《宋书·后废帝纪》《南史·宋本纪下》作"癸亥"，为二十一日，张校本据之改正。

② 丙午：《宋书·后废帝纪》《南史·宋本纪下》作"壬戌"。是月庚子朔，丙午为初七日，壬戌为二十三日，未知孰是。

③ 徐州刺史建平王景素进号征北将军："徐州刺史"，《宋书·后废帝纪》《文九王传》与《南史·宋本纪下》作"南徐州刺史"，当是。

二级，大酺五日，赐王公以下各有差。

十二月癸亥，立皇弟跻为江夏王，赞为武陵王。

三年春正月辛巳，祠南郊及明堂。

三月己巳，都下大水。

六月，魏人来聘。

秋七月庚戌，以兼司徒袁粲为尚书令。

九月丙辰，征西大将军、河南王吐谷浑拾寅进号车骑大将军。

是岁，浮南国、高丽国并遣使朝贡。

四年春正月己亥，耕籍田，大赦，赐力田爵一级。

六月乙亥，加领军萧道成尚书左仆射。

秋七月戊子，征北将军、南徐州刺史建平王景素据京城反。乙亥，① 内外纂严。遣车骑将军任农夫、冠军将军黄回北讨，护军将军萧道成总统众军。曲赦南徐州。始安王伯融、都乡侯伯猷并赐死。乙未，克京城，斩景素，同逆皆伏诛。是日解严。丙申，大赦，封赏各有差。

八月丁酉，② 立皇弟翙为南阳王，嵩为新兴王，禧为始建王。

九月戊子，骁骑将军高道庆有罪，赐死。乙丑，③ 车骑将军、扬州刺史安成王準进号骠骑大将军、开府仪同三司。

冬十月辛酉，以吏部尚书王僧虔为尚书左仆射。④

是岁，魏承明元年，太上献文皇帝崩。

五年春正月辛卯，祀南郊。

夏四月甲戌，豫州刺史阮佃夫、步兵校尉申伯宗、朱幼谋废立事，皆伏诛。

五月，地震。

六月甲戌，诛司徒长史沈勃、散骑常侍杜幼文、游击将军孙超之、长水校尉杜叔文。大赦。

---

① 乙亥：是月戊子朔，无乙亥。《宋书·后废帝纪》《南史·宋本纪下》作"己丑"，为初二日，张校本据之改正。

② 八月丁酉：是月戊午朔，无丁酉。《宋书·后废帝纪》《南史·宋本纪下》作"丁卯"，为初十日，张校本据之改正。

③ 乙丑：是月丁亥朔，无乙丑。《宋书·后废帝纪》《南史·宋本纪下》作"己丑"，为初三日，张校本据之改正。

④ 以吏部尚书王僧虔为尚书左仆射："尚书左仆射"，《宋书·后废帝纪》《南齐书·王僧虔传》《南史·宋本纪下》作"尚书右仆射"，当是。

七月戊子夜，帝遇弑于仁寿殿，时年十五。癸丑，^①皇太后令贬帝为苍梧郡王，葬丹杨秣陵县郊坛西。

初，帝之生夕，明帝梦一人乘马，马无头及后足，有人谓明帝曰："太子也。"及在东宫，五六岁时，始就书，而惰业好戏，主师不能禁。好缘漆帐竿，去地丈余，如此者半食顷，乃下。年渐长，喜怒乖节，左右失旨者，辄手加扑打，徒跣蹲踞，以此为常。主师以白明帝，帝辄敕帝所生，严加捶训。及嗣位，内畏太后，外惮诸大臣，犹未得肆志。自加元服，变态转兴。三年秋冬间，便好出游行，太妃每乘青犊车，随相检摄。帝渐自放逸，太妃不能禁。单将左右，弃部伍，或十里，或入市廛，遇慢骂则悦而受焉。或往营署，日暮乃归。四年春夏，弥数。自京城克定，意志转骄，无日不出。与左右解僧智、张五儿恒相驰逐，^②夜出，开承明门，夕去晨返，或晨出暮还，从者并执铤矛，行人男女及犬马牛驴，逢无免者。若为鬼神所凭，人间扰惧，尽日不敢开门，道上行人殆绝。常着小袴，未尝服衣冠，或有忤意，辄加虐害。有白棓数十，各有名号，钳凿锥锯之类，不离左右，为击脑、捶阴、刺心、剖腹之诛，日有数十。常见卧尸流血，然始为乐。尝以铁锥锥人阴破，左右有敛眉者，帝大怒，令此人裸形正立，以矛刺洞之。于曜灵殿上养驴数十头，所自乘马，养于御床侧。与左右卫翼辇营女子私通，每从之游，持数千钱为酒肉之费。或单骑出游，逢人婚姻葬送，辄就挽歌，与小儿同聚饮酒为乐。阮佃夫腹心人张羊为佃夫委信，佃夫败，叛走，复捕得之，帝自于承明殿前，以车轹杀之。又杀杜延载、杜幼文、孙超，皆躬运矛铤，手自脔割，刑及婴孩。察孙超有蒜气，剖腹视其所食。执杜幼文兄叔文于玄武湖北，帝驰马执战稍，自往刺之。又好行盗掠，时吴兴沈勃多宝货，帝将数十人劫之，挥刀独前，左右未至，勃时居丧在庐，帝望见，便投铤，不中，勃知不免，手搏帝耳，唾骂之曰："汝罪逾桀、纣，屠戮无日！"寻遂见害，帝自脔割，肌骨肠胃，莫不分割。又制露车一乘，施篷，乘以出入，从者不过数十人，羽仪追者恒不及；又各虑祸，亦不敢追，唯整部伍，别在一处瞻望而已。凡诸鄙事，过目即能，能锻金银，裁衣作帽，莫不精绝。尝吹篪，执管便韵。天性好杀，以虐为欢，一日无事，辄惨惨不乐。内史百司，人不自保，殿省忧惧，夕不及旦。领军将军萧道成与直阁将军王敬则谋之。七月戊

---

① 癸丑：是月壬午朔，无癸丑。《宋书·后废帝纪》《南史·宋本纪下》作"己丑"，为初八日，张校本据之改正。

② 张五儿恒相驰逐："张五儿"，《宋书·后废帝纪》《南史·宋本纪下》同。徐钞本、周钞本、刘钞本、《南齐书·高帝纪》作"张互儿"。

子，帝微行出湖北，单马先走，羽骑禁卫，随后追之，左右张五儿马坠湖，帝怒，取马置明光亭前，驰骑刺马，屠割之。与左右作羌胡伎小乐。又于岗峦赌跳，因乘露车，从者二十余人，无复卤簿羽仪，往青园尼寺。新安寺偷狗，① 就昙度道人煮之饮酒，夕还。先是，左右杨玉夫常得意，而数日忽然见憎，遇辄切齿，谓人曰："明日当杀小子，取肝肺。"玉夫大惧，是夜七夕，令玉夫伺织女度报己，因与内人穿针讫，大醉仁寿殿东阿毡幄中。时帝出入无恒，省内诸阁，夜间不闭，且廊下畏相连，无敢出者，宿卫内外，无相禁摄。王敬则先结玉夫及余左右陈奉伯、杨万年等合二十五人，其夕敬则出外，玉夫候帝眠熟，至二更，与万年同入毡幄中，取千牛刀行杀之。

顺帝

顺皇帝讳準，字仲谟，② 小字智观，明帝第三子也。泰始五年七月癸丑生。七年，封安成王，拜抚军将军。姿貌端华，眉目如画，见者以为神人。废帝即位，加扬州刺史。元徽二年，加都督扬、南豫二州诸军事。四年，进号骠骑大将军、开府仪同三司，给班剑三十人。及废帝崩，萧道成奉太后令，迎王入居朝堂。

是岁，魏太和元年。

昇明元年秋七月壬辰，③ 皇帝即位，大赦，改元，赐文武位二等。甲午，镇军萧道成出镇东城，辅政。丙申，征西大将军、荆州刺史沈攸之进号车骑大将军、开府仪同三司，加萧道成司空录尚书事，以尚书令袁粲为中书监，以司徒褚彦回为卫军将军、开府仪同三司，以抚军刘彦节为尚书令，加中军将军。辛丑，以尚书左仆射王僧虔为尚书仆射。癸卯，车驾谒太庙。

八月壬子，遣使赈恤，蠲除税调。癸亥，司徒袁粲镇石头。戊子，④ 崇拜帝所生陈昭华为皇太妃。庚午，司空萧道成让职。庚辰，以为骠骑大将军、开府仪同三司，录尚书如故。

---

① 新安寺偷狗：《宋书·后废帝纪》作"晚至新安寺偷狗"。
② 字仲谟："仲谟"，各本及《南史·宋本纪下》同，徐钞本、《宋书·顺帝纪》《册府》卷一八二作"仲谋"。
③ 昇明：各本及张校本、孟校本皆作"升平"。《宋书》《南史》《通鉴》宋顺帝年号皆作"昇明"，本书卷十四《袁粲传》，卷十六《虞琮传》《沈文季传》等亦有作"昇明"，今据改。
④ 戊子：是月壬子朔，无戊子。《宋书·顺帝纪》《南史·宋本纪下》作"戊辰"，为十七日，是。

九月己丑，诏州郡搜揭幽仄。① 乙酉，② 庐陵王昱薨。

冬十一月丁酉，倭国遣使朝贡。

十二月丁巳，荆州刺史沈攸之举兵，不从执政。丁卯，萧道成入守朝堂，侍中萧嶷镇东府。戊辰，中外纂严。壬申，司徒袁粲谋诛萧道成，不果，旋见覆灭。甲戌，大赦。乙亥，以仆射王僧虔为左仆射，除中书令王延之为右仆射。吴郡太守刘遐据郡，不从执政，辅国将军张怀攻斩之。

闰月辛巳，屯骑校尉王宜兴贰于执政，见诛。癸亥，③ 沈攸之攻围郢城，前军长史柳世隆固守。己亥，中外戒严。骠骑大将军萧道成假黄钺，出新亭。

二年春正月丁卯，沈攸之自郢州奔散。己巳，华容县人斩攸之首，送之。辛未，雍州刺史张敬儿克江陵，荆州平。丙子，解严。以新授侍中柳世隆为右仆射，以萧道成旋领东府。

二月庚辰，以王僧虔为尚书令，右仆射王延之为左仆射。癸未，以萧道成加授太尉，以卫军将军褚彦回为中书监。丙申，曲赦荆州。丙戌，抚军、扬州刺史晋熙王燮进号中军、开府仪同三司。

三月乙未，④ 日有蚀之。

夏四月，南兖州刺史黄回贰于执政，赐死。

五月戊午，以倭国王武为安东大将军。

六月丁酉，以辅国将军杨文弘为北秦州刺史，封武都王。

九月乙酉朔，⑤ 日有蚀之。丙午，加太尉萧道成黄钺、都督中外诸军事，为太傅，领扬州牧，赐殊礼。以扬州刺史晋熙王燮为司徒。

冬十月壬寅，立皇后谢氏，降死罪已下囚。

十一月壬子，立故武昌太守刘琨息颁为南丰县王。癸亥，诛临澧侯刘晃。甲子，改封南阳王翙为随郡王。

十二月丙戌，皇后见于太庙。

是岁，蠕蠕国、高丽国、倭国并遣使朝贡。

---

① 诏州郡搜揭幽仄："搜揭"，徐钞本作"搜扬"，《宋书·后废帝纪》同。

② 乙酉：《宋书·顺帝纪》《南史·宋本纪下》系此事为"己酉"。是月辛巳朔，乙酉为初五日，己酉为二十九日，未知孰是。

③ 癸亥：是月庚辰朔，无癸亥。《宋书·顺帝纪》《南史·宋本纪下》作"癸巳"，为十四日，张校本据之改正。

④ 三月乙未：是月戊申朔，无乙未。《南史·宋本纪下》作"己酉"，为初二日，张校本据之改正。

⑤ 九日乙酉朔：是月无乙酉。《宋书·顺帝纪》《五行志》与《南史·宋本纪下》作"乙巳"。

三年春正月辛亥，领军萧赜加尚书左仆射，进号中军大将军、开府仪同三司。二月丙子，南豫州刺史邵陵王友薨。丙申，地震建阳门。

三月癸亥朔，① 日有蚀之。甲辰，加太傅萧道成相国，总百揆，封十郡为齐公，备九锡之礼。庚戌，诛临川王绰。

夏四月壬申，进齐公萧道成爵为齐王，安西将军武陵王赞薨。辛卯，帝禅位于齐王。壬辰，逊于东邸。是日，王敬则以兵陈于殿廷，帝犹居于内，闻之，逃于佛盖下。太后惧，自帅阉竖索，得帝焉，扶幸板舆。黄门或促之，帝怒，抽刀投之，中项而殒。帝既出，宫人行哭，俱迁。备羽仪，乘画轮车，出东掖门。问："今日何不奏鼓吹？"左右莫有答者。及齐受命，封帝为汝阴王，居丹徒宫，② 待以不臣之礼，齐兵为卫。建元元年五月己未，帝闻外有驰马者，惧乱作，监人杀王而以疾赴，齐人德焉，赏之以邑。六月乙酉，葬于遂宁陵，谥曰顺帝。宋之王侯无少长，皆幽死矣。

列传

徐湛之	江湛	王僧绰	颜延之	臧质	鲁爽	沈攸之	王僧达
颜竣	朱脩之	宗悫	柳元景	颜师伯	沈庆之	萧思话	刘延孙
刘秀之	顾琛	顾觊之	周朗	宗越	谭金	童太一	吴喜
黄回	邓琬	刘胡	袁顗	孔觊	谢庄	王景文	殷孝祖
刘勔	萧惠开	殷琰	薛安都	沈文秀	袁粲	何子平	王镇之
阮长之	江秉之	陆徽	戴颙	周续之	王弘之	刘凝之	戴法兴
阮佃夫							

徐湛之字孝源，东海郯人。司徒羡之兄孙。祖钦之。父远之，③ 尚高祖长女会稽长公主。湛之幼孤，为高祖所爱，常与江夏王义恭寝食不离帝侧。元嘉元年，④

---

① 三月癸亥朔：癸亥非是月朔日，《宋书·顺帝纪》《五行志》作"癸卯"，张校本据之改正。

② 居丹徒宫："丹徒宫"，《南史·宋本纪下》同，《宋书·顺帝纪》作"丹杨宫"，《南齐书·高帝纪》云"筑室于丹杨故县"，则此处"丹徒宫"当为"丹杨宫"。

③ 父远之："远之"，《宋书·徐湛之传》作"达之"，《南史·徐羡之传》作"逵之"，《宋书·武帝纪》《乐志》《谢晦传》亦作"逵之"。

④ 元嘉元年：据《宋书·文帝纪》，元嘉六年立太子，建东宫，《宋书·徐湛之传》亦作"六年"，则此处元年当为"六年"之误。

东宫始建，起家补太子洗马，累迁太子詹事，加侍中。

高祖微时，自于新洲伐荻，有纳布衫袄，是敬皇后手自作也。后文帝时，害彭城王义康等，长公主将掷殿前以示上曰："汝家本贱贫，此是我母为汝父作此纳衣。今日有一顿饱食，便欲残害我儿子。"上亦号哭，湛之由此得全。

湛之服色鲜丽，游宴奢侈，时安成公何勖，无忌子也，临汝公孟灵休，昶之子也，各奢豪，京师语曰："安成食，临汝饰。"湛之二事兼美之。

以范晔事发，出为南兖州刺史。元嘉二十六年，入为丹杨尹，转尚书仆射。后与江湛并居权要，世谓之江、徐。二宫巫蛊事发，上将废劭，赐死，上与湛之等连议不决。其夕向旦，劭入杀文帝，湛之趋北户，未及开而见害，时年四十四。世祖即位，追赠司空，与王僧绰、江湛三家诏加优恤，常给廪。子恒之嗣。

江湛字徽渊，济阳考城人也，湘州刺史夷之子也。好学，善弹棋鼓琴。为著作，累迁至侍中、吏部尚书。家贫，不营财利，饷馈一无所受。身无兼服余食，尝为上召，值浣衣，称疾经日，衣成然后起。

及元凶入杀上，湛省中闻叫噪声，乃匿旁小屋。劭遣取之，据窗受害。时年四十六。五子皆见杀。世祖即位，赠黄门侍郎。①

王僧绰，琅邪临沂人。少有大成之度，众以国器许之。年十三，袭豫章侯，尚太祖长女东阳献公主。累迁尚书吏部郎，参掌选职，藻品人物，拔才举能，咸尽其分。拜侍中，时年二十九，太祖尝以后事为念，大相付托，朝政大小，皆与参焉。

后元凶篡弑，时文帝独与僧绰、江湛、徐湛之谋议未决，明旦，元凶入宫害文帝，而诛江、徐，转僧绰为吏部尚书，寻以僧绰所启废诸王事，②乃收害焉，时年三十一。因此陷北第诸王侯，以为与僧绰有异志也。

初，太社西有空地一区，吴时丁奉宅，孙皓流徙其家。晋有江左，初为周𫖮、苏峻宅，其后为袁悦宅，又为章武王司马秀宅，皆凶败。后给与臧焘，亦频遇丧祸，世称凶地。王僧绰常以正达自居，宅无吉凶，③请为第。始就修筑，未居而败。

子俭嗣，为齐尚书仆射。

---

① 赠黄门侍郎："黄门侍郎"，《宋书·江湛传》《南史·江湛传》作"追赠左光禄大夫、开府仪同三司"。
② 寻以僧绰所启废诸王事：徐钞本"以"作"得"，四库本"以"下有"元凶料太祖巾箱及江湛家书疏得"十四字。
③ 宅无吉凶：《宋书·王僧绰传》《南史·王僧绰传》"宅"字前有"谓"字，当是。

颜延之字延年，琅琊临沂人。曾祖含。父顗。延之少孤居贫，自负南郭数顷，室甚陋。好读书，无所不览，文章之美，冠绝当时。好饮酒，不拘细行。年三十犹未婚。起自豫章公世子参军，累迁出为始安太守，征入为中书侍郎，后拜秘书监。

太祖赏爱释惠琳，尝升独榻，延之甚疾焉。因醉白上曰："昔同子参乘，袁丝正色。此三台之座，岂可刑余居之。"性真，言无回隐。居身清约，不求财利，布衣疏食，独酌郊野。元凶立，以为光禄大夫。子竣，为世祖南中郎。

世祖入造书檄，延之与灵运词彩齐，① 而迟速悬绝。尝俱入敕拟《乐府·北上篇》，延之立成，灵运久之乃就。帝问优劣于鲍照，照曰："谢五言如初发芙蓉，自然可爱。颜诗如铺锦列绣，亦雕缋满眼。"世祖登位，为金紫光禄大夫。孝建三年，卒，年七十三。赠特进。自潘安、陆机之后，文士莫及，江左称颜延之、谢灵运为颜、谢。

臧质字含文，东莞莒人。父熹，字义和，敬皇后弟也。尝与溧阳令阮崇共猎，值虎，直前独射之，应弦而倒。

质少好鹰犬。高祖即位，累迁太子左卫率。太祖即位，魏拓拔焘与质书，质答书曰："尔不闻童谣云耶：'虏马饮江水，卯年佛狸死。'此冥期使然，非复人事也哉。"苦攻城，三旬不下，虏乃退。元凶践位，以为丹杨尹。后世祖时，为车骑将军，封始兴公。同南郡王义宣作逆，以孝建元年为沈庆之破于梁山，军败南走，追斩于南湖，传首京师。

鲁爽小字女生，扶风郿人也。祖宗之，晋末位至镇北将军，封南阳公。子轨，一名象齿，爽之父也。高祖初举兵，因拟走北，尽室入羌中，虏以轨为荆州刺史。世祖平元凶，自表求归。宋元嘉二十八年，轨死，爽代为荆州刺史，镇长社。幼染殊俗，无华风，使酒数有过失，拓跋焘怒，欲诛之。爽惧，因从拓拔，② 遂与次弟秀南归，世祖大悦，以爽为征虏将军、司州刺史，秀为辅国将军，子弟过者，随才迁用，即元嘉二十八年也。魏虏皆毁其坟。二十九年入朝。

三十年，元凶弑逆，世祖平元凶，③ 以为左将军。南谯王义宣反，与臧质谋举兵，

---

① 延之与灵运词彩齐：文意不通，《宋书·颜延之传》《南史·颜延之传》作"词彩齐名"，是。
② 因从拓拔：文意不通，张校本认为"从"或为"脱"之误。
③ 世祖平元凶："平元凶"，徐钞本作"镇襄阳"。

称建平元年，爽于是送所造服舆之江陵与义宣。为薛安都破于小岘，乃传首京师。

沈攸之字仲达，吴兴武康人也。庆之从父兄子。世祖与元凶战于新亭，立功，累迁左将军。晋世京邑二岸扬州旧置都部从事，分掌二县非违。孝建已来，攸之掌北岸，会稽孔璪掌南岸，后罢之。

太宗即位，四方多叛，攸之与王玄谟等南上平定，进至夏口，便有异图。太宗崩，与蔡兴宗平桂阳王休范乱，进位征南大将军、开府仪同三司。废帝崩，萧道成辅政，派遣其子沈元琰进父攸之为车骑大将军，攸之曰："吾宁为王凌死，不作贾充生。"又太后赐攸之烛十挺，剖之，得手令曰："国家之事，悉以相委。"明日，遂起兵。初，时有象三头至江陵城北数里，攸之自出将杀之，忽有流矢集攸之马障泥，其后刺客事发。废帝殒，顺帝立，攸之遂发兵，战士十万，铁马三千匹。泗州刺史张敬儿等皆响应。① 至夏口，沙门僧粲见攸之发江陵，筮曰："必不至京邑。"及攻郢城不下而溃，走向江陵，闻城已为张敬儿所据，遂自缢死。村人斩首，传送京师。

王僧达，琅琊临沂人，太保弘之少子。太祖闻僧达早惠，召见于德阳殿，嘉之，妻以临川王义庆女。

少好学，善属文。为太子舍人，坐属疾，而于扬烈桥观斗鸭，为有司所纠，乃原不问。

永嘉三十年，元凶弑逆，世祖下平元凶，为人所说，归世祖于鹊头，拜长史。及元凶平，累为尚书右仆射，转护军、中书令，寻出为吴郡太守。使主簿劫东台寺富沙门，②得财数万，宅于吴，坐免官。后竟因高阇事下狱死，年三十六。子道琰。

颜竣字士逊，琅琊临沂人，光禄延之子。太祖尝问延之曰："卿诸子谁有卿风？"延之对曰："竣得臣笔，测得臣文，伯得臣义，③跃得臣酒。"何尚之嘲曰："谁得卿狂。"延之曰："不可及也。"

---

① 泗州刺史张敬儿等皆响应："泗州刺史"，当作 "雍州刺史"，见《宋书·沈攸之传》《南史·沈攸之传》《南齐书·张敬儿传》。
② 使主簿劫东台寺富沙门："东台寺"，《宋书·王僧达传》《南史·王僧达传》作 "西台寺"。
③ 伯得臣义：《宋书·颜竣传》《南史·颜竣传》"伯" 作 "㚟"。据《宋书·颜延之传》，颜㚟为颜延之第三子，是。

竣为世祖抚军主簿,补益悉心。以平元凶功,迁侍中,封达成侯。①转吏部尚书,留心选举。后谢庄代竣领选,竣容貌严毅;庄风姿甚美,宾客喧诉,常微笑答之。时人谓之语曰:"颜竣嗔而与人官,谢庄笑而不与人官。"

南郡王义宣反,后迁领军将军,寻代褚湛之为丹杨尹。以立议鹅眼、綖环等钱,加中书令。后以切直谏争,又自谓恩旧莫比,当务居中,永执朝政。而所陈多不被纳,遂求出为东扬州刺史。忧惧无计,而每对亲故,言颇愤怨,而说朝事违谬,人主得失。及王僧达被诛,陈竣忿怼,上遂使御史中丞庾徽之奏付廷尉治罪,未即大戮,且止免官。后陈启谢罪,乞性命。上愈怒,以竟陵王诞逆发,因此陷之,言通于诞。诏下狱死。徙子辟疆于交州,道杀之。

朱脩之字恭祖,义阳平氏人。父谌,益州刺史。脩之自州主簿累迁中郎将,随到彦之征魏虏,守滑台,为虏所围,累月粮尽,外援不至,遂陷没。初母闻脩之被围,常悲忧,忽一旦乳汁惊出,母号恸告家人曰:"我年老,非复有乳,今如此,儿必没矣。"后闻至,脩之果是此日城陷。

拓跋敬嘉其守节,以为侍中。②后鲜卑冯弘称燕王于黄龙,拓拔焘伐之。人遂说弘,令脩之归求救,乃发使,遂泛海,未至东莱,遇猛风船失柂,海师虑,向海北垂长索,船乃正。海师仰望见飞鸟,知去岸近,寻至东莱郡。

元嘉九年,至京师,上以为黄门侍郎,累迁江夏内史。元凶弑逆,孝武即位,为荆州刺史。南郡王反平后,以功封南昌侯。

治身清约,法令严明,寻征为左民尚书,转领军将军。去镇,秋毫无犯,在州已来,不燃官烛油及牛马食,③皆以私钱禆之。然薄于恩情,姊在乡里,饥寒不立,脩之贵为刺史,未尝供赡。往姊家,姊为设菜羹粗饭以激之,脩之曰:"此是贫家好食。"进之致饱。卒,赠大将军。子雍嗣。

宗悫字元幹,南阳涅阳人。叔父炳,字少文,高尚不仕。少时,炳尝问悫志,答曰:"愿乘长风破万里浪。"炳曰:"汝若不富贵,必破我门户也。"

起为辅国将军参军,十五年不改官。后除安西将军,随檀和之破林邑。王范

---

① 封达成侯:"达成侯",按南朝无此封国,《宋书·颜竣传》《南史·颜竣传》作"建城县侯",是。
② 以为侍中:《魏书·朱脩之传》《南史·朱脩之传》《北史·朱脩之传》作"云中镇将"。
③ 不燃官烛油及牛马食:文意不通,《宋书·朱脩之传》《南史·朱脩之传》无"不"字,是。

阳迈倾国来逆，以具装被象。憨以师子威服百兽，乃制其形，与象相拒。象见，果惊奔败，贼众溃，遂克林邑。收其珍异，皆是未名之宝，金银各六万两。太祖嘉之，以为南中郎咨议参军，领中兵。世祖即位，累迁平西将军、洮阳侯，转左卫将军、光禄大夫，金章紫绶。卒，赠征西将军。子元宝嗣。

柳元景字孝仁，河东解人也。曾祖卓，自本郡迁于襄阳，官至汝南太守。祖恬，西河太守。父凭，冯翊太守。

元景少便弓马，以朝廷北伐，为中兵参军，与薛安都破魏军，入狐关，前无坚敌。迁宁朔将军，入为世祖讨元凶，为前锋，宗悫、薛安都等十三军皆隶焉。既破元凶于朱雀门，进侍中、前将军、雍州刺史、曲江公。以破义宣、臧质、鲁爽等于姑熟，多张旗帜。加开府，改封巴东公，寻为骠骑大将军、南兖州刺史，留卫京邑。世祖遗诏，迁尚书令、丹杨尹。

元景起自将帅，及当朝，有弘雅之风。时勋要多事产业，元景居南岸，仅有菜园数十亩。后为废帝所害。太宗即位，追赠太尉。

颜师伯字长渊，琅琊临沂人，东扬州刺史竣族兄也。父邵，以谢晦败服药死。

师伯少孤，涉猎书传，以安北将军入讨元凶。世祖即位，迁黄门侍郎，封平都县子。以青州刺史大破魏房，斩河南公，进吏部尚书。世祖崩，受遗诏，辅少主，为尚书右仆射。废帝即位，居权，与柳元景同诛，年四十四，[1] 七子皆见杀。[2] 太宗即位，赠太尉。

沈庆之字弘先，吴兴武康人也。兄敞之，为赵伦之征虏参军。庆之未冠，随乡族击孙恩，屡捷。后乡族流散，庆之归耕。年四十，未知名，乃往襄阳省兄敞之，伦之见奇之，令子伯符拔为中兵参军。

后檀道济称于太祖，言其晓兵，稍得接引，出入禁省，遂转为正员将军。刘湛被收之夕，召庆之。庆之戎服履靺缚袴入，上见惊曰："卿何故乃尔急装？"庆之曰："夜半呼队主，不容缓服。"乃遣收吴兴刘斌，[3] 杀之。后为建威将军，迁

---

[1] 年四十四：《宋书·颜师伯传》作"年四十七"。
[2] 七子皆见杀："七子"，《宋书·颜师伯传》《南史·颜师伯传》作"六子"。
[3] 乃遣收吴兴刘斌："吴兴"，《宋书·沈庆之传》《南史·沈庆之传》作"吴郡"，张校本以为刘斌于元嘉十七年被杀，时为吴郡太守，此处"吴兴"当作"吴郡"。

世祖中兵参军，随西上，平定诸山贼，群蛮皆稽颡。庆之先患头风，好着狐皮帽，群蛮恶之，号曰"苍头公"。每见庆之军，辄惧曰："苍头已复来矣！"

元嘉二十七年间，太祖将北伐，以庆之为步兵校尉。庆之曰："治国如治家，耕当问奴，织当问婢。陛下今欲伐人国，而与白面书生辈谋，事何由济？"上大笑。及北伐，果无功，王玄谟等退，虏大进。

后随世祖讨淮汝蛮，会元凶立，庆之说世祖曰："萧斌妇人不足数，其余皆易与耳。"遂与谋，下平元凶。初，庆之统诸军事击蛮，从孝武至五洲，元凶密与庆之书，令杀孝武。庆之入，孝武称疾不见。庆之突前，以元凶书呈孝武，孝武泣，求入内与母辞。庆之曰："下官受先帝厚恩，今日唯力是视，殿下何疑！"帝再拜曰："家国安危，悉在将军。"即日勒兵处分。主簿颜竣曰："宜待众军。"庆之曰："方兴大事，而与黄口小儿参预，此祸至矣。宜斩以徇军。"竣再拜。庆之曰："君但知笔札之事。"

世祖立，以为领军将军、南兖州刺史，封南昌公，镇盱眙。及鲁爽等反，遣庆之与薛安都等往讨之，斩爽，进庆之镇北大将军。寻与柳元景俱开府仪同三司，封始兴公。大明三年，竟陵王诞据广陵，以庆之统诸军平广陵，进司空，给吏五十人，门施行马。庆之居在西明门外，① 有宅四所，又有园在娄湖。世祖崩，受遗诏。废帝即位，加几杖，给三望车，进太尉。帝使庆之从子攸之赍药酒，饮死之，年八十，赠太尉。

萧思话，南兰陵人也。孝懿皇后弟子也。父原，② 琅琊太守。思话年十五，未知书，以遨游为意。好骑射，侵暴，邻里患之。自尔折节，数年遂有令誉。好书史，善弹琴。时高祖一见，便以国器许之。颇能隶书，解音律。年十八，除大司马参军，累迁至振威将军、青州刺史。以虏南寇，退镇，征下廷尉。

初在青州，尝用铜斗覆在药厨下，忽于斗下得二死雀，思话叹曰："斗覆而双鹊殒，其不祥乎！"既而被系。时氐帅杨难当寇汉中，起为横野将军、梁秦二州刺史。③ 遂杀难当，平汉中。

元嘉二十三年，除侍中、左卫将军。尝从太祖登钟山北岭，中道有盘石清泉，

---

① 庆之居在西明门外："西明门"，《宋书·沈庆之传》《南史·沈庆之传》作"清明门"。
② 父原：《宋书·萧思话传》《南史·萧思话传》作"父源之"。
③ 梁秦二州刺史：《宋书·萧思话传》《南史·萧思话传》作"梁南秦二州刺史"，检《宋书·州郡志》，当为"南秦州"。

上使于石上弹琴,因赐银钟酒,而谓曰:"相赏有松石间意。"思话以去州无复事力,借府库九人,太祖戏之曰:"文人终不为田父于里间,何忧无人使耶?"元凶弑立,以为徐、兖二州刺史,思话率部曲归彭城,以应世祖。世祖登位,征为中书令、丹杨尹。以外戚令望,历十二州,杖节监督者九焉。长子惠开。

刘延孙,彭城吕梁人也。①雍州刺史道产子。举秀才,累迁世祖侍中、前军将军,封东昌侯,转尚书右仆射。延孙病,不任拜起,上使乘板船自溪至平昌门,②入尚书。明年乃卒,赠司徒。

刘秀之字道宝,东莞莒人。司徒穆之从兄子,世居京口。祖爽,山阴令。父仲道,余姚令。秀之少孤,尝与诸儿戏厅前,忽有大蛇来,势甚猛,皆惊呼而走,秀之不动。何承天以女妻之。自建康令累迁至益州刺史。元凶平复,以破南谯王功,封康乐侯,进丹杨尹。

初从叔父穆之为丹杨尹,令子弟皆于厅事饮宴,谓诸子弟曰:"尔试以栗遥掷柱孔,中者后必得此郡。"唯秀之独中焉,后果然。以广陵王平后,进尚书左仆射,为安北将军、雍州刺史。卒,赠司空。

顾琛字弘玮,吴郡人。曾祖和,祖履之,父琰。③不好浮华,以尚书库部郎至常侍。年八十六。

顾觊之字伟仁,吴郡人也。高祖谦,字公让,为平原内史陆机姊夫。父黄老。觊之初为郡主簿,迁护军司马。时彭城王义康与殷、刘隙著,遂辞脚疾免之。每夜于床上行脚,家人异之,莫晓其意。及义康徙废,朝廷多受祸,觊之竟免。

后起江阴令,累迁右光禄大夫。觊之心迹全清,独无所豫,太祖甚嘉之。转左将军、湘州刺史。家门雍穆,有五子:约、缜,绰、绲、缉。时绰丰财,民多负债,觊之召收其文契,皆烧之,宣言远近:"负三郎债,皆不须还。"后卒于湘州,谥曰简子。

---

① 彭城吕梁人也:"吕梁",按刘宋时彭城郡下无吕梁县,《宋书·刘延孙传》记为"彭城吕人",是,"梁"字衍。
② 溪:据《宋书·刘延孙传》,"溪"当作"青溪"。
③ 父琰:《宋书·顾琛传》《南史·顾琛传》作"父恢"。

周朗字义利，汝南安成人。父淳，官至侍中。兄峤，尚高祖女宣城公主，有二女，妻建平王宏、庐陵王祎。朗少爱奇。初为江夏王义恭太尉参军，迁庐陵内史。因猎火逸烧郡廨屋，以私秩偿修之。后坐母忧，诬失孝行，迁宁州，道杀之。

宗越，南阳叶人也。本河南，晋乱，徙南阳，因为县人。安北将军赵伦之镇襄阳，使长史范觊之条次氏族，辩高卑，因为觊之黜以役门。出补郡吏。

父为蛮所杀，后市中得雠人，刺杀之。世祖镇襄阳，累用为扬武将军，领队主。元嘉二十八年，启太祖求复次门，移户属冠军县，许之。世祖即位，频破反逆，累迁司州刺史。前废帝以为游击将军，越等既为废帝尽心，及太宗即位，不自安，谋作难。沈攸之白帝，收越下狱死之。

越善立营阵，好杀害，御众严酷，动用军法。时王玄谟御下亦少恩，将士谓之语曰："宁作五年徒，不逢王玄谟。玄谟犹尚可，宗越更杀我。"

谭金，南荒中伧人也。常随薛安都征伐，以功共破元凶梁山，① 遂迁屯骑校尉。废帝诛群公，金为所用，封平都县男。

童太一，东莞人也。官至大将军，而与宗越同死。

吴喜，吴兴临安人也。本名喜公，太宗改为喜。初，出身为领军府白衣，沈演之为领军将军，进为主图令史。至世祖即位，迁河东太守。太宗即位，以四方叛逆，假建威将军，简羽林勇士配之。喜率兵东讨，平定荆州，迁前将军，恣意剽房。后寻赐死于所居。及死，发诏赠赙极厚。

黄回，竟陵郡军人也。出身充郡府杂役。及臧质临郡，而讨元凶，回随质有功，免军户。又随质往江州，擢为队主。自质反，梁山败走，遇赦，原，委任如初。后累功，至太宗即位，四方叛，以回为宁朔将军，使募江西楚人，得八百，隶刘勔西讨。累迁为将校尉，封葛阳侯。② 废帝元徽初，桂阳王休范为逆，回隶萧道成，于新亭有功，转骁骑将军，封闻喜侯。及破建平王景素，迁右卫将军。

---

① 以功共破元凶梁山：文意不通，《宋书·谭金传》作"平元凶及梁山破臧质"，是。
② 封葛阳侯："葛阳侯"，《宋书·黄回传》《南史·黄回传》作"葛阳县男"，当是。

后沈攸之反，为平西将军、郢州刺史，未发，在新亭而与袁粲等谋攻台城，讨齐王道成，不果，齐王抚之如旧。攸之平后，率众还，封安陆郡公、镇北将军、南兖州刺史，寻被齐王表其罪，诏诛之。

邓琬字元琰，①豫章南昌人。父胤之，光禄勋。琬初为南海太守，累迁晋安王子勋镇军长史、寻阳内史，行江州事。前废帝狂悖，景和元年十一月，子勋即日戒严，戎服出听事，集僚佐议废昏立明，使宣告内外，驰檄远迩，以谋王室，左右赞成。以琬为前锋军掌内外。

及太宗杀帝定位，使子勋。子勋不受命，征兵四方，遂会同逆，宗室王公皆会建牙于鹊尾，②传檄四方及京师，购太宗万户侯，余各有差。琬乃称说符瑞，造舆服，以泰始二年正月七日，子勋即伪位于寻阳城。以景和三年为义嘉元年。子勋平，琬亦为张悦伏甲斩首，送建邺。

刘胡，南阳涅阳人也。本名坳胡，以其面坳黑似胡，故名坳胡，后单名胡焉。出身郡将，稍至队主。口善处分，讨伐诸蛮，往无不捷。明帝即位，除越骑校尉。同邓琬反，立子勋为天子，军败，走竟陵，引刀自刺。蛮人至今畏之，小儿啼，语曰："刘胡来！"便止。

袁𫖮字国章，③陈郡阳夏人，太尉淑兄子也。父珣，④吴郡太守，𫖮为太子洗马，累迁吏部尚书，封新淦县子。前废帝深重之，俄而意趣乖异，宠待顿衰。恐祸及，求出，沈庆之为言，出为雍梁四州、领宁蛮校尉、雍州刺史。𫖮舅蔡兴宗谓之曰："襄阳星恶，岂可冒邪？"𫖮曰："白刃交前，不救流矢。今者之行，本愿生出彪口。⑤且天道辽远，何必皆验，如其有征，当修德以禳之。"于是狼狈上路，恒虑见追，行至寻阳，曰："今知免矣。"与邓琬款狎，每清闲，必尽日穷夜。𫖮与琬人地本殊，众知有异志矣。𫖮遂谋与邓琬、刘胡诈被皇太后使令，⑥起兵建牙，奉晋安王子勋即大位。进𫖮为安北将军，率楼船千艘及战士二万，来入鹊尾，寻而刘胡叛走，

---

① 邓琬字元琰："元琰"，《南史·邓琬传》同，《宋书·邓琬传》作"元琬"。
② 宗室至鹊尾："鹊尾"，徐钞本作"桑尾"，《宋书·袁𫖮传》同。
③ 袁𫖮字国章："国章"，《南史·袁𫖮传》同，《宋书·袁𫖮传》作"景章"。
④ 父珣：《宋书·袁𫖮传》《南史·袁𫖮传》作"父洵"。
⑤ 本愿生出彪口："彪口"，《南史·袁𫖮传》同，《宋书·袁𫖮传》作"虎口"，当是，此处为《建康实录》《南史》避唐讳改字。
⑥ 刘胡诈被皇太后使令："皇太后"，《宋书·袁𫖮传》《南史·袁𫖮传》作"太皇太后"，当是。

顗亦寻遁。走至鹊头，鹊头戍主薛伯珍杀觊，而传首诣军主。觊年四十七。太宗流其尸于江，弟子象密致丧于石头后岗。诸子悉诛。

孔觊字思远，会稽山阴人。父邈。觊少骨鲠，有风力，以是非为己任。早知名。举扬州秀才，累迁至寻阳王子房右军长史。

太宗即位，征为詹事。时上流多叛，使都水使者孔璪入东慰劳。璪既至，而说觊，言废帝侈费，国家倾危，使其举兵。觊从之，遂起兵，檄四方。以泰始二年正月，觊子弟在京者皆逃还。觊为前锋，度浙江，吴兴太守王昙①、义兴太守刘延熙、晋陵太守袁标等，一时响应。太宗使建威将军沈怀明、巴陵王休若等统军东讨，诸军散进，大破之，皆斩首京邑。及萧道成、张永继进，大破之于晋陵。而觊众散窜于山嶰②，为村人所缚，诣上虞令王宴③，宴斩首，孔璪亦被杀。觊临死索酒曰："此是平生所好。"时年五十一。

谢庄字希逸，陈郡人，太常弘微子也。七岁属文。长，美容仪。太祖异之，顾仆射殷景仁曰："蓝田生玉，岂虚哉！"为始兴王濬法曹参军，分左氏《经传》，随国立篇，制木方丈，图山川土地，各有分理，离之则州郡殊别，合之则宇内为一。

元嘉二十七年，累迁太子中庶子。时南平王铄献赤鹦鹉，普诏群臣为赋。太子左卫率袁淑见而叹曰："江东无我，卿当独秀。我若无卿，亦一时之杰也。"初孝武尝问颜延之曰："谢希逸《月赋》何如？"延之答曰："美则美矣！但庄始知'隔千里兮共明月'。"帝召庄，乃以延之答语庄，庄应声答曰："延之亦曾作《秋胡诗》，始知'生为久离别，没为长不归'。"帝抚掌竟日。

世祖平元凶，累拜侍中、右卫将军。平时以搜材路狭，乃上表言之。寻转吏部尚书，居选部，与江夏王书固辞。帝以为吏部犹轻，下诏于是置吏部尚书二人，省五兵尚书，庄与度支尚书顾觊之并补选部职。时河南献舞马，使庄作《舞马赋》，又作《舞马歌》，令乐府歌之。迁侍中，领前将军。及废帝即位，进金紫光禄大夫。太宗即位，转中书令。年三十六卒。④所著文章四百余首。

长子飏，晋平太守。女为顺帝后。庄有五子：飏、朏、颢、㟭、瀟，世谓庄

---

① 吴兴太守王昙："王昙"，《宋书·孔觊传》《南史·孔觊传》作"王昙生"。
② 而觊众散窜于山嶰："山嶰"，《宋书·孔觊传》作"嶰山"，《南史·孔觊传》作"嶰山村"。
③ 诣上虞令王宴："王宴"，《宋书·孔觊传》《南史·孔觊传》作"王晏"。
④ 年三十六卒：《宋书·谢庄传》云谢庄卒于宋泰始二年，时年四十六。

名子以风月景山水。

初，庄为孝武殷淑妃诔，而用汉昭事云："赞轨尧门。"废帝在东宫，衔之。及即位，召问谓庄曰："卿昔作殷淑妃诔，颇知有东宫否？"将诛之，留尚方。太宗即位，乃出之。

王景文，琅琊临沂人也。名与明帝同讳，景文其字也。父僧朗，官至尚书右仆射。景文美风姿，好言玄理，少与谢庄齐名。起家太子太傅主簿，累迁右仆射。

景和元年，太宗即位，平定四方，征为左仆射，领吏部，为扬州刺史，封江安侯，加詹事，常侍如故。时东宫詹事，用人虽美，职次止可比中书令。① 又进领太子太傅，常侍、仆射、扬州如故。景文固辞太傅，上遣仆射褚渊宣旨，以古来比例六事诘难之，不得已乃受拜。

时太子及诸皇子并小，上稍为身后之计，诸将帅吴喜、寿寂之徒，② 虑其不能奉幼主，并杀之。时景文外戚贵盛，求解扬州，上诏答之。上既有疾，虑一旦晏驾，皇后临朝，则景文自然成宰相，门族强盛，藉元舅之重，岁暮不为纯臣。泰豫元年中夜，对客棋，赐药酒死。

殷孝祖，陈郡长平人也。曾祖羡，晋光禄勋。父祖官并不达。孝祖少诞节，好酒色，有气干。世祖即位，以为积射将军，频大破逆党。前废帝景和元年，迁兖州刺史。太宗即位，四方叛，累迁冠军将军、督前锋诸军事。先有诸葛亮筒袖铠铁帽，③ 二十五石弩射之不能入，上悉以赐孝祖。

泰始二年三月三日，与贼合战于赭圻，以鼓盖自随，军中人相谓曰："殷统军可谓死将矣。今与贼交锋，而以羽仪自标显，若射者十手攒射，欲不毙，得乎？"是日，中流矢死。追赠建安县侯，谥曰忠。

刘勔字伯猷，彭城安上里人也。祖怀义。父颖之，汝南太守。勔少有志节，兼好文义。家贫，为广州增城令，奉使请京都，太祖引见之，酬对称旨，除宁远将军。太宗即位，四方反叛，征讨有功，拜散骑常侍、中领军。太宗崩，命为尚书右仆射，

---

① 职次止可比中书令："止可比"，《宋书·王景文传》作"正可比"，《南史·王景文传》作"政可比"。
② 诸将帅吴喜寿寂之徒：此句文意不通，张校本认为"徒"上当重一"之"字，是。
③ 先有诸葛亮筒袖铠铁帽：文意不通，《南史·殷孝祖传》作"御杖先有诸葛亮筒袖铠铁帽"，是。

辅废帝，加兵五百人。

后桂阳王休范为乱，奄至京邑，加勔领军，置佐吏，镇石头，与贼战朱雀航南。战败，临阵死。事平，赠司空。子俊嗣。

萧惠开，南兰陵人也，思话之子。初名开，后改为惠开。① 少有风义，涉猎文史，家虽贵戚，而居服简索。初为秘书郎，累迁黄门侍郎。丁父艰，居丧有孝性，家素事佛，凡为父造四寺：南岗下，名曰禅岗寺；于曲阿旧乡宅，名曰禅乡寺；于京口墓亭，名曰禅亭寺；于所封邑封阳县，名曰禅封寺。

寻除袭封侯。妹适桂阳王休范，女又适世祖子，乃为豫章内史，入为御史中丞、益宁二州刺史。惠开素有大志，至蜀，广树恩德。太宗即位，进号征西将军，以晋安王子勋逆事，故明帝遣宗人宝首水路慰劳。六年，除少府，不得志，寺门所住斋前，② 种萱草甚美，惠开悉划除别种白杨。年四十九卒。子叡嗣。

殷琰字敬珉，陈郡长平人。父道鸾，右军长史。琰少为太祖所知，初为江夏王征北参军，累迁豫州刺史。时晋安王子勋叛，以琰为司马，不与同逆，而土人前将军杜叔宝又逼之，③ 琰不得已而同之。

及刘勔破诸逆，而上使王道隆赍诏宥琰罪，及与琰书，化令归顺，云："足下明识渊见，想必不俟终日。"琰本无反心，事由力屈，时杜叔宝亦有降意。又进攻城，筑长围，并用草茅苞土，本以塞堑，城上以火箭射之，草未及燃，后土续至，堑欲满。城内以铁珠灌之，珠流深得入草，于是火燃草尽。及寻阳，④ 遂降，诸将面缚请罪，勔并抚宥之，无所诛戮。后除少府，卒。初在寿阳，被攻围，百姓怀其德。

薛安都，河东汾阳人也。世为强族，族姓有三千家。父广，为宗豪。宋高祖定关、河，以为上党太守。

安都少以勇闻，身长七尺八寸，便弓马，为秦、雍二州都督。虏主拓跋焘击芮芮败，安都起义，袭得弘农。归国，太祖延见之，求北还，构扇河、陕，招聚义众。

---

① 初名开后改为惠开：《宋书·萧惠开传》云："初名慧开，后改慧为惠。"
② 寺门所住斋前："门"，《宋书·萧惠开传》《南史·萧惠开传》作"内"。
③ 而土人前将军杜叔宝又逼之："前将军"，《宋书·殷琰传》作"前右军参军"。
④ 及寻阳：文意不通，张校本认为当补一"败"字，是。

上许之，为建武将军、弘农太守，所向克捷，而在《柳元景传》。

及世祖下平元凶，除右将军，率所部骑前锋，直入殿庭，贼数百人，一见奔散，以功封南乡男。初征关、陕，至曰口，梦仰头视天，正见天门开，谓左右曰："天门开，乃中兴之象。"

及鲁爽叛，上遣安都率步骑据历阳，追爽至小岘，刺爽，斩之。爽世号骁勇，生习战阵，咸言万人敌，安都单骑直入，斩之而返，时人云关羽斩颜良，不之过也。进爵为侯。景和初，以为平北将军、徐州刺史。太宗即位，安都将举兵同晋安王子勋为逆，太宗使沈攸之、张永以重兵迎之，安都虑不免罪，遂降魏虏。魏虏遣将救之，永等退，虏授安都徐州刺史，封河东公。诏还桑干，后数年，死在虏中，时年六十。

沈文秀字仲远，吴兴武康人，司空庆之之弟子。父劭。① 文秀以庆之贵后，累迁青州刺史。时前废帝狂悖，内外忧危，文秀将之镇，部曲出屯白下，乃说庆之，因此众力图之，庆之不从，后废帝果杀庆之。又遣直阁江方兴领兵诛文秀，兵未至，太宗已定乱。

时晋安王子勋反，朝廷征兵于文秀，文秀遣刘弥之三军赴朝廷。时薛安都已同子勋反，遣使要文秀，文秀即令弥之回应安都。弥之寻归顺，则北海、平原、清河等并起义兵，推文秀为主，进军。寻阳平定，太宗遣尚书崔元孙慰劳诸义兵，遣文秀弟文炳持诏，赦文秀罪。后破虏军，太宗进号右将军，封新城侯。

魏围青州久之，太宗遣兵并不敢进，乃为虏所陷。文秀被围三载，外无援，士卒为之用命，无敢叛者，日夜战斗，甲胄生虮虱。五年正月，为虏陷。败之日，解释戎服，夜缓服，命左右取所持节。虏既入城，兵刃交至，问曰："青州刺史何在？"沈文秀厉声答曰："身在。"因囚执之，出剥衣服。将见白曜于城西南角楼，② 裸缚，令拜之，文秀曰："各为二国大臣，无相拜礼。"曜命还衣服，设酒食，送桑干。十九年，齐永明四年，病死，年六十一。

袁粲字景倩，陈郡阳夏人也，太尉淑兄子。父濯，扬州秀才，早卒。祖哀其幼孤，名曰愍孙。时伯叔并当世荣显，而愍孙饥寒不足。母琅琊王氏，太尉长史诞之女，躬事纺绩，以供朝夕。

---

① 父劭：《宋书·沈文秀传》作"父劭之"，《南史·沈文秀传》作"父邵之"。
② 将见白曜于城西南角楼："白曜"，即慕容白曜，见《魏书·慕容白曜传》。

愍孙少好学，有清才。早以立操见知。初为扬州从事。及世祖即位，累迁侍中、吏部尚书。粲尝为海陵太守，在郡，梦日堕其胸上，自惊觉，寻被征管机密。

粲少有风操，尝著《妙德先生传》，以续嵇康《高士传》，其文略曰："有妙德先生，陈国人也。尝谓人曰：'昔有一国，国中有一水号曰狂泉，国人饮此泉无不狂，惟国君穿井而汲，独得无恙。国人既并狂，反谓国主之不狂为狂，于是聚谋共执国主，疗其狂疾。火艾针药，莫不毕具，国主不任其苦，于是到泉所酌水饮之，饮毕便狂，君臣大小，其狂若一，众乃欢然。我既不狂，难以独立，比亦欲试饮此水矣。'"

世祖时，求改名粲，不许。明帝时，改为粲，字景倩焉。后迁领军将军，仗士三十人入六门。转尚书仆射，领吏部，复加中书令。上于华林园茅堂讲《周易》，粲为执经。又知东宫事。七年，迁尚书令。太宗崩，与褚渊等受遗顾命，加班剑，给鼓吹。后废帝即位，丁母忧，葬毕，摄令亲职，加卫军将军，不受。中使相望，终不受。性至孝，居丧毁甚。

及桂阳王休范为逆，粲扶曳入殿，诏加兵自卫，置左右史。及贼至掖门，粲曰："孤子受先帝顾托，本以死报，今日当与褚护军同死社稷！"因命左右被马，辞色尤壮。陈显达等感激出战，贼平后，授中书监，即号开府，领司徒，以扬州廨为府，固不可移，终服乃受命。①时粲与萧道成、褚渊、刘秉递日入直，平决万机，时谓之"四贵"。粲闲默寡言，不肯当事，主书每往咨决，或高咏对之，时立一意，则众莫能改。好饮酒吟讽，独酌庭中，以此自适。

及顺帝即位，迁中书监，司徒、侍中如故。时齐王居东府，使粲镇石头。望气者曰："石头气甚凶，往必有祸。"粲不答。又给油络通幰车，仗士五十人。时齐王功高德重，天命有归，粲自以身受顾命，不欲事二姓，密有异图。遂与丹杨尹刘秉、王蕴结反，诸将帅黄回等遂以昇明元年，与荆州刺史沈攸之举兵反。克日矫太后令，使蕴、伯兴等率宿卫兵攻齐王于朝堂，回等皆外来应。未及夜，而刘秉载妇女席卷就粲，事泄。王蕴闻刘秉已奔，曰："今年事败矣。"竟为齐王所破，收蕴、伯兴斩之。使军主戴僧静与薛渊等攻围，粲子最独卫粲，为僧静等斩之，父子俱死，年五十八。齐永明初，诏改葬粲等。

初，宋太宗时，粲与萧惠开、周朗同车行，逢大航开，驻车，惠开自照镜曰："无年可仕。"朗执镜曰："视死如归。"粲最后曰："当至三公而不终。"果各如其言。

---

① 终服乃受命："终服"，《宋书·袁粲传》《南史·袁粲传》作"服终"，当是。

何子平，庐江灊人也。以元凶平后，为海虞令，县禄唯供养母一身，不以及妻子。人或疑其俭薄，子平曰："禄本在养亲，不在为己。"问者惭退。母亡，以丧乱之年，未及葬，常悲恸不绝。所居屋败，不蔽风雨。兄子伯与将伐茅草，①为葺之，子平不肯，曰："我情事未申，天地一罪人耳，屋何宜覆。"昇明初乃卒。

王镇之字伯重，琅琊临沂人也。曾祖廙。父随之。镇之初为剡、上虞令，累有清绩，迁广州刺史。高祖谓曰："镇之少著清绩，必将继美吴隐，②岭南之弊，非此人不康。"后至祠部尚书。

阮长之字景茂，陈留尉氏人也。祖思旷，金紫光禄大夫。父普之。长之初为褚府参军，迁临海太守。母亡，不胜忧。

时郡县田禄，以芒种为断，此前去官者，则一年秩禄皆入后人，此后去官者，则一年秩禄皆入前人。始以元嘉末改此科，计月分禄。长之尝为武昌太守，去郡，代人未至，以芒种前一日解印绶去。发京师，亲故或以器物赠别，得便缄录，后归，悉还。元嘉十一年，卒。③

江秉之字玄叔，济阳考城人也。祖逌，晋太常。父纂，给事中。秉之少孤，宋受禅，以山阴令累拜临海太守。

初，山阴为剧县，人户三万，④政事繁扰，秉之御繁以简，常得无事。及至临海，卒所得秩，悉散之亲故，妻子等常不免饥寒。有劝营田者，秉之正色答曰："食禄之家，岂可与农夫竞利。"在郡作书案一枚，及去官，留付郡库。

陆徽字休猷，吴郡人也。辟令主簿，累迁平越中郎将、广州刺史。荐士于朝曰："臣闻霜凌茂颖，贞柯必振；风漾长波，清流斯挹。是以袁盎挥誉于西京，韩延播德于东夏。伏见广州别驾从事朱万嗣字少豫，年五十，⑤治业冲夷，秉操坚白，行称私庭，能著官政。民非世禄，官无通资。"后丁母忧，卒。

---

① 兄子伯与将伐茅草："伯与"，《宋书·何子平传》同，《南史·何子平传》作"伯兴"。
② 必将继美吴隐："吴隐"即吴隐之，事迹见《晋书·吴隐之传》。
③ 元嘉十一年卒：《宋书·阮长之传》云长之于元嘉十四年卒，时年五十九岁。
④ 人户三万：《宋书·江秉之传》作"民户三万"，此避唐讳改。
⑤ 年五十：《宋书·陆徽传》作"年五十三"。

戴颙字仲若，谯郡铚人也。父逵，兄勃，并隐遁，有高名。颙年十六，遭父忧，几于毁灭。以父不仕，复修其业。父善琴书，颙并传之。会稽剡县多名山，故世居剡下。颙及兄勃，并受琴于父，父没，所传之声，不忍复奏，与兄勃各造新弄。勃制五部，颙制十五部，又自制长弄一部，并传于世。

后游桐庐，又多名山，兄弟因居焉。勃病，桐庐僻远，难以养疾，乃出居吴下。吴下居人，共为筑室，乃述庄周大旨，著《逍遥篇论》、注《礼记·中庸》篇。三吴将守要同游野泽，堪行便去，不为矫介。高祖命为太尉参军，后累征不起。元嘉初，又征为常侍，不起。

后衡阳王义季镇京口，长史孙劭迎颙于黄鹄山之竹林园舍，①林涧甚美，因憩于此涧。常为义季弹琴，其三调《游弦》《广陵》《止息》，皆新声，与世异。太祖每欲见之，常谓黄门侍郎张敷曰："吾东巡之日，当宴于戴公山下也。"

自汉世始有佛像，形制未工，颙特善其事。宋世子铸丈六铜像于瓦官寺，既成，时议面恨瘦，工人不能改。颙曰："非面瘦，臂胛肥耳。"及减臂胛，患即除，无不叹服。元嘉十八年，卒，年六十四。

周续之字道祖，雁门广武人也。年十二，从豫章太守范宁受业，居学数年，通《五经》《五纬》，号曰十经，名冠当时，同门称为颜子。闲居读《易》《老》，入庐山事沙门惠远。时彭城刘遗民遁庐山，陶渊明亦居彭泽山，时谓之"寻阳三隐"。续之终身不娶，好游名山，注嵇康《高士传》。

高祖即位，乃召之，上为开馆东郭外，招集生徒，乘舆临幸。后疾，居钟山，卒。通《诗》六义及《礼论》，注《公羊传》，皆行于世。

王弘之字方平，宣训卫尉镇之弟也。少孤，从叔献之重焉。晋隆安中，为司徒主簿。性好山水，病归，时殷仲文还姑熟，桓谦要弘之送别，弘之曰："凡祖离送别，必在有情，下官与殷风马不接，无缘扈从。"谦贵其言。家在会稽上虞，从兄敬弘为右仆射，尝解貂裘乞弘之，弘之即着以采药。

性好钓，上虞江有一处名三石头，弘之尝垂纶于此。经过者不识之，或问："渔师得鱼卖不？"弘之曰："亦自不得，得亦不卖。"日夕，载鱼入上虞郭，经亲故门，各留一两头置门内而去。始宁沃川有佳山水，弘之又依岩筑室。谢灵运、颜延之

---

① 长史孙劭至竹林园舍："孙劭"，《宋书·戴颙传》《南史·戴颙传》作"张邵"。

并相钦重焉。元嘉四年,卒。子昙生。

刘凝之字志安,小名长年,南郡枝江人。父期公,衡阳太守。兄盛公,高尚不仕。凝之少慕老莱、严子陵为人,立屋野外,非力不食。妻梁氏,[①] 不慕荣华,夫妻共乘薄笨车,出市买易,周用之外,辄以施人。数征不起,为村里所诬,一年三输公调,求辄与之。

时荆州饥,衡阳王义季遗钱十万,凝之得,大喜,将钱至市门,睹有饥色者,悉分与之。好山水,一旦泛江湖,隐于衡山高岭,绝人事。以元嘉二十五年卒。

戴法兴,会稽山阴人也。家贫,父硕子,以贩纻为业。法兴与二兄延寿、延兴并修慕学,延寿善书,法兴好学。山阴有陈戴者,[②] 家富,有钱三千万,乡人盛云:"戴硕子三男敌陈戴三千万钱。"

法兴少卖葛于山阴市,后为世祖征虏记室,使典签。世祖即位,累迁至南台御史,同中书舍人,转给事中、太子旅贲中郎将。专管内务,权重当时,家累千金。废帝即位,迁越骑校尉。时巢尚之为始兴王濬侍读,转至中书,与法兴执权,威行内外。废帝未亲万机,凡诏敕悉决法兴手,尚书中事无大小,专断之,颜师伯、江夏王义恭皆空名而已。后为阉人华愿儿鬼谋言于上云:"百姓以法兴为真天子。"帝怒,免官,还田里,赐死。巢尚之出为新安太守,卒。

阮佃夫,会稽诸暨人也。元嘉中,出身为台小吏。太宗初出阁,选为主衣。景和末,太宗被拘于殿内,住在秘书省,为帝所疑,大祸将至。其夜佃夫与王道隆、李道儿等共谋废立。时景和元年,帝出华林园后堂射,佃夫与内官侍卫连谋杀帝于华林园堂中。建安王休范与山阳王休祐时随帝在堂,觉,奔景阳山。太宗即位,论功封佃夫建成侯。

佃夫与王道隆、杨运长等并执权,亚人主,方于巢、戴,蔑如也。宅舍园池,诸王莫比奢侈,罗锦、女伎冠绝。每制一衣一物,京师莫不效法焉。于宅开渎,东出十里许,塘岸齐整,每奏女乐,泛轻舟。若有宾客十数时至,于珍羞必备。佃夫仆从附隶,皆受不次之位,而促车人虎贲中郎将,傍马者员外郎。太宗

---

① 妻梁氏:据《宋书·刘凝之传》《南史·刘凝之传》,刘凝之妻郭氏。
② 山阴有陈戴者:"陈戴",《南史·戴法兴传》同,《宋书·戴法兴传》作"陈载"。

崩，废帝即位，佃夫权任转重。元徽初，迁黄门侍郎，寻拜冠军将军、南豫州刺史，仍管内任。时废帝猖狂，游走无度，内外惶惧。佃夫密与直阁将军申伯宗、步兵校尉朱幼、于天宝等谋，因帝出江乘射雉，执废之，而立安成王，会帝不成向江乘，其事不行。于天宝以其谋告帝，乃收佃夫、伯宗、幼等，赐死。

晋义熙十三年，嵩山获玉璧三十二。沙门法称曰："璧，刘氏卜世之数也。"本志曰："三十年一世，三十二者二世也。"宋有天下实六十。初，零陵作官不得，终为黔首。而宋氏八帝，遗命者五主，存命者三君，往复报施，如斯之速也。谓天盖高，何其察也。

宋高祖武皇帝以盖世雄才，起匹夫而并六合，克国得隽，奇略多于魏武；功施天下，盛德厚于晋宣。怀荒伐叛之劳，夷边荡险之力，百战百胜，有可得而论者矣。拔足行间，却孙恩蚁聚之众；一朝奋臂，扫桓玄盘石之宗。万轨长驱，则三齐无坚垒；回戈内赴，则丘岭无余妖。命孙季高于巨海之上，而番禺席卷；擢朱龄石于百夫之下，而庸蜀来王。羌胡畏威，交为表里，董率虎旅，以俟中原。石门、巨野之隘，指麾开辟；鹊头、灞上之阻，曾莫藩篱。虏其酋豪，迁其重器，登未央而洒酒，过长陵而下拜，盛矣哉！悠悠百年，未之有也。于是倒载干戈，休兵四水，彤弓纳陛，肇有宋都。然后请号上帝，步蹑前王，零陵去之而无猜心，高祖受之而无愧色。古之所谓义取天下者，斯之谓焉！其提挈创业，则魏、孟、何、刘；辅相总持，则穆之、徐羡；镇恶、道济经其武；傅亮、谢晦纬其文；长沙以家弟共艰难；烈武以清贞定南楚，其他胥附奔走，云霏雾集，若榱椽之构大厦，众星之仰河汉，或取之于民誉，或得之于未名。群才必呈，智能咸效，爵不妄加，官不私谒。晋末以荒淫混乱，阿党容纵，莫不扫荡革易，与之更始。君行卑而咸不为奢，民勤戍而下无怨讟，品令宥密，赏罚端平，远无不怀，迩无不附。属为州郡者，则南过交阯，西苞剑阁，北划大河，而境东海，七分天下而复其四。永初末岁，天子负扆矜怀，以燕、代戎幄，岐、梁重梗，将誓六师，屠桑干而境北狄，三事大夫，顾相谓曰："待夫振旅凯入，乘辕南返，请具银绳琼检，昭告东岳。"既而洮颊不兴，即年厌世。营阳狎于不顺，以败皇舆。太祖宽肃宣惠，大成先志，表越二昆，来膺宝命。沉明内断，不欲由宁氏挠权，逼使芒刺在躬。亲临朝政，率遵恭法，斟酌先王之典，弘宣当世之宜。民乐其生，鲜陷刑辟，仁厚之化，既以播流，率土欣欣，无思不悦。每车驾巡幸，箫鼓所闻，百姓皆扶老携幼，想望仪刑，爱之乐之孜孜如不足尔。初，徐、傅伏诛，继求内相，王弘处之而思降，彭城欲之而不违，王华、殷景仁以中熙帝载；谢弘微、王昙首以沉密赞枢机；徐湛之、江湛、王僧绰以体国彰义正，谢方明、刘道产以德爱称良能，高简则王令明，清贵则王镇。文章则颜延之、谢灵运，有命世之巨才。儒雅则裴、荀、何、傅，为师表之高学。刚亮骨鲠则袁粲、蔡子度；建言忠益，则范泰、何尚之。其宗室藩翰，帝弟帝子，江夏、衡阳、南平、庐陵、随王、建平、临川、新渝，或倩令夷宵，或文敏沾洽，皆博爱以礼，率土明美，流誉三四十年，为多士矣。上亦蕴藉义文，思弘儒术，庠序建于国都，四学分于家巷。天子乃移跸下辇以从之，束帛宴语以观之，士莫不敦阅诗书，沐浴礼义，淑慎规矩，斐然向风。其行修言道者，然后登朝受职；威仪轻佻者，不齿于乡间。公宫非傧羽不来庭，私家非轩盖不逾国，冠冕以之，雍容如也。于是文教既兴，武功亦慕，命将受律，指日如期。檀、萧薄伐，则南登象浦；刘、裴爱整，则西践仇池。良驹巨象，充塞外厩，奇琛宝货，下逮百寮。禽兽草木之瑞，月有六七；绳山航海之译，岁且十余。江东已来，有国有家，丰功茂德，未有如斯盛者也。然值北方疆，周、韩岁扰，金墉、虎牢，伐有得失。二十七年，偏师克复河南，横挑强胡百万之众，匈奴遂跨彭沛，航淮浦，设穹庐于瓜步，请公主以和亲。于时精兵猛将，婴城而不敢斗；谋臣智士，折挠而无所称。天子三朝燕飨，单于临江高会，于是起尽室之财，轴舻千里，缘江而阵。我守既严，胡兵亦急，且知大川所以限南北也。疲老而归退，我追奔之师，橐弓裹足，系虏之民，流离道路，江、淮已北萧然矣。重以含章巫蛊，始自三逆，殿杀酷帝，史之于闻，仲尼以为非一朝一夕之故，其所由来者渐矣，由辨之不早辨也。

　　世祖率先九牧，大雪冤耻，身当历数，正位震居。聪明徇达，博文强识，威可以整法，智足以胜奸，人君之略，几殆备矣。时之风流领袖，则谢庄、何偃、王彧、蔡兴宗、袁顗、袁粲；御武名将，则沈庆之、柳元景、宗悫、朱脩之，或清华以秀雅，或骁果以生类，固以轨道，廊庙之中，方驾向时之略。若颜竣经纶忠烈，乃躬谅直，虽晋之狐赵，无以尚焉。帝即位二三年间，方逞其欲，言拒谏违，天下失望。而有世祖于才明，少以礼度自肃，思武皇之节俭，追太祖之宽恕，则汉之文、景，曾何足论。景和申之以淫虐，太宗易之以昏纵，师旅荐兴，边鄙促迫，人怀苟且，朝无纪纲，内宠方议其安，外物已睹其败矣。世祖登遐，既委重于二戴；太宗晏驾，亦托孤于王、阮。沟近之道归，冲人之鬐如一，然宋祚未绝于永光，重以宗之见窘，水德遂亡，实由强臣之受辱，且顾命群公，从容自若，畏懦伊、霍之机，倚靡唐、虞之际，于是蔚炳胥变，明命就迁，俯仰之间，兴衰易觌之矣。周自平王东迁，崎岖河、洛，其后二十四世，而赧始亡之。汉自章、和既降，颠覆阉竖，其后百有余载，而献始禅之。何则周、汉灵长，如彼难拔，近代脆促，若此易崩，非徒天时，有人事矣。开鸿荒者难为虑，因成事者易为力，曹、马规模悬乎前载，苟有斯会，实启英雄。而况太宗为之驱驰，先颠其本根，本根既蹶，枝叶自摧，斯则始于人事者。昔二代将亡，殷辛、夏癸相去数百年间，异代而复出。宋自景和、元徽，首尾不能十载，而除过于两君，斯则天之所弃于前王也。天意人事，其微如是，虽欲勿丧，其可得乎？若乃拯厥涂炭，驭逆取欲者，汤武之功也。锄当路饰，揖让之名者，近代之事也。岂应天从民，道有优劣，故宗庙社稷，修短有数乎？不然，何则殊途缅邈如斯之远也。夫山岳崩颓，必有朽坏之隙；春秋迭代，必有去故之悲。是以临危亡而抚运，未有不扼腕留连者也。近古之弊，化薄俗行乎宋氏，宋氏成败，得失验乎行事，设而言之，载于篇籍矣。系叙其所创业垂统，而怀其旧俗，遗风余烈，将不嗒然建乎？贤人君子，英声余论，以附于兹。子野曾祖，宋中大夫、西乡侯，以文帝十三年受诏撰《起居注》。十六年，重被诏续成何承天《宋书》，其年终于位，书则未遑述作。齐兴后十余年，宋之新史，既行于世。子野生乎太始之季，长于永明之间，家有旧书，闻见交接，是以不量深浅，因宋之新史，以为《宋略》二十卷。剪裁繁文，删撮事要，即其简宣，志以为名，若夫黜恶彰善，臧否与夺，则质以先达格言，不有私也。岂以勒成一家，贻之好事，盖司典之后，而不敢忘焉。

裴子野曰：余齐末无事，聊撰此书，近史易行，颇见传写。比更寻读，繁秽犹多，微重刊削，尚未为详定。

建康实录卷第十五　齐上

太祖高皇帝

太祖高皇帝姓萧，讳道成，字绍伯，小名斗将，汉相国何二十四代孙。何初居沛，何孙侍中彪，免官，居东海兰陵县中都里。晋元康元年，乃分东海为兰陵郡。中朝乱，帝四世祖淮阴令整，过江，居晋陵武进县。侨而置本土，加以南名，于是为南兰陵人也。

皇考承之，字嗣伯，少有大志，而才力过人。初为宋建威大将军府参军，累迁汉中太守，追破主帅杨难当于峨山，①乃平梁州，入为右军将军。元嘉二十五年，梁士思之，②为于峨山立庙。

太祖以宋元嘉四年丁卯岁生，姿表英异，龙颡钟声，鳞文遍体。年十三，从雷次宗学于鸡笼山，受《礼》及《左氏春秋》。二十三年，随戍沔口，初为左军中兵参军。二十九年，领偏军征仇池，破二垒。文帝崩，累迁自建康令，为右将军，大破薛索儿于石梁。明帝即位，授南兖州刺史、冠军将军。而明帝常嫌太祖非人臣相，且民间流言萧姓当为天子，明帝愈以为疑。泰始七年，征赴京师，拜散骑常侍、太子左卫率。明帝崩，诏为右卫将军，加兵五百人。与尚书令袁粲、褚渊等共掌机事。

及苍梧王立，元徽二年，江州刺史桂阳王休范举兵叛于寻阳，众二万，发溢口。太祖议分兵屯守，出镇自新亭，单车白服。宋天子加太祖持节、都督征讨诸军事、

---

① 追破至于峨山："峨山"，徐钞本作"娥公山"，《南齐书·高帝纪》作"峨公山"。
② 梁士思之："梁士"，文意不通，宋本、徐钞本、《南史·高帝纪》作"梁土"，当是。

平南将军。筑新亭城，未毕，贼前驱已至，太祖方解衣高卧，以安众心。乃索白虎幡，登西垣，使将军高道庆、陈显达浮舸与贼水战，自新亭北至赤岸，① 大破之，烧其船舰。贼上新亭，休范乘肩舆率众至，而太祖大破之，张敬儿斩休范首。而贼将丁文豪仍设伏破台军于皂荚桥，至朱雀航，而太祖使陈显达、任农夫、张敬儿、周盘龙等散讨诸贼。时休范典签许公与等诈称休范在新亭，士庶惶惧，诣垒期赴休范投名者千数，太祖得而烧之，喻遣还。乃振旅凯入，百姓聚观曰："全国家者，此公也。"迁镇军将军、兖州刺史，进爵为公，邑三千户。

休范平后，苍梧王凶暴猜忌，欲加大祸，陈太妃骂之曰："萧道成有功于国，今若害之，后谁为汝著力也？"乃止。太祖加忧惧，后常欲以太祖脐为射的，仅得免。乃与二十五人谋反，与杨玉夫等同谋杀苍梧王，而迎立汝阴王。其夜，王敬则驰苍梧首于太祖，太祖夜入承明门，乘所骑赤马入殿内。及太祖践祚，号此马为"龙骧将军"，世谓"龙骧赤色"也。

及沈攸之矫太后令下都，京师恐惧，太祖入居朝堂，命诸将西讨之。袁粲、刘彦节等谋于石头，皆杀之。彦节走额担湖，② 王蕴走斗场，追擒斩之。

粲无继世之调，③ 而流放好酒，步屧白杨郊野间，道遇士大夫，便呼与酣饮。明日，谓彼知故，到门求通，粲曰："昨饮酒无偶，聊相邀尔。"竟不相见。

初，苍梧之废也，彦节于集议路逢弟韫，曰："今日之事，故当归兄耶？"彦节曰："吾等以让领军矣。"韫自捶胸曰："君肉中讵有血乎？"

诏假太祖黄钺，率大众出新亭中兴垒，以拒攸之。攸之败，传首京师。进太祖太尉、都督徐兖等十六州诸军事。己酉，④ 增班剑四十人，甲仗百人入殿，加羽葆、鼓吹。

自大明、泰始已来，相承奢侈，百姓成俗，太祖辅政，罢御府，省二尚方诸饰玩，集兼不得以金银锦绣为缘器等。

九月，进位领扬州牧，剑履上殿，入朝不趋，赞拜不名。置左右长史、司马、从事中郎将、掾、属各四人。

三月甲辰，⑤ 诏进位相国，总百揆，封十郡为齐公，备九锡之礼，加玺绂、远游冠，

---

① 自新亭北至赤岸："新亭"，《南齐书·高帝纪》、《通鉴》卷一三三作"新林"。
② 额担湖：或当作"迎担湖"。
③ 粲无继世之调：四库本作"粲无经世之略"，于义为优。
④ 己酉：《南齐书·高帝纪》《南史·齐本纪上》"己酉"前有"三月"二字，此事发生于三月己酉。
⑤ 三月甲辰：据《南齐书·高帝纪》《南史·齐本纪上》，"三月"前脱"三年"二字。

位在诸王公上，加相国绿纨绶。三让，公卿敦劝，乃受。宋帝策命，诏齐国初建，给钱帛万。

四月癸酉，进齐公爵为王。卫将军褚渊奉策授玺绂，金虎符第一至第五，锡兹玄土，苴以白茅，改立王社。丙戌，命齐王冕十有二旒，建天子旌旗，出警入跸，一依天子仪。

辛卯，宋帝禅位，便逊位别宫，诏依唐虞、魏晋故事。是日，宋帝逊位东邸，备羽仪，出东掖门，曰："何不进鼓吹？"左右无有答者。壬辰，策命齐王，遣使持节兼太保雩都县侯褚渊、兼太尉王僧虔奉皇帝玺绂，受终之礼，一依唐虞故事。太祖三辞，宋帝王公已下固请。太史令、将作匠陈文建陈符命曰："六，亢位也。汉建武至建安二十五年，一百九十六年而禅魏；魏自黄初至咸熙二年，四十六年而禅晋；晋自泰始至元熙二年，一百五十六年而禅宋；宋自永初元年至昇明三年，凡六十年：咸以六终六受。"右仆射王俭奏"被宋诏逊位，臣等参议，宜克日舆驾受禅，撰立仪注"。太祖乃许之。

建元元年夏四月甲午，上即皇帝位于南郊，设坛。柴燎告天。礼毕，车驾还宫，临太极前殿。大赦天下，改昇明三年为建元元年。封宋帝为汝阴王，筑宫丹杨故县，行宋正朔，车旗服色，一如晋宋故事，上书不为表，答表不称诏。宋诸王降为公，公主为县君，诏封降有差。有司奏除《元嘉历》为《建元历》，木德盛卯终未，以正月卯社，十二月未腊。

丙辰，①诏遣大使巡行四方。己未，汝阴王薨，谥为顺帝。追尊皇考曰宣皇帝，妣曰孝皇后，追尊兄道度、道生为王。

庚辰，②七庙立主，备法驾，即于太庙。甲申，立皇太子赜。见刑人重者，降一等。立皇子嶷等为王。乙酉，葬顺帝于遂宁陵。

秋七月，诏南兰陵桑梓本乡，长蠲租布。南武进王业所基，复十年。

丙子，③立彭城刘胤为汝阴王，奉宋帝后。

二年三月己亥，高丽、吐谷浑遣使贡献，进高丽王高琏为乐浪公。

九月，葬皇太子妃裴氏休安陵。时议欲立石志，不出礼典，起宋元嘉中，颜延之为王球石志。素族无铭策，故以纪行。自尔已来，共相祖习，储妃之重，礼

---

① 丙辰：据《南齐书·高帝纪》《南史·齐本纪上》，此事发生于是年五月丙辰。
② 庚辰：据《南齐书·高帝纪》，"庚辰"与下文甲申、乙酉事发生于是年六月。
③ 丙子：七月辛丑朔，无丙子。《南齐书·高帝纪》《南史·齐本纪上》记此事为十月，十月己巳朔，丙子为初八日，是。此"丙子"前脱"十月"。

殊恒列,既有哀策,谓不须石志。从之。①【原阙】

世祖武皇帝

举体生毛。②至元徽四年,沈攸之事起,上以中流可以待敌,据湓口城为战守之备。太祖闻,喜曰:"真我子也。"

齐国建,为齐世子,以石头为世子宫。太祖即位,为皇太子。

建元四年三月壬戌,太祖崩,上即位,大赦。征镇、州郡令长、军屯部伍,各行丧三日,不得离任。乙丑,以司徒褚渊录尚书事,左仆射王俭为尚书令,车骑将军张敬儿开府仪同三司。

六月,立皇太子长懋。丙寅,③立皇太子妃王氏。

八月,褚渊薨。

永明元年正月,车驾南郊。大赦,改元。内外群僚各举所知,而随分登叙。下诏改葬袁粲、刘彦节,褒赞前功,而沈攸之得送丧还旧墓。

二月,荧惑入太微。时中书舍人各住一省,时谓之"四户",既总重权,而势倾天下。玄象失度,史官请行祈禳之礼。王俭曰:"天文乖忤,此祸由四户。"乃具奏舍人吕文显等专权,上纳而不改。

二年秋七月,车驾幸青溪旧宫。奏金石乐,在位者赋诗。

戊申,④幸玄武湖。

三年八月乙未,幸中堂听讼。

四年春正月甲申,⑤籍田,礼毕,车驾幸阅武堂,劳酒小会。

五年三月戊子,幸芳林园禊宴。

九月九日,登商飚馆。馆所立在孙陵岗,世呼为九日台也。

---

① 储妃之重至从之:除四库本外,"储妃"二字以下各本皆缺,四库本有"重礼殊恒别既有哀策谓不须石志从之"十六字,张校本以为是四库馆臣据《南齐书·礼志》补,今从之。又各本仍缺高帝建元二年九月以后之事。

② 举体生毛:四库本无此四字,另有"黄门郎沈攸之在荆楚,宋朝密为之备"十五字。张校本以为此系四库馆臣据《南齐书·武帝纪》补改。

③ 丙寅:是月甲申朔,无丙寅。《南齐书·武帝纪》作"丙申",为十三日,是。

④ 戊申:七月壬申朔,无戊申。《南齐书·武帝纪》《南史·齐本纪上》作"八月戊申",是,则此"戊申"前脱"八月"二字。

⑤ 四年春正月甲申:据徐钞本、《南齐书·武帝纪》《南史·齐本纪上》,当作"闰正月甲寅"。

六年春正月，听览京师二百里内狱囚。

七年五月，王俭薨。

八年六月，大雷，而有黄光竟天，照地状如金色。王融上《金天颂》，王摛曰："此荧惑光，非金也。"

十月，桃李再花，占曰："人君妃妾过制，虚饰无实，今则桃李再花。"时后宫万余人，宫内不容，太乐内茅室皆暴露。

九年。

十年。

十一年春正月丙子，① 皇太子长懋薨。

夏四月甲午，立皇孙昭业为皇太孙，立妃何氏。赐天下为父后者爵一级。

七月，上不豫，徙御延昌殿，车舆始登阶而殿屋鸣咤，上恶之。戊寅，大渐。诏曰："太孙进德日茂，社稷有寄。子良善相毗辅，尚书中务，悉委王晏、徐孝嗣等。军旅捍边，委王敬则、陈显达、王广之、沈文季等。"又诏不得宝器入梓宫。是日，上崩，年五十四，庙号世祖，谥武皇帝。

上刚毅有断，治教大体，以富国为先，颇好游宴。

九月，葬景安陵。

初，十一年秋七月，月入太微。先是匈奴中谣言云："赤火南流丧南国。"于是匈奴始视为寇，帝方患而忧之，是岁果有沙门从北来，赍此火而至，火色赤于常火而微，云以治疾。贵贱争取之，多得其验。二十余日，京师咸云"圣火"。诏使吏浇灭之。而民亦有窃蓄者，治病先斋戒，以火灸桃板七炷而疾愈。吴兴丘国宾，好事士也，窃还乡邑，邑人杨道庆虚疾，二十年间，形容骨立，依法灸板一炷，能坐，即全瘥。是月，帝崩。

史臣曰：齐高帝基命之初，武功潜用，泰始开运，大拯时艰。及苍梧暴虐，衅结朝野，而百姓懔懔，命悬朝夕。权道既行，兼济天下。元功振主，利器难以假人。群方戮力，实怀尺寸之望，岂惟天厌水行，固已人希木德，归功与能，事极乎此。武帝云雷伊始，功参佐命，虽为继体，事实艰难。御袤垂旒，深存政典，文武受任，不革旧章，明罚厚恩，皆由己出。外表无尘，内朝多豫，机事平理，职贡有常，②

---

① 十一年春正月丙子：《南齐书·武帝纪》同，《南史·齐本纪上》作"乙亥"。正月壬子朔，乙亥为二十四日，丙子为二十五日。《南齐书·礼志》载萧长懋忌日为正月二十四日，则"乙亥"为是。

② 职贡有常：《南齐书·武帝纪》《南史·齐本纪上》作"职贡有恒"，张校本疑此为避宋真宗名讳改。

府藏内充，人鲜劳役。宫室苑囿，未足以伤财，安乐延年，众庶所同幸，亦有齐之良主也。

废帝郁林王

郁林王昭业字元尚，文惠太子长子也。小名法身。文惠薨，立昭业。二十岁为皇太孙，居东宫。世祖永明十一年七月崩，太孙即帝位。辛酉，追尊文惠为世宗文皇帝，尊太妃为皇太后，立何氏为皇后。①

初，昭业年五岁，戏高帝床前，方拔白发，召问太孙曰："我谁邪？"答曰："太公。"高帝笑曰："岂有为人曾祖拔白发乎！"即掷镜、镊。

隆昌元年春正月丁未，改元，大赦。诏百寮陈得失，各举所知。

七月癸巳，皇太后令废帝为郁林王。

昭业美容止，好隶书，世祖敕皇孙手书不得妄出，以重之。出入常禁其起居，②节其用度。昭业尝谓豫章王妃庾氏曰："阿婆，佛法言，有福德生帝王家，今日见作天王，便是大罪。左右主帅，动见拘縶，不如作市井屠沽富儿百倍矣。"及即位，极意赐与，动百数十万。未期之间，世祖库储钱亿数垂尽。而开主衣库与皇后宠观之，人人恣意，所欲取之，诸宝器以相击剖破碎之，以为笑乐。居常裸袒，着红縠袴彩袒服。好斗鸡，密买鸡至千价。世祖御物甘草杖，宫人寸断用之。与武帝幸姬霍氏淫通，③长留宫内，声云度霍氏为尼，以余人代之。何皇后亦乱，斋阁通夜洞开，内外混杂，西昌侯鸾屡谏，不纳。乃疑鸾有异志，鸾惧变，先谋废帝。二十二日，使萧谌、坦之等于省诛帝羽翼曹道刚、朱隆之等，率兵自尚书省入云龙门，戎服加朱衣于上。比入门，三失履。帝在寿昌殿，闻外变，走向爱姬徐氏户，④拔剑自刺不中，以帛绵缠头，舆接出延德殿。谌初入，宿卫将士皆执弓楯相拒，谌曰："所取自有人，卿等不须动。"宿卫信之。及见帝出，各欲自奋，帝竟无言。及被杀，时年二十一。舆尸出徐龙驹宅，殡葬以王礼，余党亦见诛。明日，

---

① 辛酉至立何氏为皇后：《南齐书·郁林王纪》《南史·齐本纪下》载此事发生于九月辛酉，则"辛酉"前脱"九月"二字。又，尊太妃为皇太妃、立何氏为皇后事，《南齐书·郁林王纪》《南史·齐本纪下》载发生于十月壬寅。
② 出入常禁其起居：文意不通，徐钞本"出入"作"文惠"，《南齐书·郁林王纪》作"文惠太子禁其起居"，是。
③ 与武帝幸姬霍氏淫通："武帝"，《南齐书·郁林王纪》《南史·齐本纪下》作"文帝"，即世宗萧长懋。
④ 走向爱姬徐氏户："徐氏"，据《南史·齐本纪下》，萧昭业令上文霍氏改姓为徐氏，两者为一人。

乃宣令而立海陵王。

废帝海陵王

海陵王昭文字季尚，文惠太子第二子也。郁林即位，封为新安王。其年郁林废，尚书令西昌侯鸾议立昭文为帝。

延兴元年秋七月丁酉，即皇帝位。以西昌侯鸾为录尚书事、扬州刺史、宣城郡公。大赦天下，改元。

九月癸未，诛司徒鄱阳王锵、大将军随王子隆、南兖州刺史安陆王子敬。江州刺史晋安王子懋。于是三王遂起兵，[①]遣中护军王玄邈讨诛之。己未，鸾假黄钺，内外纂严。丁酉，进宣城公鸾为太傅，加殊礼，进为王，而尽诛诸王为藩镇者。以宣城王辅政，帝起居皆咨而后行。常思蒸鱼菜，太官令答无录公命，竟不献。

十月辛亥，皇太后令，以嗣主幼冲，庶政多失，宗王内侮，藩戚外叛。自非树长君，无以镇渊器。太傅宣城王胤体宣皇，钟慈太祖，宜入承替命。[②]帝降为海陵王。建武元年，诏海陵王依汉东海王故事。

十一月，称王有疾，遣御师占视，乃殒之，时年十五，谥曰恭王。先是，宝志沙门住东宫，常从平昌门入，忽云："门限上血污人衣。"褰裳走过。俄而，载帝尸自此门出，帝颈血流于门限。

史臣曰：郭璞称永昌之占，二日之象，而隆昌之号亦同焉。案，汉灵帝中平六年四月崩，太子辩十岁即位，改光熹元年。张让、段珪诛后，改为昭宁。董卓辅政，改为永汉，卓废帝为弘农王，一百七十日鸩之。九月，立灵帝子协，却号中平。一年四号也。晋惠帝太安二年，长沙王反，事败，成都王颖改元为永安，颖自邺奔，河间王复改元为永兴，一岁三号也。隆昌、延兴、建武亦三号。故知丧乱之轨，逾千载而必同之矣。

[①] 于是三王遂起兵：按三王起兵指鄱阳王萧锵、随王萧子隆、安陆王萧子敬，萧子懋起兵时已被诛。张校本认为"三王"当移至上文"安陆王子敬"下。

[②] 宜入承替命：徐钞本作"宜入承宝命。"

高宗明皇帝

高宗明皇帝讳鸾，字景栖，始安贞王道生之子也。小名玄庆。①少孤，太祖抚育，过于诸子。宋泰豫元年，为安吉令，有严能之名。累迁辅国将军、淮南太守。太祖践阼，迁侍中，封西昌侯。世祖即位，为度支尚书，转左卫将军。清道而行，迁左仆射。海陵王立，为录尚书事，镇东府，加黄钺，班剑，进为宣城王。太后废帝海陵王，以上入纂太祖为第三子也，群臣三请，乃受命。

冬十月癸亥，即皇帝位。大赦，改元。

建武元年，大司马王敬则等十三人并进封邑户。诏省尚方雕刻。新林苑地悉以还百姓。追尊始安贞王为景皇帝，妃为懿皇后。戊子，②立皇子宝卷为皇太子。赐天下为父后者爵一级。自辅政所诛十八王，是月复属籍，各封子为侯。

二年夏六月，诛西阳、南海、邵陵等三王，而杀萧谌。

八月，纳皇太子妃褚氏。大赦，王公已下赐有差。③

十二月，诏晋、宋诸陵，悉加修理。

三年冬十月，皇太子冠。赐王公以下帛有差。

四年春，大赦。庚辰，诏："人产子者，蠲父母役一年。新婚者，蠲夫役一年。"④

永泰元年春正月朔，大赦。丁未，诛河东、临贺、西阳、永阳、南康、衡阳、湘东、南郡、巴陵、桂阳等十王，子皆死之。

四月甲寅，改元，大赦。丁未，⑤大司马会稽太守王敬则举兵反。

夏五月，使辅国将军刘山阳东讨，斩敬则。

秋七月己酉，帝崩于正福殿，时年四十七。遗诏以沈文季为左仆射，江祏为右仆射，封江祀侍中，刘暄卫尉卿。军政大事内外，皆委徐孝嗣、遥光、⑥萧坦之等，为心膂之任。葬兴安陵，谥明皇帝，庙号高宗。

---

① 小名玄庆："玄庆"，《南齐书·明帝纪》《南史·齐本纪下》作"玄度"。
② 戊子：据《南齐书·明帝纪》《南史·齐本纪下》，此事发生于十一月，故"戊子"前脱"十一月"三字。
③ 八月纳皇太子妃褚氏大赦王公已下赐有差：《南齐书·明帝纪》《南史·齐本纪下》系此事于"十月乙卯"，《通鉴》卷一四〇作"十一月己卯"，乙卯为十月二十日，己卯为十一月十四日，未知孰是。
④ 庚辰至役一年：《南齐书·明帝纪》《南史·齐本纪下》系此事于"正月壬寅"，是月己丑朔，无庚辰，壬寅为十四日，张校本据之改正。
⑤ 丁未：是月壬子朔，无丁未。《南齐书·明帝纪》作"丁卯"，《南史·齐本纪下》作"丁丑"，两日皆在四月。张校本认为《通鉴》卷一四一叙王敬则造反事在庚午之前，故"丁卯"当是。
⑥ 遥光：前缺"萧"字。

帝明审有吏才，持法无所借。制御亲幸，臣下肃清。驱使人夫，存其俭约。舆辇舟乘，剔去金银，还主衣库。太官进膳有裹蒸，帝曰："我食此不尽，可四片破之，余充晚食。"而世祖掖庭中宫服御，一无所改。

　　性多猜虑，故亟行诛戮。而出入互唱，南出唱北，东行唱西，而示简于出入，竟不南郊。上初有疾，通道术，身衣绛衣，服饰皆赤，以厌之。巫云："后湖水头径入宫内，致帝有疾。"乃自至太官行水沟，左右启"太官若无此水则不立"。帝意塞之，欲南引淮流，会帝崩，事寝。

废帝东昏侯

　　东昏侯宝卷字智藏，高宗第二子也。本名贤，① 高宗辅政改焉。建武元年，立为太子。

　　永泰元年七月，高宗崩，太子即位，改元。

　　永元元年十一月，立皇子诵为皇太子。赐为父后者爵一级。② 丙辰，③ 扬州刺史始安王遥光据东府反，遣领军萧坦之讨平之，传首。

　　九月壬戌，以频诛大臣，大赦天下。

　　十一月，太尉、江州刺史陈显达反。

　　十二月，显达至京师。乙酉，斩首，余党尽平。

　　二年三月，诏使崔惠景讨豫州刺史裴叔业及兄子植。惠景时为平西将军，于广陵起兵反，袭京师，徐州刺史江夏王宝玄以京城纳之。乙卯，帝使领军王莹屯北篱门，惠景破之，遂入京师。豫州刺史萧懿起义兵，大破惠景。诏曲赦京邑。江夏王宝玄伏诛。

　　十月，害尚书令萧懿。

　　十一月甲寅，萧颖胄起兵于荆州。

　　十二月，雍州刺史梁王萧衍起兵于襄阳。

　　三年二月，诏羽林兵征雍州，中外纂严。

　　三月丁未，衍立南康王宝融，即皇帝位于江陵。癸丑，遣平西将军陈伯之西征。

---

① 本名贤：《南齐书·东昏侯纪》《南史·齐本纪下》作"本名明贤"。
② 永元元年至爵一级：《南齐书·东昏侯纪》《南史·齐本纪下》系此事于四月己巳，且下文中有十一月事，故此处"十一月"当为"四月"之误。
③ 丙辰：《南史·齐本纪下》《册府》卷二〇七作"八月丙辰"，《南齐书·萧遥光传》亦载其起事在八月。

八月，以光禄张瓌镇石头，以太子左卫率李居士总督诸军，屯新亭。是日，义军至南州，李居士败新亭，降义军。将军徐元瑜以东府城降义军。

十二月，王珍国、侍中张稷率兵入殿废帝，① 时年十九。

帝在东宫，便好弄，不喜书，常夜捕鼠达旦为乐。高宗临崩，属以隆昌为戒，曰："作事不可在人后。"故数诛大臣，委任群小。

性讷涩少言，惟亲阉竖及左右。自江祏、始安王遥光等诛后，骑马日夜于后堂戏，叫呼倡伎，以五更就卧，至晡方起。王侯朝臣节朔朝见，晡后方前，或时遣出。台阁奏案，月数十日不报。② 初，二年元会，食后方出，朝贺才竟，便还西序寝，自巳至申，百寮陪位，皆僵仆菜色。比起就位，忽遽便罢。

陈显达平后，出游走，逐居民于郊外，数十里皆空家尽室。巷陌悬幔高为障，置仗人防守，谓之"屏除"。或周环京邑。是时，一月二十余出，三四更中，鼓声四出，幡戟横路，百姓喧走，士庶不辩。出不言定所，夜出夜返，火光烛天，鼓吹鸣铍眩地。置射雉场二百九十六所，郊郭帷翳，四民皆废业，樵苏路断。又于后宫起仙华、神仙、玉寿诸殿，尽用雕彩，以麝杂香涂壁。时世祖兴光楼上施青漆，世谓之"青楼"。帝曰："武帝不巧，何不纯用琉璃。"

贵妃潘氏服御，极选珍异，主衣库旧物，不复充用。琥珀钏一只，直一百七十万。京邑酒租，皆折使输金。又立紫阁诸楼，壁上画男女私亵之像。种好树美竹，征求民家，望树便取，朝栽暮拔，道路相继。又于宫中立市，太官乃朝进酒肉肴果，使宫人阉竖共为裨贩。潘妃为市令，帝为市魁，将斗者就潘氏判决。苑中作土山，筑渠立堰。以新蔡人徐世标为直阁将军，③ 杀戮皆用其党，茹法珍、梅虫儿等专权，内外缄口。及义师至近郊，乃聚兵为固守之计，而信鬼神，迎拜蒋子文为相国、扬州牧，封钟山王。时范云谓朱光尚曰："卿是天子要近人，当思谏诤。"光尚曰："至尊不可谏正，当以鬼神达意。"后帝马惊，光尚曰："先帝嗔，不许数出。"帝大怒，乃拔刀与光尚寻觅，不见，乃缚草作高宗形，北面斩之，悬首苑门上。潘妃生女百日死，帝斩衰绖杖，群臣来吊，盘地坐，举手受执。及将军席豪死，于是闭城自守，城内军事一委任王珍国。而闻外鼓吹叫声，披大红袍，登景阳楼屋上望，弩几中之。士卒怨之，不为致力，募兵出战至城门，皆坐甲自守。

---

① 王珍国至入殿废帝："入殿废帝"，《南史·齐本纪下》作"入殿杀帝"。
② 月数十日不报：《南齐书·东昏侯纪》《南史·齐本纪下》作"月数十日乃报"。
③ 以新蔡人徐世标为直阁将军："徐世标"，《南齐书·东昏侯纪》《南史·茹法珍传》作"徐世㯿"。

恐城外有伏，乃烧城旁府署，六门之内皆尽。于西掖内相聚为市，贩牛马肉。及义师至，便敕太官备百日粮，而惜金钱，不肯赏赐。茹法珍等叩头请之，帝曰："贼来独取我耶？而就我求物？"后堂储数百具榜板，启为防城之具，帝曰："拟修殿。"竟不与。故王珍国、张稷等见不能用计，惧祸及，故反率兵入殿。是夜，帝在含德殿吹笙歌作《女儿子》，卧未熟。闻兵入，起出北户，欲还宫。阉人黄泰平以刀伤其膝，仆地，顾曰："奴反耶？"直后阁张齐遂斩首送梁王。宣德太后令言其凶恶，追封为东昏侯，法珍等伏诛。

初，义师筑长围，帝乃着五色衣服，登城望贼。还辇与六宫御刀在华光殿共立单垒，别制铠仗，多用金玉。亲自攻垒，诈作战败，被疮扳掬，将去将来，相对为乐。

和帝

和帝讳宝融，字智昭，明帝第八子也。建武元年，封随郡王。永元元年，改封南康王，出为西中郎将、荆州刺史、督九州军事。①

二年十一月甲寅，长史萧颖胄奉王举兵。其日太白及辰星俱见西方。乙卯，教纂严。景辰，②以雍州刺史萧衍为使持节、都督前锋诸军事。戊午，衍表劝进。十二月乙亥，群僚劝进，并不许。壬辰，骁骑将军夏侯亶自建业至江陵，称宣德太后令："西中郎将南康王宜纂承皇祚，光临亿兆，可且封宣城王、相国、荆州牧，加黄钺，置僚属。"

三年正月乙巳，王受命，大赦；唯梅虫儿、茹法珍等不在例。是日，长星见，竟天。甲寅，建牙于城南。二月己巳，群僚上尊号，立宗庙及南北郊。

中兴元年春三月乙巳，皇帝即位，大赦，改永元三年为中兴，文武赐位二等。是夜彗星竟天。以相国左长史萧颖胄为尚书令，加雍州刺史萧衍尚书左仆射、都督征讨诸军。以晋安王宝义为司空，庐陵王宝源为车骑将军、开府仪同三司。景午，有司奏封庶人宝卷为零陵侯，诏不许。又奏为涪陵王，诏可。

夏四月戊辰，诏凡东讨众军及诸向义之众，普复除五年。

---

① 督九州军事：《南齐书·和帝纪》作"督荆雍益宁梁南北秦七州军事"。
② 景辰：当作"丙辰"，许嵩避唐讳改。

秋七月丁卯,①鲁山城主孙乐祖以城降。己未,郢城主薛元嗣降。

八月丙子,平西将军陈伯之降。

九月己未,②诏假黄钺萧衍,若定京邑,得以便宜从事。

冬十一月壬寅,尚书令、镇国将军萧颖胄卒。

十二月景寅,建康城平。己巳,宣德皇太后令,以征东大将军萧衍为大司马、录尚书、骠骑大将军、扬州刺史,封建安郡公,依晋武陵王遵承制故事。壬申,改封建安王宝寅为鄱阳王。癸酉,以司徒、扬州刺史晋安王宝义为太尉,领司徒。乙酉,以尚书右仆射王莹为左仆射。

二年春正月戊戌,宣德皇太后临朝,入居内殿。壬寅,大司马萧衍都督中外诸军事,加殊礼。己酉,以大司马长史王亮为守尚书令。甲寅,加大司马萧衍位相国,梁公,备九锡礼。

二月壬戌,诛湘东王宝晊。景戌,③进梁公萧衍爵为王。

三月辛丑,鄱阳王宝寅奔魏,诛邵陵王宝攸、④晋熙王宝嵩、桂阳王宝贞。庚戌,车驾东归至姑熟。丙辰,逊位于梁。丁巳,庐陵王宝源薨。

四月辛酉,禅诏至,皇太后逊居外宫。梁受命,奉帝为巴陵王,宫于姑熟。戊辰,巴陵王殂,年十五。追尊为齐和帝,葬恭安陵。

初,梁武帝欲以南海郡为巴陵国邑而迁帝焉,以问范云,云俯首未对。沈约曰:"今古殊事,魏武所云,'不可慕虚名而受实祸'。"梁武颔之。于是遣郑伯禽进以生金,帝曰:"我死不须金,醇酒足矣。"乃饮酒一升,伯禽就加折焉。先是,文惠太子与才人共赋七言诗,句后辄云"愁和帝",⑤至是其言方验。又永明中,望气者云新林、娄湖、青溪并有天子气,于其处大起楼苑宫观,武帝屡游幸以应之;又起旧宫于青溪,以弭其气。而明帝旧居东府城西,延兴末,明帝龙飞。至是梁武帝众军城于新林,而武帝旧宅亦在征虏。

百姓皆着下屋白纱帽,而反裙覆顶。东昏曰:"裙应在下,今更在上,不祥。"命断之。于是百姓皆反裙向下,此服妖也。帽者首之所寄,今而向下,天意若曰,

---

① 秋七月丁卯:是月癸巳朔,无丁卯。《通鉴》卷一四四作"丁巳",为二十五日,张校本据之改正。
② 九日己未:《南史·齐本纪下》同,《南齐书·和帝纪》作"乙未",九月壬辰朔,乙未为初四日,己未为二十八日,未知孰是。
③ 景戌:即"丙戌",许嵩避唐讳改。《南史·齐本纪下》同,《南齐书·和帝纪》作"戊辰",此两日皆在二月,未知孰是。
④ 诛邵陵王宝攸:"宝攸",《南史·明帝诸子传》作"宝脩"。
⑤ 句后辄云愁和帝:"愁和帝",《南史·和帝纪》同,《南齐书·五行志》作"愁和谛"。

元首方为猥贱乎。东昏又令左右作逐鹿帽，形甚窄狭，后果有逐鹿之事。东昏宫里又作散叛发，反髻根向后，百姓争学之。及东昏狂惑，天下散叛矣。东昏又与群小别立帽，骞其口而舒两翅，名曰"凤度三桥"。裙向后，总而结之，名曰"反缚黄丽"，东昏与刀敕之徒亲自着之，皆用金宝，凿以璧珰。又作着调帽，镂以金玉，间以孔翠，此皆天意。梁武帝旧宅在三桥，而"凤度"之名，凤翔之验也。"黄丽"者"皇离"，为日而反缚之，东昏戮死之应也。"调"者，梁武帝至都，而风俗和调。先是百姓及朝士，皆以方帛填胸，名曰"假两"，此又服妖。假非正名也，储两而假之，明不得真也。东昏诛，其子废为庶人，假两之意也。

史臣曰：郁林地居长嫡，瑕衅未彰，而武皇之心，不变周道，故得保兹守器，正位尊极。既而慝鄙内作，兆自宫闱，虽为害不远，而足倾社稷。郭璞称永昌之名，有二日之象，隆昌之号，实亦同焉。明帝越自支庶，任当负荷，乘机而作，大致歼夷，流涕行诛，非云义举，事苟非安，① 能无内愧。既而自树本枝，根胤孤弱，贻厥所授，属在凶愚，用覆宗祊，亦其理也。夫名以行义，往贤垂范，备而之禅，术士诫之，东昏以"卷"名，"藏"以终之，其兆先征，盖亦天所命矣。

列传

柳世隆	张　瓌	垣崇祖	张敬儿	王敬则	陈显达	刘怀珍	李安民
王玄载	崔祖思	刘善明	苏　侃	垣荣祖	吕安国	周山图	周盘龙
王广之	薛　渊	戴僧静	桓　康	焦　度	庾杲之	高帝十九男	

柳世隆字彦绪，河东解人也。祖凭。世隆少有风器，伯父元景为宋尚书令，爱赏之，言于宋孝武。召见，帝曰："此儿将来复是三公也。"宋累迁虎威将军、上庸守。帝谓元景曰："卿昔以虎威之号为随郡，今复以授世隆，使卿门世不绝公也。"以沈攸之叛，守郢城有功，事定，征为侍中，迁尚书右仆射、贞阳侯。

齐太祖践祚，自母忧起为平南将军、豫州刺史，进为公。帝问褚渊曰："向见柳世隆毁瘠过礼，使人恻然。"渊曰："世隆至性天深，丧过乎礼。事陛下在危尽忠，丧亲居忧，杖而后起，立人之本，二理同极，加荣增宠，足以励风俗。"

世隆性好书，启太祖借秘阁书，上给二千卷。转尚书令，尝自云："马稍第一，

---

① 事苟非安：《南齐书·明帝纪》作"事苟求安"。

清谈第二,弹琴第三。"在朝不干世务,垂帘鼓琴,风韵清逸,甚得世誉。以疾逊位。永明九年,卒。诏给东园秘器、朝服,赠司空,班剑、鼓吹,葬于倪塘。著《龟经秘要》二卷,见行于世。

张瓌字祖逸,吴郡吴兴人也。①祖裕。父永,为晋左光禄,②晓音律,宋孝武问永太极殿前钟声嘶,永答曰:"钟有铜滓。"乃叩钟求其处,凿而去之,声遂清越。

瓌解褐江夏王太尉府参军,以遭父丧,还吴。初,刘彦节有异图,弟遁为吴郡守,聚师三千。太祖密遣瓌取遁,瓌领兵直入吴郡,斩遁,郡内莫敢动。太祖以告张冲,冲曰:"瓌以百口一掷,出手得卢矣。"即授吴郡太守,封义成侯。世祖即位,为左尚书,领右军。

及郁林之废,见朝廷多难,恒卧疾。而居室妓妾盈房,生子十余人,尝云:"中应有好者。"梁天监中卒。

垣崇祖字敬远,下邳人也。族姓豪强,石季龙时,自洛阳徙邺。③曾祖敞,为慕容吏部尚书。祖苗,自宋武征广固,率众归降,仍家下邳,官龙骧将军。父询之,宋冀州刺史。

崇祖年十四,有干略,伯父豫州刺史护之谓门宗曰:"此儿必大吾门,汝等不及也。"太祖在淮阴,崇祖时戍朐山,即受都督,祗奉甚至。及平沈攸之,复迁冠军将军、兖州刺史。初,下邳见太祖,谓妹夫皇甫肃曰:"此真吾君也。"太祖亦曰:"韩、白不及。"太祖践祚,为豫州刺史,镇寿春,尽力奉边。

建元二年,虏遣刘昶马步号二十万,寇寿春,崇祖着白纱帽,肩舆登城指挥,大破虏军。启至,上笑曰:"今真得其人矣。"进平西将军。崇祖闻陈显达增给军仪,乃启上求鼓吹。上敕曰:"韩、白何可不与。"遂给鼓吹一部。

世祖即位,征还为五兵尚书。永明元年,诏称与荀伯玉构扇边荒,诛之。时年四十四。子惠隆,徙番禺卒。

张敬儿,南阳冠军人也。本名狗儿,宋明帝以其名鄙,改之。父丑,为蜀郡将军。

---

① 吴郡吴兴人也:南朝吴郡下无吴兴县,《南齐书·张瓌传》《南史·张瓌传》作"吴郡吴人",是。
② 为晋左光禄:按《宋书·张永传》,张永未有晋左光禄大夫之任,但曾任刘宋右光禄大夫,当是。
③ 自洛阳徙邺:《南齐书·垣崇祖传》《宋书·垣护之传》《南史·垣护之传》作"略阳",当是。

敬儿年少便弓马，有胆气，射猛兽，发无不中，以补府将。击蛮贼，累功为南阳太守。后佐太祖，大破桂阳王于新亭，亲诈降，斩休范首，以功迁为雍州刺史、骁骑将军。以平沈攸之，封襄阳侯。太祖即位，为中军将军。

太祖崩，遗诏加开府仪同三司，将拜，谓其妻曰："我拜后，府开黄阁。"因口自为鼓吹声。其妻谓曰："吾尝时梦一手热如火，而君为南阳郡。元徽中，梦半身热，而君得本州。今复梦举身热矣。"有阉人闻之，以事达世祖。世祖疑有异志，使收之，敬儿脱冠投地曰："用此物误我。"于是伏诛。子道庆见宥。

王敬则，晋陵南沙人。母为女巫，敬则生而胞紫色，谓人曰："此儿必有鼓角相。"人笑曰："得为人吹角可矣。"及年长，两腋下生乳，各长数寸。梦骑五色狮子。年二十余，善拍张，好刀剑，补刀戟，跳高与虎幢等。宋明帝即位，为直阁将军，封重安县子。

敬则少于草中遇虫，如乌豆集其身，摘去乃脱，其处皆流血。敬则恶之，诣道士卜，云："此封侯之瑞也。"果如其言。

出补暨阳令，性倜傥不羁。初，屠狗商贩，遍于三吴，尝与暨阳县吏斗曰："我得暨阳，当鞭汝小吏背。"吏唾其面曰："汝得暨阳，我亦得司徒公矣！"及作暨阳，召吏谓曰："汝何时得司徒公邪？"竟善遇之。

及佐破桂阳王，遂尽力于太祖。太祖即位，以杀苍梧功，迁安东将军、吴兴太守，封浔阳郡公。世祖十一年，累迁司空，出为会稽太守。

初，在吴兴，出行市，见屠肉枎，叹曰："吴兴昔无此枎，是我少时在此所作也。"海陵王立，进位太尉。敬则名位虽达，不以富贵自遇。初为散辈使房，于北馆种杨柳。后员外郎虞长曜北使还，敬则曰："我昔种杨柳，今若大小？"长曜曰："北人以为甘棠。"

敬则从世祖尝宴于华林，群臣各出其技，敬则脱章服袒髀，以片绢纠髻，奋臂拍张，叫动左右。上不悦，曰："岂闻三公为此？"对曰："臣拍张故得三公。"而拍张，当时以为名誉。明帝即位，为大司马，台使拜授日，而雨大洪注，敬则不悦。及使萧坦之将赍仗五百人行武进陵，①敬则忧惶，上知，使敬则世子仲雄入东安慰其父。虽然，愈益猜忌，高宗疑焉，后竟起兵反，过浙江，诸子在京省，帝尽杀之。

---

① 及使萧坦之将赍仗五百人行武进陵："赍仗"，宋本、徐钞本作"斋仗"。又，"武进陵"，《南齐书·王敬则传》同，《南史·王敬则传》作"晋陵"。

遣将军左兴盛等讨之。敬则遇兴盛，遥告敬则曰："公儿死已尽，公如许作底？"官军不敌欲退，马军主胡松领马军突之，敬则大败，兴盛军容袁文旷斩之，传首京师。时年七十。①

初，敬则东起，高宗疾笃，朝廷仓卒。东昏侯在东宫，议欲叛，使人上屋望，见征虏亭失火，谓敬则至，急装欲走。或有告敬则者，敬则曰："檀公三十六策，走是上策。汝父子唯应急走耳。"盖谚云檀道济避虏也。

陈显达，南彭城人也。宋以劳驱使，迁濮阳太守。桂阳王反，大败贼丁文豪等于杜姥宅。矢中左眼，拔而镞不出，地黄村潘妪者善禁，先以钉钉柱，妪禹步作气，钉即出，乃禁显达目中镞出，以功封彭城侯。② 再迁平越中郎将、广州刺史。太祖即位，为安西将军、益州刺史。山夷震服。永明八年，征为征南大将军、江州刺史，给鼓吹。

显达性谦厚，多智计，有子十余人，诫之曰："我本不及此，汝勿以富贵陵人。"高宗之世，进位太尉、鄱阳公，常不自安，每自卑下。及北讨，督平北将军崔惠景等军，围马圈城四十日，入据城，而魏孝文帝率十万骑自至，齐军败，显达走，以军主崔恭祖布囊裹担而仅免，以为江州刺史，镇湓城。

东昏立，无道，杀害贤良，显达惧祸，十一月遂举兵，朝廷遣胡松等拒于采石，大破之，松军败，京邑震骇，遂于新林多置屯火于岸。十二月，潜军夜渡，取石头，入宫城。与官军战于西州。显达败走西州乌榜村，骑官赵潭注槊刺落马，斩于篱门侧，血洒渊篱，似淳于伯之被刑也。时年七十三，③ 诸子皆伏诛。

刘怀珍字道玉，平原人，汉胶东王后。伯父奉伯，为宋陈郡太守。怀珍幼随奉伯在寿阳，时刺史出猎，百姓观之，怀珍独避不视，伯父异之，曰："此儿方兴吾宗也。"本州辟主簿。自宋文以来，数有军功，迁至将军，封中宿侯。太祖辅政，以布衣之旧，征为相国左司马。建元初，改封宣城侯，④ 寻转光禄大夫。

子灵哲，字文明，累迁至前将军、兖州刺史。母病，灵哲躬自祈祷，梦见黄衣公曰："可取南山竹笋食之。"灵哲觉，如其言，乃立愈。

---

① 时年七十：《南齐书·王敬则传》作"时年七十余"，《南史·王敬则传》作"时年六十四"。
② 以功封彭城侯："彭城侯"，《南齐书·陈显达传》作"丰城县侯"，当是。
③ 时年七十三："七十三"，《南齐书·陈显达传》《南史·陈显达传》作"七十二"。
④ 改封宣城侯："宣城侯"，《南齐书·刘怀珍传》《南史·刘怀珍传》作"霄城侯"。

李安民，兰陵承人也。父钦之，殿中将军。随父没虏，率部曲自拔南归。累迁冠军司马、广陵太守。初，讨晋安王子勋，事平，明帝大会新亭，劳诸军主，樗蒲官赌，而安民五掷皆卢，帝大惊。帝自谓安民曰："卿面方如田，此封侯相也。"

及太祖即位，为中领军，封康乐侯。家国密事，太祖唯与安民论议，每谓曰："署事有卿名，我便不复细览也。"世祖即位，迁尚书仆射，以疾辞退。为安东将军、吴兴太守。吴兴有项羽神护郡厅事，太守至，必先杀轭下牛祭。安民奉佛，不与牛祭，而设八关斋。俄而牛死，埋于庙侧，今呼为李公牛冢也。

王玄载字彦休，下邳人也。① 建元二年，为梁、秦二州刺史。兄弟同时为方伯，封河阳侯。永明四年卒。

崔祖思字敬元，清河东武城人也，魏中尉琰七世孙。父僧护。祖思少有志气，好读书史。为都昌令，随青州刺史垣护之入尧庙，② 庙有苏侯像，偶坐，护之曰："唐尧圣人，而与杂神为列。"祖思曰："使君若清荡此坐，则是尧庙重去四凶之伍也。"遂相与除杂神。

太祖在淮阴，祖思闻风自从之。及宋初议封太祖为梁公，祖思启太祖曰："谶云'金刀利刃齐刈之'。今宜称齐，实应天命。"从之。太祖即位，迁征处将军、青冀二州刺史。因启陈【原阙】

犬羊乎。③ 宋孝建中，为后军参军事，太祖累迁国将军、东海太守。荣祖善弹，登西楼，见海鹄群翔，谓左右当生取之，于是弹其两翅，毛脱尽，坠地，无伤，养毛生后飞去，其妙如此。佐命勋封将乐县子。永明二年，迁冠军、兖州刺史。九年，卒。

吕安国，广陵人也。宋大明末，以将领见任，隐重有干局，副刘勔，破殷琰于寿阳，以功第一，封彭泽男。累以军功，迁金紫光禄大夫。永明八年，卒。

周山图字季寂，义乡人也。贫微，于书题甚拙，不事产业，有气干，以军功

---

① 下邳人也：《南齐书·王玄载传》同，《宋书·王玄谟传》《南史·王玄谟传》载其兄王玄谟为"太原祁人"。盖太原祁县为王玄谟、王玄载本贯，下邳为其永嘉乱后的移居之地。
② 随青州刺史垣护之入尧庙："垣护之"，《南史·崔祖思传》同，《南齐书·崔祖思传》作"刘怀珍"。
③ 犬羊乎：前当有《刘善明传》《苏侃传》，各本皆缺，此"犬羊乎"为《垣荣祖传》之内容。

累迁左中郎将。众称其勇，呼为武原将。以佐太祖辅政，出征有功，封晋兴县男。世祖即位，迁竟陵王镇北司马。及疾，上手敕问疾，寻卒。

周盘龙，北兰陵人也。盘龙胆气过人，尤便弓马。随军讨击，陷阵先登，累迁龙骧将军，封晋安子。建元二年，助垣崇祖拒魏，大破之。上闻大喜，送金钗二十枚与盘龙爱妾杜氏。手敕曰："饷周公阿杜。"转太平子。①敕令助成买与虏拒战于淮阴角城，父子二人，冲突出入，萦扰数万众。迁平北将军、兖州刺史，后为光禄大夫。世祖戏之曰："卿着貂蝉，何如兜鍪？"对曰："此貂蝉从兜鍪中出。"病卒。

子奉叔，勇力绝人，少随父征讨，得直阁将军。善骑马，郁林从其学骑。后迁冠军将军、青州刺史。后为高宗所杀。

王广之字士林，沛郡相人也。少好弓马，有勇力。初为马队主，累迁左卫将军。世祖见其子珍国异之，曰："珍国大堪事，卿可谓老蚌。"卒于江州刺史，进应城公。

薛渊，河东汾阴人也。宋徐州刺史安都从子，本名道渊，避太祖偏讳改焉。安都降虏，而亲族皆入北，太祖镇淮阴，渊来奔，委身事太祖。隆昌元年，封司州刺史，卒。

戴僧静，会稽永兴人也。少有胆力，便弓马。初，祖饰谋乱，伏法，家口徙青州。僧静自归太祖，为北徐州刺史，徙高平太守。卒。

桓康，北兰陵承人也。勇而骁果。宋末随太祖及世祖起义，为郡所絷，众皆散。而康装担，一头贮穆后，一头贮文惠太子及竟陵王子良，自负置山中。及门客萧欣祖四十余人相结，破郡狱出世祖。郡兵追急，康死战破之。

随世祖起义，坚阵，膂力绝人，所经村邑，恣其行暴。江南人畏之，以其名怖小儿，画其形而辟疟，无不立愈。建元元年，封吴平县伯、②后军将军。明年，大破魏虏，为持节、都督、青州刺史。卒。

---

① 转太平子：《南齐书·周盘龙传》作"转太子左率"。
② 封吴平县伯：《南齐书·桓康传》同，《南史·桓康传》作"封吴平县侯"。

焦度字文绩,①南安氐人也。祖文珪,避难奔丧居仇池。元嘉中,侨立天水郡略阳县,乃属焉。度少有气干,便弓马。孝武初,青州刺史颜师伯出镇滑台,差度领幢主送之,后破虏有功,拔为辅国府参军。孝武见而谓师伯曰:"真健物也。"补晋安王子勋夹毂队主,子勋起兵,以度为龙骧将军。事败,逃于官亭湖中为贼,②江州刺史王景文诱降之。

沈攸之事起,拒攸之于郢城,登楼骂辱攸之,攸之攻不能下,至今呼此楼为焦度楼。事宁后,以功为直阁将军,封东昌县子。

庾杲之字景行,新野人。祖深之,雍州刺史。父粲,司功参军。杲之幼有幸行,起家奉朝请,累至王俭卫军府长史。萧缅与俭书曰:"盛府元僚,实难其选。景行泛绿水,依芙蓉,何其丽也。"世呼俭府为芙蓉池,故缅书美之也。

转黄门侍郎,杲之风范和润,善音吐。世祖令对虏使,叹其风姿之美。王俭在坐曰:"杲之为蝉冕所照,更生光彩。"选左卫率。上表退蝉冕及章,上不许。

杲之从孙复,家富于财。状貌丰美,颐颊开张,人皆以为有方伯之任,无冻馁之忧。后江陵乱,竟饿死。又有都督褚萝面甚尖危,从理入口,竟不乏衣食而终。

高帝十九男:昭皇后生武帝及豫章文献王嶷;谢贵嫔生临川献王映、长沙威王晃;罗太妃生武陵昭王晔;任太妃生安成恭王暠;陆修仪生鄱阳王锵、晋熙王銶;袁修容生桂阳王铄;何太妃生始兴王鉴、宜都王铿;区贵人生钧;张淑妃生江夏王锋、河东王铉;李美人生南平王钦;第九、第十三、第十四、第十七皇子早亡。

---

① 焦度字文绩:"文绩",《南史·焦度传》同,《南齐书·焦度传》作"文续"。
② 逃于官亭湖中为贼:"官亭湖",他本及《南齐书·焦度传》《南史·焦度传》作"宫亭湖",当是。

建康实录卷第十六　齐下

列传

王　琨　何　戢　王延之　阮　韬　张　绪　虞玩之　刘　休　谢超宗
刘　祥　虞　琮①　萧赤斧　刘瓛弟琎　陆　澄　张　融　周　颙　萧坦之
谢　瀹　徐孝嗣　沈文季兄子昭略　王　慈　陆惠晓②　王　融　谢　朓
孔稚珪　崔惠景　丘灵鞠　檀　超
齐宗室及诸王道度　钧　道生　凤　遥光　遥欣　遥昌　缅　王秀之　蔡　约　萧惠基
刘　绘　王　奂　张　冲　文惠太子四男　明帝十一男　裴叔业　陆　厥
崔慰祖　祖冲之　贾　渊　傅　琰　虞　愿　刘怀慰　裴昭明　沈　宪
孔琇之　褚伯玉　明僧绍　顾　欢　臧荣绪　宗　测　吴　苞　杜京产
徐伯珍　邵荣兴　吴达之　乐颐之　江　泌　纪僧真　茹法亮　吕文显
魏　虏　诸　蛮　高丽国　百　济　倭　国　林邑国　扶南国　蠕蠕国
氐　　宕　昌

王琨，琅琊人。祖荟，父怪。以侍婢生琨，初名昆仑，怪后娶南阳乐玄女，无子，故名琨，立为嗣。

少谨笃，为从伯父司徒谧爱重。官至尚书。初为吏部郎，不受私属。出为建

---

① 虞琮：《南齐书》《南史》为"虞悰"，下不一一具校。
② 陆惠晓："惠"，徐钞本、《南齐书·陆慧晓传》《南史·陆慧晓传》作"慧"，两字通，下文"崔惠景"同，不一一具校。

威将军、平越中郎将、广州刺史。宋顺帝即位,进右光禄大夫。顺帝逊位,百寮陪列,琨攀画轮獭尾恸泣曰:"人以寿为欢,老臣以寿为戚。既不能先驱蝼蚁,频见此事。"呜噎不自胜,百官人人雨泪。

齐高帝即位,领武陵王师,加侍中。时王俭为宰相,属琨用东海郡迎吏,琨使谓曰:"语郎,三台五省,皆是郎用人,外方小郡,当乞寒微,省官何容复夺之。"遂不过其事。寻解王师。及高帝崩,琨闻国讳,牛不在宅,去台数里,遂步行入宫。朝士皆谓曰:"故宜待车,有损国望。"琨曰:"今日奔赴,皆自应尔。"遂得病,卒,赠左光禄大夫,年八十四。

琨谦恭谨慎,老而不渝,朝会必早起,简阅衣裳,料数冠帻,如此数四,或为轻薄所笑。

何戢字惠景,① 庐江潜人。祖尚之,宋司空。父偃,金紫光禄大夫。戢尚宋孝武山阴公主。主就帝求褚渊内侍,渊乃与戢同居月余,终不从主意,由是厚申情好。累至吏部尚书。

戢美容仪,动止与褚渊相慕,时人呼为"小褚公"。初,孝武赐戢蝉雀扇,善画人顾景秀所画。时吴郡陆探微、顾彦先皆能画,② 叹其巧绝。戢因王晏献之,上令晏厚酬其意。卒年三十六。

王延之字希季,琅琊人。父昇之,宋都官尚书。延之出继伯父粲之。从父静默,不交人事。举秀才,累至吴郡守,入为左仆射。

宋祚衰,太祖辅政,朝野之间,人怀彼此,独延之与王僧虔中立无所去就。世人语曰:"二公治平,不送不迎。"太祖善之。出为安南将军、江州刺史,与阮韬俱是宋领军刘湛外甥,并有才誉。湛爱之,曰:"韬后当为第一,延之次焉。"延之甚不平。迁中书令,转特进,卒,子纶之,位至侍中。

阮韬字长明,陈留人也。晋散骑常侍、金紫光禄大夫裕玄孙也。初,宋孝武选侍中四人,须有风貌。王彧、谢庄一双,韬与何偃为一双,常充兼假。至

---

① 惠景:《南齐书·何戢传》《南史·何戢传》作"慧景","惠""慧"相通,前注已述。
② 时吴郡陆探微顾彦先皆能画:"顾彦先",即顾荣,活动于两晋之际,不得至南齐时代。《御览》卷九四四引《梁书》作"顾宝先",《历代名画记》云"宋有陆探微、顾宝光"。又云:"顾宝光,吴郡人,善书画。"

始兴王师，卒。

张绪字思曼，吴郡人。祖茂度，会稽太守。父演，太子中舍人。绪少知名，叔父镜谓人曰："此儿，今世乐广也。"举秀才。袁粲言于明帝曰："臣观思曼有正始之遗风，宜为宫职。"拜侍中、中书。齐建元元年，转中书令。王俭尝谓人曰："北都中觅张绪，过江未有也，不知陈仲弓、黄叔度能过之否？"初，刘悛为益州刺史，献蜀柳数株，枝条甚长，状若丝缕。帝命植于太昌灵和殿前，因晏玩赏，咨叹曰："此柳风流可爱，甚似思曼少年。"以绪为太常卿、国子祭酒，用王延之代绪为侍中、中书令。世人以此选得人，比晋朝用王子敬代王季琰也。

世祖即位，为吏部尚书。初，绪每朝见，太祖目送之，谓王俭曰："绪以位尊我，我以德贵绪。"绪口不言利，家不蓄财，不受私属。若清谈端坐，或竟日不食。卒年六十八。遗命作芦葭辒车，灵床置杯水香火。从弟融敬重，事之如亲兄，置酒于灵前酌酒，恸哭曰："阿兄风流顿尽！"子克嗣。①

虞玩之字茂瑶，会稽人。祖宗，晋库部郎。父玫，通直常侍。玩之少闲刀笔，涉书史，官至左丞，②上表陈府库钱帛，器械用度，虑不支月。太祖辅政，镇东府，朝廷致敬，玩之犹蹑屐造席。太祖取屐视之，讹黑斜锐，蒙断，以芒接之。问曰："卿此屐已几载？"玩之曰："三十一年矣！初拜征北行佐所买，贫士未办易之。"太祖善之，因赐新屐，不受。曰："著精日久，弊不可捐，所以不当殊赐。"累位骁骑将军、黄门侍郎。

世俗多巧伪，玩之请置校籍官以防之。年老有疾，请退，表曰："四十仕进，七十悬车，壮即驰驱，老宜休息。知足不辱，臣知足矣。授命于道消之辰，效节于百揆之日，忠之效也。庆隆于文明之初，荷泽于龙飞之运，命之偶也。不谋巧宦而位至九卿，德惭李陵而忝居门下。尧、舜无穷民，臣亦通矣。年过六十，不为夭矣。荣期之三乐，东平之一善，臣俱尽之矣。"上省表，许之。东归，王俭不出送，朝廷无祖饯者。归乡造大宅，数年后卒。员外郎孔瑄就俭求会稽王官，③俭方盥溲，投皂荚于地，曰："卿乡俗恶，虞玩之至死烦人。"

---

① 子克嗣：《南齐书·张绪传》同，《南史·张绪传》"克"作"完"。
② 官至左丞：《南齐书·虞玩之传》《南史·虞玩之传》载虞玩之官至"尚书右丞"。
③ 员外郎至会稽王官："会稽王官"，按南齐无会稽王，"会稽王官"误。周钞本、刘钞本、《南齐书·虞玩之传》《南史·虞玩之传》作"会稽五官"。

刘休字弘明，沛郡人。父超，九真太守。休初为宋明帝湘东常侍，转征北参军。颇有好尚，①尤嗜饮食，休多艺能，爰至鼎味，问无不解，遂见亲赏，长直殿内。帝素肥，痿不能御内，诸王妓妾怀孕者，密使献之入宫，生子，乃幽其母。顺帝是桂阳王休范子。苍梧王亦非帝子，乃陈太妃先为李道儿妾，故后苍梧王微行，每自称曰李将军。帝憎妇人妒忌，朝官妻有妒者，必为鞭之。休妻王氏亦妒，帝使人就宅鞭二十，后令开小店，使王氏卖埽帚皂荚以辱之。休卒豫章太守。

谢超宗，陈郡夏人。②祖灵运。父凤，宋元嘉中因事徙广州，超宗元嘉末方还。好学，有文章，与惠休道人往来。孝武出策秀孝格，五问并得上上，作殷淑仪诔，孝武见叹曰："超宗殊有凤毛，灵运再出。"为太祖长史，坐公事免。自诣东府门通谢，其日风寒惨厉，太祖谓四座曰："此客至，使人不衣自暖矣。"超宗既坐，饮酒数瓯，辞气横出，太祖对之甚欢。

太祖即位，转黄门侍郎。在直省常醉，上忽召见，语及北方事，超宗曰："虏动来二十年，佛出亦无奈何！"以失仪出为南部王司马。后以怨望免官，十年禁锢。后司徒褚渊送湘州刺史王僧虔，阁道坏，坠水；仆射王俭牛惊，跌下车。超宗抚掌笑曰："落水三公，坠车仆射。"前后言诮，布在朝野。及渊出水沾湿，超宗又笑曰："有天道焉，天所不容，地所不受。投畀河伯，河伯不用。"渊大怒曰："寒士不逊。"超宗曰："不能卖袁粲，焉得免寒士。"以张敬儿女为子妻，帝甚疑之。及收下廷尉，一宿发尽白，诏徙越州，自尽。

刘祥字显征，东莞莒人。父歆，太宰从事。祥为宋巴陵王参军。少好学，性刚疏，轻言肆行，不避高下。建元中，司徒褚渊入朝，以腰扇障日，祥从侧过，曰："作如是举止，羞面见人，扇障何益？"撰《宋书》讥斥之。为临川王骠骑从事。

初，王奂为仆射，与奂子融同载，行至中堂，见路人驱驴，祥曰："驴！汝好为之，如汝人才，皆可为令仆矣。"著《连珠辞》十五首以寄怀，云："希世之宝，违世必贱，伟俗之器，无圣则沦。是以明璧黜于楚岫，章甫穷于越人。"上令御史任遐奏，付廷尉，徙广州。不得意，纵酒而卒。

---

① 颇有好尚：《南齐书·刘休传》《南史·刘休传》"颇"字前有"帝"字，与上下文意相通。
② 陈郡夏人：按陈郡无夏县，据《南齐书·谢超宗传》，当为"陈郡阳夏人"。

虞琮字景豫，会稽余姚人。父秀之，黄门侍郎。琮有谨行，初，世祖始为从事。家甚贫薄，琮推国士之眷，数相分与，行必呼帝同载，上甚德之。昇明中，为世祖中兵咨议。家富，奴婢无游手者，虽在南土，而会稽滋味无不毕至。

及明帝即位，琮乃辞疾不陪位。帝使尚书令王晏赍废立事示琮，以琮旧德，引参佐命。琮谓晏曰："主上圣明，公卿戮力，宁假朽老臣赞维新乎？不敢闻命。"徐孝嗣曰："此亦古之遗直也。"众议乃止。称疾笃，求东归，转光禄大夫，卒。

萧赤斧，南兰陵人。太祖从祖弟。父始之，冠军参军。赤斧历官谨慎，为太祖所知。太祖辅政，顺帝逊位，于丹杨故所立宫，上令赤斧监送，至麓乃还。迁雍州刺史，在公勤奉公事，封南里伯。① 永明三年，卒。家贫无绢为衾，上闻之，赐赙钱五万，材一具，布百匹。

子颖胄字云长，弘厚有父风。起家太子舍人。从太祖登石头烽火楼，赋诗称旨。和帝出荆州，以颖胄为冠军将军，行荆州事。初，雍州刺史梁王起义，与颖胄劝同举兵，颖胄未决。而朝廷使巴西太守刘山阳领兵三千上荆州，就颖胄谋袭雍州。梁王又使王天虎等扬声，云刘山阳上，并袭荆、雍。遂与梁王定谋斩天虎首，送山阳，发兵及百姓车牛往襄州。山阳上就颖胄，颖胄使岷山太守刘孝庆伏兵，② 斩山阳，首送梁王。梁王发兵，留颖胄知后事，檄告京师。永元三年东昏年号。正月，立和帝于荆州。初，荆州大风雨，龙入柏斋中，柱壁上有爪足处，刺史萧遥欣恐，不敢居。至是南康王宝融立为和帝，遂以为嘉瑞殿。③

中兴元年三月，迁颖胄为中书令，领吏部、监八州军事、荆州刺史。八月，鲁休烈、萧璝破汶阳，至上明，荆土尚振，颖胄遣军主蔡道弘上明拒璝。④ 十二月，颖胄忧虑发气卒。和帝密诏梁王报颖胄凶，秘不发丧。时年四十。及平定，闻者知天命之有在矣。梁天监元年，追封巴东郡公。

刘瓛字子珪，沛国相人。晋丹杨尹惔六世孙。父惠，治书御史。瓛初举秀才，

---

① 封南里伯：按南朝无南里县，《南齐书·萧赤斧传》《南史·萧赤斧传》作"南丰县伯"，是。
② 颖胄使岷山太守刘孝庆伏兵："岷山太守"，徐钞本、《南齐书·萧颖胄传》、《南史·萧颖胄传》作"汶阳太守"。
③ 遂以为嘉瑞殿："嘉瑞殿"，徐钞本、《南齐书·萧颖胄传》作"嘉祐殿"，《南史·萧颖胄传》、《御览》卷一七五、《册府》卷二〇三作"嘉福殿"。
④ 颖胄遣军主蔡道弘上明拒璝："蔡道弘"，《南齐书·萧颖达传》《梁书·蔡道恭传》《南史·蔡道恭传》作"蔡道恭"。

丹杨尹袁粲坐于后堂，指庭前柳树谓曰："人谓此是刘尹时树，每想高风；今复见卿清德，可谓世不衰矣！"荐为秘书郎。太祖即位，累至总明观祭酒、会稽郡丞。从学者数百人。

瓛姿状纤小，而名冠当朝，京师士子，莫不下席受业。瓛性谦下，不以高名自处。居住檀桥，有屋数间，上皆穿漏，学徒不敢指斥，呼为清溪焉。竟陵王子良亲往谒之，表世祖为立馆，以扬烈桥故主第给之，生徒皆贺。瓛曰："室美岂为人哉①，华宇岂我宅也？"未徙居，遇疾卒，年五十六。

瓛有至性，年四十，未有婚对。后娶王氏，寻又出之。梁天监中，武帝为立碑，谥曰贞简先生。

弟璲字子璥，性方轨正直。初为武陵王晔参军，晔与寮佐饮，自割鹅炙。璲曰："殿下亲执鸾刀，下官未敢安席。"因起请退。尝与友人孔彻同舟，彻留目观岸上女子，璲举席自隔，不与同坐。兄瓛尝夜隔壁呼之，璲初不应答，方下床着衣，行及帘外，然后应之。瓛怪其久，璲曰："向者束带未竟，恐乖礼也。"卒射声校尉。

陆澄字彦渊，吴郡人。祖劭，临海太守。澄少好学，行坐眠卧，手不释卷。起家太学博士，以评议经典，迁秘书监。

初，竟陵王子良得古器，小口方腹而底平，可容七八升，以问澄。澄曰："此名服匿，昔单于以与苏武。"子良复细视器底，有字仿佛可识，如澄所说。

以老疾，转光禄大夫，卒，年七十。世称硕学，读《易》三年不解文义，欲撰《宋书》竟不成，王俭戏之曰："陆公，书厨也。"

张融字思光，吴郡人。父畅，宋会稽太守。融年弱冠，同郡道士陆修静以白鹭羽尘尾扇遗融，曰："此既异物，以奉异人。"仕宋为封溪令，被獠贼执，将欲杀之。融神色不动，方作洛生咏，贼异之而不害。

尝泛海至交州，于海中遇风，终无惧色，方咏曰："干鱼自可还其本乡，肉脯复何为者哉。"又作《海赋》，还示顾觊之，觊之曰："此赋实超玄虚，但恨不道盐耳。"融立取笔注之曰："漉沙构白，熬波出素，积雪中春，飞霜暑路。"此四句后足也。融尝与王僧虔书曰："融，天地之逸民也。进不辨贵，退不知贱，兀然造化，忽若草木。"每自叹曰："不恨我不见古人，恨古人不见我。"善草隶书，

---

① 室美岂为人哉：文意不通，《南齐书·刘瓛传》作"室美为人灾"，是。

自号其能，太祖尤善之，见融尝笑曰："此人不可无一，不可有二。"

与何戢善，尝往诣戢，为从者误通尚书刘澄宅。融入门，乃曰："非是。"至户外望澄，又曰："非是。"既造席，熟视澄良久曰："都不是。"乃出，其为异如此。

迁司徒从事中郎，假东出，世祖问所住止？曰："臣陆居无屋，舟居无水。"上问融从兄绪，绪曰："融近东出，未有居处，权牵小船，于岸上住。"上大笑。北房闻融名，上使融往对。北使李道固曰："张融是宋彭城长史张畅子否？"融频蹙久之，曰："先君不幸，名播六夷。"豫章王大会宾僚，融食炙始行毕，行炙人便去，融欲求盐蒜，口终不言，方摇食指，半日乃息。出入朝廷，皆拭目观之。

性孝义，母忌月三旬皆不听音乐。司马竺超民尝救其父畅之难，后超民有孙微冬月遭母丧，家贫，融往吊之，悉脱身上衣以赙之，披牛衣而还。建武四年卒。

周颙字彦伦，汝南安城人。晋光禄大夫颢七世孙。祖虎头，员外散骑常待。父珣。

颙少为族祖朗所知，府台立为殿中郎。音辞雅丽，出言不穷，尤长佛理，著《三宗论》。尝于钟山西立隐舍，休沐则归之。清贫寡欲，终日长蔬，虽有妻子，独处山舍。甚机辩，卫将军王俭谓颙曰："卿山中何所食？"颙曰："赤米白盐，绿葵紫蓼。"文惠太子问颙："菜食何味最胜？"颙曰："春初早韭，秋末晚菘。"

转国子博士，兼著作。太学诸生慕其风，争事华辩。始著《四声切韵》行于时。后卒于官。

萧坦之，南兰陵人也。父欣，有勋于世祖，至武进令。坦之与萧谌同族，初为殿中参军，以文惠见用，累位侍中、领军。

高宗崩，东昏立，而始兴王遥光谋反，坦之自淮南岸夜逾墙科头着裈走，归宫城，假节督众军讨遥光，屯湘宫寺。事平，迁尚书左仆射、丹杨尹，进封公。二十余日，帝使延明主帅黄文济领兵围其宅，诛之。

坦之肥黑无须，语声嘶，时人号萧哑。刚狠专执，群小畏而憎之。

谢瀹字义洁，阳夏人。祖弘微，宋太常。父庄，金紫光禄大夫。瀹七岁，王彧见而异之，言于宋孝武，褚渊以女妻之。初，兄朏为吴兴郡，瀹送别，朏指瀹口曰："此唯宜饮酒。"故建武朝专以长酣为务，方得寿终。

瀹拜车骑参军，以明帝废郁林即位，宴群臣，尚书令王晏等与席，瀹独不起，曰："陛下受命，应天从人，王晏以为己力。"献觞遂不见报。上大笑解之。及王晏初得班剑，瀹谓之曰："身家太傅裁得六人，君亦何事一朝至此！"晏甚惮之，谓江祏曰："彼上人者，难为酬对。"帝起禅灵寺，敕瀹为碑文。永泰元年卒。

徐孝嗣字始昌，东海郯人。祖湛之，宋司空；父聿之，著作郎，并为宋元凶所杀。

初，孝嗣在孕，母年少，欲更嫁，不愿有子，自床投地及服药，令胎坠，而更坚。及生，小字遗奴。

幼而挺立，风仪端简。年八岁，袭爵枝江县侯。尚孝武康乐公主，除著作。太祖建元初，兼侍中，王俭目之，为宰相才。转御史中丞，累至吏部尚书，台阁事，悉以委之。王俭卒后，为五兵尚书。明帝谋废郁林，孝嗣奉旨即还家草太后令，戎服随入殿廷，于袖中出太后令，明帝大悦。即位后，加中军大将军，定策元勋，进爵为公。

孝嗣性好学，器量弘雅，不以权势自居，建元之世，恭己自保，朝野称之。孝嗣初在率府，昼卧斋北壁下，梦两童子遽云："移公床。"惊起，走数步，壁寻崩压床。建武四年，加开府仪同三司。明帝崩，受遗托辅幼主。东昏即位，多失德，孝嗣不敢谏之。江祏见诛，内怀忧惧，进拜司空。初，虎贲中郎将许准有胆力，领军隶孝嗣，陈说事机，劝行废立。孝嗣不能决，群小反憎恶，遂劝帝除之。其冬，被召之华林省，遣茹法珍赐药酒，孝嗣容色不变，少能饮酒，饮酒至斗余，卒，年四十七。长子尚世祖女武康公主；第三子尚明帝女山阴公主，并同见杀。中兴元年，和帝诏赠孝嗣太尉。

嗣子绲，子君蒨，仕梁。湘东王尝出军，有人将妇从役。王曰："才愧李陵，未能先诛女子；将惭孙武，遂欲驱战妇人。"君蒨应声曰："项籍壮士，犹有虞兮之歌；纪信功成，乃资姬人之力。"竟卒于官。

沈文季字仲达，吴兴武康人。父庆之，宋司空。孝建三年，文季起家辟州主簿。景和之难，兵人围宅，文季挥刀驰马而去，收者不敢逼，遂得免。明帝立，迁黄门侍郎。文季饮酒至五斗，妻王锡女，亦饮三斗，对饮竟日，而视事不废。风彩棱岸，善于进止。

昇明元年，沈攸之反，文季为冠军将军、督钱塘军事，文季杀攸之弟及宗族尽灭之，衔景和之害也。齐建元初，为太子右卫率，封南丰侯。世祖即位，转太子詹事。世祖谓文季曰："南土无仆射，多历年所。"文季对曰："南风不竞，非复一日。"尤善应对。能塞及弹棋，塞用五子也。迁中护军，以家为府。延兴元年，迁左仆射，明帝加尚书令。东昏即位，多行杀戮，方知世乱，乃辞以老病。后与徐孝嗣见害于华林省，年五十八，朝野冤之。和帝中兴，追赠司空。

兄子昭略，至冠军将军，与文季同召入省，例赐药酒。昭略骂徐孝嗣曰："废昏立明，古今令典。宰相无才，致有今日。"即以瓯投其面，曰："使作破面鬼。"死时言笑自若，年四十余。弟昭光，亦见杀。

王慈字伯宝，琅琊人，司空僧虔子。年八岁，外祖宋江夏王义恭于内斋施宝物，恣任所取，慈乃取素琴古砚，义恭善之。累位侍中，以脚疾，齐武帝敕听乘车在仗后，自江左以来少此例也。

子观，尚世祖女吴县长公主。慈至冠军将军、东海太守。有女为江夏王锋妃。

谢凤子超宗，尝候僧虔，仍往东斋诣慈。慈正学书，超宗曰："卿书何如虔公？"慈曰："我不及，有如鸡之比凤。"超宗狼狈而退。永明九年卒，赠太常。

陆惠晓字叔明，吴郡吴人，晋太尉玩之玄孙也。自玩至惠晓祖万载，世为侍中，皆有名行。惠晓伯父仲元，又为侍中，时人方之金、张二族。父子真，仕宋为海陵太守。

惠晓清介正直，不杂交游，张绪常曰："此江东裴秀、乐广。"举秀才，历诸府参军。世祖辅政，除尚书殿中郎，邻族来贺，惠晓举酒曰："陆惠晓年逾三十，妇父领选，始作尚书郎，卿等以为庆邪？"

自太傅祭酒出为武陵王征虏将军，与刘玭行至吴，玭谓人曰："吾闻张融与惠晓并宅，其间有水，必应异味。"遂命驾往，酌而饮之，曰："饮此水，则鄙吝之萌尽矣。"惠晓后迁竟陵王长史，或谓曰："长史贵重，不宜妄自谦退。"答曰："我性恶人无礼，不欲以无礼处人。"又曰："贵人不可轻，而贱者乃可轻，人生何用立轻重于怀抱。"终身常呼人官位。以吏部为辅国、南交州刺史。何点常云："陆惠晓心如照镜，遇形触物，无不朗然。王思远恒如怀冰，暑月亦有霜气。"世人谓之实录。初，欲用惠晓为侍中，以形短小乃止。有三子：僚、任、倕，各有美名。

王融字元长，瑯琊人。祖僧达。父道琰，庐陵内史。融少而神明警惠，博涉有文才。举秀才，自晋安王参军迁秘书监中书郎。永明末，世祖欲北伐，使毛惠秀画《汉武北伐图》，融因此上疏，开张北侵之议。图成，上置瑯琊城射堂壁上，游幸观焉。初，世祖宴芳林园禊饮，令融为《曲水诗序》，举世称之。后迁中书郎，尝抚心叹曰："为尔寂寂，邓禹笑杀人。"① 及北虏动，竟陵王子良拔融宁朔将军，以文藻捷速，子良特相友善。

　　融躁于名位，自恃人地，三十内望为公辅。尝诣王僧祐，遇沈昭略，素未相识，昭略顾盼谓主人曰："是何年少？"融殊不平，谓曰："余出于扶桑，入于濛谷，照耀天下，何人不知，而卿有此问？"昭略曰："不知许事，且食蛤蜊。"融曰："方以类聚，物以群分，君长东隅，居然应嗜此族。"其高自标置如此。

　　世祖疾笃，子良侍医药在殿内，太孙未入，融乃戎服坐省阁口断东宫仗不得进，欲矫诏立子良。上既苏，召太孙入殿，朝事委高宗。融乃去戎服，坐省中叹曰："公误我！"郁林即位十数日，使中丞孔稚珪奏收下廷尉，诛之，年二十七。文集行于世。

　　谢朓字玄晖，陈郡阳夏人。祖述，吴兴太守。父纬，散骑侍郎。朓有美名，文章绝世，起家豫章王东阁祭酒，累至吏部郎。

　　善草隶，长于五言诗，沈约常云："二百年来无此作也。"敬皇后迁祔山陵，朓撰哀策文，齐世莫有及者。后江祐与弟祀及刘沨、刘晏同候朓，朓曰："可谓带二江之双流。"以嘲弄之。祐转不堪，至是构而害之。诏暴其过恶，收付廷尉。又使御史中丞范岫奏收朓，下狱死，时年三十六。

　　孔稚珪字德璋，会稽山阴人。祖道隆，位侍中。父灵产，晋安太守，罢归，奉道于禹井山中立馆，明解星文。太祖问沈攸之事，言其必败。迁为光禄大夫，饷白羽扇、素隐机，曰："君性好古，故遗古物。"

　　稚珪少好学，有美誉，起家太祖记室，与江淹对掌辞笔。初，江左用晋世张、杜律二十卷，稚珪删注修改，与竟陵王议，务在从轻，曰："仲尼有言，古之听狱者，求所以生之；今之听狱者，求所以杀之。与杀不辜，宁失有罪。则断狱之职，古所难矣。"珪表上律文二十卷，国学置律助教，依《五经》例，策试上高第，便擢用之。

---

① 邓禹笑杀人：徐钞本作"使邓禹笑人"，《南史·王融传》作"邓禹笑人"。

稚珪风韵疏清，不乐世务，居宅营小山，凭几独酌，多饮七八斗，旁无杂事。门庭之内，草莱不剪，而多蛙鸣，人问之曰："欲为陈蕃乎？"稚珪笑曰："我以此当两部鼓吹，何必效蕃？"王晏尝鸣鼓吹候之，闻群蛙鸣，曰："此殊聒人耳。"珪曰："我听鼓吹，殆不及此。"晏甚有惭色。永元二年，起为都仓尚书。^①珪疾，东昏屏除，以床舆走，乃疾甚而卒。

崔惠景字君山，清河武城人也。父系之，司州别驾。惠景为国子生，仕宋，至宁朔将军。齐受禅，封乐安侯。^②世祖即位，进冠军将军。东昏立，迁辅国将军。

初，徐世标专权，^③惠景备员而已。及东昏诛旧臣宿将，不得自安。明年，裴叔业以寿阳降魏，即授惠景平西将军，往寿阳。军顿白下，将发，帝长围屏除，出琅琊城送之。帝戎服坐城楼上，召惠景。惠景单骑进围内，才交数言，拜辞而去。既出，至广陵北数十里，召会诸军，顿军广陵，停二日，便济江，将众袭京口。江夏王宝玄内应之，合二镇兵以奉宝玄向京师。军到查硎，竹坎人万副儿善射，^④能捕虎，投说惠景曰："今平路皆为台军所断，宜从钟山龙尾上，出其不意。"惠景从之，遣人自西岩夜下，鼓叫临城中。台军惊散。帝遣将军左兴盛率军拒北篱门，便退走。惠景引军入乐游苑，突进北掖门，长围逼内，东府、石头、白下、新亭皆奔，惠景使擒兴盛于淮渚荻舫中，杀之。烧兰台府署为战场，称宣德太后令废帝为吴王。帝密诏豫州刺史萧懿，军主胡松、李居士数千人自采石济岸，过顿越城举火，台城中鼓叫称庆。惠景使子觉将兵渡南岸合战，觉军大败，赴淮死。觉单马退，崔恭祖等皆诣城降。惠景乃与腹心人潜至蟹浦，为渔人所斩，以头内鲰篮中，担送京师。年六十三。

先是东阳女子娄逞变服诈称丈夫，粗知围棋，解文义，遍游公卿门，仕至扬州议曹从事。事方泄，明帝令东还。始作妇人服，叹曰："有如此伎，还为老姥，岂不惜哉。"此人妖也。阴而欲为阳，事不果，故泄，敬则、遥光、显达、惠景之应也。

---

① 起为都仓尚书："都仓尚书"，按南朝无此官职，《南齐书·孔稚珪传》《南史·孔稚珪传》作"都官尚书"，是。
② 封乐安侯：《南齐书·崔慧景传》《南史·崔慧景传》作"封乐安县子"。
③ 徐世标专权："标"，《南史·崔慧景传》同，《南齐书·崔慧景传》《南史·茹法珍传》作"檦"。
④ 竹坎人万副儿善射："竹坎"，徐钞本、《南齐书·崔慧景传》作"竹塘"。

丘灵鞠，吴兴乌程人。祖系，秘书监。灵鞠少好学，善属文。举上计，为东州辟从事，累至东观祭酒参军，掌国史。灵鞠曰："人居官愿迁，使我终身为祭酒，不恨也。"永明二年为骠骑，不乐武弁，改为常侍。

性好酒及臧否人物，在沈渊坐，见王俭诗，渊曰："王令文章大进。"灵鞠曰："何如我未进时也。"灵鞠宋时文名甚盛，入齐，①拜车骑长史，卒。又著《江左文章录序》，起元兴，②讫元熙。文集行于世。

檀超字悦祖，高平金乡人。祖弘，③宋琅琊太守。超少好文学，放诞任气，解褐为西州曹掾，累至国子博士。自比晋郗超，言高平有二超。又谓人曰："犹觉我为优也。"

建元二年，初置史官，以超为骠骑记室江淹掌史职。④上表立条例，开元纪号，不取宋年；《天文》以建元为始。帝女体自皇家，立传以备甥舅之重。又立《处士》《烈女》等传。⑤超史功未就而卒官，江淹成之，撰犹不备也。⑥

时豫章熊襄著《齐典》，上起十世，其序曰："《尚书·尧典》，谓之古书，则附所述，通谓之齐书，名为《河洛金柜》。"⑦

衡阳元王道度，太祖长兄。与太祖同受业于雷次宗。宣帝问二儿优劣，次宗曰："其兄外朗，其弟内明，⑧皆良璞也。"为安定太守，卒于宋。太祖即位，追封。无子，以太祖第十一子钧为后。

钧字宣礼，好学，常手细字书《五经》，一部为一卷，置之巾箱中。侍读贺玠问曰："殿下家有坟索，何须此蝇头细书，别藏巾箱？"答曰："巾箱《五经》，检阅且易，一更手写，则永不忘。"诸王闻而争效之，为巾箱《五经》，巾箱《五经》自此始也。

始安贞王道生，太祖次兄。宋奉朝请。太祖即位，追封为王。建武元年，追

---

① 入齐：《南齐书·丘灵鞠传》《南史·丘灵鞠传》"入齐"后有"颇减"二字。
② 起元兴：《南齐书·丘灵鞠传》《南史·丘灵鞠传》作"起太兴"，按元兴为吴孙皓年号，太兴为晋元帝年号，下文提及的"元熙"为晋恭帝年号，揆上下文意，当作"太兴"。
③ 祖弘：《南史·檀超传》作"祖巖之，字弘宗"。《南齐书·檀超传》作"祖弘宗"。张校本认为此是萧子显避家讳，改称其字，《建康实录》因袭《南齐书》，又脱"宗"字。
④ 以超为骠骑记室江淹掌史职：文意不通，《南齐书·檀超传》《南史·檀超传》"为"作"与"，是。
⑤ 又立处士烈女等传："烈女"，徐钞本、《南齐书·檀超传》作"列女"。
⑥ 江淹成之撰犹不备也：文意不通，《南齐书·檀超传》《南史·檀超传》作"江淹撰成之，犹不备也"，是。
⑦ 名为河洛金柜："金柜"，甘钞本、《南齐书·熊襄传》《南史·熊襄传》作"金匮"。
⑧ 其弟内明：徐钞本、《南齐书·宗室传》《南史·齐宗室传》作"其弟内润"。

封为景帝,妃江氏为景皇后,立寝庙于御道西,陵曰修安。子凤、鸾。鸾即明帝。

凤字景慈,宋正直郎。卒,追谥始安靖王,改华林凤庄门为望贤门。

子遥光字元晖,嗣。生有躄病。高宗崩,遗诏辅东昏,为侍中、中书令,明于吏事。见东昏虐害,乃与江祏兄弟谋自树立。弟遥欣拥兵上流,死荆州,还丧,停东府。遥光见江祏遇害,忧惧,遂收集二州部曲于东府门,召丹杨尹,告以讨刘暄为名。破东冶,出囚,上方取器仗。【原阙】

谓之尸解仙化焉。还葬旧墓,连理生其侧。世祖语欢诸子,撰欢《文义》三十卷。佛道二家,立教无异,而学者互相非毁。欢著《夷夏论》,又著《三教论》,注王弼《易》二《系》及《孝经》《老子》等。①

臧荣绪,东莞莒人也。父庸,② 国子助教。绪幼孤,躬自灌园,以供祭祀。纯笃好学,括东、西二晋为一书,纪、录、志、传一百一十卷。隐居京口,著《五经序论》。常以宣尼生于庚子日,其日陈《五经》以拜之。自号"披褐先生。"

初,与关康之俱隐京口,四十年不出门,号"京口二隐"。

宗测字敬微,南阳人,宋征士少文之孙。少静退,家甚贫,豫章王嶷征为参军,不起,测答府云:"何为谬伤海鸟,横斤山木?"母丧,身自负土,植松柏。嶷复遣书请之,辟为参军。测答曰:"性同鳞羽,爱止山壑,眷恋松云,轻迷人路。纵宕岩流,有若狂者,忽不知老至,而今鬓已白,岂容课虚责有,限鱼鸟慕哉!"永明三年,诏征太子舍人,不就。

欲游名山,乃写祖少文所作《尚子平图》于壁上。测长子宾臣在都,知父此旨,便求禄还为南郡丞,付以家事。刺史安陆王子敬、长史刘寅以下皆赠送之,测无所受。赍《老子》《庄子》二书自随。子孙拜辞悲泣,测长笑不视,③ 遂往庐山,止祖少文旧宅。建武二年,征为司徒主簿,不就,卒。

吴苞亦隐士,常以一壶自随,一旦,谓弟子曰:"吾今夕当死,壶中大钱

---

① 谓之尸解至老子等:按卷首篇目,本段当为《顾欢传》文字。
② 父庸:《南齐书·臧荣绪传》作"父庸民",《南史·臧荣绪传》作"父庸人"。
③ 测长笑不视:"长笑不视",他本及《南齐书·宗测传》《南史·宗测传》作"长啸不视"。

一千,以通九泉之路;蜡烛一挺,以照七尺之尸。"遂亡。①

杜京产字景齐,吴郡钱塘人,杜子恭玄孙。父道鞠,州从事。京产好恬静,专学黄、老,以洁静为心,廉虚成性,通和发于天挺,敏达表于自然。隐太平山。征为员外散骑常侍,京产曰:"庄叟持钓,岂为白璧所回。"辞疾不就。年六十四,卒。

徐伯珍,东阳人。少孤贫,学书无纸,常以竹叶及以铁钉画地学书,兼明道术。宅南九里有高山,班固谓之九岩山,后汉龙丘苌隐处也。山多龙须柽柏,望之五彩,世人呼为妇人岩,伯珍居之。兄弟四人皆白首,世呼作"四皓",俱年八九十卒。

武陵邵荣兴,八世同居,建武三年,明帝表其门闾。

义兴吴达之,嫂亡无以葬,自卖为力夫,以营棺冢。建元三年,诏表门闾。

乐颐之字文德,南阳人。世居南郡,少性至孝,养母甘厚。湘州刺史王僧虔引为主簿,闻僚佐非人,弃官而去。初,吏部郎庾杲之常候,颐之为设食,唯枯鱼菜菹。杲之曰:"我不能食此。"母闻之,自出常膳鱼羹数种。杲之曰:"卿过于茅季伟,我非郭林宗。"仕至郢州中从事。

江泌字士清,济阳考城人。父亮之,员外郎。江泌少贫,昼日则斫屟为业,夜乃读书,随月光,光斜则握卷升屋。性行仁义,衣弊虱多,以绵裹置壁上,恐虱饥死,乃复置衣中。食菜不食心,以其有生意也。为国子助教,牵车至染乌头,见一老翁步行,下车载之,自徒步而归。建武中卒。

纪僧真,丹杨建康人。因萧慧开之言,故请事太祖。太祖用为冠军参军。僧真梦蒿艾生满江,惊觉,以白太祖。太祖曰:"诗人采萧,萧,艾也。萧生断流,卿勿言也。"其见亲如此。

太祖初在淮阴,治城,得一锡趺,长数尺,下有篆文,莫能识之。僧真曰:"何

---

① 吴苞亦隐士至遂亡:《南齐书·吴苞传》《南史·吴苞传》不载此事,据《南史·隐逸传》,此乃赵僧岩事。

须更辩文字，久远之物，九锡之征也。"太祖在淮阴，令僧真视上手迹，学署之。至是报答书疏，皆付僧真，上观之笑曰："我亦不能辩。"太祖拜中书舍人，封新阳县男。上临崩，令典遗诏。

为人有雅士之风，世祖尝目送之，笑曰："人生何必计门户，纪僧真堂堂，贵人所不能及。"于诸权要，最得顾盼。母葬，开墓，得两头蛇，五色。明帝即位，以僧真历朝驱使，出为广陵内史，卒。

茹法亮，吴兴武康人。宋大明中，出身为小吏，齐太祖用为冠军府参军。世祖即位，为中书通事舍人，与吕文显并以奸佞谄事武帝。东昏立，出法亮为大司农。中书势利之职，法亮不乐去，固辞不受，既而代人已到，法亮垂涕而去，卒官。

吕文显，临海人，与茹法亮等迭出入为舍人，并见亲幸。建元、永元之世，至尚书右丞，少府卿，卒。

魏虏，匈奴种也，姓拓拔氏。披发左衽，亦呼之为索头虏。魏自什翼圭始治平城，犹逐水草，无城郭，木末始土著，立居处。至佛狸破凉州、黄龙，徙其居民，大筑郭邑。截平城，四角起楼，女墙，不施屋，城又无堑。南门外立二土阙，阙内立庙，四门，各随方色，凡五庙，二十一间，① 瓦屋。其西立土社。佛狸所居塞居等殿，② 又立重屋，居其上。太子宫在城东，亦开四门。妃妾住土屋，婢使千余人，织绫锦，贩卖逐利。太官八十余窖，窖贮四五千斛。城郭绕宫，悉筑为防，③ 大者四五百家。城西有祠天坛，立四十九木人，长丈许，白帻、练裙，尝以四月四日设牛马祭。于城西三里，刻石写《五经》及国记也。佛狸置三公、太宰、尚书令、仆射、侍中，与太子决国事。诸曹军府悉署官员，皆使通知虏汉语，以为传译。兰台置中丞御史，知城内事。

泰始五年，万民禅位子宏，自称太上皇。宏立，号延兴元年。至六年，万民死，谥献文皇帝。改号承明，当此即宋元徽四年也。丁巳岁，乙太和元年。宏闻齐太祖受禅，其冬，使丹杨王刘昶为太师，来寇司州。齐使车僧朗使北虏。虏问僧朗曰：

---

① 二十一间：徐钞本、《南齐书·魏虏传》作"一世一间"。
② 佛狸所居塞居等殿："塞居"，徐钞本、《南齐书·魏虏传》作"云母"。
③ 悉筑为防：《南齐书·魏虏传》"防"作"坊"，是。

"齐辅宋日浅，何故促登天位？"僧朗曰："虞、夏登庸，亲当革禅；魏、晋匡辅，贻厥子孙。岂二圣促促于天位，两贤谦谦以独善？事宜各异，宁得一揆？苟曰事宜，故以应物。"虏又问曰："齐王有何功业？"僧朗曰："主上圣性宽仁，天识弘远，大定凶党。戮力佐朝，三十余年；经纶夷险，十五六载，此功可谓极矣！"

世祖即位，虏使李道固报聘，世祖于玄武湖水步军讲武，登龙舟引见之。自此岁使来，疆场无事。

自佛狸已来，稍渐华典。平城南五十里有索干水，出定襄界，世号为索干都。土气凝寒，六月雨雪，遂迁都洛。仍使蒋少游窥京师宫殿，楷式而去。

九年，将议迁都。

十年，世祖使司徒参军范云、萧琛北使，宏在西郊祠天坛处，以绳相交结络，细水被帐，① 覆以青缯，形制平圆，下容百人坐，谓之为"伞"，一云"百子帐"。于此下宴引朝臣及齐使，宏皆自应接，甚重齐人。宏谓左右曰："江南多好臣。"宏侍中李元凯对曰："江南多好臣，数岁一易主；江北无好臣，百年不易主。"宏大惭。

十一年，宏遗露布并遗世祖书，称南入。世祖广召募。会世祖崩，宏闻乃退师。

太和十七年八月，使持节、安南大将军、行尚书符腾诏：②"皇师电击，旌旗南指，誓清江浒，志廓衡霭。会行人审知彼有大故，以《春秋》之义，闻哀寝伐。爰敕有司，辍銮止辂，故以往示。"并遣使吊齐问讳。

隆昌元年，齐遣使刘斅等聘宏。宏是岁徙都洛阳，改姓元氏。宏闻齐高宗立，非正嗣，乃自率大众，分寇司、徐、梁、豫等四州。齐建武二年春也，宏入寿阳，军中有黑毡行殿，坐辇边皆三廊揭刺，有梨多白真肸，③铁骑为群，前后相接。出军皆乌漆楯槊，④缀以黑虾蟆幡。牛车驴骆驼等。⑤不攻城，登八公山，赋诗而去。

宏纳冯太后兄昌黎王冯莎二女，大者为昭仪，小者为皇后，生太子恂。恂意不乐，思归桑干，私置马三千匹于河阴。皇后召而执之，告宏，宏怒，徙恂于无鼻城，在河桥北二十里，寻杀之。遂立大冯为皇后，立恪为太子。

四年，宏大举向南阳，将破雍州，以三十六军前后相继，众号百万。其诸王

---

① 细水被帐：徐钞本、《南齐书·魏虏传》作"纽木枝帐"，当是。
② 行尚书符腾诏：徐钞本无"行"字，作"府长史鹿树生移行所在"。
③ 有梨多白真肸："肸"，徐钞本作"眊"，静嘉堂本作"眈"，四库本作"眊"。
④ 出军皆乌漆楯槊："出军"，徐钞本、《南齐书·魏虏传》作"步军"。
⑤ 牛车驴骆驼等：《南齐书·魏虏传》作"牛车及驴、骆驼载军资妓女，三十许万人"。

军朱色鼓，公侯绿色鼓，伯子男黑色鼓，并有鼙角，吹沸天地。使咸阳王禧围南阳，自新野，皆陷之。宏缚新野太守刘思忌，问曰："何不早降？"忌曰："宁为南鬼，不作北臣。"乃杀之。寻破崔慧景于邓，进樊城，临沔水而去。宏疾崩，谥孝文皇帝。

是年，王肃在虏为制官，官司品秩，一如中国。凡有九品，各有二。肃初为道人奔虏，自说家被诛戮，宏为流涕。乃以第六妹妻之，即虏彭城主也。封肃平原公，为起宅舍。

宏太子恪立，号景明元年，即齐永元二年也。

初，佛狸之朝，讨反胡于长安，有道人射杀虏三郎将斛浴真。佛狸大怒，悉毁浮图，杀道人将尽。及元嘉南寇，获道人以铁笼盛之，后乃感恶疾。自是敬畏，乃立塔寺，及宏，大兴佛事。

诸蛮种数繁多，言语不一，咸依山布谷，在荆、湘、雍、郢、司五州界。① 宋世封西阳蛮侯：梅虫生为高山侯，田治生为威山侯，梅加羊为抃山侯。齐太祖即位，数为寇，皆讨平之，收其部落，使戍汶阳。汶阳本临沮西界，二百里中，水陆迂狎，兼贯行，水白田肥，桓温割为郡。南接巴、巫，太祖置巴州以畏静之。蛮俗衣布徒跣，或堆高髻，或剪发。兵仗以金银为饰，使弩射。②

东夷高丽国与魏虏接界，太祖建元元年，进封号，以高丽王琏为骠骑大将军，乐浪公如故。三年，使贡方物。琏年百余岁乃卒。隆昌元年，高云立为高丽王、乐浪公、征东大将军，其官位加长史、司马、参军之属。拜则申一脚，坐则跪，行则走，以为恭敬。国有银山采为货并人参、貂皮，重中国彩缬，丈夫衣之，亦重虎皮。

百济，弁辰之国，起晋世受蕃爵，自置百济郡，在高丽东北。齐建元二年，其王牟都使贡方物。永明二年，魏虏征之，大破百济王牟都。新罗国，三韩种也。

倭国，在带方东南大海中岛上，汉末以女人立为王。

---

① 咸依山布谷在荆湘雍郢司五州界：徐钞本作"咸依山谷，布在荆、湘、雍、郢、司等五州界"，《南齐书·蛮夷传》同，文意更优。

② 使弩射：徐钞本作"便弩射"。

南夷林邑国，在交州南，海行三千里，北连九德郡，秦朝故林邑县也。汉末称王。晋太康五年，使人贡献。宋永初元年，林邑王范阳迈母初生，梦天人以金藉之，光色奇异。夷人谓金之精者为"阳迈"，若中国云"紫磨"者，故以名之。王服天冠，身披香缨络。国人凶粗，善斗。吹海螺为角。人皆倮形。人死，集其舍食肉，以火焚其骨粉于水中，谓之水葬。其大姓号婆罗门，嫁娶必用八月。女先求男，贱男而贵女。以婆罗门引婿握手相付，咒曰"吉利吉利"为成礼。色黑为上。

扶南国在日南郡之南大海西湾中，广三千余里，有江向西流入海。先有女人为王，名柳叶，为激国人混瑱所破，降为妻，而遂治其国，子孙相传。晋末始通职贡。其后王姓憍陈如，名阇耶跋摩。① 晋惠帝永明二年，② 阇耶始因天竺道人那伽仙而遣使于中国，奉表献金缕龙王座像一躯，白檀像一躯，牙像一躯，牙塔二躯，古贝二双，琉璃苏铉一口，③ 玳瑁枇一枚。诏回紫绛、地黄、碧绿绫各百匹。

扶南人黠惠智巧，居重阁，以木栅为城。出大蒻叶，长八九尺，编此叶以盖作屋。人民亦为阁居。或为大船，长八九丈，广六七尺，头尾似鱼。国王行，乘象，妇人亦然。好斗鸡狗为戏。无牢狱，有争讼者，以金指镮投沸汤中，令交取之。土出芭蕉、甘蔗、石榴、槟榔等果。

蠕蠕国，庱塞外杂胡也。编发左衽，晋世什翼珪入塞后，蠕蠕逐水草，居匈奴，威伏西域。土气早寒，所居穹庐毡帐。刻木记事，无文字。宋世尝言南方姓名齐者，当为天子。宋顺帝昇明二年，太祖辅政，遣王洪范使，克期共伐魏虏。其相国刑基祇罗回表言"京房谶云：'卯金十六，草肃应王。'"建元二年八月，蠕蠕发四十万，南侵平城七八里，于燕然山纵猎而去。后二年三年，频献狮皮。永明元年，王洪范始还京师，经途三万余里。后十年，为丁零胡所攻，蠕蠕南徙。

---

① 名阇耶跋摩：徐钞本、甘钞本、《南齐书·蛮夷传》作"名阇耶跋摩"。
② 晋惠帝永明二年："永明"原作"永熙"，但前文云扶南国"晋末始通职贡"，与上文矛盾。徐钞本、甘钞本、刘钞本、周钞本、《南齐书·蛮夷传》作"永明"，是。但此为齐武帝年号，张校本以为"晋惠帝"当为"齐武帝"。
③ 琉璃苏铉一口："琉璃苏铉"，徐钞本作"琉璃苏釪"。

河南国，匈奴种也。汉建武中，匈奴奴婢亡匿在凉州界杂种数千人，虏名奴婢为赀，一谓之"赀虏"。鲜卑慕容廆庶兄吐谷浑与廆分争，子孙领其部落，以吐浑为氏。在益州西北，亘数千里。其南界龙涸城，去成都千余里。犬戎有四：^①一在青水，一在赤水，一在浇河，一在吐屈真川，皆子弟所治。其王治慕贺川。初逐水草，后稍为宫室，宋初，始受爵命，河南王吐谷浑拾寅为持节、车骑大将军、秦河二州刺史。^②齐太祖建元元年，进号骠骑大将军，卒。子易度侯为河南王，卒。世子休留茂为河南王，齐使丘冠先至河南拜受，为休留茂推坠深谷中杀之。丘冠先字玄通，吴兴人，晋吏部郎杰六世孙也。

氐杨氏，苻氏同出略阳，汉世居仇池。建安中，有百须元王。晋代有杨茂搜。宋令裴方明伐氐，克仇池，王杨文德加武都王兼仇池公。太祖即位，诏又封之。

宕昌羌，西羌种也。各有酋豪，领部落在汧、陇间。宋末，宕昌王梁弥机为河凉二州刺史、陇西公。建元元年，太祖进号镇西将军，卒。子孙为宕昌王，使求杂书，帝以《五经集论》等赐之。^③俗重虎皮，以之送死，国中以为之贺。

---

① 犬戎有四："犬戎"，《南齐书·河南传》作"大戎"，是。
② 秦河二州刺史：《南齐书·河南传》作"西秦河二州刺史"。
③ 帝以五经集论等赐之："五经集论"，《册府》卷九九九作"《五经集注》《论语》"，当是。

建康实录卷第十七　梁上

高祖武皇帝

高祖武皇帝姓萧名衍，字叔达，小字练儿，兰陵中都里人，汉相国何之后，而与齐朝同承淮阴令整。整生皇高祖辖，位济阴太守。辖生皇曾祖副子，位州治中从事。副子生皇祖道赐，位南台治书侍御。道赐生皇考顺之，字文纬，齐高祖族弟，参预佐命，封临湘侯，累至领军将军、丹杨内史。

高祖以宋大明八年甲辰岁生于秣陵县同夏里三桥宅。初，皇妣张氏常梦抱日，已而有孕，乃生帝。帝生有奇异之光，两胯骈骨，状貌殊特，顶上隆起，日角龙颜，重岳虎顾，舌文为八字，顶有浮光，身映日无影，为儿童能蹈空而行，有文在左手曰"武"。① 及长，博学多通，好筹略，有文武才干，流辈咸推许焉。所居宅常若有云气，人有遇者，体辄肃然。

起家巴陵王参军，迁卫军王俭府东阁祭酒。王俭一见深相器异，请为户曹属，谓庐江何宪曰："此萧郎三十内当作侍中，出此则贵不可言。"齐竟陵王子良开西邸，招文学之士，高祖与沈约、谢朓、王融、萧琛、范云、任昉、陆倕等并游焉，号为八友。王融俊爽，识鉴过人，尤敬异高祖。每谓所亲曰："宰制天下，必在此人。"累迁随王咨议，行经牛渚，逢风，入泊龙浒。有一老人谓曰："君龙行虎步，贵不可言。天下将乱，能安之者，其在君乎？"以皇考艰去职。

齐明帝辅政，为宁朔将军，镇寿春。服阕，拜黄门侍郎，入直殿省。与萧谌等定策，封建阳侯。②

---

① 有文在左手曰武："左手"，徐钞本《梁书·武帝纪》《南史·梁本纪上》作"右手"，周钞本作"手左"。
② 封建阳侯：《梁书·武帝纪》《南史·梁本纪上》作"封建阳县男"。

建武二年，虏寇司州，以高祖为冠军将军讨之，①进战，魏军弃围走。还为太子中庶子，领羽林监。顷之，出镇石头。

四年，败魏军于雍州，进使持节、都督雍梁南北秦四州军事、雍州刺史。其月，齐明帝崩，及东昏侯立，而扬州刺史始安王遥光、尚书令徐孝嗣、右仆射江祏、右将军萧坦之、侍中江祀、卫尉刘暄更直内省，使分日帖敕，世所谓六贵。高祖闻之，谓从舅张弘策曰："政事多门，乱其阶矣。《诗》云：'一国三公，吾谁适从？'况此六贵也。又有御刀茹法珍、梅虫儿、丰勇之等八人，号为八要。及舍人王咺之等四十余人，皆口擅王命，权行国宪，今有六贵，而何得理。嫌隙若成，方将诛灭，当今避难，唯有此地。但勤行仁义，可坐作西伯。然诸弟在都，恐不离患，须与益州图之。"

时高祖长兄懿罢益州还，仍行郢州事，使弘策诣都，陈计于懿云："晋惠庸主，诸王争权，遂内难九兴，外寇三作。今六贵争权，人握邦宪，制王画敕，各欲专威。始安将为赵伦，形迹已见，塞人上天，信无此理乎？徐孝嗣才非柱石，听人穿鼻。幸图身计，不可后人，智者见机，无待终日。"懿闻色变，心不之许。

是岁，高祖到襄阳，潜造器械，伐竹木于檀溪，密为舟装之备。所住斋常有五色气回转，状若蟠龙，其上紫云腾起，形如伞盖，望者莫不异焉。

永元二年冬，懿被害信至，高祖密召长史王茂、中兵吕僧珍、别驾柳庆远、功曹史吉士瞻等谋之。以十一月乙巳召僚佐集之厅事，谓曰："武王会孟津，皆曰'纣可伐'。今昏虐暴主，诛戮朝贤，生民涂炭，卿等同心嫉恶，共兴义举，良在兹日。"是日建牙于军门，收拾甲士三万余人，马一千匹，船三百艘。高祖谓张弘策曰："夫用兵之道，心战为上，兵战次之。"乃使行人封空函以疑刘山阳，而定荆土，引荆州军下沔南，立新野郡，以集新附。

三年二月，②南康王宝融为相国，以高祖为征东大将军，封公，给鼓吹一部。戊申，高祖发襄阳，留弟伟守城，总州府事。录事郭俨知转漕，移檄京师。命长史王茂与竟陵太守曹景宗为前将军，出汉口，轻兵沿江，逼郢城，大破刺史张冲军于石桥，追斩于九里亭。高祖筑汉口城以守，时张冲军复以长史程茂为主。

己巳，③南康王宝融即帝位于江陵，改永元三年为中兴元年，遥废东昏为涪陵

---

① 冠军将军：原无"将军"二字，据《梁书·武帝纪》《南史·梁本纪上》补。
② 三年二月：下云"戊申，高祖发襄阳"，是正月事。故"二月"当作"正月"。
③ 己巳：《南齐书·和帝纪》《梁书·武帝纪》《南史·梁本纪上》作"三月乙巳"，是月乙未朔，乙巳为十一日。《建康实录》脱"三月"二字，又误"乙巳"为"己巳"。

王。以高祖为左仆射，假黄钺。西台置百官司马。七月，袭破上流，征镇相继归款。八月，前次芜湖，南豫州刺史申胄弃姑孰，奔归东昏。又使屯破墩，高祖悉大军据姑孰，使曹景宗、萧颖达领马步进屯江宁。东昏征虏将军李居士率马步逆战，击破之，进与新亭城主江道林大战于路，生擒之。而次新林，使王茂进据越城，曹景宗据皂荚桥，邓元起据道士墩，陈伯之屯篱门。李居士收散军犹据新亭垒，请东昏烧南岸邑屋以开战场。自大航以西，新亭以北，荡然矣。

十月，石头军主朱僧勇率水军二千归义。东昏又遣征虏将军王珍国率胡虎牙等列阵于航南大路，珍国决死战，大败，投淮死者与航等，追兵乘之以济，诸军相望大溃，追至宣阳门，东府、石头、白下等诸军并降。壬午，高祖镇石头，命众军围城。十一月，东昏悉烧门内，驱逼营署、官府并入城，有众二十万。高祖筑长围逼之。

十二月丙寅旦，兼卫尉张稷、北徐州刺史王珍国斩东昏，首送高祖。遣使晓谕南徐、兖及四方屯戍悉降，乃分遣宗党镇守，而使吕僧珍勒兵封库及图籍，壁庶凶党王咺之已下四十八人并诛之。宣德皇后下令追废涪陵王为东昏侯，依汉海昏故事。授高祖中书监、扬徐军事、大司马、录尚书、骠骑大将军、扬州刺史，封建安公，食邑万户，给班剑四十人，假黄钺，依晋武陵王司马遵承制故事。

己卯，高祖入屯阅武堂。下令曰："皇家不造，遘此昏凶，祸延动植，虐被人鬼，社稷之危，几于累卵。吾身藉皇宗，曲荷先顾，受任边疆，推毂万里。投袂受戈，克殄多难。凡厥负罍，咸与维新。可大赦天下，唯王咺之已下四十八人不在原例。"又下令曰："一切淫刑滥罚赋役并原放。今明昏递运，大道公行，思治之氓，来苏兹日。"

二年正月，齐和帝自江陵遣侍中席阐文、兼黄门侍郎乐法才慰劳京邑。追赠高祖皇祖散骑常侍，皇考侍中。戊申，①宣德皇后临轩，入内殿。大司马承制，百寮致敬如前。诏进高祖剑履上殿，入朝不趋，赞拜不名。加前后羽葆鼓吹。置左右长史、司马、从事中郎、掾、属各四人，寻进相国，封十郡，为梁公，备九锡之礼，加玺绂、远游冠，位在王公之上，加相国绿绂绶，任总百司，高祖固辞。

二月，府寮劝进。是日，焚东昏淫奢异服都六十二事于都街。乙丑，南兖队主陈文兴于城内凿井，得玉镂骐驎、玉璧、水精环各二枚。又凤皇见建康县桐下里。

---

① 戊申：《梁书·武帝纪》《南史·梁本纪上》作"戊戌"，是月庚寅朔，戊戌为初九日，戊申为十九日，未知孰是。

宣德皇后称美符瑞，归于相国府。

丙寅，诏：“梁国初建，可依旧选诸要职，悉依天朝之制。”高祖上表曰：“臣闻以言取士，士饰其言；以行取人，人竭其行。所谓才生于世，穷达惟期；而风流遂行，驰骛成俗，媒孽夸炫，利尽锥刀，遂使官人之门，肩摩毂击。岂直暴盖露冕，不避寒暑，兼乃戢屦杖策，风雨必至。良由乡举里选，不师古始。请自今选曹精加隐括，依旧立簿，使冠履无爽，名实不违，庶人识涯涘，造请自息。且闻中间立格，甲族以二十登仕，后门以过立试吏，岂所以弘奖风流，希向后进？此实巨蠹，尤宜刊革。”语依表施行。

丙戌，诏进梁公爵为王，以豫州南谯益梁国，并为二十郡。帝固辞。有诏断表。相国左长史王莹等率百寮敬请。

三月辛卯，延陵县华阳逻主戴平牒称云：①"十二月乙酉，甘露降茅山，弥蔓数里。正月己酉，逻将潘道益于山石穴中得毛龟一。三月辛酉，②逻将徐灵符又于山东见白獐。丙寅平旦，山上云雾四合，须臾有玄黄色，状如龙形，长十余丈，乍隐乍见，久乃西北升天。"寿张县见骐驎一物。

己未夜，郳城有一物如兽，色白而长，攀树而泣，若将别者，因投城外黄鹤矶水中。庚申，③郳城降梁，梁王曰："何意骂义军？"朱晓曰："明公试思，桀犬何尝不吠尧。"王以为知言。

丙午，命王冕十有二旒，建天子旌旗，出警入跸，乘金根车，驾六马，备五时副车，置毛头云罕，乐舞八佾，设钟虡宫县。王妃王子王女爵命进号，依旧仪。

丙辰，齐帝禅位于梁王，王即位于姑孰，依唐虞、晋宋故事。

四月辛酉，宣德太后下令，今归别宫。壬戌，齐帝使侍中、持节、兼太保、尚书令汝南县开国侯亮，悉奉皇帝玺绂，受终之礼。王其陟元后，君临万方，式传洪业，以答上天之休命！高祖抗表陈让，于是，齐百官豫章王元琳等八百一十九人，及梁台侍中臣云等一百一十七人，并上表劝高祖，高祖谦让不受。太史令蒋道秀陈天文符谶六十四条，事并明著；群臣等固请，乃从之。

夏四月丙寅，高祖即位南郊，设坛柴燎，告类于天。礼毕，备法驾还建康宫太极前殿。大赦天下，改元中兴二年为天监元年。

---

① 延陵县至戴平牒称云："戴平"，徐钞本、四库本、徐钞本、《梁书·武帝纪》作"戴车"。
② 三月辛酉：是月己丑朔，无辛酉。徐钞本、《梁书·武帝纪》作"二月"，是。
③ 己未夜至庚申：是月无己未、无庚申。《南史·梁本纪上》系此事于中兴元年七月。

壬午,①封齐帝为巴陵王,全食一郡,一依齐典,行齐正朔。降宣德太后为齐文帝妃,后王氏为巴陵王妃。诏"降前代王公封爵,悉皆除省,唯宋汝阴王不在除例"。

追尊皇考为文皇帝,庙号太祖;皇妣张氏为献皇后,妃郗氏为德皇后,谥兄懿为长沙王,诏封文武各有差。以弟宏为临川王、扬州刺史,弟秀为安成王,弟伟为建安王,弟恢为鄱阳王,弟憺为始安王。诏后宫乐府一切放还。

己巳,巴陵王薨于姑孰,谥为和,送终一依宋顺帝故事。诏"分遣内侍,周省四方观政,举沦滞,求遗隐,问百年,蠲狱讼,天下有罪,许人赎论"。复兰陵武进县,依前世之科。乃立公车府谤木肺石,傍各置一函,欲有横议,投谤木函。

五月,江州刺史陈伯之举兵反,使王茂为征南将军、江州刺史,讨平之,伯之奔魏。

丁未,②诏中书监等八人参定律令。林邑国、干陁利国各遣使贡方物。

十二月乙未,立小庙。甲子,立皇子统为太子。③

是岁,旱,米一斗五千文,人多饿死。立长干寺。案《寺记》:寺在秣陵县东长干里,内有阿育王舍利塔,梁朝改为阿育王寺。昔佛涅槃后,周敬王朝阿育王造八万四千舍利塔,此其一焉。又案《梁书》:大同二年八月,高祖改阿育王塔,塔下舍利及佛爪发,④发青绀色,众僧以手伸之,随手长短,放之则旋屈为蠡形。此塔比吴朝因孙綝乱曾毁废之,塔亦同泯。平吴后,诸道人于旧所建立焉。晋末宋初,更修饰之,至简文咸安中,使沙门程安造小塔,未成而亡,弟子僧明继而修立。至孝武太元九年,上金相轮及承露盘。其后离石县人刘萨阿因死更苏,便出家,名惠达,行礼,次至丹杨,未知阿育王塔处,乃登城四望,见长干里有异气,因就礼拜,果见先置塔所,方知必有舍利,乃对众掘地一丈,得三石碑,各长六尺。中碑下有铁函,函内有银函,函内又有金函,盛三舍利及爪发各一枚,发长数尺。即迁近北,对简文所造四层塔。十六年,又使沙门僧尚加三层,即高祖所开者也。高祖初穿三四尺,得龙甲。九尺许,方得石,石下有石函,函内有铁壶,以盛银坩,坩内

---

① 壬午:《通鉴》卷一四五作"丁卯",是月己未朔,壬午为二十四日,丁卯为初九日。下文云己巳日之事,己巳为当月十一日,故张校本以为"丁卯"当是。

② 丁未:五月戊午朔,无丁未。《梁书·武帝纪》《南史·梁本纪上》作"八月丁未",是月丙戌朔,丁未为二十二日,是。

③ 十二月乙未立小庙甲子立皇子统为太子:十二月乙酉朔,乙未为十一日,然是月无甲子。《梁书·武帝纪》《南史·梁本纪上》云立小庙在十一月己未,立太子于十一月甲子,十一月乙卯朔,己未为初五日,甲子为初十日,是。此处作"十二月",误。

④ 塔下舍利及佛爪发:《梁书·诸夷传》《南史·夷貊传》作"出旧塔下舍利及佛爪发",是。

有金缕罂，盛三舍利，如粟粒大，圆正光洁。又有琉璃碗，碗得四舍利及爪发，爪有一枚，为沉香色。高祖至寺大会，造二刹，各以金罂、瓷罂重盛舍利爪发，内七宝塔中。又以石函盛宝塔，分入刹下二塔，俱放光明。敕镇东将军邵陵王纶制寺《大功德碑》文。晋咸和中，丹杨尹高悝行至张侯桥，见地中有五色光长数尺，不知何怪，乃令人于光处剖视之，得金像。悝乃下车，载像，至长干巷首，牛不肯进，悝令御人任牛所之，牛直牵车至寺，悝因留像付僧。每至中夜，尝放光明，又闻空中有金石之响。经一岁，临安县渔人张系世，于海口忽见有铜花趺浮水上，系世取以送县，县以送台，乃施于像足，宛然相当。又简文咸安元年，交州合浦县人董宗之采珠没水底，得光焰，交州押送台，以施像上，又合焉。自咸安历隆安二十余年，光趺如其。初，高悝得像后，西域有胡僧五人来诣悝，曰："昔于天竺得阿育王所造像，来过邺下，值胡寇乱，埋像于河边，寻失所在。"五人尝一夜梦像语曰："吾出江东，为高悝所得。"悝乃送五僧至寺，诸僧见像歔欷流涕，像便放光，耀烛殿宇。又瓦官寺僧惠邃欲摸写像形，寺主僧虑亏损金色，谓邃曰："若能请像放光，回身西向，乃可相许也。"邃便恳拜请之，其像即转坐放光西向，当便摸之。又铜花趺上先有外国书，莫有识者，后有三藏那求跋摩识，云是阿育王为第四女所造也。及梁朝敕除市侧数百家，以广寺域，堂殿楼阁，颇极轮奂，其图诸经变相，并是张僧繇□丹青之功，为其冠绝。陈亡，寺内殿宇悉皆焚烬，今见有石塔三层，高一丈二尺，周围八尺，形状殊妙，非人工焉，鸟雀不敢栖息。《西京记》：光福坊大兴寺殿内有□□□金像，历宋、齐、梁、陈，数有奇异。陈国亡，忽面自西向，虽止之还尔。隋文帝载入于大内中供养，后移置此寺，寺众以殿大像小，不可当阳，置之于北面。明日，乃自转正，寺众咸惊，复置北面，明还复转南面，众乃忏谢，不复更动。又靖安之崇敬寺有石像一躯，高五尺，制作粗恶，甚有灵验。传云是阿育王第四女所造也。其女貌丑，尝自慨恨，多作佛像，及成皆类，如此千数。乃至诚祈祷，忽感佛见形，更造诸像，相好方具，其父使鬼神遍散诸像于天下，此石像是其一也。

天监二年四月己卯，①尚书删定法度上《梁律》二十卷、②《科》四十卷。

扶南、龟兹、中天竺国各遣使贡方物。交州进鹦鹉能歌，不纳。

置法王寺，北去县二十里。案《塔寺记》：武帝造。其地本号新林，前代苑也。梁武义军至，首祚王业，故以"法王"为名。大同九年于寺侧起王游苑，尚书令沈约为寺碑文，美武功也。置永建寺，北去县六十里，李师利建造。置佛窟寺，北去县三十里，

---

① 天监二年四月己卯：是月癸未朔，无己卯。《梁书·武帝纪》《南史·梁本纪上》作"癸卯"，为二十日，是。

② 尚书删定法度上梁律二十卷："法度"，《梁书·武帝纪》《南史·梁本纪上》作"蔡法度"，是，"法度"前脱"蔡"字。

僧明庆造。其寺拓山岩，殊称形胜，遂因佛窟而名。置永修观，东南去县五十里，五月六日武皇帝造，至贞观六年，为数不过五人，乃并入县内。

三年，天下多疾疫。

四年正月癸卯，诏"自今九流常选，年未满三十，不通一经，不得解褐"。

五月，建康县定阴里生嘉禾，①一茎十二穗。

六月，立孔子庙。

十月，大举北伐。

十二月，天清朗，西南有电光，闻雷声者三。

岁大穰，谷一斛三十文。

置敬业寺，礼部侍郎卢法震造。②

五年正月丙午，③庐陵高昌之仁山获铜剑二，始丰获八目龟一。

置净居寺，北去县六十二里，颍州刺史刘威造。

六年，诏隐沦之士皆令自陈。

三月，有象入京师。

四月，置左右骁卫、左右游击将军。

七月甲子，太白昼见。丙寅，置桂州。

八月戊戌，大风折木。京师大水，涛入，御道七尺。

乙亥，④改阅武堂为德阳堂、听讼堂为仪贤堂。

置光宅寺，西去县十里。武帝舍宅造寺未成，于小庄严寺造无量寿像长一丈八尺，及铸，铜不足，帝又给功德铜三千斤。台内送铜未至像处，已见铜车到垆所，于是就冶，一灌便足，在后台司铜至，方知向来送铜灵感所至。及开模，像以成丈九，而相好不差。又有大钱二枚见衣条上，竟不消铄。其年九月，欲移像过寺，未移前，淮中估客每夜辄闻大桥上数百人修道路，往视不见人，俄而，像度光彩辉焕，观者莫不归心。又《东都记》云：秘书省内著作院后，有梁武帝及名臣沈约、范云、周嗣已下三公数十人铜像。初，梁武帝登极，乃立私宅为寺，寺内有此像。后长庆中，李千里为明堂采木使，船载至东都，置于省内。置明庆寺，后阁舍人

---

① 建康县定阴里生嘉禾："定阴里"，《梁书·武帝纪》作"朔阴里"。
② 卢法震："震"，宋本、周钞本、刘钞本、四库本作"振"。
③ 五年正月丙午：是年正月丁卯朔，无丙午。徐钞本、四库本、《梁书·武帝纪》作"四月丙申"，四月乙未朔，丙申为二日，是。
④ 乙亥：八月戊子朔，无乙亥。《南史·梁本纪上》作"九月乙亥"，九月丁巳朔，乙亥为十九日，是。

王昙明造，去县十八里。寺内有泉，水清澈，陈、梁已前，尝取供御愈疾。寺碑太子舍人陈昭之文。

七年夏四月乙卯，太子纳妃，赦大辟已下罪。

五月己亥，诏复置宗正、太仆、大匠、鸿胪等卿，又增太府、太舟，充为十二卿。

六月辛酉，复建、修二陵周回五里内居民，改陵监为陵令。

七月壬辰，置童子奉车郎。

置涅盘寺，在县北二十里，沙门僧宠造。峰顶又有翠微寺，天晴日暖，望见广陵城在目前，水陆之远，盖二百里。前润州毕构因行属城造于山顶，怀止之分，勒石为铭。

八年正月，诏能通一经，始末无差，许以叙录。

九年，新作缘淮塘，北岸起石头迄东冶，南岸起后渚离门，连于三桥。

三月己丑，舆驾幸国子学，亲临讲席，赐祭酒已下帛有差。

四月丁巳，选尚书五都令史，革用士流。

是岁，置本业寺，西去县五十里，比丘净洁造，在蒋山里。

十年春正月，亲祠部南郊。

六月，异莲一茎三花生乐游苑。

九月丙申，天西北隆隆有声，赤气下至地。

冬十二月，山车见于临城县。庚辰，马仙琕大破魏军，斩馘十万，后克朐山城。

是岁，初作宫城门三重及开二道。置解脱寺，在县西南六里，武帝为德皇后造太清里内。

十一年二月，新昌、济阳二郡野蚕成茧。

十一月癸丑，齐宣德太妃王氏薨。

十二年正月，诏掩骼埋胔。辛巳，① 新作太极殿，改为十三间。

六月己巳，② 太庙增基九尺。庚子，太极殿成。

十三年二月丁亥，舆驾躬耕籍田，孝悌力田增爵一级。③ 老人星见。

七月乙亥，立皇子纶为邵陵王，绎为湘东王，纪为武陵王。

八月，作浮山堰。时都下讹言有魑鬼取人肝肺，以饲天狗，百姓大惧。

---

① 辛巳：是年正月无辛巳。二月丙辰朔，辛巳为二十六日，是。
② 六月己巳：是年六月甲申朔，无己巳。《梁书·武帝纪》《南史·梁本纪上》作"癸巳"，为初十日，是。
③ 孝悌力田增爵一级："增爵"，徐钞本作"赐爵"。

置劝善寺，去县西北十八里，帝为贤志造。

十四年正月乙巳，皇太子冠，大赦天下，赐为父后者爵一级，王公已下有差，停远近上庆礼。

十五年，诏以兵驺奴婢六十者，皆免为庶人。

十六年春正月辛未，祀南郊，诏"尤贫家，勿收今年三月调。无田业者，所在量宜赋给。及优鳏产子之家，恤理冤狱，并赈孤老鳏寡不能自存者"。

二月辛亥，籍田。甲寅，赦罪人。

三月丙子，敕太医不得以生类为药；公家织宫绞锦饰，并断仙人鸟迹之形，以为亵衣，裁翦有乖仁恕。于是祈告天地宗庙，以去杀之理，欲被之含识。郊庙牲牷，皆代以面，其山川诸祀则否。时以宗庙去牲，则为不复血食，虽公卿异议，朝野喧嚣，竟不从。

冬十月，宗庙荐羞，始用蔬果。

十七年春二月癸巳，雍州刺史安成王秀薨。甲辰，大赦。

三月丙寅，改建安郡王伟为南平王。

十八年四月丁巳，大赦天下。

七月甲申，老人星见。

置惠日寺。案，西南去县二里，阮翻舍宅造之，在建西尉定阴里。旧说云，大同八年，丹杨尹王龄造，今在县东二里。考其二迹不同。此惠日寺，是宋之禅林寺，王修仪为尼净秀立精舍，新蔡公主为佛殿。泰始三年，明帝助修，号曰禅林，济惠文起房，如此之状，历历明矣。隋末乱离，并从毁坏。皇初，杜伏威与辅公祏等共修殿内丈六金像，并左右来侍，始武德四年止六年正月十五，毕功。寺西废禅林寺，亦并入禅林之域。其年公祏背畔，七年李孝恭来讨，为军火所及。贞观七年，始移乃"惠日"之名于此矣。

十九年春正月，改天监为普通元年，大赦天下。丙子，日有蚀之。扶南、高丽遣使贡献。

三月，丹、滑国贡献。

四月，河南国贡献。

七月，江、淮、海三渎并溢。

九月乙亥，夜有日，见于东方，光烂如火。

是岁，魏明帝正光元年也。

置大爱敬寺，西南去县十八里，武帝为太祖文皇帝造。大通四年，又造一丈六尺栴檀像，量之剩二尺，成丈八形，次衣文及手足，更重量，又剩一尺五分。至大通五年，寺主僧洽重量，又剩七寸，即是长二丈矣。大同四年，移入大殿，敕主书吴文宠更量，又剩五寸。凡五度量，即长二丈七寸，岂非精诚所感耶？置永明寺，西北去县五十里。案《寺记》：南平襄王造，大唐武德六年废，上元二年五月奉敕重造。置果愿尼寺，西南去县五十里，东阳太守王均造。须陁寺，去县十七里。

二年春正月辛巳，祠南郊。诏置独孤园以恤孤幼。戊子，大赦。

二月辛丑，祀明堂。

四月乙卯，改作南北郊。丙辰，诏曰："平秩东作，义不在南。"因徙籍田于东郊外十五里。

五月己卯，琬琰殿火，延烧后宫三千余间。

八月丁亥，始平郡石鼓村地自开成井，方六尺六寸，深三十二丈。

十二月，百济、新罗遣使贡献，以百济王余隆为宁东大将军。

三年五月，诏公卿百寮各上封事，连帅郡国举贤良、方正、直言之士。

八月甲子，婆利、白堤国遣使贡献。

十一月，造猛信尼寺，西北去县五十里，后阁主书高僧猛造，在钟山西北，梁绍泰二年废，上元二年敕令重造。福静寺，西北去县六里，定修义造。

四年十二月，给事王子云议铸钱。狼牙修国遣使贡献。

五年六月乙酉，龙斗于曲阿陂，西行至建陵，所过树木皆折，地开数十丈。征北将军元树率众侵魏。

置众造寺，西南去一县五十里，后阁舍人吴庆之造。置善觉尼寺，在县东七里，穆贵妃造，其殿宇房廊，刹置奇绝，元帝绎为寺碑。

六年正月，魏徐州刺史元法僧以城来降，封始兴郡王。

七年正月，诏在位郡县各举所知，凡是清廉，咸须闻荐。

十一月，河南、高丽、林邑、滑国并遣使贡献。

八年正月甲戌，大赦。改大通元年。辛未，祀南郊。诏流亡者复其宅业，蠲役五年，尤贫者勿令出今年三调，孝悌力田赐爵一级。

帝创同泰寺，寺在宫后，别开一门，名大通门，对寺之南门，取返语以协同泰为名，帝晨夕讲议，多游此门，寺在县东六里。案《舆地志》：在北掖门外路西，寺南与台隔，抵广莫门内路西。梁武普通中起，是吴之后苑，晋廷尉之地，迁于六门外，以其地为寺，兼开左右，营置四周池堑、浮图九层、大殿六所、小殿及堂十余所。宫各像日月之形，禅窟禅房山林之内，东西般若台各三层，筑山构陇，亘在西北，柏殿在其中。东南有璇玑殿，殿外积石种树为山，有盖天仪，激水随滴而转。起寺十余年，一旦震火焚寺，唯余瑞仪柏殿，其余略尽，即更构造而作十二层塔，未就而侯景作乱，帝为贼幽馁而崩。帝初幸寺舍身，改普通八年为大通元年。

五月丙寅，成景隽克临潼、竹邑。

十月庚戌，魏东豫州刺史元庆和降。

十一月丁卯，萧藻为都督，①镇涡口，侵魏。

是岁，林邑、师子、高丽等国各遣使贡献。

置园居尼寺，北去县四十三里，大通四年，舍人袁颉造。

二年二月，筑寒山堰。

四月戊戌，魏尔朱荣废君杀主，胡太后临朝。时魏大乱，魏王子北海、临淮、汝南等并割地来奔；又鄞州、北青州、南荆州皆以地来降。

十月，帝以魏北海王元颢为魏主，令东宫直阁将军陈庆之卫兵以送还北。魏豫州刺史邓献以地降。

三年十月，改中大通元年。大赦，赐孝悌力田爵一级。

夏四月癸巳，陈庆之拔魏梁城，进屠考城，擒魏济阴王晖业。

五月，又进克虎牢，魏庄帝出居河北，元颢入洛阳，僭号建武元年，称建武皇帝。

六月，都下疫甚，帝于重云殿为万姓设救苦斋，以身为祷。

九月辛未，幸同泰寺，设四部无遮大会，上释服，御法衣，行清净大舍，以便省为房，用素床瓦器，乘小车，私人执役。甲午，升法座，为大众讲《涅槃经》。癸卯，群臣以钱亿万奉赎皇帝，众僧默许。乙酉，百辟诣寺东门，奉表请还宫，三请乃许，帝三答书，前后并称顿首。②

十月己酉，又大会，设四部，道俗五万余人。会毕，帝御金辂还宫，御太极殿，大赦。

十一月，盘盘、蠕蠕国并遣使朝贡。

置禅岩寺，西北去县三十五里。大通元年，严祛之造，贞观六年废，上元二年敕重造。

---

① 萧藻为都督："萧藻"，《梁书·武帝纪》作"萧渊藻"，盖避唐讳删去。

② 甲午升法座至并称顿首：是年九月己卯朔，乙酉为初七，甲午为十六日，癸卯为二十五日，乙酉不得在甲午、癸卯之后，此段叙事顺序有误。

二年四月癸丑，幸同泰寺。

六月，林邑、扶南遣使贡献。

八月，幸德阳堂。

三年四月己巳，①太子统薨，谥曰昭明。

六月癸丑，立昭明太子子欢、誉、詧并为郡王。是月，丹丹国遣使贡献。

七月乙亥，立晋安王纲为皇太子。大赦，赐为父后者爵一级，及忠孝文武清勤并如之。庚寅，皇宗族有服属者，并赐汤沐食邑。

九月，狼牙修国遣使贡献。

是岁，吴兴生野稻，饥者赖焉。

十一月，幸同泰寺，讲《般若经》。

十二月，魏渤海王高欢举兵于信都，别奉渤海太守元朗为天子，改元号中兴。其年二月，尔朱隆等已立献文孙广陵王元恭于洛阳，改元号普泰。

四年二月，封诸王嫡子为王。庚子，皇子邵陵王纶有罪，免为庶人。是日，高欢平尔朱氏，废元恭，以鸩杀之，谥曰节闵，年三十五。又中兴王元朗自以疏属逊位别邸，高欢立孝文孙平阳王脩于洛阳，改元永兴，又改永熙。

七月甲辰，星殒如雨。

十月，侍中、领国子博士萧子显表置制旨《孝经》助教一人，生十人，专通上所释《孝经义》。

十二月，高丽遣使朝贡。

是岁，魏相高欢以女妻孝武帝元脩为后。

五年正月辛卯，祠南郊。忽闻异香三随风至，及行事，奏乐迎拜，拜毕，有神光圆照满坛上，五色，食顷乃灭。戊申，京师地震。己酉，长星见。

五月戊子，京师大水，御道通船。海南、②波斯、盘盘遣使朝贡。

置法苑寺，北去县五十里。案《寺记》：大通五年，张文达造，一名广化寺。贞观六年废，上元二年奉敕重造。

六年二月，亲耕籍田，大赦，赐孝悌力田爵一级。

三月，百济遣使贡方物。

---

① 三年四月己巳：是月庚子朔，无己巳。《梁书·武帝纪》《梁书·昭明太子传》作"乙巳"，为初六日，是。

② 海南：按当时无此国，《南史·梁本纪中》作"河南"，是。

四月丁卯，以信武将军元庆和率众北侵魏。

闰八月，①魏孝武帝西入关，都长安，以宇文泰为丞相。孝武又与文泰不平，至十一月，遇鸩崩，泰立孝文孙南阳王宝矩为文帝。初，魏武入关，高欢立孝文曾孙清河王亶世子善见，都邺，改为天平，号东魏。魏于是始分为两。

十二月，西南有雷声止地。

七年正月戊申，大赦，改元。

大同元年，高丽、丹、滑、波斯等国朝贡。壬戌，②上幸同泰寺，铸银像。

十月，黄尘如雪。

十二月，北梁州刺史兰钦攻汉中，魏梁州刺史元罗降。

是岁，西魏文皇帝大统元年。

置头陁寺，东北去县二十二里。案《寺记》：舍人石兴造，其在蒋山顶第一峰。殿后有泉井，与江、淮水通，随潮水增减，非常灵异，累世仍旧。万福尼寺，北去县十八里，吴僧畅造。本愿尼寺，湘州刺史萧环造。岩栖观，去县东南六十里，贞观六年，并入洞玄观。

二年正月，诏求谠言及令文武官举士。

十月乙亥，诏大举兵北侵魏。壬午，幸同泰寺，设无碍大斋。

十一月，雨尘如雪，揽之盈掬。乙亥，③大兵班师。都下地生白毛，长二尺。

壬午，④魏遣使来和，诏许之。

置慈恩寺，东南去县二十五里，邵陵王纶造。普光寺，东南去县八十里，安丰县令张延造。化成寺，东北去县七十里，江宁县令陶道宗造。福兴寺，东北去县一百里，袁平造。善业尼寺，东北去县五十里，萧恪造。寒林寺，西北去县三十五里，常侍陈景造。

三年四月辛丑夜，朱雀门灾。壬寅，大雨灰，黄色。⑤

---

① 闰八月：按陈垣《二十史朔闰表》，是年闰十二月，非闰八月，《梁书·武帝纪》《南史·梁本纪中》为闰十二月。

② 壬戌：《南史·梁本纪中》系此事于四月壬戌，但四月丁丑朔，无壬戌。五月丙午朔，壬戌为十七日，张校本疑"壬戌"上脱"五月"二字。

③ 乙亥：是月戊戌朔，无乙亥。《梁书·武帝纪》《南史·梁本纪中》作"己亥"，为初二日，是。

④ 壬午：是年十一月无壬午，十二月丁卯朔，壬午为十六日，《梁书·武帝纪》《南史·梁本纪中》作"十二月壬申"，两日皆在十二月内，张校本以为必有一误。

⑤ 三年四月辛丑夜至大雨灰黄色：是年四月丙寅朔，无辛丑、壬寅日。《梁书·武帝纪》《南史·梁本纪中》载两事发生于正月辛丑，壬寅。是年正月丁酉朔，辛丑为初五日，壬寅为初六日，当是。

七月，东魏遣人来聘。

闰九月，使散骑常侍张皋报聘东魏。

冬，地大震。年饥。

置一乘寺，西北去县六里，邵陵王纶造，在丹杨县之左，隔邸，旧开东门，门对寺。梁末贼起，遂延烧至，陈尚书令江总舍书堂于寺，今之堂是也。寺门遍画凹凸花，代称张僧繇手迹，其花乃天竺遗法，朱及青绿所成，远望眼晕如凹凸，就视即平，世咸异之，乃名凹凸寺。置玉清观，西北去县五十八里，南康令翳哲造。

四年三月，河南、蠕蠕国朝贡。东魏人来聘。

七月，散骑常侍刘孝仪聘东魏。

八月甲辰，诏淮南十二州饥馑，逋租宿债勿收。

九月，阅武于乐游苑。

十二月，国子助教皇侃表上《礼记疏义》五十卷。

置洞灵观，在县南四十里，陈宣远所造。

五年春正月乙卯，以礼大赐官。丁巳，御史中丞、参礼仪事贺琛奏：“今南北郊、籍田往还并宜御辇，不复乘辂。二郊请用素辇，皆以侍中陪乘，停大将军及太仆。”诏付尚书博议施行。改素辇为大同辇。

八月，扶南献生犀。

十一月，魏人来聘，遣侍中柳豹聘之。

是时都下讹言云：“天子取人肝以饲天狗。”大小相惊，日晚闭门，持刀杖，数月乃止。

六年二月己亥，耕籍田。

五月乙卯，河南王遣使献马及方物，求经论十四条，并请制所定《涅槃经》《般若》《金光明经讲疏》一百三卷。

七月，东魏人来聘。

九月，始兴太守献嘉禾一茎十七穗。

七年十二月，于宫城西立士林馆，延集学者。宕昌、蠕蠕各遣使贡物。百济王求《涅槃经疏》及医工、画师、《毛诗》博士，并许之。

八年正月，安城郡刘敬躬反，江州刺史湘东王绎遣中兵参军曹子郢讨平，擒送都下，斩之。

十一月丙子，诏所在役女丁罢之。

是岁，交州贼李贲攻刺史萧咨，奔越州。

九年正月丙申，①地震，生毛。

置江潭苑，去县二十里。案《地志》：武帝自新亭凿渠，通新林浦，又为池，并大道，立殿宇，亦名王游苑，未成而侯景乱。

十年春，李贲窃号交趾，置百官，改天德元年。

三月甲午，②幸兰陵。庚子，谒建陵，陵上有紫云覆，久而乃散。帝望陵流涕，所沾草木变色，陵旁先有枯泉，是时流水香洁。辛丑，帝哭于修陵。又于皇基寺设法会，赐兰陵老少位各一阶，所经县邑，放今年租调。因赋《还旧乡诗》。己酉，幸京口，登北固楼，因改为北顾。又幸回宾亭，宴帝乡故老及迎候者数千人，各赐钱三千文。

五月，新州刺史卢子雄兄弟被诛，乃举兵反，广州刺史萧映讨平之。

十一月，大雪三尺。

十一年正月，震华林园光严殿。帝自贬，拜谢上天，累刻乃止。

置履道寺，西北去县二十五里。案《注宣集》：贞威将军、给事、后阁舍人章法护建。
置渴寒寺，西北去县二十五里。

十二年正月，改年为中大同元年。曲阿县建陵隧口石壁邪起舞，有大蛇斗隧中，其一被伤奔走。又青虫食陵树叶俱尽。癸丑，交州刺史杨暵克交阯嘉宁城，李贲走入屈獠洞，交州平。

三月庚戌，幸同泰寺，讲《三惠经》，乃舍身为奴。

四月，皇太子已下群臣出钱亿万奉赎，是夜，同泰寺为天火所烧略尽。

六月辛巳，天有声，如雷及风水相薄之音。

七月甲子，诏今已后有犯罪非大逆及杀，父母已下并勿坐。丙寅，诏通用足陌钱。甲午，渴盘陁国贡方物。

二年正月改太清元年，北齐高欢薨。

二月，白虹贯日。庚辰，东魏司徒濮阳王侯景率河南十三州地归降，使行台丁和奉表，帝许之。壬午，以景为大将军，封河南王，大行台承制，如邓禹故事。

---

① 九年正月丙申：是月壬戌朔，无丙申。《梁书·武帝纪》《南史·梁本纪中》作"闰正月丙申"，闰正月壬辰朔，丙申为初五日，是。

② 三月甲午：七月壬寅朔，无甲午。《梁书·武帝纪》《南史·梁本纪中》作"八月甲午"，是月辛未朔，甲午为二十四日，是。

甲辰，①以司州刺史羊鸦仁、桓和等率兵应接侯景。乙巳，帝升光严殿，讲《三惠经》，又舍身，群臣以钱亿万奉赎，僧众默许。百辟诣凤庄门上表请帝，帝三答皆称顿首。

丁亥，②服衮冕还宫，幸太极殿，如初即位之礼。是日，神马出，太子献《宝马颂》。

六月，以雍州刺史鄱阳王范为征北将军，总督缘边初附之州，以大将军侯景为录尚书。

十一月，军至寒山，为后魏慕容绍宗大败之，萧明被执。

置幽岩寺，北去县四十里，永康公主造。案《释法论集》：《牛头山佛窟寺大毗昙师传》云：承圣二年，法师入秣陵青山始创，舍名曰"幽岩"，与佛窟相去十里，毗昙所立，不云永康矣。立仪香尼寺，西北去县五十里，宫获造。

二年正月朔，两月相承如钩，见西方。诏大臣各举所知。己亥，交州刺史杨曎司马陈霸先破屈獠洞，斩李贲，传首京师。

六月，天裂于西北，长十丈，阔二丈，光出若电，声动如雷。

七月，使常侍谢珽于东魏结和。

八月，侯景败归，自寿阳举兵反。

十月，攻下马头，破历阳，自采石临江，诏邵陵王纶讨景，景自横江渡于采石。辛亥，至京师。

十一月，邵陵王入援京师。乙酉，战于玄武湖东而保爱敬寺，为贼所破。

十二月戊申，天西北裂，有光如火。时柳仲礼等入援京师，以仲礼为都督。

置灵隐寺，西北去县五十里，炅待公所造。

三年正月丁巳，侯景破仲礼于青塘。壬午，荧惑守心。乙酉，太白昼见。

三月丁卯，景攻陷宫城，纵兵大掠。己巳，景自矫诏为大丞相。

四月乙酉，③高祖以所求不供，以忧愤寝疾。

五月丙辰，帝幽馁而崩于净居殿，年八十六。辛巳，迁大行皇帝梓宫于太极殿。

---

① 甲辰：是年二月戊辰朔，无甲辰。《梁书·武帝纪》《南史·梁本纪中》作"三月甲辰"，三月戊戌朔，甲辰为初七日，是。下文乙巳则为初八日。

② 丁亥：四月丁卯朔，丁亥为二十一日。《梁书·武帝纪》《南史·梁本纪中》"丁亥"前有"四月"二字，是。

③ 四月乙酉：是年四月丙戌朔，无乙酉。《梁书·武帝纪》《南史·梁本纪中》作"己酉"，为二十四日，是。

冬十一月，追尊为武皇帝，庙号高祖。乙卯，葬于修陵。

高祖自舍身后，或书经坐禅，尽日不食。又于元光殿坐师子座，讲《金字经》文，于王明殿施素床瓦器以用。① 性纯孝，年六岁，献皇后崩，水浆不入口三日，哭泣哀苦有过成人。及文皇帝崩，初为齐王咨议，在荆州闻问，便投地绝浆。及居宸极，手不释卷，常至于夜灯烛不绝。先著《孝经义》，《周易》、六十四《卦》、二《系》、《文言》、《序卦》等义，《毛诗问答》《尚书大义》《中庸讲论》《老子疏》，凡二百余卷，并正先儒之迷，开古圣之旨。并撰吉凶军宾嘉五礼，凡一千余卷。又制《涅槃》《大明》《三净》等经义疏数百卷。又撰《通史》，聘赞序，凡六百卷。天性锐敏，下笔成章，又著文集一百卷，又撰《金策》三十卷。明诸医问卜筮，阴阳律候，并决之。善隶书，解骑射弓马，莫不奇妙。衣服俭素，冬衣不绵，一冠二年，一被三年。年五十九即断房室，六宫无锦绣之饰。不饮酒，不听音乐，开荡荡之王道，革靡靡之商俗，鼓扇玄风，兴重儒素。然不能息末敦本，斫雕为朴，慕名好事，崇尚浮华，抑扬孔、墨，留连释、老。侯景立皇子纲，为简文帝。

太宗简文皇帝

简文帝字世赞名纲，武帝太子。太清三年五月，武帝崩，侯景立帝，改元大宝元年。

二年八月，侯景废帝，立豫章王栋，使吕季略送诏，令帝写之。帝书至"先皇念神器之重，思社稷之固，越升非次，遂主震方"，呜咽不能自止，贼众皆为掩泣。

十一月，帝遇害，② 谥简文帝，庙号太宗，年四十九。豫章王栋即位，其年十一月景又废帝，自称汉。案，豫章王栋，即昭明太子子欢之子。欢之子：长曰栋，次曰桥，小曰樛。景既废帝自立为汉王，改太始元年，立一百日而败。伪太始元年，是大宝二年也。六月，征南将军陈霸先从南康下顿西昌，时湘东王绎遣征东将军王僧辩督众军下讨侯景，师次湓城，陈霸先率杜僧明、侯安都等甲兵三万将往会焉。先遣长史沈衮奉表江陵，劝湘东王进位。

十一月，王授霸先都督东阳新安会稽临淮永嘉五郡军事、平东将军、扬州刺史。

三年正月，发僧辩等诸军自湓城，与霸先会于白茅津，共登洲立坛，刑牲饮

---

① 于王明殿施素床瓦器以用："王明殿"，宋本作"五明殿"，当是。
② 十一月帝遇害：《梁书·简文帝纪》《南史·梁本纪下》云梁简文帝死于是年十月。

血盟约，同心并力，进讨侯景，词理悲切，泣下沾衣。词曰："贼臣侯景，凶羯小胡，逆天无状，构造奸恶，违背恩义，掠我国家，毒害生民，移改宗庙。我高祖聪明睿圣，光宅天下，劬劳兆庶，五十余年。侯景以穷见归，抚之如子，顾我高祖于景何薄？百姓于景何辜？而景肆长戟以凌蹙朝廷，骋锯牙而残害百类，皇枝襁褓之上，皆穷刃极俎，岂有人臣忍闻此痛？臣僧辩、霸先荷湘东王泣血之寄，摩足之恩，抽肠沥胆，誓诛奸逆，雪天地之怨耻，报君父之仇雠。同心叶和，罔有违戾，若一欺负，明灵殛之。"

二月，大军进始孰，先锋次蔡洲。侯景登石头，望官军之盛不悦，密谓左右曰："彼军上有紫气，不可当也。"乃使卢晖恪守石头，自于石城北筑数垒，而据高岭以拒霸先。霸先于石城西北连营三栅至落星山，①左右俱进，霸先谓军吏曰："善用兵者如常山蛇，令其救首尾困而无暇。"于是不日平定侯景矣。陈霸先进屯京口。案《梁书》云：王僧辩破侯景，景之走也，郭元建举广陵以归款请降。景子鉴奔清江，说元建曰："我曹梁氏雠，岂能相活耶！"遂与建谋反，降北齐，齐使将军辛术来援广陵。霸先将欲往广陵纳军，至欧阳，闻元建已投北齐，遂还军京口。

世祖元皇帝

元帝讳绎，武帝子，先封湘东王、荆州刺史。大宝二年，即位于江陵，改号承圣元年。以陈霸先为司空、南徐州刺史。岳阳王萧詧引西魏军寇江陵。

三年十月，西魏将于谨围江陵。

十一月，城陷。帝为魏人所杀，年四十七。

敬皇帝

敬皇帝讳方智，元帝第九子。先封晋安王、江州刺史。霸先、僧辩以承圣三年十二月迎入建康，即位，改元绍泰元年。是月，萧詧立于江陵，号泰安元年，②称后梁。

五月，北齐送萧懿第五子贞阳侯渊明归主梁嗣。

---

① 霸先至连营三栅至落星山："三栅"，张本、徐钞本作"立栅"。
② 号泰安元年："泰安"，本书同卷、《周书·萧詧传》《北史·萧詧传》作"大定"。

七月，僧辩纳之，立为帝，以敬帝为太子。霸先闻之，遣使四谏，不从。霸先愤，密谓所亲曰："武皇盘石之宗，远布四海，至于克雪雠耻，宁济艰难，唯孝元而已，功业茂盛，前代未闻。我与王公俱受重寄，声犹在耳，语未绝音，岂期一旦便有异同。嗣主武皇子孙，元帝之子，海内瞩目，天下宅心，竟有何辜，生致废黜，远求夷狄，假立非次，观其此情，亦可知矣。"乃密与徐度、侯安都、周文育等谋反，水陆俱进，袭王僧辩。使周文育率勇士夜至石头北，逾垣而入，霸先自引军入南门。左右告僧辩外有军，僧辩惊起，未及召军主，而周文育与僧辩子颋战于庭。霸先攻南门而入，僧辩大败，窘急登城南楼。霸先因风纵火，僧辩就擒，缢而斩之。遂废贞阳侯，而复方智为帝，改绍泰元年，进霸先都督中外军事、车骑大将军、扬州牧，司空如故，班剑、鼓吹。

时义兴太守韦载、①震州刺史杜龛等闻僧辩之诛，遂举兵反于吴兴，霸先自往讨之。秦州刺史徐嗣徽、南豫州刺史任约等闻霸先不在，密招北齐，举兵乘虚渡江，掩至阙下，侯安都拒之，乃据石头，霸先之，卷甲还都。

十一月，北齐遣兵五千渡江，据姑孰，又遣安州刺史翟子崇、刘士荣等，及淮州刺史柳达摩以兵一万，于湖墅以米三万石、马千匹潜渡，据石头。霸先命侯安都水军夜袭湖墅，烧齐船舫，令周铁虎率舟师断齐运输，霸先自领精骑出西明门，以袭齐军。

十二月，尽命众军分部，对冶城以船渡兵，攻其水南二栅。柳达摩拒淮据之，霸先督众军疾战，纵火烧栅，烟尘涨天，齐人败走，使侯安都水军追破嗣徽。嗣徽单舸走，达摩等合众军入保石头。霸先于石头南北岸绝其汲路，又堙塞城东门，城中诸井无水，水一合质米一升，米一升质绢一匹，或炒米而食之。达摩谓其众曰："我在此闻谣言云：'石头捣两裆，捣青复捣黄。'昔侯景着青色已倒于此，今吾徒衣黄，岂不是谣言验乎？"庚辰，②达摩请和，霸先伪许之，与城外盟约，任其将士南北。辛酉，霸先陈兵石头南门，送齐人北归，及至皆杀之。

二年三月，齐将萧轨、东方老、裴英起、洛州刺史李希光，并任约、徐嗣徽众军十万出栅口，向梁山，顿军芜湖。

五月丙申，齐军至秣陵故城，霸先遣周文育屯方山，徐度屯马牧，霸先自率宗室王侯朝臣等，立坛于司马门外仁虎阙下，刑牲告天，以齐人背约，食言慷慨，

---

① 时义兴太守韦载："韦载"，宋本、徐钞本作"章载"。
② 庚辰：是月丁未朔，无庚辰。《陈书·高祖纪》作"庚申"，为十四日，是。

涕泗交流，士卒观者，益加奋勇。辛丑，齐军于秣陵东跨淮上桥，引兵度，自方山进及倪塘，游骑至，城下震恐，霸先潜以兵三千配沈泰渡江袭齐军行台赵彦深于瓜步，获其舟粟之辎重。是日，天子总羽林禁兵，顿长干寺。

六月甲辰，齐兵度钟山龙尾，据幕府山。霸先又遣钱明领水军出江乘，断齐人运粮，齐人大饥，杀马以食之。壬子，齐军至玄武湖西北，将屯北郊坛。霸先引军自覆舟山东移于郊南，与齐人对阵。其夜大雨雷电，暴风拔木，平地水深一丈余，齐军日夜坐立泥中，悬鬲而爨，足指皆烂，而城中及潮沟北水退路干，官军常得干地。时食尽，霸先惧，军人皆给麦饼，兵士甚馁。会陈蒨自东阳送米二千石、鸭千头，霸先乃炊饭煮鸭，誓军士一战乃克之。及旦，身计裹粮肉数裔毕。自率麾下于幕府山南，吴明彻、沈泰等众军首尾齐举，纵兵大战，侯安都自白下断其后，齐师大溃，相藉死者，不可胜计，生执徐嗣徽，斩之以徇。追奔至江乘、摄山，虏萧轨、东方老、裴英起、李希光、王僧智等四十六人。其余军士得窜至江者，自卢龙缚筏以济，中流筏废，溺死者不知几极，流尸至京口，翳水弥岸；唯任约、王僧愔获免。丁巳，霸先出南州，烧贼船。己未，斩徐嗣彦、傅野猪于建康市，诛齐将等于城下。改元太平元年。

秋九月，天子进霸先位丞相、录尚书事、扬州刺史、义兴郡公。

二年正月，又加霸先班剑三十人，置丞相别楯，霸先房从，悉追赠之。

二月，广州刺史萧勃反，沿江而下，南江州刺史余孝顷以兵应之，霸先令周文育讨平之。

八月甲午，进霸先位太傅，加黄钺，剑履上殿，入朝不趋，赞拜不名，给前后羽葆，置皂轮。

九月，进总百揆，封十郡为陈公，备九锡之礼，授玺绂、远游冠，位在诸侯王上，陈国置官属，一依旧典。

十月，进爵为王，加冕旒，建旌旗，出警入跸，乘金根车，驾六马，备五时副车，置旄头云罕，舞八佾，设钟虡宫悬，陈台并依齐末故事。

辛未，敬帝禅位于陈王，乃命太尉王通，长史王玚奉皇帝玺绂，受终之礼，一依唐虞故事。敬帝方智逊位别宫。

霸先三让，群臣同请，以太平二年十月乙亥，霸先设坛于南郊，即皇帝位，柴燎告天。礼毕，舆驾还建康宫，临太极殿。大赦。改永定元年。奉帝为江阴王，行梁正朔服色，一依前典。

史臣曰：唐郑国公魏征曰："梁太祖固天攸纵，聪明稽古，道亚生知，学为博物，允文允武，多才多艺。爰自诸生，有不羁之度，属昏凶肆逆，天伦及祸，纠合义旅，将雪家冤。曰纣可伐，不期而会，龙跃樊、汉，电激湘、郢，剪离德如振槁，取独夫如拾遗。其雄武大略，固无得而称焉。既悬白旗之首，方应皇天之眷。今乃布德施惠，悦近来远，大修文教，盛饰礼容，声振寰区，泽浸遐裔，干戈载戢，凡数十年。济济焉，洋洋焉，魏、晋已来，未若斯之盛也。或终夜不寝，终日不食，非全道以制物，唯饰智以警愚。卑心遗荣，虚厕仓头之位；高谈脱屣，终恋黄屋之尊。夫人之大欲，在乎饮食男女，至于轩冕殿宇，非有切身之累。高祖屏除嗜欲，眷恋轩冕，通于所难而滞于所易，可谓神有所不足，智有所不及矣。及夫精华稍竭，凤德已衰，惑于听受，权在邪佞，储后百辟，莫能尽言。躁险之心，暮年逾甚。利而后动，愎谏违卜，开门揖盗，弃好即雠，衅起萧墙，祸成戎羯，身殒非命，灾被亿兆，衣冠毙于锋镝之下，老幼粉于戎马之足。瞻彼《黍离》，痛深周庙；永言《麦秀》，悲甚殷墟。自古以安为危，既成而败，颠覆之速，书契所未闻也。"

伪汉侯景，字万景，父标，① 本朔方人，移家于雁门。少骁勇有胆力。魏末，迁北镇戍兵，稍立功效。魏胡太后临朝，朝政紊乱。天柱将军尔朱荣自晋阳入杀胡氏，景以私众见荣，甚奇之，即委之典军事。会葛荣南逼，命景先驱，以功拜定州刺史。

始魏相高欢微时，与景相友好，及欢入洛诛尔朱氏，景复以众归之，仍为欢委用。景残虐，驭军严整，然破掠所得财物，皆颁赐将士，故人人咸为之用命，所向多捷。后为河南道大行台，位司徒。言于欢曰："请兵三万，横行天下，要须济江缚取萧衍老公，作太平寺主。"欢壮其言，使拥众十万，专制河南，仗任若己之半体。

及欢疾笃，谓子澄曰："侯景狡猾多智，反复难知，我死后，必不为汝用。"乃以书召之。景惧祸，乃以梁太清元年遣行台郎中丁和上表请降，梁武封为河南王，又遣行台左丞王伟诣阙请立元贞为魏主，梁乃封贞咸阳王，资以乘舆副御。高澄又遣慕容绍宗追破，景入涡阳，食尽，士卒散，景乃收散卒，得八百人，奔寿阳。尔后，征求稍阙，表疏跋扈。鄱阳王范镇合肥，司州刺史羊鸦仁素称景有异志，梁相朱异曰："景数百叛虏，何能为事？"抑而不奏。景知临贺王正德怨望朝廷，

---

① 父标：《梁书·侯景传》同，甘钞本、周钞本、刘钞本、四库本、《南史·侯景传》作"父摽"。

乃密使要结，以为内应。

八月，景发兵，济自历阳，高祖命邵陵王纶督众军巡江防遏。萧正德屯丹杨，至是率兵与景会合，景乘势遂至阙下，西丰公大春弃石头走，景遣将于子悦据之。

景乃立正德为帝于仪贤堂，改元曰正平。正德拜景天柱将军，以女妻之。又攻陷东府城，城内文武百官裸身而出，使交兵杀之，死者三千余人。又起土山以临台城。纶马步三万以据钟山，景于覆舟山列陈，南安侯骏众退，军乱败绩。

十二月，景引玄武湖水灌台城，阙前御街并为洪波，烧劫府寺营卫市肆，郭区内外，居人略尽。湘东王世子方矩、李迁哲、羊鸦仁、任尊等援军四方云合，众号百万，景乞和，宣城王大器、仆射王【原阙】

建康实录卷第十八　梁下

后妃传略

太祖献皇后　高祖德皇后　太宗简皇后　高祖丁贵妃
高祖阮修容　孝元徐妃

太子诸王传略

昭明太子　哀太子　愍怀太子

功臣

王　茂　曹景宗　柳庆远　萧颖达　夏侯详　蔡道恭　杨公则　邓元起
张弘策　庾　域　郑绍叔　吕僧珍　柳忱　韦叡　范云　江淹

后梁

中宗宣皇帝　世宗孝明皇帝　莒公琮

功臣

蔡大宝　王　操　宋如周　袁　敞　岑善方

后妃传略

太祖献皇后张氏讳尚柔，范阳方城人。祖次惠，宋濮阳太守。母萧氏，即文帝从姑。宋元嘉中嫔于太祖，生长沙宣武王懿、永阳昭王敷，次生高祖。

初后尝于室中，忽见庭前菖蒲花开，光纷昭灼，非世所有。后惊问左右，左右不见，后曰："尝闻见者富贵。"因取吞之。是月生高祖。将产夜，后见庭中衣冠陪列焉。次生衡阳王畅、义兴长公主令嫕。宋明帝太始七年，殂于秣陵同夏里舍，葬晋陵武进县东山。天监元年五月，追尊号为献皇后。

父穆之字思靖，晋司空华六世孙，官至交阯太守。

高祖德皇后郗氏讳徽，高平金乡人。祖绍，宋祭酒。父烨，太子舍人。初，后之母宋文帝女寻阳公主方孕，梦人告云："当生贵子。"及生后，有赤光照空。

后幼聪明，善隶书，读史传。女工之事，无不闲习。高祖娉焉，生永兴公主玉姚、永世公主玉瑾、永乐公主玉环。高祖在雍州，后殂于襄阳官舍，年三十二。高祖即位，追为德皇后。

后性妒忌，及终，化为龙，入后宫井中，通梦于帝，或见形，光彩照灼。帝体不安，龙辄激水腾涌，于是井上设衣服，百味祀之。故帝竟不立后。案《东京记》：皇城西南洛水北有分谷渠，北隋朝有龙天王祠。俗传梁武帝郗后性妒忌，武帝初立，未册命，因忿恚，乃投殿庭井中。众赴井救之，已化毒龙，烟焰冲天，人莫敢近。帝悲叹久之，乃册为龙天王，使井上立祠，朱粉涂饰，加以杂宝，每有所御，必厚祭之，巡直洒埽。自梁历陈，享祀不绝。陈灭，乃迁其祠于京城道德寺。大业初，又移于此地，置祠。祠内有星辰日月、阎罗司命、五岳四渎大龙神象。蒋州沙门法济尝住祠中，以事龙天王神。济有二竖子，一善吹笙，一善方响，每日以朝暮作乐。济为神所感，着衣鼓舞而不自觉。今向北，即上阳宫也。

太宗简皇后王氏讳灵宾，琅琊临沂人。祖俭。后幼而柔明，叔父暕见曰："吾家女师也。"天监十一年，拜晋安王妃。生哀太子大器、南郡王大连、长沙公主妙䂮。大通三年，拜太子妃。[①] 太清三年二月，薨于永福省，年四十五。其年，

[①] 大通三年拜太子妃：按昭明太子死于中大通三年四月，萧纲被立为太子在是年七月，大通三年昭明太子尚在，王氏不得于此时被立为太子妃，故张校本以为"大通"当作"中大通"。

太宗即位，追尊为后。葬庄陵。

父骞字思寂，高祖受禅，迁中书令。高祖造爱敬寺，骞庄在寺侧，有田八十顷，晋王导赐田也，从求不得，遂估市评田价，以还直。终吴兴太守。

高祖丁贵妃讳令光，本谯国人，居襄阳。妃生于樊城，有神光之异，紫气满室，故以"光"为名。高祖临襄州，丁氏因人闻，高祖纳焉，时年十四。贵妃生而有赤志在左臂，治之不灭，至是无何忽失所在。尝于供养经案侧，仿佛若见有神人，心异之。高祖起义初生昭明太子，贵妃与太子留在雍州。京邑平，乃还京师。天监元年为贵妃，位在三夫人上，居显阳殿。太子定位，奏备典章，言则称令。

贵妃性不好华饰，仁恕接下，皆得欢心。普通七年薨，年四十二。太宗即位，追尊穆太后。

父仲迁，官至兖州刺史。

高祖阮修容讳令嬴，本姓石，会稽余姚人。初，齐始安王遥光纳之，败后，始入东昏宫。高祖平定京师，纳为婇女。天监七年八月，生元帝，寻拜修容。大同九年六月，薨于江州，年六十七。元帝追尊文皇宣后。

孝元徐妃讳昭佩，东海郯人。祖孝嗣，太尉、文忠公。父绲，侍中。初为湘东王妃，生世子方等、益昌公主含贞。

徐妃无容质，帝三二年一入房，妃怨之。又以帝眇一目，后每帝至，必为半面妆，帝大怒，出妃，而遣死之。

太子诸王传略

昭明太子讳统，字德施，小字维摩，高祖长子。母丁贵嫔，以齐中兴元年生于襄阳。天监元年十一月，立为太子。生而聪惠，三岁受《孝经》《论语》，五岁遍读诸经了义。二年五月，始出居东宫，恒不乐。高祖知之，每五日一朝，多便留永福省。八年，于寿安殿自讲《孝经》。

十四年正月朔旦，高祖临轩，冠太子于太极殿。旧制太子着远游冠，金蝉翠緌缨；至是，诏加金博。太子美姿容，善举止。读书数行俱下。能属文，下笔不加点。

崇信三宝，遍览众经。于宫中立惠义殿，专为注习之所。召名僧自立二谛法身义。

及贵妃薨，水浆不入口，哭不辍声。高祖使顾协宣旨戒之。体素伟壮，腰带十围，至是减削过半。

自加元服，高祖便使省万机，内外百司奏事，太子精于广断，纤发必晓，法多全宥，天下称仁。接引才学，讨论坟籍。于时东宫有书三万余卷，文学之盛，宋以来未之有也。性好山水，于玄圃穿渠筑植，更立池亭，与朝士名贤游乐其中。番禺侯轨盛言"此中宜奏女乐"。太子不答，徐咏左思《招隐诗》曰："何必丝与竹，山水有清音。"轨惭而止。

在东宫二十九年，不蓄声乐。每雨雪，使亲信周行闾巷，贫乏之家，皆有赈救。后忽疾，恐帝忧，尝自勉力。及困笃，不许左右启闻。四月辛巳薨，时年三十一。高祖幸东宫，临哭尽哀，谥曰昭明。五月庚辰，葬安宁陵。案《梁书》：太子仁德素著，及薨，朝廷惊惋，男女奔走宫门，号泣满路。岳阳王即位，追尊昭明皇帝，陵在建康县北三十五里。① 所著文集二十卷，古今典诰文言为《正序》十卷，五言诗之美者为《英华集》二十卷，《文选》三十卷，今皆行于世。

哀太子大器字仁宗，太宗嫡长子也。普通四年丁酉生。中大通三年封宣城王。太宗即位，六月，立为皇太子。大宝二年八月，逆贼侯景废太宗，并害太子，时年二十八。

太子性宽和，神用端嶷，在于贼中，每不屈意。贼以太子有器度，惮之，故见害。元帝追谥为哀太子。

愍怀太子方矩字德规，元帝第四子也。元帝承制，拜为太子，改名元良。承圣元年为皇太子。魏师陷江陵，太子与元帝同被害，敬帝追谥愍怀。

陈吏部尚书姚察曰：孟轲有言："鸡鸣而起，孳孳为善者，舜之徒也。"若乃布衣韦带之士，在于陇亩之间，终日为之，其利亦已博矣。乎暨处重明之位，居正体之尊，克念无怠，蒸蒸以孝，大舜之德，其何违之！

---

① 案梁书至三十五里：原作"案《陈书》：岳阳王即位，追尊昭明皇帝，陵在建康县北三十五里。朝廷惊惋，男女奔走宫门，号泣满路"，文意不通，张校本据四库本改正。又李吉甫《元和郡县图志》云梁昭明太子安宁陵在上元县东北五十四里查硎山。

功臣

王茂字休远，太原祁人。父天生，宋末为将军，克司徒袁粲，拜为梓潼、巴西二郡太守。茂年数岁，大父深见之曰："此吾家千里驹也，成门户者必此儿也。"及长，身长八尺，美容质。

宋昇明末，起家奉朝请，拜襄阳太守。高祖起义，私于张弘策，请立和帝。高祖义师下，每以茂为前锋。建康平，拜领军将军，进司空，加骁骑、开府仪同三司、江州刺史。薨年六十，谥忠烈。子贞嗣。

曹景宗字震武，新野人。父欣之，宋征虏将军、徐州刺史。善骑射，好读史书，每读《穰苴》《乐毅传》，辄放卷叹息曰："大丈夫当如此！"

齐建武中，为游击将军。高祖起义，景宗使杜思仲劝高祖迎立南康王宝融于襄阳。为高祖前锋，累破诸城，次江宁，鼓噪而进，至皂荚桥筑垒。及建康平，拜右将军。天监元年，进平西将军，封竟陵侯。大破魏军于钟离，封竟陵公，拜侍中，给鼓吹一部。

景宗为人自恃性躁，不能沉默，出行尝欲褰车帷幔，左右辄谏以位望重，人所具瞻，不宜如此。景宗谓所亲曰："我昔在乡里，骑快马如龙，与少年辈数十骑驰骋，拓弓作霹雳怒，发箭如饿鸱叫，平泽中逐獐鹿，射之，渴饮血，饥食肉，觉耳后风生，鼻头火出，此乐使人忘死，不知老之将至。今来扬州作贵人，动静不得。路行欲开车幔，小人辄言须闭置向车中，如三日新妇，恧恧使人无气也。"七年，迁安南将军、江州刺史，赴任卒于道。谥壮。子皎嗣。

柳庆远字文和，河东解人。伯父元景，宋太尉。庆远累仕，至齐初，为魏兴太守，左转襄阳令。

高祖临雍州，以纲纪辟为别驾从事。庆远谓所亲曰："方今天下将乱，英雄必起，庇人定霸，其吾君乎？"因尽心协赞。及义兵起，居帷幄为谋主，从军东下，身先士卒。建康平，入为侍中。高祖受禅，封重安侯、征虏将军、雍州刺史。上饯之新亭，高祖谓曰："卿当衣锦还乡，朕亦无西顾之忧矣。"卒于官。子津嗣。

初从父兄卫将军世隆谓庆远曰："吾梦太尉以褥席见赐，吾亚台司；适又梦吾以褥席与汝，汝必光我门族。"至是，庆远亦继世隆焉。

萧颖达，兰陵人，齐光禄大夫赤斧第五子。少好勇，为西中郎外兵参军。高祖起义，立和帝于江陵，以颖达为冠军，随高祖东下。高祖受禅，为前将军、丹杨尹。九年，迁卫将军。卒，年三十四。诏给东园秘器。

夏侯详字叔业，谯国人。年十六丧父，庐于墓侧，尝有三足雀来集庐户间。服阕，太守殷琰召补主簿。

宋明帝太始年初，琰以兵叛，明帝使刘勔兵围之，详为琰出说刘勔，勔退舍，琰遂出降，累迁至西中郎司马、新兴太守。

高祖起义，西台建，以详为中领军，凡国大事，多决于详。高祖围郢城未下，详献策略曰："量我众力，度贼糇粮，窥彼人情，观之形势。若使贼众食少，故宜计月讨之；若食多力宽，宜悉众攻之；若使粮力俱足，非围守所屈，便宜散金宝，纵反间，使彼智者不用，愚者日进，此魏武所以定大业也。"天监元年，高祖征为侍中，封丰城县公，寻进湘州刺史、尚书仆射、金紫光禄大夫。卒，年七十四。

先是，荆州城局参军吉士瞻役万人浚仗库防火池，得金带钩，隐起文曰"锡汝金钩，既公且侯"。士瞻妻，详之兄女，乃窃与详，详喜佩之。及是革命，详果封侯，而士瞻不锡茅土。

蔡道恭字怀俭，南阳冠军人。父那，宋益州刺史。道恭累战功为南康王中兵参军。义兵起，和帝即位，迁右卫将军。天监初，论功臣封汉寿侯、司州刺史。

魏攻围之，相持百日，内外相拒，道恭疾笃，以后事付兄子野。其年五月卒，魏攻陷之。后诏购其丧，葬襄阳。子澹嗣。

杨公则字君安，冀州天水人。①父仲怀，豫州刺史。公则为宋义熙太守，氐贼攻陷白马城，公则奔马逃归，为西中郎参军。萧颖胄协同义举，以公则为辅国将军，率众东下。

初，荆州诸军皆取其节度，与高祖会。平建康，高祖立，进号平南将军，封宁都县侯，假节北讨，至寿春疾笃。卒，年六十一，谥曰烈侯。子瞟嗣。

---

① 冀州天水人：冀州下无天水郡，张校本疑当作"秦州天水人"，是。

邓元起字仲居,南郡当阳人。少有胆气,膂力过人。性任侠好施,乡里多附之。以军功迁武宁太守,大破魏军于义阳。高祖起义,率众与高祖会夏口,累进破城邑,至京师,筑垒于建阳门外。及建康平,封当阳侯,进号左将军、益州刺史。

入蜀,平成都,送益州刺史刘季连归京师。高祖大悦,进元起平西将军。元起临军,并称善政,口不论财色。性能饮酒,至一斛不乱。及是,蜀土大治,翕然称之。二年,以母老乞归,征为左将军,封西昌侯。① 救汉中,拒魏于南郊,魏军大至,以不忧军事,下狱,自缢死。子敛嗣。②

张弘策字真简,范阳方城人,文献皇后之从弟。弘策幼以母忧,三年不食盐菜。兄弟友爱,虽各有家室,皆常同卧起,不归私室,时称为姜肱兄弟。

常从高祖游处,入其室,觉有烟云之气,体辄肃然,弘策由是时加敬异。建武中,弘策因问家国吉凶。高祖曰:"明年都邑乱,死人如麻,齐之历数自兹已矣。梁、楚、邓、荆、汉有英雄起焉。"弘策曰:"圣人何在?为已富贵,为复在草泽中?"高祖笑曰:"光武有言'安知非仆'。"弘策起曰:"今夜之言,是天意也。"及高祖代曹武监雍州事,弘策心喜曰:"昔夜之言,今将验矣。"高祖笑曰:"舅勿多言。"乃从之雍。五年,齐明帝崩,初诏高祖为雍州刺史,乃表弘策为录事参军、襄阳令。高祖密为储备,谋猷唯弘策而已。

义师起,以弘策为辅国将军,主领万人督后部事。建康平,高祖使与吕僧珍入清宫掖,封府库。迁卫尉卿、洮阳县侯。东昏余党因运荻入北掖门,至夜乱,烧神兽门、总章观,入卫尉府而害弘策,年四十七。高祖恸哭,赠车骑将军。子恓嗣。

庾域字司大,新野人,为梁州录事参军、华阳太守。魏攻南郑,州有空仓数十间,域手自封题,指目将士曰:"此中粟皆满,可支二年。"众心乃安,虏退。

高祖起义兵,书招域,为西台领行选,从高祖东下,而和帝加高祖黄钺。天监初,为巴西、梓潼二郡守,封广牧县子,卒于郡。

---

① 二年至封西昌侯:此句有脱误,《梁书·邓元起传》作"在州二年,以母老乞归供养,诏许焉,征为右卫将军,以西昌侯萧渊藻代之"。

② 子敛嗣:徐钞本、四库本、《梁书·邓元起传》作"子铿嗣"。

郑绍叔字仲明，荥阳开封人。少结高祖为心腹。高祖起兵，为冠军将军，从东下，平江州，留绍叔督粮运无阙。

天监初，入为卫尉卿，封东兴县侯。初，义阳为魏所陷，司州移镇南郑，以绍叔为司州刺史。至郡创立城郭，修兵器，开田亩，百姓安之。入为左卫将军、司豫大中正。疾笃，诏还家，卒，赠东园秘器。子贞嗣。

吕僧珍字元瑜，东平范人。世居广陵，起自寒贱。幼，人相之曰："此儿有奇声，封侯之相。"及长，身长七尺七寸，容貌甚伟。事梁文帝，为门下书佐。

及高祖临雍州，命为中兵参军，委之心膂。乃阴养死士，归者甚众。高祖按行起造，多伐竹木，以茅覆之，若山焉。僧珍独悟之，私具橹数千张。义兵起，召僧珍及张弘策定义，明旦发兵，用为步兵校尉，出入卧内，宣通意旨。及进，每为前锋，平京邑。高祖受禅，拜冠军将军，封平固县侯。入直中书省，总知宿卫。天监四年，高祖欲赏之，使为本州，持节、平北将军、南兖州刺史。

在任不私亲戚。从父兄子光以贩葱为业，而欲求官。僧珍曰："吾荷国厚恩，无以报效，汝等自有常分，岂可妄求叨越，但当速返葱肆。"姊适王氏，住在市西，小屋临路，僧珍常导从卤簿到其处，不以为耻。在州百日，征为领军。十年，病卒。

柳惔字文通，河东解人也。父世隆，齐司空。惔仕齐为西戎校尉、梁秦二州刺史。高祖起义，举汉中应之。高祖迁右仆射、湘州刺史、曲江侯。卒。子照嗣。

韦叡字怀文，京兆杜陵人，汉丞相贤之后，世为三辅著姓。祖玄，隐长安南山。袁顗为雍州刺史，引为主簿，累迁上庸太守。

高祖起义，督率郡人伐竹为筏，倍道来赴，有众二千，马二百匹。高祖见之，喜曰："他日见君面，今日见君心，吾事就矣。"及至郢城，顾叡曰："弃麒麟而不乘，焉遑遑而更索？"即日拜江夏太守，行郢州事。及即位，迁辅国将军、豫州刺史，封都梁子。

天监五年，魏中山王元英围北徐州昌义之于钟离，高祖召叡与曹景宗救之。叡乘素木舆，执白角如意以麾军，军大破魏兵，元英脱身走，军人投水死者十余万，所获金资牛马，不可胜数。以功封平北将军、宣武校尉、雍州刺史。

叡初起义乡里，客阴双光泣以止叡，叡还为本州，双光于道左祗候，叡笑谓双光曰："若从公言，今乞食于路矣。"饷牛十头。征入为散骑常侍，入直殿省。居朝廷，恂恂未尝忤视，高祖甚礼敬之，除护军。居家俸赐，悉分亲戚。卒于家。子放嗣。

范云字彦龙，南乡舞阴人。善属文，能尺牍，下笔成文。父抗，为郢府参军。云起家郢州西曹书佐。齐竟陵王为丹杨，用为主簿，与高祖同遇于竟陵西邸。

及高祖起义，定京邑，东昏诛，云在城内衔命出，高祖留之，参帷幄，拜黄门侍郎，与沈约同心辅赞，后迁侍中。柴燎南郊还，云参乘，高祖升辇谓云曰："朕之所谓懔乎若朽索之驭六马。"云曰："亦愿陛下日慎一日。"高祖善之。是日，迁常侍、吏部尚书，以佐命功封霄城县侯，以旧恩见拔。

初，高祖常与云同宿顾嵩舍，嵩妻产，有鬼在外曰："此中有王有相。"云起曰："王当仰属，相以见归。"因是尽心高祖。高祖定东昏，纳其妃余氏，颇废政事。云与王茂切谏之曰："昔汉祖居山东，贪财好色，及入关定秦，财帛不取，子女不幸，范增已畏其大。今明公始定天下，海内想风望声，奈何袭昏乱之迹，以女德为累。"王茂因起拜曰："范云之言是，望明公以天下为念。"高祖嘿然。云便疏请以余氏赍王茂，高祖意许之。

后迁左仆射，任寄隆重，书牍盈案，宾客满门，云皆应答如流，无所拥滞，官曹文墨，迁摘如神。及卒，高祖临之。有《策略》三十卷。① 子孝才嗣。

江淹字文通，济阳考城人。少孤而好学，沉静少交游，善属文。起家宋南徐州从事。宋建平王景素好士，淹随在南兖州。广陵令郭彦文犯罪下狱，辞连淹，言受金，系之。淹自狱中上书曰："昔者，贱臣叩心，飞霜系于燕地；庶女告天，振风袭于齐台。下官每读其书，未尝不废卷流沸。何者？士有一定之论，女有不易之行。信而见疑，贞而为戮，是以壮士伏尸而不顾者以此也。下官闻仁不可恃，善不可依，始为徒语，今乃知之。伏愿大王蛩停左右，少加矜察。下官本蓬户桑枢之人，布衣韦带之士，退不饰《诗》《书》以惊俗，进不买名声于天下。日者，谬得升降承明之阙，出入金华之殿，何尝不局影凝严，侧身肩禁者乎？窃慕大王之义，复为门下之宾，备鸣盗浅术之余，豫三五贱伎之末。大王惠以恩光，顾以颜色。寔佩荆卿黄金之赐，窃感豫让国士之分矣。常欲结缨伏剑，少谢万一，剖

---

① 有策略三十卷：徐钞本、《梁书·范云传》、《南史·范云传》作"有《集》三十卷"，当是。

心摩踵，以报所天。不图小人固陋，坐贻谤缺，迹坠昭宪，身陷幽圄。履影吊心，酸鼻痛骨。下官闻亏名为辱，亏形次之，是以每一念来，忽若有遗。加以涉旬月，迫季秋，天光沉阴，左右无色。身非木石，与狱吏为伍。此少卿所以仰天捶心，泣尽而继之以血者也。下官虽乏乡曲之誉，然尝闻君子之行矣。其上则隐于帘肆之间，卧于岩石之下；次则结绶金马之庭，高议云台之上；退则虏南越之君，系单于之颈：俱启丹册，并图青史。宁争分寸之末，竞锥刀之利哉！下官闻积毁销金，积谗摩骨。远则直生取疑于盗金，近则伯鱼被名于不义。彼之二才，犹或如是；况在下官，焉能自免。昔上将之耻，绛侯幽狱；名臣之羞，史迁下室，至如下官当何言哉。夫以鲁连之智，辞禄而不返；接舆之贤，行歌而忘归。子陵闭关于东越，仲蔚杜门于西秦，亦良可知也。若使下官事非其虚，罪得其实，亦当钳口吞舌，伏匕首以殒身，何以见齐、鲁奇节之人，燕、赵悲歌之士乎？方今圣历钦明，天下乐业，青云浮洛，荣光塞河。西洎临洮、狄道，北距飞狐、阳原，莫不寝仁沐义，照景饮醴。而下官抱痛圜门，舍愤狱户，一物之微，有足悲者。仰惟大王少垂明白，则梧丘之魂，不愧于沉首；鹄亭之鬼，无恨于灰骨。"

景素得书，即日出之。寻举南徐州秀才，对策高第。少帝即位，多失德，景素专据上流，众咸劝因此举事。淹每陈"流言纳祸，二叔所以同亡；祇局衔怨，七国于焉俱毙"。景素不纳。后高祖辅政，闻其才名，召为驾部郎中。

时荆州刺史沈攸之作乱，兵强，帝忧闷，谓淹曰："天下纷纷若是，君谓何如？"淹对曰："昔项强而刘弱，袁众而曹寡，羽令诸侯，卒有剑歌之辱；绍跨四州，竟为奔北之虏，此谓'在德不在鼎'，公何疑焉！且公雄武奇略，一胜；宽容仁恕，二胜；贤能毕力，三胜；民望所归，四胜；奉天子而伐叛逆，五胜。彼且锐志而器小，一败也；有威而无恩，二败也；士卒解体，三败也；缙绅不怀，四败也；悬兵数千里而无同恶相济，五败也。虽豺狼十万，而终为我获焉。"帝笑曰："君谈过矣。"高帝相国建，为记室参军，而掌诏册表记，典国史。

少帝即位，为御史中丞，多所纠弹，内外肃然。明帝辅政，谓淹曰："自宋世已来，不复有严明中丞，今日可谓独步矣。"明帝即位，迁秘书监。

及高祖义军入，淹微服来奔高祖，迁吏部尚书。天监元年为左将军，封临沮县伯，谓弟子曰："吾平生言止足之事，亦已备矣。功名既立，只欲归身草莽。"其年疾，迁金紫光禄大夫。卒。

淹以文章名显，晚年才思稍退，时人谓之才尽。所著述百余篇，自撰为前后集，并《齐史》十志，并行于世。

淹尝为宣城守，罢归，船泊禅灵寺渚，夜梦一人称张景阳，谓曰："前以一匹锦相寄，今可见还。"淹探怀中得数尺与之，此人大恚曰："那得割截都尽。"顾见丘迟谓曰："余此数尺既无用，乞君。"淹自此文章躓矣。又尝宿冶亭，梦一人自称郭璞，曰："吾有笔在卿处，可相还。"淹探怀得五色笔以授之。尔后，为文不复丽美矣。

后梁

中宗宣皇帝

中宗宣皇帝讳詧，字理孙，武帝之孙，昭明太子统第三子。幼好学，善属文，尤长佛义，特为武帝所赏，封岳阳郡王，知石头戍事。昭明薨，武帝舍詧兄弟而立简文帝纲，内常愧之。后以会稽人物繁富，一郡之会，遂以詧为东扬州刺史，用慰其心。詧以昆季不得为嗣，常怀不平。又以武帝衰老，朝夕糠粃，① 有败亡之渐，遂蓄聚财货，门通宾客，招募轻侠，折节下士，有勇敢者故多归焉。

中大同元年，除都督雍梁五州军事、校尉。詧以襄阳形势之地，又武帝创基之所，时平足以树根本，战伐可以图霸功，遂克己励节，树恩于百姓，务修刑政，志在绥养。于是境内称治。

太清二年，武帝以詧兄河东王誉为湘州刺史，而张缵为雍州以代詧。缵恃其才望，志气轻骄，轻蔑少年，州府迎候有阙，詧衔之。及至镇，乃托疾不与缵相见。后闻侯景作乱，颇凌蔑缵。缵惧为所擒，乃轻舟夜遁，将之雍部，复虑詧拒之。元帝时镇江陵，与缵将图之，以毙詧兄弟。会元帝与誉各率所部领入援京师，至江口，属侯景请和，诏止援军。誉自江口将旋湘镇，缵时在江陵，贻梁元帝书曰："河东今戴樯上水，欲袭江陵。岳阳在雍，共谋不逞。"元帝甚惧，乃凿船沉米，斩缵而归，令其子方等与王僧辩相继攻誉。誉告急诣詧，詧大怒。缵将述职，至州，詧迁延不授替，乃以西城居之，军民之政，犹归于詧。詧以构其兄弟，事始于缵，将密图之。其将杜岸招缵出奔，缵乃服妇人衣，乘青布舆，与亲信十人出。杜岸驰报詧。詧遣兵讨擒之。乃率众兵二万、骑千匹，伐江陵，以赴之。元帝大惧，乃遣参军庾奂谓詧曰："正德以乱，天下崩离。汝复效尤，将欲谓何？吾家先宫遗爱，

---

① 朝夕糠粃：文意不通，《北史·萧詧传》作"朝多糠粃"，是。

故以汝兄弟见嘱。今以侄伐叔，道复安在？"詧谓奂曰："家兄无罪，屡见攻围。同气之情，岂可坐观成败。七父若顾先宫，岂应若是。如能追兵湘水，吾便旋旆襄阳。"詧攻江陵栅不克，其将杜岸惧詧不振，以其属降于江陵。詧众大骇，其夜遣归襄阳。

詧既与江陵构隙，恐不能自固，时西魏恭帝二年，乃遣人称藩于西魏，请为附庸，魏相周国公宇文泰会于丞相府东阁祭酒荣权使焉。元帝使柳仲礼率众围襄阳，詧惧，乃遣其妻王氏、世子㧑为质，请救。周公遣关麻、杨忠等率兵援之，杨忠擒柳仲礼于漴头，詧乃获安。周公使詧表嗣位，詧以未有玺命，辞不敢。周公令常侍郑穆及荣权持节册命詧于襄阳，升坛受拜置百官，承制。恭帝三年三月，詧留蔡大宝居守，乃自襄阳朝西魏。魏相周公宇文泰薨。子觉嗣。

十二月晦日，魏恭帝禅位周王宇文觉，称后周，号元年，都长安，称大周天王。正月，谓梁王来此，欲相见乎？遂召见，因说周王伐江陵。周乃使太尉长孙俭、万纽于谨征江陵，戕元帝。乃立詧为梁王，居江陵东城。资以一州之地，其襄阳之地，统归之于周。

詧称皇帝，即位于江陵，改年号大定元年，称后梁。追尊父统为昭明皇帝，庙号高宗。统妃蔡氏为昭明皇后，又尊其所生龚氏为皇太后。立妻王氏为皇后，㧑为皇太子。上疏于周明帝毓，频年称臣，用其正朔。爵命服色，自依梁典。周明帝乃使梁王立统嗣，居于东城，号曰助防。

初，平江陵，詧将尹德毅说詧："请周太尉长孙俭、将军万纽于谨等为欢宴，彼无我虞，因伏武士执之。于是，分命果毅，掩其营垒，斩馘通周，俾无遗类。唯江陵百姓，抚而安之，王僧辩之徒，折简可致。然后朝服济江，入践皇极，此万世一朝也。晷刻之间，大功可立。"詧不从之，曰："卿之此策，非不善也。然周待我甚厚，未可背约；若如卿计，则邓祁侯所谓人不食吾余也。"

既而阖城长幼，被虏入关，反失襄阳之地。詧乃追悔，深恨不用尹德毅之言，以至于此。又见邑居毁坏，干戈日用，耻其威略不振，常怀忧愤，乃著《改耻赋》以见意。詧在位八年，年四十四，当后周武帝保定四年薨，群臣葬于平陵，谥曰宣帝，庙号中宗。

詧少有大志，不拘小节，虽多猜忌，而知人善任，抚下将士有恩，能得其死力。性不饮酒，安于俭素。又恶见妇人，虽相去之数尺，遥闻其臭。经御妇人之衣，不复更着。又恶见人毛发，所幸者必方便以避之。著文集十五卷，内典《华严》《般若》《法华》《金光明义疏》四十六卷，并行于世。疆土既狭，居常怏怏。每诵"老马伏枥，志在千里。烈士暮年，壮心不已"，未尝不盱衡扼腕，叹咤者久之。遂以忧愤发背疽而薨。

世宗孝明皇帝

世宗孝明皇帝讳岿，字仁远，中宗第三子。大定元年，立为太子。八年，宣帝崩，太子即位，号天保元年。春正月，尊祖母龚氏为太皇太后，所生曹贵妃为皇太妃。

至五年春正月，陈湘州刺史华皎、巴州刺史戴僧朔来附，乃请伐陈。岿乃求周师势援，大为陈将吴明彻破，彻进逼江陵，引江水灌城。明帝出顿纪南，王操合周军共以击之，明彻遂退，明帝乃复入江陵。

六年，即陈光大二年，陈文帝弟安城王顼废少帝伯宗为临海王，自立为宣帝。

七年八月，陈又遣司空章昭达来寇，明帝与周将陆胜同破之。以华皎为司空，以僧朔为车骑将军。

九年。

十年，使华皎入周，周以基、平、鄀等数州归于梁。

是岁，周诛宇文护，周改元建德。

十一年。

十二年，周武废佛道二教，着短穿衣。

十三。

十四。

十五年，周高祖武帝平北齐，封齐太子高纬为温国公，只得传国玺入周。明帝入周贺平邺，周武帝厚加礼送。

十六年，周武帝崩。

十七年，周宣帝赟禅位于太子衍。衍立，是为静帝。

十八年。

十九年，周静帝禅位于隋公杨坚，坚封周帝为介国公。

二十年，是岁，隋开皇二年，隋朝营新都于陇首川。是岁，陈宣帝顼崩，太子叔宝立，隋文帝遣使以礼聘明帝女为晋王广妃。又以明帝子尚隋兰陵公主，遂通好焉。后使隋，隋加礼相持待，使谓："梁主久滞荆、楚，未复旧都，故乡之念，良轸怀抱。朕当振旅长江，相送旋旆耳。"

二十一年，陈之至德元年。

二十二年。

二十三年五月，帝崩，在位二十三年，年四十四，葬显陵，谥曰孝明皇帝，庙号世宗。

帝性机辩，有文学，抚御能得其下欢心。孝悌仁慈，有人君之量。四季祭享，未尝不悲慕流涕。尤俭约，御下既有方，境内共言其治，邦国无事。所著文集及《孝经》《周易义记》及《小大乘幽微》，并行于世。

莒公讳琮，字温文。性倜傥不羁，博学有文义，立为皇太子。天保二十三年五月，帝崩，即帝位，改号广运元年。

二年，率其臣下二百余人朝隋，隋文帝留之，使武乡公崔弘度将兵攻江陵。江陵不守，帝叔父岩及弟瓛等举居人奔于陈。隋拜琮为柱国将军，封莒国公。

自宣帝詧即位大定元年乙亥，至琮广运二年丁未，凡三十三年。詧子嶚、岩、岑，俱为王。岿子瓛、琢、珣、玚、瑀，并皆为王。自后梁之兴，蔡大宝为股肱，王操为心腹，魏益德、尹正、薛晖、许孝敬、薛寅为爪牙，甄玄成、刘为、岑善方、傅准、褚玤、蔡大荣典众务，张绾以旧齿历显位，沈重以论学蒙厚礼。① 自余多所奖拔，咸尽其器任。及明帝纂业，亲贤并用为将相。故保其疆土，安于民人。

功臣

蔡大宝字敬位，济阳考城人。父默，梁尚书议曹郎。大宝少孤，而笃学不倦，能属文。詧初出第，徐勉荐之为侍读，兼管记室。詧莅襄阳，迁咨议参军。及元帝伐河东王誉，使大宝于江陵，元帝悦之，使注所制《玄览赋》，三日而毕，元帝大奇之。

及詧为梁王，拜吏部尚书，军国之事，咸委决焉。及宣帝即位，拜太子少傅。明帝嗣位，册司空。卒。

性严整，文学词赡，内外诰令，皆掌之。人云宣帝有大宝，犹蜀先主之孔明。著文集三十卷，撰《尚书义训》。

---

① 沈重以论学蒙原礼："论学"，《北史·萧詧传》作"儒学"，是。

王操字子高。其先，太原晋阳人，宣帝龚太后之外弟。父景休，临川内史。

操性敦厚，有筹略，博涉经史。初为帝外曹参军。及即位，迁大将军、郢州刺史。明帝即位，授尚书仆射。及陈将吴明彻为寇，帝出顿纪南，操巡抚将士，莫不用命，江陵获全，操之力也。及卒，明帝举哀流涕，曰："天不使我荡平江表，何夺吾相之速也。"

宋如周，南阳人。有才学，容止详雅，为度支尚书。如周面狭长，宣帝尝戏之曰："卿何为谤《法华经》？"如周踧踖，自陈不谤。帝又言之，如周不悟而出，言告蔡大宝。大宝知其旨，笑谓之曰："君当不谤余经，止应不信《法华》。《法华》云：'闻经随喜，面不狭长。'"如周乃悟。如周素宽雅有才。子希颜，最知名。

袁敞，陈郡人。祖粲，仕司空。父士俊，安城内史。敞少大器量，博涉经史。以吏部尚书使于周，初主者以敞班在陈使之下，敞固不从命，曰："昔陈之祖父，乃梁朝诸侯之下吏，弃忠与义，盗有江东。今之朝宗万国以礼，若使梁之行人在陈使者之后，恐彝伦失序，非使臣之所望焉。"周武帝乃诏敞与陈使人异日而进。使还，称旨，迁侍中。后随琮入隋，授谯州刺史。

岑善方字思远，南阳人。汉征南将军舞阴侯彭之后。祖惠甫，齐南彭城太守。父昶，梁散骑常侍。

善方少立志操，雅重名节，为当世所许。拜岳阳王记室参军。及宣帝即位，累迁中书舍人，与蔡大宝分典机务，帝常推心焉。拜吏部尚书，数使于周，称旨，拜骠骑大将军、仪同三司，封长宁公。卒。有子六人：元之、象之、利之。仕隋，邯郸令文本，最知名。

建康实录卷第十九　陈上

高祖武皇帝

高祖姓陈氏，讳霸先，字兴国，吴兴长城下若里人，汉太丘长寔之后。本居颍川。寔玄孙晋太尉准，准生匡，匡生达，永嘉初为丞相掾，随晋南迁，拜太子洗马，出为长城令，悦其山水，遂家焉。常谓所亲曰："此地山川秀丽，当有王者兴焉，二百年后，我子孙必钟斯运。"达生康，康复为丞相掾，晋成帝咸和中土断，故为长城人。高祖即康之九世孙也。案《陈书》：达生康，康生盱眙太守英，英生尚书郎公弼，公弼生步兵校尉鼎，鼎生散骑侍郎高，高生怀安令咏，咏生安成太守猛，猛生太常卿道臣，道臣生皇考文赞。父文赞，不仕。

文赞以梁天监二年岁次癸未生高祖，少倜傥，有大志，意气雄杰。好史籍读书，长于谋策，明纬候、孤虚、遁甲，又善武艺。不事产业，家贫，每以捕鱼为事。身长七尺五寸，日角龙颜，垂手过膝，髭生连骨。普通中，尝游义兴，馆于许氏，夜梦天开数丈，有朱衣四人，捧日而至，纳于高祖口中，惊觉，腹内犹热，心独喜之。初仕乡为里正，后逃于义兴，吴兴太守萧映过，从之建业，映遂用为夹毂吏，寻转为油库长。既而映镇广州，奏高祖为中直兵参军，从至广州，映令高祖招集士马。

先是武林侯萧咨为交州刺史，失德，土人李贲连结郡县反，而高、新二州刺史卢子雄等不进讨贼，皆伏诛。雄弟子略与孙冏子侄及杜天合等，以兵攻广州，高祖率兵大破贼军，虏杜僧明等。是岁，梁大同十年。梁高祖闻，深异之，遥授直阁将军，封新枋县子，遣使图其形貌入观之。

既而萧映卒，高祖送映丧至大庾岭。梁帝诏高祖为交州司马、领武平太守，与刺史杨瞟南讨李贲，定交趾。

初，杨㬓委高祖经略，众军发自番禺，萧勃为定州刺史，于江西相会，勃知军士惮其远役，阴购诱之，因诡说留㬓。㬓问计于高祖，高祖对曰："交趾叛涣，罪由宗室，遂使僭乱数州，弥历年稔。定州复欲昧利目前，不顾大计。节下奉辞伐罪，故当死生以之，岂可畏惮宗室，抵拒邦宪？今若夺沮其众，何必交州讨贼，问罪之师，回则有所指矣。"于是勒兵鼓行而进。

梁大同十一年六月，军至交州，贲众数万于苏历江口城栅以拒官军。㬓推高祖为前锋，所向摧陷，贲走屈彻湖于屈獠洞界立砦，大造船舰，充塞湖中，众惮之，顿于湖口不敢进。高祖谓诸将曰："我师已老，将复疲劳，岁月相持，恐非良计。且孤军无援，入人心腹，若一战不捷，岂得生全。今藉其屡奔，人情未固，夷獠乌合，易为摧殄，只当共出百死，决力取之，无故停留，王事去矣。"诸将默然，莫有应者。是夜江水暴起七丈，注湖中，奔流迅激。高祖勒所部兵众，乘流先进，众军鼓噪随之，贼众大溃，贲窜入屈獠洞中，洞中人斩贲，传首京师。李贲兄天宝遁于九真，因逼寇爱州。梁太清元年，高祖讨天宝，平之。除振远将军、西江督护、高要太守。

梁太清二年，侯景作乱，广州刺史元景仲谋同侯景。高祖知之，击破之，杀景仲，而迎定州刺史萧勃为广州刺史。及京师不守，高祖遣杜僧明、胡颖等将兵二千屯于岭上，遂厚结始兴豪杰同谋义举以救京师，侯安都、张偲等率众来附。将东下，萧勃闻之，使钟休悦留高祖，不许度岭，言："侯景骁雄，天下无敌，援军前后无敢当锋，岭北王侯又已自相屠戮，君之疏外，岂可暗投？未若且住始兴，以张形势。"高祖泣谓休悦曰："君辱臣死，谁敢爱命，吾行计决矣！"勃既不能止，因令蔡路养等以兵遏高祖军。大宝元年正月庚午，高祖于始兴大破蔡路养、谭远军于大庾岭。高祖进镇南康。南康，今之虔州。乃遣使间道往江陵，禀承节度于梁。湘东王萧绎是为元帝，帝承制授高祖持节、明威将军、交州刺史，改封南野县伯。高祖乃修南康古城居之。人常远望见城上有紫云气垂覆，左右深结事之。寻迁南江州刺史，改封长城侯。

大宝二年六月，高祖发自南康，下顿西昌。案《陈书》：南康赣石水旧有二十四滩，滩多巨石，行旅为难。自高祖之发，水暴涨高数丈，三百里间巨石皆没。时有龙见于水滨，约高五丈，五彩鲜明，军人观者，大欢庆焉。时湘东王遣征东将军王僧辩督众讨侯景，师次湓城，高祖率杜僧明、侯安都等戈甲三万将往会焉。高祖闻西军乏粮，乃分三十万斛米以资西军。案《陈书》：高祖自下南江，有军粮五十万石，闻西军乏粮，乃分三十万资之。是年，侯景废简文帝，嗣而【原阙】

月五日，龙见于御路，自太社至于象魏。

太平二年春正月，加高祖班剑三十人，置丞相别榻以近宸坐。追赠高祖考侍中，加金章紫绶，封义兴郡公，谥曰恭。又追赠高祖兄道谈为散骑常侍、平北将军，封长城县公，谥曰昭烈。弟休光侍中、使持节、骠骑将军、南徐州刺史，谥曰忠壮。各邑二千户。遣侍中、仆射陆缮策拜长城夫人章氏为义兴国夫人，追赠章夫人祖侍中。追封高祖母许氏为嘉兴县君。

二月，广州刺史萧勃反，沿江而下，江州刺史余孝顷起兵应之，高祖命侯安都讨平之。

秋八月甲午，进高祖位太傅，加黄钺，剑履上殿，入朝不趋，前后羽葆、鼓吹、皂轮车。

九月，进加相国，封十郡，为陈公，备九锡之礼。

十月戊辰，进爵为王，加二十郡。冕十有二旒，建天子旌旗，出警入跸，乘金根车，驾六马，备副车，置旄头云罕，乐舞八佾，设钟虡宫县，陈台百官，一依旧式。

辛未，梁敬帝禅位于陈王，策命曰："惟王乃圣乃神，钦明文思，二仪并运，四节合叙，天锡勇智，人挺雄杰，爰初投袂，日夜勤王，王公卿士，莫不攸属，敬从人神之愿，授帝位于尔躬。四海困穷，天禄永终，王其允执厥中。乃命太保王通、太尉长史王玚奉皇帝玺绂。受终之礼，一依唐虞故事。"

是日，梁敬帝方智避位于别宫。高祖三让，群臣固请，以梁太平二年冬十月乙亥设坛于南郊，即皇帝位，柴燎告天。礼毕，舆驾旋建康宫，临太极前殿，大赦，改梁太平二年为永定元年。

丁丑冬十月乙亥，先是氛雾雨雪，昼夜晦暝，至此日，景气清晏。诏百官文武进位有差。先系囚徒，一切释放。奉梁帝为江阴王，居晋陵，行梁正朔，车骑服色，一依前准，宫馆资待，务尽优假。又降皇太后为江阴国太妃。丙子，舆驾幸钟山祀蒋帝庙。遣使宣劳四方。

庚辰，诏出佛牙于杜母宅，①集四部设无遮大斋，帝出大司马门致礼。

辛巳，追尊皇考为景皇帝，庙号太祖，皇妣董氏为安太后；追谥前夫人钱氏为昭皇后；追谥世子克为孝怀太子。立夫人章氏为皇后。癸未，尊景帝陵为瑞陵，

---

① 诏出佛牙于杜母宅："杜母宅"，《陈书·高帝纪》作"杜姥宅"，乃东海王妃裴氏故宅，当是。

昭后陵曰嘉陵，依梁初园邑故事。① 追封兄道谈为始兴郡王，谥曰昭烈；追封母弟休光为南康郡王，② 谥曰忠壮。乙酉，立删定郎，刊定律令。

十一月，封兄子蒨为临川王；遥袭封昭烈王子顼为始兴王，祀昭烈后；遥袭封忠壮王子昙朗，嗣南康王后。

永定二年春正月，王琳立梁永嘉王萧庄于郢州，以奉梁后，令兵向建康，使招北齐为援，齐乃进兵助之。

四月甲子，驾亲祀太庙。戊辰，重云殿东鸱吻有紫烟出属天。

五月辛酉，帝幸大庄严寺舍身。壬戌，王公已下奉表请还宫。

六月，诏司空侯瑱、徐度等讨王琳。

七月，新作太极殿欠一柱，忽有樟木大十八围，长四丈五尺，自流泊陶家后渚，监军邹子度以闻。诏起部尚书蔡俦兼将作大匠，取木以构之。案《梁书》：侯景作乱，王僧辩下平之，纵军士入宫探取，火烧宫及太极殿兼西堂省寺。陈有天下，至此复之耳。

冬十二月甲子，又幸庄严寺，设无碍大会，舍乘舆法驾，群臣备礼，奉迎还宫。

三年春正月丁酉，大雪，太极殿前有龙迹见。甲午，广州有仙人见于罗浮山小石楼，长三丈，通身洁白，衣服丽楚。

夏四月，豫章太守熊昙朗反，杀江州刺史周文育。育字景德，义兴阳羡人。

五月朔日，有蚀之，有司奏，旧仪，御前殿，合服朱纱袍，衮冕之服。自今永可为准。丙寅，扶南使贡方物。乙亥，周文育丧至，帝素服哭于朝堂，哀恸甚，因发疾。

六月丁酉，帝不和，遣太宰、尚书左仆射王通以疾告太庙，太宰、中书令谢哲告太社及南北郊。癸丑，③ 夜，荧惑在心。诏赐尚书令沈众死。

众字仲监，吴兴武康人。祖约。父斑。众好学，颇有文词，起家南平王参军。高祖即位，迁侍中。性鄙于财，而不洁于己。每于朝会中，衣裳破裂，或躬提冠履。又薄于奉养，在朝常服布袍芒屩，以麻绳为带，及囊麦饭食之，朝士咸共笑其所为。性急于忿恨，非毁朝廷。高祖大怒，因其休暇，遂赐死。

帝渐疾甚，诏迎临川王蒨入纂大业。丙午，高祖崩于璇玑殿。

---

① 依梁初园邑故事："园邑故事"，徐钞本作"园陵故事"。
② 追封母弟休光为南康郡王：徐钞本无"母"字，《陈书·高帝纪》《南史·陈本纪上》"休光"作"先光"。
③ 癸丑：《陈书·高帝纪》《南史·陈本纪上》作"癸卯"。六月丙戌朔，癸卯为十八日，癸丑为二十八日。但陈武帝薨于是月丙午，即二十一日，则"癸卯"为是。

秋七月甲寅，①大行皇帝迁殡于太极西阶。丙申，葬于万安陵，在今县东南三十里彭城驿侧，周六十步，高二丈。帝年五十五即位，在位三年，年五十八。谥武帝，庙号高祖。

帝神武莫俦，英谋独断。性贵俭素，志贱浮华。常膳进不过数品，②私飨曲宴，皆用瓦器蚌盘，肴庶珍羞，③才足而已。自总军要及即位，玉帛子女，悉颁将士，歌童乐伎，不列于前，末年躬俭弥笃。

世祖文皇帝

帝讳蒨字子华，始兴昭烈王长子。案《陈书》：昭烈王是高祖第二兄也。少沉敏有识量，美容仪，精经史。高祖甚爱之，常称"此儿吾家英秀也"。梁太清初，蒨曾梦两日斗，一大一小，大者光灭堕地，蒨取而怀之。侯景之乱，避地于临安县郭文举旧宅。及高祖与王僧辩东下，帝为侯景所收，以幽禁之，数欲加害，会景败，乃免。案《陈书》：侯景初闻高祖举义兵，景怒，使收世祖及衡阳献王，囚之。初，世祖见收，乃密怀一小刀，冀因便而害景。及至，以付郎中王翻幽守，故事不获行。高祖既围石头，欲加害者数矣，会景败，乃免。

起家为吴兴太守。高祖讨王僧辩，先密令世祖防备，僧辩腹心人震州刺史韦载、杜龛等据吴兴，遣使掩袭蒨，士卒皆惶恐失色，而帝独言笑，④处分益明。及高祖遣周文育讨杜龛，蒨已先攻下之，拜为会稽太守。高祖即位，进封临川王，拜侍中、安东将军。

永定三年六月丙午高祖崩，遗诏征帝入纂皇储。甲寅，至自南皖，辞让再三，群臣内外固请，其日入居中书省。皇太后令曰："昊天不吊，上玄降祸。大行皇帝奄弃万国，诸孤藐尔，反国无期，须立长君，以宁宇县。侍中、临川王四海宅心，可膺宝箓。"是日具礼仪，即位于太极前殿，大赦，公卿百官进位一等，尊皇后为太皇后，诏封子伯茂为始兴郡王，继昭烈之后，赐为父后者爵一级。

伯茂字郁之。初，昭烈王仕梁，为东宫直阁将军，后值侯景乱，中流矢卒。

---

① 秋七月甲寅：七月丙辰朔，无甲寅。六月丙戌朔，甲寅为二十九日，《陈书·高帝纪》《南史·陈本纪上》作"六月甲寅"，当是。

② 常膳进不过数品：徐钞本无"进"字。

③ 肴庶珍羞：徐钞本、《陈书·高帝纪》作"肴核庶羞"。

④ 而帝独言笑：徐钞本、《陈书·世祖纪》、《南史·陈本纪上》"笑"下有"自若"二字，于意为长。

高祖即位，追赠骠骑大将军、太傅、扬州牧。

始兴郡王生帝及安成王顼。梁江陵陷，安成王迁于关右，高祖袭封安成王为始兴祀。① 及帝以本宗乏飨，诏改封嗣王，顼为安成王，封伯茂为始兴王，以奉昭烈祀。

初，征北军人于丹徒盗发晋郗昙墓，大获晋王羲之书及诸名贤遗迹。事觉，其书悉入于秘府。帝以伯茂好书，赐之，由是大工草隶。

秋七月，尚书八座奏请立皇后及诸王太子。

八月辛酉，② 立皇子伯宗为皇太子，立妃沈氏为皇后。

十一月乙卯，王琳进寇大雷，前锋逼梁山，诏太尉侯瑱御之。

十二月，大赦，改号。

天嘉元年正月，赐鳏寡孤独、孝悌力田粟各五斛。甲寅，发使宣劳四方。

二月辛卯，老人星见。丙申，侯瑱大破王琳于梁山，败齐军于博望，擒王琳下将刘伯球，王琳及梁王萧庄走齐之钟陵。

三月丁巳，江州刺史周迪追斩贼帅熊昙朗于新涂。

昙朗，豫章南昌人，世为郡著姓。昙朗跅弛不羁，有膂力，容貌甚伟。侯景之乱，因聚少年，据丰城县，多为劫盗。梁元帝平侯景，拜巴西太守。江陵陷，后遂劫掠邻县，缚卖人民，山谷之中，最为巨患。

高祖即位，以昙朗南川豪帅，拜飙猛将军、桂州刺史，与周文育讨余孝劢，既而反害文育，尽收其众，以应王琳，乃修新涂县城居之。及王琳东下，南川兵为昙朗所梗，江州刺史周迪与高州刺史黄法氍等会兵攻昙朗，昙朗败走，入山村，村民斩之，传首京师，悬于朱雀观。于是尽收其宗党，无少长皆弃市。

是月，骠骑将军、湘州收、衡阳王昌薨于鲁山江中。

夏四月，丧至，帝亲临，诏谥献王，立第七子伯信为衡阳王，奉献王祀。

六月壬辰，葬梁元帝于江宁旧茔，车旗礼章，并依梁典。帝临于太极前殿，百寮陪哭。

秋八月戊子，诏非兵器及国用所须金银、珠玉、衣服、杂玩，悉皆禁断。

九月乙卯，周将独孤盛与贺若敦等水陆引军趋巴、湘，两道俱进，太尉瑱自

---

① 高祖袭封安成王为始兴祀：此句徐钞本作"遥以顼袭封始兴王，嗣昭烈后"。

② 八月辛酉：八月乙酉朔，无辛酉。《陈书·世祖纪》《南史·陈本纪上》作"九月辛酉"，九月乙卯朔，辛酉为初七日。《陈书·废帝纪》又作"八月庚戌"，为二十六日。

浔阳往破盛等于杨叶洲。

是岁，以侍中、国子祭酒周弘正使长安，迎帝弟安成王顼，周人并留之。

天嘉二年正月，高丽、倭国及百济并遣使贡方物。

六月，齐人通好。

冬十月乙卯，东夷遣使朝贡。乙未，领大著作虞荔卒。

荔字山披，会稽余姚人。祖权。父俭。荔幼而聪敏，年九岁，太常陆倕问五经凡十条，荔随问应答，无遗误。

及梁末，将母入台城，寻遇城陷，情礼不申，由是蔬食布衣，不听音乐。

及陈受禅，世祖嗣位，除太子中庶子，寻领大著作。荔第二弟寄寓于闽中，为陈宝应留连不得还，荔每言之流涕，帝哀之，曰："我有弟在远，① 此情甚切，他人岂知。"乃敕宝应求寄，宝应终不遣。荔亦感疾，年五十九卒，柩还乡里，世祖亲送，人以为贵。子世基、世南并知名。

寄字次安，年数岁，有人嘲之曰："郎君姓虞，必定无智。"寄应声曰："文字不辨，岂得非愚？"客大惭。陈宝应破后，乃归朝，拜大中大夫。

是岁，南安将军周迪不受征，与留异结构谋逆。

天嘉三年正月庚戌，设帷于南郊，告胡公以配天。是月，后梁萧詧薨，子岿代立。

二月，安成王顼自后周还，帝见之大喜，以功进周弘正位金紫光禄大夫，以安成王顼为司空。

闰二月甲子，改铸五铢钱。

三月，周迪、留异等举兵反，令司空侯安都破于桃枝岭。

四年三月甲申，留异等走，投闽州刺史陈宝应，宝应纳之。

五月己巳，太白昼见。是日，侯安都自尽。

安都字成师，始兴曲江人。善书，能鼓琴，好骑射。自始兴内史主簿招集兵马，得三千人。讨侯景，与高祖攻破蔡路养，克平侯景有功，梁元帝封为猛烈将军。随高祖镇京口，定计入诛王僧辩，自石城北舍舟登岸，被甲带长刀，逾城北女墙而入僧辩卧室，以功授散骑常侍、南徐州刺史。

既而秦郡太守徐嗣徽等引北齐入寇，安都领水军于中路断贼粮运，并收其家口骡马鹰犬及嗣徽所弹鹿琶，嗣徽大惧，请和，时绍泰元年也。明年，嗣徽又入丹杨，至湖孰，高祖使安都拒之，大战，破于高桥，斩嗣徽，生擒齐仪同乞伏无芳，

---

① 我有弟在远：徐钞本作"我有弟亦在远"，于意为长。

追败于蒋山龙尾及幕府山。累以战功封曲江公，给鼓吹一部。

世祖嗣位，讨留异于桃枝岭，中流矢，血流至踝，容色不变，收其妻子人马甲仗，振旅而归。自以勋庸渐高，骄恣，数招文武之客，阴铿、褚玠、张正见等每有表启，事所未尽，乃开封更自书之，云又启某事。及侍宴酒酣，或箕踞倾倚，自白帝曰："何如作临川王日？"帝佯不应。乃再三言之，帝曰："此虽天命，亦明公之力也。"或坐御床，宾客称寿。后重云殿灾，安都带甲而入，帝恶之，出为江吴二州刺史、征南大将军。自京口还都，于石头，世祖引安都宴于嘉福殿，又集会将帅于朝堂，坐上收安都，因之西省，出中书舍人蔡景历表以示于朝，数安都之罪，诏速刑书。是日，安都上表陈谢，自杀。

六月丁未，夜白虹两道出北斗间。

秋七月乙未，[①] 皇太子纳妃朱氏，在位文武赐帛有差。

九月辛丑，[②] 周迪复寇临川，诏护军将军章昭达讨平之。

十二月，昭达军次建安，讨陈宝应。丙申，大赦殊死已下。

五年四月庚子，太白岁星合在奎中。

十一月，章昭达擒陈宝应、留异等。

异，东阳长山人。少豪，多聚恶少，陵侮贫贱，守宰皆患之。起家为梁朝蠏浦戍主。绍泰二年，自安固令有应接功，领东阳太守，封永兴县侯，累迁散骑常侍、信威将军。陈文帝长女安丰公主配异第三子贞臣，征异为南徐州刺史，异不进，寻改东阳太守。

异遣长史王澌入朝，还言朝廷虚弱，异信之，外示臣节，内怀两端，遣使自鄱阳信安岭潜通于王琳。分兵戍下淮及建德，以备江路，帝使侯安都讨之。异本谓官军自钱塘江上，安都乃密由会稽诸暨步道袭之。异闻兵至，走桃枝岭，安都进破之，异与第二子忠臣及周迪等奔陈宝应。

宝应，晋安侯官人。世为闽土四姓。多变诈，梁朝晋安数为反叛，屡杀守将，陈宝应因官军乡导讨平之，由是一郡兵权皆自己出。帝嗣位，录其功，命入宗室，并遣使条其子女，无大小并加封爵。

及安都讨留异，宝应乃遣兵助异。帝大怒，命章昭达督众军由建安南道度岭，又命余孝顷督会稽、东阳、临海、永嘉等兵讨之，诏宗正绝其属籍。宝应遂据建

[①] 秋七月乙未：是月癸亥朔，无乙未。

[②] 九月辛丑：是月壬戌朔，无辛丑。《陈书·世祖纪》《南史·陈本纪上》作"辛未"，为十日，是。

安湖际，逆拒王师，水陆为栅。昭达至，深沟高垒，不与战，达命军士伐竹木为筏。俄而水盛，遂乘流放筏，突其水栅，而使步骑薄之。宝应众溃，追擒于草中，并留异等同逆者，俱送建康市斩之。

是日，诏讨陈宝应将士亡者，并与棺木，递还本土。

六年正月乙酉，皇太子加元服，王公已下赐各有差。

六月，周人来聘。

七月癸未，大风自西南至，才广百余步，激坏灵台候馆。甲申，仪贤堂前架无故自壤。案，仪贤堂，吴时造，号为中堂，在宣阳门内路西，七间，亦名听讼堂，每年策孝廉秀才、考学士学业，岁暮习元会仪于此。前在鸿胪寺，西南卫尉府，南宗正寺、太仆寺、大弩署、脂泽库，更南即太史署、太府寺，东南角逼路。宣阳门内过东即客省、右尚方，并在今县城东一里二百步玄风观后，①隔路仪贤堂，更近北也。丙戌，临川太守骆牙斩周迪于山穴，传首建康，枭于朱雀门。

迪，临川人。少居山谷，有膂力，能挽强弩，以弋猎为事。梁元帝平侯景，以功迁振远将军。高祖秉政，加江州刺史。及即位，王琳东下至湓城，新吴洞主余孝顷相合，众二万来趋工塘，连八城以逼周迪。迪使周敷率兵顿临川故郡，迪自断江口，与樊猛等战，大破之，屠其八城，生擒李钦、樊猛、余孝顷，递送至建康市，收其器械，军实山积，虏其人马，并自纳之。

永定二年，以功进迪平南将军、开府仪同三司，给鼓吹一部。王琳既平，帝征迪出湓城，令子入朝。迪乃顾望生疑不至。及帝录破熊昙朗功，加周敷、黄法氍等官赏，迪甚不平，遂阴与留异相结。及王师讨异，迪疑恐不安，乃令弟方兴率众袭周敷于豫章，不利而退。三年，②帝使章昭达讨迪，迪众溃，妻子悉擒，乃脱身逾岭赴晋安，依陈宝应。宝应使兵助之。明年秋，复越东兴岭，世祖使程灵洗等破之，迪窜山穴中。日月既久，遣人潜出临川部买鲑鱼，使人脚痛，舍于邑子，邑子告太守骆牙，牙执之，令取迪自效。因使勇士随入山中，诱迪出猎，伏兵斩于道傍，传首京师。

七年春二月丙子，大赦，改元为天康元年。

三月己卯，进司空、安成王顼为尚书令。

---

① 宣阳门内过东即客省右尚方并在今县城东一里二百步玄风观后："宣阳门内过东"，诸本皆同，然语意不明。案，许嵩该注所及衙署建筑均在宣阳门内道西，右尚方亦应在宣阳门内道西，故"过"或为"道"之误，"东"或为"西"之误。该注"并在今县城东一里二百步"，亦可证客省、右尚方均在宣阳门内道西。

② 三年：据《南史·周迪传》，"三年"上当脱"天嘉"二字。

夏四月癸酉,帝崩于有觉殿。丙戌,^①葬永宁陵。陵在今县东北四十里,陵山之阳,周四十五步,高一丈九尺。帝年四十即位,在位八年。群臣上谥曰文皇帝,庙号世祖。

帝起自布衣,知百姓艰难疾苦,国家资用,务在俭约。常所调敛,事不获已者,必咨嗟改色。妙识真伪,下不容奸。一夜内刺闱取外事分判者,前后相续。每鸡人伺漏传签于殿中者,令投之于阶石上,使锵然有声,云:"吾虽眠睡,亦令惊觉。"其终始自强,梗概如此。

废皇帝

帝讳伯宗,字奉业,文帝嫡子。梁承圣三年五月庚寅生,永定二年春二月戊辰,拜临川王世子。三年,文帝嗣位,八月,立为皇太子。自梁侯景乱离,东宫焚火,太子居永福省。

天康元年四月癸酉,文帝崩,是日即位于太极前殿,大赦,内外复职,远方悉停赴丧。

五月,上尊皇太后为太皇太后,皇后曰皇太后。以司空、安成王顼为司徒、录尚书、都督中外诸军事,始兴公伯茂为征东将军,袁枢为尚书左仆射,沈钦为右仆射。

七月丁酉,立妃王氏为皇后。

后讳少姬,侍中、金紫光禄大夫固之女。天嘉四年,聘为太子妃。

固字子坚,琅琊临沂人,祖份,父琳。固少涉史籍,以梁帝外生封莫口亭侯,举秀才,起家为秘书郎、太子洗马。高祖即位,累迁至侍中,礼遇甚厚。

性信佛法,尝禅坐诵经。又妙于玄言,使聘魏国宴飨,请救一羊,羊于固前跪足而拜。又宴昆明池,魏朝以固南人嗜鱼,大设罟罛于水中,固以佛法咒之,一无所获。

冬十月,享于太庙。

十一月乙亥,周人来吊。

二年春正月,改光大元年。辛卯,祠南郊,大赦。

二月,南豫州刺史余孝顷反,伏诛。

---

① 丙戌:四月丁未朔,无丙戌。《陈书·世祖纪》《南史·陈本纪》作"六月丙寅",六月丙午朔,丙寅为二十一日,是。

五月，湘州刺史华皎反，引后周为援。

六月，诏征南大将军淳于量讨平之。

七月戊子，立皇子至泽为太子。

九月，周将元定入郢州，与华皎水陆俱进，淳于量、吴明彻等逆击，大破之，皎单舸奔江陵，擒元定送建康。

二年春正月，以侍中安成王顼为太傅、领司徒、扬州牧，加殊礼，剑履上殿，入朝不趋，赞拜不名。庚子，以淳于量为中军大将军。

四月辛巳，太白昼见。

五月丙辰，太傅安成王献玉玺一纽。

六月丁卯，彗星见。

九月，新罗、林邑、狼牙修国并使朝贡。时安成王与仆射到仲举、中书舍人刘师知等恒在禁中，参决众务，而安成王为扬州刺史，左右甲仗三百人，入居尚书省。

十一月，刘师知、到仲举等见安成秉政，恶其权重，阴说于帝，矫太后令下诏安成王曰："今四方无事，可迁东府经治州务。"安成将出，毛喜驰入止之，曰："王今出外，便受制于他人，譬他曹爽愿作富家翁，不可得也。此必师知等矫诏太后之令，请覆之。"安成大惧，乃称疾，召师知留与语，遂遣毛喜入言白于太后。太后曰："今伯宗年幼，政事并委二郎，此非我意。"喜出，以报安成。安成因师知，自入见后及帝，极陈师知之过，乃自草敕收师知，付廷尉狱，赐死。自是政事大小，皆决于安成王。王以上流多反叛，乃讽慈训太后。

甲寅，太后令废帝为临海王，送之藩邸。诏曰："太傅、安成王顼固天生德，齐圣广深，二后钟心，三灵仁眷。自先朝不豫，任总宅心，威惠相宣，刑礼兼设，且地彰灵玺，天表长彗，除旧布新，贞祥咸显。文皇知子之鉴，事甚帝尧，传弟之怀，允符太伯。今可崇立贤君，内外宜依旧典，以舆驾奉迎。"是日，废帝出居别第。乙卯，薨，年十九。

帝仁弱，无人君之量，世祖每虞不堪继业，既居冢嫡，废立事重，是以依违积年。及将大渐，召高宗谓曰："吾欲遵太伯之事。"高宗初未达旨，良久方悟，乃拜伏流涕，固辞。其后宣太后依先帝之旨，乃此废帝焉。

建康实录卷第二十　陈下

高宗孝宣皇帝顼

　　高宗孝宣皇帝讳顼，字绍世，世祖母弟，始兴昭烈王第二子。梁中大通二年七月辛酉生于乡里，产夕有赤光满室。帝少宽大，多智略。及长，美容仪，身长八尺，垂手过膝。有勇力，善骑射。高祖平侯景，梁元帝使征高祖子侄入侍，帝赴江陵，累官至直阁将军、中书侍郎。忽酒醉，假寐于室，马军主李总见是大龙，乃惊走，人密奇之。江陵陷，帝随例迁于关右。高祖即位，永定初，遥袭封为始兴郡王。文帝嗣位，遥改安成王。天嘉三年，自周还，累至侍中。废帝立，进骠骑大将军、录尚书，寻转太傅、扬州牧。

　　光大二年十一月甲寅，慈训太后黜废帝为临海王，而召帝入纂。

　　三年正月甲午，改元太建元年，即位于太极前殿，大赦，进文武位一等，复太皇太后尊号曰皇太后，退文皇太后为文皇后。

　　后沈氏，字妙姬，吴兴武康人，建成侯法深之女。永定元年，策为临川王妃。世祖即位，为皇后。废帝即位，尊为皇太后。及安成秉政，后忧闷，计无所出，乃赂宦者蒋裕，令诱建安人张安国使据郡反，因此以图安成。寻而事觉，遂诛安国等。及帝立，乃黜后为文皇后。按《陈书·后传》：陈亡入隋，大业初，自长安东归江南，顷之，卒。

　　乙未，谒太庙。立妃柳氏为皇后，以嫡子叔宝为皇太子，封诸子为郡王。丁酉，使御史出四方，观行风俗。以沈钦为左仆射，王劢为右仆射。辛丑，祀南郊。

　　七月辛卯，太子纳妃沈氏，王公已下赐帛有差。

　　十月，广州刺史欧阳纥据南海反，诏章昭达讨平之。

纥字奉圣，长沙临湘人。父頠，尝随梁左卫将军兰钦南征夷獠，擒陈文彻，获辎重及献铜鼓，累代无此器。高祖即位，进散骑常侍，封阳山公。

　　纥有干略。天嘉四年，除黄门侍郎，迁安远将军，袭封阳山郡公，都督交、广、越、定、明、新、高、合、罗、爱、建、宜、黄、利、双、石等十九州军事、① 广州刺史。在州十余年，威名著于百越。帝以纥久在南方，意大疑之。太建元年，诏征还朝廷。纥惧，未敢就征，左右乃劝令反，遂举兵攻衡州。衡州刺史钱道戢告变，帝遣章昭达讨擒纥，送京师，年三十三。② 家口籍没。案《陈书》：江总，纥之故人，收其子询抚养之。及长，善草隶书，博学，著《艺文类聚》百卷。皇朝位银青光禄大夫也。

　　太建二年春正月丙申，皇太后崩于紫极殿，祔葬万安陵，谥曰宣太后。

　　太后字要儿，幼为章氏养，因姓章氏，母苏氏，尝遇道士以龟遗之，光彩五色，曰："三年有征。"及期，生后。产夕紫光照室，因失龟所在。后少聪慧，美容仪，手爪长五寸，红白，③ 每有期功之服，则一爪先折。后善书计，能诵《诗》及《楚词》。

　　高祖永定元年，立为皇后。及高祖崩，后与中书舍人蔡景历定策，秘不发丧，乃诏世祖入纂皇业。世祖即位，尊为太后，居慈训宫。光大二年，下令黜废帝，命宣帝嗣业。至是崩，年六十五。

　　四月乙巳，④ 太白昼见。

　　五月，齐人来吊。

　　太建三年辛卯正月癸丑，以著作徐陵为尚书仆射。辛酉，祀南郊。

　　二月辛巳，祀明堂。丁酉，耕籍田。

　　三月，大赦。

　　五月，丹丹、天竺、盘盘等国贡方物。

　　八月辛丑，太子释奠于太学。

　　十二月壬辰，章昭达薨。

　　昭达字伯通，吴兴武康人。性倜傥，轻财尚气。少时尝遇相者，谓达曰："卿容貌大善，须小亏损，当富贵耳。"后因醉坠马，鬓角小伤，相者曰："未也。"

---

　　① 都督交广越定明新高合罗爱建宜黄利双石等十九州军事：此处仅十六州，据《陈书·欧阳纥传》，还有成、德、安三州。

　　② 年三十三：徐钞本"年三十三"上原有"伏诛"二字。

　　③ 红白：徐钞本上有"色"字。

　　④ 四月乙巳：是月甲寅朔，无乙巳。《陈书·宣帝纪》作"闰四月己酉"，闰四月甲申朔，己酉为二十六日，当是。

及侯景乱，昭达募乡人援台城，为流矢所中，眇其一目，相者曰："卿相善矣。"

侯景平后，与文帝结君臣之分。及王僧辩诛后，杜龛反，遣杜泰攻长城，世祖命昭达总知城内兵事，以拒杜龛。龛等退走，追讨平之。累战功拜交州刺史。随侯安都拒王琳于沌口，为前锋，破琳，册勋为都督巴、郢、武、沅四州诸军事，封欣乐县侯，给鼓吹一部。天嘉四年陈宝应与周迪等寇临川，诏昭达为都督，讨平之，进位前将军、开府仪同三司。

初，世祖曾梦昭达升于台铉，及旦，以梦告之。至是侍宴，世祖顾昭达曰："卿忆梦否？何以偿之？"昭达谢之曰："当效犬马，以尽臣节。"

太建初，讨欧阳纥于岭南，以功拜司空。二年，率师征萧岿，岿与周军大蓄船舰于青泥中，昭达分遣偏将钱道戢、程文季乘轻舟袭之，焚其舟楫。周兵又于峡下南岸筑垒，名曰安蜀城，兼令于江上引大索，编苇为桥，以度军粮。昭达命军士为长戟，施于楼船上，仰割其索，索断粮绝，因纵兵攻其城，降之。薨，时年五十四。

太建四年八月辛未，周遣使来聘。丁丑，景云见。

九月庚子朔，日有蚀之。诏徐度、杜棱、程灵洗等配食武帝庙庭，章昭达配食文帝庙庭。

十一月己亥，夜，地大震。

十二月，卫尉卿许亨卒。

亨字亨道，高阳新城人，晋征君许询字玄度六代孙。祖勇惠，① 齐冗从仆射。父懋，梁始平天门二郡太守、太子庶子、散骑常侍，以学艺闻，撰《毛诗风雅比兴义》十五卷。

亨少传家业，有节行，博通群书，多识前代旧事。解褐梁安东王行军参军，兼太学博士，迁太尉从事中郎。晋安王承制，授给事黄门侍郎。高祖即位，拜太中大夫，领大著作，修《梁史》。

初，高祖诛王僧辩，父子数人同瘗一穴，至是无敢言者。亨以故吏抗表请葬僧辩，世祖许之。乃与徐陵、张种、孔奂等，以家财营葬具，凡七柩，自石头城改窆于方山东南。

亨卒，时年六十四，所撰《齐史》五十卷、文集六卷。

子善心，入隋，位至尚书度支侍郎。有应对才，迁礼部侍郎。有集二十卷。

---

① 祖勇惠：徐钞本、《陈书·许亨传》《南史·许亨传》作"祖勇慧"。

后为宇文化及所害。

五年春二月，夜有白气如虹，自北斗贯紫微宫。

三月丙戌，西衡州献马生角。诏吴明彻为征讨大都督，北伐，统军十万，发自白下。

四月，大破齐师于淮南。

九月壬辰晦，夜明。乙巳，①吴明彻克寿阳，斩王琳，传首京师，枭于朱雀航。

王琳，太原人。少无学业而强记内敏，事多记识，军中万人，尽记名姓。累官梁元帝司空。

梁敬帝太平二年，见高祖方盛，梁祚渐衰，惧梁社稷将亡，遂与诸将谋，迎梁元帝孙永嘉王庄于北齐归，立为主，号天启元年。正月，设坛于南浦之南，备法驾，即帝位，幸江夏新宫，临定武前殿，以琳为都督中外军事。天嘉二年，世祖遣侯安都讨大破之，琳与萧庄俱奔齐。齐以庄为扬州刺史，与王琳镇寿春。至是吴明彻破之。

是岁，诸军略地，所在皆克捷，淮南诸郡悉平之。案《梁书》：自侯景乱江右，淮北州郡皆没北齐，及江陵陷失，高祖辅政，而徐嗣徽、任约等招引北齐，军变江南。高祖即位，王琳复起上流而败，西据寿阳，以归于齐。高宗即位，五年大举，始收淮南之地。

六年正月壬戌，大赦江右、淮北诸州。甲申，周人来聘。

二月壬辰，②耕籍田。

四月庚子，彗星见。

八月，尚书右仆射周弘正卒。

弘正字思行，汝南安成人，晋仆射颛九代孙。祖颙。父宝。弘正幼聪惠，年十五为国子生，季春入学，孟冬应举，解褐梁晋安王主簿，累国子博士。③初，梁武帝于城西立士林馆，延弘正居之以讲授，听者倾朝。尝启梁主决定《周易》疑义凡五十条。

性博物善占。大同末，知天下将乱，谓弟弘让曰："国家厄运，数年当有义兵起，吾与汝何处逃刑。"及梁纳侯景之降，弘正曰："乱阶此矣！"

---

① 乙巳：九月甲子朔，无乙巳。《陈书·宣帝纪》《南史·陈本纪下》作"十月乙巳"，是月癸巳朔，乙巳为十三日，是。张校本以为此"乙巳"前脱"十月"二字。

② 二月壬辰："壬辰"，《陈书·宣帝纪》《南史·陈本纪下》作"辛亥"，二月辛卯朔，壬辰、辛亥皆在是月。

③ 累国子博士：徐钞本作"累迁国子博士"，当是。

梁元帝平侯景，征弘正为黄门侍郎，累迁散骑常侍。与王褒论利害，谏元帝下都建康，荆峡人士皆云周、①王比是东人，恣求东下，恐非良计。弘正面折曰："若东人劝东下，谓非良计；即西人欲西，岂成良策？"元帝大笑，竟不还都。

及魏平江陵，弘正遁归建康。高祖践阼，拜太子詹事。天嘉元年，迁侍中国子祭酒，使长安迎安成王。三年，还，授金紫光禄大夫，进右仆射。

弘正善玄言，明释典，虽名僧硕德，皆请质疑滞。卒，时年六十。所著《易疏》十六卷，《论语疏》十卷，《庄子疏》八卷，《老子疏》五卷，《孝经疏》两卷，文集二十卷。子坟，官至吏部郎。案《陈书》云：弘让亦博学，天嘉初，以白衣领太常卿、金紫光禄大夫。犹子确，位南平府长史，行扬州事，代称良吏也。

七年春正月乙亥，卫将军樊毅克潼州城。辛巳，祠南北郊。

三月，诏豫、二兖、谯、徐、合、霍、南司、定等九州及所部在江北诸郡置云旗义士，往与大军及诸镇守备防御。

四月庚寅，豫州刺史陈桃根献青牛，诏还百姓。乙未，桃根又献织成罗文锦被表各二，②诏于云龙门外焚之。

六月丙戌，诏北征将士死王事者，克日举哀。乙酉，改作云龙、神虎二门。案《宫殿簿》：云龙是二重宫墙东面门，晋本名东华门，东出东掖门，梁改之，西对第三重墙万春门。神虎门是第二重宫墙西面门，晋本名中华门，西出西华门，晋本西掖门，宋改名西华门，东入对第三重宫墙千秋门。

秋闰九月壬辰，吴明彻大破齐军于吕梁。是月，甘露三降乐游苑。丁未，幸乐游，采甘露，宴群臣，诏于苑内覆舟山上立甘露亭。③

十一月甲子，④南康郡献瑞钟一口。

是岁，殷不害自周还，优诏拜司农卿，寻迁光禄大夫。

不害字长卿，陈郡长平人。祖汪。⑤父高明。不害性至孝，少知名。家世俭约，居甚贫窭。

年十七，事梁，累迁平北府咨议参军。侯景乱，台城陷，文武奔散，惟不害

---

① 荆峡人士："峡"，《陈书·周弘正传》《南史·周弘正传》作"陕"，是。
② 桃根又献织成罗文锦被表各二：《南史·陈本纪下》同，徐钞本、《陈书·宣帝纪》作"各二百首"，张元济《陈书校勘记》以为"首"当作"端"或"嵩"。
③ 诏于苑内覆舟山上立甘露亭："覆舟山"，徐钞本、《陈书·宣帝纪》《南史·陈本纪下》作"龙舟山"。
④ 十一月甲子：是月辛巳朔，无甲子。《陈书·宣帝纪》《南史·陈本纪下》作"十二月甲子"，十二月辛亥朔，甲子为十四日，是。此"十一月"当为"十二月"之误。
⑤ 祖汪：徐钞本作"祖任"。

与徐摛侍梁简文于永福省。及简文幽絷，请不害同处，侯景许之。不害供侍益谨。简文夜梦吞一块土，意恶之，以告不害。不害曰："昔晋文出奔，野人遗块，卒反其国。"简文曰："若神道有知，尚冀言之不妄。"

及元帝即位，拜廷尉卿。寻又江陵陷，因失母所在。常甚寒雪，冻死者填满沟壑。不害涕泣号呼，寻见死人在沟者，则身自捧视，举体冻僵，水浆不入口者七日，始得母尸。凭尸而哭，行路为之悲哀。及殡后，与王褒、庾信等同入长安。布衣蔬食，至此年方得还，累进给事中。按《陈书》:后祯明三年，隋灭陈，又西入隋，卒于道中。弟不疑、不占、不齐、不佞。

八年春正月庚辰，西南紫云见。拜吴明彻为司空，陆缮为左仆射，王克为右仆射。

九月，立皇子叔彪为淮南王，叔齐、叔文皆为郡王。

九年丁酉春正月，后周灭北齐。齐主高纬方禅位于其太子恒，改元承光。周师平邺，纬与恒赴长安。齐五帝二十八年。

二月壬子，舆驾耕籍田。

七月庚辰，大风雨，震万安陵华表。癸卯，震瓦官寺重门，一女子死。

十月，吴明彻大破周将梁士彦于吕梁。修东宫城。

十二月，移皇太子居新宫。案《舆地志》：其地本晋东海王第，后筑为永安宫，穆帝何皇后居之。宋文帝元嘉十五年，始筑为东宫，齐末为火灾焚尽，梁天监五年，更修筑于故齐地，盛加结构。侯景乱，又烧尽，陈初，置太子于永福省，至此居新宫。

十年春正月己巳，以中领军庐陵王伯仁为平北将军。是月，散骑常侍、太子右卫率韦载卒。

载字德基，京兆杜陵人。祖叡。父正。载少聪惠，好学，年十三，沛国刘显问《汉书》中十事，随问随答，略无疑滞。

自历职位，常乐退静。有田十余顷，在江乘县之白山，遂辞疾去官，筑室居焉。屏绝人事，吉凶庆吊，无所往来，不入西篱门或十年。年五十八，卒于家。

夏六月，大雨，震大皇寺刹、庄严寺露盘、重阳阁东楼、千秋门内槐树、鸿胪寺府门。是月，司空吴明彻薨。

明彻字通照，秦郡人。父树，梁右军将军。明彻幼孤，性至孝，年十四，感坟茔未修，家贫未办，①乃勤力耕种。遇大旱，苗稼焦枯，明彻哀愤，每至田中号哭，

① 家贫未办：徐钞本作"家贫无疑取给"。

仰天告愬。居数日，有自田回者，云苗已更生，明彻疑之，及往果如所言，至秋大获，足充葬用。有尹生善占墓，谓其兄曰："君家葬日，必有乘白马逐鹿者来经墓所，是最小孝子大贵之征也。"至时果有应。明彻，树之小子也。

起家梁东宫直后，及侯景乱，天下饥，明彻有粟麦三千余斛，见乡里饥，乃白诸兄曰："当今草窃，人不图生，既有粟麦，可与乡里人共之。"于是计口平分，同为丰俭，群盗闻而避之。

高祖镇京口，深相要结，降阶执手。明彻妙解天文、孤虚、遁甲，高祖奇之，以梁承圣三年，请为戎昭将军。高祖践祚，拜散骑常侍、兖州刺史。

宣帝太建五年，加侍中、都督征讨诸军事，北伐赐女乐一部，封南郡公，总戎十万，发自京师，所向皆克捷。

八月，进逼寿阳，王琳拒守，明彻乘夜攻之，中宵而溃，琳等退据相国城及金城。明彻遏肥水以灌之，城中苦湿，多腹病，手足皆肿，死者十有六七。齐遣大将皮景和率兵数十万来援，去寿春三十里顿军，诸将皆曰："计将安出？"明彻曰："兵贵在速，而彼结营不进，吾知其不敢战也。"于是躬擐甲胄，四面疾攻，城中震恐，一鼓而克，生擒王琳斩之，传首京师。宣帝优诏褒崇，加车骑大将军、豫州刺史，就寿春授册，明彻于城南设坛，士卒二十万，陈旗鼓戈甲，登坛拜受，成礼而退，士卒无不踊跃。六年，率诸将渡淮北。七年闰九月，大破齐军于吕梁。八年，进位司空。九年，诏明彻北征，军至吕梁，周将梁士彦拒战，频破之。会明彻苦背疾，拔军至清口，众军皆溃，明彻穷蹙就执，以忧遘疾，卒于长安。

九月乙巳，立方明坛于娄湖，临坛誓众。乙卯，分遣大使以盟誓颁下四方，上下相警，以备周人。

十一年己亥春正月，龙见于南兖州永宁楼侧池中。

七月辛卯，初用大货六铢钱。丁卯，[①]于大壮观阅武。

十一月戊午，[②]周将梁士彦围我寿阳，克之。又克霍州。是月，以始兴王叔陵为征讨大都督，率水步众军以拒周师。

十二月乙丑，南、北兖、晋三州及盱眙、山阳、阳平、马头、秦郡、历阳、北谯、沛、南梁等九郡民并自拔以归建康。周又进克谯、北徐二州，乘胜而前，自是淮

[①] 丁卯：七月庚寅朔，无丁卯。《陈书·宣帝纪》《南史·陈本纪下》作"八月丁卯"。八月庚申朔，丁卯为初八日，是。

[②] 十一月戊午：是月戊子朔，无戊午。《陈书·宣帝纪》《南史·陈本纪下》作"戊戌"，为十一日，是。

南之地，复尽归于周矣。

十二年庚子六月，大风吹坏皋门中闼。是月，黄门侍郎顾野王卒。

野王字希冯，吴郡吴人也。祖子乔。父烜。野王幼以儒术知名，年七岁，诵《五经》，略知大旨。九岁能属文。十二，随父之建安，乃撰《建安地记》二篇。及长，遍观经史，精记默识，天文地理、蓍龟占候、虫篆奇字，无所不通。起家梁太学博士、中领军府记室。陈有天下，迁黄门侍郎、光禄卿。年六十二，卒。

野王少笃学，在物无过辞失色，观其容貌，似不能言，及其励精力行，皆人莫及。又善丹青，曾于东府六斋画古贤，命王褒书赞，世人称为二绝。又撰《玉篇》二十卷，《舆地志》三十卷，《符瑞图》十卷，《顾氏谱》十卷，《分野枢要》一百卷，《通史要略》一百卷，《国史纪传》二百卷，《续洞冥记》一卷，《玄象表》一卷，文集二十卷，并行于世。

秋八月乙未，①周郧州总管司马消难以所统九州八镇之地来降，诏消难为大都督，统九州八镇诸军事，迁司空，给鼓吹、女乐一部，率众江北，授之大军，北伐。是月，遣南豫州刺史任忠率众趋历阳，陈惠纪趋南兖州。②庚午，散骑侍郎淳于陵克临江郡。癸酉，鲁广达克郭默城。甲戌，大雨霖。丙子，淳于陵克祐州城。

九月，周临江太守刘显光率众来降。是月，天东南有声，如风水相激，三夜乃止。丁亥，周将王延贵率众来援历阳，任忠击破之，擒延贵，以送建康。己酉，周广陵义军主曹药率众来降。

十三年春正月辛丑，③以晋安王伯恭为尚书左仆射，袁宪为右仆射。

二月乙亥，亲耕籍田。

四月乙巳，分衡州始兴郡为东衡州，以本衡州为西衡州。

七月，征君马枢卒。

枢字要理，扶风郿人。寓居京口。祖灵庆。枢少好学，六岁能诵《孝经》《论语》《老子》。及长，博极经史，尤善佛经及《周易》《老子》义。

梁邵陵王纶为南徐州刺史，引为学士，命讲《维摩》《老子》《周易》，同日三部，一齐发题，论者纵横，枢随问剖判，应接如流，论者拱默而退，纶甚奇之。

及征侯景，留书二万余卷与之。常闲居喟然叹曰："吾闻贵爵位者以巢、由

---

① 秋八月乙未：是月甲寅朔，无乙未。《陈书·宣帝纪》《南史·陈本纪下》作"己未"，为初六日，是。
② 陈惠纪："惠"，徐钞本、《陈书·陈慧纪传》、《南史·陈慧纪传》作"慧"。
③ 十三年春正月辛丑："春正月"三字原缺，据徐钞本补。《陈书·宣帝纪》《南史·陈本纪下》作"春正月壬午"，壬午为正月朔日，辛丑为二十日，皆在正月。

为桎梏，爱山林者以伊、吕为管库，束名实则蒭芥柱下之言，玩清虚则糠粃席上之论，稽之笃论，亦各从其所好。"乃隐于茅山，有终焉之志。

陈天嘉元年，世祖征为度支尚书，辞不应命。每王公大人有馈饷，辞不获免者，十分受一。属世乱，所居盗贼不入，依托者数百家，皆得全。枢目精洞黄，能视暗中物。常有白燕一双，巢其庭树，驯狎栏庑。年八十六卒。撰《道觉论》行于世。

九月癸亥，夜大风从西北来，发屋振树，大雨雹。

十二月辛巳，彗星见西南。

是岁，周静帝宇文衍逊位于隋文帝杨坚，改元开皇元年。周三代，五帝，二十五年。

十四年春正月己酉，帝不豫。甲寅，崩于宣福殿。

二月癸巳，葬显宁陵。帝年四十即位，在位十四年，年五十四。谥曰孝宣帝，庙号高宗。有子四十二人。遗诏庶事务从俭约，金银之饰，不以入圹，明器皆令用瓦。

初，帝在田，本有恢弘之度，及居尊位，实允天人之望。于时国步初弭，创痍未复，淮南之地，并入于齐。帝志复旧境，返侵地，而强弱悬绝，适足为擒。及周灭齐，乘胜而举，略地又至江际，自此怀惧。既而力修城隍，为捍御之备，获铭曰："二百年后，当有痴人修破吾城者。"时莫测所从云。

后主长城公叔宝

后主讳叔宝，字元秀，小字黄奴，宣帝嫡长子。梁承圣二年十一月戊寅生于江陵。天嘉三年，立为安成王世子。太建元年正月甲午，立为皇太子。

十四年正月甲寅，宣帝崩。乙卯，始兴王叔陵构逆。

叔陵字子嵩，高宗第二子。承圣中，生于江陵。天嘉三年，封康乐侯。少有机辩，徇声名，强梁无所摧屈。太建元年，封始兴王，出使江、郢、晋三州军事。始年十六，政自己出，寮佐莫敢预焉。弟叔坚争宠，招致宾客。每朝会卤簿，不肯为先后，必分道而趋，高宗不之知。

与叔坚、后主同侍疾，便阴有异志，乃命典药吏曰："剉药刀甚钝，可砺之。"及高宗崩，仓卒之际，速命左右取剑，左右不寤，乃取朝服木剑以进。叔陵怒，叔坚在侧闻之，知有变，伺之。翌日小殓，叔陵取剉药刀趣进，斫后主中项，后主闷绝于地，太后与后主乳母乐安君吴媪以身蔽之。叔坚自拖叔陵，并夺其刀，将欲杀之，后主不能处分。叔陵多力，自奋得脱，突出云龙门，入东府，召左右断青溪桥道。放东城囚，以为战士。遣人往新林追所部兵马。仍自被甲，着白布帽，登城西门，以召百姓。太后使太子舍人司马申以后主命召萧摩诃讨之，叔陵又遣记室韦谅送鼓吹与摩诃，仍谓曰："事捷必以公为台鼎。"摩诃不报，当日执将军戴㴖、①谭骐驎二人，送台斩之。叔陵自知不济，乃入内沉其妃张氏及宠妾七人于井中。部麾下度小航，将趋新林。萧摩诃追擒于白杨路，斩首送台，流尸于江中。

丁巳，后主即皇帝位于太极前殿，大赦，如宣帝故事。以丹杨尹长沙王叔坚为骠骑大将军，尊皇妣为太后，居柏香殿。

太后讳敬淑，②姓柳氏，河东解人。父偃，尚梁武长城公主，拜驸马都尉。大宝中，为鄱阳太守，卒官。后高宗赴江陵，梁元帝以后配焉，生后主。江陵陷，与后主俱留穰城。文帝天嘉二年，高宗自周还，立为安成王妃。及即位，为皇后。

后美姿容，身长七尺二寸，垂手过膝。初，钱贵妃甚宠，③后倾心下之，每有供奉之物，其上者推于贵妃，而自御其次者。高宗崩，叔陵为乱，后主赖后及吴媪救护得免。是际，新失淮南之地，国遭大丧，后主又病疮不能听政，百司众务，假以后主命，实皆决于太后也。案《陈书》：后陈亡后入长安，隋大业十一年，薨于东都，年八十三。

甲戌，于太极殿设无碍大斋。诏内外百官各荐一人。是月，右卫将军、秘书监傅縡下狱死。

縡字宜事，北地灵州人。父彝，梁临沂令。縡幼聪敏，七岁能诵古诗赋至十余万言。长为世祖撰史学士，累迁安成王记室。

縡笃信佛教，从兴皇寺惠朗法师受《三论》，尽通其学。初，有大心寺暠法师著《无诤论》以诋之，縡乃为《明道论》，用释其难。

后主即位，拜秘书监、中书舍人，掌诏诰。为文典丽，性敏速，虽军国大事，下笔辄成，未尝起草。然木强，不持检操，负才使气，凌侮人物，朝士多衔之。初，施文庆、沈客卿便佞亲幸，而縡益疏，庆等因共谮毁受高丽使金，后主收縡下狱。縡素刚，因狱中上书曰："夫人君者，恭事上帝，子爱下人，省嗜欲，远谄佞，未明求衣，日旰忘食，是以泽被区宇，庆流子孙。陛下顷来酒色过度，不

---

① 当日执将军戴㴖："戴㴖"，《南史·始兴王叔陵传》同，徐钞本、《陈书·始兴王叔陵传》作"戴温"。
② 太后讳敬淑："敬淑"，徐钞本、《陈书·高宗柳皇后传》、《南史·后妃传》作"敬言"。
③ 钱贵妃甚宠：徐钞本作"钱贵妃甚有宠"。

虔郊庙；小人在侧，宦竖弄权，恶忠直如仇雠，视百姓如草莽；公行货贿，众叛亲离，臣恐东南王气，自斯而尽。"书奏，后主大怒。顷之，意解，遣使谓缜曰："我欲赦卿，卿能改过否？"缜对曰："臣心如面，臣面可改，则心可改。"后主益怒，命宦者李善度穷治其罪，遂赐死狱中，年五十五。有文集十卷行世。

四月丙申，立子胤为皇太子，赐为父后者爵一级，王公已下赉帛有差。

七月辛未，大赦天下。是月，自建康至荆州，江水色赤如血。

八月丁酉，天赤如火。

九月，设无碍大会于太极前殿，舍身及乘舆御服，又大赦天下。辛亥夜，天东北有声如虫飞，渐移西北。乙卯，太白昼见。

至德元年春正月，大赦，改元。

秋八月丁卯，以长沙王叔坚为司空。

九月丁巳，天东南有声如虫飞。

冬十月，封弟九人为郡王。案《陈书》：封弟叔平为湘东王，叔敖为临贺王，叔宣阳山王，叔穆为西阳王，叔俭南安王，叔澄南郡王，叔兴沅陵王，叔韶岳山王，叔纯新兴王。

十二月丙辰，头和国遣使朝贡。戊午夜，天开自西北至东南，其内青黄杂色，隆隆若雷声。

是岁，左光禄大夫、太子少傅徐陵卒。

陵字孝穆，东海郯人。祖超之。父摛，梁戎昭将军、太子左卫率。母王氏，常梦五色云化为凤，集左肩上，已而诞陵。年数岁，家人携儿宝志上人，志以手摩其顶曰："天上石骐驎也。"光宅寺慧云法师每嗟陵早就，谓之颜回。八岁，能属文。十三，通《庄》《老》。长乃口辩纵横。

起家宁蛮府参军，累迁通直散骑常侍。使魏，魏人馆宴之。日甚热，魏之主客魏收谓陵曰："今日之热，当由徐公。"陵答曰："昔王肃至此，为魏始制礼仪，今仆来聘，使卿复知寒暑。"收大惭。留陵数年，① 后随贞阳侯萧渊明归。

陈有天下，累官吏部尚书，领大著作、尚书仆射。自陈创业，文檄军书及受禅制策，皆陵所制，而九锡尤美，为一代文宗。亦不以此矜物，于后进者，接引无倦，世以此重之。有集三十卷。子四人：俭、份、仪、傅，皆至班位。

陵第三弟孝克，少通玄理，晓《五经》正义。解褐梁太学博士。性至孝。值侯景乱，京邑大饿，死者十有八九，孝克养母，馔粥不给。其妻领军将军臧氏女，

① 留陵数年：宋本、张本、徐钞本、甘钞本作"留连数年"。

有容色。孝克谓妻曰："今饥荒如此，交阙供养，欲假卿于富家，望其彼此相济，如何？"臧氏初不许之。孝克乃私与媒者商量，嫁与侯景将孔景行，从左右以逼之，臧氏涕泣而出，所得谷帛，悉以养母。孝克乃自剃发为沙门，名法整，兼乞食以充给焉。臧氏犹念旧恩，亦数私致饷馈，故不乏绝。后景行战死，世平，臧氏伺孝克于涂中，累日乃见，谓曰："往日之事，非为相负，今既得脱，当归供养。"孝克嘿然无答。于是归俗，更为夫妻。

天嘉中，征为剡令，累迁散骑常侍、国子祭酒。每侍宴会，无所啖，至席散，当其前羞膳减损，高宗密记伺之，见孝克取珍果内绅带中，归以遗母，高宗咨嗟久之。自后宴飨，孝克前馔，并遣将归饷母。后主即位，迁都官尚书。陈亡，随例入长安。家徒壁立，母患思粳米粥，不能办。母亡后，遂终身啖麦，有遗粳米者，对之而泣。开皇十九年，卒于长安。有子万载，位至隋太子洗马。

至德二年甲申正月丁卯，分遣八使巡省风俗。①

夏四月，以江总为右仆射。

七月壬午，皇太子加元服，在位文武赐帛有差，孝弟力田为父后者爵一级，鳏寡孤独不能自存者，人谷五石。

至德三年正月戊午朔，日有食之。

三月，丰州刺史章大宝举兵反。

四月，丰州义军主陈景详斩大宝，传首京师。

八月戊子，老人星见。

十一月，诏修孔子庙。辛巳，幸长干寺，大赦。高丽、百济使来朝贺。

至德四年九月，幸玄武湖，肆舻舰阅武，宴群臣赋诗。

十月，以江总为尚书令，谢伷为尚书右仆射。

祯明元年春正月戊寅，大赦，改元。乙未，地震。

四月，光禄大夫毛喜卒。

喜字伯武，荥阳阳武人。好学，善草隶书。起家为梁西昌侯参军。高祖镇京口，命喜与高宗俱往江陵谒元帝，帝以喜为尚书。及江陵陷，高宗迁关右，喜走郢州。及高宗还，喜自郢州奉迎，高宗遣入关，以家属为请。周冢宰宇文护执喜手曰："能结二国之好者，卿也。"遂将柳皇后及后主还。

初，世祖谓高宗曰："我诸子皆以'伯'为名，汝诸儿宜以'叔'为称。"高

---

① 分遣八使巡省风俗："八使"，徐钞本、《陈书·后主纪》、《南史·陈本纪下》作"大使"。

宗以访于喜，喜即条自古名贤杜叔英、虞叔卿等二十余人以答世祖，世祖称善。

世祖崩，仆射到仲举与右卫将军韩子高等知朝望有归，乃矫太后令，遣高宗还东府。喜入谏高宗曰："陈有天下日浅，海内未夷，万邦恐悚。皇太后深惟社稷之计，令王入省，共治庶绩。今日之言，必非太后之意。宗社至重，伏愿三思。"须臾奏闻，竟如其议。

后主即位，山陵未逾年，置酒作乐命喜。喜不怿，欲进谏，及升阶，后主已醉。喜佯为心疾，仆偕下阶去。寻负气，出为南安内史。祯明元年，征还，百姓沐其惠政，追送者数百人。道卒，年七十二。

秋九月庚寅，梁太傅安平王萧岩、荆州荆史萧巘以其文武官寮家属济江还。

十月，以萧岩为平东将军。乙亥，割扬州吴郡置吴州，以钱唐县为郡属焉。①

是岁，起部尚书孙玚卒。

玚字德琏，吴郡吴人。祖文惠。父修道。玚少倜傥，博学经史。起家梁临川王参军，累进平南府司马。陈高祖即位，迁散骑常侍、都督荆郢武巴湘五州诸军事、安西将军、郢州刺史。天嘉初，封定襄侯。

世祖尝从容谓玚曰："昔朱买臣愿为本郡，卿有意乎？"乃授持节、安东将军、吴郡太守，给鼓吹一部。将辞，乘舆幸近畿饯送，乡里荣之。宣帝太建四年，除安西将军、荆州刺史。后主嗣位，拜散骑常侍，兼起部尚书。

玚兄弟笃睦，性通泰，有财皆散之亲友。居处奢豪，宅在青溪东大路北，西临青溪，溪西即江总宅。玚家庭穿筑，极林泉之致，歌童舞女，当世罕俦，宾客填门，轩车不绝。及出镇郢州，乃合十余船为一大舫，于中立池亭，植芰荷，良辰美景，宾僚毕集，泛长江置渌酒，亦一代之胜赏。又立山斋设讲肆，集玄儒之士，冬夏资奉，而处己率易，不以名位骄物。又深有巧思，多所创立。及卒，尚书令江总为之铭志，后主又题铭后四十字，遣左户尚书蔡征就宅宣敕镌之。其词略曰："秋风动竹，烟水惊波。几人樵径，何处山阿？今朝日月，宿昔绮罗。天长路远，地久灵多。功名未勒，此意如何？"世论以为荣。子让，早卒。案《陈书》：次子训，知名，入隋为高唐太守。

祯明二年春正月，立皇子恮为东阳王，恬为钱唐王。

夏四月戊申，群鼠无数，自蔡洲岸入石头，缘淮至于青塘两岸，数日自死，

---

① 十月以萧岩为平东将军乙亥割扬州吴郡置吴州以钱唐县为郡属焉：十月壬寅朔，无乙亥。十一月壬申朔，乙亥为初四日，《陈书·后主纪》亦系于十一月，张校本以为此"十月"当为"十一月"之误。

随流入江。是月，郢州南浦水黑如墨。

五月甲午，东冶铸铁，有物赤色，如火，大数升，①自天坠镕所，隆隆有声如雷，铸铁飞出墙外，烧人家。

六月庚子，废皇太子胤为吴兴王，立始安王深为皇太子。丁巳，大风自西北激涛水入石头城，淮渚暴溢，漂没船舫。

冬十月己酉，帝幸幕府山，大猎。

初，隋文帝受周禅，甚敦邻好，宣帝尚不禁侵掠。太建末，隋兵大举，闻宣帝崩，乃命班师，遣使赴吊，行敌国之礼，书称姓名顿首。而后主益骄怠，答书甚慢，末云："想彼统内如宜，此宇宙清泰。"隋文览书不悦，以示朝臣。清河公杨素以为主辱臣死，再拜请罪，襄邑公贺若弼等并求致讨。

后主意愈骄，不虞外难，荒于酒色，不恤政事，左右嬖幸珥貂者五十人，妇人美貌丽服以从者千余人。后主常使张贵妃、孔贵人等八人夹坐，江总、孔范、姚察等十人预宴，号曰"狎客"。先令八妇人襞彩笺，制五言诗，十客一时继和，迟则罚酒，君臣酣饮，从夕达旦，以此为常。而复盛修造，起土功，税市税船，征取百端，刑罚酷滥。

初，覆舟山及蒋山松柏林，冬月恒出木醴，后主以为甘露之瑞，俗呼为"雀饧"，前后灾异甚多。又有神人自称老子，以游都下，与人言而不见形，言吉凶多验，经三四年乃去。船下有声云"明年乱"。视之，得婴儿长三尺无头。又蒋山众鸟鼓翼拊膺，曰："奈何帝！奈何帝！"又建康城自坏。又青龙出建阳门，井中涌赤雾，地生白黑毛。又大风拔朱雀门。又临平湖旧常草塞不通，忽然自通。此湖孙皓末年已曾开通。按《吴书·江表传》云：自汉末年，吴郡临平湖草塞不通。吴后主末，忽然自开。故老相传：此湖开，即太平。及晋平吴，天下一统。永嘉初，又草秽。祯明初，又忽开通。时后主又自梦黄衣围城。②有血沾阶至卧床头而火起。又有狐入其床下，捕之不见，以为妖精，后主乃自卖身于佛寺为奴以禳之。又于郭内大皇寺造七层塔，未毕功，而火从中起，飞向石头城，烧人家无数。又使人采木于湘州，筏下至牛渚矶，尽没水中，既而渔人见筏浮于海上。乃起齐云观，未就，国人歌曰："齐云观，贼来无际畔。"始北齐末，诸省官人皆称省主，未几而灭。至是朝官亦称省主，识者以为省主，主将见省之兆也。

---

① 有物赤色如火大数升：《南史·陈本纪下》同，徐钞本、《陈书·后主纪》作"有物赤色如数斗"。
② 时后主又自梦黄衣围城："黄衣"，《隋书·五行志》作"黄衣人"。

隋文帝谓高颎曰："我为百姓父母，岂可阻一衣带之水，不拯苍生涂炭？"乃命大作战船。群臣曰："伐国大事，事宜密之。"文帝曰："吾将显行天诛，何密之有！使投柿流下于江，彼若能改，吾又何求？"后主殊不知悟，文帝益忿，乃敕晋王广为元帅，督八十总管致讨。先送玺书，暴后主二十恶。又散写诏书三十万纸，遍谕江外。及隋军继下，江滨镇戍相继奏闻。施文庆、沈客卿掌机密，并抑而不言。及隋军临江，诸防戍船舻悉还都下，江中无一斗舰。上流诸军镇兵士，皆阻杨素军不得下。后主闻隋军临江，曰："王气在此，齐兵三来，周人再至，皆并摧没。今虏虽来，必应自败。"孔范亦言无渡江之理。但奏伎纵酒，作诗不辍。有东宫学士张讥，因皇太子以进谏曰："强寇侵境，沿江无御敌之备，请停内宴，以调军事。"后主大怒。

讥字直言，清河武城人。祖僧宝。父仲悦，梁尚书祠部郎。讥幼好学，爱玄言，受业于周弘正。梁大同中，召补国子《正言》生。与袁宪侍讲于文德殿，敕令论议，诸儒莫能先发，讥整容而进，咨审循环，辞令温雅。梁帝器之，赐裙襦绢等，曰："表卿稽古之力。"进位国子博士。

后主在东宫，新造玉柄麈尾成，后主执之曰："当今多士如林，至于堪捉此者，独张讥耳。"即手自授讥。乃令于温文殿讲《庄》《老》。后主即位，荒怠前政。及隋军逼江，孔范等言无渡江之理，唯讥知其必济。又进谏请恤军士，后主大怒，收下狱，或救者仅获免。城陷，随例入长安，终不仕。

讥性恬雅，所居宅舍，营山池，植花果，讲《周易》《庄》《老》，教授门徒。年七十六卒。所著《书》《易》《礼》《诗》《庄》《老》等疏共一百卷，皆入秘阁。子孝则嗣。

祯明三年春正月乙丑朔，朝大雾四塞，入人鼻皆辛酸。后主昏睡，至晡乃醒。是日，隋将贺若弼从广陵济京口，韩擒虎从横江济采石，南北俱进，缘江镇戍，望风尽走。丙辰，[①]采石戍主徐子建驰告变。是日，后主方下诏曰："犬羊陵纵，侵窃郊畿，蜂虿有毒，宜时扫定。朕当亲御六师，廓清八表，内外并可戒严。"以骠骑将军萧摩诃为皇畿大都督，樊猛为上流大都督，樊毅为下流大都督，司马消难、施文庆并为大监军，重立赏格，分兵镇守要害，僧尼道士尽皆执役。

庚午，贺若弼陷南徐州。辛未，韩擒虎陷南豫州。后主遽诏司徒豫章王叔英屯朝堂，追萧摩诃屯乐游苑，樊毅屯耆阇寺，鲁广达屯白土冈，神武将军孔范屯

[①] 丙辰：是月乙丑朔，无丙辰。《陈书·后主纪》《南史·陈本纪下》作"丙寅"，为初二日，是。

宝田寺，镇东将军任忠屯朱雀门。幸巳，贺若弼进白土冈东南，大破陈军，士卒奔北，弼乘胜破鲁广达、萧摩诃等于乐游苑，游骑次宫城，烧北掖门。是日，韩擒虎率众自新林石子冈进，大将军任忠出降，乃引擒虎径至朱雀航趋宫城，自南掖门入。文武百司皆遁出，惟尚书令江总、吏部尚书姚察、侍中王宽、度支尚书王瑗等居省中，① 尚书仆射袁宪、后阁舍人夏侯公韵二人居殿中，以侍后主。俄顷，隋兵至，宪、韵二人劝后主端坐殿上，正色待之。后主曰："锋刃之下，未可交当，吾自有计。"乃将张丽华、孔贵嫔二妃入景阳楼井中，宪、韵等苦谏，以身蔽井，后主不从，与之力争久之，方得入，二人拜哭而去。

袁宪字德章，陈郡人，尚书仆射枢之弟。幼聪敏，年十四，召为国子《正言》生，在学一年，博士周弘正深重其才。举高第，以贵公子选尚梁简文女南海公主。起家秘书郎，累迁南康内史。

入陈，位仆射。祯明三年，隋伐陈，军人烧北掖门，朝士皆散走，独宪与夏侯公韵入殿侍后主。后主谓曰："我从来待卿不先他人，今日见卿，可谓岁寒然后知松柏之后凋。"及隋兵入阁，后主遑遽避匿，宪正色曰："北军兵人，② 必无所犯，大事如此，陛下安之？整衣冠，御前殿，依梁武见侯景故事。"后主不从，因下榻驰去。宪从出后堂至景阳殿，后主投下井中，宪等拜哭而去。

国陷，入隋，文帝嘉其雅操，授开府仪同三司、昌州刺史。开皇十八年，卒。赠大将军、安成郡公，谥曰简。长子承家，仕隋至秘书丞。

是日，隋军虽乱，沈皇后居处如常。太子深年十五，闭阁而坐，舍人孔伯鱼侍侧。及隋军叩阁入，深安坐劳之曰："戎旅在涂，不至劳乎？"既而隋军求后主不得，因窥井呼之，后主初不应，欲下石，如闻吴人叫声，乃以绳引之，惊其太重，俄与张丽华、孔贵嫔三人同乘而上。隋文帝闻之大惊，开府鲍宏曰："东井上于天文为秦，今王都所在，投井其天意邪。"丙戌，隋晋王广入据台城，送后主于东宫，命斩张贵妃于青溪桥。

妃姓张氏字丽华，襄阳兵家女。素贫贱，父兄织席为业。后主为太子，以选入东宫，侍龚良娣给使。后主见悦之，因得幸，生太子深。后主即位，拜贵妃。始兴王叔陵构乱，后主被伤，卧于承香阁中，诸妃并不能进，唯贵妃侍焉。

至德二年，于光昭殿前起临春、结绮、望仙等三阁，阁高数丈，并数十间，

---

① 度支尚书王瑗等居省中："王瑗"，徐钞本、《陈书·后主纪》作"王瑗"，《南史·江总传》作"王瑳"。
② 北军兵人：徐钞本作"北兵之人"。

牎牖、户壁、栏槛，皆以沉檀香木为之，又饰以金玉、珠翠，外施珠帘。内有宝帐，其服玩之属，瑰宝珍丽皆近古所未有。每微风一至，香闻数里，朝日初照，光映后庭。其下积石为山，引水为池，植以奇树，杂以花果。后主自居临春阁，张贵妃居结绮阁，龚、孔二贵嫔居望仙阁，并复道交相往来。又有王、李二美人，张、薛二淑媛，袁昭仪、何婕妤、江脩容等七人，并有宠，递代以游其阁上。宫人有文学如袁大舍等并为女学士。后主每引宾客同贵妃等游宴，使诸贵人及女学士与诸狎客共赋新诗，互相赠答，采其尤艳丽者以为曲词，被以新声，选宫女有容色者以千百数，令习而谐之，分部迭进，持以相乐。其《玉树后庭花》《临春乐》等，大抵所归，皆美张贵妃、孔贵嫔之容色。其略曰："璧月夜夜满，琼树朝朝新。"皆此之类也。

张丽华发长七尺，鬒黑如漆，其光可鉴。特聪惠，有神彩，进止闲华，容色端丽。每瞻视顾盼，光彩溢目，照映左右。常于阁上靓妆，临轩槛，宫中遥望，杳若神仙。兼有才理，辩识强记，善候人主颜色。荐引宫女，假鬼道以惑后主。

后主怠于政事，百司启奏，并因宦者蔡临儿等进之，后主置张贵妃于膝上共决之。有不能记者，贵妃并为疏条，无所遗脱，由是益加宠异，冠绝后宫。更于阉宦便佞之徒，内外交结，转相引致，贿赂公行，纲纪瞀乱。及隋军陷城，与后主俱入井中，后为晋王广斩于青溪。

三月己巳，后主与王公卿士内外文武百司发自建康，而入长安。隋文诏京城权分人家第宅，以礼接待之，遣使迎劳。使人还奏曰："后主已下在路，五百余里累累不绝。"文帝叹曰："一人无良，以至于此。"及至京师，列舆服器皿等于庭，引后主及二太子、诸王弟二十八人；及司空司马消难、尚书令江总、仆射袁宪、骠骑将军萧摩诃、征西将军樊毅、安北将军鲁广达、镇东将军任忠、吏部尚书姚察、中书令蔡征、散骑常侍王元规等二百余人，帝使纳言宣慰，内使宣诏让后主，后主伏地屏息不能祗对，并赦宥之，赐封长城公，文武皆随才擢用，诏下江南陈武、文、宣帝陵，各给五户看守之。给赐后主甚厚，常引同三公之席，敕乐府不奏吴音之乐，恐伤其心。至仁寿四年冬十一月壬子，终于洛阳，葬河南之芒山。沈皇后自为哀策，词甚酸楚。

后讳婺华，吴兴人，仪同三司沈君理之女。母高祖女会稽公主，早亡。后年幼，哀恸过礼。太建三年，纳为太子妃。后主即位，立为后。

性端静好学，工书。当张贵妃盛宠，势倾后宫，澹然居求贤殿，未尝有怨忌之容。

居处俭约，衣无锦绣，左右近侍，才留五人，唯寻阅图史及佛经。陈亡，与后主俱入长安。及后主薨，后感其家国亡灭，自为哀诔，词甚悲切。按：后主年三十即位，立七年，年三十七。以陈祯明三年，当隋开皇九年。正月二十日，国亡。入隋，封为长城公。十五年，年五十二，薨。有子二十二人。

初，陈高祖即位日，其夜奉朝请史普直宿省中，梦有人自天而下，导从数千人，至太极前殿，北面执策，策金字曰"陈氏五帝三十四年"。又后主在东宫，有妇人突入，唱曰"毕毕国国主主"，寻而不见。又尝有一足鸟，集于殿廷，以嘴画地成文，曰："独足上高台，茂草化为灰。欲知我家处，朱门向水开。"解者以为独足盖指后主独行无众，茂草言荒秽也。隋承火运，草得火故为灰矣。及后主至京师，与其家属馆于都水台，所谓上高台当水开者，其言皆验。

初，宣帝器宇弘廓，有人君之量。文帝知家嗣仁弱，早存太伯之心，未及而崩。既承菱蕱之后，志纂鸿运，拓土开疆，晚致吕梁之败，江左日蹙。后主因削弱之余，灭亡之运，加以荒淫沉败，酒色过度。梁末童谣曰："可怜巴马子，一日行千里。不见马上郎，但见黄尘起。黄尘污人衣，皂荚相料理。"及王僧辩灭，群臣以谣言奏，高祖曰："王僧辩本乘巴马以击侯景，马上郎，王字也，尘为陈也。"世不解皂荚之义，及陈灭于隋，隋氏姓杨，杨，羊也。说者以江东人谓杀羊角为皂荚，言终灭于隋。夫兴废之兆，其由来定矣。

陈朝功臣

江总字总持，济阳考城人，晋散骑常侍统十代孙，宋光禄大夫湛五代孙。祖蒨，父纥，皆列职中外。总性至孝，少孤，养于外家萧氏。好学，年十八，起家梁武陵王法曹参军，累至太子洗马。侯景乱，随舅萧勃在广州。侯景平后，梁元帝征为明威将军。入陈，累位司徒左长史、太常卿、尚书令、中权将军。入隋，为上开府。开皇十四年卒于江都。

萧摩诃字元胤，南兰陵人。祖靓。父谅，卒于始兴。摩诃少孤，姑夫蔡路养收养之。少果毅，有勇力。高祖破路养，摩诃出战，败，归侯安都。常从征伐，先登陷阵，累至巴山太守。

太建五年，随吴明彻北伐，济江攻秦郡，齐军大至，众十余万，其前队有"苍头""犀角""大力"之号，皆身长八尺，膂力绝伦。又有西域胡人妙闲弓矢，弦不虚发，来气甚锐，众军尤惮之。明彻自起酌酒饮摩诃曰："关羽斩颜良，正今日矣！"摩诃饮讫，驰马挺身入齐军，遥掷铣鋧，击中胡人，又斩十余"大力"者而还，齐兵莫不惊慑。后从战吕梁，突众手夺齐军大旗。屡以战功，进骠骑大将军、侍中、光禄大夫。旧制三公黄阁厅事置鸱尾，后特诏摩诃开黄阁，门施行马，厅事寝堂，并置鸱尾。仍纳其女为皇太子妃。

及隋军来，韩擒虎、贺若弼进至钟山龙尾，后主谓摩诃曰："公可为我一决。"摩诃曰："从来行阵，为国为身，今日之事，兼为妻子。"摩诃引兵于贼军南偏，镇东大将军任忠次之，护军樊毅、尚书孔范又次之，众军南北亘二十里，首尾各不相知。遂战，鲁广达率所部俱进，阵未合，士卒溃散，摩诃无所用力，为隋军所执。及京师陷，后主为隋人守卫于内省，①摩诃请弼曰："今为囚虏，命在须臾，愿一见旧主，死无所恨。"弼许之。摩诃入见后主，俯伏号泣，仍于旧厨取食进之，辞诀而去，守卫者皆不能仰视。入隋，为开府。后同汉王谅反于并州，伏诛。

樊毅字智烈，南阳人。祖方兴，梁司州刺史。父文炽，梁益州刺史。叔父文皎，侯景乱，战死于青溪。毅，陈平入关，顷之，卒。

鲁广达字遍览，吴州刺史悉达之弟。广达少聪悟，慷慨，爱宾客。累至壮武将军、晋州刺史。及王僧辩之下平侯景，广达出境候接，资奉军储。僧辩谓沈炯曰："鲁晋州亦是王师东道主人。"进位散骑常侍。陈有天下，累以功劳至安南将军、侍中，转安北将军。入隋，悲怆本朝沦没，发疾而卒。

任忠字奉诚，小名蛮奴，汝阴人。少孤微，不为乡里所齿。多计略，膂力兼人，善骑射。侯景之乱，率乡里少年随晋熙太守梅伯龙讨景，累迁荡寇将军。陈有天下，进号征南将军，给鼓吹一部，寻加侍中、梁信郡王，出为吴兴内史。

及隋军到白土冈，忠驰入启白："当具舟楫以就上流，臣以死奉卫。"后主信之，令宫人装束以待，久望不至。既而忠已率数十骑往石子冈降于韩擒虎。后入隋，为开府仪同三司。卒。隋文帝常因宴集，谓群臣曰："我常恨初平陈之日，不先

---

① 后主为隋人守卫于内省：徐钞本、《陈书·萧摩诃传》《南史·萧摩诃传》作"贺若弼置后主于德教殿，令兵守卫。"

斩任蛮奴，以惩不忠。"

蔡征字希祥，侍中、中抚军景历之子。征幼聪敏，累迁吏部尚书。为人清简无事。京城陷，入隋，为民部尚书、给事中。有口辩，多所详究。至于士流官宦、皇宗戚属，及朝仪制度、宪章轨则、户口风俗、山川土地，问无不对。子翼，位至司徒。

姚察字伯审，吴兴武康人。六岁，诵书万余言。十二，能属文。起家梁朝司文侍郎。梁室倾乱，崎岖采野实以供给养，入于己分减推诸弟姊，乃至故旧亦皆相分，自甘藜藿。虽乱离之中，笃学不废。

陈有天下，累进位尚书祠部郎中，转秘书监，领著作。

入隋，为秘书郎，别敕成梁、陈二代史。隋文帝常召察谓朝臣曰："我平陈唯得察一人而已。"大业二年，卒于东都。

王元规字正范，太原晋阳人。祖宝。①父玮，早卒。元规八岁而孤。随母依舅氏往临海郡，年十二。郡豪刘瑱有财巨万，欲以女妻之，母将许焉。元规泣谏曰："姻不失其亲，古人所重。岂得苟安异壤，辄婚匪类！"母感其言而止。

梁时山阴县有暴水，流漂居人，元规唯有一小船，仓卒引其母妹妹姑侄等并入船，留其男女三人，阁于树杪。及水退，俱获全济，世人称其志行。

少好学，起家为梁相国左常侍。陈有天下，累迁散骑常侍、南平王府参军。自梁诸儒相传为《左氏》学者，皆以贾逵、服虔之义难驳杜预，凡一百八十条。元规引证通析，无复疑滞。祯明三年，入隋，为秦王府东阁祭酒。年七十四，卒于广陵。所著《春秋发题辞》及《义记》十卷，《续经典大义》十四卷，《孝经义》两卷，②《左传音》三卷，《礼记音》两卷。

江宁府嘉祐三年十一月开造《建康实录》，并按《三国志》、东西《晋书》并《南》《北史》校勘，至嘉祐四年五月毕工，凡二十卷，总二十五万七千五百七十七字，计一千策。

将仕郎守江宁府溧水县主簿张庖民校正

---

① 祖宝：徐钞本、《陈书·王元规传》作"祖道宝"，《南史·王元规传》作"道实"。
② 孝经义两卷：徐钞本、《陈书·王元规传》、《南史·王元规传》作"《孝经义记》两卷"。

登仕郎守江宁府句容县主簿钱公瑾校正

将仕郎守江宁府右司理参军曾伉校正

朝奉郎试秘书省校书郎权江宁府节度推官熊本校正

宣德郎守大理寺丞致仕充江宁府府学教授赵真卿校正

朝奉郎尚书比部员外郎通判军府骑车都尉赐绯鱼袋彭仲荀

龙图阁直学士朝散大夫右谏议大夫知军府事兼管内劝农使南昌郡开国伯赐紫金鱼袋梅挚

绍兴十八年十一月　日荆湖北路安抚使司重别雕印

监辖下班祇应荆湖北路安抚使司听候差使韩轸

点检下班祇应荆湖北路安抚使司主管文字高楫

校勘官左从政郎新荆门军录事参军权安抚使司准备差遣王廓

校勘官右宣教郎荆湖北路安抚使司干办公事张允之

校勘官右通直郎荆湖北路安抚使司主管机宜文字万俟虚

右朝奉大夫添差荆湖北路安抚使司参议官赵逊

右朝请大夫荆湖北路安抚使司参议官周方平

左朝请郎权发遣荆湖北路提点刑狱公事权荆南军府事兼权本路安抚马步军都总管刘长源

龙神卫四厢都指挥使永州防御使荆南军军府事兼管内劝农营田使主管荆湖北路安抚司公事马步军都总管王玮